KB068610

行政判例研究　XXⅢ-1

社團
法人　韓國行政判例研究會　編

2018

博英社

Studies on Public Administration Cases

Korea Public Administration Case Study Association

Vol. XXIII-1

2018

Parkyoung Publishing & Company

간 행 사

　　2018년도 상반기를 마무리하면서 「행정판례연구」 제23집 제1호를 발간하게 되었습니다.

　　한국행정판례연구회가 발족한 이래 해마다 발간되어 온 행정판례연구는 역사와 전통을 자랑하는 학술지로서 행정판례의 이론적 기초와 아울러 실천적 적용범위를 제시해왔다고 자부합니다. 행정판례연구는 우리나라 행정판례의 역사이고 또한 행정판례를 두고서 선학과 후학이 시공을 초월하여 대화하고 만나는 곳입니다.

　　제가 2017년도부터 한국행정판례연구회의 회장을 맡으면서, 회장을 지내신 선대회장님들께서 고희, 희수, 산수, 미수, 백수등을 맞이하거나, 고인이 된 경우 탄신 100주년을 맞이하는 때에는 이를 축하드리기 위하여 기념논문집을 봉정하는 축하의 마당을 마련하여 드리는 전통을 만들어 나갔으면 좋겠다는 제의를 하였고, 이에 따라 지난 행정판례연구 제22집 제2호를 청담 최송화 선생님 희수기념논문집으로 봉정하였습니다. 회원 여러분께 진심으로 감사드립니다.

　　2018년도는 1998년에 개원한 서울행정법원의 개원 20주년을 맞는 해이기도 합니다. 행정법원의 개원은 우리 행정판례와 행정법학의 발전에 크게 기여하였다고 생각합니다. 앞으로 행정법원을 통하여 법치주의가 우리나라에 더욱 공고하게 되기를 기원합니다. 이를 위하여 학계와 실무계의 끊임없는 상호 교류와 연구가 필요할 것으로 생각되고, 우리 한국행정판례연구회가 학계와 실무계의 가교로서의 역할을 더욱 충실히 하여야 할 것으로 생각됩니다.

2018년도 상반기에도 6차례의 월례발표회를 통하여 총 12분의 회원님께서 행정판례에 대한 귀한 평석을 발표해 주셨습니다. 이번 제23집 제1호의 논문은 월례발표회의 발표문을 포함하여 여러 회원님들께서 심도 있게 연구하여 주신 연구논문들 중에서 엄격한 심사를 통하여 선정되었습니다. 옥고를 보내주신 학계의 교수님과 실무 법조계 여러분, 아울러 이러한 학술지가 계획에 따라 순조롭게 출간될 수 있도록 헌신적으로 노력해준 출판이사와 간사 그리고 편집위원과 심사위원 여러분에게 감사의 마음을 올립니다.

2018년 6월 30일
사단법인 한국행정판례연구회
회장 김 동 건

차   례

Table of Contents

行政法의 基本原理

晴潭의 公益論과 公益關聯 行政判例 (金裕煥)

晴潭의 公益論과 公益關聯 行政判例

金裕煥*

Ⅰ. 서론

　　청담 최송화 교수는 필자의 은사로서 일생동안 행정법을 교육하고 연구하신 분이다. 금년에 희수를 맞이하여 이번에 제자들을 포함하여 행정판례연구회 여러분들의 성의를 모아 희수기념논문집을 봉정하게 되어 감회가 깊다.

　　청담 선생님의 희수를 기념하기 위하여 본고는 청담 선생님의 학문세계와 그 중심에 있는 공익론의 학문적 의의를 살펴보고 그의 공익론이 공익 개념의 발전에 끼친 영향과 그의 공익론 이전과 이후의 공

* 법학박사, 이화여자대학교 법학전문대학원 교수, 한국공법학회 회장.

익 관련 행정판례의 전개와 그 발전방향에 대해 논구하는 것을 기본적
인 목적으로 한다.

　청담 선생님은 일생동안 행정법 연구와 교육에 헌신하셨지만 청담
의 학문세계에서 가장 두드러지는 것은 그의 공익론[1]이라고 할 것이다.
그의 공익론은 주로 그동안의 독일의 공익론[2]의 바탕 위에[3] 동양의 공
익사상을 검토하고[4] 그에 근거하여 우리 행정법학에서 공익 관념이 어

---

1) 관련 논문이 있으나 청담 공익론의 집대성은 최송화, 「공익론-공법적 탐구-」,
　서울대학교 출판부, 2002, 참조.
2) 청담의 공익론은 주로 다음과 같은 독일의 공익론에 관한 저작들을 검토하는 것으
　로 시작되었다. 최송화, 앞의 책, 2-3면. N. Achterberg, Strukturen der Geschichte
　des Verwaltungsrechts und der Verwaltungsrechtswissenschaft, *DÖV* 1979; Brugger,
　Konkretisierung des Rechts und Auslegung des Rechts, *AöR* 119, 1994; Fach,
　Begriff und Logik des "öffentlichen Interesses", *ARSP* 1974; Feindt, Zur
　Gemeinwohlbindung des öffentlichen Dienstes, *DÖD* 1975; P. Häberle, *Öffentliches
　Interesse als juristisches Problem*, Athenäum Verlag, 1970; P. Häberle, Die
　Gemeinwohlproblematik in rechtswissenschaftlicher Sicht, *Rechtstheorie* 14, 1983;
　P. Häberle, Besprechungen-Das Gemeinwohl als Schrankenschranke, *AöR* 1970;
　W. Leisner, Privatinteressen als öffentliches Interesse, *DÖV*, 1970; Link und Ress,
　Staatszwecke im Verfassungsstaat, *VVDStRL* 48, 1990; T. Läufer, "Gemeinwohl" und
　"Öffentliches Interesse": summarische Wertsetzung oder unverzichtbare
　Rechtsprechungshilfe, *JuS* 1975 Heft 11; Steiger, Zur Entscheidung kollidierender
　öffentlicher Interessen bei der politischen Planung als rechtlichem Problem, in: *FS
　Wolff* 1973;　R. Stettner, Gemeinwohl und Minimalkonsens, *Aus Politik und
　Zeitgeschichte* 28, 1978; R. Stettner, Öffentliches Interesse als juristisches Problem,
　VerwArch 15, 1974; M. Stolleis, Öffentliches Interesse als juristisches Problem,
　VerwArhiv, 65 Band Heft 1, 1974; M. Weber,Wirtschaft und Gesellschaft, *Grundriss
　der verstehenden Soziologie* 2. Halbband, 1956; v. Zezschwitz, *Das Gemeinwohl als
　Rechtsbegriff*(Dissertation. jur. Marburg), 1969 등 참조.
3) 청담의 공익론의 중심은 독일에서의 공익논의에 기반을 둔 것이 분명하다. 그러나
　청담은 영미의 공익에 대한 논의를 게을리하지 않았다. 최송화, 앞의 책, 317면 이
　하 제9장 보론: 영미공익법운동의 법적 의의 참조.
4) 청담의 공익론에 영향을 준 동양의 공사논변에 관한 문헌으로는, 박병호, "법제사
　연구에서의 공과 사". 한국법연구센터 개원기념 학술대회 기조연설, 법학21 연구
　단 소식,2001; 정긍식, "조선전기 상속에서의 공사논변",「인제임정평교수화갑기념
　신세기의 민사법문제」, 2001; 이원택, "현종조의 복수의리 논쟁과 공사관념",「한

떠한 법리적 의미를 가지는가 하는 점을 논의하였다.5) 그의 공익론은 그동안 우리 학계에서 막연하게만 논의되던 공익 관념에 대한 깊이 있는 성찰을 이루어 낸 것으로서 이후의 한국 행정법학의 공익관념의 발전에 초석이 되었을 뿐만 아니라 향후의 행정판례에서의 공익관념에도 영향을 미쳤다.

청담의 공익론은 청담의 사상과 학문세계를 배경으로 하고 있다. 그리하여 이하에서는 먼저 희수를 맞이하신 청담 선생님의 공익론의 배경을 이루는 청담 최송화 교수의 사상과 학문세계를 먼저 간략히 살펴보고 그 연장선에 있는 청담의 공익론을 검토해보기로 한다. 그 후에 청담선생님의 공익론이 어떻게 오늘의 행정판례에 영향을 미쳤는지를 살펴보고 마지막으로 법적 과제로서의 공익론의 향후의 발전과제에 대한 필자의 소견을 밝히기로 한다.

국법사에서의 공사논변의 전개", 서울대학교 법학21 연구단 한국법연구센터, 2001; 조남호, "조선 주자학에서의 공과 사의 문제", 「한국법사에서의 공사논변의 전개」,서울대학교 법학21 연구단 한국법연구센터, 2001; 溝口雄三, 「公私」, 三省堂, 1996; 溝口雄三, "中國思想史における公と私", 佐佐木毅/金泰昌, 「公共哲學 I」, 東京大學出版會,2002; 溝口雄三, "中國における公私槪念の展開", 溝口雄三, 「中國の公と私」研文選書, 1995; 宮崎良夫, "行政法における公益", 日本公法學會, 「公法硏究」第;54號, 1992;「辭海」合訂本, 中華書局, 1974. 등이 있다.

5) 청담의 공익개념의 법문제화에 영향을 준 국내 문헌에는 다음과 같은 것들이 있다. 서원우, "행정법에 있어서의 공익개념", 「행정학의 제문제」, 청계 박문옥 박사 화갑기념논문집, 신천사, 1986; 김남진, "행정에 있어서의 공익", 「행정법의 기본문제」, 경문사, 1989; 김문현, "우리 헌법상의 토지공개념", 한국토지개발공사, 「토지개발」 1989. 4; 김상용, "토지공개념과 그 실천", 한국토지개발공사,「토지개발」 1989. 4; 김철용, "토지의 공개념에 관한 검토", 「대한변호사협회회지」 1978. 10; 이강혁, "기본권과 공공이익", 「고시연구」 1978. 5; 이태재, "토지소유권의 특성과 토지공개념", 한국토지개발공사, 「토지개발」 1989. 4; 조규창, "토지공개념의 모호성", 「월간고시」 1985. 1; 허재영, "토지공개념의 확대도입방안", 대한변호사협회, 「인권과 정의」 1989. 7; 허영, "토지공개념유감", 법률신문 1989. 5. 18 등 참조.

Ⅱ. 청담 최송화 교수의 사상과 학문세계

1 청담 최송화 교수의 생애와 사상

(1) 개설

청담 최송화 교수는 1941년생으로서 일생동안 한국전쟁과 4·19 그리고 5·16과 10·26 및 1987년의 민중봉기와 헌법개정에 이르기 까지 우리나라의 주요 공법적 사건을 모두 직접 겪으신 한국공법학의 제 1.5세대 내지 제2세대라고 할 수 있다. 청담의 생애 동안 우리나라에서 공익과 공사(公私)의 개념은 현저히 흔들리고 변화되어 왔으며 행정법과 행정판례의 발전은 눈부시게 이루어져 왔다고 할 수 있다. 40년 가까이 청담을 지켜본 제자의 눈으로 볼 때, 그는 행정법학자로서 그리고 교육 및 연구 부문의 탁월한 행정가로서 변혁시대를 살아왔으며 그의 처신과 생활철학으로서의 화이부동(和而不同)이야 말로 그의 삶과 학문세계와 공익론을 꿰뚫는 일관된 관점이 아닌가 한다.

(2) 청담 최송화교수의 생애

① 개요

청담의 생애는 학자 및 교육자로서의 삶과 행정가로서의 삶으로 엮여져 있다. 그는 1941년 6월 27일에 태어나서 유년기에 해방을 맞이하고 소년기에 6·25를 겪었다. 그는 국회의원을 역임한 김철안 여사의 장남으로 태어나서 유복한 환경에서 성장하였다.

그는 1971년 서울대학교 법과대학 전임교수가 되었고 만 65세로 정년퇴임한 바 있다. 교수직 재임 중 총장 직무대리, 부총장, 법대 학장보, 학생부처장 등 여러 보직을 거치면서 뛰어난 교육행정역량을 발휘하였다.[6] 또한 경제와 인문·사회과학을 망라하는 국책연구기관을 관장

---

[6] 최송화, 「법치행정과 공익」, 박영사, 2002, ⅲ면 이하 청담 최송화교수 연보·주요저

하는 경제인문사회연구회 이사장으로서 국가의 연구행정을 담당하기도 하였고 고희가 넘어서 대법원 사법정책연구원 원장을 역임하면서 사법부의 연구행정의 중심이 된 바 있다.

② 학자로서의 청담

청담의 학문세계로의 투신은 1960년 목촌 김도창 박사와의 만남으로부터 시작된다고 할 수 있다.[7] 목촌께서 타계하시기 까지 청담은 목촌 선생의 애제자로서 목촌의 각종 활동과 함께 하였다. 목촌은 특별히 행정판례의 연구에 깊은 관심을 가졌기 때문에 청담은 1976년 목촌 선생이 중심으로 편찬한 4,800여 면에 달하는 3권으로 된 행정판례집의 집필에 참여하였으며 실질적으로 한국행정판례연구회의 산파 역할을 한 몇 분 중의 하나가 되었다.

학자로서의 청담은 한국공법학회 회장, 한국행정판례연구회 회장, 한국행정법학회 회장 등의 역할을 담당하면서 늘 공법학계의 중심에 서 있었다.

학자이지만 늘 교육행정 및 연구행정과 분리될 수 없는 관계에 있었던 분이기에 그는 늘 공익이 무엇인지 그리고 공익과 사익을 어떻게 조화시킬 수 있는지를 고민하였다고 본다.

③ 행정가로서의 청담

청담은 비록 일평생 교육과 연구 영역에서 머무셨지만 타고난 행정가의 면모를 가지고 있었다. 그의 행정가로서의 열정과 능력은 서울대학교 학생처 부처장과 학생처장 직무대리 그리고 서울대학교 법과대학 교무학장보를 역임하면서 또 서울대학교 부총장과 총장 직무대리를 감당하고 경제인문사회연구회 이사장 및 사법정책연구원장의 직을 수행하면서 분명히 드러났다. 그의 행정은 그의 빈틈없는 관리자로서의

작 참조.
7) 최송화 「공익론—공법적 탐구—」, 서울대학교 출판부, 2002, vii면.

면모를 빛나게 하였으며 그 열정은 서울대학교에서의 3번의 보직 수행 중 예외 없이 과로 등으로 입원하였던 점에서도 발견할 수 있다. 경제인문사회연구회 이사장직을 수행하면서는 동북아 문화공동체의 구상을 위하여 불철주야 수고 하였으며 학문의 국제교류를 위하여 많은 노력을 기울였다.

(3) 청담 최송화 교수의 사상과 공익론

청담은 카톨릭 신자로서 영세를 받았다. 그러나 그의 사상에는 동양의 고전의 가치관이 뼛속 깊이 흐르고 있다. 그의 좌우명으로 필자가 파악하고 있는 것은 논어에 나오는 화이부동(和而不同)인데 이야말로 일평생 청담이 실질적으로 추구한 것과 깊은 관계가 있다. 사실 청담은 가능하다면 카톨릭과 동양사상 사이에서도 조화점을 발견하려고 하셨을 것이라 본다. 청담은 충돌을 좋아하지 않고 만사의 조화를 바라는 분이다. 그렇다고 하여 자신의 생각을 쉽게 버리지도 않는다. 화이부동은 청담이 일평생 몸으로 보여준 것이라 생각된다. 이처럼 인화를 중시하는 그의 대인관계 스타일은 늘 조화를 중시하였으므로 공익과 다른 공익, 공익과 사익의 조화는 청담의 필생의 고민거리요 연구대상이었다.

2. 청담 최송화 교수의 학문세계

청담 최송화 교수의 행정법학은 목촌 김도창 박사의 행정법학과 분리될 수 없는 관계에 있다. 목촌의 학문활동 옆에는 늘 청담이 계셨다. 청담은 목촌의 행정법학을 평가하면서 목촌 김도창 선생의 행정법학의 특징으로 ① 학문의 주체성 ② 민주적 행정법학의 모색 ③ 판례이론과의 접맥 ④ 실천학문으로서의 행정법학을 들고 있다[8] 그런데 실상 이러한 특징들은 청담 스스로가 강조하는 것이기도 하였던 것이다. 일본에서 유래한 공정력 개념에 대한 재해석이라든지 경찰행정 대신에 질서행정 개념의 도입, 그리고 행정판례집과 행정법 판례교재의 발간 등은 김도창 박사의 업적이지만 청담이 늘 함께하고 있었다.

그러나 청담의 행정법학에서는 목촌의 행정법학에서 발견되기 어려운 요소들도 있다. 첫 번째로 법과 정책의 연계에 대한 그의 학문적 노력이다. 그의 저작 가운데 '법과 정책에 관한 연구',9) '행정규제완화와 재량권남용방지를 위한 법제정비방안'10) 등은 이러한 경향을 여실히 보여주고 있다. 두 번째로, 미국행정법에 대한 연구이다. 이에 대해서는 '미국행정법의 장래',11) '미국행정법의 역사적 전개'12) 등의 저작물이 있다. 그러나 청담의 행정법학에서 가장 핵심을 이루는 것은 역시 공익 개념에 대한 천착이라고 할 수 있다. '행정법상 공익개념의 전개와 의의',13) '공익개념의 법문제화: 행정법적 문제로서의 공익',14) '판례에 있어서의 공익'15) 등의 저작과 그를 통합 정리한 저서 '공익론-공법적 탐구-'16)는 청담 행정법학의 결정체라고 할 수 있다.

---

8) 최송화,"김도창 ― 생애와 학문세계 ―",「한국의 공법학자들―생애와 사상―」, 한국 공법학회, 2003, 146-152면.
9) 서울대학교「법학」제26권 제4호, 1985.
10) 한국법제연구원「법제연구」제4호, 1995.
11) 서울대학교「법학」제21권 제1호, 1980.
12)「현대공법의 이론」(목촌 김도창박사 화갑기념논문집), 1982.
13)「현대 헌법학이론」(이명구박사화갑기념논문집), 1996.
14) 서울대학교「법학」제40권 제2호, 1999.
15)「행정판례연구」Ⅳ, 2001.
16) 최송화,「공익론-공법적 탐구-」, 서울대학교 출판부, 2002,

Ⅲ. 청담 최송화 교수의 공익론

1. 개설

청담의 공익론은 주로 독일에서의 공익에 대한 여러 학문적 논의에 크게 영향을 받았다. 그러나 공익에 대한 기본적 이해는 철저히 한국의 역사적 상황에 기반하고 있다.[17]

청담은 현대 사회의 변화에 대응한 공익관의 변화와 그에 따른 공익의 본질론을 전개 하면서 전통적인 공익관념을 지양하였다. 청담에게 있어서도 공익은 어떤 선험적 실체를 가진 것이 아니라 과정적으로 결정되는 것으로 이해된 것 같다.[18] 요컨대, 청담의 공익관념도 기본적으로는 잠재적 공익관 또는 과정론적 공익관에 입각한 것이라고 사료된다.[19] 그러나 규준적 공익 개념의 존재와 기능을 부정하지는 않는다.

그러나 청담이 공익 개념과 관련하여 가장 중요하게 생각한 것은 공익개념을 법문제로 만드는 일이었다. 행정법학에서 종래 공익판단은 법판단과는 달리 행정청의 재량판단과 관련되는 것으로 인식되었다. 따라서 자유재량은 공익재량과 동의어로 인식되었기 때문에.[20] 공익판단을 그르친 것은 원칙적으로 부당에 그치고 법률문제라고 할 수 없었다. 청담은 이러한 종래의 통념에 의문을 제기하고 공익판단이야말로 중요

---

17) 최송화, 앞의 책, 164-174면.
18) 최송화, 앞의 책, 172-175면.
19) 규준적 공익관, 잠재적 공익관 이라는 개념은 서원우교수, 김남진 교수 등 우리 학계의 원로교수님들이 소개한 것이다. 서원우교수님은 독일의 공익관을 규준적 공익설, 개인권 확장설, 잠재적 공익설로 나누었고 김남진교수님은 규준적 공익과 잠재적 공익 두가지를 언급하였다. 잠재적 공익관은 공익을 규준적으로 주어지지 않은 것으로 보고 어떤 과정을 통해 확인되거나 결정되어야 할 것으로 이해한다. 서원우, "행정법에 있어서의 공익개념",「행정학의 제문제」, (박문옥박사 화갑기념 논문집), 1986, 115-117면; 김남진,「행정법Ⅰ」, 2001, 6면 주 10 참조.
20) 김도창,「일반행정법론 (상) 제3전정판」, 청운사,1988, 352-354면

한 법적 문제임을 주장하였다.[21] 그리하여 입법, 행정, 사법의 전 과정에서 이루어지는 공익판단은 법적 과정으로 재구성할 것임을 주창하고 입법, 행정, 사법이 법문제로서의 공익판단에 적절하게 기능하여야 함을 제시하였다.[22]

2. 청담 공익론에서의 공익의 본질과 공익 개념

(1) 공익 개념의 외연

청담의 공익 용어례는 포괄적이다. 공익 개념에 대한 용어례로 사용되고 있는 공공이익, 공공복리, 공공복지, 공공성 등의 표현에 얽매이지 않는다.[23] 특별히 청담에게 있어서 공익과 공공성은 분리될 수 없는 개념이라고 생각된다. 그러므로 청담이 생각하는 공익은 국익과는 다른 것이다. 공공성의 지평이 넓어지면 곧 공익의 외연도 확장된다.[24] 요컨대, 공공성에는 국가적 차원의 공공성도 있지만 사회적 차원의 공공성도 있다는 점을 고려하면 청담의 공익의 외연을 짐작할 수 있다.

(2) 규준적 공익과 과정가치로서의 공익

전통적 사회에서 공익은 규준적인 개념으로 인식되었다. 그러나 오늘날과 같은 다원화된 사회에서 공익은 규범적으로 주어진 규준적 개념[25]의 차원을 넘어 잠재적인 것으로 일정한 과정을 거쳐 확인 또는 결

---

21) 이에 관한 청담의 저작으로 최송화, "공익개념의 법문제화: 행정법적 문제로서의 공익", 서울대학교 「법학」 제40권 제2호,1999. 참조.
22) 최송화, 앞의 책, 314-316면.
23) 최송화, 앞의 책, 175-177면.
24) 최송화, 앞의 책, 177-179면, 서원우, "사회국가원리와 공법이론의 새로운 경향— 이른바 공개념 논의의 전개와 관련하여-", 「현대 법학의 제문제」(서돈각박사 화갑기념논문집), 1981.(서원우, 「행정법연구」, 1986, 소수), 103-125면 참조.
25) 규준적 공익은 실정법 규정에 나타난다. Wolff, Bachof & Stober, *Verwaltungsrecht I*, 1994, S. 344

정되는 것으로 관념되기도 한다. 오히려 공익이 규준적으로 규정되는 입법과정 조차도 공익을 판단하는 과정이라고 볼 수 있기 때문에 청담은 현대 사회에서의 공익은 규준적으로 주어지는 것이라고만은 할 수 없음을 강조한다.[26] 이런 까닭에 청담의 공익론의 중점은 잠재적 공익론에 있고 공익은 공익판단과정의 가치를 반영하는 것으로 보는 듯하다.

규준적 공익에 관하여 청담의 의견이 반드시 분명히 제시되지는 않았지만, 규준적 공익을 완전히 포기하는 것은 인간 사회에서의 보편적 가치를 부정하는 것이 될 수 있으므로 규준적 공익 개념이 실정법을 넘어 인류사회의 보편 가치를 지키는 역할을 할 수 있도록 할 것을 염두에 둔 것은 아닌가 추측된다.

(3) 진정공익

청담은 오늘의 잠재적 공익관이 가져올 위험성을 누구 보다 깊이 인식하고 있는 듯하다. 과정가치로서의 공익이 강조되면 될수록 공익판단의 과정에 참여할 수 없는 자의 소외는 심각한 문제가 된다. 따라서 과정의 공정성이 왜곡될 수 있음을 감안하면 그러한 과정과 무관한 보편적 공익의 존재 가능성을 부정할 수 없을 것이다. 따라서 청담은 공익결정의 정당성의 심사기준으로서 오류 없는 공익의 개념을 전제하고[27] 이를 진정한 공익이라 한다.[28]

청담에 있어서 진정공익은 법실증주의적 공익판단에 대한 방어기제라고 할 것이다.

---

26) 최송화, 앞의 책, 199-200면.
27) 이것은 Wolff, Bachof, Stober의 입론에 따른 것으로 보인다. Wolff, Bachof & Stober, 앞의 책. S. 340-341
28) 최송화 앞의 책, 179-180면.

(4) 일반공익과 특수공익

청담이 말하는 공익의 외연이 넓기 때문에 구체적으로 공익의 법문제화는 문제되는 공익의 국가적, 사회적 맥락에 따라 상당히 다르게 나타날 수 있다. 그러기에 청담은 일반공익(일반적 공익)과 특수공익의 개념을 도입하여 공익의 타당범위에 따라 공익 개념을 달리 취급하고 있다. 영역을 초월한 보편 타당한 공익 개념을 일반공익이라 하고, 특별한 영역, 특수한 맥락에서 통하는 공익 개념을 특수공익이라 한다.29) 예컨대, 환경보호를 위한 공익은 환경공익이라는 특수공익이지만 환경문제와 경제적 문제를 통합하여 전반적 관점에서 판단되는 공익은 일반공익이라 지칭할 수 있는 것이다.

일반공익과 특수공익 사이의 관계에 있어서 대체로 보편적 관점에서 논의되던 일반공익이 특수공익 보다 우선적이라고 평가되지만 각 영역의 영역주권이 요구되는 경우에는 특수공익이 일반공익보다 우선적인 것으로 취급될 필요도 있다고 한다.30)

3. 공익의 법문제화

(1) 법개념으로서의 공익

청담의 공익론의 지향점은 공익개념을 법문제화 하는 것이다. 공익 판단과정을 법과정화하고 잘못된 공익 판단에 대해서는 법적 심사가 가능하도록 하자고 하는 것이 청담 공익론의 기본적인 문제의식이라고 할 수 있다. 이러한 문제의식은 독일의 공법학자 Peter Häberle가 먼저 주창한 것이다. 그는 공익은 법원리이자 법규이고 법토포스의 성격을 가지는 것이라고 하여31) 공익의 법문제화의 기반을 조성하였다. 청담은

---

29) 최송화, 앞의 책, 182-183면.
30) 최송화, 앞의 책, 183면.

이러한 Häberle의 입론을 받아들여 우리나라에서도 공익의 원칙이라는 법의 일반원칙이 규범력을 가지도록 하여야 한다고 주장하였다.32) 요컨대 청담은 공익위반은 부당이라는 전통적인 통념에서 한걸음 나아가 공익위반은 행정법의 일반원칙으로서의 공익의 원칙 위반이 될 수 있어서 이러한 경우에는 위법이 될 수 있고 따라서 공익판단은 법문제라는 점을 분명히 하였다.

(2) 규준적 공익의 법규범화

공익의 원칙을 법규범으로 인정하는 청담은 이미 불문법의 형태로 존재하는 규준적 공익이 있음에도 불구하고 입법을 통하여 규준적 공익의 범규범화가 필요하다는 것을 주장한다.33) 흔히 공익판단은 행정청의 기능이라고 생각하기 쉽지만 입법부가 공익에 대하여 판단하여야 혼선을 방지할 수 있는 경우가 있다. 즉, 본질적으로 중요한 사항에 대해서는 입법부가 공익판단을 입법적으로 하는 것이 바람직하고 경우에 따라서는 국회입법을 보충하는 의미에서 법규명령의 입법을 통하여 공익판단을 분명히 할 필요가 있다는 것이다. 이처럼 성문규범의 형태로 규준적 공익이 형성되는 부분을 부인할 수 없지만 공익의 원칙과 같이 불문규범 형식으로 규준적 공익판단이 존재하는 것도 인정하여야 한다고 한다. 실체적으로 규명되어 있는 공익판단은 사회 통합을 위하여 불가결하기 때문이라고 한다.34)

(3) 잠재적 공익의 절차법 구조화

입법이나 불문규범에 의해 규준적 공익이 존재하기는 하나 행정과

---

31) Peter Häberle, Die Gemeinwohlproblematik in rechtswissenschaftlicher Sicht, *Rechtstheorie* 14, 1983, S.281 참조.
32) 최송화, 앞의 책, 239-241면.
33) 최송화, 앞의 책, 197-199면.
34) 최송화, 앞의 책, 197면.

정의 공익판단은 대부분 미리 정해져 있는 것이 아니라 잠재되어 있는
것을 행정과정을 통하여 발견 내지는 결정해 나가는 것이라고 인식하여
야 한다. 따라서 이처럼 잠재적 공익을 결정 또는 인식해 나아가는 차
원에서 이루어지는 공익판단은 절차법적으로 공정하게 관리되어야 한
다. 따라서 잠재적 공익을 위하여서는 잠재적 공익의 결정 또는 인식과
정이 절차법 구조화되는 것이 필요하다고 한다.[35] 따라서 청담의 이러
한 주장에 따르면 규준적 공익이 입법이라는 법적 문제상황에 관련된
것이라면 잠재적 공익은 입법절차 또는 행정절차와 관련되어 있는 것이
라 할 수 있을 것이다.

(4) 법적 판단으로서의 공익판단에 대한 재판통제

공익문제의 법문제화의 절정은 공익판단을 재판통제의 대상으로
삼는다는데 있다. 이미 우리 대법원은 행정청에 재량이 주어져 있어서
행정청으로 하여금 공익판단을 하도록 하는 경우에도 그것이 재량권의
일탈이나 남용에 해당되면 위법한 것으로 판단하고 있다.[36] 그러므로
이미 공익판단에 대한 재판통제가 이루어지고 있는 것이다.

그러나 청담이 주장하는 공익판단에 대한 재판통제는 이러한 좁은
의미의 것이 아니라 훨씬 넓은 의미이다. 그에 의하면 공익판단에 대한
재판통제의 관점은 실체법적 차원에서 그리고 절차법적 차원에서 이루
어질 수 있다고 한다.[37]

실체법적 차원에서의 재판통제라 함은 공익판단과 관련된 헌법, 법
률, 법규명령 등이 규정하는 규준적 공익이나 그 해석이나 적용과 관련
되는 잠재적 공익에 대한 공익판단의 적법성을 검토하는 것이며, 절차
적 차원에서의 재판통제란 공익판단과 관련되는 절차법적 요구가 준수

---

35) 최송화, 앞의 책, 199–200면.
36) 대법원 2007.3.22. 선고 2005추62 전원합의체 판결 참조.
37) 최송화, 앞의 책, 201–202면.

되었는가 라는 관점에서 이루어지는 쟁송, 소원 등을 말한다.

4. 공익판단의 법과정화(法過程化)

(1) 인식의 대상·결정의 대상으로서의 공익

청담의 공익론을 이해하는 데 있어서 핵심적인 것은 청담은 공익을 인식의 대상임과 동시에 결정의 대상으로 파악하고 있다는 점이다.[38] 요컨대 인식의 대상이라 함은 성문법이나 불문법 형태로 존재하는 규준적 공익을 지칭하는 것이고 결정의 대상이라 함은 입법, 행정, 사법에 있어서 규준적으로 주어지지 않은 잠재적 공익에 대한 판단을 의미하는 것이다. 오늘날과 같은 다원 사회에서 잠재적 공익과 관련되는 결정의 대상으로서의 공익이 강조되는 것은 사실이지만 보편타당한 객관적 공익의 존재가능성을 부인하기도 어렵다고 한다.[39] 그리고 이러한 객관적 공익 또는 진정공익으로 불리는 보편타당한 공익 개념의 가치는 공익판단의 부적절성을 지적하는 부정적 기능 내지 거부기능에 있다고 한다.[40]

(2) 행정절차, 입법절차와 공익판단

그러므로 청담의 공익에 대한 이해에 따르면 공익이 결정의 대상이 되는 경우에는 공익판단의 공정성과 합리성을 위하여 그 과정을 절차법 구조화할 것이 요망된다.[41] 그러한 공익 판단이 입법적 형태로 이루어진다면 입법절차가 문제되고 그러한 공익판단이 행정청의 결정에 의하여 이루어진다면 행정절차가 문제된다. 공익판단은 진정공익을 향하는 것이어야 하고 진정공익에 근접한 공익판단을 위해서는 정교하게

---

38) 최송화, 앞의 책, 184-185면.
39) 최송화, 앞의 책, 185면.
40) 최송화, 앞의 책, 180면. 참조.
41) 최송화, 앞의 책, 199-200면

구조화된 절차법이 요망된다고 한다.

(3) 사실적 공익과 진정공익

청담은 현실적으로 공익판단에는 공익판단자의 편견이나 왜곡이 어느 정도 가미된 형태로 이루어진다는 점을 인정하고 있다.[42] 그리고 이렇게 순전하지 못한 공익을 Wolff, Bachof, Stober의 용어례에 따라 사실적 공익(tatsächliche öffentliche Gemeininteressen)[43]이라 지칭한다. 그리고 공익판단에 있어서 이러한 사실적 공익이 진정공익에 접근할수록 건전한 공익판단이 이루어진 것이라고 본다. 사실적 공익과 진정공익을 이렇게 대치시킨 것은 Wolff의 공익론과 청담의 공익론의 실질적 지향점을 보여주는 것이라 할 것이다.

공익판단의 법과정화의 궁극은 진정공익에 비추어 사실적 공익을 평가할 수 있도록 하는 것이라 볼 수 있다. 결국 재판기관은 진정공익의 잣대로 사실적 공익의 타당성을 평가하여야 하는 것이다.

5. 공익판단에 있어서의 입법, 행정, 사법의 역할

청담의 공익론에서는 진정공익을 획득하기 위하여 입법, 행정, 사법의 역할이 모두 중요하다. 청담이 분명한 어조로 밝히지는 않았지만 그의 공익론을 해석하건대 청담이 구상한 공익판단에서의 입법, 사법, 행정의 역할은 다음과 같은 것이 아니었을까 짐작해 본다.

입법은 진정공익을 획득할 수 있도록 합당한 공익판단의 규준을 제시하여야 하며 그 규준을 제시하는 과정에서 절차적 공정성을 기하여야 한다.

행정은 입법에 의하여 그리고 불문규범으로 주어진 공익판단의 규

---

42) 최송화, 앞의 책, 190면.
43) Wolff, Bachof & Stober, 앞의 책, S. 340–341

준에 따라 진정공익을 얻기 위하여 노력하여야 하며 공익판단의 과정에서 절차법적 공정성을 기하여야 한다.

　사법은 입법과 불문법에 의하여 주어진 공익판단에 대한 규준과 입법에서의 적법절차, 행정절차규범 등에 비추어 공익판단이 적절하게 이루어진 것인지 심사하여야 한다. 또한 무엇보다도 사법은 공익판단을 법적 논증의 문제로 만들어야 하는 과제를 가지고 있다.[44]

IV. 공익 관련 판례이론의 전개

1. 청담의 논의: 판례에서의 공익개념의 법문제화

(1) 공익개념의 법문제화의 수준

　청담은 그의 논문 '판례에 있어서의 공익'[45]과 그의 저서 '공익론'에서 우리 판례에서의 공익의 법문제화의 수준은 초보적이고 미미한 수준으로 평가하였다[46]. 공익개념의 분석과 공익판단에서의 논증은 거의 이루어지지 않고 많은 판례들은 공익 또는 공익침해에의 해당여부를 논증 없는 종국적 판단대상으로 한다고 분석하고 있다.[47][48] 다만 청담은 행정행위의 취소나 철회 등과 관련되는 몇몇 경우에는 공익판단에 대한 재판통제의 관점이 나타난다고 분석하고 있다.[49]

---

44) 최송화, 앞의 책, 314-315면.
45) 행정판례연구 Ⅵ, 행정판례연구회, 2001.
46) 예컨대 최송화, 앞의 책, 238면. 그러나 이러한 상황은 독일에서도 큰 차이가 없다고 한다. Peter Häberle. *Öffentliches Interesse als juristisches Problem*, Athenäum Verlag, 1970, S. 240 ff.
47) 최송화, 앞의 책, 243면.
48) 예컨대, 대법원 1973.12.11. 선고 73누4 판결 "---함은 심히 공익을 해하는 것으로 해석할 것이다."라는 식으로 공익판단을 하고 있다. 최송화 앞의 책, 243면.
49) 대법원 1995.8.25. 선고 95누269 판결; 대법원 1995.5.26. 선고 94누8266 판결 등. 최

(2) 공익을 보는 판례의 관점

청담은 판례이론에서는 '공익의 파편'개념이 제시되고 있을 뿐이지 보편성 있는 이론적 공익개념이 잘 나타나지 않는다고 분석하면서[50] 우리 판례에서 문제되는 공익판단은 대부분 공익보호의 문제이거나 사권보호의 한계나 사권 침해의 정당화라고 한다.[51]

(3) 공익관념의 범위와 종류

청담은 우리 헌법재판소의 판례를 분석하면서 국가안전보장과 질서유지를 공익의 한 내용으로 본다고 이해하고 있다.[52] 이것은 우리 판례가 공익을 포괄적으로 이해하고 있다는 것을 보여준 한 단면이라고 볼 수 있다.

청담은 또한 우리 대법원 판례는 '건축행정상의 공익'[53]이라는 용어를 사용하고 헌법재판소는 '청소년보호의 공익',[54] '조세우선권의 공익목적'[55] 등의 용어를 사용하는 등 특수공익의 관념을 인정하고 있으며, 대법원 판례 가운데에는 일반공익과 특수공익을 명확히 구분한 사례도 있다고 한다.[56]

송화, 앞의 책, 244면.
50) 최송화, 앞의 책, 244면.
51) 예컨대 대법원 1999.3.9. 선고 98두19070 판결; 대법원 1998.11.13. 선고 98두7343판결; 대법원 1992.2.23. 선고 98두17845 판결 등. 최송화, 앞의 책, 245면.
52) 예컨대, 헌법재판소 1992.4.14. 선고 90헌마82 결정 최송화, 앞의 책, 246면.
53) 대법원 2001.2.9. 선고 98다 52988 판결. 최송화, 앞의 책, 246면.
54) 헌법재판소 2001.8.30. 선고 2000헌가9 결정. 최송화, 앞의 책, 247면.
55) 헌법재판소 2001.7.19. 선고 2000헌바68 결정. 최송화, 앞의 책, 247면.
56) 예컨대 대법원 1989.5.23. 선고 88누 4034 판결. "수산업법 제20조 제1항 제3호 소정의 "공익"은 예시된 선박의 항행, 정박, 계류, 수저전선의 부설에 관련된 공익만이 아니라, 일반적인 의미의 공익(불특정다수인의 이익)을 가리킨다." 최송화, 앞의 책, 246면.

(4) 이익형량과 공익

청담은 우리 판례이론은 공익 논증에 소극적이지만 그나마 이익형량 문제에 있어서는 공익과 사익 사이 그리고 하나의 공익과 다른 공익과의 사이에서의 형량을 위하여 논증이 이루어지고 있다는 점을 시사하고 있다.[57] 또한 '더 큰 공익'이라는 표현의 사용을 정형화함으로써[58] 하나의 공익과 다른 공익 사이에 대소우열이 있을 수 있다는 점, 그리고 공익과 공익 사이에서도 이익형량이 필요하다는 점을 시사하고 있다고 분석하였다.[59] 또한 이익형량에서는 비례의 원칙이 문제가 된다고 한다[60].

(5) 처분의 독자적 거부사유로서의 공익침해

청담은 우리 학계에서 거부재량에 대한 논의[61]가 있기 이전에 판례상 이미 공익침해가 허가 등의 처분에 대한 독자적 거부사유로 인정되고 있음을 지적한 바 있다[62]. 즉 중대한 공익의 침해는 법규상 처분의 거부사유로 거론되고 있지 않아도 독자적인 거부사유가 된다는 판례이론이 형성된 바 있다는 것이다. 이는 일정한 위험이 예상되어 중대한 공익이 침해될 가능성이 있는 경우에는 명문규정 없이도 처분을 거부할 수 있다는 거부재량이론으로 발전하고 있다.

---

57) 대법원 1998.4.24. 선고 97누1501 판결. 최송화, 앞의 책, 250-251면.
58) 대법원 1992.8.14. 선고 92누3885 판결. 최송화, 앞의 책, 251면.
59) 대법원 1990.6.22. 선고 90누2215 판결. 최송화, 앞의 책, 251-252면.
60) 대법원 1998.4.24. 선고 97누 1501 판결. 최송화, 앞의 책, 253면.
61) 김유환, 현대행정법강의, 법문사, 2018, 110면 참조.
62) 대법원 1999.8.19. 선고 98두1857 판결. 최송화, 앞의 책, 248-249면.

2. 21세기 공익 관련 판례의 발전

(1) 공익 개념의 법문제화

청담의 '공익론'에 관한 저작들이 발표된지 이미 20년이 가까워지고 있다. 그동안의 판례이론의 변화를 추적해 보면 청담의 공익론이 다소간의 영향을 준 것은 사실이다.

무엇보다도 공익 관념의 구체화가 이루어졌다. 추상적인 일반적 공익을 근거로 하는 판례에서의 논증이 점차 사라지고 공익을 근거로 판결할 때에도 구체적인 공익을 명시적으로 제시하는 경향이 현저히 증가하였다. 예컨대 다수의 판례에서 나타나는 환경공익 그리고 심지어 '지역구 주민의 공익'이라는 표현도 등장한다.[63] 공익의 다양성에 대한 인정은 이제 판례에서는 전혀 새롭지 않은 공지의 사실이 되고 있다. 예컨대, 대법원은 이익형량에서 고려하여야 할 요소로서 "여러 가지 공익과 사익 및 관련 지방자치단체의 이익"을 거론하기도 하였다.[64] 대법원이나 헌법재판소에서도[65] 이러한 변화는 감지되지만 아래에서 보듯이 하급법원 판례에서 이러한 변화의 경향이 더 뚜렷한 것 같다.

그리고 청담의 공익론이 제시한 공익에 관한 용어법이 판례에서 등장하고 있다. 일반적 공익,[66] 진정한 공익[67] 등의 용어가 판례에서 등장하고 용어는 다소 다르지만 청담의 공익론 관념과 상통하는 일반적·추상적 공익, 구체적·개별적 공익[68] 그리고 규범적 의미의 공익,[69]

---

63) 대전고등법원 2007.8.22. 선고 2007노129 판결.
64) 대법원 2013.11.14. 선고 2010추73 판결
65) 헌법재판소 2017.11.30. 선고 2016 헌마503 결정
66) 제주지방법원 2006.6.7. 선고 2005구합 733 판결
67) 대전지방법원 2010.5.14. 선고 2010노618 판결
68) 이는 각각 청담 공익론에서 일반공익, 특수공익에 대응하는 것이라고 볼 수 있다. 대법원 2008.5.6. 자 2007무147 결정
69) 이는 청담의 공익론에서의 규준적 공익과 상통하는 측면이 있다. 대전지방법원 2010.5.14. 선고 2010노618 판결

정당한 공익70) 등이 판례에서 나타나고 있다.

또한 판결문상 명시적으로 공익판단으로서 궁극적인 법판단의 결론을 낸 사례도 등장하였다.71)

그러나 전체적으로 볼 때 공익개념의 법문제화가 만족할 만큼 진전되고 있지는 않다. 판례이론은 일부 예외적인 판례를 제외하고는 여전히 스스로의 논리에 따르면서 약간씩의 진전을 보이고 있을 뿐이다.

(2) 법토포스로서의 공익

법토포스로서 공익개념을 활용하거나 공익판단을 내세우는 것도 다소간의 진전이 있었다. '공익의 원칙'이라는 표현은 여전히 공무원이나 민간 기업에서의 징계의 경우에 적용되는 법원칙으로 인용되고 있지만72) 징계사건이 아닌 재임용거부 사건에 대해 공익의 원칙이 적용되고 있어서73) 그 적용의 외연이 일단 확장된 것으로 평가된다.

또한 앞서 잠시 언급한 바와 같이, 사회적 위험이 수반되는 허가 등의 경우 명시적인 거부처분의 가능성이 법규에 유보되어 있지 않아도 중대한 공익을 근거로 거부할 수 있는 재량을 인정하는 판례이론 역시 공익을 중요한 법토포스로 채택한 사례라고 할 것이다.

(3) 공익논증

공익판단에 있어서의 논증은 청담의 공익론 발표 이후 법원과 헌법재판소 모두에서 좀 더 정치해졌다고 평가된다. 이미 언급한 대법원

---

70) 정당한 공익은 청담의 공익론에서 진정공익에 해당하는 것이라고 생각된다. 대법원 2007.11.22. 선고 2002두8626 전원합의체 판결, 서울고등법원 2008.4.16. 선고 2007누16051 판결.
71) 대전지방법원 2012.6.21. 선고 2011누2031 판결
72) 예컨대 대법원 2015.1.29. 선고 2014두 40616 판결; 대법원 2015.11.27. 선고 2015다 34154 판결.
73) 대법원 2010.9.30. 선고 2006다46131 판결; 대법원 2010.9.30. 선고 2008다 58794 판결.

2008.5.6. 자 2007무 147 결정에서 대법원은 구체적·개별적 공익 개념에 근거한 공익판단이 필요함을 시사하였으며 이외에 공익 자체에 대한 논증에 상당한 비중을 두는 판례들이 등장하였다.[74] 그러나 하급법원 판례 가운데는 청담의 공익론의 직접적 영향을 받은 듯, 더욱 진전된 공익논증이 이루어진 경우도 있었다.[75]

한편 헌법재판소는 비례의 원칙 가운데 법익균형성의 판단에서 공익과 사익 그리고 공익과 다른 공익 사이의 이익형량을 지속적으로 해오는 과정에서 나름대로 헌법과 법률 등 법규범에 화체된 공익에 대한 판단기준을 발전시켜왔다. 청담의 공익론에서 볼 때에는 다소 피상적인 것이지만 이러한 공익에 대한 분석이 이루어진다는 것은 바람직한 것이다. 주목할 것은 헌법재판소는 규준적 공익의 구체화실패를 이유로 구 식품위생법 97조 제6호를 포괄위임금지원칙 위반으로 판단하기도 하였다는 점이다.[76]

Ⅳ. 결어: 전망과 과제

청담 최송화 교수의 학문세계의 핵심을 이루는 공익론은 지극히 단순한 공익관이 풍미하던 시대에 태어나 다양하고 복잡한 공익관념의 분화와 발전을 경험한 청담의 생애를 반영하는 것 같다. 그러나 그의 삶이 희수를 맞이하였음에도 우리 학계와 판례이론에서 그의 공익론에

---

74) 대법원 2015.11.19. 선고 2015두295 전원합의체 판결; 대법원 2012.10.25. 선고 2010 두 17281 판결 등.

75) 서울고등법원 2013.9.26. 선고 2012나101277 판결; 서울고등법원 2006.12.20. 선고 2006누6101 판결; 서울고등법원 2016.3.23. 선고 2015누2101 판결; 서울행정법원 2017.2.16. 선고 2016구합60270 판결; 대전지방법원 2010.5.14. 선고 2010노618 판결 등

76) 헌법재판소 2016.11.14. 선고 2014헌가6 등 결정.

근거한 공익의 법문제화는 아직도 시작하는 단계에 있다고 생각된다. 그러나 이미 살펴본 바와 같이 행정판례에서 나타난 공익논증의 구조화와 법토포스로서의 공익 개념의 진전은 공익과 사익만이 아니라 공익과 다른 공익의 충돌 마저 빈번한 우리 사회가 공익에 대한 보다 철저하고 구조적인 이해와 논증을 필요로 하는 쪽으로 방향을 잡아가고 있는 것이라는 확신을 준다.

이처럼 여러 가지 차원의 공익과 다양한 사익이 법적 문제에 얽히어 드는 오늘날, 공익에 대한 더욱 다양하고 구조적인 이해는 행정판례의 발전을 위해 매우 긴요하다고 생각한다. 청담의 공익론이 오늘의 행정판례에 스며든 모습을 보면서 향후의 공익판단의 법문제화를 위하여 다음과 같은 제언을 드리고 싶다.

첫째, 현재 공익과 사익의 충돌만을 전제로 하는 소송제도를 비롯한 각종의 법제도는 공익과 다른 공익의 충돌도 염두에 두는 방향으로의 변화가 이루어져야 한다. 현재 공익과 사익의 대립이라는 전통적인 구도를 그대로 둔 채 부분적으로 공익과 공익의 충돌을 제도적으로 수용하는 경우가 있긴 하다. 국가나 지방자치단체의 취소소송의 원고적격의 인정이 바로 그러한 경우라 할 수 있다77). 현 단계에서는 우선 국가와 지방자치단체 사이의 항고소송의 허용범위의 확대 등이 바로 공익과 공익의 충돌을 정면으로 해결할 방안으로 검토되어야 할 것으로 본다. 또한 입법절차와 행정절차를 개인의 이익만을 보호하는 절차로 관념하지 말고 공익과 공익의 충돌에도 적용하여야 하는 절차로 고려할 필요가 있다고 본다. 이러한 관점에서 보면 현행의 입법절차 제도와 행정절차 제도는 크게 변화를 겪어야 것이다.

---

77) 국가나 지방자치단체의 원고적격은 이미 재판실무상 오래전부터 인정되고 있으며 수년전에는 행정주체가 아닌 행정기관이 원고가 되도록 인정한 사례도 있다. 이 사례들은 공익과 사익의 대립을 전제로 한 현행 행정소송제도를 유지하면서도 공익과 공익의 충돌을 행정소송으로 가능하게 한 것이라고 할 수 있다. 대법원 2013.7.25. 선고 2011두1214 판결 참조.

둘째로, '공익의 원칙'을 행정법의 일반원칙의 하나로서 광범위하게 적용함으로써 법토포스로서의 공익의 활용범위를 넓힐 필요가 있다고 본다. 이미 공익을 현저히 침해하는 재량처분은 위법판단을 받는다. 여기서 한걸음 나아가 일정 수준 이상으로 공익침해가 이루어지는 경우에는 기속행위라 하더라도 위법판단을 할 수 있도록 하는 방안을 검토할 필요가 있다. 공익의 원칙을 공무원법이나 노동법의 영역에 국한 시키지 말고 일반 행정의 영역에도 적용해 나가자는 것이다.

셋째로, 공익의 논증에서 공익에 대한 평가방법론에 대한 개발이 필요하다. 비용-편익분석, 비용-효과분석과 같은 평가방법론이 다양한 입법평가(입법영향분석) 방법론과 함께 개발될 필요가 있다고 생각한다. 이외에도 다양한 평가방법론의 발전은 공익논증의 발전을 가져올 것이라 믿는다. 단순히 법리적 논증에 의한 공익에 대한 평가로는 부족한 많은 측면이 있고 법리적 논증만으로는 부적절한 여러 영역이 있으므로 향후 각 행정영역 별로 공익에 대한 평가방법을 발전시키는 것이 필요하다고 본다. 물론 이것은 사법(司法)의 영역에서 주도할 것은 아니고 정책평가, 입법평가 등과 관련하여 발전하는 기법을 사법의 영역에서 채용하여야 한다는 의미이다.

참고문헌

최송화, 「공익론－공법적 탐구－」, 서울대학교 출판부, 2002.
최송화, 「법치행정과 공익」, 박영사, 2002.

최송화, "행정법상 공익개념의 전개와 의의", 「현대 헌법학이론」 (이명구
　　박사화갑기념논문집), 1996.
최송화, "공익개념의 법문제화: 행정법적 문제로서의 공익", 서울대학교
　　「법학」 제40권 제2호, 1999.
최송화, "판례에 있어서의 공익" 「행정판례연구」 Ⅳ, 2001.
최송화, "김도창—생애와 학문세계－", 「한국의 공법학자들—생애와 사상
　　－」, 한국공법학회, 2003.
최송화, "법과 정책에 관한 연구", 서울대학교 「법학」 제26권 제4호,
　　1985.
최송화, "행정규제완화와 재량권남용방지를 위한 법제정비방안", 한국법제
　　연구원 「법제연구」 제4호,1995.
최송화, "미국행정법의 장래", 서울대학교 「법학」 제21권 제1호,1980.
최송화, "미국행정법의 역사적 전개", 「현대공법의 이론」 (목촌 김도창박
　　사 화갑기념논문집), 1982.

김도창, 「일반행정법론 (상) 제3전정판」, 청운사,1988,
김남진, 「행정법Ⅰ」, 2001,
김유환, 현대행정법강의, 법문사, 2018.

박병호, "법제사연구에서의 공과 사", 한국법연구센터 개원기념 학술대회
　　기조연설, 법학21 연구단 소식, 2001.
정긍식, "조선전기 상속에서의 공사논변", 「인제임정평교수화갑기념 신세

기의 민사법문제」, 2001.

이원택, "현종조의 복수의리 논쟁과 공사관념", 「한국법사에서의 공사논변
　　의 전개」, 서울대학교 법학21 연구단 한국법연구센터, 2001.

조남호, "조선 주자학에서의 공과 사의 문제", 「한국법사에서의 공사논변
　　의 전개」, 서울대학교 법학21 연구단 한국법연구센터, 2001.

서원우, "행정법에 있어서의 공익개념", 「행정학의 제문제」, 청계 박문옥
　　박사 화갑기념논문집, 신천사, 1986.

서원우, "사회국가원리와 공법이론의 새로운 경향―이른바 공개념 논의의
　　전개와 관련하여―", 「현대 법학의 제문제」(서돈각박사 화갑기념논문
　　집), 1981.(서원우, 「행정법연구」, 1986, 소수)

김남진, "행정에 있어서의 공익", 「행정법의 기본문제」, 경문사, 1989.

김철용, "토지의 공개념에 관한 검토", 「대한변호사협회회지」 1978. 10.

김문현, "우리 헌법상의 토지공개념", 한국토지개발공사, 「토지개발」
　　1989. 4.

김상용, "토지공개념과 그 실천", 한국토지개발공사, 「토지개발」 1989. 4.

이강혁, "기본권과 공공이익", 「고시연구」 1978. 5.

이태재, "토지소유권의 특성과 토지공개념", 한국토지개발공사, 「토지개발」
　　1989. 4.

조규창, "토지공개념의 모호성", 「월간고시」 1985. 1.

허재영, "토지공개념의 확대도입방안", 대한변호사협회, 「인권과 정의」
　　1989. 7.

溝口雄三, 「公私」, 三省堂, 1996.

溝口雄三, "中國思想史における公と私", 佐佐木毅/金泰昌, 「公共哲學 Ⅰ」,
　　東京大學出版會, 2002.

溝口雄三, "中國における公私槪念の展開", 溝口雄三, 「中國の公と私」 研文
　　選書, 1995.

宮崎良夫, "行政法における公益", 日本公法學會, 「公法研究」 第54號, 1992.

Häberle, Peter, *Öffentliches Interesse als juristisches Problem,* Athenäum Verlag, 1970.

Häberle, Peter, Die Gemeinwohlproblematik in rechtswissenschaftlicher Sicht, *Rechtstheorie* 14, 1983.

Häberle, Peter, Besprechungen—Das Gemeinwohl als Schrankenschranke, *AöR* 1970.

Wolff, Bachof & Stober, *Verwaltungsrecht* Ⅰ, 1994.

Achterberg, N., Strukturen der Geschichte des Verwaltungsrechts und der Verwaltungsrechtswissenschaft, *DÖV* 1979.

Brugger, Konkretisierung des Rechts und Auslegung des Rechts, *AöR* 119, 1994.

Fach, Begriff und Logik des "öffentlichen Interesses", *ARSP* 1974.

Feindt, Zur Gemeinwohlbindung des öffentlichen Dienstes, *DÖD* 1975.

Leisner, W., Privatinteressen als öffentliches Interesse, *DÖV,* 1970.

Link und Ress, Staatszwecke im Verfassungsstaat, *VVDStRL* 48, 1990.

Läufer, T., "Gemeinwohl" und "Öffentliches Interesse" summarische Wertsetzung oder unverzichtbare Rechtsprechungshilfe, *JuS* 1975 Heft 11.

Steiger, Zur Entscheidung kollidierender öffentlicher Interessen bei der politischen Planung als rechtlichem Problem, in: *FS Wolff* 1973.

Stettner, R. Gemeinwohl und Minimalkonsens, *Aus Politik und Zeitgeschichte* 28, 1978.

Stettner, R., Öffentliches Interesse als juristisches Problem, *VerwArch* 15, 1974.

Stolleis, M., Öffentliches Interesse als juristisches Problem, *VerwArhiv,* 65 Band Heft 1, 1974.

Weber, M., Wirtschaft und Gesellschaft, *Grundriss der verstehenden Soziologie* 2. Halbband, 1956.

국문초록

　본고는 청담 최송화 선생님의 희수를 기념하기 위하여 청담 선생님의
학문세계와 그 중심에 있는 공익론의 학문적 의의를 살펴보고 그의 공익론
이 공익 개념의 발전에 끼친 영향과 청담의 공익론 이전과 이후의　공익
관련 행정판례의 전개와 그 발전방향에 대해 논구하는 것을 기본적인 목적
으로 한다.

　청담 선생은 일생동안 행정법의 연구와 교육에 헌신하셨지만 그의 학
문세계에서 가장 두드러지는 것은 그의 공익론이다. 그는 일생동안 행정법
의 연구와 교육에 헌신하였는데 그의 공익론은 이러한 그의 학문세계를 배
경으로 하고 있다. 청담은 스승이신 목촌 김도창 박사의 학풍을 이어받았
고 그의 공익론은 그 연장선상에서 전개된 것이다. 또한 그의 공익론은 주
로 독일의 공익론의 바탕 위에 동양의 공익사상을 검토하고 그에 근거하여
우리 행정법학에서 공익 관념이 어떠한 법리적 의미를 가지는가 하는 점을
논의하였다.

　그의 공익관념은 종래의 규준적 공익관과 잠재적공익관의 변증법적 지
양의 과정을 통하여 성립한다. 그는 규준적 공익의 필요성을 인정하지만
우리 시대와 같은 다원화시대에서 잠재적 공익의 발견이 더욱 본질적인 과
제임을 인식하고 잠재적 공익판단의 절차적 구조화를 주장한다. 이러한 그
의 공익 개념에 대한 천착의 궁극적 목표는 공익의 법문제화이다. 공익판
단이 실제로는 법적 판단에 있어서 핵심적인 기능을 하는 것이었음에도 공
익판단은 종래 법판단이라는 인식이 충분하지 못하였다.

　'공익의 법문제화'라는 목표를 위하여 그는 공익개념을 여러 가지로 분
석하는데, 진정공익과 사실적 공익의 구분을 구분하고 진정공익을 실현하도
록 하는 것이 결국 공익의 법문제화의 과제임을 시사한다.

　결과적으로 청담은 그동안 우리 학계에서 막연하게만 논의되던 공익
관념에 대한 깊이 있는 성찰을 하고 이것은 이후의 한국 행정법학의 공익

관념의 발전에 초석이 되었을 뿐만 아니라 향후의 행정판례에서의 공익관 념에도 영향을 미쳤다.

청담 최송화 교수의 학문세계의 핵심을 이루는 공익론은 아직도 우리 학계와 판례이론에서 광범위하게 받아들여지지는 않고 있으며 그의 공익론 에 근거한 공익의 법문제화는 아직도 초보단계에 있다고 생각된다. 그러나 이미 살펴본 바와 같이 행정판례에서 나타난 공익논증의 구조화와 법토포 스로서의 공익 개념의 진전은 공익과 사익만이 아니라 공익과 다른 공익의 충돌마저 빈번한 우리 사회가 공익에 대한 보다 철저하고 구조적인 이해와 논증의 문제의식을 확고히 채택하고 있다는 확신을 준다.

이처럼 청담의 공익론이 오늘의 행정판례에 스며든 모습을 보면서 향 후의 공익판단의 법문제화를 위하여 다음과 같은 제언을 하고자 한다.

첫째, 현재 공익과 사익의 충돌만을 전제로 하는 소송제도를 비롯한 각종의 법제도는 공익과 다른 공익의 충돌도 염두에 두는 방향으로의 변화 가 이루어져야 한다.

둘째로, '공익의 원칙'을 행정법의 일반원칙의 하나로서 광범위하게 적 용함으로써 법토포스로서의 공익의 활용범위를 넓힐 필요가 있다.

셋째로, 공익의 논증에서 비용-편익분석과 같은 다양한 공익에 대한 평가방법론에 대한 개발이 필요하다.

주제어: 공익, 공익의 원칙, 이익형량, 규준적 공익, 잠재적 공익

Abstract

Songwha Choi's Public Interest Theory and Related Administrative Law Cases in Korea

Yoo Hwan Kim*

The main purpose of this article is to review Professor Songwha Choi's Public Interest Theory, evaluate its impact on administrative law cases in Korea, and propose future directions. This article has been written in honor of Professor Choi upon reaching 77 (Heesoo in Korean).

Professor Songwha Choi has dedicated his whole life to research and education in the field of administrative law. The most outstanding academic achievement of Professor Choi is his Public Interest Theory. His theory builds upon Germany's public interest theories to analyze and assess public interest ideology in Korean administrative law.

His concept of public interest has been established through dialectical sublation of normative public interest and latent public interest. While acknowledging the necessity of normative public interest, his theory emphasizes the importance of identifying latent public interest in this pluralistic society and advocates structuring the process for assessing latent public interest. His theory differentiates 'true public interest' from 'public interest as a matter of fact' and

---

* Professor, School of Law, Ewha Womans University; President, Korean Public Law Association.

claims that procedural requirements should direct identifying the true public interest.

Professor Choi has developed a deep understanding of the concept of public interest, which became the foundation of legal conceptualization of public interest in Korean administrative law. His theory, I believe, has influenced many administrative law cases in Korean courts.

However, his theory has not been accepted widely enough, despite its importance and wide usefulness. In Korea, a public interest is frequently in conflict with other public interests or private interests. As such, Professor Choi's Public Interest Theory can play a crucial role in shaping a structural understanding of public interest in the field of administrative law and applying it to Korean courts. With this in mind, I would like to propose a few potential directions.

First, legal systems should consider not only conflicts between a public interest and a private interest but also conflicts between a public interest and its competing public interests.

Second, 'Principle of Public Interest' should be used as one of the general principles in Korean administrative law.

Third, various evaluation methods such as cost−benefit analysis should be leveraged in developing evaluation methodology for legal argumentation of public interest.

Key Words: Public interest, Principle of public interest, Balancing conflicting interests, Normative public interest, Latent public interest

투고일 2018. 5. 31.
심사일 2018. 6. 12.
게재확정일 2018. 6. 19.

行政의 實效性確保手段

醫療公法(Medical Public Law)의 基礎로서의
    (齒科)醫療行爲 (安東寅)

醫療公法(Medical Public Law)의
基礎로서의 (齒科)醫療行爲*
― 의료행위의 개념 및 범주에 대한 공법적 고찰 ―

安東寅**

대상판결: 대법원 2016. 7. 21. 선고 2013도850 전원합의체 판결

Ⅰ. 판결의 개요

1. 사실관계

피고인은 서울 강남구에서 치과병원을 운영하는 치과의사로서, 면허된 것 이외의 의료행위를 하여서는 아니 됨에도 불구하고, 2011. 10. 7.

---

* 이 연구는 2018년도 영남대학교 학술연구조성비에 의한 것임.
** 영남대학교 법학전문대학원 교수.

자신의 병원에서 甲에게 보톡스 시술법을 이용한 눈가와 미간의 주름 치료를, 乙에게 보톡스 시술법을 이용한 미간의 주름 치료를 함으로써 면허된 것 이외의 의료행위를 하였음을 이유로 의료법위반죄로 공소제기되었다.

2. 소송경과

1심 판결은 피고인에 대한 공소사실을 인정하였으나, 피고인에게 동종 범죄전력이 없고 이 사건 범행경위에 참작할 사유가 없지 아니한 점 등 피고인에게 유리한 정상을 참작하여 벌금 1백만 원의 형의 선고를 유예하였다. 이에 대해서 피고인이 항소하였으나 원심은 이를 받아들이지 아니하고 피고인의 유죄를 인정한 1심 판결을 유지하였다. 그러나 대법원은 원심의 판단에 치과의사의 면허된 의료행위의 해석에 관한 법리를 오해하여 판결 결과에 영향을 미친 위법이 있다고 판단하여 원심을 파기환송하였다.

3. 판결요지

(1) 1심의 판단(서울중앙지방법원 2012. 10. 26. 선고 2012고정3766 판결)

의료법 위반의 공소사실에 대해서 피고인은 의료법은 치과의사에 대한 면허된 의료행위의 내용을 명확하게 규정하고 있지 않으므로, 치과의사에 대한 교육과정, 치과학회의 연구 성과 등에 비추어 보면 보톡스 시술법에 의한 안면심미치료에 해당하는 이 사건 주름치료는 치과의료행위의 범위에 포함된다고 주장하였다.

이에 대해서 1심 법원은 "의료법은 의사, 치과의사 등의 면허된 의료행위의 내용에 관한 정의를 내리고 있는 법조문이 없으므로 구체적인 행위가 면허된 것 이외의 의료행위에 해당하는지 여부는 구체적 사안에 따라 의료법의 목적, 구체적인 의료행위에 관련된 규정의 내용, 구체적인 의료행위의 목적, 태양 등을 감안하여 사회통념에 비추어 판단하여야 할 것이다."라고 전제하면서, "의료법상 치과의사의 임무로 되어 있는 치과 의료행위는 치의학적 전문지식을 기초로 하는 경험과 기능으로 진찰, 검안, 처방, 투약 또는 치외과적 시술을 시행하여 하는 질병의 예방이나 치료행위를 지칭하는 것이라고 할 것인데, 보톡스 시술법을 이용한 눈가, 미간의 주름 치료는 치의학적 전문지식을 기초로 하는 치외과적 시술이라고 볼 수 없을 뿐만 아니라, 눈가, 미간의 주름이 치과 의료행위의 대상이 되는 질병 등에서 기인한 것으로 볼 수도 없다고 할 것이므로, 피고인이 한 보톡스 시술법을 이용한 눈가, 미간의 주름 치료는 치과의사의 면허된 것 이외의 의료행위에 해당한다."라고 판단하였다.

(2) 원심의 판단(서울중앙지방법원 2013. 1. 10. 선고 2012노 3688 판결)

1심 판결에 대해서 피고인은 무면허 의료행위에 대한 처벌을 규정하고 있으면서도 어떠한 행위가 치과 의료행위에 해당하는지에 대해서 명확하게 규정하고 있지 않은 의료법상 조항은 헌법상 명확성의 원칙에 위반되고, 이 사건 보톡스 시술은 의료법에서 의미하는 치과 의료행위에 해당하며, 피고인은 치과의사에게도 보톡스 시술이 허용되는 것으로 알고 이 사건 시술을 한 것이므로 의료법위반의 고의가 없었음을 주장하면서 항소를 제기하였다.

이에 대해서 원심은 우선 명확성의 원칙 위반에 대한 주장에 대해서는 기존의 헌법재판소의 태도에 따라서 "의료법 조항 중 치과 의료행위 부분은 의료법의 입법목적, 의료인의 사명에 관한 의료법상의 여러 규정들과 치과 의료행위에 관련된 법령의 변천과정, 의사와 치과의사의 자격을 구분하여 두고 치과의사로 하여금 치과 의료와 구강 보건지도만을 담당하도록 한 취지, 일반인들의 의사와 치과의사에 대한 인식 등을 종합하여 볼 때, 치과 의료란 치아와 그 주위 조직 및 구강을 포함한 악안면 영역의 질병이나 비정상적 상태 등을 예방 · 진단하고 치료하는 것으로 해석할 수 있으므로, 위 의료법상 조항은 명확성의 원칙에 위배된다고 볼 수 없다."[1]라고 판단하였다.

　　그리고 보톡스 시술이 치과 의료행위에 포함되는지 여부에 대해서는 "① 의료법상 치과 의료행위란 치아와 그 주위 조직 및 구강을 포함한 악안면 부분에 한정되는데, 이 사건 보톡스 시술은 눈가와 미간에 한 것으로서 치아 주위 및 악안면 부분에 해당하지 않는 점, ② 피고인은 수사기관에서 이갈이 환자 또는 입악다물기 환자의 경우 근육 경련 등의 결과로 눈가와 미간에 주름이 생길 수 있기 때문에 이를 수정하기 위해 눈가와 미간에도 보톡스 시술을 할 수 있다고 주장하였으나, 위와 같은 증상이 있는 환자에게 그 결과로 눈가 또는 미간에 주름이 생기는지 여부도 불분명하고, 위 증상을 고치기 위해 턱근육에 보톡스 시술을 하는 것을 넘어서서 그 결과로 생긴 눈가와 미간 주름의 주름제거까지 치과치료에서 예정하는 바라고 보기도 어려운 점, ③ 설령 위 증상이 있는 환자의 경우에는 예외적으로 눈가와 미간의 보톡스 치료가 허용된다 하더라도, ㉠ 이 사건 시술을 받은 환자의 차트에 이갈이 또는 입악다물기 증상이 있다는 기재가 없고, ㉡ 피고인은 직장인들을 위하여 보톡스 시술을 저렴하게 하고 있다고 광고하면서 위 광고에 '이마 미간, 입술교정 및 이갈이 방지를 위한 보톡스 할인을 시행하고 있습니다.'라는 문구를 기재하여 이마 미간과 이갈이 방지를 별도로 구분하고 있고, 보톡스 시술로 인하여 눈가 및 이마 주름과 사각턱이 개선된 시술사진을 게시하기도 하였는데 이는 이갈이 또는 입악다물기 증상과는 관련이 없는 것으로 보이므로, 피고인이 이갈이 또는 입악다물기 증상으로 인

---

1) 헌법재판소 2007. 3. 29. 선고 2003헌바15,2005헌바9(병합) 결정.

한 결과를 교정하기 위해 보톡스 시술을 하였다고 보기는 어려운 점 등을 종합하여 볼 때, 이 사건 보톡스 시술이 치과 의료행위에 포함된다고 보기 어렵다."라고 판단하여 피고인의 주장을 받아들이지 않았다.

또한 피고인에게 의료법위반의 고의가 있었는지 여부와 관련하여서도 "피고인은 미용성형 수술은 의료의 기초적이고 초보적인 행위이기 때문에 일반 의사든지, 치과의사든지 간에 메스를 넣고 치료를 할 수 있는 기술을 가진 사람이라면 누구나 할 수 있다고 주장하면서 그 근거로 서울고등법원 1971. 9. 20. 선고 70노 1014 판결을 들고 있으나, 위 판결은 대법원 1972. 3. 28. 선고 72도342 판결로 확정되어 유지되었다가, 대법원 1974. 11. 26. 선고 74도1114 전원합의체 판결로 위 대법원 판결이 폐기됨으로써 그 선례성을 상실하였다."라고 하면서 피고인에게 의료법위반의 고의가 있었던 점 역시 인정하여, 피고인의 항소를 기각하였다.

(3) 대법원의 판단

[의료인에 대한 무면허 의료행위의 규제 취지]

대법원은 우선 의료법이 의사, 치과의사 및 한의사가 각자 면허를 받아 면허된 것 이외의 의료행위를 할 수 없도록 규정한 취지는 "각 의료인의 고유한 담당 영역을 정하여 전문화를 꾀하고 독자적인 발전을 촉진함으로써 국민이 보다 나은 의료 혜택을 누리게 하는 한편, 의사, 치과의사 및 한의사가 각자의 영역에서 체계적인 교육을 받고 국가로부터 관련 의료에 관한 전문지식과 기술을 검증받은 범위를 벗어난 의료행위를 할 경우 사람의 생명·신체나 일반 공중위생에 발생할 수 있는 위험을 방지함으로써 궁극적으로 국민의 건강을 보호하고 증진하기 위한 데 있다."라고 보았다.

[면허된 의료행위의 내용 및 판단기준]

　　그런데 대법원은 의료법이 의사·치과의사·한의사의 세 가지 직역이 각각 구분되는 것을 전제로 규율하면서 각 직역의 의료인이 '면허된 것 이외의 의료행위'를 할 경우 형사처벌까지 받도록 규정하고 있으나, 막상 각 의료인에게 '면허된 의료행위'의 내용이 무엇인지, 어떠한 기준에 의하여 구분하는지 등에 관하여는 구체적인 규정을 두고 있지 않다고 하면서, 이는 "의료행위의 종류가 극히 다양하고 그 개념도 의학의 발달과 사회의 발전, 의료서비스 수요자의 인식과 요구에 수반하여 얼마든지 변화될 수 있는 것임을 감안하여, 법률로 일의적으로 규정하는 경직된 형태보다는 시대적 상황에 맞는 합리적인 법 해석에 맡기는 유연한 형태가 더 적절하다는 입법 의지에 기인한다."라고 파악하였다. 그리고 "의사나 치과의사의 의료행위가 '면허된 것 이외의 의료행위'에 해당하는지는 구체적 사안에 따라 의사와 치과의사의 면허를 구분한 의료법의 입법 목적, 해당 의료행위에 관련된 법령의 규정 및 취지, 해당 의료행위의 기초가 되는 학문적 원리, 해당 의료행위의 경위·목적·태양, 의과대학 등의 교육과정이나 국가시험 등을 통하여 해당 의료행위의 전문성을 확보할 수 있는지 등을 종합적으로 고려하여 사회통념에 비추어 합리적으로 판단하여야 한다."라고 설시하였다.

[치과의사에게 허용되는 의료행위의 판단시 추가적인 고려사항]

　　다만 대법원은 치과의사의 의료행위의 경우, 치과의사의 의료행위와 의사의 의료행위가 전통적인 관념이나 문언적 의미만으로 구분될 수 있는 것은 아니고, 의료행위 개념 자체가 가변적일 뿐만 아니라, 의약품과 의료기술 등의 변화·발전 양상을 반영하여 전통적인 치과진료 영역을 넘어서 치과의사에게 허용되는 의료행위의 영역이 생겨날 수도 있다고 하면서 이와 같은 관점을 더하여 치과의사에게 허용되는 의료행위의 범위를 파악하여야 함을 덧붙였다.

[미용 목적의 안면부 보톡스 시술이 치과의사의 치과 의료행위에 해당하는지 여부]

그리고 이와 같은 기준에 따라서 대법원은 "의료법 등 관련 법령이 구강악안면외과를 치과 영역으로 인정하고 치과의사 국가시험과목으로 규정하고 있는데, 구강악안면외과의 진료영역에 문언적 의미나 사회통념상 치과 의료행위로 여겨지는 '치아와 구강, 턱뼈 그리고 턱뼈를 둘러싼 안면부'에 대한 치료는 물론 정형외과나 성형외과의 영역과 중첩되는 안면부 골절상 치료나 악교정수술 등도 포함되고, 여기에 관련 규정의 개정 연혁과 관련 학회의 설립 경위, 국민건강보험공단의 요양급여 지급 결과 등을 더하여 보면 치아, 구강 그리고 턱과 관련되지 아니한 안면부에 대한 의료행위라 하여 모두 치과 의료행위의 대상에서 배제된다고 보기 어려운 점, 의학과 치의학은 의료행위의 기초가 되는 학문적 원리가 다르지 아니하고, 각각의 대학 교육과정 및 수련과정도 공통되는 부분이 적지 않게 존재하며, 대부분의 치과대학이나 치의학전문대학원에서 보톡스 시술에 대하여 교육하고 있고, 치과의료 현장에서 보톡스 시술이 활용되고 있으며, 시술 부위가 안면부라도 치과대학이나 치의학전문대학원에서는 치아, 혀, 턱뼈, 침샘, 안면의 상당 부분을 형성하는 저작근육과 이에 관련된 주위 조직 등 악안면에 대한 진단 및 처치에 관하여 중점적으로 교육하고 있으므로, 보톡스 시술이 의사만의 업무영역에 전속하는 것이라고 단정할 수 없는 점 등을 종합하면, 환자의 안면부인 눈가와 미간에 보톡스를 시술한 피고인의 행위가 치과의사에게 면허된 것 이외의 의료행위라고 볼 수 없고, 시술이 미용 목적이라 하여 달리 볼 것은 아니"라고 판단하였다.

Ⅱ. 관련법령(의료법)

제1조(목적) 이 법은 모든 국민이 수준 높은 의료 혜택을 받을 수 있도록 국민의
료에 필요한 사항을 규정함으로써 국민의 건강을 보호하고 증진하는 데에 목적이
있다.

제2조(의료인) ① 이 법에서 "의료인"이란 보건복지부장관의 면허를 받은 의사·
치과의사·한의사·조산사 및 간호사를 말한다.

② 의료인은 종별에 따라 다음 각 호의 임무를 수행하여 국민보건 향상을 이루고
국민의 건강한 생활 확보에 이바지할 사명을 가진다.

　1. 의사는 의료와 보건지도를 임무로 한다.

　2. 치과의사는 치과 의료와 구강 보건지도를 임무로 한다.

　3. 한의사는 한방 의료와 한방 보건지도를 임무로 한다.

　(이하 생략)

제27조(무면허 의료행위 등 금지) ① 의료인이 아니면 누구든지 의료행위를 할
수 없으며 의료인도 면허된 것 이외의 의료행위를 할 수 없다. 다만, 다음 각 호
의 어느 하나에 해당하는 자는 보건복지부령으로 정하는 범위에서 의료행위를 할
수 있다.

　(각 호 생략)

제87조(벌칙) ① 다음 각 호의 어느 하나에 해당하는 자는 5년 이하의 징역이나
5천만원 이하의 벌금에 처한다.

　1. (생략)

　2. 제12조제2항 및 제3항, 제18조제3항, 제21조의2제5항·제8항, 제23조제3
항, 제27조제1항, 제33조제2항·제8항(제82조제3항에서 준용하는 경우를 포함
한다)·제10항을 위반한 자. 다만, 제12조제3항의 죄는 피해자의 명시한 의사에
반하여 공소를 제기할 수 없다.

Ⅲ. 평석

1. 쟁점의 정리

종래 의료법은 통상적으로 이른바 의료사고에 기한 의료분쟁, 즉 민사소송에서 적용되는 준거로서 기능하여 왔던 예가 많았다. 그렇지만 의료법은 어디까지나 국민의 건강을 보호·증진하기 위하여 국민의료에 필요한 제반 사항을 규정하고 있는 '공법'이라 할 것이다. 따라서 수범자들에게 의료법의 목적을 달성하기 위한 '공법상 의무'가 부과되고 이를 매개로 한 규제가 이루어지고 있는데, 이와 같은 규제들은 국민의 생명과 신체에 직접적으로 연관되는 것이므로, 의료법상의 여러 규제 혹은 공법상 의무의 부과는 본질적으로 헌법 제10조에 그 바탕을 두고 있다고 볼 수 있다. 즉 국민의 생명이나 신체에 영향을 미칠 수 있는 의료행위에 대한 규제는 바로 인간의 존엄과 가치를 보장하여야 할 국가의 헌법적 의무의 일환이라고 할 수 있을 것이다.[2]

한편 과학기술과 의료기술 및 의학의 급속한 발전으로 말미암아 의료분야에서도 종전에는 예상치 못하였던 상황들이 등장하게 되었다. 이른바 기존의 전형적인 의료행위, 치과 의료행위와는 구분되는 중간적·혼합적·중첩적 의료행위들이 발생하게 된 것이다.[3] 그런데 우리 의료법은 의료행위에 대해서 명확하게 규정하고 있지 아니한 관계로 기존의

---

2) 이인영, "의료행위의 현대적 의의와 과제", 『법과 정책연구』 제7집 제1호(2007. 6), 28면.
3) 새롭게 등장하게 된 중간적·혼합적·중첩적 의료영역에 대한 법적 대처 및 판단에 대해서는 도규엽, "중간적·혼합적·중첩적 의료영역과 치과의사의 무면허 의료행위", 『형사정책연구』 제28권 제2호(2017. 6) 참조. 이 글(141-142, 147면)은 이 사안에서 문제되었던 치과의사의 안면부 보톡스 시술 허용 여부를 기존에 의사의 배타적 면허범위 내의 의료행위로 인정되던 것이 치과의사에게도 허용될 수 있는지 여부의 문제로 보면서, 이를 의사와 치과의사 간의 중첩적 의료영역에 위치한 것으로 평가하고 있다.

규제의 틀에 비추어서는 제대로 판단하기 어려운, 이와 같은 새로운 의료영역에 대한 법적 판단이 문제되고 있고, 이는 보다 구체적으로는 무면허 의료행위에 대한 규제의 문제로 표출된다.

사안에서는 치과의사가 미용 목적의 심미치료의 일환으로 환자의 안면부에 보톡스를 시술한 것이 의료법 위반인지, 즉 그와 같은 시술이 치과의사가 면허된 것 이외의 의료행위를 한 것인지 여부가 문제되었다. 그리고 대상판결은 이를 판단하면서 의료법이 의사와 치과의사의 업무 및 면허를 구분하고 있는 취지 및 그 구분기준 등을 살피고, 이를 기초로 하여 치과의사가 심미치료의 일환으로 안면부에 보톡스를 시술한 것이 의료법에서 규제하고 있는 무면허 의료행위에 해당하는지 여부를 판단하였다.

아래에서는 대상판결의 구체적 내용을 검토하기에 앞서, 우선 의료법에서 의사와 치과의사에게 부과하고 있는 공법상 의무의 의의와 기능을 살펴보는데서 논의를 시작하기로 한다. 즉 의료법상 행위규범과 공법상 의무의 의의 및 기능, 그리고 이와 같은 공법상 의무를 구성요건으로 하고 있는 행정형벌의 특수성에 대해서 살펴보고(2.), 그와 같은 공법상 의무의 내용을 구성하고 있는 의료행위의 개념에 대해서 미국법과 우리 의료법의 규정형식을 비교·검토한 후(3.), 이를 바탕으로 대상판결에 대해서 고찰해 보기로 한다(4.). 그리고 대상판결의 검토는 기본적으로 반대의견에 찬동하는 입장에서 다수의견을 비판적으로 살펴보고자 한다.

2. 의료법상 행위규범과 공법상 의무

(1) 의료법상 규제와 공법상 의무

의료법은 '모든 국민이 수준 높은 의료 혜택을 받을 수 있도록 국민의료에 필요한 사항을 규정함으로써 국민의 건강을 보호하고 증진하

는 것'을 그 목적으로 천명하고 있다(의료법 제1조). 그리고 이를 위하여
의료와 보건지도를 임무로 하는 의사, 치과 의료와 구강 보건지도를 임
무로 하는 치과의사 및 한방 의료와 한방 보건지도를 임무로 하는 한의
사 각각에 대해서 그 임무의 수행을 통하여 국민보건의 향상을 이루고
국민의 건강한 생활 확보에 이바지할 사명을 부여하고 있다(의료법 제2
조 제2항).

그런데 의료인에 대하여 위와 같이 임무를 부여하고 그에 대한 수
행을 요청하는 것은 논리필연적으로 의료인이 아닌 자가 의료행위를 수
행하는 것과 의료인이라 할지라도 면허된 것을 넘어서는 의료행위를 수
행하는 것을 금지하게 된다(의료법 제27조 제1항). 즉 의료법의 목적에 따
라서 국민 일반과 의료인에 대하여 무면허 의료행위의 금지라는 공법상
의무가 부여되는 것이다.

이와 같은 공법상 의무의 부여는 의료행위의 수행을 단순히 사회
구성원의 자율이나 시장원리에 맡겨둘 경우 발생할 수 있는 국민건강에
대한 심대한 장애를 방지하고자 하는 것이라는 점에서 잠재되어 있는
사회적 문제의 해결 혹은 그에 대한 예방을 위한 정부개입의 일환이라
고 파악할 수 있다. 즉 이는 사회적 규제의 일종인 것이다.[4]

이와 같은 공법적 규제에 따라서 부여되는 공법상 의무는 사적 자
치의 원칙이 인정되지 않고 공익실현을 위한 공법적 원리가 적용된다는
점에서, 그리고 기본적으로 법치행정의 원리가 적용된다는 점에서 단순
한 윤리적 의무 및 계약의 대상으로서의 의무와 구별된다. 또한 그 각
각은 '윤리적 의무 ⊃ 계약의 대상으로서의 의무 ⊃ 공법상 의무'와 같
은 포함관계 내지 광협의 범주를 지니게 된다 할 것이다.

---

4) 사회적 규제의 특성에 대해서는 최병선, 『정부규제론: 규제와 규제완화의 정치경
제』, 법문사, 2008, 413면 이하 참조.

(2) 공법상 의무의 기능

공법상 규제로서 부과되는 공법상 의무의 근거법규는 우선 당사자에게 행위규범으로서 작용하게 된다. 즉 의료법의 적용과 관련하여 의료인은 의료법 제2조 및 제27조 등에 기하여 자신에게 허용되는 의료행위의 범위를 확인하고 이에 따라서 행위할 수 있게 되는 것이다. 그리고 이와 같은 행위규범으로서의 기능은 공법상 의무를 담보하고 그에 반하는 무면허 의료행위를 제재하는 의료법 제87조의 행정형벌 규정을 통하여 보다 명확해지고 극대화된다.

또한 법원은 의료법이 허용하고 있는 의료행위의 범주를 넘어서는 행위를 한 의료인에 대해서 의료법 제87조를 재판규범으로 적용함으로써 이와 같은 공법상 의무의 이행을 담보하게 된다. 즉 공법상 의무를 통한 행위규범은 행정형벌을 통하여 행위규범을 넘어 재판규범으로 전화하게 되며, 보다 구체적으로 이 경우 행정형벌의 구성요건으로서 기능하게 된다.

따라서 이른바 형법의 보충성의 원칙(Subsidiaritätsprinzip)을 감안할 때, 공법상 의무는 통상적으로는 형벌구성요건보다 넓은 범위에서 인정된다 할 것이나(즉, '공법상 의무 ⊃ 형벌구성요건'), 행정형벌의 경우에는 양자의 범위가 일치하는 것으로 볼 수밖에 없다(즉, '공법상 의무 = 형벌구성요건').

(3) 행정형벌의 특수성

위와 같은 관계로부터 공법상 의무를 구성요건으로 하는 행정형벌의 특수성에 대한 검토가 요청된다. 이는 특히 "본법 총칙은 타법령에 정한 죄에 적용한다. 단, 그 법령에 특별한 규정이 있는 때에는 예외로 한다."라고 규정하고 있는 형법 제8조의 해석과 관련하여 문제되고 있다. 즉 행정형벌이 형법 제8조 본문에서 규정하고 있는 '다른 법령에 정한 죄'에 해당하는지 여부가 문제되는 것이며, 나아가 형사벌과 구별되는 행정형벌의 특수성을 근거로 위 제8조 단서의 취지를 감안할 수는 없는지 여부가 문제되는 것이다.

이에 대한 검토에 앞서 우선 형사벌의 대상이 되는 형사범과 행정형벌의 대상이 되는 행정범의 구별이 필요하다. 이에 대해서는 피침해규범의 성질을 기준으로 구별하는 것이 일반적이다. 즉 형사범은 그 행위의 반도덕성 · 반사회성이 당해 행위를 범죄로 규정하는 실정법을 기다릴 것 없이 일반적으로 인식되고 있는 범죄로, 행정범은 그 행위의 반도덕성 · 반사회성이 당해 행위를 범죄로 규정하는 법률의 제정에 의하여 비로소 인정되는 범죄로 파악하는 것이다.[5] 이를 규범형식과 관련하여 살펴보면, 형사범에 대해서는 행위규범을 전제하지 않고 곧바로 재판규범만을 정립함에 반하여, 행정범은 행위규범을 먼저 명시한 후 벌칙조항에서 그 재판규범을 규정한다는 점에서 양자 간의 차이점을 인식할 수 있다.[6] 또한 이에 더하여 현대 사회에서의 헌법의 실질적 · 포괄적 규범력을 염두에 둘 때, 형사범은 기본권 제한사유로서의 목적의 정당성에 대한 별도의 논증이 필요 없이 바로 제재수단인 형량의 비례성이 검토될 수 있는 반면에, 행정범은 (행정질서벌과의 관계에서) 행정형벌에 대한 비례성의 검토에 앞서 그에 대한 처벌의 전제가 되는 행위규범, 즉 공법상 의무의 근거에 대해서 그 목적의 정당성을 논증하여야 한다는 차이점이 제시되기도 한다.[7]

이와 같은 형사벌과 행정형벌의 차이점을 전제로 형법 제8조를 검토할 때, 형사벌과 행정벌은 행위규범에 대한 목적의 정당성 심사의 요부라는 차이점이 있지만 양자 모두 범죄(형사범과 행정범)를 대상으로 하

---

5) 박균성, 『행정법론(상)』(제16판), 박영사, 2017, 576면.
6) 박정훈, "협의의 행정벌과 광의의 행정벌: 행정상 제재수단과 법치주의적 안전장치", 『법학』 제41권 제4호(2001), 285면.
7) 위의 글, 285면.

며, 또한 양자 모두 목적달성을 위한 수단으로서 형벌을 사용한다는 점
에서는 동일하기 때문에 형법총칙의 적용에 있어서 어떠한 차이점을 인
정하여서는 아니 된다 할 것이다. 또한 피고인 보호를 위한 법치주의적
안전장치로서의 형법총칙의 기능적 의의를 고려할 때, 행정벌에 대해서
그 적용을 배제할 이유와 필요성 모두를 인정할 수도 없을 것이다. 다
만 죄형법정주의의 관점에서 형벌의 축소와 경감까지 금지되는 것은 아
니므로, 형법 제8조 단서의 취지는 이와 같은 차원에서 행정벌의 특수
성을 고려할 수 있다고 인정되는 것이 일반적이다.8)

요컨대 형사벌과 구별되는 행정형벌의 특수성은 결국 행위규범, 즉
공법상 의무에 대한 근거법규의 해석문제로 귀결된다 할 수 있다. 그리
고 이를 대상판결과 관련하여 살펴보면, 의료법 제87조 제1항 위반죄의
본질은 결국 의료법 제27조 제1항에서 규정하고 있는 무면허 의료행위
금지에 대한 목적의 정당성과 규제의 적정성 등에 대한 검토의 문제로
환원된다 할 수 있다. 이에 아래에서는 논의의 기초가 되는, 우리 의료
법과 판례를 통하여 규율되고 있는 '의료행위'의 내용과 범주에 대해서
살펴보기로 한다.

3. 의료법상 '의료행위'에 대한 고찰

(1) '의료행위'(practice of medicine) 규정에 대한 미국법의
검토

우선 비교법적 검토의 차원에서 우리와는 달리 입법적으로 의료행
위에 대해서 비교적 구체적으로 규율하고 있는 미국의 법제를 살펴보기
로 한다. 다만 미국의 경우 연방차원에서의 의료법은 존재하지 않으므
로, 미국의 입법례는 각 주의 경우를 개별적으로 살펴보아야 한다. 그리

---

8) 박균성, 앞의 책, 577-578면; 박정훈, 위의 글, 286면.

고 미국법의 경우 '의료행위'(practice of medicine)의 개념에 관하여 보편적인 정의규정을 두고 있지는 아니하나, 각 주의 의료 관련 법률에서 정의하거나 전제로 하고 있는 의료행위 개념은 대체적으로 공통적인 개념징표들의 전부 또는 일부를 포함하고 있음을 확인할 수 있다.

　이와 같은 개념징표들은 다음과 같다. ① 질병의 진단, 처치, 예방 및 치료(Diagnosis, Treatment, Prevention & Cure of Disease), ② 공중에 대한 의사로서의 표방(Holding Oneself out to the Public), ③ 보수, 선물 또는 보상의 수령의사(Intending to receive a Fee, Gift, or Compensation), ④ 자격의 부여(Attaching a Title), ⑤ 의료기관의 유지(Maintaining an Office), ⑥ 수술의 시행(Operating or Performing Surgery), ⑦ 약물의 사용, 관리 또는 처방(Using, Administering, or Prescribing Drugs), ⑧ 그 외의 다양한 정의규정(Miscellaneous Definitional Provisions).9)

　우선 미국의 모든 주에서 질병의 진단(diagnosis), 처치(treatment), 예방(prevention), 치료(cure), 상담(advice), 처방(prescribe for) 기타 이와 유사한 단어를 포함하여 의료행위에 대해서 규정하고 있다. 즉 이 부분이 의료행위 규정의 가장 핵심적인 내용이라고 볼 수 있다. 그리고 3/4 가량의 주(38개)에서 대중에 대하여 의사(medical practitioner)로서 표방하는 것을 의료행위의 개념에 포함하고 있으며,10) 일부 주(10개)는 보수 등을 수령할 의사로써 질병을 진단하고 처치하는 것을 의료행위의 내용으로 규정하고 있기도 하다.11) 또한 절반이 넘는 주(27개)가 의사의 자

---

9) 이상의 개념징표들의 추출 및 설명에 대해서는 M. H. Cohen, "A Fixed Star in Health Care Reform: The Emerging Paradigm of Holistic Healing", Ariz. St. L. J. Vol.27(1995), pp.97－103; 이인영, 앞의 글, 29면 이하 참조.

10) 이 중 Florida[*Reams v. State*, 279 So. 2d 839, 842 (Fla. 1973)]와 New York[*People v. Mastromarino*, 265 N.Y.S. 864, 864－65 (N.Y. Sup. Ct. 1933)]의 경우에는 관계 법령에서 의사로서의 표방을 명시적으로 포함하고 있지는 않지만, 이는 판례상 인정되고 있다(Cohen, *Ibid.*, p.99).

11) 반면에 이와 비교하여 아래의 표에서 '×'로 표시한 5개의 주(Alabama, Hawaii, Louisiana, Maryland, Utah)는 의료행위와 관련하여 '보상과 관계없음'을 명시하고 있다.

격과 명칭의 부여를 의료행위의 요소로 구성하고 있으며, 일부 주(10개)
는 이에 더하여 의료기관의 유지를 의료행위의 개념요소로 보고 있기도
하다.12) 한편 3/4 정도의 주(36개)는 의료행위의 개념 안에 외과수술이
나 수술의 시행을 포함하고 있고,13) 2/3 정도의 주(29개)가 약물의 사
용, 관리 또는 처방을 의료행위의 개념요소로 규정하고 있다.14) 각 주
의 법률에서 규정하고 있는 의료행위 개념이 위와 같은 개념징표를 어
느 정도로 반영하고 있는지를 정리하면 아래 표와 같다.

미국 각 주의 의료행위 규정의 개념 징표15)

연번	주명 (각주 부분: 주법령의 근거)	질병의 진단,처치, 예방 및 치료	의사로서의 표방	보수, 선물 또는 보상의 수령의사	자격의 부여	의료기관의 유지	수술의 시행	약물의 사용, 관리 또는 처방
1	Alabama16)	○		×	○	○		
2	Alaska17)	○	○		○		○	
3	Arizona18)	○					○	
4	Arkansas19)	○	○	○	○	○	○	○
5	California20)	○	○				○	
6	Colorado21)	○			○	○	○	○
7	Connecticut22)	○		○				
8	Delaware23)	○	○					
9	Florida24)	○	判				○	
10	Georgia25)	○	○					
11	Hawaii26)	○	○	×				○
12	Idaho27)	○	○					
13	Illinois28)	○	○		○		○	○
14	Indiana29)	○	○		○	○	○	○

---

12) 이 중 Texas의 경우 관계법령에서 의료기관의 유지를 명시적으로 포함하고 있지는
   않지만, 이는 판례상 인정되고 있다[*Black v. State*, 216 S.W. 181 (Tex. Crim. App.
   1919); Cohen, *op. cit.*, p.101].
13) 이 중 Massachusetts의 경우 관계법령에서 수술의 시행 등을 명시적으로 포함하고
   있지는 않지만, 이는 판례상 인정되고 있다[*Commonwealth v. Dragon*, 132 N.E.
   356, 357 (Mass. 1921); Cohen, *Ibid.*, p.101].
14) '처방'(prescription; prescribe)은 통상 '약물'을 대상으로 하는 것이기는 하나, 약물
   이외의 의사의 처치를 그 대상으로 하는 경우도 있으므로, 해당 개념요소는 관계
   법령에서 'prescribe'의 대상으로서 '약물'(drug, medicine)을 명시적으로 규정하거
   나 포함하고 있는 경우만을 계상하였다.

No.	State							
15	Iowa[30)	○	○				○	○
16	Kansas[31)	○	○		○		○	○
17	Kentucky[32)	○						
18	Louisiana[33)	○	○	×				○
19	Maine[34)	○	○		○		○	○
20	Maryland[35)	○	○	×			○	○
21	Massachusetts[36)	○	○		○		判	○
22	Michigan[37)	○	○					
23	Minnesota[38)	○	○					○
24	Mississippi[39)	○		○				○
25	Missouri[40)	○	○				○	
26	Montana[41)	○	○					
27	Nebraska[42)	○	○		○	○	○	○
28	Nevada[43)	○	○					
29	New Hampshire[44)	○					○	○
30	New Jersey[45)	○					○	
31	New Mexico[46)	○	○				○	○
32	New York[47)	○	判				○	
33	North Carolina[48)	○	○		○		○	○
34	North Dakota[49)	○	○	○	○		○	○
35	Ohio[50)	○	○	○	○		○	○
36	Oklahoma[51)	○	○		○		○	○
37	Oregon[52)	○	○	○	○		○	○
38	Pennsylvania[53)	○			○		○	
39	Rhode Island[54)	○	○		○		○	
40	South Carolina[55)	○	○		○		○	○
41	South Dakota[56)	○	○		○		○	○
42	Tennessee[57)	○	○				○	
43	Texas[58)	○	○	○		判		
44	Utah[59)	○		×	○	○		
45	Vermont[60)	○	○		○		○	○
46	Virginia[61)	○						
47	Washington[62)	○			○		○	○
48	West Virginia[63)	○					○	
49	Wisconsin[64)	○	○				○	○
50	Wyoming[65)	○	○		○			○

---

15) 아래의 [표]는 위에서 제시한 바에 따라서 2018. 5. 현재 미국 각 주의 의료관련 법률의 '의료행위'(practice of medicine)에 대한 규정(경우에 따라서 '자격'에 대한 규정 포함)에 포함되어 있는 개념징표의 현황을 분석한 것으로서, Cohen, *op. cit.*, pp.155−159(Appendix Ⅰ, Ⅱ)의 내용을 현행 관계법률의 규정에 근거하여 각기 확인하고 수정·보완한 것이다.

16) Ala. Code § 34−24−50.

17) Alaska Stat. Ann. § 08.64.380 (West).

18) Ariz. Rev. Stat. Ann. § 32−1401.

19) Ark. Code Ann. § 17−95−202 (West).
20) Cal. Bus. & Prof. Code §§ 2051, 2052, 2054 (West).
21) Colo. Rev. Stat. Ann. § 12−36−106 (West).
22) Conn. Gen. Stat. Ann. § 20−9 (West).
23) Del. Code Ann. tit. 24, § 1702 (West).
24) Fla. Stat. Ann. § 458.305 (West).
25) Ga. Code Ann. § 43−34−21 (West).
26) Haw. Rev. Stat. Ann. §§ 453−1, 453−2 (West).
27) Idaho Code Ann. § 54−1803 (West).
28) 225 Ill. Comp. Stat. Ann. 60/3, 60/49, 60/50.
29) Ind. Code Ann. § 25−22.5−1−1.1 (West).
30) Iowa Code Ann. § 148.1 (West).
31) Kan. Stat. Ann. § 65−2869 (West).
32) Ky. Rev. Stat. Ann. § 311.550 (West).
33) La. Stat. Ann. § 37:1262.
34) Me. Rev. Stat. tit. 32, § 3270.
35) Md. Code Ann., Health Occ. § 14−101 (West).
36) 243 Mass. Code Regs. 2.01 (administrative code).
37) Mich. Comp. Laws Ann. § 333.17001 (West).
38) Minn. Stat. Ann. § 147.081 (West).
39) Miss. Code. Ann. § 73−25−33 (West).
40) Mo. Ann. Stat. § 334.010 (West).
41) Mont. Code Ann. § 37−3−102 (West).
42) Neb. Rev. Stat. Ann. § 38−2024 (West).
43) Nev. Rev. Stat. Ann. § 630.020 (West).
44) N.H. Rev. Stat. Ann. § 329:1.
45) N.J. Stat. Ann. § 45:9−5.1 (West).
46) N.M. Stat. Ann. § 61−6−6 (West).
47) N.Y. Educ. Law § 6521 (McKinney).
48) N.C. Gen. Stat. Ann. § 90−1.1.
49) N.D. Cent. Code Ann. § 43−17−01 (West).
50) Ohio Rev. Code Ann. § 4731.34 (West).
51) Okla. Stat. Ann. tit. 59, § 492 (West).
52) Or. Rev. Stat. Ann. § 677.085 (West).
53) 63 Pa. Stat. Ann. § 422.10 (West).
54) 5 R.I. Gen. Laws Ann. § 5−37−1 (West).
55) S.C. Code Ann. § 40−47−20.
56) S.D. Codified Laws § 36−4−9.
57) Tenn. Code Ann. § 63−6−204 (West).
58) Tex. Occ. Code Ann. § 151.002 (West).
59) Utah Code Ann. § 58−67−102 (West).

(2) 우리 의료법상 의료행위에 대한 검토

1) 의료행위에 대한 개방적 규정과 의료행위 개념의 기능적 중요성

앞서 살펴본 미국의 예와는 달리 현재 우리 의료법은 '의료행위'에 대해서 명확하게 규정하고 있지 않다. 즉 우리 의료법은 '의료인이 하는 의료 · 조산 · 간호 등 의료기술의 시행'을 의료행위라고 하면서(의료법 제12조 제1항), 의료인은 (보건복지부장관의 면허를 받은) '의료와 보건지도를 임무로 하는 의사', '치과 의료와 구강 보건지도를 임무로 하는 치과의사', '한방 의료와 한방 보건지도를 임무로 하는 한의사' 및 조산사와 간호사를 말하는 것으로 규정하고 있을 뿐이다(의료법 제2조). 따라서 의료행위의 구체적 내용은 결국 판례와 (행정)해석에 맡겨져 있는 상황이라 할 수 있다.[66]

그런데 의료행위의 개념은 비단 의료법의 기초가 된다는 개념적

---

60) Vt. Stat. Ann. tit. 26, § 1311 (West).
61) Va. Code Ann. § 54.1－2900 (West).
62) Wash. Rev. Code Ann. § 18.71.011 (West).
63) W. Va. Code Ann. § 30－3－4 (West).
64) Wis. Stat. Ann. § 448.01 (West).
65) Wyo. Stat. Ann. § 33－26－102 (West).
66) 의료행위의 개념 등에 대해서는 김민중, 『의료의 법률학』, 신론사, 2011, 24면 이하; 김선욱 외 6인, 『의료와 법』, 씽크스마트, 2013, 52면 이하; 김장한/이윤성, 『의료와 법』, E*PUBLIC, 2008, 15면 이하; 김재윤, 『의료분쟁과 법』, 율곡출판사, 2015, 3면 이하; 대한의사협회, 『의료법원론』(개정판), 법문사, 2008, 7면 이하; 대한의사협회, 『의료분쟁의 이해』, 법문사, 2009, 1면 이하; 백경희, "양방의료행위와 한방의료행위의 중첩에 관한 법적 문제에 관한 소고", 『한국의료법학회 학술대회』, 2013. 11, 56면 이하; 이덕환, 『의료행위와 법』(전정판), 현문사, 2010, 11면 이하; 이상돈/이나경, 『의료법강의』(제3판), 법문사, 2017, 2면 이하; 이인영, "무면허의료행위에 관한 일 고찰", 『한국의료법학회지』 제6권 제1호(1999. 12), 167면 이하; 이인영, "의료행위의 현대적 의의와 과제", 『법과 정책연구』 제7권 제1호(2007. 6), 35면 이하; 주호노, 『의사법학론』, 법문사, 2017, 363면 이하 등 참조.

의의만을 지니는 것은 아니다. 이는 의료법 제27조에 따른 무면허 의료
행위의 규율의 대상이 되고, 나아가 「보건범죄 단속에 관한 특별조치법」
은 '영리를 목적으로 한 무면허 의료행위'에 대해서 가중처벌을 규정하
고 있기도 하다.[67] 또한 의료행위는 「의료급여법」 제7조에 따른 의료급
여[68] 및 「국민건강보험법」 제41조에 따른 요양급여[69]의 요건 혹은 내
용으로 작용한다. 따라서 의료행정 및 의료형벌을 적정하게 집행하기
위해서는 무엇보다 의료행위의 개념 및 범주를 명확히 확정하는 것이
필요하다 할 수 있다.

---

[67] 보건범죄 단속에 관한 특별조치법 제5조(부정의료업자의 처벌) 「의료법」 제27조를
위반하여 영리를 목적으로 다음 각 호의 어느 하나에 해당하는 행위를 한 사람은
무기 또는 2년 이상의 징역에 처한다. 이 경우 100만원 이상 1천만원 이하의 벌금
을 병과한다.
1. 의사가 아닌 사람이 의료행위를 업(業)으로 한 행위
2. 치과의사가 아닌 사람이 치과의료행위를 업으로 한 행위
3. 한의사가 아닌 사람이 한방의료행위를 업으로 한 행위
[68] 의료급여법 제7조(의료급여의 내용 등) ① 이 법에 따른 수급권자의 질병·부상·
출산 등에 대한 의료급여의 내용은 다음 각 호와 같다.
1. 진찰·검사
2. 약제(藥劑)·치료재료의 지급
3. 처치·수술과 그 밖의 치료
4. 예방·재활
5. 입원
6. 간호
7. 이송과 그 밖의 의료목적 달성을 위한 조치
[69] 국민건강보험법 제41조(요양급여) ① 가입자와 피부양자의 질병, 부상, 출산 등에
대하여 다음 각 호의 요양급여를 실시한다.
1. 진찰·검사
2. 약제(藥劑)·치료재료의 지급
3. 처치·수술 및 그 밖의 치료
4. 예방·재활
5. 입원
6. 간호
7. 이송(移送)

2) 의료행위의 개념: 판례의 검토

이와 같은 의료행위의 개념에 대해서 대법원은 "의료행위라 함은 의학적 전문지식을 기초로 하는 경험과 기능으로 진료, 검안, 처방, 투약 또는 외과적 시술을 시행하여 하는 질병의 예방 또는 치료행위 및 그 밖에 의료인이 행하지 아니하면 보건위생상 위해가 생길 우려가 있는 행위를 의미한다."70)라고 하면서 "의료행위의 내용에 관한 정의를 내리고 있는 법조문이 없으므로 결국은 구체적 사안에 따라 이를 정할 수밖에 없고, 의학의 발달과 사회의 발전 등에 수반하여 변화될 수 있는 것이어서, 의료법의 목적, 즉 의학상의 전문지식이 있는 의료인이 아닌 일반사람에게 어떤 시술행위를 하도록 함으로써 사람의 생명, 신체상의 위험이나 일반공중위생상의 위험이 발생할 수 있는 여부 등을 감안한 사회통념에 비추어 의료행위의 내용을 판단하여야 한다."라고 덧붙이고 있다.71) 헌법재판소 또한 이와 같은 취지에서 "의료행위는 좁은 의미에서 '상병의 부위와 원인을 전문적 기법으로 진단하여 그에 가장 적절한 대응방법을 선택하여 치료하는 것과 질병을 미연에 방지하는 것을 포함하는 것'에 그치지 않고 '질병의 예방과 치료에 관한 행위로서 의학적 전문지식이 있는 자가 행하지 아니하면 사람의 생명, 신체나 공중위생에 위해가 발생할 우려가 있는 행위'를 의미한다고 볼 수 있다."라고 판시하고 있다.72)

위와 같은 판례의 태도를 분석하면, 현재 의료행위의 범주에 포함되는 것은 크게 두 가지로 구분하여 볼 수 있다. 우선 '질병의 예방 또는 치료행위'이다. 물론 여기서 말하는 치료행위는 고정된 것으로 볼 수

---

70) 대법원 2004. 10. 28. 선고 2004도3405 판결; 대법원 1974. 11. 26. 선고 74도1114 전원합의체 판결 등.
71) 대법원 2009. 5. 14. 선고 2007도5531 판결; 대법원 2005. 8. 19. 선고 2005도4102 판결; 대법원 1974. 11. 26. 선고 74도1114 전원합의체 판결 등.
72) 헌법재판소 2005. 9. 29. 선고 2005헌바29,2005헌마434(병합) 전원재판부 등.

없고, 의학 및 의료기술 등의 발전에 따른 유동적인 개념으로서 어떠한
구체적 행위가 치료행위에 해당하는지 여부는 사회통념에 비추어 결정
하게 된다. 대표적으로 미용성형수술은 과거에는 의료행위로 인정되지
않았으나,73) 현재는 당연히 의료행위로 인정되고 있다.74)

　　다음으로 의료행위에 포함되는 범주의 행위는 '의료인이 행하지 아
니하면 보건위생상 위해가 생길 우려가 있는 행위'이다. 의료행위를 위
와 같이 전통적인 범주에 포함되는 치료행위만으로 한정할 경우 자칫
의사의 다양한 행위 및 새로운 형태의 행위를 의료행위에 포함시킬 수
없게 될 우려가 있다. 또한 의료법 제27조에서 규정하고 있는 무면허
의료행위 금지의 취지 역시 제대로 살릴 수 없게 되는 문제점이 발생할
수 있다.75) 따라서 이와 같이 치료행위를 넘어서는 범주의 의료행위를
인정할 필요성이 인정되고, 이를 판단함에 있어서는 질병의 예방과 치
료에 사용된 기기가 의료기기인지 여부는 문제되지 아니하며 의학적 전
문지식이 없는 자가 이를 질병의 예방이나 치료에 사용함으로써 사람의
생명, 신체나 공중위생에 위험을 발생케 할 우려가 있느냐의 여부에 따
라 결정하여야 한다.76)

3) 개방적 규정에 대한 평가

　　우리 의료법이 가장 기초적인 개념(요소)(이)라 할 수 있는 의료행

---

73) 예컨대 대법원 1972. 3. 28. 선고 72도342 판결은 "곰보수술, 눈쌍꺼풀, 콧날세우
　　기등 미용성형수술은 질병의 예방 또는 치료행위가 아니므로 오직 일반의사에게
　　만 허용되는 본조 소정의 의료행위라고 단정할 수 없다."라고 파악하였으나, 이는
　　대법원 1974. 11. 26. 선고 74도1114 전원합의체 판결로 폐기되었다.
74) 대법원 1974. 11. 26. 선고 74도1114 전원합의체 판결("피고인의 코높이기 수술인
　　미용성형수술이 의료기술의 시행방법으로 행하여지고 또 코의 절개과정이나 연골
　　의 삽입봉합과정에서 미균이 침입할 위험성을 내포하고 있는 것이어서 이러한 코
　　높이기 수술의 방법 및 행위의 태양을 함께 감안하면 코높이기 성형수술행위도
　　질병의 치료행위의 범주에 넣어 의료행위가 되는 것으로 해석함이 타당하다.").
75) 대한의사협회, 『의료분쟁의 이해』, 법문사, 2009, 3면.
76) 대법원 1989. 9. 29. 선고 88도2190 판결.

위에 대해서 명확하게 규정하지 아니한 채 단지 판례와 해석의 몫으로
남겨 두고 있는 것에 대해서는 찬반의 입장이 모두 제시될 수 있다. 그
리고 지난 2007년 17대 국회에서 의료행위 개념을 명문화하는 내용의
의료법 개정논의가 치열하게 진행되기도 하였다.77)

검토건대, 현재와 같이 의료행위의 개념을 전적으로 판례와 해석에
따르게 된다면 어디까지나 개별 사안별로 의료행위에 해당하는지 여부
에 대한 판단이 이루어질 수밖에 없어 자칫 국민들의 혼란을 야기할 우
려가 있다. 그리고 무엇보다 의료법상 무면허 의료행위 금지와 관련하
여 예측가능성을 제고하고 명확한 구분기준을 정립할 필요성이 있다는
점에서는 의료행위의 개념을 보다 명확하게 규정할 필요성이 인정된다
할 수 있다. 즉 공법상 의무의 수범자에 대한 행위규범으로서의 기능에
초점을 맞춘다면 의료행위의 개념에 대한 구체화의 필요성은 상대적으
로 제고된다 할 것이다.

그렇지만 이해관계 있는 모든 의료인을 포괄하여 의료행위의 개념
을 구체화하는 것에는 현실적인 한계가 있게 되고, 나아가 의료행위의
개념을 구체화하여 규정한다 할지라도 그 개방성을 고려할 때 상당히
광범위하게 규정할 수밖에 없게 될 것인데, 이러한 경우 과연 어디까지
포괄하여야 할 것인가에 대한 문제가 발생할 수 있다. 즉 의료행위의
개념적 개방성을 고려한 광범위한 규정의 필요성과 예측가능성을 고려
한 보다 명확한 규정에 대한 요청은 상충하는 가치가 되는 것이다.

다른 한편으로 의료행위의 개념을 보다 구체적으로 규정할 경우
무면허 의료행위의 규제와 관련하여 기존의 의료행위의 범주에 명확하
게 포함되지 않는 유사의료행위는 상대적으로 위축될 수밖에 없어 이는
자칫 의료의 발달에 장애가 될 수 있을 것이라는 반론이 제기될 수도
있다. 즉 의료행위의 종류가 극히 다양하고 그 개념도 의학의 발달과

77) 이에 대한 논의과정 및 그 상세에 대해서는 곽명섭, "의료행위 개념의 법제화 논의
과정에 대한 고찰",『법과 정책연구』제7집 제1호(2007. 6), 70면 이하 참조.

사회의 발달, 의료서비스 수요자의 인식과 요구에 수반하여 얼마든지 변화될 수 있는 것임을 감안할 때, 의료행위의 개념을 법률로 일의적으로 규정하기 보다는 시대적 상황에 맞는 합리적인 법해석에 맡기는 유연한 형태가 더욱 적절할 수 있다는 판단도 할 수 있는 것이다.[78] 그리고 우리 대법원은 대상판결을 통하여 현재와 같은 개방적 규정은 바로 위와 같은 입법 의지에 기인한 것이라는 평가를 하고 있다.

생각건대, 이는 보다 일반적인 차원에서는 현실과 법제도의 상관관계에 대한 내용으로 볼 수 있다. 즉 법제도가 현실을 선도하여야 하는 것인지, 아니면 추급하여야 하는 것인지 여부의 문제라 할 수 있는 것이다. 특히 급속한 과학기술의 발달에 따라서 급격한 사회변화가 진행되는, 이른바 4차 산업혁명이 주도하는 근미래 사회에서의 법제도는 이와 같이 변화된 사회를 선도하는 것이 되어야 할 것인지, 아니면 최대한 추급하면서 현실과 제도의 격차를 줄이고 보완하는 것이 되어야 할 것인지 여부가 문제되는 것이다.

의료행위에 대한 규정과 관련하여 의료법의 바람직한 규정형태를 이에 비추어 생각해보면, 우선 의학 및 의료기술의 발달은 과학기술의 발달의 첨단에 놓여 있다 할 것이므로, 그에 대하여 규율하는 법률은 그와 같은 변화의 추이를 선도하기 어려운 분야라 할 수 있다. 또한 그 전문성을 고려할 때, 입법적으로 세세한 규정해 놓는 것이 적절하지 않은 분야로 평가할 수도 있다. 결국 이와 같은 과학기술 및 의학의 발달 추이, 해당 분야의 특수성 등을 종합적으로 고려할 때 의료법 분야 역시 법제도가 변화된 양상을 선도하기는 현실적으로 어렵다 할 것이고, 최대한 추급하면서 현실과 제도의 격차를 줄이면서 보완하는 것이 요청된다고 볼 수 있다. 따라서 이와 같은 요청에 보다 부합하는 규정 방식은 세세하고 구체적인 명문의 규정이 아니라, 개방적 규정과 이에 대한

---

78) 대법원 2016. 7. 21. 선고 2013도850 전원합의체 판결.

판례와 해석을 통한 보완이라 할 것이다. 결국 이와 같은 규정체계 하에서는 판례를 통한 법률해석 및 문언의 보충이 보다 중요한 의미를 차지할 수밖에 없는 것이다.

4. 대상판결의 검토

(1) 의사와 치과의사의 업무·면허의 구분취지 및 그 구별기준

앞서 살핀 바와 같이 의료법은 의사와 치과의사의 임무를 각기 '의료와 보건지도'와 '치과 의료와 구강 보건지도'로 구분하여 면허를 주고 있으며(의료법 제2조 제2항), 의사와 치과의사가 각기 그 면허된 것 이외의 의료행위를 한 경우에는 이를 무면허 의료행위로 처벌하고 있다(의료법 제27조 제1항 및 제87조 제1항). 따라서 의사와 치과의사에 대한 무면허 의료행위 규제의 정당성을 확보하기 위해서는 의료법이 위와 같이 임무 및 면허를 구분하고 있는 취지와 그에 대한 구별기준의 적정성을 확인할 필요가 있다.

이와 관련하여 우선 위와 같은 구분의 취지를 살펴보면, 대법원은 종래 "의료법이 의사, 치과의사 및 한의사가 각자 면허를 받아 그 면허된 것 이외의 의료행위를 할 수 없도록 규정한 취지는, 각 의료인의 고유한 담당 영역을 정하여 전문화를 꾀하고 독자적인 발전을 촉진함으로써 국민이 보다 나은 의료 혜택을 누리게 하는 한편, 의사, 치과의사 및 한의사가 각자의 영역에서 체계적인 교육을 받고 국가로부터 관련 의료에 관한 전문지식과 기술을 검증받은 범위를 벗어난 의료행위를 할 경우 사람의 생명·신체나 일반 공중위생에 발생할 수 있는 위험을 방지함으로써 궁극적으로 국민의 건강을 보호하고 증진하기 위한 데 있다."라고 파악하여 왔다.[79] 그러나 그 각각의 업무 영역의 내용 및 그 범위

---

79) 대법원 2014. 1. 16. 선고 2011도16649 판결 등.

내에 포섭되는 구체적인 의료행위의 상세에 대해서는 우리 의료법상 별다른 규정이 없으므로, 의사나 치과의사의 무면허 의료행위 여부에 대한 판단은 "구체적 사안에 따라 의사와 치과의사의 면허를 구분한 의료법의 입법 목적, 해당 의료행위에 관련된 법령의 규정 및 취지, 해당 의료행위의 기초가 되는 학문적 원리, 해당 의료행위의 경위·목적·태양, 의과대학 등의 교육과정이나 국가시험 등을 통하여 해당 의료행위의 전문성을 확보할 수 있는지 등을 종합적으로 고려하여 사회통념에 비추어 합리적으로 판단하여야 한다."라고 보았다.80)

　대상판결 역시 이와 같은 입장을 취하면서, 의사의 의료행위와 치과의사의 의료행위가 단지 전통적인 관념이나 문언적 의미에 따라서만 구분될 수 있는 것은 아니고, 의료행위의 가변성 등을 고려하고 의료기술 등의 발달 등을 감안할 때 전통적인 치과진료 영역을 넘어서 치과의사에게 허용되는 새로운 의료행위의 영역이 생겨날 수 있으므로, 치과의사의 무면허 의료행위 여부를 판단함에 있어서는 이와 같은 관점도 더하여 판단하여야 함을 밝혔다. 그리고 이 사건에서 보건복지부 역시 법원의 참고인 의견조회에서 의료법령에서 의료행위와 치과 의료행위의 범위를 구체적으로 정하지 않은 이유는 의료행위의 개념을 법률에 명시하면 의료기술이 발전하여 의료행위의 내용이 변화한 경우 현실과 괴리된 상태로 규정되어 오히려 의료분야의 발전을 저해할 우려가 있기 때문이라는 의견을 밝힌 바 있다.

　이와 같은 대법원의 태도는 일견 의료행위에 대한 개방적 규정 및 그에 수반되는 판례·해석을 통한 보완과 그 궤를 같이 하는 것으로서 별다른 문제가 없는 것으로 보인다. 그렇지만, 이는 법률해석의 기본인 문언해석을 지나치게 무시한 부분이 있다 할 것이다.

　즉 대상판결의 다수의견은 의료법이 의사와 치과의사의 업무구분

---

80) 대법원 2014. 1. 16. 선고 2011도16649 판결 등.

에 대해서 특별히 규정하고 있지 않다고 보았으나, 의료법 제2조는 의사와 치과의사의 면허를 명확히 구분하면서 그 임무에 대해서도 역시 '의료와 보건지도'와 '치과 의료 및 구강 보건지도'로 분명히 구분하고 있다. 이는 의사와 치과의사가 모두 한방이 아닌 서양의학에 바탕으로 두고, 다만 양자가 각기 치료 부위나 치료 목적에서 차이가 나는 의학과 치의학을 전개한다는 점에서, 곧 성질상 양적인 측면에서 그 임무와 면허를 구분하는 것으로서 파악할 수 있다. 이는 대상판결의 반대의견이 지적하고 있는 것과 같이 의료법이 의사와 한의사의 임무를 '한방'인지 여부, 즉 기초가 되는 학문적 원리에 따라서 질적인 측면에서 구분하고 있는 것과는 분명히 차이점을 보이는 것이라 하겠다. 즉 의료법 제2조에 대해서는 "의학적 기초 원리와 방법론에서 의학과 치의학이 질적으로 다르지 않음을 전제로 하는 한편, 치아 치료와 같이 치과의사의 고유한 담당 영역을 별개로 인정함으로써 이에 해당하는 의료행위는 치과의사만 전담하도록 하려는 데 있다."라고 평가할 수 있는 것이다.[81]

물론 다수의견은 이와 같이 '치과'라는 문언과 전통적 관념을 통한 구분이 고정불변의 절대적인 것이 될 수는 없고, 의료기술과 발전과 시대상황의 변화에 따라서 얼마든지 변화할 수 있음을 제시하고 있다. 이러한 지적 역시 타당하다 할 것이나, 그렇다 하더라도 그와 같은 가변성이 일반 의료와 구분되는 '치과'의 본질적 영역 자체를 형해화할 정도까지 인정되는 것은 아니라 할 것이다. 즉 치과의사의 임무에 대한 표지인 '치과'나 '구강'의 의미범위가 그와 전적으로 무관한 부분에 대해서까지 확장되는 것은 아니라 하겠다.[82] 따라서 다수의견의 태도는 명확하게 구별되는 의료법 문언의 규범적 해석을 상당 부분 도외시한 것으로서 오히려 수범자의 예측가능성을 침해하는 것이라고 생각된다.

---

81) 대상판결에서의 대법관 김용덕, 대법관 김신의 반대의견.
82) 同旨, 황만성, "치과의사의면허범위와 치과의료행위에 관한 연구", 『법학논총』 제29권 제3호(2017. 2), 579면.

(2) 안면심미치료에 해당하는 보톡스 시술이 치과의사에게 면허된 것 이외의 의료행위(무면허 의료행위)인지 여부

대상판결의 다수의견은 이 사건 보톡스 시술이 치과의사의 무면허 의료행위에 해당하지 않는다고 판단하였다.[83] 그리고 이에 대해서 ① 의학과 치의학은 그 의료행위의 기초가 되는 학문적 원리가 근본적으로 다르지 않고, 특히 구강외과는 연혁적으로 외과의 일 분야로 간주되다가 근세에 독립된 진료과목으로 분화하여 발달하였다는 점, ② 기존의 구강외과의 명칭이 구강악'안면'외과로 바뀌어 의료법령상 치과병원의 진료과목으로 규정되어 있다는 점, ③ 치과대학이나 치과전문대학원에서의 교육과정에 구강 이외 안면부의 경조직과 연조직에 발생하는 질환의 진단 및 치료에 관한 교육이 포함되어 있다는 점, ④ 의료법령상 '구강악안면외과학'이 치과의사 국가시험의 시험과목 중 하나로 규정되어 있다는 점, ⑤ 국민건강보험공단은 종래 사전적 의미의 구강이나 턱 부분으로 보기 어려운 부위에 대한 치과의사의 의료행위에 대하여 요양급여를 지급해 왔다는 점, ⑥ 치과에서는 이미 다양한 용도로 보톡스를 사용하고 있고, 대부분의 치과대학이나 치과전문대학원에서 보톡스의

---

83) 지극히 결과론적인 측면에서의 비교이기는 하나, 한의사의 의료기기 사용과 관련하여 의사와 한의사의 업무영역 구분이 문제된 경우에 헌법재판소는 과학기술의 발달로 국민건강에 대한 위해성이 없고 한의사들이 충분히 교육을 받았다면 자격 있는 의료인에게 의료기기의 사용권한을 허용하는 방향으로 해석되어야 한다고 판시함으로써 다소 엄격한 기준을 적용하였던 이전의 판례들과는 상대적으로 다른 판단을 내린 바 있었다[헌법재판소 2013. 12. 26. 선고 2012헌마551,561(병합) 전원재판부]. 그러나 대법원은 한의사의 필러시술행위가 문제된 사안에서 필러시술은 전적으로 서양의학의 원리에 따른 시술일 뿐이고 거기에 약침요법 등 한의학의 원리가 담겨 있다고는 볼 수 없으므로 이는 한의사의 무면허 의료행위에 해당한다고 판단하였던 예(대법원 2014. 1. 16. 선고 2011도16649 판결) 등에서 살펴볼 수 있듯이, 의사와 한의사의 업무영역의 구분에 있어서는 여전히 상대적으로 엄격한 태도를 취하고 있다. 이러한 점에서 치과의사의 업무영역 확대를 인정한 대상판결의 판단은 상당히 흥미로운 내용을 담고 있다 할 것이다.

시술에 대해서 교육하고 있으며, 치과에서의 시술과 비교할 때 안면부에 대한 보톡스 시술이 특별히 위험하다거나 더 높은 전문적 지식과 기술이 필요하다고 인정할 자료가 없다는 점 등을 그와 같은 판단의 근거로 제시하고 있다.

그러나 위와 같은 다수의견의 근거에는 모두 어느 정도 의문의 여지가 있다.[84] 우선 앞서 살핀 바와 같이 의료법은 학문적 원리의 차이를 구분기준으로 삼아 의사와 한의사를 구분하고 있는 것과는 별개로, 의사와 치과의사에 대해서도 그와 같은 질적인 측면의 차이가 아니라 치료 부위에 따르는 양적인 측면의 차이에 주목하여 구분하고 있다. 즉 의료와 치과 의료의 경계는 의료법적인 차원에서 명시적으로 존재한다고 볼 수 있다. 그리고 이와 같은 의료와 치과 의료의 경계는 이른바 중첩적 의료영역의 인정에 대한 외적 한계로 작용하게 될 것이다.

다음으로 다수의견은 현재의 구강악안면외과는 형식적으로 안면부위를 치과 의료의 대상으로 포함하고 있으므로 의료와 치과 의료의 경계가 흐려졌다고 보고 있으나, 그 명칭변경에 대한 연혁을 살펴볼 때,[85] 이는 종전의 구강외과 시술대상에 안면 부위가 포함되어 있던 사정을 반영하여 그 명칭을 구체화한 것, 즉 기존의 구강외과의 시술대상에 대한 실질을 보다 구체화하여 변경된 것으로 볼 수 있다.[86] 즉 구강외과의 명칭이 변경됨으로써 그 실질이 변경된 것으로는 보기 어렵다할 것이다.

또한 다수의견은 치과대학이나 치과전문대학원에서의 교육과정의

---

84) 다수의견에 대한 비판적 검토에 대해서는 황만성, 앞의 글, 576면 이하 참조.
85) 법령의 연혁을 살펴볼 때, '구강외과'는 과거의 국민의료법이 1962. 3. 20. 의료법 (법률 제1035호)으로 전부개정되면서 치과전문과목 중 하나로 '구강외과'를 규정함으로써 의료법령에 편입되었다. 그리고 이는 이후 의료법 시행규칙에서 치과병원의 진료과목으로 규정되어 오던 중 1994. 9. 27. 개정된 의료법 시행규칙(보건사회부령 제945호) 제30조 제1항에서 '구강악안면외과'로 그 명칭을 변경하였다.
86) 대상판결에서의 대법관 김용덕, 대법관 김신의 반대의견.

확대를 이유로 치과 의료의 범위가 확장되었다고 보고 있다. 그러나 이는 본질적으로 규범의 수범자가 자신의 행위의 전거를 스스로 형성할 수 있음을 인정하는 것이어서 동의하기 어렵다. 게다가 반대의견에서 지적하고 있는 것과 같이 변경된 교육과정을 거치지 아니한 종전의 치과의사들의 면허 범위까지 일률적으로 확장된다고 보는 것도 논리적으로 이해하기 어렵다 할 것이다.

그리고 안면부를 시술대상으로 포함하고 있는 구강악안면의과학이 치과의사 국가시험의 시험과목에 포함되어 있음을 들어 안면부 전체에 대해서 치과 의료의 범위가 확장되었다고 보는 것 역시 타당한 근거로 생각되지 아니한다. 이는 흡사 법조유사직역 자격시험의 일부 과목이 변호사시험의 시험과목과 겹친다고 하여 그와 같은 법조유사직역에게 변호사의 업무범위를 인정할 수 없는 것과 마찬가지로 볼 수 있을 것이다.

다음으로 종래 치과의사의 안면부 치료행위에 대해서 사실상 요양급여가 지급되어 왔다는 점 역시 그와 같은 요양급여의 지급에 대한 정당성이 명확하게 구명되지 않는 한 적정한 논거가 될 수 없다고 생각된다.

마지막으로 현실적으로 이미 치과에서 다양한 보톡스를 사용하고 있다는 점 등을 내용으로 한 다수의견의 근거는 논리의 역전이 아닌가 하는 생각이 든다. 즉 치과의사의 정당한 치과 의료 범위 이탈이라는 행정형벌의 구성요건이자 공법상 의무의 정당성에 대한 규범적 판단을 우선하고 그 결과에 따라서 현상을 판단하여야 할 것임에도 불구하고, 이는 현상을 근거로 규범적 판단을 하는 것에 해당하여 역전된 논리라고 할 것이다. 또한 국민 건강의 보호를 위하여 정당한 치과의사의 치과 의료 범위를 획정하고 무면허 의료행위에 대한 규제를 통하여 치료나 시술의 위험성을 축소하여야 할 것임에도 불구하고, 거꾸로 단지 시술의 위험성이 없음을 근거로 그에 대한 치과 의료의 범위를 인정하는 것 역시 전도된 논리라고 볼 수 있을 것이다.

(3) 소결

요컨대 위에서 간략히 살펴본 바와 같이 대상판결의 다수의견이 제시하고 있는 판단의 근거에는 모두 일정 부분 약점이 존재하는 것으로 생각된다. 물론 반대의견에 대해서도 다수의견의 보충의견이 여러 가지 측면에서 논박하고 있으며, 그에 대해서도 충분히 경청할 만하다. 그렇지만 공법상 의무의 행위규범적 기능을 염두에 둘 때, 다수의견의 논리전개는 수범자에 대해서 충분한 예측가능성을 제시해 주지 못하는 것으로 판단된다. 즉 다수의견은 행정형벌의 재판규범적 기능에 다소 과도하게 치우친 것으로 평가할 수 있다 할 것이다.

5. 결어

의료법을 통한 국가의 규제 목적은 의료법 제1조(목적)에서도 명확히 나타나 있는 바와 같이 어디까지나 국민의 건강을 보호하고 증진하고자 하는 것이라 할 수 있다. 그리고 이를 위하여 국가는 의사와 치과의사 등에게 무면허 의료행위의 금지와 같은 소정의 공법상 의무를 부여하고 있는 것이며, 그와 같은 공법상 의무의 근거법규는 기본적으로 행위규범으로, 그리고 법원에 대한 재판규범으로 작용하는 것이라 할 수 있다. 그리고 이와 같은 기능은 행정형벌로서 극대화된다 하겠다.

그런데 형사벌과 구별되는 행정형벌의 특수성은 구성요건을 구성하는 공법상 의무의 정당성에 대한 검토를 요구하고 있으며, 이로부터 의료법 위반에 대한 행정형벌과 관련하여서는 의료행위의 적정한 개념 및 범주에 대한 정립이 필요하다 할 것이다. 그러나 우리 의료법은 당해 분야의 발전 및 변동가능성과 그 전문성을 고려하여 의료행위에 대하여 개방적으로 규정하는 체계를 채택하고 있고, 결국 판례가 이와 같은 개방적 규정의 빈틈을 보완하여야 하는 역할을 담당하고 있다. 대상판결은 이와 같은 배경 하에서 치과의사의 무면허 의료행위의 판단기준과 심미치료를 위한 이 사건 보톡스 시술이 치과의사의 무면허 의료행위에 해당하는지 여부를 판단하고 있다.

그러나 대상판결이 보이고 있는 지극히 카주이스틱적인 태도는 행정형벌의 구성요건으로 작용하고 있는 공법상 의무의 재판규범으로서의 기능에 치우친 나머지 행위규범으로서의 기능을 상당 부분 도외시하고 있는 것으로 판단된다. 게다가 이는 형벌구성요건에 대한 판단에 있어 죄형법정주의의 적용에 치중한 나머지 공법적 의무의 의의를 상당 부분 감쇄시킨 것으로도 볼 수 있다.

요컨대 대상판결에 대해서 형법적 판단의 측면에서 죄형법정주의의 적용에 대해서는 동의할 수 있겠으나, 공법상 의무의 판단과 관련하여 그 추론방법 및 근거에는 동의하기 어렵다. 특히 다수의견이 치과의사의 업무범위를 판단하면서 치과대학이나 치과전문대학원에서의 교육과정을 중시한 것은 결국 규범의 수범자가 자신의 행위의 전거를 스스로 형성할 수 있음을 인정하는 것이어서 더욱 동의하기 어려운 부분이 있다 할 것이다.

참고문헌

김민중, 『의료의 법률학』, 신론사, 2011.

김선욱 외 6인, 『의료와 법』, 씽크스마트, 2013.

김장한/이윤성, 『의료와 법』, E*PUBLIC, 2008.

김재윤, 『의료분쟁과 법』, 율곡출판사, 2015.

대한의사협회, 『의료법원론』(개정판), 법문사, 2008.

_____ , 『의료분쟁의 이해』, 법문사, 2009.

박균성, 『행정법론(상)』(제16판), 박영사, 2017.

이덕환, 『의료행위와 법』(전정판), 현문사, 2010.

이상돈/이나경, 『의료법강의』(제3판), 법문사, 2017.

주호노, 『의사법학론』, 법문사, 2017.

최병선, 『정부규제론: 규제와 규제완화의 정치경제』, 법문사, 2008.

곽명섭, "의료행위 개념의 법제화 논의과정에 대한 고찰", 『법과 정책연구』 제7집 제1호(2007. 6).

도규엽, "중간적 · 혼합적 · 중첩적 의료영역과 치과의사의 무면허 의료행위", 『형사정책연구』 제28권 제2호(2017. 6).

박정훈, "협의의 행정벌과 광의의 행정벌: 행정상 제재수단과 법치주의적 안전장치", 『법학』 제41권 제4호(2001).

백경희, "양방의료행위와 한방의료행위의 중첩에 관한 법적 문제에 관한 소고", 『한국의료법학회 학술대회』, 2013. 11.

이인영, "의료행위의 현대적 의의와 과제", 『법과 정책연구』 제7집 제1호(2007. 6).

_____, "무면허의료행위에 관한 일 고찰", 『한국의료법학회지』 제6권 제1호(1999. 12).

황만성, "치과의사의면허범위와 치과의료행위에 관한 연구". 『법학논총』

제29권 제3호(2017. 2).

M. H. Cohen, "A Fixed Star in Health Care Reform: The Emerging Paradigm of Holistic Healing", Ariz. St. L. J. Vol. 27(1995).

국문초록

　　의료법을 통한 국가의 규제 목적은 의료법 제1조(목적)에서도 명확히 나타나 있는 바와 같이 어디까지나 국민의 건강을 보호하고 증진하고자 하는 것이라 할 수 있다. 그리고 이를 위하여 국가는 의사와 치과의사 등에게 무면허 의료행위의 금지와 같은 소정의 공법상 의무를 부여하고 있는 것이며, 그와 같은 공법상 의무의 근거법규는 기본적으로 행위규범으로, 그리고 법원에 대한 재판규범으로 작용하는 것이라 할 수 있다. 그리고 이와 같은 기능은 행정형벌로서 극대화된다 하겠다.

　　그런데 형사벌과 구별되는 행정형벌의 특수성은 구성요건을 구성하는 공법상 의무의 정당성에 대한 검토를 요구하고 있으며, 이로부터 의료법 위반에 대한 행정형벌과 관련하여서는 의료행위의 적정한 개념 및 범주에 대한 정립이 필요하다 할 것이다. 그러나 우리 의료법은 당해 분야의 발전 및 변동가능성과 그 전문성을 고려하여 의료행위에 대하여 개방적으로 규정하는 체계를 채택하고 있고, 결국 판례가 이와 같은 개방적 규정의 빈틈을 보완하여야 하는 역할을 담당하고 있다. 대상판결은 이와 같은 배경 하에서 치과의사의 무면허 의료행위의 판단기준과 심미치료를 위한 이 사건 보톡스 시술이 치과의사의 무면허 의료행위에 해당하는지 여부를 판단하고 있다.

　　그러나 대상판결이 보이고 있는 지극히 카주이스틱적인 태도는 행정형벌의 구성요건으로 작용하고 있는 공법상 의무의 재판규범으로서의 기능에 치우친 나머지 행위규범으로서의 기능을 상당 부분 도외시하고 있는 것으로 판단된다. 게다가 이는 형벌구성요건에 대한 판단에 있어 죄형법정주의의 적용에 치중한 나머지 공법적 의무의 의의를 상당 부분 감쇄시킨 것으로도 볼 수 있다.

　　요컨대 대상판결에 대해서 형법적 판단의 측면에서 죄형법정주의의 적용에 대해서는 동의할 수 있겠으나, 공법상 의무의 판단과 관련하여 그 추

론방법 및 근거에는 동의하기 어렵다. 특히 다수의견이 치과의사의 업무범
위를 판단하면서 치과대학이나 치과전문대학원에서의 교육과정을 중시한
것은 결국 규범의 수범자가 자신의 행위의 전거를 스스로 형성할 수 있음
을 인정하는 것이어서 더욱 동의하기 어려운 부분이 있다 할 것이다.

　　주제어: 의료행위, 치과 의료행위, 무면허 의료행위, 공법상 의무, 행정
형벌, 보톡스 시술

Abstract

The (Dental) Medical Practice
as the Basis of Medical Public Law
— A Study on the Concept and Category of Medical Practice —

Ahn Dongin*

The purpose of the national regulation through the Medical Service Act(hereinafter 'the Act') is to protect and promote the health of the people as clearly shown in Article 1(Purpose) of the Act. To this end, the State imposes certain public duties, such as the prohibition against unlicensed medical practices, on doctors and dentists. Such ground rules of duties in public law basically act as codes of conduct and also serve as court rules for the court. And this function is maximized as administrative penalty.

By the way, the specificity of administrative penalty, which is distinguished from criminal punishment, requires examination of the legitimacy of public law duties constituting constituent elements. Hereupon it is necessary to establish appropriate concept and category of medical practice in relation to administrative penalty against violation of the Act. The Act, however, adopts a system that openly defines the medical practice in consideration of the development, the possibility of change and the professionality in the field. As a result, judicial precedents have to play a role in complementing the gap of such

---

* Prof. Dr. Yeungnam University.

open regulations. In this context, 'the Judgment' recognized what was the criteria for the unlicensed medical practice of the dentist and whether the Botox injections for esthetic treatment was a dentist's unlicensed medical practice.

However, 'the Judgment' seems to be considerably casuistic, so it seems to be neglecting much of the function as the norm of behavior as opposed to the function as the judicial rule of duty in the public law, which is the constituent elements of administrative penalty. In addition, it can be considered that the significance of the duty in public law is considerably attenuated by focusing on the application of the principle of legality(Nulla poena sine lege) in judging the constituent elements of punishment.

In short, I can agree on the application of the principle of legality in terms of criminal judgment on 'the Judgment', but it is difficult to agree with the reasoning and grounds about the judgment of the duty in the public law. In particular, the majority opinion commented on the curriculum at the dental school or the college of dentistry while judging the scope of the dentist's practice. However, this is more difficult to agree because it is acknowledging that those who should follow the norm can form the authority of their own actions themselves.

Keywords: medical practice(practice of medicine), dental medical practice, unlicensed medical practice, duty in public law, administrative penalty, Botox injection

투고일 2018. 5. 31.
심사일 2018. 6. 12.
게재확정일 2018. 6. 19.

行政爭訟一般

取消判決의 反復禁止效 (朴正勳)

取消判決의 反復禁止效*
二重危險禁止, 그리고 旣判力과 羈束力 및 訴訟物

朴正勳**

대상판결: 대법원 2016. 3. 24. 선고 2015두48235 판결

[사실관계]

원고 신미운수 주식회사는 이 사건 택시 70대를 포함하여 101대의 택시를, 원고 주호교통 주식회사는 이 사건 택시 23대를 포함하여 101대의 택시를 각각 보유하고 있는데, 원고들은 그 대표이사가 같아 동일한 경영주체들이 경영하고 있는 회사들이며, 직원들도 상호 겸직하고 있다.

---

* 이 논문은 2017. 5. 19. 한국행정판례연구회 발표문을 보완·수정한 것으로서, 서울대학교 법학발전재단 출연 서울대학교 법학연구소의 2018학년도 학술연구비를 지원받은 것이다.
** 서울대학교 법학전문대학원 교수.

피고(서울특별시장)는 2008. 5. 22. 원고들에 대하여, 원고들이 2007. 11. 1.부터 같은 달 30.까지 자신들 소유 택시 중 합계 48대를 도급제 형태로 운영함으로써 「여객자동차운수사업법」 제12조에서 정하는 명의 이용금지를 위반하였다는 사유로 동법 제85조 제1항 제13호에 의거하여 위 택시 48대에 관하여 감차명령(이하 '종전 처분')을 하였다. 이에 대하여 원고들이 서울행정법원에 취소소송을 제기하여 2009. 7. 9. 원고들이 명의이용금지에 위배하였다고 보기 어렵다는 이유로 종전 처분을 전부 취소하는 판결이 선고되었고, 이에 피고가 항소하였으나 항소심은 2010. 1. 27. 그 변론을 종결하여 같은 해 2. 10. 항소기각 판결을 선고하였으며, 이에 대한 피고의 상고도 2010. 5. 27. 기각(심리불속행)되어 그 무렵 판결이 확정되었다.

그 후 다시 명의이용금지 위반 혐의로 원고들 대표이사, 소외 1, 소외 2, 소외 3, 소외 4 등이 수사를 받게 된 결과, 검찰에서 위 소외인 들이 도급제 방식으로 운영은 하였지만 택시운송사업자를 배제한 채 독립적으로 여객자동차운송사업을 경영하였다고 보기 어렵다는 이유로 불기소 결정되었으나, 피고는 2013. 3. 22. 원고들에 대하여, 원고들이 최초 2006. 7. 3.부터 최종 2010. 9. 30.까지 사이에 ― 각 택시마다 일정 기간 동안 ― 그 소유 택시 합계 93대를 위 소외인들에게 임대하여 경영하게 함으로써 명의이용금지를 위반하였다는 사유로 위 해당 택시 전부에 관해 감차명령(이하 '이 사건 처분')을 하였고, 원고들은 이를 다투는 이 사건 취소소송을 제기하였다.

[소송의 경과]

(1) 제1심 서울행정법원에서 원고들은 처분사유인 명의이용금지 위반의 부존재 및 과도한 처분으로 인한 재량권남용을 주장하였으나,

동 법원 2014. 11. 20. 선고 2013구합9922 판결은 위 소외인들, 택시운전사 및 회사직원들의 수사기관에서의 진술과 압수된 서류 등을 근거로, 운송사업자인 원고들의 지휘·감독이 배제된 상태에서 위 소외인들이 독립적으로 택시운송사업을 경영한 것이라고 보는 것이 타당하다고 판단하고, 나아가 이 사건 처분을 통하여 택시운송사업의 질서를 확립하여야 할 공익상의 필요가 이 사건 처분으로 인하여 원고가 입게 될 불이익에 비하여 작다고 볼 수 없기 때문에 재량권 일탈·남용을 인정할 수 없다고 하여 원고 전부 패소 판결을 선고하였다.

　(2) 원심 서울고등법원에 이르러 원고들은 이 사건 처분 중 종전처분의 대상이 되었던 차량과 동일한 차량에 대한 부분은 그 취소 확정판결의 효력에 위배되어 위법하다는 주장을 추가하였다. 이에 대하여 동 법원 2015. 6. 30. 선고 2014누71827 판결은 먼저 "관련 법리"라는 제목 하에 다음과 같이 일반론을 설시하였다.

　"여객자동차 운송사업자가 법령위반의 영업을 처분사유로 삼는 감차명령 등의 제재처분을 받고 그 취소를 구하는 행정소송을 제기하여 그 처분이 실체적으로 위법하다는 이유로 처분취소의 확정판결을 받은 다음, 제재사유가 될 수 없다고 판결한 사유와 동일한 사유를 내세워 다시 제재처분을 한 것은 위 취소판결의 기속력이나 확정판결의 기판력에 저촉되는 행정처분을 한 것으로서 허용될 수 없다(대법원 1992. 7. 14. 선고 92누2912 판결, 1989. 9. 12. 선고 89누985 판결 등 참조). 이때 소송물이 동일한지 여부는 제재처분의 대상이 된 위반사실의 기본적 사실관계를 기본으로 하되 그 규범적 요소도 아울러 고려하여 판단하여야 할 것이다. 그런데 위반사실이 영업의 방식이나 형태에 관한 것이라면 그 구성요건의 성질상 동종행위의 반복이 당연히 예상되는 위반행위이므로 일정한 기간 동안 운송사업자가 동일한 차량을 관리하면서 계속적으로 반복된 수개의 행위는 특별한 사정이 없는 한 포괄적으로 1개의 위반행위를 구성하는 것으로 확정판결이 가지는 기판력의 시적 범위는 그 행정소송의 사실심 변론종결시로 보아야 할 것이다."

원심은 위와 같은 일반론을 이 사건에 적용하여, 종전 처분의 "위반행위도 명의이용금지에 위배된 행위로서 이 사건 처분사유와 기본적 사실관계가 동일하므로 이 사건 처분사유 중 위 확정판결의 항소심의 변론종결시인 2010. 1. 27.까지 행하여진 위반사실 중 동일한 차량에 관한 한 위 확정판결의 효력이 이 사건 위반사실에도 미친다고 보아야 한다. 그러나 이 사건 위반사실 중 확정판결의 대상이 된 위반사실에 관련된 차량이 아니거나 2010. 1. 28.부터 2010. 9. 14.까지의 모든 위반사실은 위 확정판결의 효력이 미치지 아니하므로 적법한 처분사유가 된다고 할 것이다."라고 판시하였다.

이와 같이 확정판결의 효력에 위배된다는 이유로 원심에 의해 취소된 차량('중복 차량')은 원고 신미운수의 9대와 원고 주호교통의 7대 합계 16대인데, 그 각 처분사유(위반기간)는 다음과 같다.

표 1 원고 신미운수 차량

	차량번호	처분사유(위반행위기간)	유형*
1	서울 33사9028	2007. 5. 1. - 2007. 8. 31.	A
2	서울 33사9046	2007. 9. 1. - 2007. 11. 30.	AO
3	서울 33사9047	2007. 12. 1. - 2007. 12. 31.	B
4	서울 33사9057	2007. 9. 1. - 2008. 1. 31.	AOB
5	서울 33사9062	2007. 10. 1. - 2007. 10. 31. 2007. 12. 1. - 2008. 1. 31.	A B
6	서울 33사9065	2007. 7. 1. - 2007. 9. 30.	A
7	서울 33사9085	2007. 3. 1. - 2007. 11. 30.	AO
8	서울 33사9090	2009. 8. 1. - 2009. 9. 30.	C
9	서울 33사9097	2007. 5. 1. - 2007. 11. 30. 2009. 8. 1. - 2009. 10. 31.	AO C

표 2 원고 주호교통 차량

10	서울 34아6901	2006. 10. 6. - 2007. 6. 15.	A
11	서울 34아6902	2007. 12. 6. - 2008. 5. 10.	B
12	서울 34아6907	2007. 6. 14. - 2008. 3. 31.	AOB
13	서울 34아6917	2009. 8. 27. - 2009. 9. 7.	C
14	서울 34아6919	2007. 9. 9. - 2008. 1. 16. 2008. 2. 1. - 2008. 3. 31.	AOB B
15	서울 34아6939	2006. 7. 17. - 2007. 6. 9. 2007. 11. 1. - 2008. 6. 23.	A OB
16	서울 34아6997	2007. 6. 9. - 2008. 6. 23.	AOB

* 이하의 유형은 필자가 서술의 편의를 위해 설정한 것이다. 'A'는 종전 처분의 처분사유(2007. 11.) 이전의 위반행위이고, 'O'는 종전 처분의 처분사유(2007. 11.)와 동일한 기간의 위반행위이며, 'B'는 종전 처분의 처분사유(2007. 11.) 이후 종전 처분(2008. 5. 22.) 이전의 위반행위이고, 'C'는 종전 처분(2008. 5. 22.) 이후 확정판결(사실심변론종결 2010. 1. 27.) 이전의 위반행위이다.

그리고 원심은 차량을 제외한 나머지 차량의 명의이용행위 여부에 관하여, 원고 신미운수의 55대의 차량에 대해 소외 2, 소외 3, 소외 4(이하 '소외 2 등')가 동 회사의 지휘·감독을 배제한 채 독립적으로 사업을 경영하였다고 보기 어렵다고 하면서 이 사건 처분 중 해당 부분을 취소한 반면, 원고 주호교통의 16대의 차량에 대하여는 소외 1의 명의이용행위를 인정하고 나아가 해당 부분에 관한 이 사건 처분의 재량권 일탈·남용을 부정함으로써 항소를 기각하였다.

[대상판결]

원고들은 원심이 명의이용행위를 인정한 소외 1 관련 부분을 다투면서 상고하였고, 피고는 종전 처분의 취소판결의 효력이 이 사건 처분에 미치지 않는다는 것을 상고이유 제1점으로, 원고 신미운수의 소외 2 등에 의한 명의이용행위가 모두 인정되어야 한다는 것을 상고이유 제2점으로 상고하였다.

대상판결은 피고의 상고이유 제1점에 관하여, 먼저 일반론으로 취소판결의 기속력과 기판력의 차이점에 관하여 다음과 같이 설시한다.

"(1) 행정소송법 제30조 제1항은 "처분 등을 취소하는 확정판결은 그 사건에 관하여 당사자인 행정청과 그 밖의 관계행정청을 기속한다."라고 규정하고 있다. 이러한 취소 확정판결의 '기속력'은 취소 청구가 인용된 판결에서 인정되는 것으로서 당사자인 행정청과 그 밖의 관계행정청에게 확정판결의 취지에 따라 행동하여야 할 의무를 지우는 작용을 하는 것이다. 이에 비하여 행정소송법 제8조 제2항에 의하여 행정소송에 준용되는 민사소송법 제216조, 제218조가 규정하고 있는 '기판력'이란 기판력 있는 전소 판결의 소송물과 동일한 후소를 허용하지 않음과 동시에, 후소의 소송물이 전소의 소송물과 동일하지는 않다고 하더라도 전소의 소송물에 관한 판단이 후소의 선결문제가 되거나 모순관계에 있을 때에는 후소에서 전소 판결의 판단과 다른 주장을 하는 것을 허용하지 않는 작용을 하는 것이다(대법원 2013. 11. 28. 선고 2013다19083 판결 등 참조).

다음으로 기속력의 객관적 범위 및 시적 범위에 관하여,

"(2) 취소 확정판결의 기속력은 그 판결의 주문 및 전제가 되는 처분 등의 구체적 위법사유에 관한 판단에도 미치나, 종전 처분이 판결에 의하여 취소되었다 하더라도 종전 처분과 다른 사유를 들어서 새로이 처분을 하는 것은 기속력에 저촉되지 않는다. 여기에서 동일 사유인지

다른 사유인지는 확정판결에서 위법한 것으로 판단된 종전 처분사유와 기본적 사실관계에 있어 동일성이 인정되는지 여부에 따라 판단되어야 하고, 기본적 사실관계의 동일성 유무는 처분사유를 법률적으로 평가하기 이전의 구체적인 사실에 착안하여 그 기초인 사회적 사실관계가 기본적인 점에서 동일한지에 따라 결정된다(대법원 2005. 12. 9. 선고 2003두7705 판결 등 참조). 또한 행정처분의 위법 여부는 행정처분이 행하여진 때의 법령과 사실을 기준으로 판단하므로, 확정판결의 당사자인 처분행정청은 종전 처분 후에 발생한 새로운 사유를 내세워 다시 처분을 할 수 있음은 물론이고(대법원 2011. 10. 27. 선고 2011두14401 판결 등 참조), 새로운 처분의 처분사유가 종전 처분의 처분사유와 기본적 사실관계에서 동일하지 않은 다른 사유에 해당하는 이상, 해당 처분사유가 종전 처분 당시 이미 존재하고 있었고 당사자가 이를 알고 있었다 하더라도 이를 내세워 새로이 처분을 하는 것은 확정판결의 기속력에 저촉되지 않는다.

그리고 기판력의 객관적 범위에 관하여 다음과 같이 설시한 다음, "(3) 한편 취소 확정판결의 기판력은 그 판결의 주문에만 미치고, 또한 소송물인 행정처분의 위법성 존부에 관한 판단 그 자체에만 미치는 것이므로 전소와 후소가 그 소송물을 달리하는 경우에는 전소 확정판결의 기판력이 후소에 미치지 아니한다(대법원 1996. 4. 26. 선고 95누5820 판결 등 참조)."

결론적으로 이 사건에 관하여, 원심이 '중복 차량'으로 판단한 것 중 종전 처분의 대상인 2007년 11월의 명의이용행위가 포함된 부분은 종전 처분사유와 그 기본적 사실관계가 동일하여 그 부분에 한하여 이 사건 확정판결의 기속력에 저촉되지만, 이를 제외한 나머지 부분은 "법률적으로 평가하기 이전의 구체적인 사실에 착안하여 볼 때, 종전 처분사유와 그 기간을 달리함으로써 기본적 사실관계에 있어 동일성이 인정되지 않는다고 봄이 타당하므로" 확정판결의 기속력에 저촉되는 것은 아니라고 판단하였다. 그리고 첨언하여 "이 사건 확정판결의 기판력은 그 소송물이었던 종전 처분의 위법성 존부에 관한 판단 그 자체에만 미치는 것이고, 이 사건 처분을 대상으로 하여 그 소송물을 달리하는 이 사건 소에는 미치지 않는다."고 설시하였다.

이와 같이 대상판결은 피고의 상고이유 제1점을 받아들여 이 부분 피고의 패소부분을 파기 환송하였는데, 피고의 상고이유 제2점 및 원고들의 상고이유에 관해서도 이 사건 처분에서 지적된 명의이용행위가 모두 인정된다고 판단하여 원고들의 상고를 모두 기각하고 이 부분 피고의 패소부분을 파기 환송하였다. 요컨대, 원고 전부 패소이다.

Ⅰ. 序說

(1) 본고의 주제는 대상판결의 쟁점 중 피고의 상고이유 제1점인, 종전 처분을 취소한 확정판결(이하 '이 사건 취소판결')의 효력이 이 사건 처분에 미치는지 여부이다. 이 문제에 관하여 대상판결과 원심판결 모두 철저히 개념론 내지 '概念演算'(Rechnen durch Begriffe)에 의거한 도그마틱 방법론을 취하고 있다. 따라서 먼저 그 개념들과 (논리)명제들을 분석할 필요가 있다.

(2) 원심판결은 ① 취소(확정)판결의 반복금지효로서 기속력과 기판력을 동시에 제시하고, ② 그 객관적 범위를 '소송물'의 동일성 여부로 판단하며, ③ 그 판단에 있어 기본적 사실관계를 기본으로 하되 그 규범적 요소도 아울러 고려해야 한다는 전제 하에, ④ 이 사건 위반사실은 영업의 방식이나 형태에 관한 것(=영업범)으로, 그 구성요건의 성질상 동종행위의 반복이 당연히 예상되므로, 포괄하여 1개의 동일한 위반행위를 구성하고, ⑤ 따라서 기판력의 시적 범위 내인 사실심 변론종결시 이전의 위반사실인 위 A, O, B, C 모두 이 사건 취소판결의 반복

금지효에 걸린다는 결론에 이른다. 요컨대, '기판력 · 기속력의 객관적 범위→소송물→규범적 요소→포괄일죄→기판력의 차단효'라는 5단계의 (논리)명제들로 구성된 개념연산이다.

　여기서 가장 중요한 논거는 (i) 처분의 일자가 달라도 그 처분사유가 동일한 '소송물'에 속하면 종전 처분에 대한 취소판결의 기판력이 후행 처분에 미칠 수 있는데, (ii) 위반사실의 일자가 달라도 영업범으로 포괄하여 1개의 동일한 위반행위가 되어 동일한 소송물에 속한다는 것이다. 위 ①, ②, ④의 명제들은 이 두 가지 핵심 논거와 함께 필자의 견해와 일치한다.[1] 다만, 필자는 아래에서 보는 바와 같이, 영업범 내지 포괄동일 위반행위의 범위를 처분시 이전으로 한정하고자 한다.

　(3) 반면에, 대상판결은 위 원심판결의 ①에서 ⑤까지의 명제들을 모두 부정한다. 즉, ⓐ 처분의 일시가 다르면 소송물이 달라지고, ⓑ 따라서 동일한 소송물을 대상으로 하는 기판력은 논외가 되며 오직 기속력의 문제로 되는데, ⓒ 기속력의 단위인 '처분사유'의 동일성은 법률적 평가 이전의 구체적인 사실에 착안한 기본적 사실관계의 동일성으로 판단되어야 하므로, ⓓ 이 사건 위반사실은 그 행위 시기마다 별개의 처분사유를 이루고, ⓔ 따라서 종전 처분의 위반사실인 'O'를 제외한 나머지는, 그 중에 이 사건 취소판결 이전의 'C'와 종전 처분 이전의 'B'는 물론, 종전 처분의 위반사실 이전의 'A'조차 모두 취소판결의 기속력이 미치지 않는다는 결론에 이른다. 요컨대, '기판력 배제→처분사유의 동일성→규범적 평가 배제→포괄일죄 부정→기속력 부정'이라는 역시 5

---

1) 위 ①은 졸저, 행정소송의 구조와 기능, 제10장 취소소송의 소송물 449면 이하, 위 ②는 411면 이하 및 458면 이하, 위 ④는 460면 및 졸저, 행정법의 체계와 방법론, 제8장 협의의 행정벌과 광의의 행정벌, 366면 이하 참조. 이와 같은 취소소송의 소송물과 기판력에 관한 필자의 견해는 졸고, 취소소송의 소송물에 관한 연구: 취소소송의 관통개념으로서 소송물 개념의 모색, 『법조』 2000년 7월호 (통권 526호), 93-126면; 취소판결의 기판력과 기속력: 취소소송의 관통개념으로서 소송물, 『행정판례연구』 제9집, 2004, 135-235면; 취소소송의 소송물, 편집대표 김철용 · 최광율, 주석 행정소송법, 2004, 181-262면을 통해 발전되었음을 밝힌다.

단계의 명제들로 구성된 개념연산이다. 원심판결의 위 (i), (ii)의 논거들은 모두 부정된다. 이러한 대상판결은 취소판결의 반복금지효에 관해 기판력과 소송물의 동일성을 논외로 한다는 점과 형사법상 포괄일죄의 법리의 준용을 부정한다는 점에서 필자의 견해와 배치된다.

(4) 따라서 본고에서는 필자의 견해를 정리하면서 이와 상반되는 대상판결의 문제점을 분석하고자 한다. 대상판결과 원심판결의 논리명제들은 행정소송법만이 아니라 한편으로 민사소송법과 다른 한편으로 형법·형사소송법이 동시에 결부된, 말하자면 행정법·민소법·형사법의 '종합 도그마틱'이라고 할 수 있다. 이같이 복잡하고 착종된 '도그마틱' 문제를 제대로 해결하기 위해서는 먼저 그 근저에 깔려 있는 실질적 관점들을 추출하여 '이익형량' 내지 '가치비교'가 선행되어야 한다. 그러나 이익형량에만 그쳐서는 아니 되고, 그 해결방법들이 도그마틱으로 정립되어야 한다. 법학에 있어 도그마틱은 — 우리에게 샘물을 바로 갖다 주지는 못하지만 — 우리가 그 샘물을 찾는 데 필수불가결한 '나침반'이기 때문이다.[2]

II. 二重危險禁止 vs. 行政制裁의 效率性

1. 廣義의 行政罰과 二重危險禁止

(1) 필자의 견해 및 원심판결의 근거가 되는 실질적 관점은 한 마디로 말해 '이중위험'(double jeopardy)의 금지이다. 행정형벌과 행정질서벌을 협의의 행정벌이라고 한다면, 이 사건 감차명령과 같은 행정제재처분도 — 허가취소·영업정지, 과징금, 공급거부 등과 같이 — 헌법 제

---

2) 도그마틱의 역할과 한계 및 이익형량·가치비교와의 관계에 관하여 졸저, 행정법의 체계와 방법론, 제1장 행정법의 이론과 실제, 3면 이하 참조.

12조 후단의 적법절차 조항에서 말하는 '벌'에 해당하기 때문에 '광의의 행정벌'이라고 부를 수 있다. 이 용어는 형벌에 관해 헌법과 형사법에 확립되어 있는 법치주의적 안전장치를 행정제재처분에도 적용하고자 하는 취지를 갖고 있다.[3]

　　(2) 이 사건에 형사법적 관점을 적용하면, 이 사건 취소판결은 무죄(확정)판결에, 이 사건 처분은 새로운 공소제기에 각각 상응하는바, 무죄판결의 기판력이 그 기준시인 사실심 판결선고일 이전의 공소사실에 모두 미치는 것과 마찬가지로, 이 사건 취소판결의 기판력은 그 기준시인 사실심 변론종결일(2010. 1. 27.) 이전에 발생한, 이 사건 처분의 A, O, B, C 처분사유 전부에 미치기 때문에, 이에 대해 면소판결이 내려질 것이다.[4]

　　(3) 이 사건 감차명령에 관해서는 공소시효에 상응하는 제척기간이 규정되어 있지 않다. 명의이용금지 위반에 대한 형벌은 2년 이하의 징역 또는 2천만원 이하의 벌금(여객자동차운수사업법 제90조 제3호)으로, 공소시효가 5년이다(형사소송법 제249조 제1항 제5호). 이 사건 처분사유 중 위 8번, 9번의 일부, 13번 차량에 대한 것은 이 사건 처분시에 이미 공소시효가 완료되었다. 이와 같이 아직 거의 대부분 제척기간이 규정되어 있지 않은 행정제재처분에 있어서는 이중위험금지의 필요성이 특히 절실하다. 더욱이 이 사건 처분사유에 대해 모두 명의이용행위를 인정하기 어렵다는 이유로 검사의 불기소처분이 있었기 때문에, 형벌과 행정제재를 동일한 '(행정)벌'로 파악한다면, 형벌에 상응하는 행정제재가 동일한 사실에 대해 다시 이루어진다는 점에서, 이중위험금지의 관점이 보다 더 강조되어야 한다.

---

3) 졸저, 행정법의 체계와 방법론, 제8장 협의의 행정벌과 광의의 행정벌 323면 이하 참조.
4) 대법원 2006. 5. 11. 선고 2006도1252 판결(석유사업법위반, 유사석유제품판매) 참조.

2. 行政制裁와 公益上 撤回

(1) 위와 같은 이중위험금지에 대한 반론으로, 이 사건 감차명령은 여객자동차운수사업 면허를 받은 사업자가 그 면허의 일부를 대여함으로써 사업자로서의 신뢰성을 상실함과 동시에 공익상 위험을 초래하였음을 이유로 해당 차량에 관하여 동 면허를 부분적으로 철회하는 것이므로 '제재'라고 볼 수 없고 따라서 이중위험금지의 관점을 적용하기 어렵다는 주장이 가능하다. 다시 말해, 사업자의 의무위반으로 인한 중대한 사정변경으로 공익상 철회의 필요성이 강력하다는 것이다.

(2) 실제로 독일법에서는 전통적으로 사업자의 의무위반에 대한 행정조치가 제재 내지 처벌이라기보다 사업자의 신뢰성 상실이라는 '사정변경'에 대한 대응조치로 파악되어 왔다. 대표적으로 — 각종의 영업행위를 규율하는 일반법인 — 영업법(Gewerbeordnung) 제35조에 의하면, 허가를 요하는 행위이든 신고를 요하는 행위이든, 영업자가 법령상 의무를 위반하면, 모든 영업행위의 요건으로 전제되는 '신뢰성'(Zuverlässigkeit)을 상실하는 것으로 간주하여, 그 영업행위를 전부 또는 일부 중단시키는 '금지명령'(Gewerbeuntersagung)이 내려진다. 당해 영업행위가 허가 또는 등록을 요하는 것인 때에는 그 허가 등이 철회되지만, 의무위반이 경미한 경우에는 일정 기간이 경과한 후 영업자의 신뢰성이 회복되었다는 명분으로 '(영업)재허용결정'(Wiedergestattung)이 내려진다.[5] 그리하여 독일법에서는 행정법상 '제재'(Sanktion)의 개념이 허가취소·영업금지·영업정지 등 행정조치에는 배제되고 단지 행정형벌

---

5) 이에 관하여 Stober/Eisenmenger, Besonderes Wirtschaftsverwaltungsrecht: Gewerbe-und Regulierungsrecht, Produkt-und Subventionsrecht. 15.Aufl., 2011, S.43-51; 졸저, 행정법의 체계와 방법론, 제8장 협의의 행정벌과 광의의 행정벌, 362면 각주 51 참조. 재허용결정의 경우 신뢰성 회복 기간이 대부분 행정규칙에 의해 정해져 있기 때문에, 사실상으로 우리나라에서와 같이 사전에 일정 기간을 정해 영업정지하는 것과 동일하다.

과 행정질서벌에 한정되었으나, 최근 행정법의 유럽화 경향에 따라 이들을 포괄하는 '행정제재'(Verwaltungssanktion) 개념이 정착되고 있다.[6]

(3) 반면에, 프랑스법에서는 일반적으로 '행정제재'(la sanction administrative)의 개념이 행정행위의 집행과 관련하여 설명되면서, 형벌만이 아니라 허가취소·영업정지, 과징금, 보조금중단 등 다양한 행정조치들을 포괄하는 것으로 파악된다.[7] 특히 위험방지를 위한 '경찰조치'(la mesure de police)와의 구별 기준으로 의무위반행위의 성질과 그에 대한 조치 목적이 제시된다. 즉, 법률상 일정한 의무위반에 대해 행정조치가 부과되도록 규정되어 있는 경우, 당해 의무위반행위로 인해 급박한 위험이 발생하고 그 위험을 방지하기 위한 조치인 때에는 경찰조치이지만, 입법취지상 그러한 위험 발생과 그에 대한 방지 목적이 전제되어 있지 아니한 때에는 제재조치가 된다.[8] 이와 같이 경찰조치와 구별되는 행정제재에 대해서는 형사법적 법리, 특히 이중위험금지 법리가 적용된다.[9]

(4) 위와 같은 독일법의 일반적 경향은 20세기 후반 나치불법국가에 대한 반성으로, 행정법상 의무위반에 대한 제재 내지 처벌을 행정형벌과 행정질서벌에 한정함으로써 법치주의를 강화하겠다는 의도이지만, 허가취소·영업정지 등을 사정변경으로 인한 철회 등 공익상 대응조치로 파악하는 것은 현실성이 결여된 의제적 성격이 강할 뿐만 아니라, 이로써 이중위험금지 등 형사법적 법리가 배제됨으로 말미암아 결과적

---

6) 대표적으로 Wolff/Bachof/Stober/Kluth, Verwaltungsrecht I. 12.Aufl., 2007, §65 Rn.1－32 (S.923－933) 참조.
7) 대표적으로 René Chapus, Droit administratif général. Tome 1. 15ᵉ éd., 2001, nᵒ 1353－1356 (p.1172－1178); Jean Waline, Droit administratif. 25ᵉ éd., 2014, nᵒ 422 (p.444－445) 참조.
8) 이에 관하여 Mattias Guyomar, Les sanctions administratives, 2014, p.23－26; Georges Dellis, Droit pénal et droit administratif. L'influence des principes du droit pénal sur le droit administratif répressif, 1997, p.132－144 참조.
9) Mattias Guyomar, précité, p.124－125; Georges Dellis, précité, p.248－254 참조.

으로 법치주의 강화에 불리해진다. 오히려 법률상 명시적인 경찰조치를
제외하고는 포괄적으로 행정제재로 파악하는 프랑스법의 태도가 현실
적으로 효과적인 해결책이라고 할 것이다. 프랑스법에 따르면, 이 사건
감차명령은 법률상 위험의 발생 및 그 방지 목적이 전제되어 있지 않다
는 점에서 행정제재 처분이다. 필자는 이미 선행연구에서 제재철회와
공익상 철회는 상당 부분 서로 겹치는 관계에 있음을 지적하였는데,[10]
모든 허가취소·영업정지와 마찬가지로 이 사건 감차명령은 사업자의
신뢰성 상실로 인한 사정변경에 대응하는, 운수사업면허(특허)의 공익상
― 일부 ― 철회로서의 성격을 부분적으로 갖고 있으나, 근본적으로 의
무위반에 대한 제재철회로서의 성격이 강하다고 할 것이다.

3. 대상판결의 또 다른 문제점

(1) 위중위험금지 내지 형사법적 관점을 떠나 순전히 행정법적 관
점에서 보더라도, 이 사건 대상판결에서와 같이 행정법규위반 영업행위
에 대해 취소판결의 반복금지효를 전혀 인정하지 않게 되면, 행정의 恣
意 또는 懈怠를 조장할 위험이 있다. 즉, 행정청은 이미 알고 있는 위반
사실 중 의도적으로 그 일부만을 처분사유로 하거나, 아니면 이미 밝혀
진 위반사실에 만족하고 그것만으로 처분을 하고 더 이상 적극적인 행
정조사를 하지 않게 될 우려가 있다. 그 처분이 행정소송 또는 행정심
판에서 취소되는 경우에도 종전의 동종의 위반사실에 대해 동일한 처분
을 반복하는 데 아무런 지장이 없기 때문이다. 이는 '선한 행정'(la
bonne administration)에 대한 중대한 위협이 될 수 있다.

(2) 행정상대방의 입장에서 보면, 대상판결에 따르면, 일정한 위반
사실이 문제되면 그 전후의 위반사실 전부를 행정청에게 자백하도록 사

---

10) 졸저, 행정소송의 구조와 기능, 제11장 처분사유의 추가·변경과 행정행위의 전환,
   548면 이하, 특히 550면 이하 참조.

실상 강요하는 효과가 발생한다. 그렇지 않으면 누락되었던 위반사실에 대해 추가적으로 반복하여 제재처분을 받게 될 우려가 있기 때문이다. 이는 헌법 제12조 제2항에 표현되어 있는 自己負罪 강요의 금지에 반한다.

(3) 이 사건에서 가장 심각한 문제점은 명의이용행위에 해당하느냐 여부가 ― 검사의 불기소처분, 원심의 소외 2 등에 관한 판단, 대상판결의 판단에서 알 수 있다시피, ― 사실 내지 증거 문제만이 아니라, 택시회사의 지휘·감독의 배제 정도 및 수급관리자의 독립성의 정도에 관한 '규범적' 판단에 의해서도 좌우되므로, 그 판단이 판단주체에 따라 달라질 수 있다는 점이다. 따라서 동종의 사실에 대하여 명의이용행위가 아니라는 판단이 내려져 취소판결이 선고·확정되었는데 그 이후에 그와 모순되는 판단에 의해 명의이용행위로 제재처분을 받게 된다는 것은 법적안정성 내지 신뢰보호에 대한 중대한 침해가 아닐 수 없다.11)

4. 行政制裁의 效率性

(1) 이상의 관점에 대하여, 대상판결을 지지하거나, 그렇지 않더라도 취소판결의 반복금지효를 부분적으로 축소하여 이 사건 A, B, C 처분사유 중 A 또는 A+B에 대해서만 인정하는 것이 타당하다고 생각할 수 있는 실질적 관점은 행정제재의 효율성이다. 강제수사권이 있는 검사에게는 '일괄기소의무'를 부과하여 무죄 또는 유죄 확정판결의 기판력

---

11) 필자의 법학전문대학원 행정절차·행정집행법 강의(선택)에서 본 사례에 관해 의견조사를 한 결과, 3학년생들은 거의 대부분 이상과 같은 관점에서 대상판결을 비판하고 이 사건 A, B, C 처분사유 모두가 취소판결의 반복금지효에 위배된다는 의견이었다. 반면에 2학년생들은 어느 정도 아래 행정제재의 실효성 관점에서 대상판결의 타당성을 어느 정도 인정하면서, 위 A, B 처분사유에 대해서만 반복금지효를 주장하였다. 이러한 차이는 형사법에 대한 이해 정도에 따른 것이 아닌가 라는 추측이 가능하다. 그러나 행정사무관 출신인 박사과정 졸업생 또는 수료생은 대부분 아래 행정제재의 실효성 관점에서 대상판결을 지지하였다.

을 확대할 수 있겠지만, 강제수사권이 없는 행정에게는 '일괄처리의무'를 부과할 수 없다는 주장이다. 이는 근본적으로 (행정)형벌과 행정제재처분의 차이점으로 연결된다. 즉, 행정형벌에 있어 피고인과 피의자에 대한 방어권보장 이념이 절대적이지만, 행정제재처분에 대해서는 공익실현을 위한 탄력성이 확보되어야 한다는 것이다.

(2) 이러한 관점은 이론적으로 행정법상 제재처분을 형사법상 공소제기에, 행정소송의 취소판결을 형사소송의 무죄판결에 각각 대응시키는 논리를 비판하는 것으로 연결될 수 있다. 즉, 행정행위는 법원의 판결을 구하는 공소제기와 달리, 그 자체로 완결된 — 말하자면, '제1법관'으로서의 행정에 의한 판결이라고 할 수 있듯이[12] — 법적 행위이다. 또한 형사소송의 무죄판결은 공소제기에 대한 최종적인 판단인 반면에, 행정소송에서 취소판결은 사법심사, 정확하게 말해 '제2법관'에 의한 '재심사'(re－view)에 불과하고, 행정청은 여전히 재처분 권한을 보유한다. 따라서 행정행위와 그에 대한 취소판결에 대하여 형사법적 논리를 그대로 적용하여서는 아니 되고, 오히려 취소판결의 효력 범위를 제한함으로써 '제1법관'으로서 행정청의 재처분 권한을 확보해 주는 것이 타당하다는 주장이 가능해진다.

(3) 가장 실제적인 반대논거는 취소판결의 반복금지효를 넓게 인정하게 되면 수많은 행정법규 위반행위를 용인하는 결과를 빚는다는 점이다. 위에서 지적한 행정조사의 한계 때문에 형사법과 동일하게 반복금지효를 인정하면 위반행위가 적발된 이후에도 이를 계속 감행하는 '악덕업자'가 法網을 피할 수 있도록 한다는 비판이 가능하다. 이러한 관점에서 형사법 영역에서도 포괄일죄로서의 영업범의 인정을 제한하자는 경향이 강해지고 있다.[13] 행정법적 관점에서도, 오늘날 발전된 우

---

12) 자세한 내용은 졸고, 한국 행정법학 방법론의 형성·전개·발전,『공법연구』제44집 제2호, 2015, 178면; 졸저, 행정법의 체계와 방법론, 96면 이하 참조.
13) 대표적으로, 영업범을 포함한 집합범에 있어 행위자의 생활태도 내지 내심의 의사

리나라 행정의 수준에서 보면, 행정의 恣意와 懶怠보다는 악덕업자의 폐해가 더욱 크다는 것이다. 따라서 위반사실 일부를 누락한 후 추후에 다시 제재처분을 하는 경우에는 예외적으로 재량권남용으로 행정상대방을 구제할 수 있고, 그렇지 않다 하더라도 과거의 위반사실은 비례원칙에 의거한 재량하자 이론으로써 대응할 수 있다고 한다.

(4) 취소판결의 효력이라는 법리를 통해 모든 행정제재에 대해 획일적으로 해결하는 것보다, 이중위험금지의 필요성에 따라 특정한 행정영역에 대해 법령에 행정의 일괄처리의무를 명시하는 입법적 해결이 타당하다는 견해도 가능하다.14)

5. 小結

사견에 의하면, 원칙적으로 위와 같은 행정제재의 효율성 관점보다 앞에서 강조한 이중위험금지, 행정의 恣意 내지 懶怠의 방지, 自己負罪강요금지, 법적안정성 내지 신뢰보호의 관점들이 중요하기 때문에, 행정제재의 효율성이 중시되어야 할 특단의 사정이 없는 한, 이중위험금지를 중시해야 한다. 특히 이 사건에서는 그 구체적 경위를 감안하면

의 동일성을 근거로 수 개의 독립된 행위를 포괄일죄로 인정하는 것은 특수한 범죄에너지를 가진 범죄인에게 부당한 특혜를 주는 것이므로 원칙적으로 경합범으로 보아야 한다는 견해(박상기,『형법총론』, 487면; 이형국,『형법총론연구II』, 486면 등)이다.

14) 식품위생법 시행규칙 [별표23] 행정처분 기준 중 Ⅰ. 일반기준의 7.항은 "어떤 위반행위든 해당 위반 사항에 대하여 행정처분이 이루어진 경우에는 해당 처분 이전에 이루어진 같은 위반행위에 대하여도 행정처분이 이루어진 것으로 보아 다시 처분하여서는 아니 된다. 다만, 식품접객업자가 별표 17 제6호 다목, 타목, 하목, 거목 및 버목을 위반하거나 법 제44조 제2항을 위반한 경우는 제외한다."고 규정하고 있다. 위 단서에 의해 제외되는 위반행위는 주로 유흥접객행위, 도박 등 사행행위, 풍기문란행위, 주류판매, 미풍양속 위해행위 등인데, 이들 위반행위가 제외되는 것을 그 위법성의 정도라는 실질적 관점에서는 이해할 수 있으나, 이중위험금지의 관점에서는 일관성이 결여된 것이라고 비판될 수 있을 것이다.

위와 같은 이중위험금지 및 법적안정성 관점들이 보다 더 강조되어야
할 것이다.

이상과 같이 이중위험금지와 행정제재의 효율성을 지렛대의 양쪽
으로 하여 실질적인 이익형량 내지 가치비교를 통해 대상판결의 문제점
을 논의하였는바, 이러한 실질적인 논의들을 배경으로, 이제 도그마틱
의 관점에서 기판력과 기속력(Ⅲ.), 소송물의 동일성(Ⅳ.) 문제를 차례
로 검토하기로 한다.

Ⅲ. 旣判力과 羈束力

1. 問題의 所在

대상판결의 도그마틱적 문제점은 취소판결의 기판력과 기속력을
엄별하면서 반복금지효 문제에서 기판력을 완전히 배제하는 데에서 출
발한다. 앞에서 본 바와 같이, 대상판결에 의하면, 기속력은 행정소송법
규정(제30조 제1항)에 의거한 실체법적 효력으로, 객관적 범위는 처분사
유에 의해 결정되고 시적 범위는 처분시인 반면, 기판력은 민사소송법
규정(제218조 등)의 준용에 의한 소송법적 효력에 불과하고, 그 객관적
범위는 소송물에 의해 결정되고 시적 범위는 사실심 변론종결시라는 것
이다. 이는 종래 통설의 입장이다.

이에 더하여 취소소송의 소송물이 '특정 일시'의 처분의 위법성 일
반으로 파악됨에 따라 소송물을 기준으로 하는 기판력은 그 특정 처분
으로 인한 국가배상 청구소송에 대해서만 미치고 동일·유사한 처분의
반복금지효로는 작용하지 못한다는 논리가 추가된다. 물론 기속력의 기
준이 되는 '처분사유'를 통해 반복금지효가 충분히 발휘되면 실제적 문
제점은 해소되겠지만, 이론적으로는 취소판결의 효력으로 '기판력'을 배

제함으로써, 일사부재리 내지 이중위험금지를 위한 형사판결의 기판력과의 연결고리가 끊어진다는 중대한 결점이 있다. 다시 말해, 형사법과 절연된 '기속력'이라는 개념만으로 취소판결의 반복금지효의 범위를 결정함으로써 이중위험금지의 이념을 몰각하게 될 우려가 있다.

2. 행정소송법 제29조 제1항

위와 같은 대상판결 및 통설의 실정법적 문제점은 취소판결의 효력에 관하여 행정소송법 제29조 제1항("처분등을 취소하는 확정판결은 제3자에 대하여도 효력이 있다")을 도외시하는 데 있다. 통설은 이 조항이 단지 취소판결의 형성력을 의미하는 것에 불과하고 기판력과는 무관하다고 한다. 독일에서는 취소소송이 철저한 주관소송이기 때문에 취소판결의 기판력이 명문의 규정(행정재판소법 제121조)에 의해 당사자 및 참가인에게만 한정되는데, 취소판결의 '대세적' 형성력은 명문의 규정 없이, 형성판결에 의한 효력으로서, 당연히 인정된다고 한다.[15]

통설이 위 행정소송법 제29조 제1항을 이와 같이 독일에서는 명문의 규정도 없이 인정되는 '형성력'으로만 한정하는 이유는 바로 '기판력'의 대세효를 회피함으로써 취소소송의 객관소송적 성격을 부인하고자 하는 데 있다. 즉, 민사소송법(제218조 제1항)에서는 승소판결이든 패소판결이든 기판력은 모두 당사자, 승계인 및 참가인에게만 미치기 때문에, 취소판결의 기판력도 오직 민사소송법의 준용에 의해서만 인정된다고 해야 취소소송의 주관소송적 성격이 유지되는 것이다. 이는 위 조항과 동일한 규정(行政事件訴訟法 제32조)을 갖고 있는 일본에서 여실히 알

---

15) 대표적으로 Schoch/Schmidt−Aßmann/Pietzner, Verwaltungsgerichtsordnung Kommentar, §121 Rn.37; Eyermann/Geiger, Verwaltungsgerichtsordnung Kommentar, §121 Rn.17; Friedhelm Hufen, Verwaltungsprozessrecht. 8.Aufl., 2011, §38 Rn.27 등 참조.

수 있다.16) 일본에서는 원고의 법률상 이익과 관계없는 위법을 이유로
처분의 취소를 구할 수 없다는 제10조 제1항의 규정 때문에 취소소송의
주관소송적 성격은 실정법상 '주어진 것'이겠으나, 이러한 규정이 없는
우리나라에서는 특히 — 기판력의 대세효를 전제로 하는 — 제3자의 재
심청구(제31조)17)를 인정하고 있다는 점에서 취소소송의 객관소송적 성
격을 충분히 인정할 수 있다. 그 실정법적 근거의 중심에 있는 것이 바
로 위 행정소송법 제29조 제1항이다.18)

3. 旣判力과 羈束力의 관계

요컨대, 사견에 의하면 취소판결의 기판력은 민사소송법의 준용에
의해서가 아니라 행정소송법(제29조 제1항)에 의해 직접 인정되는 행정
소송법 독자적인 효력이다. 계쟁처분에 대한 원고의 탄핵이 성공하여
취소판결이 선고·확정된 이상 계쟁처분의 위법성에 관한 기판력이 대
세효를 갖도록 함으로써 행정상 법률관계의 안정성을 확보하기 위한 것
이다. 반면에 기각판결의 — 계쟁처분의 적법성에 관한 — 기판력은 민
사소송법의 준용에 의해 당사자 사이에서만 인정됨으로써 원고 패소의
파장이 최소화된다.

이러한 관점에서 보면, 행정소송법 제30조 제1항의 '기속력'은 제
29조 제1항의 기판력의 한 내용으로서, 특히, 일반시민만이 아니라, '관
계행정청'이 '그 사건에 관하여' 기판력을 존중하여 그에 부합하는 조치
를 할 의무를 주의적으로 명시한 것이다. 따라서 기속력도 소송법적 효

---

16) 条解 行政事件訴訟法 第4版, 2014, 弘文堂, 653면 이하 참조.

17) 일본의 行政事件訴訟法 제34조에도 제3자의 재심청구가 규정되어 있는데, 그 제도
　　의 목적과 기능이 기판력의 대세효를 전제로 하지 않고 설명되고 있다. 전게 条解
　　行政事件訴訟法 699면 이하 참조.

18) 자세한 내용은 졸저, 행정소송의 구조와 기능, 제10장 취소소송의 소송물, 438면
　　이하 참조.

력이다. 다시 말해, 기속력에 반하는 처분이 내려지면 그에 대한 후속 취소소송에서 그 처분은, 제소기간의 제한 없이, 당연무효로 판단되어 진다. 독일에서도, 취소소송이 순수한 형성소송으로 파악되는 나머지, 취소판결의 소송법상 효력은 형성력에 한정되고, 행정청의 '결과제거의 무'는 소송법상 효력과 별개의 실체법적인 효력으로 보는 반면, '반복금 지효'는 재처분을 다투는 後訴에서 ― 다만 당연무효가 아닌 단순위법 으로 ― 소송상 실현되는 것으로 본다. 프랑스의 월권소송에서도 마찬 가지이다.[19]

결론적으로, 취소판결의 '반복금지효'는 행정소송법 제29조 제1항 의 기판력에 의거한 것으로, 동법 제30조 제1항에서 주의적으로 '기속 력'이라는 행정소송법 독자적인 명칭으로 명시되어 있다. 따라서 취소 판결의 반복금지효를 '기판력'이라고 지칭해 온 종래의 수많은 판례[20] 와 '기판력'과 '기속력'을 병렬적으로 표시하고 있는 최근 판례[21]와 이 사건 원심판결이 타당하다고 할 것이다.

IV. 訴訟物의 同一性

1. 規律의 同一性

이상과 같이 취소판결의 반복금지효를 '기판력'의 일환으로 파악하 게 되면, 이중위험금지를 본질로 하는 형사판결의 기판력과의 연결고리 가 복원됨과 동시에 그 객관적 범위의 판단기준으로 '소송물' 개념이 복

---

19) 독일과 프랑스에 대한 비교법적 고찰은 졸저, 전게서, 440면 이하 참조.
20) 졸저, 전게서, 363면 각주 1), 2)의 대법원 판결 참조.
21) 대법원 2002. 5. 31. 선고 2000두4408 판결; 대법원 2002. 7. 23. 선고 2000두6237 판 결 등. 이 두 판결은 졸저, 전게서 제10장 취소소송의 소송물 부분의 연구 계기가 된 것이다.

귀한다. 그리하여 취소판결의 기판력이 반복금지효로 기능하기 위해서는 그 소송물 개념이 과거 특정 일시의 처분만이 아니라 동 처분과 동일한 것으로 평가되는 새로운 처분까지 포괄하는 것이어야 한다. 이러한 처분의 동일성을 판단하는 기준은 '규율의 동일성'이다.22)

사견에 의하면, 수익처분 거부처분 취소소송에서는 그 계쟁처분의 규율의 핵심은 원고에 의해 신청된 수익처분의 발급 거부에 있으므로, 그 신청된 수익처분을 기준으로 소송물이 나뉜다. 이는 피고 행정청의 발급의무와 이에 상응하는 원고의 발급청구권을 다룬다는 점에서 민사소송에 준하고, 따라서 민사소송에서 소송상 또는 실체법상 '청구'를 기준으로 소송물을 판단하는 것과 같이, 원고에 의해 신청된 수익처분을 기준으로 소송물을 결정하는 것이 이론적으로 타당하다고 할 수 있다.23) 그리고 실제적으로 거부처분 취소소송에서 기판력 내지 반복금지효의 범위 문제는 권리구제 내지 분쟁해결의 효율성이라는 가치와 법원의 심리부담 가중이라는 현실이 충돌하는 것인데, 원칙적으로 전자를 보다 더 중시해야 할 것이다.

반면에, 제재처분 취소소송에서는 그 계쟁처분의 규율의 핵심은 그 처분사유로 된 위반사실에 대한 제재이므로, 처분사유를 기준으로 소송물이 나뉜다.24) 이는 법규위반행위에 대한 '벌'이라는 점에서 형사소송에 준하고, 따라서 형사소송에서 '공소사실'의 동일성을 기준으로 소송물을 판단하는 것과 같이, 제재처분 취소소송에서는 '처분사유'의 동일성을 기준으로 소송물이 결정되어야 한다. 통설 및 대상판결에서와 같

---

22) 이상에 관하여 졸저, 전게서, 434면 이하 참조.
23) 반면에 거부처분의 처분사유(거부사유)들은 동일한 소송물에 속하므로, 그 범위 내에서 처분사유의 추가·변경이 허용되고 취소판결의 효력이 미치기 때문에, 행정청은 다른 거부사유로 다시 거부처분을 내리지 못한다. 이러한 사견은 종래의 판례·실무와 배치되지만, 거부처분 취소소송이 실질적으로 의무이행소송의 기능을 할 수 있기 위해서는 유용하다. 자세한 내용은 졸저, 전게서, 414면 이하 참조.
24) 이에 관해서는 졸저, 전게서, 412면 이하 참조.

이 기판력을 배제하고 오직 기속력의 범위로 고찰할 때에도 결국 '처분사유'의 동일성을 기준으로 하게 된다는 점은 마찬가지이지만, 제재처분 취소소송에서는 형사판결의 기판력을 매개로 하여 그 동일성 판단이 ― 이중위험금지의 관점에서 ― 확대된다는 점을 간과해서는 아니 된다. 바로 이것이 민사소송의 기판력 문제와 다른 것이고, 또한 거부처분 취소소송에서의 기판력 문제와도 다른 것이다.

참고로, 사견과 같이 기판력을 반복금지효의 근거로 삼아 그 객관적 범위를 소송물을 기준으로 하고 시적 범위는 사실심 변론종결시까지로 하게 되면 반복금지효가 대폭 확대되어 행정청의 재처분권한이 부당하게 침해될 이론적 가능성 또는 사실상의 오해가 있기 때문에, '처분'의 동일성, 기판력의 시간적 한계, 판결이유 등 세 가지 관점에서 그 반복금지효를 제한할 필요가 있다는 점을 부언해 둔다.[25]

2. 營業犯 내지 包括一罪의 문제

결국 이 사건의 쟁점은 명의이용행위라는 행정법규 위반행위를 형사법상 영업범으로서의 포괄일죄에 준하여 일정 기간의 위반행위들을 포괄하여 하나의 동일한 위반행위로 인정할 것인가로 귀결된다. 이 사건 명의이용행위에 대해 (행정)형벌을 부과할 때에는 형사법상 포괄일죄의 법리가 그대로 적용되는데, 제재처분인 감차명령에 대해서는 어떠한가?

형사법상으로 공소제기에 의해서는 포괄일죄의 성립요건인 '고의의 연속성'이 단절되지 않고 확정판결에 의해 사실심 선고일 기준으로 고의가 갱신된다는 전제 하에 그 이전의 행위들은 모두 포괄일죄로 확정판결의 기판력이 미친다. '상습범'에 관하여 각개의 범행 상호간에 보호법익이나 행위의 태양과 방법, 의사의 단일 또는 갱신 여부, 시간적·

---

25) 상세한 내용은 졸저, 전게서, 458면 이하 참조.

장소적 근접성 등 일반의 포괄일죄 인정의 기준이 되는 요소들을 전혀
고려함이 없이 오로지 '상습성'이라는 하나의 표지만으로 곧 모든 범행
을 포괄일죄로 볼 수 없다는 대법원 2004. 9. 16. 선고 2001도3206 전
원합의체 판결을 계기로 포괄일죄의 범위를 제한하자고 하는 판례의 경
향은 수긍된다. 그러나 이 사건과 같은 행정법규위반 영업행위는 위에
서 열거된 포괄일죄의 성립요건을 모두 충족한다는 것이 문제이다.

   마지막으로 지적할 것은 처분사유의 동일성 판단기준이다. 형사사
건에서의 공소사실의 동일성에 관해서는 기본적 사실관계의 동일성을
판단함에 있어서는 사회적인 사실관계를 기본으로 하되 규범적 요소도
아울러 고려하여야 한다는 판례가 확립되어 있다.26) 형사사건에서는 그
와 같이 규범적 요소가 고려되면 — 단순한 '거짓 인적사항 사용'으로
인한 경범죄처벌법 위반행위와 거액의 사기죄와 같이 — 공소사실의 동
일성이 제한됨으로써 기판력의 범위가 축소된다. 반면에, 이 사건에서
는 거꾸로 대상판결이 규범적 요소의 고려를 부정함으로써 처분사유의
동일성을 부정하여 결과적으로 반복금지효의 범위를 축소하였는데, 동
일한 결과를 지향하는 것이기는 하지만 형사사건과 제재처분 취소소송
에서 이토록 정반대의 판단기준이 타당한 것인가 라는 의문이 제기된
다. 뿐만 아니라, 행정법규 위반행위의 포괄일죄 요건인 행위의 태양과
방법, 의사의 단일 또는 갱신 여부, 시간적·장소적 근접성 등은 순수한
규범적 요소가 아니라 본질적으로 사실인정의 문제이다.

3. 包括一罪 斷絶點으로서 行政行爲

   이상의 점들을 종합하면, 이 사건에서 명의이용행위는 보호법익의

---

26) 대법원 2010. 6. 24. 선고 2009도9593 판결; 대법원 2004. 7. 22. 선고 2003도8153 판
   결 대법원 2003. 7. 11. 선고 2002도2642 판결; 대법원 2002. 3. 29. 선고 2002도
   587 판결 등.

동일성, 행위의 태양 및 방법의 동일성, 시간적·장소적 접근성 등에 의거하여 원칙적으로 포괄일죄에 준하여 동일성이 있는 위반행위로 파악하는 것이 타당하다고 생각한다. 다만, 형사법과는 달리, 새로운 행정행위에 의해 그 포괄일죄는 단절되는 것으로 보아야 한다. 즉, 형사법상 포괄일죄의 한 요건인 '의사의 단일성'은 공소제기에 의해서가 아니라 사실심 판결선고로써 단절되는 것으로 이해된다. 공소제기는 법원에 판결을 구하는 행위로서, 그 자체 완결된 법적 행위가 아니기 때문이다. 따라서 포괄일죄에 대한 기판력도 — 기판력의 일반적인 시적 범위와 동일하게 — 사실심 판결선고일 이전의 행위에 미친다. 반면에, 행정행위로서 제재처분은 법원의 판결에 대비되는 그 자체 완결된 법적 행위이고, 행정소송에서의 취소판결은 그에 대한 사법심사의 결과물에 불과하다.[27] 그리하여 형사법상 포괄일죄의 단절점인 사실심 판결선고에 상응하는 것은 행정행위 발령이라고 보아야 한다. 이러한 점을 감안하면, 포괄일죄에 준하는 동일한 위반행위에 대한 취소판결의 기판력 내지 반복금지효의 시적 범위는 그 취소판결의 대상이 되는 종전 처분시로 보는 것이 타당하다.[28] 그리하여 이 사건 처분 중 A, B, O를 사유로 한 것은 취소판결의 효력(반복금지효)에 위반하여 위법하지만 C를 사유로

---

27) 앞의 Ⅱ.의 4.(2) 각주 12) 본문 부분 참조.
28) 이는 반복금지효를 포함한 기판력 내지 기속력의 일반적인 시적 범위(사실심 변론종결시)에 대한 예외를 이루는 것인데, 이 사건에서와 같이, 포괄일죄에 준하는 동일한 위반행위에 대한 반복금지효에 관해서만, 포괄일죄에 있어 '의사의 동일성'의 단절점이 행정행위가 됨으로 말미암아 발생하는 예외이다. 그 밖에 다른 경우에는 반복금지효의 기준시를 기판력의 그것과 동일하게 사실심 변론종결시로 보아야 한다. 특히 포괄일죄에 준하는 동일성이 인정되는 위반행위가 아닌 경우에, 행정청은 종전 처분 이후 사실심 변론종결시 이전에 발생한 위반행위로, 종전 처분의 취소확정판결에도 불구하고, 동종의 처분을 할 수 있는데, 이는 위법판단 기준시가 처분시이므로 처분 이후에 발생한 사유가 당해 소송에서 계쟁처분의 적법사유로 주장될 수 없기 때문에 '소송외'에서의 새로운 처분이 허용되는 것이지, 반복금지효의 일반적인 기준시가 처분시이기 때문이 아니라는 점을 유의하여야 한다. 이에 관한 상세한 내용은 졸저, 전게서, 462면 이하 참조.

한 것은 그렇지 않다는 결론에 이른다.

이러한 결론은 근본적으로 행정제재에 있어 이중위험금지를 위한 반복금지효는 '제재처분' 자체에서 비롯된다는 점으로 연결된다. 이중위험금지의 필요성은 취소판결 확정시에만 국한되는 것은 아니고, 기각판결이 확정되거나 아니면 취소소송이 제기되지 않아 불가쟁력이 발생하거나 처분이 집행완료된 이후에 다시 이전의 처분사유와 동일성 범위 내의 사유를 들어 감차명령 또는 영업정지 등 제재처분을 하는 경우에도 동일한 문제가 발생한다. 따라서 행정처분 자체에 유죄판결의 기판력에 상응하는 '一事不再理效'가 발생하는 것으로 보아야 한다.29) 이러한 一事不再理效의 기준시는 당연히 처분시이다. 다만, 그 행정처분에 대해 나중에 취소판결이 선고·확정되면 그 처분의 효력은 소멸하고 취소판결의 기판력에 의해 반복금지효가 발생하는데, 그 반복금지효의 기준시는 원칙적으로 사실심 변론종결시이지만, 포괄일죄에 준하는 동일성 판단은 처분시를 기준으로 한다.

V. 結語

대상판결의 判旨에 찬동하는 견해에 의하면, 대상판결은 취소판결의 기판력과 기속력(반복금지효)을 분명히 구별하면서 그 차이점을 명시하고, 명의이용금지 위반 등 행정법규 위반행위에 관하여, 포괄일죄에 준하는 동일성을 부정하여 종전 처분에 대한 취소판결의 반복금지효의 범위를 제한함으로써 행정제재의 효율성을 강조하였다는 점에 그 의의를 찾게 될 것이다. 그러나 사견에 의하면, 대상판결은 행정소송법 제29

---

29) 졸저, 행정법의 체계와 방법론, 제8장 광의의 행정벌과 협의의 행정벌, 366-368면; 졸고, 취소소송의 소송물에 관한 연구, 法曹 2000.7 (통권 제 526호), 116면 이하 참조.

조 제1항의 명문의 규정에 반하여, 취소소송의 객관소송적 성격을 부인하기 위해, 취소판결의 기판력을 행정소송법의 독자적인 대세적 효력이 아니라 민사소송법의 준용에 의한 상대적 효력에 불과한 것으로 파악한다는 점, 그리하여 취소판결의 기판력을 기속력(반복금지효)에서 배제함으로써 형사소송에서 판결의 기판력이 갖는 이중위험금지 기능과의 연결을 끊어버리고, 나아가 연속된 행정법규 위반행위의 동일성 판단에 있어, 형사법상 포괄일죄의 판단기준과 정반대로, 규범적 요소를 배제한다는 명분으로, 포괄일죄에 준하는 동일성을 부정함으로써 행정소송에서 취소판결이 갖는 이중위험금지 기능을 무력화시켰다는 점에서 비판의 여지가 크다.

참고문헌

朴正勳, 행정법의 체계와 방법론
朴正勳, 행정소송의 구조와 기능
朴正勳, 취소소송의 소송물에 관한 연구, 法普 2000.7 (통권 제 526호),
    116면 이하 참조.
석호철, 기속력의 범위로서의 처분사유의 동일, 『행정판례연구』 제5집,
    2000.
김영현, 프랑스 월권소송의 판결의 효력, 『행정법연구』 제13호, 2005.
이현우, 프랑스법상 행정제재와 형벌의 관계에 관한 연구 – 개념징표와
    법적 통제의 비교를 중심으로, 서울대학교 법학석사논문, 2005.
김승대, 이중처벌 금지원칙에 대한 헌법해석의 재검토, 『공법연구』 제35
    집 제4호, 2007.
전현철, 취소소송에 있어서 판결의 기판력, 『저스티스』 제118호, 2010.
송종원, 소송물과의 관련성에서 본 취소판결의 기속력, 『법학논총』 국민
    대학교 법학연구소, 제24권 제3호, 2012.
김창조, 취소소송에 있어서 판결의 기속력, 『법학논고』 경북대학교 법학
    연구원, 제42집, 2013.
이상천, 일사부재리원칙의 행정에서의 적극적 전개를 위한 시론, 『공법학
    연구』 제15권 제2호, 2014.
최춘식, 취소소송에 있어서 소송물의 통일적 이해, 『토지공법연구』 제69
    호, 2015.
경 건, 취소판결의 기속력의 내용, 『서울법학』 서울시립대학교 법학연구
    소 제24권 제4호, 2017.
오정후, 확정판결의 기판력이 후소에 미치는 영향, 『민사소송』 한국민사
    소송법학회, 제18권 제2호, 2014
김정한, 민사소송법과 형사소송법을 비교해서 검토해 본 기판력의 발현

형태와 효력 범위, 『형사소송 이론과 실무』 제8권 제1호, 2016.

홍승희, 공소사실 동일성판단에서 규범적 요소의 의미, 『형사법연구』 제26호 특집호, 2006.

임상규, 공소사실의 동일성에 관한 대법원의 규범논리, 『저스티스』 제98호, 2007. 6.

홍영기, 일사부재리의 효력 범위, 『저스티스』 제123호, 2011.

윤성철, 형사절차상 심판대상과 일사부재리효력의 관계, 『경찰학연구』 제10권 제1호, 2010.

Wolff/Bachof/Stober/Kluth, Verwaltungsrecht I. 12.Aufl., 2007.

Stober/Eisenmenger, Besonderes Wirtschaftsverwaltungsrecht: Gewerbe—und Regulierungsrecht, Produkt—und Subventionsrecht. 15.Aufl., 2011

René Chapus, Droit administratif général. Tome 1. 15e éd., 2001.

Jean Waline, Droit administratif. 25e éd., 2014.

Mattias Guyomar, Les sanctions administratives, 2014.

Georges Dellis, Droit pénal et droit administratif. L'influence des principes du droit pénal sur le droit administratif répressif, 1997.

국문초록

　　대상판결과 원심판결은 기속력과 기판력의 관계, 소송물의 동일성, 포괄일죄의 판단기준에 관하여 모두 반대의 입장을 취하고 있는데, 양자 공히 도그마틱적 개념에 의거한 논리를 펴고 있다. 이 사건은 행정법·민소법·형사법의 '종합 도그마틱'의 문제인데, 나침반의 역할을 하는 도그마틱이 필수적이라 하더라도, 그 근저에 깔려 있는 실질적인 '이익형량' 내지 '가치비교'가 선행되어야 한다.

　　가장 중요한 이익 내지 가치는 이중위험방지이다. 행정제재처분도 헌법 제12조 후단의 적법절차 조항에서 말하는 '벌'에 해당하기 때문에 '광의의 행정벌'로서, 헌법상의 이중위험금지가 동일하게 적용되어야 한다. 여기에 행정의 恣意와 懈怠 방지, 自己負罪 강요 금지, 법적안정성 및 신뢰보호가 추가된다. 이에 대한 반론으로, 중대한 사정변경에 의거한 공익상 철회, 행정제재의 효율성, 행정의 조사능력 부족 등이 주장될 수 있다. 이 사건의 구체적 경위를 감안하면 이중위험금지 및 법적안정성 관점들이 보다 우선되어야 한다.

　　도그마틱의 관점에서 보면, 대상판결은 취소판결의 기판력과 기속력을 엄별하여 반복금지효 문제에서 기판력을 완전히 배제함으로써 이중위험금지를 위한 형사판결의 기판력과의 연결고리를 단절시키는 데 문제가 있다. 대상판결 및 통설이 취소판결의 대세효를 규정한 행정소송법 제29조 제1항을 '형성력'에 한정하는 이유는 '기판력'의 대세효를 회피함으로써 취소소송의 객관소송적 성격을 부인하고자 하는 것이다. 그러나 우리나라에는 원고의 법률상 이익과 관계없는 위법을 이유로 처분의 취소를 구할 수 없다는 일본 行政事件訴訟法 제10조 제1항과 같은 규정도 없고 기판력의 대세효를 전제로 하는 제3자의 재심청구(제31조)를 인정하고 있으며 취소판결의 요건으로 처분의 위법성이면 충분하고 그로 인한 권리침해는 요구되지 않는다는 점에서 취소소송의 객관소송적 성격을 충분히 인정할 수 있는데, 그 실정법적 근거의 중심에 있는 것이 바로 기판력을 포함한 취소판결의 효력의 대세효를 규정하고 있는 위 행정소송법 제29조 제1항이다.

행정소송법 제30조 제1항의 '기속력' 및 그것의 한 내용인 '반복금지효'는 제29조 제1항의 기판력에 의거한 것이므로, 그 반복금지효의 범위도 기판력의 범위와 일치한다. 취소판결의 기판력이 반복금지효로 기능하기 위해서는 그 소송물 개념이 과거 특정 일시의 처분만이 아니라 동 처분과 동일한 것으로 평가되는 새로운 처분까지 포괄하는 것이어야 한다. 이러한 처분의 동일성을 판단하는 기준은 '규율의 동일성'이다. 제재처분 취소소송에서는 그 계쟁처분의 규율의 핵심은 그 처분사유로 된 위반사실에 대한 제재이므로, 처분사유를 기준으로 소송물이 나뉜다.

이 사건에서 명의이용행위는 보호법익과 행위의 태양 및 방법의 동일성, 시간적·장소적 접근성 등에 의거하여 원칙적으로 포괄일죄에 준하여 동일한 위반행위로 파악하는 것이 타당하다. 다만, 형사법과는 달리, 새로운 행정행위에 의해 그 포괄일죄는 단절되는 것으로 보아야 한다. 행정행위로서 제재처분은 법원의 판결에 대비되는 그 자체 완결된 법적 행위이고, 행정소송에서의 취소판결은 그에 대한 사법심사의 결과물에 불과하다. 그리하여 형사법상 포괄일죄의 단절점인 사실심 판결선고에 상응하는 것은 행정행위 발령이라고 보아야 한다. 이러한 점을 감안하면, 포괄일죄에 준하는 동일한 위반행위에 대한 취소판결의 기판력 내지 반복금지효의 시적 범위는 그 취소판결의 대상이 되는 종전 처분시로 보는 것이 타당하다.

이러한 결론은 근본적으로 행정제재에 있어 이중위험금지를 위한 반복금지효는 '제재처분' 자체에서 비롯된다는 점으로 연결된다. 이중위험금지의 필요성은 취소판결 확정시에만 국한되는 것은 아니다. 기각판결이 확정되거나 아니면 취소소송이 제기되지 않아 불가쟁력이 발생하거나 처분이 집행완료된 이후에 다시 이전의 처분사유와 동일성 범위 내의 사유로써 제재처분을 하는 경우에도 동일한 문제가 발생한다. 따라서 행정처분 자체에 유죄판결의 기판력에 상응하는 '一事不再理效'가 발생하는 것으로 보아야 한다.

주제어: 취소판결, 기속력, 기판력, 반복금지효, 포괄일죄, 이중위험금지, 행정제재

Zusammenfassung

Wiederholungsverbotswirkung des rechtskräftigen Aufhebungsurteils
— ne bis in idem, Rechtskraft, Bindungswirkung und Streitgegenstand —

Jeong Hoon PARK*

In dem hier untersuchten Streitfall haben das Revisionsgericht und das Berufungsgericht die genau entgegengesetzten Ansichten über die Fragen nach dem Verhältnis zwischen der Bindungswirkung und der Rechtskraft des rechtskräftigen Aufhebungsurteils, nach dem Kriterium für die Identität des Streitgegenstandes in bezug auf die rechtliche Handlungseinheit der verwaltungsrechtlichen Zuwiderhandlungen. Sowohl das Revisionsgericht als auch Berufungsgericht wenden eine rein dogmatische Methode an, die mit Hilfe des ‚Rechnens durch Begriffe' funktioniert. Die oben genannten Fragen stellen eine komplexe, intradisziplinäre Dogmatik dar, in dem Sinne, daß es dabei nicht nur um das Verwaltungsprozeßrecht, sondern auch um das Zivilprozeßrecht, das Strafrecht und das Strafprozeßrecht geht. Um solche Fragen zu lösen, muß zunäct die Interessenabwägung bzw. die Wertevergleichung erfolgen. Danach kann eine Dogmatik zur Problemlösung aufgestellt werden, mit deren Hilfe man den Umfang der Wiederholungsverbotswirkung des rechtskräftigen Aufhebungs-urteils bestimmen kann. Unter diesem Aspekt werden in dieser Arbeit

---

* Prof. Dr., School of Law, Seoul National University.

untersucht und diskutiert die Kollision zwischen dem Prinzip ‚ne bis in idem' und der Effektivität der Verwaltungssanktion, das Verhältnis zwischen der Rechtskraft und der Wiederholungsverbotswirkung des rechtskräftigen Aufhebungsurteils, die Identität des Streitgegenstandes und die damit gebundene Frage des Kollektivdelikts (gewerbsmäßige Stafttat) bzw. der rechtlichen Handlungseinheit.

Schlüsselwörter: Aufhebungsurteil, Rechtskraft, Wiederholungsverbotswirkung, rechtliche Handlungseinheit, ne bis in idem, Verwaltungssanktion

투고일 2018. 5. 31.
심사일 2018. 6. 12.
게재확정일 2018. 6. 19.

取消訴訟의 對象

處分의 變更申請權과
行政行爲의 再審査

辛尙珉*

대법원 2017. 3. 15. 선고 2014두41190 판결

Ⅰ. 대상판결의 개요

1. 사실관계

　원고는 2012. 3. 30. 피고 보조참가인(주식회사 구룡산업개발)에게 원고 소유의 이 사건 토지와 그 지상 건물을 매도하였다(이하 '이 사건 매매계약'이라 한다).

　피고 보조참가인은 2012. 7. 24.경 피고(의정부시장)에게 원고의 토지사용승낙서를 첨부하여 이 사건 토지 등 지상에 공동주택을 신축하는 건축허가를 신청하였다가, 건축주로 주식회사 무궁화신탁(이하 '무궁화신탁'이라 한다)이 추가되자 원고로부터 사용자를 '피고 보조참가인, 무궁화

---

* 법무법인 민후 변호사.

신탁'으로 변경한 이 사건 사용승낙서를 작성받아 이를 제출하여 2012.
10. 15. 피고로부터 이 사건 건축허가를 받았다.

이 사건 사용승낙서의 하단에는 '이 사건 사용승낙서는 이 사건 매
매계약에 근거한 것이므로 위 매매계약의 파기로 무효가 되고, 사용자
(피고 보조참가인, 무궁화신탁)는 어떠한 사유라도 이와 관련한 권리를 주
장하지 못한다.'고 명시하였다.

피고 보조참가인은 잔금 지급기일을 4차례 연장하였다가, 2012.
12. 31. 다시 잔금 지급기일을 2013. 1. 31.로 연장하면서, '2013. 1. 31.
까지 잔금을 모두 지급하지 못하면 원고는 별도의 최고 절차 없이 이
사건 매매계약을 해제할 수 있고 이 경우 이 사건 사용승낙서는 그 즉
시 효력을 잃고 피고 보조참가인은 이 사건 건축허가를 포기·철회하기
로 한다.'는 취지의 합의서를 작성하였다.

그러나 피고 보조참가인은 2013. 1. 31.까지도 잔금을 지급하지 않
았고, 원고가 해제의 의사표시가 담긴 내용증명이 피고 보조참가인에게
2013. 2. 4. 송달됨으로써 이 사건 매매계약은 해제되었다. 이에 원고는
2013. 7. 24. 피고에게 '이 사건 사용승낙서의 실효로 이에 기초한 이
사건 건축허가 역시 더 이상 존속시킬 필요가 없는 사정변경이 생겼다'
는 등의 사유로 이 사건 건축허가의 철회를 구하는 신청을 하였다.

피고는 2013. 7. 25. '건축허가는 건축주 본인의 신청 또는 건축
법 제11조 제7항 규정1)에 해당할 경우 취소가 가능하나, 이해당사자

---

1) 구 건축법(2014. 1. 14. 법률 제12246호로 개정되기 전의 것)
   제11조(건축허가)
   ① 건축물을 건축하거나 대수선하려는 자는 특별자치시장·특별자치도지사 또는 시
   장·군수·구청장의 허가를 받아야 한다. 다만, 21층 이상의 건축물 등 대통령령
   으로 정하는 용도 및 규모의 건축물을 특별시나 광역시에 건축하려면 특별시장
   이나 광역시장의 허가를 받아야 한다.
   ⑦ 허가권자는 제1항에 따른 허가를 받은 자가 다음 각 호의 어느 하나에 해당하면
   허가를 취소하여야 한다. 다만, 제1호에 해당하는 경우로서 정당한 사유가 있다
   고 인정되면 1년의 범위에서 공사의 착수기간을 연장할 수 있다.

간의 협의 또는 소송 등에 의한 결정이 우선 필요하다.'라는 이유로 위
건축허가 철회신청을 거부하는 처분(이하 '이 사건 거부처분'이라 한다)을
하였다.

이에 대해 원고는 2013. 9. 6. 이 사건 거부처분의 취소를 구하는
소송을 제기하였다.

2. 소송의 진행 경과

의정부지방법원은 '피고가 2013. 7. 25. 원고에 대하여 한 건축허가
철회신청 거부처분을 취소한다.'는 원고 승소판결을 선고하였다(의정부
지방법원 2014. 3. 25. 선고 2013구합16246 판결).

항소심인 서울고등법원도 1심 판결을 그대로 인용하면서 항소기각
판결을 선고하였다(서울고등법원 2014. 8. 20. 선고 2014누47596 판결).

대법원도 원심의 판단이 정당하다면서 상고를 기각하였다(대법원
2017. 3. 15. 선고 2014두41190 판결, 이하 '대상판결'이라 한다).

3. 대상판결의 요지[2]

【판결요지】

[1] 건축허가는 대물적 성질을 갖는 것이어서 행정청으로서는 허
가를 할 때에 건축주 또는 토지 소유자가 누구인지 등 인적 요소에 관
하여는 형식적 심사만 한다. 건축주가 토지 소유자로부터 토지사용승낙

---

1. 허가를 받은 날부터 1년 이내에 공사에 착수하지 아니한 경우
2. 허가를 받은 날부터 1년 이내에 공사에 착수하였으나 공사의 완료가 불가능하
   다고 인정되는 경우
[2] 대법원 판시내용은 구체적인 판결이유가 기재된 1심 판결과 크게 다르지 아니하므
   로, 기본적으로 대법원 판결만 소개하되, 필요한 경우 1심 판시 부분을 각주로 부
   기하였다.

서를 받아 그 토지 위에 건축물을 건축하는 대물적 성질의 건축허가를 받았다가 착공에 앞서 건축주의 귀책사유로 해당 토지를 사용할 권리를 상실한 경우, 건축허가의 존재로 말미암아 토지에 대한 소유권 행사에 지장을 받을 수 있는 토지 소유자로서는 건축허가의 철회를 신청할 수 있다고 보아야 한다. 따라서 토지 소유자의 위와 같은 신청을 거부한 행위는 항고소송의 대상이 된다.

　　[2] 행정행위를 한 처분청은 비록 처분 당시에 별다른 하자가 없었고, 처분 후에 이를 철회할 별도의 법적 근거가 없더라도 원래의 처분을 존속시킬 필요가 없게 된 사정변경3)이 생겼거나 중대한 공익상 필요가 발생한 경우에는 그 효력을 상실케 하는 별개의 행정행위로 이를 철회할 수 있다. 다만 수익적 행정행위를 취소 또는 철회하거나 중지시키는 경우에는 이미 부여된 국민의 기득권을 침해하는 것이 되므로, 비록 취소 등의 사유가 있다고 하더라도 그 취소권 등의 행사는 기득권의 침해를 정당화할 만한 중대한 공익상의 필요 또는 제3자의 이익을 보호할 필요가 있고, 이를 상대방이 받는 불이익과 비교·교량하여 볼 때 공익상의 필요 등이 상대방이 입을 불이익을 정당화할 만큼 강한 경우에 한하여 허용될 수 있다.

---

3) 사정변경의 점에 관하여 1심 판결은 다음과 같이 판시하였다.
　"건축법 시행령 제9조 제1항은 '건축물의 건축허가를 받으려는 자는 국토교통부령으로 정하는 바에 따라 건축허가신청서에 관계 서류를 첨부하여 허가권자에게 제출하여야 한다.'라고 규정하고 있고, 이에 따른 건축법 시행규칙 제6조 제1항 1의 2목에서는 건축허가를 받으려는 자가 첨부하여야 할 서류로 '건축할 대지의 소유 또는 그 사용에 관한 권리를 증명하는 서류' 등을 정하고 있는바, 건축할 대지에 대한 소유권 또는 사용권이 확보되지 않은 상태에서 그 지상에 건축물이 축조되는 경우에는 그 소유자의 용익 권능이 침해되어 분쟁을 야기하고, 향후 건축물이 철거될 운명에 처하게 되어 사회경제적 손실을 야기하게 되므로, 건축할 대지에 대한 소유권 또는 사용권의 존재는 행정청이 건축허가시 반드시 고려해야 할 필수요건이고, 만약 수허가자가 그 소유권 또는 사용권을 상실하게 되는 경우에는 건축허가를 존속시킬 필요 없게 된 사정변경이 발생한 것이라 할 것이다."

【이 유】

원심은 다음과 같은 사정을 들어 이 사건 건축허가의 철회로 침해될 피고 보조참가인과 무궁화신탁의 보호가치 있는 이익이 없으므로 이를 철회함이 상당하다는 이유로 이 사건 거부처분이 위법하다고 판단하였다.

① 원고는 이 사건 건축허가가 존속함으로 인해 이 사건 토지에 관하여 사실상 사용·수익·처분 권능을 행사하지 못하고 있다.

② 피고 보조참가인과 무궁화신탁은 이 사건 매매계약이 해제되어 이 사건 토지의 소유권 또는 사용권을 취득하지 못하게 되었고, 현재까지도 이 사건 건축허가에 따른 공사에 착수하지 못하고 있다.

③ 피고 보조참가인은 이 사건 매매계약의 잔금 지급기일을 5차례나 연장하였음에도 이를 지급하지 못하였고, 최종 잔금 지급기일을 연장하면서 이 사건 매매계약이 해제될 경우 이 사건 건축허가를 포기·철회하기로 합의하였다.

앞에서 본 법리에 비추어 보면, 토지 소유자인 원고가 피고 보조참가인과 무궁화신탁에 이 사건 토지를 사용할 권리가 없음을 이유로 이 사건 건축허가의 철회를 신청한 것을 피고가 거부한 행위는 항고소송의 대상이 된다. 나아가 피고가 원고의 신청에 따라 이 사건 건축허가를 철회함으로써 원고의 이익을 보호할 필요가 인정되고, 이를 피고 보조참가인과 무궁화신탁이 받는 불이익과 비교·교량하여 볼 때 원고의 이익을 보호할 필요가 피고 보조참가인과 무궁화신탁의 불이익을 정당화할 만큼 강하다.[4]

---

4) 피고 보조참가인과 무궁화신탁의 불이익 유무에 관하여 1심 판결은 다음과 같이 판시하였다.

따라서 원심의 판단은 정당하고 상고이유 주장과 같이 수익적 행
정행위의 철회에 관한 법리를 오해하여 이 사건 건축허가의 철회로 인
한 이익과 불이익의 비교·교량에 관한 심리를 다하지 않은 잘못이 없다.

Ⅱ. 쟁점의 정리

대상판결은 일반 국민이 행정청에 대하여 적법하게 효력이 발생한
기존 처분을 철회하여 줄 것을 신청하였을 경우, ① 그 철회신청을 거
부한 행위가 항고소송의 대상이 되는 처분인지, ② 나아가 행정청이 그
신청의 취지에 따라 철회를 하여야 할 의무가 발생하는지를 쟁점으로
한다.

첫 번째 논점은, 처분을 특정한 내용으로 변경해 달라고 신청하는
것, 즉 '처분의 변경신청권'이 인정되는지, 그러한 처분 변경신청권이 판
례가 거부처분의 처분성을 판단하는 기준으로 보는 법규상 또는 조리상
신청권으로서 인정될 수 있는지에 관한 문제이다. 이는 독일 연방행정절
차법(Verwaltungsverfahrensgesetz, VwVfG) 제51조의 '행정행위의 재심사'[5]
규정의 의미와 도입 필요성에 관한 논의와 함께 검토할 필요가 있다.

두 번째 논점은, 위와 같이 철회 신청권이 인정되는 경우에 행정청
에게 철회권을 행사하도록 결정하는 것이 타당한지 여부이다. 여기서는
당초의 처분을 존속시킬 필요가 없게 된 사정변경 또는 중대한 공익상
필요 등의 철회 사유가 존재하는지, 그리고 철회를 통해 처분의 상대방
이 입는 불이익을 상쇄할 만한 필요성이 인정되는지, 즉 철회의 허용

"이 사건 건축허가가 철회됨으로써 침해될 구룡산업개발 및 무궁화신탁의 보호가
치 있는 이익은 없다고 할 것이다."
5) 우리 학계에서는 오래 전부터 '(불가쟁적) 행정행위의 재심사'라는 용어가 사용되
어 왔다. 김남진, "불가쟁적 행정행위의 재심사", 고시연구, 고시연구사, 1984, 175
면 참조.

요건을 충족하는지에 대한 검토가 필요하다.

Ⅲ. 처분의 철회신청권의 인정 여부 및 그 거부행위의 처분성

1. 문제의 소재

우리 대법원은 행정청이 국민으로부터 신청을 받고서 한 거부행위가 행정처분이 되기 위해서는, 국민이 행정청에 대하여 신청에 따른 행정행위를 해 줄 것을 요구할 수 있는 '법규상 또는 조리상 권리'가 있어야 하며, 행정청의 거부행위로써 신청인의 권리의무나 법률관계에 영향을 미치는 경우에 해당해야 한다는 입장을 표명하고 있다(대법원 1997. 5. 9. 선고 96누5933 판결 외 다수).[6]

이러한 법리는 아무런 선행 처분이 없는 상황에서 특정한 처분을 해 줄 것을 신청하였을 때 행정청이 그 신청을 거부하는 경우에 일반적으로 적용되는 것이나, 일단 당초 처분이 존재함을 전제로 그 당초 처분의 취소·철회·내용 변경 등을 요구하는 신청에 대해 행정청이 거부하는 경우에도 마찬가지로 적용된다.

그런데 일단 당초 처분이 존재하는 사례에 있어서, 처분의 상대방

---

6) 거부처분의 처분성을 인정하는 요건인 신청권의 존부는, 구체적 사건에서 신청인이 누구인지 고려하지 않고 관계법규의 해석에 따라 일반국민에게 그러한 신청권을 인정할 수 있는지 추상적으로 결정되는 것이지, 신청의 인용이라는 만족적 결과를 얻을 권리가 있는지 여부에 따라 결정되는 것은 아니다(사법연수원, 행정구제법연구, 사법연수원 출판부, 2011, 105－106면; 대법원 1996. 6. 11. 선고 95누12460 판결). 즉, 법원 실무는 신청권을 형식상 단순한 응답요구권으로 파악함으로써 대상적격의 문제로 보고 있다. 이에 관해서, 판례와 같이 실제로 신청권이 있는지 여부를 본안에서 판단하여야 한다면 추상적 신청권의 존재 여부는 원고적격의 문제라고 보는 견해도 존재한다.

또는 이해관계 있는 제3자가 그 당초의 처분에 하자가 있다고 하거나 사후의 사정변경 등 사유를 이유로 행정청에 대하여 이미 제소기간이 도과하여 불가쟁력이 생긴 당초 처분을 철회·변경 신청을 하였으나 이에 대해 행정청이 그 신청을 거부하는 경우에, 신청자가 거부처분 취소소송을 제기하는 것이 가능한지 문제될 수 있다. 특히 사후 사정변경이 문제되는 경우에는 당초 처분에 대한 제소기간이 도과해 버린 경우가 많을 수 있기 때문에 더 그러하다.

　이 사안은 2012. 10. 15. 이 사건 건축허가(당초 처분)가 있었고, 그로부터 당초 처분에 대한 제소기간이 도과한 2013. 7. 24.에 처분의 상대방이 아닌 제3자(원고)가 당초 처분에 대한 철회 신청을 하였으며, 처분청(피고)의 2013. 7. 25.자 신청 거부에 대해 2013. 9. 6. 거부처분 취소소송이 제기된 경우이다.7) 즉, 대상판결도 불가쟁력이 발생한 당초 처분에 대해 사후적으로 변경(철회)을 요청하는 사례에 해당하는 것이다.

　아래에서는 이러한 처분의 변경신청권이 인정되는지(이는 거부처분의 신청권 논점으로 귀결된다)에 관한 기존 판례의 법리에 기초하여 대상판결의 문제점을 살펴보고, 그 문제점 해결에 참고가 되는 입법례로서 독일 연방행정절차법(VwVfG) 제51조를 검토해 본 후, 이를 참고하여 처분의 변경신청권의 실체적·절차적 기준을 대상판결의 사안에 적용하여 검토해 보도록 하겠다.

2. 거부처분에 있어 처분의 변경신청권의 인정 여부에 관한 판례의 입장

(1) 일반 사례

　판례는 특별한 사정이 없이 단순히 뒤늦게 기존 처분의 변경을 요

---

7) 물론 처분청의 철회 신청에 대한 거부행위를 기준으로 보았을 때에는 적법한 제소기간 내에 취소 소송이 제기되었다.

청한 경우, 특별한 근거규정이 없는 한 처분의 변경을 구할 신청권을 인정하지 않으면서 그 신청에 대한 거부통지의 처분성을 부정하고 있다.

• 대법원 2007. 4. 26. 선고 2005두11104 판결

제소기간이 이미 도과하여 불가쟁력이 생긴 행정처분에 대하여는 개별 법규에서 그 변경을 요구할 신청권을 규정하고 있거나 관계 법령의 해석상 그러한 신청권이 인정될 수 있는 등 특별한 사정이 없는 한 국민에게 그 행정처분의 변경을 구할 신청권이 있다 할 수 없다.

(2) 도시계획에 관한 사례

1) 기본적 입장

우리 대법원은 기본적으로 개별 법령에서 그 변경을 요구할 수 있는 신청권을 규정하고 있거나 관계 법령의 해석상 신청권을 인정할 수 있다고 볼 만한 사정이 없는 한, 일반 국민에게 처분의 변경을 구할 신청권을 인정할 수는 없다는 태도를 취하고 있다.

• 대법원 1984. 10. 23. 선고 84누227 판결
  (대법원 2002. 11. 26.선고 2001두1192 판결도 동지)

국민의 신청에 대한 행정청의 거부처분이 항고소송의 대상이 되는 행정처분이 되기 위하여는, 국민이 행정청에 대하여 그 신청에 따른 행정행위를 해줄 것을 요구할 수 있는 법규상 또는 조리상의 권리가 있어야 하는 바, 도시계획법상 주민이 도시계획 및 그 변경에 대하여 어떤 신청을 할 수 있음에 관한 규정이 없을 뿐만 아니라, 도시계획과 같이 장기성·종합성이 요구되는 행정계획에 있어서는 그 계획이 일단 확정된 후에 어떤 사정의 변동이 있다고 하여 지역주민에게 일일이 그 계획의 변경을 청구할 권리를 인정해 줄 수도 없는 이치이므로 도시계획시설변경신청을 불허한 행위는 항고소송의 대상이 되는 행정처분이라고 볼 수 없다.

• 대법원 1997. 9. 12. 선고 96누6219 판결

도시계획법령이 토지형질변경행위허가의 변경신청 및 변경허가에 관하여 아무런 규정을 두지 않고 있을 뿐 아니라, 처분청이 처분 후에 원래의 처분을 그대로 존속시킬 필요가 없게 된 사정변경이 생겼거나 중대한 공익상의 필요가 발생한 경우에는 별도의 법적 근거가 없어도 별개의 행정행위로 이를 철회·변경할 수 있지만 이는 그러한 철회·변경의 권한을 처분청에게 부여하는 데 그치는 것일 뿐 상대방 등에게 그 철회·변경을 요구할 신청권까지를 부여하는 것은 아니라 할 것이므로, 이와 같이 법규상 또는 조리상의 신청권이 없이 한 국민들의 토지형질변경행위 변경허가신청을 반려한 당해 반려처분은 항고소송의 대상이 되는 처분에 해당되지 않는다.

판례가 특별한 사정이 없는 한 조리상 신청권으로서 처분의 변경신청권을 원칙적으로 부정하는 태도를 취하는 이유로는, 첫째, 처분의 불가쟁력이나 취소소송의 제소기간을 형해화시키는 결과가 될 수 있고, 둘째, 이러한 신청권을 무분별하게 인정한다면 행정부 및 법원의 업무부담이 가중되는 부작용이 생길 수 있다는 점 등이 있다.[8]

2) 도시계획입안제안권에 근거한 도시계획변경신청권을 인정한 사례

법령상 근거가 존재한다면 신청권이 인정될 수 있다. 국토의 계획 및 이용에 관한 법률 제26조에 의하면, 주민(이해관계자 포함)은 기반시설의 설치·정비 또는 개량에 관한 사항, 지구단위계획구역의 지정 및 변경과 지구단위계획의 수립 및 변경에 관한 사항, 용도지구의 지정 및 변경에 관한 사항에 대하여 도시·군관리계획의 입안을 제안할 수 있도록 규정되어 있다. 대법원도 이러한 도시계획입안제안권을 법규상 신청

---

8) 하명호, 행정쟁송법, 제3판, 박영사, 2017, 87면.

권으로 보고 변경신청에 대한 거부행위의 처분성을 인정하고 있다.9)

• 대법원 2004. 4. 28. 선고 2003두1806 판결

  (대법원 2015. 3. 26. 선고 2014두42742 판결도 동지)

  (도시계획입안제안 조항)… 규정하고 있는 점 등과 헌법상 개인의 재산권 보장의 취지에 비추어 보면, 도시계획구역 내 토지 등을 소유하고 있는 주민으로서는 입안권자에게 도시계획입안을 요구할 수 있는 법규상 또는 조리상의 신청권이 있다고 할 것이고, 이러한 신청에 대한 거부행위는 항고소송의 대상이 되는 행정처분에 해당한다.

  나아가 판례는 위 법리를 확장하여 기반시설의 설치·정비 또는 개량에 관한 사항과 지구단위계획구역의 지정 및 변경과 지구단위계획의 수립 및 변경에 관한 사항 관련 도시·군관리계획의 입안제안 뿐만 아니라 같은 사항에 관하여 도시계획시설결정의 변경이나 폐지를 신청하는 경우에도 적용하고 있다.10)

• 대법원 2012. 1. 12. 선고 2010두5806 판결

  행정주체가 구체적인 행정계획을 입안·결정할 때에 가지는 비교적 광범위한 형성의 자유는 무제한적인 것이 아니라 행정계획에 관련되는 자들의 이익을 공익과 사익 사이에서는 물론이고 공익 상호 간과 사익 상호 간에도 정당하게 비교교량하여야 한다는 제한이 있는 것이므로, 행정주체가 행정계획을 입안·결정하면서 이익형량을 전혀 행하지 않거나 이익형량의 고려 대상에 마땅히 포함시켜야 할 사항을 빠뜨린

---

9) 이 판례에 대해 "이로써 1984년 도시계획시설변경신청에 대한 거부통지의 처분성을 부정한 판결(대법원 1984. 10. 23. 선고 84누227 판결) 이래 20년 동안 도시계획에 관한 분쟁에 대해 취소소송을 봉쇄하고 있던 장벽이 사실상 붕괴되었다."며 긍정적으로 평가하는 견해로, 박정훈, "취소소송의 4유형- 취소소송의 대상적격과 원고적격", 행정소송의 구조와 기능, 박영사, 2011, 88–89면 참조.

10) 하명호, 앞의 책, 88면.

경우 또는 이익형량을 하였으나 정당성과 객관성이 결여된 경우에는 행정계획결정은 형량에 하자가 있어 위법하게 된다. 이러한 법리는 행정주체가 구 국토의 계획 및 이용에 관한 법률(2009. 2. 6. 법률 제9442호로 개정되기 전의 것) 제26조에 의한 주민의 도시관리계획 입안 제안을 받아들여 도시관리계획결정을 할 것인지를 결정할 때에도 마찬가지이고, 나아가 도시계획시설구역 내 토지 등을 소유하고 있는 주민이 장기간 집행되지 아니한 도시계획시설의 결정권자에게 도시계획시설의 변경을 신청하고, 결정권자가 이러한 신청을 받아들여 도시계획시설을 변경할 것인지를 결정하는 경우에도 동일하게 적용된다고 보아야 한다.11)

3) 다른 허가의 선행절차인 국토이용계획변경신청권을 인정한 사례

국토이용계획의 변경신청 자체로만 판단하였을 때는 원칙적으로 법규상 또는 조리상 신청권을 인정할 수는 없지만, 장래 일정한 기간 내에 관계 법령이 규정하는 시설 등을 갖추어 일정한 행정처분을 구하는 신청을 할 수 있는 법률상 지위에 있는 자의 국토이용계획변경신청을 거부하는 것이 실질적으로 당해 행정처분 자체를 거부하는 결과가 되는 경우에는 예외적으로 그 신청인에게 국토이용계획변경을 신청할 권리가 인정된다고 봄이 상당하므로, 이러한 신청에 대한 거부행위는 항고소송의 대상이 되는 행정처분에 해당한다고 판시한 사례가 있다.

• 대법원 2003. 9. 23. 선고 2001두10936 판결

구 국토이용관리법(2002. 2. 4. 법률 제6655호 국토의계획및이용에관한법

11) 물론 대법원 2004. 4. 28. 선고 2003두1806 판결은 도시계획입안제안 규정 외에 '헌법상 개인의 재산권 보장의 취지'도 언급하며 '법규상 또는 조리상' 신청권이 인정된다고 판시함으로써 법규상 신청권 또는 조리상 신청권 중에 무엇을 인정한 것인지 모호한 측면이 있다. 다만, 판례가 의례상 '또는'이라는 표현을 사용하면서 법규상 신청권과 조리상 신청권을 병기하여 사용하고 있다는 점을 고려했을 때, 이 판례는 기본적으로 법규상 신청권을 인정한 사례라고 판단된다.

률 부칙 제2조로 폐지)상 주민이 국토이용계획의 변경에 대하여 신청을
할 수 있다는 규정이 없을 뿐만 아니라, 국토건설종합계획의 효율적인
추진과 국토이용질서를 확립하기 위한 국토이용계획은 장기성, 종합성
이 요구되는 행정계획이어서 원칙적으로는 그 계획이 일단 확정된 후에
어떤 사정의 변동이 있다고 하여 그러한 사유만으로는 지역주민이나 일
반 이해관계인에게 일일이 그 계획의 변경을 신청할 권리를 인정하여
줄 수는 없을 것이지만, 구 폐기물관리법령에 의하면 폐기물처리사업계
획의 적정통보를 받은 자는 장래 일정한 기간 내에 관계 법령이 규정하
는 시설 등을 갖추어 폐기물처리업허가신청을 할 수 있는 법률상 지위
에 있다고 할 것인바, 피고로부터 폐기물처리사업계획의 적정통보를 받
은 원고가 폐기물처리업허가를 받기 위하여는 이 사건 부동산에 대한
용도지역을 '농림지역 또는 준농림지역'에서 '준도시지역(시설용지지구)'
으로 변경하는 국토이용계획변경이 선행되어야 하고, 원고의 위 계획변
경신청을 피고가 거부한다면 이는 실질적으로 원고에 대한 폐기물처리
업허가신청을 불허하는 결과가 되므로, 원고는 위 국토이용계획변경의
입안 및 결정권자인 피고에 대하여 그 계획변경을 신청할 법규상 또는
조리상 권리를 가진다고 할 것이다.12)

(3) 새만금간척종합개발사업 사례

• 대법원 2006. 3. 16. 선고 2006두330 전원합의체 판결
새만금간척종합개발사업을 위한 공유수면매립면허 및 사업시행인
가처분의 취소신청에 대하여 처분청이 구 공유수면매립법 제32조 제3

---

12) 이 대법원 2003. 9. 23. 선고 2001두10936 판결도 '법규상 또는 조리상' 신청권을 가
   진다고 표현하여 해석의 여지를 두었다. 생각건대, 타법인 폐기물관리법령을 언급
   하고 있기는 하나, 국토이용계획변경이 폐기물처리업허가의 선행 단계라는 관계
   는 국토이용계획변경신청권에 관한 직접적인 '법규'로 보기에는 다소 관련성이 떨
   어지는 측면이 있다고 보이며, 그렇기 때문에 '조리상 신청권'으로 인정한 것이라
   고 보는 것이 타당하다고 생각한다.

호에 의한 취소권의 행사를 거부한 경우, 그 사업목적상의 사정변경, 농지의 필요성에 대한 사정변경, 경제적 타당성에 대한 사정변경, 수질관리상의 사정변경, 해양환경상의 사정변경이 위 개발사업을 중단하여야 할 정도로 중대한 사정변경이나 공익상 필요가 있다고 인정하기에 부족하다.

- 서울고등법원 2005. 12. 21. 선고 2005누4412 판결
  (위 대법원 판결의 항소심)

구체적인 공유수면매립면허에 의하여 매립사업이 진행되는 과정에서 환경 및 생태계 또는 경제성에 있어 예상하지 못한 변화가 발생하였다면, 처분청은 매립기본계획의 타당성을 검토하여야 함이 공유수면매립법의 취지에 부합하는 점, 공유수면매립면허에 의하여 환경영향평가 대상지역 안에 거주하는 주민이 수인할 수 없는 환경침해를 받거나 받을 우려가 있어 개별적·구체적 환경이익을 침해당하였다면, 그 이익 침해의 배제를 위하여 면허의 취소·변경 등을 요구할 위치에 있다고 봄이 상당한 점, 환경영향평가 대상지역 안에 있어 환경상의 이익을 침해당한 개인이 공유수면매립면허가 취소되거나 변경됨으로써 그 이익을 회복하거나 침해를 줄일 수 있다고 주장하면서 그 주장의 당부를 판단하여 주도록 요구하는 재판 청구에 대하여 소송요건 심리에서 이를 배척할 것이 아니라 그 본안에 나아가 판단함이 개인의 권리구제를 본질로 하는 사법국가 원리에도 부합하는 점 등을 종합하면, 환경영향평가 대상지역 안에 거주하는 주민에게는 공유수면매립면허의 처분청에게 공유수면매립법 제32조에서 정한 취소·변경 등의 사유가 있음을 내세워 면허의 취소·변경을 요구할 조리상의 신청권이 있다고 보아야 함이 상당하다.

새만금 사례는 1991년경에 발령된 공유수면매립면허 등(당초 처분)

에 대해, 1998년경부터 2001년 5월경까지 감사원 감사 및 사업을 수정하는 정부조치계획 등 기존 사업의 타당성에 대한 문제제기가 발생하자, 지역 주민 등이 2001년 5월경 당초 처분에 대한 취소신청을 하였고, 신청에 대한 거부처분이 내려지자 그에 대한 취소소송을 제기한 사안이다. 즉, 당초 처분에 대하여 제소기간이 도과한 약 10년 후에 변경(직권취소)신청을 한 사례인 것이다.

이 사건에서 법원은 주장의 당부는 소송요건으로 배척할 것이 아니라 본안에서 검토해야 한다는 입장을 표명하면서, 10여 년 전에 발령된 당초 처분에 대하여 취소·변경을 요구할 '조리상 신청권'이 있다고 명시적으로 인정하였다.

(4) 자살 군인의 국가유공자 해당 여부에 관한 사례

• 대법원 2012. 6. 18. 선고 2010두27363 전원합의체 판결

군인이 군 복무 중 자살로 사망한 경우에도 구 국가유공자법 제4조 제1항 제5호 (가)목에서 정한 '교육훈련 또는 직무수행 중 사망'에 해당하는지는 교육훈련 또는 직무수행과 사망 사이에 상당인과관계가 있는지에 따라 판단해야 하고, 교육훈련 또는 직무수행과 사망 사이에 상당인과관계가 인정되는데도 사망이 자살로 인한 것이라는 이유만으로, 또는 자유로운 의지가 완전히 배제된 상태에서 한 자살이 아니라는 이유로 국가유공자에서 제외되어서는 안 된다.

이는 군에서 자살한 자에 대해 국가유공자요건비해당결정처분을 받은 유족이 그 거부처분의 취소를 구한 사례인데, 이 판결 자체만 보면 처분의 변경신청권에 관한 쟁점은 없다고 볼 여지도 있으나, 최초 처분과 사건의 경위까지 함께 살펴보면, 불가쟁력이 발생한 당초 처분의 변경(직권취소)을 구하는 사안에 해당한다.

사건의 경위를 보면, 2001. 5. 17. 국가유공자요건비해당결정(당초 처분)이 있었고, 이에 망인의 유족이 당초 처분의 취소소송을 제기하였지만 2003. 6. 13. 대법원 판결로 최종 패소판결이 확정되었는데, 이후 유족의 신청에 따라 2008. 12. 8. 군의문사진상위원회에서 재심의 요청 결정이 내려졌다. 이에 유족은 이 결정문을 근거로 2009. 2. 11. 재차 국가유공자유족등록신청을 하였으나, 2009. 4. 22. 다시 국가유공자요건비해당결정처분이 내려졌고, 이 거부처분에 대한 취소소송이 재차 제기되었다. 즉, 이 사안은 당초 처분에 대해 이미 확정판결이 존재함에도 불구하고 약 8년이 지나서 동일한 사실관계에 대해 동일한 내용(국가유공자유족으로 등록해 달라)의 신청이 반복하여 제기된 경우에 해당하는 것이다.

그런데 이 사례에서 대법원 판결은 물론 1심(대구지방법원 2010. 6. 11. 선고 2010구단851 판결)과 2심(대구고등법원 2010. 11. 12. 선고 2010누1270 판결) 판결 모두, 이 사건의 대상이 된 거부처분의 신청권 내지 대상적격에 관한 판시내용은 존재하지 않는다. 이러한 일련의 판시내용을 보았을 때, 이 사례에서 법원은 불가쟁력이 발생한 당초 처분에 대한 변경(직권취소)신청권 및 그 거부처분의 처분성을 단순하게 인정하였거나, 아니면 이에 대한 깊은 고민이 없었던 것으로 보인다.[13]

(5) 판례의 입장 정리

판례는 기본적으로 특별한 사정없이 단순히 뒤늦게 변경신청을 한 경우 처분의 변경신청권을 부정하고 있다[위 (1)항]. '도시계획' 분야에

---

13) 이 판례에 대하여, 당초 처분에 대한 확정판결이 있었음에도 군의문사진상위원회의 조사 결과가 그 확정판결을 뒤집을 만한 재심사유에 해당하는지에 관한 구체적 검토 없이 본안 판단으로 들어간 것은, 확정판결의 기판력의 법리를 위태롭게 하는 문제가 있고, 이렇게 반복신청을 무제한 허용하는 것은 사법부가 스스로 확정판결의 권위를 부정하는 것이어서 사법 불신을 초래할 수도 있다면서 부정적으로 보는 견해가 있다(이상덕, "불가쟁력이 발생한 행정처분의 재심사에 관한 법적 규율 -독일연방행정절차법상 재심사제도의 시사점과 우리 실무 상황의 분석을 중심으로, 사법논집 제63집, 법원도서관, 2016, 123-124면).

있어서는, 처분의 철회·변경권은 행정청의 권한이라는 점, 장기성·종합성이 요구되는 처분의 성질 등을 고려하여 원칙적으로 처분의 변경신청권을 부정하면서도, 2000년대 중반부터는 도시계획입안제안권 규정을 근거로 도시계획변경신청권을 인정함으로써 명문의 근거규정이 있는 경우 법규상 신청권으로서 처분의 변경신청권이 인정될 수 있다는 입장을 명확히 하였으며, 나아가 직접적인 근거 규정이 없더라도 다른 허가의 선행절차로서 의미를 갖는 경우에도 변경신청권을 인정하기도 하였다[위 (2)항]. '새만금' 사례에서는 국가 전체에 중대한 영향을 미치는 대규모 사업에 있어 당초 처분의 취소·변경을 요구할 조리상 신청권을 명시적으로 인정한 대표적인 사례이다[위 (3)항]. 아울러 '국가유공자' 사례에서도 반복된 신청에 대한 거부처분의 처분성을 특별히 문제 삼지 않고 바로 본안 판단을 함으로써 사실상 변경신청권을 인정했다고 볼 수 있다[위 (4)항].

이러한 일련의 판례의 법리를 종합해 보면, 기본적으로 대법원은 처분변경에 관한 조리상 신청권을 부정하는 입장을 취하면서도, 최근에는 조리상 신청권을 근거로 인정하고 있는 사례도 적지 않게 발견된다고 평가할 수 있겠다.

(6) 기존 판례의 태도에 비추어본 대상판결의 의의 및 문제점

이렇게 대법원 판례를 보면 처분의 변경신청을 기본적으로 부정하면서도, 최근에 처분변경에 관한 조리상 신청권을 인정하는 사례가 점차 등장하고 있다. 대상판결도 긍정적 입장을 취한 판례의 일례로서, '당초 처분이 제3자의 이익을 침해하는 경우'에 그 이익 침해를 받은 제3자에게 처분의 변경을 신청할 권리를 부여하고, 행정청이 그 신청을 거부한 경우 거부처분으로서 처분성을 인정한 사례라고 평가할 수 있겠다.[14]

---

14) 신청권 논의는 나아가 무하자재량행사청구권 내지 재량권의 0으로의 수축 이론 논의와도 연관된다. 이 쟁점은 주로 사인이 자기의 이익을 위해 행정청에 대하여 행

대상판결의 의미에 대해서 보면, 첫째, 철회는 독립된 행정행위의 일종이기 때문에 철회권의 주체는 행정청에 국한된다고 보는 것이 일반적인데,[15] 대상판결은 행정청이 아닌 이해관계인에게 철회 신청권을 인정함으로써 실질적으로 행정청으로 하여금 신청대로 철회권을 행사하여야 할 의무를 부과한 것으로서, 처분변경에 관한 조리상 신청권의 범위를 확대하여 인정한 데에 의의가 있다.

둘째, 당초 처분일자(2012. 10. 15.)와 취소소송 제기일자(2013. 9. 6.)를 역수상 비교했을 때 이미 당초의 건축허가 처분에 대한 제소기간은 도과했음이 명백하다는 점에서, 대상판결은 불가쟁력이 발생한 처분에 대한 변경신청권을 인정했다는 측면에서 바라볼 수도 있겠다. 즉, 대상판결의 사안은 건축허가 발령 당시부터 위법사유가 존재하지는 않았고 약 4개월 뒤에야 철회를 요청할 사유가 발생했다는 점에서, 단순히 당초 처분에 대한 제소기간의 관점에서만 접근했다면 행정의 합목적성 및 국민의 권리구제에 역행하는 결과가 도출될 수 있었다. 하지만 대상판결은 당초 처분의 유지로 인한 권리지의 피해 여부, 당초 처분을 유지해야 하는 실익 등을 두루 고려하여 형평에 맞는 결론을 도출했다는 점에서 타당하다고 판단된다.

셋째, 대상판결은 점차 처분변경에 관한 조리상 신청권을 확대하여 인정하고 있는 판례의 입장으로 포섭된다고 볼 수 있다. 이에 더하여,

정권을 발동해줄 것을 청구하는 권리인 행정개입청구권(박효근, "행정개입청구권의 요건으로서의 재량수축에 관한 비교법적 고찰", 법과 정책연구 제12집 제1호, 한국법정책학회, 2012 참조), 행정청의 부작위로 인해 손해를 받는 자가 부작위의 위법을 이유로 국가에 대하여 배상을 구하는 국가배상청구권(김현준, "경찰부작위로 인한 국가배상청구소송에 있어서 작위의무의 성립요건", 토지공법연구 제56집, 한국토지공법학회, 2012 참조) 등의 쟁점과 관련되어 논의되고 있다. 대상판례는 재량행위의 일종인 철회처분에 대한 신청권이 문제되는 경우로서 무하자재량행사청구권이 인정된 경우라고 평가할 수도 있겠다.
15) 박균성, 행정법론(상), 제12판, 박영사, 2013, 410면; 김동희, 행정법 I, 제19판, 박영사, 2013, 360면; 김철용, 행정법, 박영사, 2011, 291면.

거부처분의 신청권에 관하여 합리적인 범위 안에서 점차 인정 범위를
확대하여 가는 판례의 경향16)에도 부합하는 측면도 발견된다.

하지만 대상판결은 다음과 같은 문제점이 발견된다. 대상판결은 도
시계획입안제안 규정과 같이 건축허가의 변경을 요구할 수 있다고 볼
만한 법령상 근거가 없음에도,17) 사정변경이나 이해당사자의 이익형량
을 중점적으로 고려하여 '조리상 신청권'을 인정한 사례라고 볼 수 있는
데, 판시내용에서 이 '조리상 신청권'이 어떠한 기준 하에 인정된 것인
지에 대한 구체적인 언급이나 논리는 빠져 있는 것이다.

이렇게 대상판결은 이미 불가쟁력이 발생한 당초 건축허가 처분에
대해 사후적으로 변경(철회)을 요청하는 사안인데, 핵심적 쟁점인 '처분
변경에 관한 조리상 신청권'에 관하여 명확한 판단기준을 밝히지 않고
있다는 점에서, 이러한 변경신청권의 인정 기준을 어떻게 설정해야 하
는지에 관하여 보다 정치하게 검토해 볼 필요가 있다고 생각한다. 향후
에도 처분의 변경을 요청하여 거부된 경우 거부처분 취소소송을 제기하
는 사례가 적지 않을 것으로 예상되므로, 동종 사례에 관한 일정한 기
준을 정립하는 작업이 요청되는 것이다.

위 문제점을 해결하기 위한 참고 입법례로서 우리의 과거 행정절
차법안(案)과 독일의 연방행정절차법(VwVfG)을 찾아볼 수 있는바, 아래
에서는 그 내용에 관하여 살펴봄으로써 처분변경에 관한 조리상 신청권
의 '실체적 요건'과 '절차적 한계(특히 신청기한)'의 기준 설정에 대해 고

---

16) 판례는 과거 지목변경신청 거부행위의 처분성을 부인하다가(대법원 1993. 6. 11.
   선고 93누3745 판결) 전원합의체 판결을 통해 인정한 바 있고(대법원 2004. 4. 22.
   선고 2003두905 전원합의체 판결), 교수재임용 거부행위에 대해서도 과거 처분성
   을 부인했다가(대법원 1997. 6. 27. 선고 96누4305 판결) 인정하는 판결을 선고한
   사례가 있다(대법원 2004. 4. 22. 선고 2000두7735 판결). 나아가 건축물대장의 용
   도변경신청 거부행위의 처분성을 인정한 판례(대법원 2009. 1. 30. 선고 2007두
   7277 판결)도 이러한 경향에 부합하는 판례로 평가할 수 있다.
17) 대상판결도 특별히 철회를 신청할 수 있다는 결론과 관련하여 근거 법령을 언급하
   지 않았다.

찰해 보도록 한다.

3. 불가쟁적 행정행위의 재심사 제도에 관한 입법론적 검토

(1) 국내

현재 한국의 행정소송법 또는 행정절차법에는 이에 관한 명문의 규정은 존재하지 않는다. 다만, 정부가 1985년초에 시안을 공표하고, 1987. 7. 7.자로 입법예고 하였던 행정절차법안(案) 제33조에는 '행정처분의 재심사'라는 제목 하에 다음과 같은 규정을 둔 적이 있다.[18]

제33조(행정처분의 재심사)
① 행정청은 다음 각 호의 경우에는 당사자 등의 신청에 의하여 불가쟁력이 발생한 행정처분을 폐지 또는 변경할 수 있다.
  1. 행정처분의 근거가 되는 사실관계 또는 법률관계가 당사자에게 유리하게 변경된 경우
  2. 당사자 등에게 유리한 결정을 초래할 만한 새로운 증거가 제출된 경우
  3. 민사소송법 제422조에 준하는 재심사유가 발생한 경우
② 재심사의 신청은 당사자 등이 재심사의 사유를 안 날로부터 60일, 사유가 발생한 날로부터 120일 이내에 하여야 한다.
③ 재심사의 신청에 대한 결정은 처분청이 행한다.

그러나 위 1987년 행정절차법안은 입법예고의 단계 이후 정식 입법으로 진행되지 않아 사장되어 버렸고, 그 이후 현재까지 행정절차법 개정 시 도입되지 않았다.

---

18) 위 규정은 아래에서 보는 독일 연방행정절차법 제51조 규정을 거의 그대로 옮긴 것이었다.

(2) 독일19)

1) 개요

독일 연방행정절차법(VwVfG) 제51조는 '절차의 재개(Wiederaufgreifen des Verfahrens)'라는 용어를 제목으로 불가쟁력이 발생한 행정행위(unanfechtbar gewordener Verwaltungsakt)에 대해 특별한 사유가 인정되면(열거규정), 사후적으로 행정청이 취소 또는 변경을 할 수 있고, 처분의 당사자 등은 그러한 취소 또는 변경 신청을 할 수 있다는 규정을 두고 있다. 여기서 '절차의 재개'는 국내 학계에서 사용하는 용어인 '행정행위의 재심사'로 번역하도록 하겠다.

제51조(행정행위의 재심사)

(1) 행정청은 다음의 3가지의 경우에 이해관계인의 신청에 의해 불가쟁력이 발생한 행정행위의 취소 또는 변경에 대한 결정을 해야 한다,

1. 행정행위의 기초를 이루는 사실관계 또는 법률관계가 추후에 이해관계인에게 유리하게 변경된 경우
2. 이해관계인에게 더 유리한 결정을 초래할 수 있는 새로운 증거수단이 존재하는 경우
3. 민사소송법 제580조에 준하는 재심사유가 존재하는 경우

(2) 그 신청은 이해관계인이 중대한 과실 없이 재심사를 위한 사유를 이전의 절차에서, 특히 법적구제수단을 통해 주장할 수 없었던 경우에 한하여 적법하다.

(3) 그 청구는 3개월 이내에 해야 한다. 그 기간은 이해관계인이 재심사를 위한 사유를 안 날로부터 기산된다.

(4) 그 청구에 대해서 제3조의 관할 있는 기관이 결정한다. 이는

---

19) 독일 연방행정절차법 제51조의 내용에 대해 자세히 해설하는 선행 연구들이 이미 존재하므로, 아래에서는 핵심적 사항만을 추려서 살펴본다.

그 취소 또는 변경이 요청되고 있는 행정행위를 다른 기관이 발령한 경우에도 마찬가지이다.

(5) 이 규정은 제48조 제1항 1문과 제49조 제1항의 규정의 적용이 방해받지 않는다.[20)]

행정행위의 재심사 조항은 독일 연방행정절차법에 1976년 도입되었는바, 1971년에 독일 연방행정법원이 재심사 규정을 두지 않는 절차법은 위헌이라고 판시한 사례에 기인하여 도입이 결정되었다.[21)]

이 규정에 따른 재심사절차는 ① 신청의 적법성 심사, ② 신청의 이유 유무 심사, ③ 발급해야 할 새로운 결정의 요건 심사 순으로 진행되며, 크게 ① 및 ② 단계를 '재심사 여부 결정 절차'로, ③ 단계를 '재결정 절차'로 나눌 수 있다.[22)]

---

20) VwVfG § 51(Wiederaufgreifen des Verfahrens)

(1) Die Behörde hat auf Antrag des Betroffenen über die Aufhebung oder Änderung eines unanfechtbaren Verwaltungsaktes zu entscheiden, wenn
1. sich die dem Verwaltungsakt zugrunde liegende Sach−oder Rechtslage nachträglich zugunsten des Betroffenen geändert hat;
2. neue Beweismittel vorliegen, die eine dem Betroffenen günstigere Entscheidung herbeigeführt haben würden;
3. Wiederaufnahmegründe entsprechend § 580 der Zivilprozessordnung gegeben sind.

(2) Der Antrag ist nur zulässig, wenn der Betroffene ohne grobes Verschulden außerstande war, den Grund für das Wiederaufgreifen in dem früheren Verfahren, insbesondere durch Rechtsbehelf, geltend zu machen.

(3) Der Antrag muss binnen drei Monaten gestellt werden. Die Frist beginnt mit dem Tage, an dem der Betroffene von dem Grund für das Wiederaufgreifen Kenntnis erhalten hat.

(4) Über den Antrag entscheidet die nach § 3 zuständige Behörde; dies gilt auch dann, wenn der Verwaltungsakt, dessen Aufhebung oder Änderung begehrt wird, von einer anderen Behörde erlassen worden ist.

(5) Die Vorschriften des § 48 Abs. 1 Satz 1 und des § 49 Abs. 1 bleiben unberührt.

21) Ule/Laubinger, Verwaltungsverfahrensrecht, 4. Auflage, Heymanns, 1995, S. 313.

2) 재심사 여부 결정 절차 – 신청의 적법성 심사

재심사 신청은 이해관계인이라면 누구나 할 수 있는데, 여기서 이해관계인(Betroffene)이란 행정행위에 의하여 직접 자기의 권리 또는 법률상 이익이 침해받는 행정행위의 직접 상대방 및 이해관계 있는 제3자를 의미한다.[23]

신청의 적법 요건은 i) 불가쟁력이 발생한 행정행위를 대상으로 하여야 하고(제51조 제1항), ii) 재심사 사유를 이전의 법적구제수단에서 중대한 과실 없이 주장할 수 없었어야 하며(제51조 제2항), iii) 일정한 기한 내에 제기되어야 하는 것(제51조 제3항)으로 구성된다.

첫째, 불가쟁력이 발생한 행정행위를 대상으로 신청이 이루어져야 하는바, 이렇게 재심사 대상을 제한하는 이유는 제소기간 도과 전에는 행정소송법 등에 따라 권리구제를 받을 수 있는 통로가 마련되어 있으므로 행정행위의 재심사를 인정할 실익이 없기 때문이다.[24]

둘째, 행정행위에 불가쟁력이 발생하기 이전에 재심사 사유를 주장할 수 없었고 이에 신청인의 중대한 과실(grobes Verschulden)이 없어야 한다. 기존에도 주장할 수 있었던 사유까지 재심사를 허용하면 불가쟁력의 취지를 정면으로 위배하게 되므로 이러한 제한을 둔 것이다. 증거서류의 존재 등의 사유를 이미 알고 있었거나 그가 알고 있는 사정으로부터 그 사유의 존재를 충분히 예상할 수 있었던 경우임에도 불구하고 주의의무[25]를 위반함으로써 이를 간과한 경우라면 중대한 과실이 있는 것으로 본다.[26]

22) 김남진, "행정행위의 불가쟁력과 재심사", 법제 제503호, 법제처, 1999, 3–5면; 최유신, 앞의 논문, 15–18면.
23) Erichsen/Ehlers, Allgemeines Verwaltungsrecht, 14. Auflage, De Gruyter, 2010, S. 745.
24) 김남진, 행정법의 기본문제, 법문사, 1990, 277–278면.
25) 독일 행정절차법 제26조 제2항에서 규정하는 증거조사에 협력할 의무 등을 의미한다.

셋째, 행정행위의 재심사 제도는 제소기간이 도과한 행정행위에 대
한 권리구제 가능성을 확대해주는 기능이 있지만 제한 없이 무한대로 인
정될 수는 없으므로, 법적 안정성과 적법성 보장이라는 양 원칙의 조화를
위하거나 실권의 법리를 적용하여 신청기간에 제한을 두고 있다.[27) 신청
기간은 이해관계인이 재심사 사유를 안 날로부터 3개월 내이다.

3) 재심사 여부 결정 절차 - 신청의 이유 유무 심사

재심사 신청의 적법 요건을 통과하면 신청이 이유가 있는지를 심
사하게 되는데, 인용이 되려면 제51조 제1항 각 호로 규정된 3가지 사
유 중 어느 하나가 인정되어야 한다.

첫째, '사실관계 또는 법률관계의 사후 변경' 사유는, 행정행위가
발령된 이후 당해 사안에 지속적인 효력(Dauerwirkung)을 가지고 있는
경우에 적용된다.[28) 사실관계의 변경이란 행정행위의 기초가 되는 사실
이 존재하고 행정청도 이를 객관적으로 인식한 채 결정하였으나, 이러
한 사실이 사후에 존재하지 않게 되었거나 결정의 기초가 되는 새로운
사실이 사후에 발생한 경우를 말한다. 그리고 법률관계의 변경은 행정
행위의 근거가 된 법규가 사후에 폐지되거나 변경된 경우를 의미한
다.[29) 나아가 이러한 변경은 이해관계인에게 유리한 결정을 내릴 가능
성이 있는 정도의 변경이어야 한다.

둘째, '새로운 증거수단의 존재' 사유에서 새로운 증거란, 행정행위
를 발급할 당시에 존재하고 있던 사실에 관한 증거였지만 그 당시에는
그 존재를 알지 못해 증명이 이루어지지 않았던 것으로서 새롭게 발견
된 증거를 말한다.[30) 이렇게 증거수단 내지 증거방법은 신규성이 있어

---

26) Ramsauer/Tegethoff/Wysk, Verwaltungsverfahrensgesetz, 14. Auflage, C. H. BECK, 2017, S. 1162.
27) 신보성, "불가쟁적 행정행위의 재심사", 고시연구, 고시연구사, 1986. 79면.
28) BVerwGE 59, 149.
29) Ramsauer/Tegethoff/Wysk, a.a.O., S. 1155.
30) 최유신, 앞의 논문, 41면.

야 한다. 이 역시도 이해관계인에게 유리하게 작용할 가능성이 있어야
한다.

셋째, 독일 민사소송법(Zivilprozessordnung, ZPO) 제580조에 준하는
재심사유가 존재하는 경우이다. 독일 민사소송법 제580조는 총 8가지
사항을 재심사유로서 열거하고 있다.[31]

4) 재결정 절차

재심사 여부 결정 절차에서 신청이 적법하고 이유 있다고 판단된
경우에는, 행정청의 최초의 행정행위를 다시 검토하여 새로운 결정을
발급해야 하는바, 이를 '재결정(Zweitbescheid)'이라 한다.[32]

재결정이 어떠한 법적 근거를 바탕으로 이루어지는 것인지에 대하
여, 행정절차법 제48조(직권취소에 관한 규정) 및 제50조(철회에 관한 규정)
에 근거한다는 견해도 있으나, 독일의 통설 및 판례는 당해 사안에 대하
여 적용되는 실체법상의 규정에 근거하여 이루어지는 것이라고 본다.[33]

앞서 본 재심사의 사유와 관련하여, '사실관계 또는 법률관계의 사
후 변경'이 이유가 되는 경우의 인용결정은 기존에 발령된 행정행위의

---

31) 판결의 기초가 된 진술의 선서에 관하여 고의 또는 과실로 선서의무를 위반한 경
   우(제1호), 판결의 기초가 된 문서가 위조 또는 변조된 경우(제2호), 판결의 기초
   가 된 증언 또는 감정에 증인 또는 감정인의 유책적인 진실의무 위반이 인정되는
   경우(제3호), 판결이 당사자의 대리인이나 상대방 또는 그 대리인의 해당 소송과
   관련한 범죄행위에 의하여 취득된 경우(제4호), 판결에 관여한 판사가 해당 소송
   과 관련하여 당사자에 대한 직무상 의무 위반을 이유로 유죄가 인정되는 경우(제5
   호), 판결의 기초가 된 통상법원 또는 구 특별법원 또는 행정법원의 판결이 다른
   확정 판결에 의하여 취소된 경우(제6호), 당사자가 동일 사건에 대한 이전의 확정
   판결이 있거나 또는 그에게 유리한 재판을 가져올 것으로 인정되는 다른 문서를
   발견하거나 이용할 수 있는 상태인 경우(제7호), 유럽인권재판소가 인권에 관한
   범죄를 확인한 경우(제8호).
32) 만일 재심사 여부 결정 단계에서 신청 요건을 충족하지 않는다고 판단된 경우 행
   정청은 재심사 자체를 거부할 수 있는데, 그 거부 결정의 법적 성격에 대해서는
   '반복 처분(wiederholender Verfügung)'으로 칭하면서 행정행위의 성질을 갖는다
   고 보는 것이 독일의 다수설이다(김남진, 각주 19)의 논문, 10면).
33) 최유신, 앞의 논문, 57-60면.

'철회'로서 성질을 가질 것이고, '새로운 증거수단의 존재' 및 '민사소송법상 재심사유의 존재' 사유에 따른 인용결정의 경우 기존 행정행위의 '직권취소'로서의 성질을 갖는다.

(3) 재심사 제도의 의의와 도입 필요성 검토

이미 제도화되어 있는 독일에서는 불가쟁적 행정행위에 대한 재심사 제도에 대하여, 일반 국민에게 제소기간이 도과했더라도 재심사를 청구할 수 있는 절차적 보장을 부여함으로써 확정판결에 대한 재심 절차에 대응하는 행정행위 효력 심사 제도로 평가하고 있다.[34]

행정절차법에 해당 규정을 두고 있지 않은 국내의 경우에도, 학계는 대체적으로 재심사 제도의 도입 필요성을 긍정적으로 보고 있다. 즉, ① 불가쟁력은 행정법관계의 조속한 안정을 확보할 수는 있지만 개인의 권리구제가 크게 희생되는 문제가 있고, 더욱이 확정판결은 일정한 경우에 재심이 인정되는데 일정한 불복기간 내에 불복을 제기하지 않았다고 하여 재심의 기회를 전혀 주지 않는 것은 타당하지 않으므로, 입법론적으로는 일정한 요건 하에 재심사청구를 할 수 있도록 하여야 한다는 견해,[35] ② 불가쟁력이 생긴 행정행위에 대하여 처분청만 직권으로 취소 또는 철회할 수는 있다고 보는 것은 법률관계의 신속한 안정을 통한 행정목적 실현만을 강조하고 개인의 권리구제는 등한시하게 되는 결과로 되므로, 일반 국민의 재심사청구 제도가 필요하다는 견해,[36] ③ 행정행위의 불가쟁력은 행정정책적으로 인정되는 것이지 절대적인 효력을 부여해야만 하는 것은 아니며, 행정과 국민 간의 불필요한 비용 초래 발생, 행정의 합목적성 및 타당성에 부합하지 않는 점 등을 고려할 때 도입이 검토되어야 한다는 견해[37] 등이 있다.

---

34) Erichsen/Ehlers, a.a.O., S. 743.
35) 박균성, 행정법총론, 박영사, 2002, 97면.
36) 박윤흔, 최신행정법강의(상), 개정30판, 박영사, 2009, 133면.
37) 홍준형/김성수/김유환, 행정절차법제정연구, 법문사, 1996, 269면.

생각건대, 불가쟁력이 모든 이해관계와 가치를 뛰어넘는 최고선이라 할 수는 없으므로 국민의 권리구제나 행정의 합목적성 제고 관점에서 제소기간 도과 후라도 행정행위의 효력을 변경해 달라는 신청권을 인정하는 것은 바람직하다. 확정판결에 대한 재심 제도가 존재하는 것과 비교하여 보더라도, 행정행위에 대한 사후 재심사가 가능하다고 보는 것이 불가쟁력을 형해화하여 언제나 허용되지 않는다고 볼 수는 없을 것이다.

다만, 이렇게 불가쟁력이 발생한 행정행위에 대한 재심사 및 그 신청권을 인정하는 것이 타당하다고 보더라도, 우리 행정절차법에 독일 연방행정절차법 제51조와 같은 규정을 도입해야 하는지 여부는 별도로 따져보아야 할 것이다. 독일 연방행정절차법은 순수한 절차법규 뿐만 아니라 행정행위의 성립 및 효력(§ 35~53), 공법상 계약의 내용 및 효력(§ 54~62) 등의 실체법규까지 포함하고 있기 때문에,38) 재심사 규정을 두더라도 법체계상 문제가 없다. 하지만 우리 행정절차법은 실체법규라고 볼 만한 규정이 없어 독일과 구조가 다르다. 따라서 현행 행정절차법에 재심사 조항을 하나의 조항으로 도입하는 것은 전체 법체계에 부합하지 않는다고 생각된다.

물론 위와 같이 우리 법체계에 명문의 규정이 없다고 하여 불가쟁적 행정행위에 대한 변경신청권과 재심사가 허용되지 않는다는 결론으로 귀결되는 것은 아니다. 우리 행정소송법이나 행정절차법에 직권취소나 철회에 관한 일반규정이 없지만 판례상으로 허용 요건과 사유 등이 정립되어 온 것 등과 마찬가지로, 사법부의 판결에 의해 이 제도를 도입한 효과를 낼 수도 있는 것이다.

---

38) 법제처, 각국의 행정절차관계법, 법제자료 제38집, 법제처, 1976, 9면.

4. 대상판결의 검토

(1) 실체적·절차적 기준 설정의 필요성

앞서 본 바와 같이, 대상판결은 불가쟁력이 발생한 처분에 대한 변경신청권 인정 여부를 쟁점으로 하고 있지만, 그 조리상 신청권의 인정 기준과 범위에 대한 구체적 법리를 제시하지 않은 문제점이 발견된다. 이를 해결하기 위해 처분변경에 관한 조리상 신청권의 실체적·절차적 기준을 세울 필요가 있는바, 독일 연방행정절차법 제51조에서 정하는 요건을 대상판결에 적용하여 검토해 볼 필요가 있다.

물론 필자는 독일 연방행정절차법 제51조 규정 그대로를 우리 행정소송에 적용해야 한다는 입장을 취하는 것은 아니다. 제소기간만 보더라도, 우리 행정소송법은 처분을 안 날로부터 90일 이내, 처분이 있은 날로부터 1년으로 규정하고 있으나(행정소송법 제20조 제1항, 제2항),[39] 독일의 경우 행정행위가 통지된 날부터 1개월 이내에 행정심판을 제기하여야 하고, 그 행정심판 재결이 통지된 날부터 1개월 이내에 취소소송을 제기해야 한다고 규정하여(행정법원법 VwGO 제70조 제1항, 제74조 제1항) 우리보다 제소기간이 짧은 편이다. 이렇게 우리와 독일의 법제는 일정한 차이가 있기 때문에, 불가쟁력이 발생한 처분에 대한 재심사의 사유 및 신청기간 등 기준을 동일한 잣대를 가지고 단순 비교할 수는 없는 것이다.

이러한 관점 하에서, 아래에서는 명문의 규정이 없는 우리 법체계의 해석에 있어 독일의 제도를 참고하여 대입해 봄으로써, 재심사 요건 내지 기준에 관한 어느 정도의 윤곽을 그려보는 작업을 진행하도록 한다.

---

39) 이와 관련하여, 충분한 재판청구권 보장을 위하여 제소기간을 처분을 안 날로부터 6개월로 연장하는 방안을 검토할 필요성이 있다는 견해로, 정형근, "행정소송법상 취소소송의 제소기간에 관한 고찰 -대법원 2014. 9. 25. 선고 2014두8254 판결, 인권과 정의 제462호, 대한변호사협회, 2016, 16면 참조.

(2) 독일 연방행정절차법상의 재심사 요건 충족 여부 검토 (실체적 요건)

다시 정리하면, 독일 행정절차법 제51조는 '신청의 적법 요건'으로 i) 불가쟁력이 발생한 행정행위를 대상으로 할 것(제51조 제1항), ii) 재심사 사유를 이전의 법적구제수단에서 중대한 과실 없이 주장할 수 없었을 것(제51조 제2항), iii) 일정한 기한 내에 신청할 것(제51조 제3항)이 있고, '신청의 이유 유무와 관련한 재심사 사유'로 i) 사실관계 또는 법률관계의 사후 변경(제51조 제1항 제1호), ii) 새로운 증거수단의 존재(제51조 제1항 제2호), iii) 민사소송법에 준하는 재심사유의 존재(제51조 제1항 제3호) 중 하나가 인정되어야 한다.

먼저, 대상판결의 사안은 건축허가 처분 자체에 대해서는 이미 제소기간이 도과하였고, 그 제소기간이 도과하기 전에는 건축허가를 철회해야 할 사정이나 필요성이 발생하지 않았으므로, '신청의 적법 요건' 중 i), ii) 요건을 충족한다. 그리고 건축허가 처분이 일단 발령된 후에 이 사건 매매계약이 해제되어 건축주가 건축법 제11조 제1항의 권원을 상실한 사실이 발생하였다는 점에서, 당초 처분의 기초가 되는 사실관계가 토지 소유권자인 원고에게 유리하게 변경되었다고 볼 수 있어, '신청의 이유 유무 요건' 중 i) 요건을 충족했다고 볼 수 있다.

(3) 철회 신청기간에 대한 제한을 두지 않은 문제점 및 검토 (절차적 한계)

한편, '신청의 적법 요건' 중 iii) 요건, 즉 신청기간에 관한 요건은 갖추지 못하였다. 대상판결의 사건 경위에서 확인할 수 있듯이, 원고는 철회를 구할 사유(재심사 사유)가 발생한 2013. 2. 4.로부터 '5개월 20일'이 지난 2013. 7. 24.에야 행정청에 대하여 철회 신청(재심사 신청)을 하였기 때문이다. 이렇게 대상판결은 신청기간의 도과 등을 언급하지 않고 철회 신청권을 인정했다는 점에서, 5개월 20일 정도의 기간은 큰 문제가 되지 않는다고 판단한 것으로 선해해 볼 수 있다. 다만, 불가쟁적 행정행위의 재심사 제도는 법적 안정성과 행정의 합목적성이라는 양 가치를 모두 고려해야 하므로 처분의 변경신청권을 인정할 때에 그 요건이나 기간에 일정한 제한을 두는 것도 필요하다는 측면에서 볼 때에, 대상판결은 신청기간의 범위와 한계에 대해 전혀 기준을 제시하지 않았다는 점에서는 아쉬움이 있다.

그렇다면, 처분변경에 관한 조리상 신청권의 신청기간을 제한해야 하는지, 제한한다면 어느 정도의 기간을 설정할 수 있는지에 대한 추가 검토도 필요하다. 먼저, 위에서 살펴본 '새만금 사례'와 '국가유공자 사례'의 대법원 전원합의체 판결의 사안을 본다. 전자는 재심사 사유(감사원 특별감사 또는 정부조치계획)가 발생한 날로부터 '약 2년 6개월 후 또는 1개월 내'에, 후자는 재심사 사유(군의문사진상위원회의 재심의 요청 결정)가 발생한 날로부터 '약 3개월 후'에 각 변경(직권취소)신청이 있었던 사례이다.40) 당초 처분이 있었던 때로부터는 8년 또는 10년이 경과한 경우이었기에 그에 비해서는 재심사 사유를 안 날로부터 많은 시간이 도과한 사안들은 아니었기 때문에, 신청기간의 한계 유무가 특별히 문제되지 않았던 것으로 판단된다.

이와 관련하여, 행정청이 주체가 되어 철회권을 행사하는 경우의 철회기간 제한 여부에 관한 논의를 참고해볼 수도 있겠다. 여기에는 상대방의 보호를 위해 수익적 행위의 철회는 일정기간 내에만 가능한 것으로 보아야 한다는 견해,41) 실권의 법리가 적용될 수 있다고 보면서 제한을 두는 것을 긍정하는 견해42) 등이 존재하는데, 판례에는 철회를

---

40) 물론 감사원 특별감사(또는 정부조치계획)과 군의문사진상위원회 결정이 각각 재심사 사유에 해당한다고 볼 수 있는지 여부는 이론(異論)이 있을 수 있다고 생각한다.
41) 홍정선, 행정법특강, 제10판, 박영사, 2011, 291면.
42) 김남진/김연태, 행정법 I, 제14판, 법문사, 328면.

제한하는 기간에 관하여 주로 신뢰이익 보호 필요성을 사건별로 검토하
고 있는 것으로 보이는바, '3년'이 지난 시점에 당초 처분을 철회한 경
우 위법하다고 본 사례(대법원 1987. 9. 8. 선고 87누373 판결[43]), '1년 10개
월'이 지난 뒤 철회한 것은 위법하지 않다고 본 사례(대법원 1989. 6. 27.
선고 88누6283 판결[44]) 등이 있다. 이 판례들과 단순 비교해 보면, 위 '새
만금 사례'와 '국가유공자 사례'는 처분의 재심사 기간을 매우 폭넓게
인정한 사례라고 평가된다.

　　만일 신청기간에 제한을 두어야 한다고 본다면, 무엇을 근거로 법
리를 구성해야 할지 생각해 본다. 우선, 비교법적으로 독일 연방행정절
차법의 '재심사 사유를 안 날로부터 3개월' 규정을 참고할 수 있을 것이
다. 다만, 행정소송의 제소기간이 우리가 독일보다 약 3배 길다는 점을
감안하면, 우리 법체계에서는 이보다는 더 장기로 설정하는 것이 타당
할 것이다. 나아가 우리 법체계 내에서 그 근거를 찾아본다면, 불가쟁력
이 발생한 경우에 다시 심사를 한다는 동일한 구조를 가진 민사소송법
상 재심에 관한 규정이 있다. 민사소송법 제456조는 재심제기의 기간에
관하여 판결이 확정된 뒤 당사자가 재심의 사유를 안 날부터 30일 이내
(제1항) 또는 판결이 확정된 후 5년 이내(제3항)로 규정하고 있다.[45] 다

---

43) 운전면허 정지기간 중에 운전하다가 형사처벌을 받은 자에게 3년여가 지난 시점에
　　행정제재를 하면서 가장 무거운 운전면허 취소 처분을 한 경우 처분 상대방의 그
　　간 별다른 행정조치가 없을 것이라고 믿은 신뢰의 이익과 법적 안정성을 빼앗은
　　것이고 그가 입는 불이익이 공익상 목적보다 크므로 위법하다고 본 사안이다.
44) 교통사고가 일어난 지 1년 10개월이 지난 뒤 교통사고를 일으킨 택시에 대하여 운
　　송사업면허 취소 처분을 한 것은 당사자가 면허가 취소될 가능성을 예상할 수 있
　　었고 별다른 행정조치가 없을 것으로 믿었다고 하여 바로 신뢰의 이익을 주장할
　　수는 없으므로 재량권의 범위를 일탈한 것이라고 보기 어렵다고 판시하였다.
45) 민사소송법 제456조의 적용을 받지 않는 예외로서 대리권의 흠이 있거나 기판력에
　　어긋나는 경우(재심을 제기할 판결이 전에 선고한 확정판결에 어긋나는 때)가 있
　　는바(동법 제457조), 전자는 절차권을 보장하기 위해, 후자는 재판의 통일을 꾀하
　　기 위해 예외사항으로 규정하고 있는 것이다(정동윤/유병현, 민사소송법, 제2판,
　　법문사, 2007, 831면).

만, 재심은 3심까지 거친 법원의 확정판결의 재개에 관한 것으로서 매우 제한적으로 인정되어야 하므로 입법정책상 다소 단기로 기간이 설정되어 있다는 점을 고려할 필요가 있다.

생각건대, 제도의 취지나 법체계가 우리 행정소송 체계와 다른 측면이 있기 때문에, 위와 같은 참고 규정들을 처분의 변경신청 내지 재심사의 기준 설정에 있어 그대로 적용하기에는 많은 어려움이 따른다. 그렇더라도 기존의 판례 사례와 참고 법제도를 종합해 보았을 때, 사유를 안 날로부터 '3개월에서 9개월 사이'를 신청기간의 범위 내지 한계에 관한 일응의 기준으로 삼고, 개별 사안에서 신뢰이익 보호 필요성과 행정의 합목적성 등을 함께 고려하면서, '합리적인 기간' 내에 신청이 이루어진 것인지를 판단하는 것이 적절하다고 생각된다. 본 사안은 철회 사유를 안 날로부터 5개월이 넘은 후에야 철회 신청을 한 경우인데, 그 기간 동안 신청권을 행사하는 데 지장을 주는 사실관계가 존재했다는 등의 특별한 사정이 없다면, 합리적인 기간의 한계를 다소 넘은 것으로 판단된다.

IV. 행정청의 철회 신청 거부행위의 위법성

1. 문제의 소재

이상과 같이 대상판결은 건축허가 처분 이후의 사정변경을 이유로 토지 소유자인 원고가 행정청에게 철회해 달라고 요청할 신청권이 있다고 보았다. 그렇다면 다음 단계로서, 이러한 신청에 대해 행정청이 거부한 경우 그 거부처분이 위법한 것인지의 문제가 남는데, 이는 과연 행정청이 철회를 하여야 할 사안인지에 관한 논점으로 볼 수 있다. 즉, 철회 사유가 존재하는지, 철회의 허용 요건을 충족하는지에 대한 문제이다.

통상 철회 사유나 철회의 허용 요건의 문제는 행정청이 철회권의 주체로서 철회권을 행사했을 경우 그 철회 처분이 위법한지에 관해서 논의되는 것이고 많은 판례가 형성되어 있다. 그런데 이 사건은 반대로 행정청이 철회 요청이 있었음에도 철회권을 행사하지 않은 경우이다. 그렇지만 종래의 철회 사유 및 철회 요건에 관한 논의와 법리상 당초 처분을 철회하는 것이 적법하다고 판단되는 경우라면, 본 사안에 적용했을 때 행정청의 철회권 행사 거부가 위법하다는 결론이 도출되는 것이므로, 대상판결에서도 종래의 철회에 관한 법리를 그대로 적용하였다고 볼 수 있다.

2. 철회권 행사의 적법성 판단기준

(1) 수익적 행정행위에 대한 철회 사유

행정청이 철회권을 행사할 수 있는 사유로 ① 철회권의 유보 사실의 발생(대법원 1984. 11. 13. 선고 84누269 판결), ② 부담의 불이행(대법원 1989. 10. 24. 선고 86누2341 판결), ③ 사정변경 또는 사실관계의 변경(대법원 2006. 3. 16. 선고 2006두330 판결), ④ 중대한 공익상 필요가 발생한 경우(대법원 1995. 2. 28. 선고 94누7713 판결) 등이 있다. 많은 경우에 철회 사유로 판단되는 경우는 ③ 및 ④의 경우이다.

(2) 수익적 행정행위에 대한 철회 허용 요건

수익적 행정행위의 철회는 철회를 요하는 공익상 필요, 처분 상대방의 신뢰 또는 기득권 보호, 법적 안정성 등 여러 요소를 비교 형량하여 결정하여야 하며, 과잉금지의 원칙이 철저히 준수되어야 한다.[46) 우리 판례도 일단 철회 사유가 인정된다고 하더라도 수익적 행정처분을

---

46) 김남진/김연태, 앞의 책, 328면.

철회하는 경우에는 이미 부여된 국민의 기득권을 침해하는 것이 되므로, 그 철회권 행사는 기득권의 침해를 정당화할 만한 중대한 공익상의 필요 또는 제3자의 이익보호의 필요가 있고, 이를 상대방이 받는 불이익과 비교·교량하여 볼 때 공익상의 필요 등이 상대방이 입을 불이익을 정당화할 만큼 강한 경우에 한하여 허용된다는 일관된 판시를 하고 있다(대법원 1993. 8. 24. 선고 92누17723 판결 외 다수).47)

결국 철회를 할 경우와 하지 않을 경우의 효과를 각각 놓고 비교하였을 때, 철회권 행사로서 영향을 받는 자의 불이익보다 철회권 행사로서 달성하는 공익 또는 제3자의 이익이 크다면, 철회권 행사가 정당화된다고 보아야 한다. 이는 개별 사건의 사실관계와 관련 법규를 종합적으로 고려하여 개별적으로 판단되어야 할 것이다.

(3) 법적 근거 요부에 관한 검토

우리 법체계상 철회에 관한 통칙적 규정은 없는데,48) 처분청이 수익적 행정행위에 대해 철회를 할 때에 반드시 개별 법률에 명시적 근거가 있어야 하는지 문제가 된다. 이에 관하여 행정은 공익을 실현하고 정세 변화에 적응해야 할 필요성이 있으므로 이를 보장하기 위해 법적 근거 없이도 철회권을 인정할 필요가 있다는 근거 불요설49)과, 철회도 행정행위의 일종이므로 법률유보의 원칙상 법적 근거가 있어야 한다는 근거 필요설50)이 논해지고 있다.

---

47) 대상판결도 동일한 법리를 적용하였다.
48) 반면에, 독일 연방행정절차법(VwVfG)은 제49조(Widerruf eines rechtmäßigen Verwaltungsaktes, 적법한 행정행위의 철회) 규정을 둠으로써 철회에 관한 통칙 규정을 마련하고 있다.
49) 김동희, 앞의 책, 361면.
50) 홍정선, 앞의 책, 288면. 같은 입장으로서 수익적 행정행위의 철회는 법적 근거가 있어야 가능하다고 보아야 하며, 판례에서 법적 근거가 없음에도 가능하다고 보는 논거로서 중대한 공익상의 이유나 사정변경을 사유로 제시하는 것은 부족하다는 견해로 김용섭, "법적인 근거가 없음에도 공행정을 정당화하는 행정판례에 대

대법원은 법적 근거가 없더라도 철회가 가능하다는 입장이다. 즉, 행정행위를 한 처분청은 비록 처분 당시에 별다른 하자가 없었고, 처분 후에 이를 철회할 별도의 법적 근거가 없더라도, 원래의 처분을 존속시킬 필요가 없게 된 사정변경이 생겼거나 중대한 공익상 필요가 발생한 경우에는 그 효력을 상실케 하는 별개의 행정행위로 이를 철회할 수 있다고 한다(대법원 2004. 11. 26. 선고 2003누10251 판결 외 다수).

생각건대, 법률유보 원칙을 강조하고 이해관계인의 불의타 방지와 신뢰보호를 중시한다면 법적 근거가 존재하는 것이 바람직하나, 현재 우리의 입법 현실상 행정행위의 철회에 관한 통칙 규정이 없고 개별 법률에 일일이 근거 규정을 두는 것이 쉽지 않은 점을 감안하면, 법적 근거를 엄격히 요구하는 것은 행정의 원활한 실현에 저해 요인으로 작용할 우려가 있다. 나아가 철회 사유 유무의 단계를 지나더라도 철회권 행사가 타당한지 내지 허용되는지를 판단하는 단계를 통해 철회권 행사를 제한·통제할 수 있다는 점도 고려한다면, 법적 근거가 없더라도 일정한 경우 철회권 행사가 가능하다고 보는 것이 타당하다.

우리 판례도 위에서 본 바와 같이 철회 사유가 있더라도, 국민의 기득권의 침해를 정당화할 만한 중대한 공익상의 필요 또는 제3자의 이익보호의 필요가 있고, 이를 상대방이 받는 불이익과 비교·교량하여 볼 때 공익상의 필요 등이 상대방이 입을 불이익을 정당화할 만큼 강한 경우에 한하여 철회권 행사가 허용된다고 봄으로써(대법원 1993. 8. 24. 선고 92누17723 판결 외 다수), 대립되는 가치의 비교 형량을 통해 철회권 행사를 제한하고 있는바, 이를 통해 법적 근거 없이 이루어지는 철회권 행사의 적법성에 대해 통제를 충분히 하고 있다고 평가할 수 있다.

한 비판적 검토 -행정행위의 부관과 수익적 행정행위의 철회에 관한 논의를 중심으로-, 행정판례연구 제17집 제1호, 한국행정판례연구회, 2012, 39-40면 참조.

3. 대상판결의 검토

대상판결의 사안은, 당초 처분인 건축허가 이후에 허가의 상대방의 잔금 미지급을 이유로 이 사건 매매계약이 해제됨으로써 이 사건 건축 허가를 포기·철회하기로 하는 약정의 효력이 발생하여 사실관계의 변경이 존재하는 경우에 해당한다. 그러므로 일단 철회 사유는 인정된다고 볼 수 있다.

다음으로, 철회권 행사의 허용 요건으로서 대립되는 이익을 제대로 비교 형량했는지 보면, 대상판결은 대물적 허가로서의 건축허가의 법적 성질을 언급하면서 건축주의 귀책사유로 건축의 대상 토지를 사용할 권리가 상실된 경우에 토지 소유자(원고)가 건축허가의 존재로 인하여 토지 소유권 행사에 지장을 받을 수 있다는 점을 고려하였다. 아울러 이러한 상황에 대하여 누가 책임이 있는지를 보았을 때, 토지 소유자는 아무런 귀책사유가 없는 반면, 오로지 건축허가의 상대방(피고 보조참가인)만이 잔금지급 지체의 귀책사유를 갖고 있는 상황이므로, 건축허가의 상대방이 이 사건 건축허가의 철회로 인해 불이익을 받더라도 철회권 행사를 통해 토지 소유자가 얻는 이익을 보호할 필요가 더 크다고 보았다.

생각건대, 자신이 건축을 진행할 것도 아니고 건축허가의 상대방도 아닌 토지 소유자 입장에서는, 기존에 건축허가를 받은 자가 자신의 귀책사유로 토지를 사용할 권리를 상실했다고 한다면, 건축허가의 효력이 유지됨으로써 토지의 사용·수익·처분 권능이 제한되는 것을 수인해야 할 의무는 없다. 더군다나 이 사건은 특별히 기존의 건축허가를 계속 유지해야 할 공익상 필요나 중대한 행정목적이 존재하는 경우도 아니며, 실제 행정청도 그에 관하여 주장·증명을 전혀 하지 않았다. 따라서 이 사건 건축허가의 철회 유무로 인한 이해관계인의 이익을 비교 형량 했을 때에, 철회로 인해 침해될 피고 보조참가인과 무궁화신탁의 보호

가치 있는 이익은 없는 반면, 기존 처분이 유지됨으로써 침해되는 원고
의 불이익이 막대하므로, 행정청이 철회권을 행사하여야 한다(철회 신청
을 거부하면 안 된다)는 결론은 지극히 타당하다고 본다.

V. 결어

　대상판결은 일반적으로 행정청이 철회권을 행사하는 경우 그 적법
성을 판단하는 법리에서 더 나아가 일반 국민이 철회 신청을 하는 경우
에 그 거부행위의 처분성 및 적법성에 대해 검토한 것으로서, '처분의
변경신청권'의 쟁점에 관한 의미 있는 판결이라고 평가할 수 있다.
　정리하면, 당초의 처분 이후의 사정변경 등의 구체적인 제반 사정
을 고려하여 철회를 신청할 권리를 인정한 뒤에, 수익적 행정행위의 철
회에 관한 법리를 적용하여 행정청으로 하여금 철회권을 행사하여야 한
다고 판단한 결론에는 동의하는 바이다. 다만, 철회 신청권을 인정함에
있어 그러한 신청을 구할 사정변경이 발생한 후 언제까지 신청을 하는
것이 적법한지, 즉 신청기간의 제한에 관한 구체적 검토는 생략되어 있
어 아쉬움이 남는다. 추후 독일 연방행정절차법상 재심사 규정 또는 우
리 민사소송법상 재심 규정 등을 참고하면서 이 부분에 관한 판례의 법
리가 형성될 필요가 있다고 생각한다.
　나아가 향후 법규상 또는 조리상 신청권에 관한 논의로서 처분의
변경신청권 논의가 더 활발하게 이루어짐과 동시에, 더 많은 판례의 법
리가 정립되어 갈 것을 기원하면서 이 글을 마친다.

참고문헌

1. 국내 문헌

(1) 단행본

김남진, 행정법의 기본문제, 법문사, 1990.

김남진/김연태, 행정법 I, 제14판, 법문사, 2010.

김동희, 행정법 I, 제19판, 박영사, 2013.

김철용, 행정법, 박영사, 2011.

박균성, 행정법총론, 박영사, 2002.

박균성, 행정법론(상), 제12판, 박영사, 2013.

박윤흔, 최신행정법강의(상), 개정30판, 박영사, 2009.

법제처, 각국의 행정절차관계법, 법제자료 제38집, 법제처, 1976.

사법연수원, 행정구제법연구, 사법연수원 출판부, 2011.

정동윤/유병현, 민사소송법, 제2판, 법문사, 2007.

하명호, 행정쟁송법, 제3판, 박영사, 2017.

홍정선, 행정법특강, 제10판, 박영사, 2011.

홍준형/김성수/김유환, 행정절차법제정연구, 법문사, 1996.

(2) 논문

김남진, "불가쟁적 행정행위의 재심사", 고시연구, 고시연구사, 1984.

김남진, "행정행위의 불가쟁력과 재심사", 법제논단, 법제 제503호, 1999.

김용섭, "법적인 근거가 없음에도 공행정을 정당화하는 행정판례에 대한 비판적 검토 -행정행위의 부관과 수익적 행정행위의 철회에 관한 논의를 중심으로-, 행정판례연구 제17집 제1호, 한국행정판례연구회, 2012.

김현준, "경찰부작위로 인한 국가배상청구소송에 있어서 작위의무의 성립요건", 토지공법연구 제56집, 한국토지공법학회, 2012.
박정훈, "취소소송의 4유형- 취소소송의 대상적격과 원고적격", 행정소송의 구조와 기능, 박영사, 2011.
박효근, "행정개입청구권의 요건으로서의 재량수축에 관한 비교법적 고찰", 법과 정책연구 제12집 제1호, 한국법정책학회, 2012.
신보성, "불가쟁적 행정행위의 재심사", 고시연구, 고시연구사, 1986.
이상덕, "불가쟁력이 발생한 행정처분의 재심사에 관한 법적 규율 -독일 연방행정절차법상 재심사제도의 시사점과 우리 실무 상황의 분석을 중심으로, 사법논집 제63집, 법원도서관, 2016.
정형근, "행정소송법상 취소소송의 제소기간에 관한 고찰 -대법원 2014. 9. 25. 선고 2014두8254 판결, 인권과 정의 제462호, 대한변호사협회, 2016.
최유신, "행정행위 재심사제도 연구: 독일연방행정절차법 제51조를 중심으로", 법학석사논문, 서울대학교 대학원, 2006.

2. 외국 문헌
Erichsen/Ehlers, Allgemeines Verwaltungsrecht, 14. Auflage, De Gruyter, 2010.
Ramsauer/Tegethoff/Wysk, Verwaltungsverfahrensgesetz, 14. Auflage, C. H. BECK, 2017.
Ule/Laubinger, Verwaltungsverfarensrecht, 4. Auflage, Heymanns, 1995.

국문초록

　　본 연구는 대법원 2017. 3. 15. 선고 2014두41190 판결에 대한 평석이다. 대상판결은 불가쟁력이 발생한 당초 처분을 철회해 달라는 신청권을 인정함으로써 거부처분의 처분성을 긍정한 다음에, 행정청으로 하여금 그 신청대로 철회를 하여야 할 의무가 있다고 판시하였다.

　　처분의 변경신청권 인정 여부에 관하여 대법원은, 기본적으로 부정적인 입장을 취하면서도, 최근에는 조리상 신청권을 근거로 인정하고 있는 사례도 적지 않게 발견된다. 대상판결도 긍정적 입장을 취한 판례의 하나로서, 당초 처분이 제3자의 이익을 침해하는 경우에 그 침해를 받은 제3자에게 처분의 변경을 신청할 권리를 인정한 데에 의의가 있다.

　　다만, 대상판결은 처분변경에 관한 조리상 신청권을 어떠한 기준이나 요건 하에 인정한 것인지에 관한 구체적인 검토를 하지 않은 문제가 있다. 보다 구체적인 논의를 위하여, 독일 연방행정절차법 제51조의 행정행위의 재심사 규정을 참고함으로써, 처분의 변경신청권의 '실체적 요건'과 '절차적 한계(신청기간)'에 대해 일정한 기준을 설정해볼 필요가 있다. 대상판결은 당초 처분에 대한 제소기간이 도과되었지만 사후에 사실관계의 변경이 발생한 경우로서 재심사 사유는 갖췄다고 볼 수 있으나, 신청기간에 관해서는 재심사 사유를 안 날로부터 5개월이 넘었다는 점에서 절차적 한계를 다소 일탈한 것으로 판단된다. 물론, 본안 사항으로서 행정청으로 하여금 철회권을 행사하여야 한다고 판단한 결론에는 전적으로 동의한다.

　　대상판결의 취지를 반영하여 향후에도 처분의 변경신청권과 재심사에 관하여 보다 발전된 판례의 법리가 형성될 필요가 있겠다.

　　주제어: 처분의 변경신청권, 행정행위의 재심사, 불가쟁력, 제소기간, 철회

Abstract

A Study on the Right to Request the Change of Disposition and Review System of Administrative Act

Shin, Sang−min*

This paper is a case study on the 'Supreme Court 2014DU41190 Decision sentenced on March 15, 2017'. In this case, the Supreme Court affirmed that the refusal disposition is disposable by recognizing the right to request the withdrawal of the prior disposition that attained the force of incontestability, and then decided that the administrative agency has n obligation to withdraw the prior disposition as requested.

The Supreme Court, while basically taking a negative stance on whether or not to grant the right to request the change of disposition, has recently found that there are some cases acknowledging the right to request the change of disposition based on the statutory right. This case is also one of the precedents that take a positive stance, and it is meaningful to acknowledge the right to request the change of disposition to a third party who has been infringed by prior disposition.

However, there is a problem that this case does not give a

* Attorney at Law, law firm Minwho.

detailed examination as to what standards or requirements the recognition of the right to request the change of disposition is approved. For more detailed discussion, it is necessary to set a standard for 'substantive requirement' and 'procedural limit(application period)' of the right request the change of disposition by referring to the review of administrative act in Article 51 of the Federal Administrative Procedure Act of Germany. This case can be considered as having a reason for the review, because the period for bringing litigation was over and the factual relationship have changed. But regarding the application period of review, it is judged that the procedure limit has somewhat deviated from the point that it has exceeded 5 months from the date of review. Of course, I totally agree with the conclusions that the administrative agency should exercise the right to withdraw of prior disposition.

It will be necessary to formulate a more advanced case law on the right to request the change of disposition and review system of administrative act in the future, reflecting the intent of the this case.

Keywords: Right to Request the Change of Disposition, Review System of Administrative Act, Force of Incontestability, Period for Bringing Litigation, Withdrawal of Administrative Act

투고일 2018. 5. 31.
심사일 2018. 6. 12.
게재확정일 2018. 6. 19.

申請權과 處分性

金致煥*

Ⅰ. 처음에

소송 가운데에는 그냥 법원이 본안에 대하여 심리하고 객관적인 판단을 내려주면 더 분쟁해결이 용이해 보이는데 어떻게든 본안에 대한 심리를 면해보려는 듯이 비쳐지는 경우가 있다.[1] 아니면 본안에서 심리해주는 것이 오히려 간단해 보이는데 본안전의 소송요건부분에서 너무 많은 에너지를 쏟아 부으며 다투는 경우가 있다. 또는 소송을 개시함에 있어 당사자에게 제 때에 다투지 않는 것과 같은 귀책사유가 있거나 하면 그것이 어떤 형태로든 당사자에게 불리하게 작용하는 측면이 있어

---

* 영산대학교 교수.
1) 물론 그렇게 비쳐질 수 있을 뿐이지 실제 그렇다는 것은 아니다. 소송요건 하나하나도 주요한 법적쟁점이 되므로 법원으로서 그것을 소홀히 하고 넘어갈 수는 없을 것이다.

보인다. 대상 판결은 아마도 그러한 부류에 속하는 것이 아닐까 생각된
다. 법적으로 보면, 대상판결에서는 통지의 처분성, 거부행위의 처분성,
법규상 또는 조리상의 신청권 이 세 가지가 쟁점이 되고 있다. 일견 단
순해 보이지만 신청권, 특히 조리상의 신청권의 판단은 실제로 매운 어
려운 영역이라 할 수 있다. 이하에서는 대상판결을 소재로 특히 처분의
의미와 신청권의 문제에 대하여 생각해보고자 한다. 같은 생각을 답습
하는 것은 안정적이기는 하지만 흥미롭지 않다는 전제에서 기존과는 다
소 다른 생각을 전개해 보려고 한다.

Ⅱ. 대상판결
(대법원 2016.7.14.선고 2014두47426판결, 산재보험적용사업장
변경불승인처분취소)

1. 사실개요

(1) 사실관계

　　원고는 건물관리 유지·보수 업무를 하는 자로서 주식회사 홈플러
스데스코(이하 '홈플러스'라 한다)와 건물관리 도급계약을 맺은 후 소외 2
(하청업체)에게 홈플러스 가양점(이하 '이 사건 건물'이라 한다)의 외벽청소
를 의뢰하였다. 소외 2는 소속직원 소외 1을 보내어 이 사건 건물의 외
벽청소를 하게 하였다. 소외 1은 2011.5.6. 이 사건 외벽청소를 하던 중
5층에서 추락하는 사고(이하 '이 사건 사고'라 한다)를 당하였다. 이에 소외
1은 근로복지공단에게 요양급여신청을 하였고 근로복지공단은 소외 1
의 소속사인 소외2가 아닌 원고를 소외 1의 사업주로 보아 이 사건 사
고에 대한 산재보상 업무절차를 진행하였다. 이 과정에서 다음과 같은
다툼이 있었다.

2011.6.20.경 근로복지공단이 원고에게 요양급여지급에 필요한 사업주 날인 요청을 하였는데 원고는 이의를 제기하며 날인을 거부하였다. 그럼에도 불구하고 근로복지공단은 2011.7.20. 소속사업장을 원고로 하여 소외 1에 대한 요양승인처분을 한 다음 같은 달 22.경 원고에게 그 통지서를 발송하였다. 그 무렵 원고는 위 통지서를 수령하였음에도 그에 대하여 불복하지 않다가 2013.5.1.경 "소외 1의 사업주는 소외 2이므로 산재보험적용 사업장을 원고에서 소외 2로 변경해 달라"는 신청(이하 '이 사건 신청'이라 한다)을 제기한다.

이에 대하여 근로복지공단은 "외벽청소업무는 원고의 업무범위 중 일부를 위임·위탁한 것으로서 소외 2에게 도급을 준 것으로 볼 수 없고, 이 사건 사고는 원고 소속 직원이 작업범위를 지정하여 청소작업이 진행되던 중 발생하였으므로 소외 1의 사업주는 원고이다"는 이유로 이 사건 신청과 같은 산재보험적용사업장변경을 거부하고 이를 원고에게 통지하였다(이하 '이 사건 통지'라 한다).

원고는 근로복지공단의 산재보험적용사업장변경 거부(통지)에 불복하여 2013.6.12. 이 사건 통지의 취소를 구하는 행정소송을 제기하였다. 피고 근로복지공단은 이 사건 통지는 원고의 권리·의무관계에 아무런 영향을 주지 않는 단순한 안내에 불과하므로 항고소송의 대상이 되지 않는다는 본안전항변을 하였다.

(2) 원심(항소심)의 판단

원심은 우선 피고의 본안전 항변을 받아들이면서 더하여 다음과 같이 부연하였다.

산재보험관계의 성립과 소멸은 산업재해보상보험법(이하 '산재보험법'이라 한다)과 고용보험 및 산업재해보상보험의 보험료징수 등에 관한 법률(이하 '보험료징수법'이라 한다)에 따라 (ⅰ) 규정된 요건에 해당하는 사실이 있는 경우 그에 따라 성립하고 소멸하는 것으로 규정하고 있을

뿐 관계 법령상 사업주에게 보험관계의 사업주 변경을 요구할 신청권을
규정하고 있지는 않는 점,2) (ⅱ) 보험료징수법령에는 보험관계가 성립
한 경우 일정한 기간 내에 이를 신고하고, 사업주 이름, 사업 소재지 등
신고내용이 변경된 경우에는 변경신고를 하도록 규정하고 있지만,3) 그

---

2) 산재보험법 제7조(보험 관계의 성립·소멸) 이 법에 따른 보험 관계의 성립과 소멸
에 대하여는 보험료징수법으로 정하는 바에 따른다.
보험료징수법 제5조(보험가입자) ①「고용보험법」을 적용받는 사업의 사업주와
근로자는 당연히 「고용보험법」에 따른 고용보험(이하 "고용보험"이라 한다)의 보
험가입자가 된다. ②「고용보험법」제8조 단서에 따라 같은 법을 적용하지 아니하
는 사업의 사업주가 근로자(「고용보험법」제10조에 따른 적용 제외 근로자는 제
외한다. 이하 이 항에서 같다)의 과반수의 동의를 받아 공단의 승인을 받으면 그
사업의 사업주와 근로자는 고용보험에 가입할 수 있다. ③「산업재해보상보험법」
을 적용받는 사업의 사업주는 당연히 「산업재해보상보험법」에 따른 산업재해보상
보험(이하 "산재보험"이라 한다)의 보험가입자가 된다. ④「산업재해보상보험법」
제6조 단서에 따라 같은 법을 적용하지 아니하는 사업의 사업주는 공단의 승인을
받아 산재보험에 가입할 수 있다. ⑤ 제2항이나 제4항에 따라 고용보험 또는 산재
보험에 가입한 사업주가 보험계약을 해지할 때에는 미리 공단의 승인을 받아야
한다. 이 경우 보험계약의 해지는 그 보험계약이 성립한 보험연도가 끝난 후에 하
여야 한다. ⑥ 제5항에 따른 사업주가 고용보험계약을 해지할 때에는 근로자(「고
용보험법」제10조에 따른 적용 제외 근로자는 제외한다) 과반수의 동의를 받아야
한다. ⑦ 공단은 사업 실체가 없는 등의 사유로 계속하여 보험관계를 유지할 수
없다고 인정하는 경우에는 그 보험관계를 소멸시킬 수 있다.
3) 산재보험법 제11조(보험관계의 신고) ① 사업주는 제5조제1항 또는 제3항에 따라
당연히 보험가입자가 된 경우에는 그 보험관계가 성립한 날부터 14일 이내에, 사
업의 폐업·종료 등으로 인하여 보험관계가 소멸한 경우에는 그 보험관계가 소멸한
날부터 14일 이내에 공단에 보험관계의 성립 또는 소멸 신고를 하여야 한다. 다
만, 다음 각 호에 해당하는 사업의 경우에는 그 구분에 따라 보험관계 성립신고를
하여야 한다.
1. 보험관계가 성립한 날부터 14일 이내에 종료되는 사업: 사업이 종료되는 날의
전날까지
2.「산업재해보상보험법」제6조 단서에 따른 대통령령으로 정하는 사업 중 사업을
시작할 때에 같은 법의 적용 대상 여부가 명확하지 아니하여 대통령령으로 정하는
바에 따라 해당 사업에서 일정 기간 사용한 상시근로자 수를 바탕으로 하여 같은
법의 적용 대상 여부가 정하여지는 사업: 그 일정 기간의 종료일부터 14일 이내
② 사업주는 제8조제1항에 따라 일괄적용을 받는 사업의 경우에는 처음 하는 사
업을 시작하는 날부터 14일 이내에, 일괄적용을 받고 있는 사업이 사업의 폐업·

규정 내용과 체계 등을 고려할 때, 사업주에게 이와 같은 변경신고를
하도록 한 것은 단순히 사실에 관한 신고에 불과하여 그 신고 내지 수
리에 의하여 보험관계가 결정되거나 변동된다고 볼 수도 없는 점, (iii)
산재보험료율은 이 사건 통지가 아니라 보험료징수법4)에 따라 변경된
다는 점에서 관계 법령에서 명시적으로 사업주에게 보험관계의 사업주
변경 신청권을 인정하는 규정을 발견할 수 없고, 해석상으로도 그러한
신청권이 인정된다고 볼 수 없다.

또한 (iv) 피재해자에 대한 요양승인처분에 대하여 산재보험가입
자인 사업주로서는 보험료액의 부담범위에 영향을 받는 자로서 행정소
송을 제기할 수 있고(대법원 1986. 10. 28. 선고 85누127 판결5) 등 참조), 그

종료 등으로 일괄적용관계가 소멸한 경우에는 소멸한 날부터 14일 이내에 공단에
일괄적용관계의 성립 또는 소멸 신고를 하여야 한다.
③ 제8조제1항 및 제2항에 따른 일괄적용사업의 사업주는 그 각각의 사업(제1항
에 따라 신고된 사업은 제외한다)의 개시일 및 종료일(사업 종료의 신고는 고용보
험의 경우만 한다)부터 각각 14일 이내에 그 개시 및 종료 사실을 공단에 신고하
여야 한다. 다만, 사업의 개시일부터 14일 이내에 끝나는 사업의 경우에는 그 끝
나는 날의 전날까지 신고하여야 한다.
제12조(보험관계의 변경신고) 보험에 가입한 사업주는 그 이름, 사업의 소재지 등
대통령령으로 정하는 사항이 변경된 경우에는 그 날부터 14일 이내에 그 변경사
항을 공단에 신고하여야 한다.
4) 보험료징수법 제15조(보험료율의 특례) ② 대통령령으로 정하는 사업으로서 매년
6월 30일 현재 산재보험의 보험관계가 성립한 후 3년이 지난 사업의 경우에 그 해
6월 30일 이전 3년 동안의 산재보험료(제13조제5항제2호에 따른 산재보험료율을
곱한 금액은 제외한다)에 대한 산재보험급여 금액(「산업재해보상보험법」 제37조
제1항제3호나목에 따른 업무상의 재해를 이유로 지급된 보험급여는 제외한다)의
비율이 대통령령으로 정하는 비율에 해당하는 경우에는 제14조제3항 및 제4항에
도 불구하고 그 사업에 적용되는 제13조제5항제1호에 따른 산재보험료율의 100분
의 50의 범위에서 사업 규모를 고려하여 대통령령으로 정하는 바에 따라 인상하
거나 인하한 비율을 제13조제5항제2호에 따른 산재보험료율과 합하여 그 사업에
대한 다음 보험연도의 산재보험료율로 할 수 있다.
5) 가. 산업재해보상보험법에 의한 보험급여 결정에 대하여는 보험가입자인 사업주도
보험료액의 부담범위에 영향을 받는 자로서 그 적법여부를 다툴 법률상의 정당한
이익이 있다.

요양승인처분이 불복기간의 경과로 확정되었다 하더라도 사업주는 피
재해자가 재해 발생 당시 자신의 근로자가 아니라는 사정을 들어 보험
료부과처분 등의 위법성을 주장할 수 있으므로(대법원 2008. 7. 24. 선고
2006두20808 판결[6] 참조) 설령 이 사건에서와 같이 소외 1에 대한 요양승
인처분이 불복기간의 경과로 확정되었더라도 원고는 특별한 사정이 없
는 한 그에 따른 보험료부과처분 등과 관련하여 이 사건 신청과 같은
주장을 하면서 불복하는 절차를 밟을 길이 열려 있다. 따라서 당사자의
권리구제를 위하여 조리상 신청권을 특별히 인정해야 할 사정도 없다.[7]

2. 판결요지

(1) 행정청이 국민의 신청에 대하여 한 거부행위가 항고소송의 대
상이 되는 행정처분에 해당하기 위하여는, 국민에게 행정청의 행위를
요구할 법규상 또는 조리상의 신청권이 있어야 하는데, 이러한 신청권

나. 피재근로자에 대한 요양승인처분이 피재근로자가 제기한 재심사청구에 대한
재결판정에 따라 당초의 요양불승인처분을 취소하고 이루어진 경우에는 보험가입
자인 사업주는 그 요양승인처분에 대하여는 따로 심사청구등의 전심절차를 거칠
필요 없이 바로 이의 취소를 구하는 행정소송을 제기할 수 있다. (대법원 1986.
10. 28. 선고 85누127 판결 [요양승인처분취소])
6) 이 판결은 원고 사업주가 근로자와의 사이에 산재보험관계가 성립하였는데도 그
신고를 게을리 하고 있는 중에 근로자에게 재해가 발생하여 근로복지공단이 보험
급여를 지급하였고(요양승인처분), 근로복지공단이 구산업재해보상보험법이 정하
는 바에 따라 그 보험급여액중 전부인지 일부를 구상하는 산재보험료부과처분을
하자, 원고는 요양승인처분을 다툴 수 있는 기간이 도과하여 요양승인처분에 불
가쟁력이 발생하였으므로 요양승인처분은 근로자와 사업주 간에 산재보험관계가
성립한 것을 전제로 적법하게 이루어진 것으로 확정되고, 그러한 산재보험관계가
존재하지 않는 상태에서의 요양승인처분으로 보아 후에 산재보험료부과처분을 하
는 것은 위법하다고 주장한 사건이다.
7) 이 문구로 보아 원고는 불복기간 경과로 불복할 수 있는 기회를 잃었기 때문에 그
구제를 위해서라도 조리상 신청권을 인정해야 한다고 주장했을 것이라 추론해볼
수 있다.

이 없음에도 이루어진 국민의 신청을 행정청이 받아들이지 아니한 경우 거부로 인하여 신청인의 권리나 법적 이익에 어떤 영향을 미친다고 볼 수 없으므로 이를 항고소송의 대상이 되는 행정처분이라 할 수 없다.

(2) 산재보험법, 보험료징수법 등 관련 법령은 사업주가 이미 발생한 업무상 재해와 관련하여 당시 재해근로자의 사용자가 자신이 아니라 제3자임을 근거로 사업주 변경신청을 할 수 있도록 하는 규정을 두고 있지 않으므로 법규상으로 신청권이 인정된다고 볼 수 없고, 산업재해보상보험에서 보험가입자인 사업주와 보험급여를 받을 근로자에 해당하는지는 해당 사실의 실질에 의하여 결정되는 것일 뿐이고 근로복지공단의 결정에 따라 보험가입자(당연가입자) 지위가 발생하는 것은 아닌 점 등을 종합하면, 사업주 변경신청과 같은 내용의 조리상 신청권이 인정된다고 볼 수도 없다. 따라서 근로복지공단이 신청을 거부하였더라도 원고의 권리나 법적 이익에 어떤 영향을 미치는 것은 아니어서 이 사건 통지는 항고소송의 대상이 되는 행정처분이 되지 않는다.

Ⅲ. 평석

1. 사안에 대한 접근법

사안은 피고 근로복지공단이 이 사건 통지를 통하여 원고의 사업주 변경신청에 대한 거부의사를 전달하였고, 원고는 그 거부의사를 번복시키기 위하여 이 사건 소송을 제기한 것이다. 이에 대하여 원심 및 대상판결의 판단은 원고에게 권리구제를 구할 법규상은 물론 조리상의 신청권도 인정할 수 없으므로 설령 피고가 그 신청을 거부하였다 하더라도 그 거부는 처분이 되는 거부가 아니어서 처분의 취소를 구하는 행정소송은 부적법하고 각하될 수밖에 없다는 것이다.

이 구조를 분석하면 다음과 같은 설명이 가능하다. 즉 동일한 사안인데 두 가지 측면에서 접근하는 것이 가능하다. 하나는 행정청(피고)의 측면이고 다른 하나는 당사자(원고)의 측면이다. 행정청의 측면에서 검토되어야 하는 것은 행정청의 의사가 겉으로 드러나는 "통지"이고, 당사자의 측면에서 검토되어야 하는 논점은 "신청권의 유무"이다. 따라서 같은 사안을 풀이해감에 있어서 통지에 착안하여 살펴보는 방법도 있고, 신청권에 착안하여 살펴보는 방법이 있게 된다.

원심 판결문에 의하면 1심은 원고의 청구를 받아들여 피고의 사업장변경 불승인 행위(통지)를 처분으로 보고 원고의 청구대로 그 불승인 처분을 취소하였음을 추측할 수 있다. 그러나 원심은 "이 사건 통지는 안내에 불과하여 항고소송의 대상이 되는 거부처분에 해당하지 않는다"고 하며 피고의 본안전 항변을 수용하였을 뿐만 아니라, 사업장변경을 청구할 법규상 및 조리상의 신청권도 존재하지 않으므로 그러한 신청에 대한 거부를 처분으로 볼 수 없다하여 이 사건 청구를 부적법 각하해버리고 있다.

한 가지 의문점은 만일 피고의 본안전항변 대로 이 사건 통지가 단순한 안내에 불과하여 항고소송의 대상인 처분이 아닌 것이라면 그에 대한 판단만으로도 이 사건 청구는 부적법하게 되고 각하를 피할 수 없는 것인데, 무엇하러 법규상 또는 조리상의 신청권에 대한 판단까지 하고 있는가 하는 점이다. 이는 법원이 통지에 대한 판단만으로는 무언가 부족함을 인정해서가 아닐까 생각되었는데 그보다도 통지의 내용이 거부의사였기 때문임에 의문의 여지가 없다. 행정청의 거부의사가 법적으로 유의미한 거부'처분'인지를 확인하기 위하여 신청권법리에 대한 판단을 시도한 것이다. 만일 통지의 내용이 거부가 아니었다면 통지의 성질만이 심리되고 신청권에 대한 판단은 행해지지 않았을 것이다.

대상판결의 경우에도 표현은 다소 다르지만 원심의 논지를 그대로 수용하고 있다.

2. 통지의 처분성

통지는 특정인 또는 불특정 다수인에게 일정한 사실을 알리는 행위로서 그 통지의 결과 상대방에게 일정한 권리가 제한되거나 의무 등이 발생하는 경우에는 당해 통지는 통지'행위'로서 처분성을 갖는다고 이해된다.[8] 반면에 상대방의 권리의무에 영향을 주지 않는 단순한 사실 내지 관념의 통지는 취소소송의 대상인 처분으로 보지 않는다.[9] 그런데 과거의 판례에 의하면, 설령 원고가 외견상으로는 통지의 취소를 구하고 있다고 해도 그 실질은, 이 사건 산재보험적용사업장변경을 승인하지 아니한 피고의 행위와 같이, 통지에 표시된 피고의 의사에 따른 법률효과의 취소를 소송의 대상으로 삼으려 했다고 볼 수 있는 경우, 법원은 석명권을 행사하여 원고가 그 취소를 구하는 피고의 행위가 어느 것인지를 확정한 후에 심리를 하도록 요구하고 있다.[10] 원심판결이 이 사건 통지의 처분성을 부인해 놓고도 법규상 또는 조리상의 신청권의

---

8) 박균성, 행정법강의 제10판, 238쪽. 대법원 2006. 4. 20. 선고 2002두1878 전원합의체 판결 [경정결정신청거부처분취소]; 대법원 2003. 11. 14. 선고 2001두8742 판결 [농지처분의무통지처분취소], 대집행 영장에 의한 통지도 마찬가지이다.
9) 당연퇴직의 통보의 처분성을 부인한 대법원 1985. 7. 23. 선고 84누374 판결 [면직처분무효확인]; 대법원 1997. 11. 11. 선고 97누1990 판결 [면직처분무효확인등]
10) 대법원 2000. 9. 26. 선고 99두646 판결 [주택건설사업계획승인취소처분취소]에 의하면, "비록 청구취지의 기재만으로 보면 이 사건 통지를 소송의 대상으로 삼은 것이라고 하더라도, 원고가 처분성이 결여된 이 사건 통지만을 소송의 대상으로 한 것이라고 단정하는 것은 부당하고, 어느 쪽이든 이 사건 사업계획승인을 취소시키는 법률효과를 발생시키는 피고의 행위를 소송의 대상으로 삼으려 하였다고 봄이 보다 합리적이므로, 원심으로서는 마땅히 원고에게 석명을 구하여 과연 원고가 그 취소를 구하는 피고의 행위가 어느 것인지를 확정한 후 심리를 하였어야 할 것임에도, 이러한 조치를 취하지 아니한 채 만연히 원고가 이 사건 통지만을 소송의 대상으로 삼았고 소외 회사에 대한 이 사건 취소처분이 확정되었음을 전제로 원고에게 이 사건 취소 및 반려처분의 취소를 구할 법률상 이익이 없다는 이유로 이 사건 소를 부적법하다 하여 각하한 것은 석명권불행사 및 심리미진의 위법을 범한 것이라고 할 것이다(대법원 1994. 2. 22. 선고 93누21156 판결, 1998. 4. 24. 선고 97누17131 판결 등 참조)."

유무에 대한 판단까지 행하고 있는 것은 아마도 이와 유사한 사정[11]이 있기 때문은 아닐까 생각해본다. 그렇다면 이 사건에서 통지의 처분성 문제는 주된 쟁점이라 보기 어렵다. 그런데 대상 판결도 역시 원심과 동일한 논거에 입각한 판결을 내리고 있다. 다만, 대상판결은 이 사건 통지의 처분성을 판단하는 구조가 원심판결보다 더욱 뚜렷하게 나타나는 측면이 있다. 대상 판결에 의하면, 원고에게는 피고에게 이 사건 신청과 같은 내용의 법규상 또는 조리상의 신청권이 인정되지 않고, 따라서 그러한 신청에 대한 거부가 있다 하더라도 그 거부에 의하여 원고의 권리나 법적 이익에는 아무런 영향이 발생되지 않는 것이므로 이 사건 통지는 항고소송의 대상이 되는 행정처분이 되지 않는다고 설시한다.

3. 처분개념의 판단기준

행정쟁송법상 '처분'은 행정쟁송법에서 명문으로 규정하고 있는 것처럼 "행정청이 행하는 구체적 사실에 관한 법집행으로서의 공권력의 행사 또는 그 거부와 그 밖에 이에 준하는 행정작용"이다. 따라서 처분의 핵심개념은 공권력이라는 점에 있고, 그것을 행사하거나 또는 행사하여야 하는데도 불구하고 행사하지 아니하는 때에 기본적으로 쟁송의 대상이 되는 '처분'이 존재한다고 보아야 한다. 원고의 권리구제의 측면에서 처분의 개념을 완화하기 위하여 추가된 '그 밖에 이에 준하는 행정작용'의 경우에도 '공권력의 행사나 그 거부'로 볼 수 있을 만한 정도의 행정작용이어야 처분으로 인정받을 수 있게 된다.

그런데 판례는 지금까지 이러한 '공권력의 행사나 그 거부 그 밖에 이에 준하는 행정작용'인지를 판단하는 기준을 이른바 행정청의 대외적 작용이 "개인의 권익에 구체적인 영향을 미치는가"에서 찾아왔다고 할

---

11) 즉, 원고가 이 사건 통지의 취소를 구하고 있어도 실제로는 통지의 내용인 피고의 사업장변경불승인(또는 거부)처분의 취소를 구하고 있다는 사실을 인정할 수 있다.

수 있다. 대상판결도 이 사건 통지가 개인의 권리관계에 영향을 주지 않는다는 이유로 결국엔 처분성을 부인한다. 신청권의 유무는 개인의 권리관계에 영향을 주고 있는지를 판단하기 위한 요소로 검토되고 있다. 하지만 말할 것도 없이 실정법상의 처분개념에 대한 정의 규정의 어디에도 "개인의 권리관계에 영향을 주는"에 대한 판단요소는 규정되어 있지 않다. 이는 판례에 의하여 형성된 처분개념의 판단요소인 것이다. 그렇다면 판례는 왜 공권력의 행사나 그 거부가 있는지에 대한 판단을 해야 하는데 그에 대한 정면에서의 규명을 시도하지 않고 "개인의 권리관계에 영향을 주는가" 하는 사후적인 부분에 대한 판단을 주요 잣대로 삼는 것일까? 구체적인 사실에 관한 법집행인지 아닌지, 공권력이 무엇인지, 그 행사나 거부가 있는지를 직접적으로 판단하는 것이 필요할 것인데 간접적으로 그러한 행위의 결과에 착안하여 거꾸로 그러한 행위의 존부를 판단하려 하는 것일까 하는 의문을 갖게 된다. 행정청의 비권력적 작용이라고 하여 개인의 권리관계에 영향을 주지 않는 것일까? 예를 들어 행정청이 사인과 하는 물품조달계약의 경우에도 그 계약행위로 인하여 사인의 권리의무에 영향이 발생하는 것은 아닌가? 그렇다면 "개인의 권리관계에 영향을 준다"는 측면이 공권력만의 유일한 특징은 아닐텐데 그것을 가장 중요한 잣대로 공권력의 유무, 처분의 유무를 판단해온 것이 과연 적절하고 타당한 것일까? 여러 가지 의문이 연속해서 떠오른다.

4. '협의의 소익'에 대응한 '재판의 이익' 시론

처분성을 판단하는 판례의 지금까지의 태도는 "처분이면 국민의 권리나 법적 이익에 어떠한 형태로든 영향을 미치게 될 것"인데, 그래서 처분인지 아닌지 하는 것을 판단해야 하는 것인데, 이것을 거꾸로 더듬으며, 국민의 권리나 법적 이익에 영향을 미치니까 처분이 된다고 하는 식으로 풀이하는 오류가 있는 것은 아닌지 의문을 갖게 된다. 처분이 있음으로 해서 국민의 권리이익에 영향이 발생하는 것이지, 국민의 권리이익에 영향을 주었기 때문에 처분이 된다는 것은 의미가 다르다. 후자의 경우에는 앞서 언급했듯이 이론적으로 국민의 권리이익에 영향을 주는 것 중에는 처분이 아닌 것도 있을 수 있기 때문이다. 처분인지 아닌지와 그것이 국민의 권리이익에 영향을 미치는지 아닌지는 별개의 관점이고 별개로 판단되어야 하는 것이 아닐까, 이 경우 처분성을 판단함에 있어 핵심적인 기준은 "국민의 권리이익에의 어떠한 영향"이 아니라 "행정청이 행하는 구체적 사실에 대한 법집행"인지 아닌지 "그러한 법집행작용이 공권력에 의한 것인지 아닌지"에 있다고 해야 하지 않을까 의문이다. 말하자면 "국민의 권리이익에 어떠한 영향을 미친다"는 판단기준은 처분성과는 별개의 또 하나의 기준으로 분류해야 한다고 생각될 수 있다. 취소소송의 요건으로서 처분의 존재, 원고적격, 소익의 존재, 출소기간 이내, 피고적격 등이 존재하는 외에 마치 원고측의 '소익의 존재'와 같이 공익관점에서 '재판의 이익'과 같은 것이 존재하는 것은 아닐까 하는 것이다. 처분은 존재하더라도 그 처분에 의하여 상대방의 권리이익에 아무런 영향을 미치는 것이 없다면 그것은 '재판의 이익'이 없어 취소소송의 필요성이 없고 각하되어야 한다고 생각하는 식이다. 아니면 여기서 제시하는 재판의 이익은 결국 종래의 '소익'에 포함되는 관념은 아닌지, 그것을 지금까지 판례는 소익에서 판단하지 않고 처분의 판단에 덧붙여 혼동하여 판단해온 것은 아닌지 하는 의문도 가질 수 있다.12) 결론적으로 처분의 유무와 그 처분으로 인하여 발생하

---

12) 이와 관련하여 "원고적격은 개별적 당사자의 주관적 사정에 의하여 좌우되는 것인데 반하여 처분성 문제는 개별당사자와는 관계없이 관계법규에 의하여 인정되고 있는 행정청의 의무사항을 일반국민이 신청할 수 있는지 여부를 따지는 것이라면 원고적격문제와는 차원을 달리하는 것이라 하지 않을 수 없다"(백윤기, "거부처분의 처분성인정요건으로서의 신청권," 행정법연구 1997.6. 행정법이론실무학회, 231쪽)는 지적은 경청할 만하다. 재판의 이익이라고 하는 관점은 원고적격이라는

는 영향의 유무는 엄격히 구분해야 하는 것이 아닌가 하는 생각이다. 소익은 국민이 보호받아야 할 이익(사익관점)이라고 한다면, 국민의 권리이익에 영향을 준다고 하는 측면, 편의상 재판의 이익이라고 표현하고 있는 부분은 국민을 보호해주어야 할 이익(공익관점)이라고 표현할 수 있을 것이다. 신청권이라고 하니 마치 개인의 주관적 공권과 같이 생각될 수도 있지만, 신청권의 유무는 법규와 조리에 기초하여 객관적으로 판단할 수 있다고 하면 주관적인 소익과 달리 객관적인 공익이라는 관점을 인정할 수도 있을 것이다. 그렇다면 취소소송의 적법요건은 종래의 처분의 존재, 원고적격, 소익, 출소기간, 피고적격, 관할 등에 더하여 재판의 이익과 같은 것이 추가되어야 하고, 그것이 종래 판례가 판단해 온 "사인의 권리이익에의 영향"을 의미하는 것이라 생각해본다.

5. 신청권의 문제

"국민의 적극적 행위신청에 대하여 행정청이 그 신청에 따른 행위를 하지 않겠다고 거부한 행위가 항고소송의 대상이 되는 행정처분에 해당하는 것이라고 하려면, ① 그 신청한 행위가 공권력의 행사 또는 이에 준하는 행정작용이어야 하고 ② 그 거부행위가 신청인의 법률관계에 어떤 변동을 일으키는 것이어야 하며, ③ 그 국민에게 그 행위발동을 요구할 법규상 또는 조리상의 신청권이 있어야만 한다"는 것이 대법원의 확립된 판례라고 이해된다.13) 그러나 법상 명문으로는 ①만이 처분개념에 해당한다고 하면, ②와 ③은 법상으로는 규정이 없는 것으로

관점이 주관적인 판단임에 대비하여 객관적 성격을 띤다고 생각할 수도 있을 것이다.

13) 홍준형, "地籍登錄事項 訂正申請返戾行爲의 處分性 -헌법재판소 1999. 6. 24. 선고 97헌마315결정과 관련하여-," 법제 1999.12. 법제처, 7쪽. 대법원 1998.7.10.선고 96누14036판결(학교법인설립자명의정정신청거부처분취소); 대법원 2003. 4. 11. 선고 2001두9929 판결 (학교설치자변경신청서반려처분취소) 등

①의 판단을 돕기 위하여 판례에 의하여 부수적으로 형성된 요건이라고 할 수 있다. 이러한 판단 자체가 필요적인지는 차치하고라도 이러한 요소들을 처분성 판단에 통합하여 이해하는 태도의 적절성에 대해서는 앞서 언급한 것처럼 의문이 있다.

한편 거부처분이 아니라면 ①과 ②의 판단만이 요구되고 ③의 신청권의 문제는 제기되지 않는다. 그런데 거부처분과 관련한 ②와 ③의 판단의 관계는 ②의 판단을 돕기 위하여 ③의 판단이 요구되는 관계에 있다고 할 수 있다. 신청권이 없다면(즉, ③의 요건을 충족하지 못하면), 신청인의 법률관계에는 아무런 법상 유의미한 변동이 발생하지 않는 것(즉, ②의 요건도 충족하지 못하게 됨)이기 때문이다. 요약하자면 거부처분인지의 여부에 대한 현재의 판례의 판단공식은 ③의 판단의 결과 ②의 결론에 이르게 되고, ②의 결론에 이른 결과 ①의 공권력의 행사나 그 거부 또는 그에 준하는 행정작용인가의 여부가 판단되는 구조로 되어 있다. 대상판결이나 원심판결의 논리구조는 이러한 과정을 밟고 있다. 그 결과 이 사건 통지(산재보험적용사업장변경불승인)의 처분성의 판단경로는 ①에 해당하는지에서 출발하였지만 거슬러 올라가 ②를 거쳐 ③에 이르는 것이다. 요컨대 ③의 요건이 이 사건 통지의 처분성 운명을 결정한 핵심 요건이라 할 수 있다. 따라서 이하에서는 ③의 요건인 신청권[14]의 문제에 대하여 살펴보기로 한다.

(1) 원심판결 및 대상판결에 있어서의 신청권에 대한 판단

원심판결 및 대상판결이 처분성을 부정하는 논거는 기본적으로 신청권의 유무에 대한 판단에 있었다. 신청권이 없으면 그러한 신청에 대

---

14) 신청권에서의 권리는 공권의 일종으로서 종래의 전통적인 의미로서의 권리만에 한정되는 것이 아니라 반사적 이익을 넘어서는 법적인 이익을 말한다는 점에서 행정소송법 제12조에서 규정하고 있는 법률상 이익과 같은 개념으로 보아야 한다는 견해가 있다. 백윤기, 앞의 논문, 232쪽.

한 거부는 신청자의 권리나 법적 이익에 대하여 아무런 영향을 미치지 않는 것이므로 결국 신청에 대한 거부가 처분이 될 수 없다고 판단한다. 그리고 신청권이 있는지 없는지는 1차적으로 법규상으로 판단하되, 법규상 신청권이 없다면 2차적으로 조리상 신청권의 유무를 판단하는 일반적인 견해를 따르고 있다. 법규상 신청권이 존재하지 않는 점은 해당 법률의 규정으로부터 비교적 명확히 판단될 수 있고, 대상 사건에서도 법규상의 신청권이 없는 점에는 누구도 이의를 제기하기 어렵다.

문제는 조리상의 신청권 유무에 대한 판단이다. 조리상의 신청권이 있는지에 대한 판단에 있어서 대상판결은 관계법령의 규정에 기초한 종합적 판단기법을 취하고 있다고 할 수 있다. 대상판결이 조리상의 신청권이 존재하지 않는다는 결론에 이른 근거는 ① 산업재해보상보험에서 보험가입자인 사업주와 보험급여를 받을 근로자에 해당하는지는 해당 사실의 실질에 의하여 결정되는 것일 뿐이고 근로복지공단의 결정에 따라 보험가입자(당연가입자)의 지위가 발생하는 것은 아닌 점, ② 피고는 재해근로자의 요양신청을 심사하는 과정에서 그의 사업주를 특정하게 되나, 이는 요양승인 여부를 결정하는 중간 단계에서 이루어지는 내부적인 판단에 불과할 뿐이어서, 그러한 판단 자체가 사업주의 구체적인 권리·의무에 직접적 변동을 초래하지 아니한 점, ③ 보험료징수법 제15조 제2항, 제26조 제1항 제1호, 제11조 등에 의하면, 특정한 업무상 재해와 관련하여 사업주로 지목된 자는 향후 산재보험료가 증액될 수 있고, 만약 산재보험관계 성립신고를 게을리한 상태에서 업무상 재해가 발생한 경우에는 근로자에게 지급된 보험급여액 중 일부를 징수당할 가능성이 있으나, 이러한 경우 사업주는 보험료 부과처분이나 보험급여액 징수처분을 항고소송으로 다투어 구제될 수 있다는 점의 세 가지이다. 그리고 이 세 가지를 개별적으로 보는 것이 아니라 종합적으로 판단했고 그 결과 조리상의 신청권은 인정할 수 없다는 것이다.

여기서 평석은 조리상의 신청권의 판단기준인 "조리"가 무엇인지에 집중되어야 할 것으로 보인다. 그런데 과연 대상 판결이 '법규상' 외에 '조리상'의 신청권에 대한 판단을 실시했다고 볼 수 있는가, 우선 이 부분에 대하여 약간의 의문이 있다.

(2) 대상판결의 조리상 신청권 판단에 관한 의문

위의 대상 판결의 논거를 분석하면 다음과 같이 설명할 수 있다.

첫 번째의 논거는 산재보험에 있어 보험가입자인 사업주인가 여부는 해당 사실의 실질에 의해 결정될 뿐이고 근로복지공단의 산재보험적용 사업장 결정에 의하여 보험가입자인 사업주가 결정되는 것이 아니라는 점(대법원 1999.2.24. 선고 98두2201판결)이다. 그런데 이는 관계법령인 산재보험법과 보험료징수법의 해석에 의하여 얻어진 결론이지 이것 자체가 조리상의 결론은 아니지 않은가 의문이다. 왜냐하면 누가 산재보험관계에 있어서 보험가입자인 사업주인가(사업주가 되는가) 하는 것은 피고 근로복지공단의 결정이나 또는 관계인의 신고에 의하여 결정되는 것이 아니라고 판시하는데 그러한 결론은 산재보험법 제7조, 보험료징수법 제5조 제3항, 제7조 제2호와 같은 관계 법률의 해석에 의하여 얻어지는 결론이라 할 수 있기 때문이다.

두 번째의 논거는 피고가 재해근로자의 요양신청을 심사하는 과정에서 그의 사업주를 특정하는 단계가 있지만 그것은 내부행위에 불과하여 그것만으로 사업주의 구체적인 권리·의무에 직접적인 변동을 초래하지는 않는다는 점이다. 개인의 권리의무에 직접적인 변동을 초래하지 않는다는 것은 판례가 행정행위의 처분성을 판단함에 있어 일반적으로 채택해왔던 기준이다. 내부행위이론은 내부행위에 불과하기 때문에 대외적인 권리의무에의 영향이 없다로 이어진다. 그런데 이것도 과연 조리로 이해할 수 있는 것일지 의문이다. 그것도 법적인 판단(해석)에 가까운 것이 아닐까? 왜냐하면 내부행위라는 것도 관계법령의 해석의 결과라고 생각할 수 있기 때문이다.

세 번째의 논거는 지금 당장에 사업주의 구체적인 권리·의무에 직접적인 변동을 초래하지는 않지만 후에 사업주가 부담해야 할 산재보험료가 증액될 수도 있으므로 이것은 사업주의 권리의무에 영향을 주는 것이 아닌가라는 반론에 관한 것이다. 이에 대한 법원의 논리는 그럴 가능성을 부인하지 않지만 그 경우에는 실제로 그러한 영향이 발생했을 때에, 즉 현실로 권리이익에 대한 침해가 발생하였을 때에 다투는 것으로 충분하다는 논리로 빠져나간다. 증액된 보험료 부과처분이나 근로자에게 지급된 보험급여액 중 일부에 대하여 징수처분이 있게 되면 그 때 가서 항고소송으로 다툴 수 있으므로 지금단계에서는 다툴 필요가 없다는 것이다. 추후 보다 명백하게 항고소송으로 다툴 수 있는 가능성이 있으니까 굳이 지금 구제받아야 할 필요성이 희박하여 조리상으로도 신청권을 인정할 수 없다는 뜻으로 이해된다. 이는 미래의 구제가능성이 조리상 신청권을 부인할 수 있는 논리로 활용된 것을 의미한다. 과연 미래의 구제가능성은 현재의 조리상의 신청권을 소멸시킬 수 있는가?

6. 법규상 신청권과 조리상 신청권의 구별과 판례태도의 분석

(1) 다섯 가지의 태도

1차적으로 법규상 신청권이 있는 경우 그러한 신청에 대하여 행정청의 거부행위는 거부처분으로 항고소송의 대상이 되는 데에 의문의 여지가 없다. 하지만 법규상 신청권이 없는 경우에도 2차적으로 조리상 신청권이 인정되면 역시 그러한 신청에 대하여 한 행정청의 거부행위는 거부처분을 구성하고 항고소송의 대상이 된다. 하지만 "조리상"의 신청권이 있다고 할 수 있는지에 대하여, 그 조리상의 신청권을 판단하는 기준에 관해서는 실제에 있어 아무런 구체적이고 객관적인 기준이 존재하는 것이 아니다. 또한 법규상 명백히 신청권이 있는 것으로 해석되는 경우라면 몰라도 과연 법률상 "명백히" 신청권의 존재를 인정할 수 있을지에 관하여 법원 역시 판단이 용이하지 않은 경우, 법원에서 취하는 방식은 법규와 조리를 동시에 원용하는 방법을 취하는 것으로 생각된다. 이른바 "법규상 또는 조리상"이라는 표현이 그러하다.15) 오로지 "조리상"의 신청권에 관하여 판단하고 있는 경우도 있기는 하다. 검사임용 거부처분에 대한 취소소송사건이 그 대표적이다.16)

그런가 하면 법규상 신청권과 조리상 신청권을 서로 혼합하여 한데 판단하지 않고 양자를 엄격히 구분하여 법규상 신청권 유무를 먼저 판단한 후에 2차적으로 조리상 신청권을 판단하는 과정을 거치는 경우도 있다.17)

이와 같이 보면 신청권에 대한 판례의 태도로서 가능한 경우의 수

---

15) 대법원 2017. 8. 29. 선고 2016두44186 판결 (산업단지개발계획변경신청거부처분취소); 대법원 2005. 4. 15. 선고 판결 (교사임용거부처분취소); 대법원 1998. 10. 13. 선고 97누13764 판결 (산림의형질변경허가지용도변경승인신청반려처분취소); 대법원 2004. 4. 22. 선고 2000두7735 전원합의체 판결 (교수재임용거부처분취소); 대법원 2003. 4. 11. 선고 2001두9929 판결 (학교설치자변경신청서반려처분취소); 대법원 2015. 3. 26. 선고 2014두42742 판결 (도시계획시설결정폐지신청거부처분취소) 등 다수.

16) 대법원 1991. 2. 12. 선고 90누5825 판결 (검사임용거부처분취소). "검사의 임용 여부는 임용권자의 자유재량에 속하는 사항이나, 임용권자가 동일한 검사신규임용의 기회에 원고를 비롯한 다수의 검사 지원자들로부터 임용 신청을 받아 전형을 거쳐 자체에서 정한 임용기준에 따라 이들 일부만을 선정하여 검사로 임용하는 경우에 있어서 법령상 검사임용 신청 및 그 처리의 제도에 관한 명문 규정이 없다고 하여도 조리상 임용권자는 임용신청자들에게 전형의 결과인 임용 여부의 응답을 해줄 의무가 있다고 할 것이며, 응답할 것인지 여부 조차도 임용권자의 편의재량사항이라고는 할 수 없다." 이 외에도 대법원 1997. 10. 10. 선고 96누4046 판결 (교원임용절차이행), 대법원 2005. 4. 14. 선고 판결 (공사중지명령철회신청거부처분위법확인), 대법원 2005. 11. 25. 선고 2004두12421 판결 (당연퇴직자복직신청거절취소), 대법원 2008. 5. 8. 선고 판결 (산재보험사업종류변경신청반려처분취소), 대법원 2016. 1. 28. 선고 2013두2938 판결 (개발부담금환급거부취소), 대법원 2017. 6. 15. 선고 2013두2945 판결(주민등록번호변경신청거부처분취소) 등은 오로지 조리상의 신청권에 대하여 판단하고 있다.

17) 대법원 2001. 9. 28. 선고 99두8565 판결 (문화재지정처분취소등).

는 아래의 다섯 가지라 생각할 수 있다.

(i) 관계법령상의 명문의 규정으로 신청권이 인정되는 경우

(ii) 관계법령의 해석상으로 신청권이 인정되는 경우

(iii) 법규상 또는 조리상 신청권이 인정되는 경우

(iv) 조리상 신청권이 인정되는 경우

(v) 법규상 또는 조리상 신청권이 인정되지 않는 경우[18]

(2) 판례의 태도에 대한 검토

법규상 또는 조리상의 신청권을 부정하는 경우의 공통점은 그 신청하는 사항이 행정청의 전속적인 권한에 속하여 누구도 그 신청하는 사항에 관하여 관여할 수 없다고 생각되는 경우이다. 예를 들어 행정청의 직권취소는 행정청의 자주적인 판단에 따른 전속적인 권한이어서 누구도 그 신청하는 사항에 관여할 수 없다. 다만 행정청이 직권취소권의 발동을 결정하는 경우에는 그리고 그 직권취소행위가 재량행위인 경우에는 재량권의 일탈남용 없는 권한행사를 요구하는 무하자재량행사청구권이 인정되는 것으로 보인다. 검사임용거부처분취소사건[19])에서도 검사의 임용권은 인사권자의 전속적인 권한으로서 누구도 그 결정에 관여할 수 없다. 따라서 임용해달라는 신청권은 인정될 수 없다. 하지만 임용권을 행사할 때에는 그 임용권의 행사에 재량이 개재되어 있는 것이라면 그 재량권을 하자 없이 발동하여 임용권을 행사해 달라는 요구, 이른바 무하자재량행사청구권은 인정된다고 이해된다.[20]) 판례들 중에

---

18) 논리적으로 법규상 신청권을 인정하면 조리상의 신청권은 검토할 필요가 없으므로 "법규상 또는 조리상 신청권이 인정되지 않는 경우"는 있을 수 없고, "조리상 신청권이 인정되지 않는 경우"만 존재한다고 생각되지만, 실제에 있어서는 판례는 '법규'와 '조리'를 함께 인용하며 "법규상 또는 조리상" 신청권이 인정되지 않는다는 형태로 판시하는 경우가 다수이다.

19) 대법원 1991. 2. 12. 선고 90누5825 판결

이러한 측면 즉 행정청의 전속적인 권한이자 재량행위에 속하는 행위에
대한 신청권이 부각되는 사례는 적지 않다.21) 특히 대법원 2004. 4. 22.
선고 2000두7735 전원합의체 판결22)은 검사임용거부처분취소사건과
유사한 구조로서 임용에 대한 신청이라기보다는 '합리적인 기준에 의한
공정한 심사'를 요구하는 권리를 인정받은 측면이 강하다. 임용권은 임
용권자의 전속적인 재량행위인 점에는 변함이 없는데 임용기간이 만료
되면 재임용심사가 자동적으로 개시된다는 전제에서 임용권이 이미 발
동되어 행사중이라면 그 과정에서 그 임용권을 자의적이지 않고 공정하
게 행사해달라는 권리는 그것을 신청권이라 부르든 무하자재량행사청
구권이라 부르든 인정될 수 있다고 본 것이라 생각된다. 이러한 무하자
재량행사청구권만이 존재하는 경우에 있어서의 신청권을 학계에서는
이른바 절차적 신청권이라 부르고 있는 것이라 생각된다. 이에 대하여
기속행위에 대하여 신청권이 인정되는 경우에는 실체적 신청권이라 불
린다고 하겠다.23)

더하여 다음과 같은 분석도 가능하다. 문제의 권한이 행정청의 전
속적인 권한에 속하고 있지만 그 권한의 행사가 재량이 아니라 기속행

---

20) 김동희, 행정법 I (제20판), 98쪽.
21) 대법원 1997. 9. 12. 선고 96누6219 판결 (토지형질변경행위변경허가신청반려처분
취소); 대법원 2001. 9. 28. 선고 99두8565 판결 (문화재지정처분취소등); 대법원
2005. 4. 15. 선고 판결 (교사임용거부처분취소); 대법원 2006. 6. 30. 선고 2004두
701 판결 (복구준공통보등취소신청거부처분취소) 등이 그러하다.
22) "기간제로 임용되어 임용기간이 만료된 국·공립대학의 조교수는 교원으로서의 능
력과 자질에 관하여 합리적인 기준에 의한 공정한 심사를 받아 위 기준에 부합되
면 특별한 사정이 없는 한 재임용되리라는 기대를 가지고 재임용 여부에 관하여
합리적인 기준에 의한 공정한 심사를 요구할 법규상 또는 조리상 신청권을 가진
다고 할 것이니, 임용권자가 임용기간이 만료된 조교수에 대하여 재임용을 거부
하는 취지로 한 임용기간만료의 통지는 위와 같은 대학교원의 법률관계에 영향을
주는 것으로서 행정소송의 대상이 되는 처분에 해당한다."
23) 백윤기, 앞의 논문, 231-232쪽; 김현준, "신청권과 무하자재량행사청구권·행정개입
청구권-의무이행소송론 서설," 행정법연구 2010.12., 행정법이론실무학회, 71-72쪽.

위인 경우에는 그 상대방에게는 해당 전속적인 권한의 행사에 대하여 법규상은 아니라도 최소한 조리상의 신청권이 인정될 수 있다고 하는 점이다. 예를 들어 대법원 2017. 6. 15. 선고 2013두2945 판결에서 문제가 된 사례의 경우 주민등록번호의 변경은 소관 행정청의 전속적인 관할에 속한다. 그 변경여부에 대하여 행정청에게 재량이 있다고 한다면 상대방에게 그 변경을 요구할 신청권은 법규상이든 조리상이든 인정되기 어렵다. 따라서 행정청이 그 변경을 자발적으로 결정할 때에 비로소 그 과정에 뛰어들어 재량권을 하자 없이 행사해달라는 정도의 무하자재량행사청구권을 가진다고 이해할 수 있다. 하지만 피해자의 의사와 무관하게 주민등록번호가 유출된 경우와 같은 상황이라면 이는 피해자의 사생활뿐만 아니라 생명·신체에 대한 위해나 재산에 대한 피해를 가할 우려가 있으므로 재량권이 영으로 축소되지 않을 수 없고, 그렇다면 적어도 이 상황에서만큼은 주민등록변경권한이 기속행위로 될 수밖에 없으므로 상대방(피해자)에게는 그것을 변경해달라고 요구할 신청권이 인정될 수 있다고 하는 논리이다. 유사한 경우로서 대법원 1997. 10. 10. 선고 96누4046 판결에서 교원임용절차의 이행이 문제가 된 사례도 임용권은 본래 임용권자의 재량행위에 속하는 전속의 권한이이지만 해당 사안에서는 임용권자가 약정에 의하여 스스로의 재량권을 영으로 수축시킨 상태에 있었으므로 상대방에게 임용권 행사에 대한 신청권이 발생하지 않을 수 없는 사정이 있었다고 이해된다.

대법원 2004. 4. 27. 선고 2003두8821 판례는 대법원 2001. 9. 28. 선고 99두8565 판례와 유사한데, 후자의 판례는 문화재지정처분을 다투는 사례이고 전자의 판례는 문화재보호구역지정처분을 다투는 사례이다. 문화재보호구역지정처분을 다투는 사례에서 판례의 태도는 문화재보호구역의 지정이나 해제는 그 권한 있는 행정청이 공익관점에서 실시하는 재량행위라고 볼 것이지만 법령이 지정시의 요건으로서 개인의 재산권행사에 미치는 영향도 고려하도록 규정하고 있는 점에서 그 지정으로 인하여 개인의 재산권 행사에 영향을 받는 자는 그 지정행위를 다툴 신청권이 있다는 의미로 이해된다. 이는 조례상의 신청권이라기보다는 법령의 해석에 따른 신청권이 인정된 경우라 할 것이다.

한편, 행정청에게 법령상 불가능한 행위를 요구하는 신청도 또한 신청권을 인정받는 것은 어려울 것이다.

7. 대상판결에 대한 소견

(1) '통지'와 '통지된 내용'의 관계

대상판결은 통지와 그 통지의 내용이 된 행정청의 거부의사가 다투어진 사건이다. 통지 그 자체는 기본적으로 어떠한 사실을 알릴 뿐이지[24] 법률관계를 변동시키는 힘은 없다고 본다면 통지 자체를 취소하라고 다투는 것은 의미가 없다.[25] 하지만 당사자로서는 겉으로 드러난 행정청의 행위를 다툴 수밖에 없으므로 통지를 취소해달라는 항고소송을 제기하게 되는데 다툼의 실질은 통지가 아니라 그 통지된 내용에 있다. 따라서 대부분의 다툼은 통지를 전면에 내세워 그 취소를 구하는 경우에도 당사자가 다투는 자체는 그 통지된 내용에 있다. 그런데 이 경우에 그 '통지된 내용'과 '통지라는 형식'의 관계에 대해서 대개의 경우 법원은 이렇다 할 설명 없이 내용에 대하여 1차적으로 판단하며 처분성이 없는 통지를 걸러낸다. 그 통지로 인하여 당사자의 권리이익에 무언가 영향을 주게 되면 당해 통지는 처분이 되고, 그렇지 못하면 처분이 아니게 된다. 대상 사건의 경우에는 산재보험적용사업장을 변경해달라, 근로자 소외1의 사업주는 원고가 아니라 소외2다 라는 변경신청

---

24) 이른바 행정행위의 효력발생요건으로 통지라는 관념이다.

25) 계고나 대집행영장에 의한 통지와 같이 통지이기는 한데 그것이 후속의 행정행위를 매개하는 역할을 할 때에는 통지의 취소를 통하여 그 후속행위를 중단시킬 수 있으므로 그 경우에 있어서의 통지는 처분성이 있다고 하고 항고소송의 대상이 된다고 설명된다.

에 대하여 피고가 소외1의 사업주는 원고이므로 변경해줄 수 없다는 의사를 통지한 것에 대하여 원고는 그 거부의 의사를 취소해달라고 한다. 따라서 원심판결이나 대상판결도 여기서의 '거부의사'가 법적으로 유의미한 '거부처분'인가를 살핀 것이고 그 결과에 따라 이 사건 통지는 처분이 아니라는 결론을 내린다. 이 부분이 평석자로서는 매끄럽지 않게 생각된다. 심리는 내용(거부의사)에 대해서 하고 판결은 형식(통지)에 대해서 하는 점이다.

통지의 처분성에 대한 판례의 태도는 다음과 같이 설명할 수도 있다. 통지된 내용과 통지라는 형식이 일체적으로 다루어지는가 아니면 분리해서 다루어지는가 하는 점이다. 통지된 내용과 통지의 형식이 체화되어 일체적으로 다루어지는 경우에는 통지 그 자체의 처분성을 다툰다는 것이 의미가 있다. 통지의 취소로 그것에 체화되어 있는 내용도 취소될 것이기 때문이다. 하지만 양자의 결합력이 미약할 때에는 통지를 취소해 보아야 통지된 내용은 건드릴 수가 없어 실질적인 구제를 달성할 수 없다. 예를 들어 사실 내지 관념의 통지는 통지되는 내용과 통지의 형식이 일체적이지 않다. 법령에 의하여 이미 결정되어 있는 퇴직사실을 통지하는 경우 그 통지는 결정된 내용과 분리적으로 다루어질 수 있다. 반면에 이 사건에서와 같이 거부의사가 통지의 형태로 체화되어 있다면 통지의 취소로 거부의사는 취소되고 원고는 구제될 수 있는 상황에 놓이게 된다. 따라서 법원은 통지의 취소를 구하는 사건에서 그 통지와 통지된 내용간의 관계에 대하여 먼저 명확히 밝히는 것이 필요하지 않을까 생각된다.26)

---

26) 이와 같이 통지가 외견상 다투어지는 경우에는 그 통지가 그 내용인 행정작용과 일체적인지 아닌지에 따라 소송의 방식도 달라져야 할 것이라 생각한다. 통지와 내용이 분리적으로 다루어지는 사안에서는 취소소송의 형태가 아닌 당사자소송이 활용되는 데에 적합하다고 할 것이다. 당사자소송제도를 적극 활용할 수 있게 하는 것도 운영의 묘를 기하는 방법이라는 주장도 있다(백윤기, 앞의 논문, 233쪽).

(2) 이 사건의 특수성

이 사건은 통지에 관한 사건이기는 한데 몇 가지의 특수성이 있다. 하나는 애초의 처분이 있을 때에 원고가 피고의 결정에 대하여 이의를 신청한 사실이 있는 점, 그런데 그 이의가 무시되고 피고의 당초 결정 대로 내려진 처분이 있음을 통지서를 받아 알고서도 즉시에서 다투지 않은 점, 따라서 당초의 처분(요양급여승인처분)에 대하여 불가쟁력이 발생한지 한 참이 지나서 당초의 처분상에 있었던 잘못(오기재)을 바로잡으려 시도하였다는 점, 그러한 시도(신청)에 대하여 피고가 매우 구체적으로 이유를 명시하여 그 신청에 대하여 거부의사를 밝힌 점, 설령 당장에 잘못을 바로잡지는 못해도 후에 다른 기회에(보험료증액부과처분 등) 다툴 수 있는 방법이 있다는 등이다.

여기에 대하여는 몇 가지 가정에 기초한 의문들을 제기해볼 수 있다. 만일 원고가 당초의 처분의 불가쟁력이 발생하기 전에 당초의 처분의 취소를 다투며 잘못된 부분(오기재)을 바로잡고자 하였다면 그것이 가능하였을까? 아니면, 당초의 처분에 대하여 아직 불가쟁력이 발생하고 있지 않은 중에 원고가 이 사건에서와 동일한 신청을 하였고 그에 대하여 피고가 거부의사를 통지한 경우라면 어떠했을까?

피고가 단순히 거부한 것도 아니고 나름대로의 정치한 법리적인 근거에 입각하여 여전히 원고가 소외1의 사업주라고 판단하여 원고의 신청을 거부하는 의사를 명확히 했음에도 불구하고 그에 대해서 법원이 아무런 판단을 해주려 하지 않는 것은 지나치게 법형식논리(법령에 의하여 결정되는 것이지 피고의 의사에 의하여 결정되지 않는다는 점)에 치우쳐 법원의 법률상의 분쟁해결역할을 회피하는 것은 아닌지 하는 의문도 있다. 그 시점에 판단해 주면 불안정한 법률관계를 추후에 다툴 때까지 끌고 가지 않고 확정할 수도 있을 것이니 말이다.

또한 만일 추후에 다투어 구제받을 수 있는 길이 있다고 설시하지만 원고의 입장에서는 과연 추후에 구제받을 수는 있고, 그 길은 용이한 것인가도 장담할 수는 없지 않는가라는 의문이 있다.

이와 같이 이 사건이 지닌 특수한 사정을 고려한다면 대상판결의 결론은 과연 타당한 것일까 재고해볼 필요가 없지 않을 것이다. 대상판결은 행정청의 거부가 거부처분이 되기 위한 기존 판례의 확립된 요건을 대입하여 결론을 이끌어 냈다는 점에 대해서는 아무런 비난의 요소는 없다. 하지만, 설령 법률상으로 결정되는 문제이고, 피고 근로복지공단의 거부의사는 아무런 법적 가치가 없다고 하더라도, 근로복지공단은 해당 사안에 대하여 유일하게 공적 판단을 내릴 수 있는 지위에 있고 그러한 근로복지공단이 구체적인 사유를 들어 거부의 의사를 표명하였다면 그 시비에 대하여 법원에서 판단해주는 것이 결과적으로 옳지 않았을까 아쉬운 부분이다. 또한 원고로서는 자신과 관련한 정보(소외 1의 사업주라는 것)가 유관기관에 의하여 잘못 관리되고 있는데 따른 장래의 피해내용이나 결과를 예측할 수 없는 불안감도 존재하는 것이므로 이를 바로잡고자 할 이익, 바로잡을 수 있도록 할 기회가 조리상 인정된다고 볼 수 있지 않을까 생각한다.[27]

(3) 법규상의 신청권과 조리상의 신청권

사인의 신청이 있다고 하는 경우 행정청이 그 모든 것에 대하여 응답해야 할 의무를 인정하기는 어렵다. 그것을 제한하기 위하여 법적으로 의미있는 신청에 국한하여 행정청에게 응답할 의무를 부여하여 응답하지 않는 경우에 행정청의 책임을 물을 수 있도록 하는 것이다. 그 법

---

27) 법률상 당장에 당사자의 권리의무에 아무런 직접적인 영향을 미치지 않는다고 해도 개인정보자기결정권의 관점에서 자신에 관한 정보가 행정청에 의하여 잘못 관리되고 있는 경우에 그것을 바로 잡도록 개인에게 정정을 요구할 수 있는 신청권이 인정되어야 하는 것이 아닐까? 그러한 재판의 이익이 있는 것이 아닐까? 이것이야 말로 불문의 개인정보자기결정권에 기한 조리상의 신청권이라고 하는 것이 아닐까?

적으로 의미 있는 신청이 법규상의 신청권이나 조리상의 신청권이 있는 신청이라 할 수 있다.[28] 어쩌면 마치 법은 도덕의 최소한이라고 하는 것과 같이 법규상 신청권은 조리상 신청권의 최소한인지도 모른다. 조리상 신청권이 인정되는 경우 가운데 특히 법률상 명확히 해야 하는 경우에 법규상 신청권이 발생하게 되는 것이다. 법률은 미래의 상황을 최대한 예측하여 제정되지만 실제에 있어 그것을 모두 예측할 수 없으므로 법률이 놓친 부분에서 조리상의 신청권이 존재할 수밖에 없다. 그런데 법률의 규정상 명백히 신청권이 인정될 수 있는가 하면 여러 관계법령 들의 유기적인 해석을 통하여, 해석이라는 방법에 의하여 신청권이 인정될 수도 있다. 아마도 판례가 법규상 신청권이라든지 조리상 신청권이라고 하여 어느 하나만 판단하지 않고 법규상 또는 조리상 신청권이라고 하는 경우는 대개 여기에 해당하는 것이 아닐까, 이른바 관계법령의 해석을 통한 신청권이다. 이러한 법령의 해석을 통한 신청권은 특별한 해석을 요하지 않고 법률의 규정상 명백한 법규상 신청권이 아니라는 점에서는 조리상의 신청권에 가깝고, 어찌되었건 여러 법령의 해석을 통해 신청권의 유무를 끌어내려한다는 점에서는 법규상의 신청권에 가깝다고 할 것이다.

대상 판결의 원심은 세 가지 점, 즉 (i)관계법령의 해석상 보험가입자인 사업주인가는 근로복지공단의 결정이 아닌 사실의 실질에 의하여 결정된다는 점, (ii) 근로복지공단이 법을 집행하는 과정에서 하는 사업

---

28) 용어사용상 법규상 또는 조리상 신청권과 법규상 신청권, 조리상 신청권은 구별하는 것이 필요하다고 생각한다. 논리적으로 법규상 신청권이 있으면 조리상 신청권 유무는 판단할 필요가 없게 되고, 법규상 신청권이 없으면 그 때 비로소 조리상 신청권의 유무를 판단하는 것이 정확하다. 그런데 앞서 보았듯이 판례는 많은 경우에 이 둘을 명확히 구분하지 않고 법규상 또는 조리상 신청권이라 하여 한데 묶어 판단하는 듯한 태도를 보인다. 이는 법원 자체도 법규상인지 조리상인지 어느 한쪽이라 명확히 판단하기 어렵기 때문이 아닐까 생각된다. 그래서 법령의 규정을 비롯하여 모든 사정을 종합적으로 판단하여 "법규상 또는 조리상"의 신청권이 있다 없다는 식으로 대응하고 있다고 본다.

주 특정은 내부적인 행위에 불과하여 사업주의 권리·의무에의 영향이 없다는 점, 그리고 (iii) 근로복지공단의 신청거부로 추후 보험료증액처분 등을 받을 수 있으나 그 때 가서 다툴 수 있는 길이 열려 있다는 점을 "종합적"으로 보면 "조리상 신청권"이 없다고 판단한다. 그런데 이것은 마땅히 그래야 한다는 정의관념에 대한 판단이 아니라 기본적으로 관계 법률의 해석이나 관련 법리(예: 내부행위)에 의한 것이다. 그렇다면 이것은 조리상의 신청권을 판단한 것이 아니라 사실 법규상의 신청권을 판단한 것이라고 보아야 하지 않는가? 그렇다면 대상판결은 조리상의 신청권은 판단함이 없이 법규상의 신청권만 중복하여 판단한 것에 불과하다고 할 수 있다.

순수하게 조리상의 신청권이란, 자신의 정보가 행정청에 의하여 잘못 관리되고 있을 때 그것을 정정하게 하는 것과 같은 것이라 생각한다. 또는 법령에 규정이 없지만 신뢰보호의 원칙에 비추어 행정청에게 요구할 수 있는 힘이 있다고 하는 경우에도 순수하게 조리상의 신청권이 있는 예라 생각한다.[29]

8. 맺으며

우리 행정소송법이 무효등확인소송을 규정하고 있는데 무효는 이미 효력이 없는데도 불구하고 그것을 확인받아야 할 이익이 있고 행정행위가 부존재하는 경우에도 그 부존재함을 확인받을 수 있는 것과 같이, 비록 이론상으로는 행정청의 거부의사는 아무런 의미가 없고 법령의 규정에 의하여 사실관계가 결정된다고 하더라도 행정청의 거부의사

---

29) 이러한 조리상의 신청권에도 이른바 추진기능과 저지기능이 모두 기능한다고 생각한다. 다만 신청권에는 이 두 기능이 항상 동시에 작용하는 것은 아니라고 할 것이다. 즉 추진기능만 있거나 또는 저지기능만 인정되는 경우가 있을 것이다. 추진기능·저지기능에 관해서는 김현준, 앞의 논문, 71쪽: 人見剛 〃行政処分申請権について,〃 兼子仁·礒部力編 手続法的行政法学の理論〃 1995〃 153-173頁〃

가 그 이유와 함께 명백히 표시되어 있는 상황이라면 그 거부의사에 대한 시비를 가릴 수 있도록 직접적인 기회를 부여하는 것이 권리구제에 관한 형평에도 맞다고 할 것이다. "종종 재판 본안에서 가부를 결정해 주면 당사자가 승복할 사안도 문전에서 배척하거나 다른 소송절차를 다시 밟도록 요구함으로써 권익구제의 불충분과 비경제현상 및 심지어는 사법불신까지 초래한다고 느껴지는 점이 없지 아니하다"[30]라는 술회는 대상판결에도 적용될 수 있는 지적이라 생각한다. 이는 실질적 법치주의의 정신에도 보다 부합할 것이라고 할 것이다.[31]

---

30) 백윤기, 앞의 논문, 233쪽.

31) "지목은 행정사무집행의 편의를 위한 자료일 뿐이므로 국민은 이에 대하여 아무런 권리가 없다는 것, 특히 행정의 오류로 잘못된 등록을 바로 잡아 달라는 요구권도 없다고 하는 것은 행정편의주의적, 관료주의적 발상으로서 민주행정의 이념에 부합하지 아니한다. 국민이 지적에 관한 사항을 권리관계로서 직접 다룰 수 없게 되면 다른 공법상의 규제를 직접 받는 단계에 이르러 비로소 또 매번 그러한 규제를 받을 때마다 행정소송과 같은 구제절차를 통하여 정당한 지목을 주장할 수밖에 없게 된다. 예컨대, 지목이 "전"으로 잘못 등록된 대지상에 건축을 하고자 하는 경우, 관할 행정청이 지목이 "전"임을 이유로 건축을 허가하지 않는다면 그 불허가를 다투는 취소소송에서 당해토지의 정당한 지목이 "대"임을 주장할 수밖에 없으며, 지목이 "전"임을 전제로 한 다른 행정작용이 행하여질 때에는 그 행정작용을 상대로 또다시 정당한 지목이 "대"임을 주장할 수밖에 없다. 이러한 결과는 국민에게 우회적이고 불편한 권리구제방법을 강요하는 것으로서 국민에게 실효적 권리구제방법을 제공하여야 한다는 실질적 법치주의의 정신에 어긋난다. 등록된 지목을 토대로 공법적 규율이 이루어질 수 있는 이상, 게다가 그것이 일회적인 것이 아니라 다른 공법적 규제들 또한 그 지목에 근거하여 행해질 수도 있는 만큼, 지목 자체를 변경·정정하는 것이 근원적이고 간편한 해결방법이다."(헌법재판소 1999. 6. 24. 선고 97헌마315 전원재판부 [지목변경신청서반려처분취소])

참고문헌

김동희, 행정법 I (제20판), 2014, 박영사

김유환, 현대 행정법강의(개정판), 2017, 법문사

김철용, 행정법, 2018, 고시계사

박균성, 행정법강의(제10판), 2013, 박영사

박윤흔, 최신행정법강의(상), 2009, 박영사

홍정선, 행정법특강(제12판), 2013, 박영사

홍준형, 시민을 위한 행정법 입문, 2018, 박영사

김영순, "지적공부 등 변경 및 정정 거부행위의 처분성에 대한 소고 – 법원 판결 및 행정심판 결정례 분석," 법학연구 20권 3호, 2017.9. 인하대학교 법학연구소, 219–254쪽.

김종보, "도시계획변경거부의 처분성," 행정법연구 2004년 상반기, 243–272쪽.

김철용, "신청에 대한 거부처분과 처분의 사전통지대상," 인권과 정의 349호, 대한변호사협회, 2005.9. 140–152쪽.

김현준, "신청권과 무하자재량행사청구권·행정개입청구권 – 의무이행소송론 서설," 행정법연구 2010.12., 행정법이론실무학회, 69–94쪽.

백윤기, "거부처분의 처분성인정요건으로서의 신청권," 행정법연구 1997.6. 행정법이론실무학회, 218–237쪽.

최계영, "거부처분의 사전통지 – 법치행정과 행정의 효율성의 조화," 행정법연구 2007.8.행정법이론실무학회, 269–297쪽.

홍준형, "地籍登錄事項 訂正申請返戾行爲의 處分性 –헌법재판소 1999. 6. 24. 선고 97헌마315결정과 관련하여–," 법제 1999.12. 법제처, 3–17쪽.

人見剛′ ″行政処分申請権について,″兼子仁·礒部力編′ 手続法的行政法学の理論′ 1995′ 153–173頁°

국문초록

행정청에 대한 신청에는 법적으로 의미있는 신청과 그렇지 아니한 신청이 있다. 법적으로 의미있는 신청은 신청권이 되고 행정청은 그에 대하여 가타부타의 응답을 하지 않으면 아니될 의무를 진다. 법적으로 의미있는 신청이란 반드시 법률에 근거한 신청권만이 아니라 조리에 기초한 신청권도 포함한다. 이에 반하여 법적으로 의미 없는 신청이란 그러한 신청에 대하여 행정청이 아무런 답을 하지 아니한 경우에도 또는 행정청이 명시적으로 거부의사를 밝힌다고 하여도 그것이 유의미한 부작위나 거부처분으로 이해되지 않는다. 따라서 법적으로 의미없는 신청은 그에 대하여 행정청으로부터 만족할 만한 조치를 받지 못하는 경우에 이를 소송으로 다툴 수 있는 방법이 없으며 구제되지 못한다.

사안은 근로복지공단에게 산재보험적용사업장의 변경신청을 한 사례에서 공단이 그 변경신청을 거부하는 통지를 발하자 그 거부처분통지의 취소를 구하는 소송이다. 쟁점이 된 것은 과연 원고에게 변경신청을 구할 권리가 있는가 하는 것이었다. 그리고 법규상 또는 조리상 신청권이 이 사안의 경우에 존재하는가 하는 것이었다. 판례는 원심도 대법원도 모두 이를 부정하였다.

그러나 평석은 이를 조금 다른 시각에서 조망하려고 시도하였다. 이를 위하여 그 동안의 신청권과 관련한 판례들을 분석해 보았다. 판례는 법규상 또는 조리상 신청권의 유무를 판단하는데 집중하였고 개인의 권리이익에 직접적인 영향을 주는 바가 없다면 처분성을 인정할 수 없다는 전통적인 판단기준을 잘 준수하고 있다고 이해되었다. 하지만 판례가 조리상의 신청권의 유무를 판단함에 있어서는 미흡한 점이 있다고 생각하였고, 사안의 경우에는 법규상의 신청권은 인정할 수 없다고 하더라도 최소한 조리상 신청권은 인정되었어야 하는 것이 아닐까 평석에서는 주장하고 있다.

주제어: 통지, 법규상 신청권, 조리상 신청권, 처분, 거부처분

Abstract

Right of request and Disposability (Disposition)

Kim Chihwan*

There are legally meaningful requests and requests that are not meaningful legally. A legally meaningful request becomes a right, and the administration is obliged to respond to it. A legally meaningful request must include not only law−based rights of request, but also reason−based rights of request. On the other hand, a legally meaningless request is not understood as a significant omission or refusal even if the administration does not answer the request or even if the administration expressly shows its intention to deny it. Therefore, if it is a legally meaningless request, even when the request does not receive satisfactory answer from the administration, there is no way to sue it.

The case dealt with in this paper is a lawsuit filed against the Korea Workers' Compensation and Welfare Service by a company which requests the cancellation of the notice of dismissal issued by the Service, that is a notice of refusal to the application for a change of the workplace covered by the industrial accident insurance. The issues were whether the plaintiff (company) had the right to request the change and whether the statutory or reasonable right to request exists in this case. Both the Supreme Court and the Appellate Court denied

---

* Prof., Youngsan University.

all these.

This paper, however, tried to look at the issues from a different point of view. To this end, I analyzed the various precedents related to the right of request. It is understood that the precedents have concentrated on judging whether there is a statutory right or a reasonable right of request and observed the traditional judgment criteria that disposability could not be recognized unless it had a direct effect on the rights or interests of the individual.

However, this paper insists that there is a lack of judgment in judging whether or not there is a reasonable right of request (or right of request based on the reason). Even if the Supreme Court did not recognize the legal right of request, it should have recognized at least the reasonable right of request in the case dealt with in this paper.

Key words: Notice, a Law—based Right of Request, a Reason—based Right of Request, Administrative Disposition, Refusal

투고일 2018. 5. 31.
심사일 2018. 6. 29.
게재확정일 2018. 6. 29.

醫療院 閉業方針 發表의 處分性과 取消訴訟의 訴의 利益

申喆淳*

대상판결 : 대법원 2016. 8. 30. 선고 2015두60617 판결

Ⅰ. 서설

2013년 일어났던 한 광역 지방자치단체장의 지방의료원 폐업방침 발표와 그 후 연달아 이어진 폐쇄조치는 사회적 그리고 정치적으로 많은 논란을 불러일으켰다. 이른바 진주의료원 사건은 공공의료를 포함한 복지제도에 있어 공공성과 효율성의 대립과 같은 사회적이고 국가정책적인 문제뿐만 아니라 노조와 구조조정 문제, 지방자치단체의 자치권의 한계, 국가의 의료정책 등 복합적이고 다층적인 이슈를 포함하고 있어 정치권에서뿐만 아니라 시민사회에서도 수많은 논쟁의 대상이 되었다.

도지사의 폐업조치에 대해 행정소송이 제기됨으로써 진주의료원

---

* 수원지방법원 판사.

사건은 사법부의 판단을 받게 되었는데,[1] 이 사건은 법적으로, 특히 행정법적으로 쉽게 판단하기 어려우면서도 연구가치가 있는 쟁점들이 다수 존재한다. 일차적으로는 의료원이 폐업하게 된 일련의 과정을 항고소송의 대상인 '처분'으로 볼 수 있는지, 처분이라면 그 중 어떤 행위를 처분으로 볼 것인지가 문제되지만, 그 외에도 취소소송의 소의 이익, 조례 제정의 절차와 그 내용에 있어서의 위법성, 국가배상책임의 존부 등 행정법적으로 중요한 쟁점들이 문제되는 사건이다. 대상판결은 위 사건에 대한 대법원의 판단을 내용으로 하는데, 이하에서는 사실관계와 법원의 판단을 살펴보고 처분성 인정 여부 및 소의 이익 문제를 중심으로 그 타당성을 검토해보고자 한다.

II. 사실관계와 법원의 판단

1. 사안의 개요

(1) 경남도지사의 폐업방침 발표와 그 후속조치

경상남도가 설립한 경상남도진주의료원(이하 '진주의료원')은 1910년 개원한 공립병원으로 지방의료원의 설립 및 운영에 관한 법률에 의한 지방의료원이다. 경상남도지사(이하 '경남도지사') A는 2013. 2. 26. '진주의료원 폐업에 즈음하여 도민 여러분께 드리는 말씀'이라는 제목으로 진주의료원을 폐업하겠다는 방침을 발표하였다. 진주의료원은 진주지역의 의료서비스 과잉공급으로 매년 40~60억 원의 손실이 발생하여 현재 300억 원에 달하는 부채를 감당하기 어려우므로 폐업결정이 불가피하다는 것이 그 이유였다.

---

1) 지방의료원에 대한 법적 규율 일반에 관한 논의로는 선정원, 지방의료원에 관한 법적 검토, 지방자치법연구 제16권 3호, 법영사, 2016. 9., 285~314쪽 참조.

경남도지사는 경상남도 복지보건국 식품의약과 지방기술서기관인 B에게 진주의료원 파견근무를 명하였고, B는 진주의료원 기획관리실장으로 임명되어 진주의료원장 직무대행 업무를 수행하였다.

경남도지사는 2013. 3. 18. 진주의료원장을 수신인으로 하여 휴업예고 안내를 하였고, 진주의료원장 직무대행자인 B는 2013. 4. 3.과 2013. 5. 1. 진주시장에게 의료기관 휴업신고서를 제출하였다.

진주의료원 이사회는 2013. 4. 12. 임시이사회를 열어 '진주의료원 폐업(안)－폐업의 시기 자구수정'건을 심의, 의결하였고, B는 2013. 5. 29. 진주의료원을 폐업한다는 내용의 의료기관 폐업신고서를 제출하였다.

(2) 진주의료원 폐업조례의 제정 및 공포

경남도지사는 2013. 3. 28. 경상남도의회에 진주의료원을 해산한다는 내용의 '경상남도의료원 설립 및 운영 조례 일부개정조례안'을 제출하였다. 경상남도의회는 2013. 6. 11. 제308회 임시회를 개최하여 의안으로 상정된 위 조례안을 다루기로 하였다. 경상남도의회 의장은 의사진행을 저지하는 일부 의원들로 인해 토의과정을 제대로 거치지 못하였음에도 다수의원에 뜻에 따라 위 조례안이 가결되었음을 선포하였다. 보건복지부장관은 2013. 6. 13. 지방자치법 제172조 제1항에 따라 경남도지사에게 위 조례안의 재의요구를 지시하였으나 경남도지사는 재의요구를 하지 않았다.

경남도지사는 2013. 7. 1. 아래와 같이 일부개정된 경상남도의료원 설립 및 운영 조례(이하 '이 사건 조례')를 공포하였다.

경상남도의료원 설립 및 운영 조례	
舊	新
제2조(명칭과 소재지)	제2조(명칭과 소재지)
① 경상남도가 설립하는 지방의료원(이하 "의료원"이라 한다)의 명칭은 "경상남도마산의료원", "경상남도진주의료원"이라 하며, 주된 사무소의 소재지는 의료원 정관으로 정한다.	① 경상남도가 설립하는 지방의료원(이하 "의료원"이라 한다)의 명칭은 "경상남도마산의료원"이라 하며, 주된 사무소의 소재지는 의료원 정관으로 정한다.

부칙〈경상남도조례 제3832호, 2013. 7. 1.〉

제1조(시행일)

이 조례는 공포한 날부터 시행한다.

제2조(해산)

경상남도진주의료원을 해산하고 잔여재산은 경상남도에 귀속한다.

(3) 진주의료원의 해산

진주의료원은 2013. 7. 2. "정관 제49조(해산)에 따라 2013. 7. 1. 주무관청인 경상남도조례의 공포로 해산"되었다는 내용의 법인해산등기를 마쳤고 B를 대표청산인으로 등기하였다.

2. 이 사건 소송의 제기와 하급심의 판단

(1) 원고들의 지위 및 주장의 요지

진주의료원에서 입원진료를 받다가 경남도지사의 폐업방침 발표 이후 퇴원한 환자들과 그들의 보호자 및 진주의료원에서 운전사로 근무했던 직원으로 구성된 원고들은 ① 경남도지사의 2013. 5. 29.자 폐업처분 취소, ② 이 사건 조례의 무효확인, ③ 경상남도와 A 개인에 대한 국가배상을 구하는 이 사건 소송을 제기하였다.

원고들은 이 사건 소송에서 다음과 같이 주장하였다. ① 경남도지
사의 2013. 2. 26. 폐업방침 발표부터 2013. 5. 29.자 폐업신고까지 진주
의료원의 폐업 관련 조치는 실질적으로 경남도지사에 의해 이루어진 것
이므로 2013. 5. 29.자 폐업신고를 경남도지사의 폐업결정으로 볼 수 있
는데, 위 폐업결정은 원고들의 공공보건의료수급권을 침해하여 위법하
다. ② 이 사건 조례는 법률의 위임 없이 제정된 것으로 법률유보원칙
을 위반하였고, 의결방법에 관한 경상남도의회 회의규칙을 위반하여 제
정되었고 보건복지부장관의 재의요구를 불이행한 절차적 하자가 존재
하며, 공공보건의료수급권을 침해한 내용상 하자가 존재하는데, 위 하
자가 중대·명백하므로 무효이다. ③ A가 진주의료원을 사실상 폐쇄함
으로써 환자인 원고들의 생명과 건강이 침해되었고, 진주의료원 노조를
귀족노조라고 폄하함으로써 진주의료원 직원의 명예를 훼손하였으므로
공무원인 A와 지방자치단체인 경상남도는 연대하여 국가배상법상 배상
책임을 진다.

(2) 1심의 판단
(창원지방법원 2014. 9. 26. 선고 2013구합985 판결)

1심 법원은 위 ① 폐업결정 취소청구에 대해, 지방의료원은 지방자
치단체와는 별도의 독립된 법인이므로 행정청의 지위에 있다고 볼 수
없고, 의료원이 2013. 5. 29. 폐업신고를 한 것은 폐업의사를 통지한 사
실행위에 불과하여 처분이라고 할 수 없다는 이유로 소를 각하하였다.
② 조례무효확인청구에 대해서는, 이 사건 조례는 조례 그 자체로
서 직접 진주의료원을 해산하는 법률적 효과를 발생시키므로 항고소송
의 대상이 되는 처분에 해당하고, 이 사건 조례가 무효임을 확인받을
경우 해산의 법적 효과가 발생하지 않으므로 그 무효확인을 구할 이익
이 있다고 하면서 소가 적법한 것으로 보았으나, 법률유보원칙을 위반
하였다고 볼 수 없고 회의규칙 위반 및 재의요구 불이행이라는 절차적

하자만으로는 원고들의 권리가 침해되었다고 볼 수 없으며 원고들의 공
공보건의료수급권에 중대·명백한 침해가 있다고 보기 어렵다는 이유로
청구를 기각하였다.

③ 국가배상청구에 대해서는, 환자인 원고들에 대한 전원·퇴원 요
구 행위가 위법하다고 단정하기 어렵고 A의 발언이 의료원 직원인 원
고의 명예를 훼손하였다고 보기 어렵다는 이유로 청구를 기각하였다.

(3) 원심(항소심)의 판단
(부산고등법원 2015. 12. 2. 선고 (창원)2014누11529 판결)

원고들은 위 1심 판결에 대해 항소하면서 예비적 청구로 경남도지
사의 2013. 2. 26.자 폐업방침 발표를 폐업명령으로 보아 그 취소를 구
하는 청구를 추가하였고, 이 사건 조례의 무효사유로 보건복지부 장관
의 업무정상화명령 위반 및 보조금 관리에 관한 법률 위반의 하자를 추
가하였다.

항소심 법원은 전반적으로 1심 판결과 같은 취지로 판시하면서
2013. 2. 26. 폐업방침 발표나 2013. 5. 29. 폐업신고를 경남도지사의 폐
업명령으로 볼 수 없고 이를 항고소송의 대상인 처분으로 보기 어렵다
면서 위 예비적 청구 부분을 각하하였고, 항소심에서 추가된 조례의 무
효사유에 대한 주장도 배척하였다.

3. 대법원의 판단과 판결요지

원고들이 항소심 판결에 불복하여 상고하였으나 대법원은 원심의
판단이 결론에 있어서는 타당하다는 이유로 상고를 기각하였다. 흥미로
운 점은 원심이 경남도지사의 행위에 대해 처분성을 부인하여 그에 대
한 취소청구부분을 각하한 것과 달리 위 행위가 항고소송의 대상인 처
분에는 해당하지만 소의 이익이 없어 원심의 각하 판단이 결과적으로는

정당하다고 판시한 것이다. 판결요지는 다음과 같다.

[1] 갑 도지사가 도에서 설치·운영하는 을 지방의료원을 폐업하겠다는 결정을 발표하고 그에 따라 폐업을 위한 일련의 조치가 이루어진 후 을 지방의료원을 해산한다는 내용의 조례를 공포하고 을 지방의료원의 청산절차가 마쳐진 사안에서, 지방의료원의 설립·통합·해산은 지방자치단체의 조례로 결정할 사항이므로, 도가 설치·운영하는 을 지방의료원의 폐업·해산은 도의 조례로 결정할 사항인 점 등을 종합하면, 갑 <u>도지사의 폐업결정은 행정청이 행하는 구체적 사실에 관한 법집행으로서의 공권력 행사로서 입원환자들과 소속 직원들의 권리·의무에 직접 영향을 미치는 것이므로 항고소송의 대상에 해당하지만</u>, 폐업결정 후 을 지방의료원을 해산한다는 내용의 조례가 제정·시행되었고 조례가 무효라고 볼 사정도 없어 을 지방의료원을 폐업 전의 상태로 되돌리는 원상회복은 불가능하므로 법원이 폐업결정을 취소하더라도 단지 폐업결정이 위법함을 확인하는 의미밖에 없고, 폐업결정의 취소로 회복할 수 있는 다른 권리나 이익이 남아있다고 보기도 어려우므로, <u>갑 도지사의 폐업결정이 법적으로 권한 없는 자에 의하여 이루어진 것으로서 위법하더라도 취소를 구할 소의 이익을 인정하기 어렵다</u>고 한 사례(밑줄은 필자).

[2] 국가배상법 제2조 제1항은 "국가나 지방자치단체는 공무원 또는 공무를 위탁받은 사인(이하 '공무원'이라고 한다)이 직무를 집행하면서 고의 또는 과실로 법령을 위반하여 타인에게 손해를 입히거나, 자동차손해배상보장법에 따라 손해배상의 책임이 있을 때에는 이 법에 따라 그 손해를 배상하여야 한다."라고 규정하고 있다. 따라서 국가배상책임이 성립하기 위해서는 공무원의 직무집행이 위법하다는 점만으로는 부족하고, 그로 인해 타인의 권리·이익이 침해되어 구체적 손해가 발생하여야 한다.

Ⅲ. 문제의 소재

대상판결에서 문제가 되는 것으로는 도지사의 폐업방침 발표의 처분성, 이에 대한 취소소송의 소의 이익, 이 사건 조례의 제정절차와 내용의 위법성, 국가배상책임 등이다. 사안이 사회적으로 많은 주목을 받았던 만큼 대상판결 또한 행정법의 다양한 주제들을 다루고 있는데, 본고가 주목하고자 하는 것은, 특히 하급심과 대법원의 판단이 (결론에 있어서는 같지만) 이유와 법리구성에 있어 달라진, 폐업방침 발표의 처분성과 소의 이익 부분이다.

소송요건으로서 처분성과 소의 이익 문제는 이 사건에서뿐만 아니라 학계와 실무에서 전통적으로 논의되어 왔던 주제로서, 대상판결의 사안을 통해 그 논의를 다시 살펴보는 것은 국민의 권리구제 기회 확대와 행정의 적법성 보장이라는 행정법의 오랜 과제와 관련해 의미가 있다. 위 논의를 바탕으로 대상판결의 타당성을 검토한다.[2]

Ⅳ. 이 사건 폐업방침 발표의 처분성

1. 항고소송의 대상으로서의 처분

(1) 처분의 개념에 관한 논의

행정소송법은 항고소송의 하나로서 행정청의 위법한 처분 등을 취소 또는 변경하는 소송으로 취소소송을 두면서(제4조 제1호), 여기서의 '처분'이란 행정청이 행하는 구체적 사실에 관한 법집행으로서의 공권력의 행사 또는 그 거부와 그 밖에 이에 준하는 행정작용을 말한다고 규

---

2) 조례에 대한 사법적 통제와 국가배상책임 문제도 행정법적으로 중요한 쟁점이나 지면의 한계로 추후의 연구과제로 남겨두고자 한다.

정한다(제2조 제1항 제1호).

항고소송의 대상이 되는 처분의 개념 내지 범위에 대해 이론적으로는 위에서 말하는 처분은 강학상의 행정행위만을 의미한다는 입장(일원설, 실체법적 개념설)과 처분은 행정행위에 국한되지 않고 권력적 사실행위나 국민에게 사실상의 지배력을 미치는 행정작용을 포함한다는 입장(이원설, 쟁송법적 개념설)이 대립하였으나, 행정소송법이 처분을 '… 공권력의 행사 …와 그 밖에 이에 준하는 행정작용'이라고 정의하고 있는 점, 항고소송의 대상을 넓혀 국민의 권리구제의 기회를 확대할 필요성이 있다는 점 등에 비추어 볼 때 최근에는 항고소송의 대상이 되는 처분은 행정행위에 한정되지 않는다는 입장이 일반적으로 통용되고 있는 것으로 보인다.3)4)5)

---

3) 김남진/김연태, 行政法 I(제19판), 법문사, 2015, 198, 199쪽; 김동희, 行政法 I(제21판), 박영사, 2015, 753, 754쪽; 박균성, 行政法論(上)(제16판), 박영사, 2017, 1149~1151쪽; 하명호, 행정쟁송법(제3판), 박영사, 2017, 164쪽; 법원행정처, 법원실무제요(행정), 2016, 110, 111쪽. 이상덕, 도지사의 지방의료원 폐업조치가 항고소송의 대상인 처분에 해당하는지, 대법원판례해설 제110호, 법원도서관, 2017, 38쪽 각주 5는 위와 같은 논쟁은 행정작용의 개별 형식들에 적합한 소송유형이 무엇인지 그리고 그러한 소송유형을 실무에서 구현하기 위하여 행정소송법의 개정이 필요한지에 관한 것일 뿐이며, 모든 행정작용에 대하여 사법심사가 필요하며 허용되어야 한다는 점에 관해서는 이견이 없다고 한다.

4) 두 입장은 모두 행정소송상 권익구제를 확대·효율화하는 데 목적이 있고 이러한 목적의 공통점을 전제하는 한 그 어느 쪽도 압도적 우월성을 확보한 것으로 보이지는 않으며, 내용상으로는 상충한다 할지라도 목적 실현의 관점에서 병립 가능할 뿐만 아니라 상보적이라는 견해로 홍준형, 행정법(제2판), 법문사, 2017, 899, 900쪽 참조.

5) 행정상 사실행위에 대하여 처분개념에 포함시켜 취소소송이 가능하도록 문제를 해결하는 것보다는 독일과 같이 행정소송법에 사실행위에 대한 일반적 이행소송을 명문화하여 사실행위에 대한 실효적인 권리구제수단을 제도화하는 것이 바람직하다는 견해로 김용섭, 행정상 사실행위의 법적 문제, 인권과 정의 283호, 대한변호사협회, 2000, 153쪽 참조.

(2) 판례의 입장과 최근의 경향

처분의 개념을 정의한 현행 행정소송법 제정 전 대법원은 "항고소
송의 대상이 되는 행정처분은 행정청의 공법상의 행위로서 특정사항에
대하여 법규에 의한 권리의 설정 또는 의무의 부담을 명하며, 기타 법
률상의 효과를 발생케 하는 등의 국민의 권리의무에 직접 관계가 있는
행위를 말한다"(대법원 1967. 6. 27. 선고 67누44 판결)고 하면서 처분의 개
념을 엄격히 해석하여 왔고6) 행정소송법 제정 후에도 위와 같은 입장
을 견지하여 왔다.7)

그러나 어떤 행위가 행정처분인지 여부는 추상적, 일반적으로 결정
할 수 없고 제반 사정을 고려하여 개별적으로 정하여야 한다는 판시8)
가 등장한 이래 대법원은 점차 처분성의 인정요건을 완화하여 처분개념
을 널리 확대하는 듯한 태도를 보이고 있다.9) 대표적으로 기존의 판례

---

6) 유사한 취지의 판결례로 대법원 1982. 9. 14. 선고 82누161 판결 참조. 위 설시는
   주로 계쟁 행위의 처분성을 부인하는 논거로 원용된다.
7) 예컨대, 대법원 1992. 2. 11. 선고 91누4126 판결 등.
8) 대법원 1993. 12. 10. 선고 93누12619 판결("행정청의 어떤 행위를 행정처분으로 볼
   것이냐의 문제는 추상적, 일반적으로 결정할 수 없고, 구체적인 경우 행정처분은
   행정청이 공권력의 주체로서 행하는 구체적 사실에 관한 법집행으로서 국민의 권
   리의무에 직접 영향을 미치는 행위라는 점을 고려하고 행정처분이 그 주체, 내용,
   절차, 형식에 있어서 어느 정도 성립 내지 효력요건을 충족하느냐에 따라 개별적
   으로 결정하여야 할 것이며, 행정청의 어떤 행위가 법적 근거도 없이 객관적으로
   국민에게 불이익을 주는 행정처분과 같은 외형을 갖추고 있고, 그 행위의 상대방
   이 이를 행정처분으로 인식할 정도라면 그로 인하여 파생되는 국민의 불이익 내
   지 불안감을 제거시켜 주기 위한 구제수단이 필요한 점에 비추어 볼 때 행정청의
   행위로 인하여 그 상대방이 입는 불이익 내지 불안이 있는지 여부도 그 당시에 있
   어서의 법치행정의 정도와 국민의 권리의식수준 등은 물론 행위에 관련한 당해
   행정청의 태도 등도 고려하여 판단하여야 할 것이다.").
9) 이와 같은 태도 변화에는 처분성을 지나치게 협소하게 인정한 데 대한 학계의 비
   판과 헌법재판소의 넓은 헌법소원대상성의 인정이 영향을 미친 것으로 보인다.
   같은 취지로 정호경, 항고소송과 헌법소원의 관계-보충성원칙과 명령규칙에 대
   한 심사권을 중심으로, 사법 36호, 사법발전재단, 2016. 6., 324, 325쪽 참조.

를 변경하여 지목변경신청 반려행위의 처분성을 인정한 사례,10) 건축신
고 반려행위 또는 수리거부행위가 항고소송의 대상이 된다고 본 사
례11) 등을 들 수 있다. 대상판결이 원심과 달리 A 도지사의 폐업방침
발표를 처분으로 본 것도 위와 같은 처분성 확대 경향의 연장선상에 있
다고 생각된다.

2. 대상판결의 타당성 검토

(1) 대상판결의 취지와 배경

대상판결의 타당성을 검토하기에 앞서 판결이유와 대법원 판례해
설을 통해 위와 같은 결론이 내려지게 된 배경을 추론해보고자 한다.
대상판결은 판결이유에서 2013. 2. 26. 기자회견을 통해 표명된 경남도
지사의 진주의료원 폐업방침 발표를 '이 사건 폐업결정'이라고 약칭하면
서 아래에서 드는 세 가지 근거를 들어 이 사건 폐업결정이 항고소송의
대상에 해당한다고 판시하였다. 여기서 경남도지사의 발표 자체가 아니
라 위 발표를 통해 드러난 '도지사의 결정'을 특정하여 항고소송의 대상
이 된다고 한 점을 주목하여야 한다.

대상판결은 명시적으로 표현하고 있지는 않지만 이 사건 폐업결정
을 이른바 권력적 사실행위로 보아 처분성을 인정한 것으로 보인다.12)13)
대상판결에 대한 대법원 판례해설을 통해 대상판결과 같은 판단이 이루

---

10) 대법원 2004. 4. 22. 선고 2003두9015 전원합의체 판결.
11) 대법원 2010. 11. 18. 선고 2008두167 전원합의체 판결.
12) 이상덕, 위의 글(주 3), 38~44쪽.
13) 권력적 사실행위도 법적 행위가 아닌 사실행위인 이상 항고소송의 대상이 될 수
    없다는 견해도 있으나 최근에는 그 처분성을 인정하는 입장이 다수인 것으로 보
    인다. 헌법재판소도 이를 헌법소원의 대상인 '공권력 행사'로 보고(아래 주 14 결
    정 및 헌법재판소 2001. 7. 19. 선고 2000헌마546 결정 등) 대법원도 (권력적 사실
    행위라는 용어를 쓰고 있지는 않지만) 같은 입장으로 보인다(대법원 2014. 2. 13.
    선고 2013두20899 판결 등).

어지게 된 단초를 얻을 수 있는데, 이 사건에서는 경남도지사 A의 행위
가 헌법재판소의 이른바 국제그룹 해체 사건[14]에서의 대통령 및 재무
부장관의 행위와 유사함을 근거로 처분성 인정에 나아간 것으로 판단된
다. 헌법재판소는 위 결정에서 재무부장관이 제일은행장에 대하여 한
국제그룹의 해체준비착수 및 언론발표 지시는 일종의 권력적 사실행위
로서 헌법소원의 대상이 되는 공권력의 행사에 해당한다고 판시한 바
있다.

　　대상판결은 경남도지사 A가 진주의료원을 폐업하겠다고 언론을 통
해 발표한 것을 의료원의 폐업결정으로 보고 처분성을 인정하였음에도,
진주의료원을 해산한다는 내용의 이 사건 조례가 제정·시행됨에 따라
폐업결정을 취소하더라도 원상회복이 불가능하므로 소의 이익이 없다고
하여, 원심이 폐업결정 취소청구 부분을 각하한 것은 정당하다고 판결이
유에서 밝히고 있다. 대법원의 이러한 판시에는 진주의료원이 사실상 경
남도지사 A의 의사에 따라 해산되었고 해산에 따른 일련의 과정에는 위
법의 소지가 있다는 뉘앙스가 느껴진다.[15] 이는 원고들의 국가배상청구
에 대한 판단에서 더욱 명시적으로 드러나는데, "이 사건 조례가 공포된
2013. 7. 1. 이후에는 진주의료원의 폐업상태가 이 사건 조례의 효력에
의하여 정당화된다고 할 것이지만, 그 전에 행해진 이 사건 폐업결정은
법적으로 권한 없는 자에 의하여 이루어진 것이어서 위법하며, 그 집행
과정에서 입원환자들에게 행해진 퇴원·전원, 회유·종용 등의 조치도 위
법한 이 사건 폐업결정에 근거한 것이므로 역시 위법할 것"이라고 하며
A 도지사가 취한 일련의 조치의 위법성을 확인하였다.[16]

---

14) 헌법재판소 1993. 7. 29. 선고 89헌마31 전원재판부 결정.
15) 이상덕, 위의 글(주 3), 37쪽도 관계 법령상 지방의료원의 설립·통합·해산은 지방자
　　치단체의 조례로 결정할 사항임에도 조례가 공포되기 이전에 진주의료원의 폐업을
　　위한 조치가 이루어졌고 이는 경남도지사 A의 폐업결정에 근거한 것이므로, 위 폐
　　업결정과 그에 따른 일련의 폐업조치는 무권한자의 행위로서 위법하다고 한다.
16) 대상판결의 위와 같은 위법성 논증이 법리적으로 타당하다는 견해로 김중권, '진주

이상을 종합하여 보면 대법원은 경남도지사 A의 행위가 위법하다
고 보면서도 이 사건 조례에 따라 진주의료원이 해산되어 이미 그 후속
조치까지 종료되어 새로운 사실상태가 형성된 이상 A의 행위를 취소하
는 것은 또 다른 사회적 혼란만을 야기할 수 있다는 점을 고려하여 소
의 이익 흠결을 이유로 청구를 인용하는 데까지는 나아가지 않은 것으
로 보인다.

(2) 이 사건 폐업방침 발표가 처분인지 여부

그러나 결론부터 말해, 경남도지사 A의 이 사건 폐업방침 발표는
항고소송의 대상인 처분으로 보기 어렵다고 생각한다. 앞서 본 바와 같
이 최근 대법원이 어떤 행위의 처분성을 제반 사정을 고려하여 개별적
으로 판단하여야 한다고 판시하면서 처분성의 확대를 시도하여 왔고 이
사건도 같은 맥락에서 처분성을 인정한 것으로 보이나, 그렇다 하더라
도 위와 같은 판단은 대법원이 스스로 개념정의한 처분개념, 즉 '행정처
분은 행정청이 공권력의 주체로서 행하는 구체적 사실에 관한 법집행으
로서 국민의 권리의무에 직접적으로 영향을 미치는 행위'[17]라는 개념표
지에 비추어 보아도 – 위 판시 자체의 타당성은 별론으로 하더라도 –
타당하지 않다.[18] 처분이 되기 위해서는 국민의 권리의무에 직접 영향
을 미치는 행위일 것이 필요한데 이 사건에서 진주의료원의 폐업이라는

의료원 폐업조치'의 행정법적 문제점, 법조 719호, 법조협회, 2016. 10., 480쪽 참조.
17) 대법원 2007. 6. 14. 선고 2005두4397 판결 등.
18) 취소소송의 대상과 성질에 관하여 독일과 우리나라의 규정을 비교하면서 취소소
송의 대상인 처분에 대한 새로운 해석을 시도하는 견해로 박정훈, 取消訴訟의 性
質과 處分槪念, 행정소송의 구조와 기능(중판), 박영사, 2011, 145~182쪽 참조. 위
글에 따르면 우리 행정소송법 상 취소소송은 객관소송 및 확인소송의 성질을 가
지며 이에 따라 취소소송의 대상을 구체적인 권리의무를 발생·변경시키는 직접
적이고 법적인 규율에 한정할 필요가 없고, 널리 행정의 적법성 통제의 대상이 되
는, 위법성을 확인할 수 있는 행위이면 족하다고 한다. 따라서 권력적 사실행위는
물론 행정지도 등 비권력적 사실행위도 그것이 법적 판단에 의한 공적 결정이라
면 '법집행'으로서 취소소송의 대상이 된다고 한다.

법률효과는 직접적으로는 이 사건 조례의 제정으로 발생한 것이기 때문이다. 다시 말해, 이 사건 폐업방침 발표는 '권리·의무에의 직접적 영향'이라는 표지가 결여되어 있으므로 이를 처분으로 보기 어려운 것이다.

(3) 대상판결의 판단근거에 대한 반박

대상판결이 이 사건 폐업결정을 처분으로서 항고소송의 대상이라고 본 근거는 다음의 세 가지로, ① 지방의료원의 설립·통합·해산은 지방자치단체의 조례로 결정할 사안이므로 경상남도가 설치·운영하는 지방의료원인 진주의료원의 폐업·해산은 경상남도의 조례로 결정할 사안인 점, ② 그럼에도 이 사건 조례가 공포된 2013. 7. 1. 이전에 의료진과의 근무계약 해지, 환자들에 대한 전원조치 및 진주의료원 폐업신고 등 진주의료원의 폐업을 위한 조치가 이루어졌고, 이러한 일련의 조치는 경남도지사의 이 사건 폐업결정에 따른 것으로 보이는 점, ③ 경남도지사의 이 사건 폐업결정으로 인하여 입원환자들은 퇴원하거나 전원하여야 하고 직원들도 직장을 잃게 되는 등 이들의 권리·의무에 중대한 영향을 미치므로 진주의료원의 폐업이 관계법령상의 기준과 절차를 준수하였는지에 대한 사법심사가 필요한 점을 들고 있다.

그러나 위에서 든 근거만으로는 이 사건 폐업방침 발표를 처분으로 인정하기에 충분하다고 보기 어렵다. 먼저 위 ①은 판단의 적절한 근거가 되지 못한다. 위 ①은 ②에서 의료원 폐업을 위한 일련의 조치가 위법하다는 판단을 하기 위한 전제가 될 뿐 독자적인 근거라고 보기 어렵고(의료원의 폐업이 조례로 결정할 사항임에도 조례 제정 전 위 조치를 취했다는 것이 ②의 내용이기 때문이다) 진주의료원이 결국에는 이 사건 조례로 폐업·해산되었다는 점에서 그것이 이 사건 폐업방침 발표의 처분성을 인정할 근거는 될 수 없다고 본다.

②의 사유는 판단 자체로는 일응 타당하다고 보이나 이 사건에서 그 판시와 같은 사실을 단정하기는 어렵다고 본다. 근무계약의 해지와

환자들에 대한 퇴원·전원 조치는 진주의료원장 직무대행인 B에 의해, 의료원의 휴업과 폐업은 진주의료원 이사회에 의해 결정 및 집행되었다. 대상판결이 판시한 바와 같이 위 조치들은 일견 경남도지사 A의 폐업결정에 근거한 것으로 보이기는 한다. 그러나 이러한 A의 폐업결정이 환자와 직원들의 권리의무에 직접적인 중대한 영향을 미쳤다고 보기 위해서는 A의 지시에 의하여 위의 모든 조치가 이루어졌음이, 즉 A의 결정에 의해 근무계약 해지 등이 이루어지고 A의 지시를 받은 이사회가 폐업신고를 하였음이 입증될 필요가 있다고 본다.19)20)

③의 경우 이 사건에서 처분성을 인정하는 가장 설득력 있는 근거이고 그 자체로도 타당하다고 생각된다. 그러나 사법심사가 필요하다는 사정이 어느 경우에나 처분성을 긍정하는 결론이 될 수는 없다. 경남도지사인 A가 의료원 폐업방침을 발표하는 것은 도지사가 자신의 도정(道政)에 대한 의견을 대외적으로 표명하는 행위일 뿐이다. 그 자체로 무엇을 확정하는 것이 아닐 뿐만 아니라 법적 효과를 발생시키지도 않는다. 이는 도민의 반응 내지 여론에 따라 언제든지 수정 또는 철회될 수 있는 성질의 것이다. 하급심에서 이를 '비구속적 행정계획'이라고 표현한 것은 이러한 의도로 보인다. 진주의료원은 이 사건 폐업방침 발표가 아니라 조례 개정으로 폐업한 것이다. 또한 이 사건에서 이 사건 조례의 항고소송 대상성을 인정하고 그 위법성을 판단한 이상 위 폐업방침 발표를 처분으로 인정할 실익도 줄어든다.21)

---

19) 여기서 국제그룹 해체 사건과의 차이점이 드러난다. 위 사건은 당시 대통령 및 재무부장관이 국제그룹 해체작업에 직접 개입하였음이 청문회와 검찰조사 등을 통해 밝혀졌기에 이를 '공권력 행사'로 볼 수 있었던 것이다.
20) 이러한 이유에서 심리미진을 이유로 원심을 파기환송하는 것도 하나의 방법이 될 수 있었을 것으로 생각한다.
21) 이처럼 진주의료원이 조례로 폐지된 것으로 볼 경우 원고들이 취할 수 있는 구제수단으로는 항고소송과 헌법소원심판을 생각해 볼 수 있다. 다만 조례가 항고소송의 대상이 되기 위해서는 그 조례가 이른바 처분적 조례이어야 한다는 것이 대법원 판례의 입장인데(대법원 1996. 9. 20. 선고 95누8003 판결), 이 사건의 1심 또

거듭 말하거니와 진주의료원은 경상남도의회의 이 사건 조례로 폐지된 것이다. 이 사건 조례를 대상으로 다투는 외에 도지사의 폐업방침 발표를 취소소송의 대상으로 보아 다투기 위해서는 이 사건 조례를 제정함에 있어 경상남도의회가 도지사의 지시에 복종하여 조례를 제정하였다는 등의 사정이 존재하여야 할 것이다. 지방자치단체는 일종의 지방정부이고 여기에도 권력분립의 요구가 관철되어 있다. 행정부에 해당하는 지방자치단체와 입법부에 해당하는 지방의회는 엄격히 분리되고 상호독립적인 지방정부의 국가기관이다. 진주의료원이 폐업된 일련의 상황과 맥락, 대외적으로 드러난 도지사 A의 성향과 도의회의 구성, 사건이 발생한 행정구역의 지역적·정치적 특색 등을 고려하면 진주의료원은 사실상 A의 의사에 따라 폐지된 것으로 볼 여지도 있다. 그러나 그렇다고 하여 A의 폐업방침 발표를 항고소송의 대상인 처분으로 보는 것은 지방의회의 독자성과 독립성, 의사결정능력을 부인하는 것처럼 보일 위험성도 존재한다.

대법원이 판결을 통해 어떤 사안에 대해 판단할 경우 당해 사안뿐만 아니라 그 결론이 불러일으킬 파장이나 향후 있을지도 모르는 동종 사건에서의 영향 등을 고려하지 않을 수 없다. 개인의 권리구제 뿐 아니라 행정의 적법성 보장 또한 목적으로 하는 행정소송의 영역에서는 더더욱 그렇다. 도지사의 폐업방침 발표에 처분성을 인정하는 것은 행정청의 어떠한 의사표명이 있었고 그것이 실현될 경우 언제든 그 의사표명은 처분이 되는 것으로 보아야 한다는 논리적 귀결에 이른다. 물론 이 사건에서는 이 사건에 특별히 존재하는 사정과 근거를 들어 도지사의 발표를 처분으로 보았지만 그것이 적절한 근거가 될 수 없음은 앞서 본 바와 같다. 처분성의 확대는 최근의 경향이기도 하고 국민의 권리구제 확대라는 관점에서 분명 긍정적인 측면이 존재하지만 이에 대한 반

───────

한 위 판결례를 인용하면서 이 사건 조례를 처분으로 보아 조례의 위법성을 심사하였고, 원심과 대법원 또한 같은 태도를 유지하였다.

대견해도 적지 않다.22) 처분성과 사법심사의 확대는 어느 정도 필요하
지만 대상판결이 이 사건 폐업방침 발표의 처분성을 인정한 것은 기존
의 법리에 비추어 의문스러운 점이 없지 않다.

V. 소의 이익의 문제

1. 판례의 입장과 대상판결의 판단

대법원은 종래 "위법한 행정처분의 취소를 구하는 소는 위법한 처
분에 의하여 발생한 위법상태를 배제하여 원상으로 회복시키고, 그 처
분으로 침해되거나 방해받은 권리와 이익을 보호, 구제하고자 하는 소
송이므로 비록 그 위법한 처분을 취소한다고 하더라도 원상회복이 불가
능한 경우에는 그 취소를 구할 이익이 없다."23)고 하면서 처분을 취소
하더라도 원상회복이 불가능한 경우 소의 이익을 부정해왔다.24) 대상판
결 또한 이와 같은 입장에서 경남도지사의 폐업결정을 처분으로 보면서

---

22) 같은 취지로 김중권, 위의 글(주 16), 482, 483쪽("이 사건 방침발표가 처분성이 인
    정됨으로써 향후 유사한 사례에서 행정청의 정책적 발표에 대한 취소소송의 제기
    가능성이 높아질 우려가 있다. 그런데 행정행위구속적 권리구제의 관점에 기초한
    처분성확대가 권리구제의 확대를 위해 언제나 국민에게 유리한지 깊은 성찰이 요
    구된다. 처분성의 인정은 불가쟁력의 발생을 동반하기에 처분성확대가 極善은 아
    니다. 나아가 자제되지 않는 처분성확대는 자칫 행정작용법론 자체를 유명무실하
    게 만들 수도 있다.").
23) 대법원 1997. 1. 24. 선고 95누17403 판결, 대법원 2006. 7. 28. 선고 2004두13219 판
    결 등.
24) 대법원은 전통적으로 행정소송법 제12조의 '법률상 이익'을 전문과 후문을 구별하
    지 않고 '처분의 근거 법률에 의하여 보호되는 직접적이고 구체적인 이익'으로 해
    석하여 그 인정범위를 좁게 보아왔는데, 이에 대한 비판적 견해로 박정훈, 독일법
    상 취소소송의 권리보호필요성-우리 행정소송법 제12조 후문의 해석과 더불어
    -, 판례실무연구 V, 비교법실무연구회, 434~437쪽 참조.

도 소의 이익이 없다는 이유로 이 부분에 대한 소를 부적법 각하하였는데, 판결이유에 드러난 판단의 근거는 다음과 같다.

이 사건의 경우, 앞서 살펴본 바와 같이, 이 사건 폐업결정 후 진주의료원을 해산한다는 내용의 이 사건 조례가 제정·시행되었고, 이 사건 조례가 무효라고 볼 사정도 없으므로, 진주의료원을 폐업 전의 상태로 되돌리는 원상회복은 불가능하다고 판단된다. 따라서 법원이 피고 경남도지사의 이 사건 폐업결정을 취소하더라도 그것은 단지 이 사건 폐업결정이 위법함을 확인하는 의미밖에 없고, 그것만으로는 원고들이 희망하는 진주의료원 재개원이라는 목적을 달성할 수 없으며, 뒤에서 살펴보는 바와 같이 원고들의 국가배상청구도 이유 없다고 판단되므로, 결국 원고들에게 이 사건 폐업결정의 취소로 회복할 수 있는 다른 권리나 이익이 남아있다고 보기도 어렵다. 따라서 피고 경남도지사의 이 사건 폐업결정은 법적으로 권한 없는 자에 의하여 이루어진 것으로서 위법하다고 하더라도, 그 취소를 구할 소의 이익을 인정하기는 어렵다.

다만, 판례 중에는 원상회복이 불가능하다 하더라도 위법한 처분이 반복될 위험성이 있어 행정처분의 위법성 확인에 대한 해명이 필요하다고 판단되는 경우[25] 또는 해임처분 취소로 지위를 회복할 수는 없다 하더라도 해임처분일부터 임기만료일까지의 보수 지급을 구할 수 있는 경우[26] 취소를 구할 법률상 이익이 있다고 판시한 사례가 있다.

---

25) 대법원 2007. 7. 19. 선고 2006두19297 전원합의체 판결(경기학원임시이사사건). 위 전원합의체 판결에 대해, 종래 소의 이익을 좁게 보아왔던 대법원이 동일한 처분의 반복위험성을 이유로 소의 이익을 인정한 것으로 국민의 권리 보호라는 관점에서 긍정적으로 평가하는 견해로 정하중, 행정소송법 12조 후단의 의미와 독일 행정소송법상의 계속확인소송, 저스티스 107호, 한국법학원, 2008. 10., 291, 292쪽 참조.

26) 대법원 2012. 2. 23. 선고 2011두5001 판결(한국방송공사 사장의 대통령에 대한 해임처분무효확인청구사건).

2. '소의 이익'에 관한 해석론

(1) 소의 이익의 의의와 견해대립

소의 이익은 주로 '협의의 소의 이익' 또는 '권리보호의 필요'로
지칭되며 "분쟁을 재판에 의하여 해결할 만한 현실적 필요성"27) 내지
"원고가 소송상 청구에 대하여 본안판결을 구하는 것을 정당화시킬
수 있는 현실적 이익 내지 필요성"28)을 말한다. 행정소송법 제12조29)
후문과 관련하여 협의의 소의 이익 내지 권리보호필요성의 해석 문제
가 발생하는데, 이에 대해서는 처분 등의 효과가 소멸된 이후 그 처분
이 위법이었음을 확인할 정당한 이익이 있는 경우에 권리보호의 필요
를 인정해야 한다는 견해,30) 제12조 후문의 소송은 처분의 위법성을
확인하는 소송으로서 여기서 법률상 이익은 '처분 등이 위법이었음을
확인할 법적 이익'이라는 견해31)와 함께 우리 행정소송법 상 취소소송
의 성질을 확인소송으로 파악하면서 제12조 전문과 후문의 '취소'는
모두 '위법성의 확인'을 의미하고 전문과 후문의 '법률상 이익'은 모두
본질상 확인소송에서의 확인의 이익으로 실질적으로 동일한 의미라는

27) 김남진/김연태, 위의 책(주 3), 785쪽.
28) 박균성, 위의 책(주 3), 1244쪽. 항고소송에서 소의 이익이란 광의로는 원고가 취소
    소송을 제기할 자격을 갖고 있는가 하는 원고적격의 문제와 구체적 사안에 있어
    서 계쟁처분에 대하여 취소 또는 무효확인 등 판단을 행할 구체적 현실적 필요성
    이 있는가 하는 권리보호의 필요성의 문제를 포함하는데, 이 중 후자를 협의의 소
    의 이익으로 본다고 한다(박균성, 위의 책, 1212쪽). 같은 취지로 박정훈, 取消訴訟
    의 訴의 利益과 權利保護必要性－독일법상의 권리보호필요성과 우리 행정소송법
    제12조 後文의 "法律上 利益"－, 위의 책(주 18), 289, 290쪽.
29) 행정소송법 제12조(원고적격) 취소소송은 처분 등의 취소를 구할 법률상 이익이
    있는 자가 제기할 수 있다. 처분 등의 효과가 기간의 경과, 처분 등의 집행 그 밖
    의 사유로 인하여 소멸된 뒤에도 그 처분 등의 취소로 인하여 회복되는 법률상 이
    익이 있는 자의 경우에는 또한 같다.
30) 김남진/김연태, 위의 책(주 3), 787쪽.
31) 김유환, 取消訴訟에 있어서의 權利保護의 必要－行政訴訟法 제12조 제2문의 規定과
    關聯하여－, 고시연구, 고시연구사, 1995. 11., 63~70쪽.

견해32) 등이 있다.33)

여기서 특히 마지막 견해에 따르면 소의 이익이라는 관념은 프랑스법의 'intérêt à agir'에서 유래된 것으로 원고적격과 권리보호필요성이 분리되지 않고 경우에 따라서는 대상적격까지 포괄하는데, 이들 세 개의 관점은 '취소소송을 통해 보호할 가치 있는 이익'이라는 단일기준으로 통합될 수 있다.34)35) 위와 같이 통합되는 취소소송의 대상적격·원고적격·권리보호필요성은 확인소송인 취소소송의 '확인의 이익'이 되는데, 이에 관해 후술할 독일의 계속확인소송에 있어서의 '확인의 정당한 이익'에 관한 논의가 중요한 참고자료가 된다.36)

(2) 독일법상 계속확인소송과 확인의 정당한 이익

독일 행정법원법(Verwaltungsgerichtsordnung) 제113조 제1항 4문은 "행정행위가 사전에 직권취소 또는 다른 방법으로 종료된 경우에는 원고가 확인의 정당한 이익(ein berechtiges Interesse)을 갖는 한 법원은 신

---

32) 박정훈, 위의 글(주 28), 317쪽 이하. 위 글은 우리 판례가 행정소송법 제12조 후문의 법률상 이익을 전문의 그것과 동일하게 파악함으로써 그 인정범위를 지나치게 축소하고 있는 것이 문제라고 비판하면서, 제12조 전문의 원고적격으로서의 법률상 이익을 '법질서상 취소소송을 통해 보호되어야 할 것으로 평가되는 개별적·직접적·구체적 이익' 또는 간략하게 '보호할 가치 있는 이익'으로 본다면 원고적격과 권리보호필요성을 구별할 필요가 없어진다고 한다.
33) 행정소송법 제12조 후문에 의한 소송의 성격과 같은 조항의 법률상 이익 개념에 대한 구체적인 학설상의 논의로는 정하중, 위의 글(주 25), 274~277쪽 참조.
34) 박정훈, 위의 글(주 28), 322쪽. 이러한 점에서 '권리보호필요성'이라는 독일 취소소송의 독특한 성질이 반영된 용어보다는 '협의의 소의 이익'이라는 용어가 타당하며 판례의 일반적 용어례 또한 이와 같다고 한다. 이와 관련하여 박정훈, 위의 글(주 24), 417, 418쪽도 참조.
35) 행정소송의 원고적격과 소의 이익에 관한 독일과 프랑스, 미국, 영국, 스위스의 논의를 소개하면서 궁극적으로 원고적격과 협의의 소의 이익은 하나의 범주로 파악될 필요가 있으며, 소의 이익을 적극적으로 인정하여 본안판결의 기회를 확대하여야 한다는 견해로 이원우, 抗告訴訟의 原告適格과 狹義의 訴의 利益 擴大를 위한 行政訴訟法 改正方案, 행정법연구 제8호, 행정법이론실무학회, 2002, 219~245쪽 참조.
36) 박정훈, 위의 글(주 28), 323쪽.

청에 의해 판결로써 그 행정행위가 위법하였음을 선고한다."³⁷⁾라고
규정한다. 행정행위가 종료된 경우 그 효력은 소멸하나, 원고가 소멸
한 행정행위의 위법성을 확인받는 데 정당한 이익을 갖고 원고가 그
확인을 신청한다면 법원은 취소소송을 각하하지 않고 확인소송으로
변경하여 계속 진행하도록 한 것인데,³⁸⁾ 이와 같은 소송을 '계속확인
소송'(Fortsetzungsfeststellungsklage)이라 한다.³⁹⁾⁴⁰⁾

계속확인소송에서의 정당한 이익에 해당되는 것으로 정신적 이익
과 법상태 해명의 이익을 들 수 있고, 법상태 해명의 이익은 크게 반복
방지의 이익과 선결문제확정의 이익으로 나눌 수 있다.⁴¹⁾ 반복 방지의
이익은 본질적으로 동일한 사실적·법적 상황 하에서 동일한 행정행위
가 내려질 것이라는 충분히 특정된 위험이 있으면 인정되고,⁴²⁾ 선결문
제확정의 이익은 행정행위에 관련된 국가배상소송 및 형벌·과태료 부
과절차와의 관계에서 문제된다.⁴³⁾⁴⁴⁾ 이와 같은 독일법상 계속확인소송

---

37) § 113 (1) … Hat sich der Verwaltungsakt vorher durch Zurücknahme oder anders
erledigt, so spricht das Gericht auf Antrag durch Urteil aus, daß der
Verwaltungsakt rechtswidrig gewesen ist, wenn der Kläger ein berechtiges
Interesse an dieser Feststellung hat.
38) 박정훈, 위의 글(주 28), 303쪽.
39) 독일법상 계속확인소송에 대한 개관으로는 Friedhelm Hufen, Verwaltungsprozessrecht
(10. Aufl.), C. H. Beck, 2016, S. 329ff., 박정훈, 위의 글(주 24), 426쪽 이하, 정하
중, 위의 글(주 25), 284쪽 이하 참조. 계속확인소송의 성질에 대해서는, 독자적인
소송유형이 아니고 확인소송의 특수한 형태도 아니며 취소소송이나 의무이행소송
등이 계속된 형태의 소송이라고 하거나[홍준형, 행정구제법(제4판), 한울아카데
미, 2001, 588, 589쪽] 절단된 취소소송(amputierte Anfechtungsklage)으로서 본질
상 취소소송에 속하고 일반적 확인소송에 비해 그 요건이 완화된 것이라고 한다
[박정훈, 위의 글(주 24), 427쪽].
40) 행정소송법 제12조 후문의 소송을 이와 같이 이해하는 견해로 김유환, 위의 글(주
31), 63쪽.
41) 박정훈, 위의 글(주 28), 308~312쪽.
42) 박정훈, 위의 글(주 28), 311쪽.
43) 박정훈, 위의 글(주 28), 312쪽.
44) 그밖에 계속확인소송에서의 확인의 정당한 이익에 관한 설명으로 이원우, 위의 글
(주 35), 229, 230쪽 참조.

에서의 정당한 이익에 관한 논의는 이 사건의 판단에 있어서도 중요한 시사점을 제공한다.[45]

3. 이 사건의 경우

이상에서 본 바와 같은 소의 이익에 관한 논의에 비추어 볼 때, 대상판결이 (처음부터 처분성을 부정하였으면 모르되) 처분성을 인정한 마당에 소의 이익 결여를 이유로 — 그것도 당해 처분이 위법하다고 인정하면서도 — 소를 각하한 것은 비판의 여지가 있다. 진주의료원이 이 사건 조례로 해산된 것은 사실이나 만약 폐업방침 발표를 대상판결과 같이 처분으로 본다면 이에 대한 취소청구를 인용하는 것이 아무런 이익이 없다고 보기 어렵다. 판시한 바와 같이 의료원의 재개원과 같은 원고들의 주관적이고 직접적인 이익은 회복될 수 없을지 모르나 취소소송의 소의 이익은 이러한 주관적인 이익에만 국한되는 것이 아니다. 행정소송, 그 중에서도 특히 취소소송의 본질과 성격에 대해 그것이 개인의 주관적 권리구제에 있다는 입장과 행정의 적법성 보장에 있다는 입장[46]이 대립하나, 이는 무엇이 주된 성격이냐의 문제일 뿐 양자의 속성을 모두 갖는다는 데 대해서는 별다른 이견이 없다.[47][48] 이는 취소소송은 많든 적든 간에 행정의 적법성 통제를 목적으로 함을 의미하는데, 이를 소

---

45) 물론 독일법상 계속확인소송의 성격이 우리의 취소소송의 그것과 완전히 같은 것은 아니고, 그 점에서 계속확인소송에 관한 논의를 우리의 소송실무에 바로 적용할 수 있을 것인가에 대해서는 의문이 있을 수 있다. 이에 대해서는 별도의 추가적인 검토가 필요할 것으로 보이며 추후의 연구과제로 남겨둔다.
46) 한견우, 行政訴訟의 訴訟觀과 우리나라 行政訴訟의 問題點, 고시연구, 고시연구사, 1991. 1., 108~112쪽.
47) 대표적으로 위 주 25에서 언급한 경기학원임시이사사건에서도 '행정의 적법성 확보'를 처분의 취소를 구할 법률상 이익의 판단요소로 고려하고 있다.
48) 같은 취지로 최계영, 항고소송에서 본안판단의 범위-원고의 권리침해가 포함되는지 또는 원고의 법률상 이익과 관계없는 사유의 주장이 제한되는지의 문제를 중심으로-, 행정법연구 제42호, 행정법이론실무학회, 2015. 7., 125, 126쪽.

의 이익의 판단이라는 관점에서 보면, 소의 이익은 단순히 원고 개인의
주관적 권리 내지 이익만을 고려하여서는 안 되고, 객관적 법질서에서
소송의 결과가 미치는 영향까지 고려해야 한다는 결론에 이른다.

　앞서 본 바와 같이 독일법상 계속확인소송에서의 정당한 이익에
관한 논의는 우리 행정소송의 소의 이익을 판단함에 있어 일응의 기준
이 될 수 있다. 이 사건에서는 법상태 해명의 이익으로서 반복 방지의
이익과 선결문제확정의 이익이 모두 인정될 수 있다. 대상판결의 대법
원 판례해설에 따르면 위법한 처분의 반복 가능성을 이유로 소의 이익
을 인정하기 위해서는 '동일한 소송당사자 사이에서' 동일한 사유로 위
법한 처분이 반복될 위험이 있어야 하는데, 이 사건의 경우 동일한 소
송당사자 사이의 반복 위험성을 인정하기 어렵다는 점이 소의 이익을
부정하는 근거가 된 것으로 보인다.[49] 그러나 행정의 적법성 보장이라
는 관점에서 볼 때 처분의 반복 위험성이 반드시 동일당사자 사이에 존
재할 것을 요구하는 것은 타당하지 않다.[50] 재량권을 일탈·남용한 행
정청의 행위가 존재하고(이 사건의 경우 이 사건 조례 제정 전에 이루어진 근
무계약 해지, 퇴원·전원조치 등) 그것이 동종의 혹은 유사한 지위에 있는
다른 행정청(이 사건의 경우 다른 지방자치단체장)에 의해 반복될 위험이
존재하는 경우[51] 법원은 이미 처분이 집행되는 등으로 종료하더라도
동종 분쟁의 방지 및 행정의 적법성 확보라는 차원에서 그 위법함을 확
인할 수 있어야 한다고 본다.[52]

---

49) 이상덕, 위의 글(주 3), 45, 46쪽. 물론 대상판결이 위와 같은 입장을 명시적으로 밝
　힌 것은 아니고 그것이 소의 이익을 부정하는 유일한 근거였다고 보기도 어렵다.
50) 이상덕, 위의 글(주 3), 46쪽 각주 16도 같은 취지로 보인다.
51) 이 사건 이후 지방의료원의 설립 및 운영에 관한 법률이 개정되어 "제20조의2(지
　방의료원의 폐업 등) ① 지방자치단체의 장은 지방의료원이 「의료법」 제40조에
　따라 폐업하려는 경우에는 미리 보건복지부장관과 협의하여야 한다. (이하 생략)"
　는 조문이 2013. 8. 13. 신설되었다. 이와 같은 법개정이 있었다는 사실은 지방자
　치단체장의 일방적인 의료원 폐업이 반복될 가능성이 있으므로 이에 대한 중앙정
　부 차원의 통제를 입법화한 것으로 보아야 할 것이다.

선결문제확정의 이익 또한 충분히 인정할 수 있다. 대상판결은 종국적으로 국가배상청구가 인정될 수 없다는 점을 소의 이익을 부정하는 논거로 들었으나, 도지사의 행위가 위법하지만 구체적 손해가 발생하지 않았음을 이유로 국가배상청구를 기각하였으므로,53) 위 논거를 소의 이익을 부정하는 근거로 보기는 어렵다. 다시 말해, 행정청의 행위의 위법성이 인정되는 대상판결의 사안에서 후술하는 바와 같이 법원은 그 위법성을 선언할 권한과 필요가 있고, 그 역할이 국가배상청구가 인정되지 않음을 근거로 회피될 수는 없다.

　　설사 이상과 같은 이익이 인정되지 않는다 하더라도 이 사건은 법상태 해명의 이익 그 자체로 소의 이익을 인정할 수 있는 사안이라고 판단된다. 헌법재판소는 인용결정으로 청구인의 권리구제가 불가능한 경우에도 '헌법적 해명'의 필요성을 이유로 자신의 견해를 밝히고 법적 판단을 하여왔다.54)55) 행정의 적법성 보장을 목적으로 하는 행정소송

---

52) 이에 대하여는 반복 위험성이 지나치게 넓게 인정될 수 있다는 비판이 가능할 것으로 보이는데, 타당한 지적으로 생각되며 이에 대해서는 구체적인 판단기준에 대한 별도의 연구가 필요할 것으로 여겨진다.

53) 국가배상책임의 '손해'에는 정신적 손해가 포함되고 일련의 파동에서 원고들이 정신적 고통을 겪었던 것으로 여겨지므로 이 사건에서와 같은 행정의 위법성은 2차적 권리구제로서의 국가배상책임의 차원에서 적극적으로 해소되어야 한다는 견해로 김중권, 위의 글(주 16), 480, 481쪽 참조.

54) "헌법소원의 본질은 개인의 권리구제뿐만 아니라 헌법질서의 수호·유지도 겸하고 있으므로, 기본권 침해가 종료되어 주관적 권리구제에는 별 도움이 되지 않는다 하더라도 그러한 침해행위가 앞으로도 반복될 위험성이 있거나 당해 분쟁의 해결이 헌법질서의 수호·유지를 위하여 긴요한 사항이어서 헌법적으로 그 해명이 중대한 의미를 지니고 있는 경우에는 심판청구의 이익을 인정할 수 있다."[헌법재판소, 헌법재판실무제요(제2개정판), 2015, 349, 350쪽].

55) 앞서 언급한 국제그룹 해체 사건에서도 "권력적 사실행위가 이미 종료되어 나름대로 새 질서가 형성되었지만, 이 사건은 재산권보장과 사영기업의 자유를 골간으로 하는 시장경제질서 하에서 제반 기업활동에 대한 공권력 개입의 헌법적 한계가 판시될 수밖에 없는 중요한 사안이고, 여기에서 아직 미결인 헌법상 중요한 문제가 해명될 것이라는 의미에서 그 심판의 필요성[은] 충분하다."고 하면서 심판 대상 행위의 위법성을 확인하였다.

의 영역에서도 이를 판단하지 못할 이유는 없다. 물론 그것이 어느 경우에나 가능한 것은 아니고 헌법재판소가 판시하는 바와 같이 법적 해명의 필요성이나 반복 위험의 방지 등 특별한 조건이 충족되어야 하겠으나, 그러한 조건이 갖추어진 경우 법원은 이를 판단할 권한이 있을 뿐 아니라 나아가 ― 법률에 대한 최종적인 해석권을 가진다고 스스로를 규정하는 만큼 ― 그 판단을 선언할 의무까지도 존재한다고 말할 수 있을 것이다. 이 사건의 경우 지방자치단체장이 그 권한에 속하지 않는 지방의료원 폐업에 대해 사실상 결정하고 이를 집행하였다는 측면에서 위법의 소지가 있는 점, 향후 다른 지방자치단체에서도 유사한 분쟁이 발생할 우려가 있는 점, 이 사안은 지방자치단체의 자치권, 국민의 공공의료수급권, 국가의 보건정책과 복지제도 등 정책적·제도적으로 그에 대한 법적 판단 내지 해명이 중대한 의미를 가진다고 볼 수 있는 점 등에 비추어 볼 때 그 위법 여부를 법적 해명의 차원에서 충분히 선언할 수 있는 (나아가 선언하였어야 하는) 사안이었다고 할 것이다.56) 설사 그로써 원고들에게 회복되는 것이 아무것도 없었다고 하더라도 그렇다.

VI. 요약 및 결어

판례의 최근 경향이라고 할 수 있는 처분성 인정의 확대는 종래 지나치게 협소하게 판단했던 처분 개념으로부터의 탈피를 통해 국민의 권리구제 기회를 확대하고 행정에 대한 사법심사의 범위를 넓힌다는 점에서 분명 긍정적으로 평가할 수 있다. 이 사안에서 대상판결이 원심과

---

56) 같은 취지로 이상덕, 위의 글(주 3), 44쪽("자치단체장이 자신의 정치적 입지를 세우기 위해 권한 없이 지방영조물을 폐지하는 사태가 반복될 위험성이 여전히 남아 있다는 점에서, 행정처분의 위법성 확인 및 불분명한 법적 문제의 해명의 필요성이라는 관점에서, 진주의료원 폐업결정에 대해서도 소의 이익을 인정하는 것이 바람직한 측면이 있다.").

달리 경남도지사의 폐업방침 발표를 폐업결정으로 보아 처분성을 인정한 것도 위와 같은 맥락에서 이해할 수 있고 나름대로 그 의미가 있다고 본다.

그러나 진주의료원은 직접적으로는 도지사의 발표가 아닌 조례의 제정으로 폐업한 점, 이 사건 조례의 제정은 엄연히 경남도지사가 아니라 도의회의 의사결정에 따라 이루어진 점, 의료원 폐업 전 이루어진 근무계약 해지와 환자들의 전원·퇴원 등이 도지사의 지시와 명령에 따라 집행되었다고 단정할 수 없는 점, 의료원 폐업방침 발표와 같은 공적 견해 표명을 처분으로 보아 소송으로 다툴 수 있게 하는 것이 행정의 자율성과 행정경제 등의 관점에서 반드시 바람직하다고만은 볼 수 없는 점 등에 비추어 볼 때 경남도지사 A의 의료원 폐업방침 발표는 그 자체로 국민의 권리의무에 직접 영향을 미친다고 볼 수 없고 처분으로 보기도 어렵다고 판단된다.

한편 대상판결이 전향적으로 처분성을 인정하는 판단을 하였음에도 불구하고 소의 이익이 없음을 이유로 소를 각하한 것은 다소 타협적인 결론으로서 아쉬움이 있다. 소의 이익 문제는 기존에 주로 처분이 종료되거나 그 효력이 소멸한 경우 소를 통해 원고에게 회복되는 이익이 있는지를 중심으로 논의되어 왔다. 그러나 행정소송의 객관적 성격과 행정의 적법성 보장이라는 행정소송의 기능이 강조되고 있는 오늘날 소의 이익은 단순히 원고의 주관적 권리 회복에만 한정할 것이 아니고 이를 확대할 필요가 있으며, 그 판단기준으로는 독일법상 계속확인소송에서 확인의 정당한 이익에 관한 논의가 의미가 있다. 헌법재판소는 지금껏 적지 않은 사건에서 헌법적 해명을 이유로 (헌)법적 판단을 하여 왔고 이는 - 사법만능주의라는 부작용도 없지 않았지만 - 헌법재판소의 의미와 가치, 존재의의에 대해 재조명하는 계기가 되어왔다. 행정에 법치국가원리를 관철하고 행정의 법률적합성을 보장하는 임무를 부여받은 사법부 또한 행정소송에 있어 - 원고의 주관적 권리의 회복가능성이 희박하다 하더라도 - 행정청의 행위가 위법함을 선언할 수 있어야 한다. 설사 그로 인해 당장 국민 개개인의 지위 개선이 이루어지지 않는다 하더라도 법원에 의한 위법성의 확인은 최소한 위법한 행정에 대한 경고라는 측면에서라도 중요한 의미를 갖는다. 이 사건에서도 경남도지사 A의 권한 없고 주민의 의사를 무시한 행정처리에 대해 법적 해명의 차원에서 소의 이익을 인정하고 나아가 위법을 선언하였다면 행정의 적법성 보장이라는 관점에서 더 바람직한 결론이 되지 않았을까 한다.

참고문헌

1. 단행본

김남진/김연태, 行政法 I(제19판), 법문사, 2015.

김동희, 行政法 I(제21판), 박영사, 2015.

박균성, 行政法論(上)(제16판), 박영사, 2017.

박균성, 行政法論(下)(제15판), 박영사, 2017.

박정훈, 행정소송의 구조와 기능(중판), 박영사, 2011.

하명호, 행정쟁송법(제3판), 박영사, 2017.

홍준형, 행정구제법(제4판), 한울 아카데미, 2001.

홍준형, 행정법(제2판), 법문사, 2017.

법원행정처, 법원실무제요(행정), 2016.

헌법재판소, 헌법재판실무제요(제2개정판), 2015.

Friedhelm Hufen, Verwaltungsprozessrecht(10. Aufl.), C. H. Beck, 2016.

2. 논문

김용섭, 행정상 사실행위의 법적 문제, 인권과 정의 283호, 대한변호사협회, 2000, 139~153쪽.

김유환, 取消訴訟에 있어서의 權利保護의 必要-行政訴訟法 제12조 제2문의 規定과 關聯하여-, 고시연구, 고시연구사, 1995. 11., 60~76쪽.

김중권, '진주의료원 폐업조치'의 행정법적 문제점, 법조 719호, 법조협회, 2016. 10., 464~486쪽.

박정훈, 독일법상 취소소송의 권리보호필요성-우리 행정소송법 제12조 후문의 해석과 더불어-, 판례실무연구 V, 비교법실무연구회, 2001, 417~445쪽.

박정훈, 行政訴訟法 改革의 課題, 서울대학교 법학 제45권 제3호, 서울대학교 법학연구소, 2004. 9., 376~418쪽.

선정원, 지방의료원에 관한 법적 검토, 지방자치법연구 제16권 3호, 법영사, 2016. 9., 285~314쪽.

이상덕, 도지사의 지방의료원 폐업조치가 항고소송의 대상인 처분에 해당하는지, 대법원판례해설 제110호, 법원도서관, 2017, 27~57쪽.

이원우, 抗告訴訟의 原告適格과 狹義의 訴의 利益 擴大를 위한 行政訴訟法 改正方案, 행정법연구 제8호, 행정법이론실무학회, 2002, 219~266쪽.

정하중, 행정소송법 12조 후단의 의미와 독일 행정소송법상의 계속확인소송, 저스티스 107호, 한국법학원, 2008. 10., 269~293쪽.

정호경, 항고소송과 헌법소원의 관계-보충성원칙과 명령규칙에 대한 심사권을 중심으로, 사법 36호, 사법발전재단, 2016. 6., 305~334쪽.

최계영, 항고소송에서 본안판단의 범위-원고의 권리침해가 포함되는지 또는 원고의 법률상 이익과 관계없는 사유의 주장이 제한되는지의 문제를 중심으로-, 행정법연구 제42호, 행정법이론실무학회, 2015. 7., 107~134쪽.

한견우, 行政訴訟의 訴訟觀과 우리나라 行政訴訟의 問題點, 고시연구, 고시연구사, 1991. 1., 106~124쪽.

국문초록

이른바 '진주의료원 사건'으로 불리는 경남도지사의 지방의료원 폐업방침 발표 및 후속 폐쇄조치에 대한 취소소송에서 대법원은 하급심과 달리 위 행위의 처분성을 인정하였으나 소의 이익이 없다는 이유로 소를 각하하였다. 최근 대법원은 처분성을 협소하게 인정하던 종래의 태도에서 벗어나 처분성 인정요건을 완화하여 취소소송의 대상을 넓혀왔다. 대상판결 또한 이와 같은 처분성 확대라는 맥락에서 경남도지사의 행위의 처분성을 인정한 것으로 보인다.

그러나 처분성에 관한 대법원의 위와 같은 판단은 수긍하기 어려운 측면이 있다. 도지사의 폐업방침 발표는 국민의 권리·의무에 직접 영향을 미쳐야 한다는 처분의 개념표지에 비추어 볼 때 취소소송의 대상인 처분으로 보기 어렵다. 이 사건 의료원이 최종적으로 도지사가 아니라 도의회의 결정에 따라 해산되었다는 점에서도 그렇다. 경남도지사의 발표는 단순한 견해 표명에 불과하고 법적 행위라고 볼 수 없다는 점 또한 고려되어야 한다.

한편 대법원이 처분성을 인정하였음에도 소의 이익 결여를 이유로 소를 각하한 결론에는 아쉬움이 남는다. 법원은 원상회복이 불가능하다는 사정을 소의 이익이 없다는 판단의 근거로 들고 있으나, 취소소송의 소의 이익의 범위를 확대할 필요가 있다. 이를 위해 독일법상 계속확인소송에 관한 해석론을 주목할 만한데, 이 사건의 경우 법상태 해명의 이익으로서 소의 이익을 인정할 수 있다고 본다.

주제어: 의료원 폐업, 취소소송의 대상, 처분성, 소의 이익,
        계속확인소송

Abstract

Characteristic of announcement to close regional hospital and interest in lawsuit of revocation litigation

Shin Chul−Soon*

In the 'Jinjoo medical center case', an administrative lawsuit brought against the governor of Gyeongsangnam−Do to revoke his announcement to close the regional Do−funded hospital and its following measures, the Supreme Court, unlike lower courts, found that such actions indeed constitute an administrative disposition, yet dismissed the case due to the absence of interest in lawsuit. Recently, the Supreme Court, traditionally interpreting administrative disposition very strictly and narrowly, has altered its position to broaden the subject matter of revocation litigation by mitigating the rigidity of its standards in determining whether such an action can be viewed as an administrative disposition. The Supreme Court's finding in this case that the governor's actions amount to administrative disposition seems to have been made in consistence with this context of broadening the contours of administrative dispositions.

However, it is hard to agree with the Supreme Court's judgment on administrative disposition. The governor's announcement to close the hospital is difficult to be considered as an administrative disposition, because its concept requires a direct influence on citizens' rights and duties. This conclusion is also supported by the fact that the

---

* Suwon District Court.

regional hospital of this case was ultimately closed not by the governor, but by the provincial assembly. Furthermore, it should be taken into account that the governor's announcement is not a legal action, but merely an expression of one's opinion.

Meanwhile, the Supreme Court's decision to dismiss the case on the grounds that it lacked interest in the lawsuit, even though it regarded the announcement as administrative disposition, leaves room for criticism. The court suggested as its reason for dismissal the impossibility of restoring the hospital to its prior state, but it is necessary to broaden the concept of interest in lawsuit. From this viewpoint, it is worthwhile to refer to the interpretation on continuous litigation for affirmation of illegality(Fortsetzungsfeststellungsklage) in German administrative court law. In this case, necessity to clarify the legal state should be accepted as the interest in lawsuit.

Keyword: regional hospital, subject matter of revocation litigation, administrative disposition, interest in lawsuit, Fortsetzungsfeststellungsklage

투고일 2018. 5. 31.
심사일 2018. 6. 12.
게재확정일 2018. 6. 19.

行政訴訟의 類型

公法上 當事者訴訟에 관한 訴訟實務上 難點과 解決方案
　(李殷相)

公法上 當事者訴訟에 관한 訴訟實務上 難點과 解決方案

李殷相*

대법원 2016. 10. 13. 선고 2016다221658 판결**

Ⅰ. 판결개요

1. 사실관계

1) 원고와 소외인 사이의 도급계약 체결

원고는 2012. 9. 13. 인천광역시 남구(이하 주소 생략)에 근린생활시설 및 다세대주택을 신축하는 공사(이하 '이 사건 공사' 또는 '이 사건 사업장'이라 한다)를 소외인에게 도급을 주었다.

----

* 서울고등법원 판사, 법학박사(행정법).
** 이하 '평석대상 판결'이라 한다.

2) 소외인의 원고 명의 고용보험·산재보험관계성립신고서 작성·제출

수급인인 소외인은 2012. 12. 26.「고용보험 및 산업재해보상보험의 보험료 징수 등에 관한 법률」(이하 '고용산재보험료징수법'이라 한다)에 따라 이 사건 사업장에 관한 사업주를 도급인인 원고로 기재한 원고 명의의 고용보험·산재보험관계성립신고서를 근로복지공단에 작성·제출하였다.

3) 원고의 일부 고용보험료·산재보험료 납부

원고는 2014. 1. 2.부터 2014. 7. 10.까지 이 사건 사업장에 관한 고용보험료와 산재보험료 중 일부인 11,000,000원을 납부하였다.

4) 피고 국민건강보험공단의 원고에 대한 미납 보험료 납부 독촉

피고 국민건강보험공단은 도급인인 원고에게 나머지 고용보험료 2,222,700원과 산재보험료 5,999,600원을 2014. 7. 10.까지 납부할 것을 독촉하였다.

5) 피고의 납부 독촉에 기한 원고의 부당이득반환 및 보험료채무 부존재확인의 소 제기

원고는, 이 사건 사업장의 사업주는 이 사건 공사의 수급인인 소외인임에도 그가 도급인인 원고 명의의 보험관계성립신고서를 위조하여 제출하였고, 근로복지공단은 본인확인절차를 거치지도 않았으며, 위와 같이 위조된 신고서에 기한 보험료 부과는 무효라고 주장하면서, 인천지방법원에 피고를 상대로 ① 이미 납부한 보험료는 부당이득으로서 반환을 구하고, ② 피고가 납부를 독촉하는 보험료채무는 그 부존재확인

을 구하는 이 사건 소를 제기하였다(위 ①의 부당이득반환청구의 소와 ②의
고용·산재보험료 납부의무 부존재확인의 소를 통틀어 이하 '이 사건 소'라 한다).

2. 소송경과

1) 제1심 판결[1] ⇨ 원고 패소(원고 청구 기각)

원고는 인천지방법원에 이 사건 소를 제기하였고, 위 법원은 이 사
건 소 전체를 민사사건으로 보아 소가에 따라 민사단독판사 재판부로
배당하였다.

가) 피고 국민건강보험공단의 본안 전 항변

피고는, 고용산재보험료징수법 제4조[2]에 의하면, 고용보험 및 산
업재해보상보험 사업은 고용노동부장관의 위탁을 받아 근로복지공단이
수행하는 사업이고, 다만 피고는 보험료 등의 고지 및 수납업무 등의
'징수업무'만을 위탁받아 수행할 뿐이므로, 결국 이 사건 소는 피고적격
이 없는 자를 상대로 한 것이어서 부적법하여 각하되어야 한다고 주장
하였다.

나) 본안 전 항변에 관한 판단

피고의 위 본안 전 항변에 대하여 제1심은 이 사건 소를 부당이득
반환을 구하는 민사소송으로서 '이행의 소'라고 전제하여, 이행의 소에

---

1) 인천지방법원 2015. 10. 20. 선고 2014가단55306 판결
2) 고용산재보험료징수법 제4조(보험사업의 수행주체)
「고용보험법」 및 「산업재해보상보험법」에 따른 보험사업에 관하여 이 법에서 정한
사항은 고용노동부장관으로부터 위탁을 받아 「산업재해보상보험법」 제10조에 따
른 근로복지공단(이하 "공단"이라 한다)이 수행한다. 다만, 다음 각 호에 해당하는
징수업무는 「국민건강보험법」 제13조에 따른 국민건강보험공단(이하 "건강보험공
단"이라 한다)이 고용노동부장관으로부터 위탁을 받아 수행한다.
 1. 보험료등(제17조 및 제19조에 따른 개산보험료 및 확정보험료, 제26조에 따른
    징수금은 제외한다)의 고지 및 수납
 2. 보험료등의 체납관리

서는 원고의 청구자체로 당사자적격이 판가름되고 그 판단은 청구의 당
부 판단에 흡수되는 것이므로 자기의 급부청구권을 주장하는 자가 정당
한 원고이고 의무자로 주장된 자가 정당한 피고라는 대법원 판결3)을
들면서, 당사자적격에 관한 피고의 본안 전 항변을 배척하였다.

다) 본안 판단

제1심은 고용산재보험료징수법 제9조 제1항4)을 들면서 위 법에서
는 도급인과 수급인 사이에서 수급인을 사업주로 본다는 규정은 두고
있지 않다고 설시하면서, 이 사건 공사의 수급인이 소외인이라고 하여
곧바로 그를 이 사건 사업장의 사업주로 볼 수 없을 뿐더러, 원고 명의
의 보험관계성립신고서가 원고의 승낙 없이 작성·제출되었다고 볼 증
거가 부족하다는 이유로 원고의 청구를 기각하였다.

2) 원심판결5) ⇨ 원고 패소
(원고의 청구변경 불허 및 항소 기각)

원고는 위 제1심 판결에 불복하여 항소를 하였고, 해당 항소사건은
사무분담에 따라 민사사건을 담당하는 인천지방법원 항소합의부에 배
당되었다.

가) 원고의 처분무효확인청구 예비적 추가 등 청구변경 신청

원고는 2016. 3. 18. 항소심에서 ① 불법행위를 원인으로 한 채무
부존재확인6) 및 손해배상청구를 예비적 청구원인으로 추가하고, ② 기

---

3) 대법원 1989. 7. 25. 선고 88다카26499 판결 [부당이득금]
4) 고용산재보험료징수법 제9조(도급사업의 일괄적용)
　① 건설업 등 대통령령으로 정하는 사업이 여러 차례의 도급에 의하여 시행되는
　경우에는 그 원수급인을 이 법을 적용받는 사업주로 본다. 다만, 대통령령으로 정
　하는 바에 따라 공단의 승인을 받은 경우에는 하수급인을 이 법을 적용받는 사업
　주로 본다.
5) 인천지방법원 2016. 4. 28. 선고 2015나59177 판결
6) 원고는 항소심에서 청구원인을 추가하여, 이 사건 사업장의 사업주가 아닌 원고에

존 채무부존재확인청구에 대하여 "피고가 원고에 대하여 한 이 사건 공사에 관한 고용·산재보험료 부과처분은 무효임을 확인한다"는 처분무효확인청구를 예비적 청구로 추가하는 청구취지 및 청구원인 변경을 신청하였다.

나) 원심의 청구취지 변경 불허

원심인 인천지방법원 합의부(민사항소부)는 '민사소송절차에서 청구의 객관적 병합은 같은 종류의 소송절차를 따르는 경우에만 허용되는 것이어서, 민사소송절차를 따르는 이 사건에서 행정소송의 대상이 되는 처분무효확인청구를 병합할 수는 없다'는 이유로, 고용·산재보험료 부과처분 무효확인청구를 예비적으로 추가하는 위 ② 부분의 청구취지 변경을 불허하였다.

다) 보험료부과처분 무효를 원인으로 한 주위적 청구에 대한 본안 전 항변 및 판단

피고는, 원고가 행정소송으로 보험료부과처분 무효확인의 소를 제기할 수 있는 이상, 이 사건 채무부존재 확인의 소는 원고의 권리 또는 법률상의 지위에 현존하는 불안이나 위험을 제거할 수 있는 가장 유효·적절한 수단이라고 할 수 없어 확인의 이익이 없으므로 각하되어야 한다고 항변하였다.

이에 대하여 원심은, 민사소송에서 어느 행정처분이 당연무효인지 여부가 선결문제로 되는 때에는 이를 판단하여 당연무효임을 전제로 판결할 수 있고 반드시 행정소송 등의 절차에 의하여 그 취소나 무효확인

___

대하여 한 보험료 부과가 무효로 인정되지 않더라도 적어도 위법한 보험료 부과처분으로서 불법행위를 구성하여 손해배상책임이 성립한다고 보고, 위 불법행위에 기한 원고의 잔여 보험료 채무 상당액의 손해배상 채권을 자동채권으로 하여 원고의 잔여 보험료 채무와 상계하고 나면 잔여 보험료 채무는 소멸하므로 채무부존재 확인이 가능하다고 법리구성을 하였다(그리고 기납부 보험료인 1,100만 원은 위와 같은 위법한 보험료 부과처분이라는 불법행위로 인한 손해이므로, 피고를 상대로 불법행위에 기한 손해배상금으로서 위 1,100만 원의 지급을 구하고 있다).

을 받아야 하는 것은 아니라는 판결7)을 들면서, 피고가 보험료 채무의 존재를 다투고 있는 이상 원고는 보험료부과처분이 당연무효임을 전제로 채무부존재 확인을 구할 이익이 있다고 보아 피고의 위 본안 전 항변을 받아들이지 않았다.

라) 본안 판단

원심은 보험료부과처분 무효를 원인으로 한 주위적 청구에 대해서는 제1심과 같은 이유로 원고의 청구를 받아들이지 않았고, 불법행위를 원인으로 한 예비적 청구에 대하여는 원고 제출의 증거만으로는 수급인인 소외인이 이 사건 사업장의 사업주인데도 도급인인 원고에게 보험료가 부과되었다고 인정하기 부족하고 달리 이를 인정할 증거가 없다는 이유로 원고의 청구를 배척하여, 결국 항소를 기각하였다.

3) 대법원 판결8) ⇨ 원심판결 파기 및 관할법원 이송

원고는 원심판결에 불복하여 상고를 제기하면서, 상고이유로 ① '사업주'는 고용계약 내지 근로계약에 따라 판단해야 하는데 원심판결은 이에 대한 심리를 다하지 않은 채 법률에 수급인을 사업주로 본다는 규정이 없다는 이유 등으로 이 사건 공사에 관한 사업주가 원고라고 인정한 법리오해가 있고, ② 조리 내지 경험칙에 의하면 수급인이라는 사실만으로도 소외인에게 사업주 지위를 인정함이 타당하고, 보험관계신고서 위조사실을 인정하지 않은 것은 채증법칙을 위반한 것이라고 주장했다.

대법원은 아래와 같은 판결요지에 따라 이 사건 소 중 고용·산재보험료 납부의무 부존재확인의 소는 공법상 당사자소송에 해당하고, 나머지 (민사소송인) 부당이득반환청구의 소가 행정소송법 제44조 제2항, 제10조에 따라 관련청구소송으로서 이에 병합된 것이므로, 원심판결을

---

7) 대법원 2010. 4. 8. 선고 2009다90092 판결 등
8) 대법원 2016. 10. 13. 선고 2016다221658 판결

파기하고 이 사건을 공법상 당사자소송의 관할법원인 서울고등법원으
로 이송9)하는 판결을 선고하였다.

3. 대법원 판결요지

【1】 고용보험 및 산업재해보상보험의 보험료징수 등에 관한 법률
제4조, 제16조의2, 제17조, 제19조, 제23조의 각 규정에 의하면, 사업주
가 당연가입자가 되는 고용보험 및 산재보험에서 보험료 납부의무 부존
재확인의 소는 공법상의 법률관계 자체를 다투는 소송으로서 공법상 당
사자소송이다.

【2】 갑에게서 주택 등 신축 공사를 수급한 을이 사업주를 갑으로
기재한 갑 명의의 고용보험·산재보험관계성립신고서를 근로복지공단에
작성·제출하여 갑이 고용·산재보험료의 일부를 납부하였고, 국민건강보
험공단이 갑에게 나머지 보험료를 납부할 것을 독촉하였는데, 갑이 국
민건강보험공단을 상대로 이미 납부한 보험료는 부당이득으로서 반환
을 구하고 국민건강보험공단이 납부를 독촉하는 보험료채무는 부존재

---

9) 대법원이 2016. 10. 13. 원심판결 파기 및 서울고등법원으로 이송하는 판결을 한
후, 당초 민사사건으로 분류되었던 이 사건은 2016. 10. 18. 서울고등법원 2016나
2070100으로 민사 항소심 사건번호를 부여받았다가, 2016. 11. 14. 행정사건으로의
이송결정이 이루어졌고, 2016. 11. 30. 행정사건으로서 서울고등법원 2016누76260
으로 사건번호를 다시 부여받았다. 이송 후 사건인 서울고등법원 2016누76260 사
건에서는 2017. 2. 23. 피고를 국민건강보험공단에서 근로복지공단으로 경정하는
결정이 이루어졌고, 3차례 변론기일이 이루어진 후 변론종결 및 선고기일 추정이
되었으며, 2017. 6. 30. 재판부의 화해권고결정이 있었다. 이후 2017. 7. 25. 화해권
고결정이 확정되었다. 해당 화해권고결정은, 피고 근로복지공단이 원고에게 부과
하고 이에 따라 원고가 이미 납부한 고용·산재보험료 총 18,747,880원을 부당이득
또는 불법행위로 인한 손해배상금액으로 보아 "피고는 원고에게 2017. 7. 28.까지
18,747,880원을 지급한다. 피고가 위 지급기일까지 위 돈을 지급하지 아니할 경우
2017. 7. 29.부터 다 갚는 날까지 연 15%의 비율로 계산한 지연손해금을 가산하여
지급한다. 원고는 나머지 청구를 포기한다. 소송총비용은 각자 부담한다"라는 내
용이다.

확인을 구하는 소를 제기한 사안에서, 이는 행정소송인 공법상 당사자
소송과 행정소송법 제10조 제2항, 제44조 제2항에 규정된 관련청구소송
으로서 부당이득반환을 구하는 민사소송이 병합하여 제기된 경우에 해
당하므로, 원심법원인 인천지방법원 합의부는 항소심으로서 민사소송법
제34조 제1항, 법원조직법 제28조 제1호에 따라 사건을 관할법원인 서
울고등법원에 이송했어야 옳다고 한 사례.

　　【3】 고용보험 및 산업재해보상보험의 보험료징수 등에 관한 법률
제4조는 고용보험법 및 산업재해보상보험법에 따른 보험사업에 관하여
이 법에서 정한 사항은 고용노동부장관으로부터 위탁을 받아 근로복지
공단이 수행하되, 보험료의 체납관리 등의 징수업무는 국민건강보험공
단이 고용노동부장관으로부터 위탁을 받아 수행한다고 규정하고 있다.
따라서 고용·산재보험료의 귀속주체, 즉 사업주가 각 보험료 납부의무
를 부담하는 상대방은 근로복지공단이고, 국민건강보험공단은 단지 각
보험료의 징수업무를 수행하는 데에 불과하므로, 고용·산재보험료 납
부의무 부존재확인의 소는 근로복지공단을 피고로 하여 제기하여야 한
다. 그리고 행정소송법상 당사자소송에서 원고가 피고를 잘못 지정한
때에는 법원은 원고의 신청에 의하여 결정으로써 피고의 경정을 허가할
수 있으므로(행정소송법 제44조 제1항, 제14조), 원고가 피고를 잘못 지정
한 것으로 보이는 경우 법원으로서는 마땅히 석명권을 행사하여 원고로
하여금 정당한 피고로 경정하게 하여 소송을 진행하도록 하여야 한다.

　　【4】 고용보험법 제8조, 제9조, 산업재해보상보험법 제6조, 제7조
및 고용보험 및 산업재해보상보험의 보험료징수 등에 관한 법률 제5조
제1항, 제3항, 제13조 제1항에 의하면, 근로자를 사용하는 사업 또는 사
업장의 사업주는 원칙적으로 고용보험 및 산재보험의 보험가입자가 되
어 고용보험료 및 산재보험료의 납부의무를 부담한다. 건물을 신축하는
건축주가 자신이 직접 공사를 하지 아니하고 공사 전부를 수급인에게
도급을 준 경우에는 근로자를 사용하여 공사를 수행한 자는 수급인이므

로 원칙적으로 수급인이 공사에 관한 고용보험법 및 산업재해보상보험
법상 사업주로서 각 보험료를 납부할 의무를 부담하고, 건축주가 근로
자를 사용하여 공사의 전부 또는 일부를 직접 한 경우에는 그 부분에
한하여 건축주가 고용보험법 및 산업재해보상보험법상 사업주가 되어
이에 해당하는 보험료의 납부의무를 부담한다.

Ⅱ. 평석

1. 문제의 제기

평석대상 판결은 고용·산재보험료 납부의무 부존재확인의 소의 법
적 성질을 공법상 당사자소송이라고 판시하고 있다. 이러한 전제 하에
대법원은 원고가 제기한 부당이득반환 청구의 소와 위 고용·산재보험
료 납부의무 부존재확인의 소의 관계를 밝히고, 정당한 관할법원을 설
명하면서, 피고가 잘못 지정된 것에 법원의 석명의무가 있다고 판단하
고 있다.

이와 같은 각 쟁점별 판시 내용은 아래에서 살펴보는 바와 같이
행정소송법의 이론적 측면에서 타당한 것으로 보인다. 특히 이 사건에
서 고용·산재보험료 납부의무 부존재확인의 소의 법적 성질이 공법상
당사자소송이라는 것이 확정된다면, 그 이하의 판시 내용은 크게 의문
의 여지없이 자연스럽게 이해가 된다. 하지만 실질적인 문제는, 실무적
으로 청구취지만으로는 민사소송과 구별이 되지 않을 수 있는 어떠한
소를 공법상 당사자소송으로 이해하고 포착하는 것이 생각보다 쉽지
않다는 것이다. 우선은 그 원인이 공법상 당사자소송이라는 소송유형
자체가 원·피고나 변호사인 소송대리인뿐만 아니라 행정소송을 담당하
지 않은 판사에게도 생소하게 느껴지기 때문인 것으로 보인다. 또한 행

정소송법에 공법상 당사자소송에 해당하는지 여부를 판단하는 기준이 너무 추상적으로 규정되어 있는 탓으로도 생각된다. 대법원 판례를 통해 공법상 당사사소송에 해당한다고 판시된 사례 역시 아직까지는 많지 않는다는 점도 이러한 난점을 가중시키는 데에 적지 않은 몫을 하는 것으로 보인다.

이러한 문제의식 하에 아래에서는 평석대상 판결의 판시사항별로 간략히 검토를 한 후, 쟁점별로 드러나는 실무상 난점과 이에 대한 해결방안을 실무적 및 입법론적 관점에서 살펴보고자 한다. 특히 공법적 성격이 포함된 분쟁에 관하여 소를 제기하는 원고나 변호사인 소송대리인뿐만 아니라, 사건을 심리하는 판사까지도 공법상 당사자소송을 제대로 식별하지 못하고[10] 그에 따른 적절한 소송절차적 조치를 취하지 못한 원인이 무엇이고, 이에 대한 해결책이 무엇인지를 모색해 보는 것에 초점을 맞추고자 한다.

2. 공법상 당사자소송 대상 식별의 어려움

1) 사안의 분석

제1심과 원심은 모두 이 사건 소가 인천지방법원 민사재판부에 배당된 것에 관하여 특별히 의문을 가지지 않은 것으로 보인다. 즉, 이 사건 소 중 피고 국민건강보험공단을 상대로 한 고용·산재보험료 납부의무 부존재확인의 소에 대해서도 특별히 위 소가 행정소송의 일종인 공법상 당사자소송에 해당할 수도 있다는 고민을 한 흔적을 찾아보기 어렵다. 특히 원심에서는 위 고용·산재보험료 납부의무 부존재확인 청구

---

10) 같은 취지로, 하명호, "공법상 당사자소송과 민사소송의 구별과 소송상 취급", 2008, 인권과 정의 380호, 대한변호사협회, 제52-53면에서도 행정청이나 행정주체가 관련된 분쟁을 해결하기 위하여 소를 제기하려고 하는 자가 항고소송, 공법상 당사자소송, 민사소송 중에서 어떠한 소송유형을 선택해야 하는지의 문제는 법률전문가들에게도 해결하기 쉽지 않은 어려운 문제라고 기술하고 있다.

부분에 고용·산재보험료 부과처분 무효확인의 소를 예비적으로 병합청
구하는 것에 대하여, 이러한 (부과)처분무효확인의 소는 행정소송이라는
점을 지적해내고 있음에도, 정작 병합에 관계된 주위적 청구부분인 고
용·산재보험료 납부의무 부존재확인의 소가 행정소송의 일종인 공법상
당사자소송일 수 있다는 점을 포착해내지 못했다.

　　이와 같이 제1심과 원심이 모두 고용·산재보험료 납부의무 부존재
확인의 소에 대해 공법상 당사자소송의 대상일 수 있다는 점을 인식하
지 못한 원인은 다음의 몇 가지로 추측해 볼 수 있다. 먼저 원고의 소송
대리인이 사건명 자체를 '보험료채무부존재확인'의 소로 기재하였다는
점에서 민사소송에서 흔한 유형인 '(사인간의) 채무부존재확인의 소'와
마찬가지로 취급했을 가능성이 있다.11) 다음으로 원고의 소송대리인은
위 부존재확인의 소의 피고를 '국민건강보험공단'으로 정하였던바, 위
공단은 사법(私法)법률관계에 관한 각종 민사소송의 원고 또는 피고로도
자주 등장하고 있어서12) 이 사건에서도 특별히 '공행정(公行政) 주체',
행정소송의 피고로 식별되지 않았을 수 있다는 점이다. 마지막으로는
실제로 국민건강보험공단을 피고로 한 부당이득 반환청구의 소나 보험
료채무 부존재확인의 소가 소액사건으로 자주 제기되고 있고, 실무상
이를 공법상 당사자소송으로 취급하여 행정법원으로 이송하는 등의 조
치를 취하지 않은 채 그대로 민사법원에서 무변론 사건 등으로 선고되

11) 만일 사건명이 애초부터 '보험료 **납부의무** 부존재확인의 소'로 기재되었다면, (강
제)보험료 납부의무는 —조세 납부의무와 마찬가지로— 공법상 법률관계에서 파
생되는 의무라는 점이 보다 쉽게 인식될 수도 있었고, 이에 따라 해당 소의 성질
은 공법상 법률관계에 관한 소송인 '당사자소송'으로 포착될 수 있는 가능성이 더
커졌을 수도 있다는 의미에서 이와 같은 이해가 가능할 것이다.
12) 국민건강보험공단은 고용보험사업이나 산재보험사업에 관하여 보험료의 징수 및
체납관리 등의 업무를 담당하고 있는 관계로 관련 권리실현을 위한 각종 구상금,
전부금, 추심금 청구소송의 원고나 불법적으로 지급된 각종 사급여비용의 회수를
위한 불법행위 손해배상소송, 부당이득금 반환청구소송 등의 원고로서 민사소송
당사자로 자주 등장하고 있는 편이다.

는 사례가 적지 않고 담당판사들에게도 별다른 문제의식이 없는 것이 현실이다.13)

2) 문제의 소재

가) 공법상 당사자소송의 대상

이와 같이 어떠한 소가 민사소송에 해당하는지, 공법상 당사자소송에 해당하는지를 구별하는 것은 생각보다 쉽지 않다. 이론적으로는 민사소송은 사법(私法)상 법률관계를 대상으로 하는 반면, 공법상 당사자소송은 공법(公法)상 법률관계를 대상으로 하는 차이가 있다고 하지만,14) 과연 해당 소가 공법상 법률관계를 다루는 것인지, 아니면 사법상 법률관계를 다루는 것인지 판단하는 것은 결코 용이한 일이 아니다.15)

행정소송법 제3조 제2호의 '당사자소송'에 관한 정의(定義)16) 역시 공법상 당사자소송의 대상을 구체적으로 식별하는 데는 크게 도움을 주지 못한다. '행정청의 처분등을 원인으로 하는 법률관계'는 그나마 '처분

---

13) 오영표, "당사자소송과 민사소송의 관계", 대청법학3호, 2010, 대청법학연구회, 제319면에서는, 당사자소송은 민사소송과 당사자, 청구취지, 청구원인에 있어 유사하거나 동일하여 구별하기가 쉽지 않아 당사자소송이 민사소송으로 처리되는 경우가 실무상 다수 발생하고 있다고 한다.
14) 법원행정처, 법원실무제요 「행정」(2016), 제159면 참조.
15) 이홍훈, "행정소송과 민사소송", 한국공법이론의 새로운 전개, 2005. 6., 삼지원, 제467면에서도, 어떤 사건을 처리함에 있어 먼저 민사사건인지 행정사건인지를 구별하여 어느 것인가를 판단하여야 할 것이지만 그 구별의 근거나 기준이 이론적으로 명확하지 아니하고, 판단자의 사고경향에 따라 좌우되기 쉽기 때문에 제1심 법원으로서는 접수한 사건의 성질을 살펴보고서 어떤 소송절차에 의할 것인지를 결정함에 있어서 상당한 어려움이 따를 수밖에 없다고 지적하고 있다.
16) 행정소송법 제3조 (행정소송의 종류)
행정소송은 다음의 네 가지로 구분한다.
2. 당사자소송: 행정청의 처분등을 원인으로 하는 법률관계에 관한 소송 그 밖에 공법상의 법률관계에 관한 소송으로서 그 법률관계의 한쪽 당사자를 피고로 하는 소송

등'의 존재가 결부되어 그 외형상 판단이 용이한 편이지만,[17) '그 밖에 공법상의 법률관계'라는 부분은 과연 '공법'이 무엇인가, 즉 공법과 사법의 구별이라는 심오한 법이론적 문제와 맞닿아 있기 때문이다.[18)

나) 공법과 사법의 이론적 구별기준

종래 우리나라 학설은 독일의 공법과 사법의 구별기준에 관한 논의를 받아들여, 주체설,[19) 권력설,[20) 이익설,[21) 귀속설(新주체설)[22) 등

---

17) 행정소송법 제3조 제2호에서 당사자소송을 정의하는 '행정청의 처분등을 원인으로 하는 법률관계에 관한 소송'과 '그밖에 공법상의 법률관계에 관한 소송' 양자의 관계에 관하여 학자들 사이에 여러 견해가 제시된다. 그 중에서 대표적인 견해로 하명호, "공법상 당사자소송과 민사소송의 구별과 소송상 취급", 2008, 인권과 정의 380호, 대한변호사협회, 제60-61면에서는 행정소송법 제3조 제2호는 '예시적 입법'이라는 규율방식을 채택한 것으로서, 예시적 입법에서는 규율대상인 대전제를 규정함과 동시에 구성요건의 외연에 해당되는 개별사례를 예시적으로 규정하는 것인데, '행정청의 처분등을 원인으로 하는 법률관계에 관한 소송'은 '공법상 법률관계에 관한 소송'의 대표적인 예시에 해당하게 된다고 본다. 실무에서도 사법발전재단, 행정소송의 이론과 실무(개정판), 2013, 서울행정법원 실무연구회, 제80면에 따르면 행정소송법 제3조 제2호는 '행정청의 처분등을 원인으로 하는 법률관계에 관한 소송' 다음에 일본과 같은 접속사나 쉼표 등 전단과 후단을 서로 구분하는 표시를 하지 않고 있고, 또한 '그밖에'라는 표현을 사용함으로써 후단이 전단을 포괄하는 형태를 취하고 있는 등 그 규정의 형식이나 내용에 비추어 볼 때 전단의 '행정청의 처분등을 원인으로 하는 법률관계에 관한 소송'은 후단의 소송과 대비되는 별개의 당사자소송 종류를 설정한 것이라기보다는 후단의 '공법상의 법률관계에 관한 소송'의 대표적인 일례를 나열한 것으로 봄이 타당하다고 한다.

18) 박정훈, "행정소송법의 개관", 행정소송의 구조와 기능, 2006, 박영사, 제4면에서는 마찬가지의 취지에서 행정사건과 민사사건의 구별은 행정주체의 활동에 있어서 공법관계와 사법관계의 구별의 문제로 귀착된다고 보고 있다. 안철상, "행정소송과 민사소송", 재판실무연구(4) 행정소송(I), 2008, 한국사법행정학회, 제34면; 이현수, "공법상 당사자소송의 연원과 발전방향", 일감법학 제32호, 2015, 건국대학교 법학연구소, 제338면; 정남철, "공법상 당사자소송의 발전과 과제", 행정판례연구 19-1집, 2014, 박영사, 제293면 등도 마찬가지 취지이다.

19) '주체설(舊주체설)'은 법률관계의 주체를 기준으로 하여 적어도 일방당사자가 국가 기타 행정주체인 경우는 공법관계이고, 그 당사자가 사인(私人)인 경우는 사법관계라고 보는 견해이다(이홍훈, "행정소송과 민사소송", 한국공법이론의 새로운 전개, 2005. 6., 삼지원, 제468면; 오영표, "당사자소송과 민사소송의 관계", 대청법학 3호, 2010, 대청법학연구회, 제329-330면 등 참조).

이 주장되었다. 하지만 이러한 학설의 기준으로 곧바로 공법과 사법의
구별이 분명해진다거나 해답이 바로 나오는 것은 아니다. 위와 같은 학
설의 여러 기준들에 비추어 공권적 작용의 근거 법규에 대한 해석, 법
규의 귀속주체 등을 종합적으로 고려해서 공법 해당 여부를 판단해야
할 것이다.[23]

　　나아가 공법관계와 사법관계의 구별에 관하여 종래의 통설은 대체
로 3분설을 취하여, 권력행정은 공법관계에, 국고행정은 사법관계에 각
각 해당되고, 그 중간 영역으로서의 관리행정 내지 비권력행정은 부분적
으로 공법관계에 속하는 것으로 본다.[24] 그러나, 오늘날의 지배적인 견
해는 포괄적 개념으로서 관리행정과 국고행정이라는 개념을 인정하지
아니하고 그 개별적·구체적 관계를 규율하는 법이 입법정책적으로 공익
실현이라는 행정목적의 달성을 위하여 특수한 규율을 하고 있는 경우에

---

20) '권력설'은 당해 법률관계가 지배복종관계인가 대등관계인가에 따라 공법과 사법
　　을 구별하는 견해이다(이홍훈, "행정소송과 민사소송", 한국공법이론의 새로운 전
　　개, 2005. 6., 삼지원, 제468면; 오영표, "당사자소송과 민사소송의 관계", 대청법학
　　3호, 2010, 대청법학연구회, 제329-330면 등 참조).

21) '이익설'은 공익목적에 봉사하는 법률관계를 공법관계로, 사익(私益)의 추구에 봉
　　사하는 법률관계를 사법관계로 보는 견해이다(이홍훈, "행정소송과 민사소송", 한
　　국공법이론의 새로운 전개, 2005. 6., 삼지원, 제468면; 오영표, "당사자소송과 민
　　사소송의 관계", 대청법학3호, 2010, 대청법학연구회, 제329-330면 등 참조).

22) '귀속설(新주체설)'은 공권력의 담당자인 국가 등의 고권적 행정주체에 대해서만
　　권리·권한을 부여하거나 의무를 부여하는 법은 공법이고, 모든 권리주체에 권리를
　　부여하고 의무를 부과하는 법은 사법(私法)이라고 보는 견해이다. 국내의 유력설
　　이고 독일의 통설이기도 하다(이홍훈, "행정소송과 민사소송", 한국공법이론의 새
　　로운 전개, 2005. 6., 삼지원, 제468면; 오영표, "당사자소송과 민사소송의 관계",
　　대청법학3호, 2010, 대청법학연구회, 제329-330면; 정남철, "공법상 당사자소송의
　　발전과 과제", 행정판례연구 19-1집, 2014, 박영사, 제293면 등 참조).

23) 정남철, "공법상 당사자소송의 발전과 과제", 행정판례연구 19-1집, 2014, 박영사,
　　제293면.

24) 박정훈, "행정소송법의 개관", 행정소송의 구조와 기능, 2006, 박영사, 제4면. 이러
　　한 견해를 이홍훈, "행정소송과 민사소송", 한국공법이론의 새로운 전개, 2005. 6.,
　　삼지원, 제469면에서는 '개괄적 구별설'로 칭하고 있다.

는 그것이 관리관계이건 국고관계이건 불문하고 공법관계라고 한다.25)

공법과 사법의 구별에 관하여 우리나라의 판례는 주체설, 권력설, 이익설 등 어느 일방적인 견해에 따르지 아니하고 구체적인 사안에 따라 개별적으로 결정하고 있는 것으로 보이는데, 대체적으로는 국가나 공공단체가 당사자의 일방 또는 쌍방인 법률관계는 행정소송의 대상인 공법관계로 보고 있지만, 그 중에서 국가나 공공단체가 순수한 사(私)경제적인 지위에서 행한 법률관계는 사법관계에 속한다는 입장에서 판단하고 있다.26)

다) 공법상 당사자소송과 민사소송의 구별·판단기준

공법상 당사자소송과 민사소송의 소송유형을 어떠한 기준으로 구분하여 파악할 것인지에 관하여 견해 대립이 있다. 먼저, '소송물'을 기준으로 그것이 공법상 권리이면 행정사건이고, 사법상 권리이면 민사사건이라는 견해로서, 예를 들어 공무원지위확인은 공무원법에 근거를 두고 있으므로 행정사건이고, 소유권확인이나 부당이득반환청구는 민법에 근거를 두고 있으므로 민사사건이라는 이해이다.27) 다른 견해는, 소송물의 전제가 되는 '법률관계'를 기준으로 양자를 구별하는 견해로서, 예를 들어 청구취지가 소유권확인소송이라도 청구원인이 행정처분의 무효 등을 원인으로 할 때에는 행정사건이 되고, 매매계약 무효를 원인으로 할 때는 민사사건이 된다는 것이다.28) 학자들은 대체로 후자의 견해(소송물의 전제가 되는 법률관계 기준설)를 지지하고 있지만, 우리나라 대법

---

25) 박윤흔, 최신행정법강의(상), 2002, 박영사, 제117면; 이홍훈, "행정소송과 민사소송", 한국공법이론의 새로운 전개, 2005. 6., 삼지원, 제469면에서는 이러한 견해를 '개별적 구별설'로 칭하고 있다.
26) 이홍훈, "행정소송과 민사소송", 한국공법이론의 새로운 전개, 2005. 6., 삼지원, 제469면; 오영표, "당사자소송과 민사소송의 관계", 대청법학3호, 2010, 대청법학연구회, 제330면.
27) 법원행정처, 법원실무제요 「행정」(2016), 제159면.
28) 법원행정처, 법원실무제요 「행정」(2016), 제159면.

원 판례[29])는 전자의 견해(소송물 기준설)에 서 있는 것으로 보인다.

위와 같은 견해들은 어디까지나 공법상 당사자소송과 민사소송의 소송유형 중 어떤 것에 속하는지를 구별하고 판단하는 기준으로 작용할 수 있을 뿐, 그 근간이 되는 법률관계에 있어서 무엇이 공법이고 사법인지에 관해서는 대답을 해주지 못한다는 점에서 공법상 당사자소송의 대상을 세부적으로 식별하는 데 직접적인 도움이 되지는 못한다.[30])

라) 구별의 어려움 vs. 구별의 필요성 vs. 구별의 실익

실무에서 당사자, 청구취지, 청구원인 등에 있어서 거의 흡사하거나 동일하게 보이는 공법상 당사자소송과 민사소송의 대상 식별에 어려움이 있음은 분명하다. 하지만 이에 대응하여 실무적 측면에서 양자를 구별할 수 있는 법률, 대법원 규칙이나 재판예규 등 명확한 법규적 기준이 존재하지 아니하고, 확립된 실무례나 축적된 대법원 판례가 존재하는 것도 아니다. 이론적 측면에서도 위에서 본 '공법과 사법의 이론적 구별기준'이나 '공법상 당사자소송과 민사소송의 구별·판단기준'은 공법상 당사자소송과 민사소송의 대상 식별에 있어서 마찬가지로 명확한 해답을 제시해주지는 못하는 것으로 보인다. 다시 말해서 공법상 당사자소송과 민사소송의 이론적 구별 기준이나 근거가 실무적인 어려움을 해소해주지 못하고 있다.[31])

그럼에도 불구하고 공법상 당사자소송과 민사소송은 최초 소제기 단계에서부터 민사법원과 행정법원 중 어느 법원에 소를 제기해야 하는

---

29) 대법원 1995. 4. 28. 선고 94다55019 판결(과세처분의 당연무효를 전제로 이미 납부한 세금의 반환을 청구하는 것은 민사상의 부당이득반환청구라고 본 사례) 등 참조.

30) 같은 취지에서 이현수, "공법상 당사자소송의 연원과 발전방향", 일감법학 제32호, 2015, 건국대학교 법학연구소, 제339면에서는 위와 같은 소송물기준설이나 소송물의 전제가 되는 법률관계 기준설 모두에 있어서 이미 공법과 사법의 구별이 전제되어 있어서 일종의 '순환논법'이 아닌가 하는 생각이 든다고 서술하고 있다.

31) 이홍훈, "행정소송과 민사소송", 한국공법이론의 새로운 전개, 2005. 6., 삼지원, 제467면.

가라는 '관할법원'의 결정에 있어 큰 차이를 가져오므로 반드시 구별되
어야만 한다.32) 공법상 당사자소송은 행정소송의 일종으로서 행정법원
의 전속관할에 속하므로33) 그 관할을 확정하기 위해 양자의 구별은 필
요하다.34)

또한 민사소송과는 달리 공법상 당사자소송은 심리절차 등에서도
행정소송법의 특칙이 적용될 수 있다는 점에서 구별 실익이 있다. 즉,
공법상 당사자소송에는 행정소송법이 정한 피고의 경정(제44조 제1항, 제
14조), 관련사건의 병합(제44조 제2항, 제10조 제2항, 제44조 제1항, 제15조),
제3자와 행정청의 소송참가(제44조 제1항, 제16조, 제17조), 소의 종류 변
경(제42조, 제21조), 처분변경으로 인한 소의 변경(제44조 제1항, 제22조),
행정심판기록 제출명령(제44조 제1항, 제25조), 직권심리(제44조 제1항, 제
26조), 판결의 기속력(제44조 제1항, 제30조 제1항) 등에 관한 규정이 적용
된다.35)

---

32) 특히 행정사건을 민사법원에 제기한 경우(「행정사건→민사법원」)가 문제이다. 행
정사건이 성질상 행정법원의 전속관할에 속하는 관계로 관할위반에 따른 이송 문
제가 발생하고, 절대적 상고이유가 되기 때문이다. 반면, 민사사건을 행정법원에
제기한 경우(「민사사건→행정법원」)에는 피고가 관할위반 항변을 하지 아니하고
본안에 대해 변론하였다면 '변론관할'이 생기므로(대법원 2013. 2. 28. 선고 2010두
22368 판결) 상대적으로 문제가 크지 않다.
33) 대법원 2009. 9. 17. 선고 2007다2428 판결(도시 및 주거환경정비법상 주택재건축
정비사업조합을 상대로 한 관리처분계획안에 대한 총회결의의 무효확인을 구하는
소를 민사소송으로 제기한 사안에서, 그 소는 행정소송법상 당사자소송에 해당하
므로 행정법원의 전속관할에 속한다고 한 사례) 등 참조.
34) 물론 행정소송 중 항고소송과 민사소송의 구별에서만큼 그 절차상의 차이나 구별
필요성이 확연히 드러나는 것은 아니다(같은 취지로 하명호, "공법상 당사자소송
과 민사소송의 구별과 소송상 취급", 2008, 인권과 정의 380호, 대한변호사협회,
제54면). 실무상 항고소송과 민사소송의 구별 필요성, 항고소송과 공법상 당사자
소송 사이의 구별 필요성에 관하여 논의한 것으로는 拙著, "민주화운동관련자 명
예회복 및 보상 등에 관한 법률에 따른 보상금의 지급을 구하는 소송의 형태에 관
한 소고 - 대법원 2008. 4. 17. 선고 2005두16158 전원합의체 판결에 대한 실무적
관점에서의 검토를 중심으로", 행정법연구, 2010. 8., 행정법이론실무학회, 제
227-230면 참조.

이와 같이 공법상 당사자소송과 민사소송의 구별이 단순히 실익 향유 여부의 차이에만 그친다면 다행이겠으나, 전속관할 위반이라는 소송당사자의 불이익으로 귀결될 수 있다는 점에서 구별의 어려움이라는 문제의 심각성이 더해진다.

3) 검토

가) 공법상 당사자소송에 대한 법관 인식 제고 필요

공법상 당사자소송으로 제기되어야 할 소가 민사소송으로 잘못 제기된 경우 이러한 오류를 시정할 수 있는 최종 담당자는 해당 사건을 배당받은 민사법원의 재판장이 될 것이다. 따라서 민사법원 판사는 단지 민사적 관점이나 마인드로만 사건을 검토할 것이 아니라, 사안의 내용과 성격에 비추어 공법적 쟁점이 있는지, 공법적 법리로 해결할 여지는 있는지 등에 대해 항시 예민한 감각을 유지할 필요가 있다. 보다 구체적으로는 첫째, 행정소송법 제3조 제2호의 공법상 당사자소송은 '공법상 법률관계의 한쪽 당사자'를 피고로 하는 소송이라는 점과 행정소송법 제39조는 당사자소송의 피고는 국가, 공공단체 그 밖의 권리주체라고 규정하고 있는 점에 착안하여, 소장 심사단계부터 소송당사자 중 일부라도 국가, 공공단체 등 '공행정 주체'에 해당하는지를 주의 깊게 살펴 공법상 당사자소송의 피고에 해당하지 않을지를 검토하는 자세가 요구된다. 둘째, 해당 사건의 청구원인을 구성하는 근거법률이나 법률관계가 단순한 '사인(私人) 대 사인(私人)'의 통상적인 관계와는 달리 불균형적 입장 내지 상하관계적 성격 등 공법적 특성을 가지고 있는지 여부도 점검해 볼 필요가 있다. 셋째, 향후 변론에서의 심리기준, 심리방향 등을 고려할 때, 당해 사안을 올바르고 적정하게 심리·해결하기 위해 해당 분쟁이 단순히 민법, 상법 등 사법(私法) 법리로만 해결하기는

---

35) 법원행정처, 법원실무제요 「행정」(2016), 제159면.

쉽지 않은 사안의 특질을 가지고 있는지 등도 민감한 공법적 감각으로 접근할 필요가 있다.

이와 같은 민사법관의 공법적 감수성과 마인드의 향상은 ① 통상 1~2년을 주기로 법관의 정기 사무분담 변경이 이루어지는 우리나라 법원의 현실과 특성을 고려한다면, 보다 더 많은 공법 관련 사무분담이나 보임 가능성의 확대[36] 등 인사제도의 개편을 통해서 그 실현이 가능할 것이고, ② 공법실무 연수 확대 등 지속적인 직무관련교육을 통해서도 실천 가능할 것이다.

나) 공법상 당사자소송 대상의 구체화를 위한 법규 제·개정 필요

주지하다시피, 2006년 대법원 행정소송위원회의 행정소송법 개정시안,[37] 2007년 및 2012년 각 법무부 행정소송법 개정안[38] 및 개정시안 등[39]에서 볼 수 있는 바와 같이, 행정소송법 제3조 제2호의 당사자

---

36) 이러한 예로는 행정 재판부 증설 등을 통한 근무기회 확대, 헌법재판소 파견근무 확대, 사법정책연구원 공법분야 연구보직 확대 등을 생각해 볼 수 있을 것이다.

37) 2006년 대법원 행정소송개정위원회 개정시안
제3조 (행정소송의 종류)
행정소송의 종류는 다음과 같다.
2. 당사자소송: 행정상 손실보상, 처분 등의 위법으로 인한 손해배상·부당이득반환, 그 밖의 공법상 법률관계에 관한 소송으로서 그 법률관계의 한쪽 당사자를 피고로 하는 소송

38) 정부안(법무부, 2007. 11. 19. 국회 제출)
제3조 (행정소송의 종류)
행정소송은 다음의 네 가지로 구분한다.
2. 당사자소송: 행정상 손실보상, 처분 등의 위법으로 인한 손해배상·부당이득반환이나 그 밖에 공법상 원인에 의하여 발생하는 법률관계에 관한 소송으로서 그 법률관계의 한쪽 당사자를 피고로 하는 소송

39) * 2012. 5. 24. 법무부 공청회 행정소송법 개정시안
제3조
2. 당사자소송: 행정청의 처분 등을 원인으로 하는 법률관계에 관한 소송 그 밖에 공법상의 법률관계에 관한 소송으로서 그 법률관계의 한쪽 당사자를 피고로 하는 소송으로 다음 각목에 규정된 것을 포함한다.
가. 공법상 신분·지위 등 그 법률관계의 존부에 관한 확인소송

소송의 정의 규정에 행정상 손실보상, 처분 등의 위법으로 인한 손해배
상·부당이득반환 등으로 공법상 당사자소송의 유형에 대해 구체적 예
시를 추가함으로써 공법상 당사자소송의 대상 식별과 판단을 보다 용이
하게끔 하는 시도가 있었으나, 개정입법으로 빛을 보지는 못했다. 이와
같이 행정소송법 개정을 통한 입법적 해결은 일거에 공법상 당사자소송
의 대상을 조정하고 구체화할 수 있다는 점에서 가장 실효적인 문제해
결 방법이 될 수 있다. 또한 공법상 당사자소송의 대상·판단기준 등에
관한 구체적인 규정을 대법원 규칙이나 재판예규에 두는 방안도 생각할
수 있을 것이다.

다) 공법상 당사자소송을 인정하는 대법원 판례의 축적 필요

지금까지 우리나라 대법원의 주류적인 판례는 처분 등을 원인으로
하는 법률관계라고 하더라도 구 소송물 이론에 따라 청구권의 근거조항
에 해당하는 소송물이 사법(私法)상의 권리이면 민사사건으로 봄으로써
공법상 당사자소송이 인정되는 영역이 한정적일 수밖에 없었다. 실제로
대법원이 판례를 통해 인정한 공법상 당사자소송의 사안도 ─행정소송
의 주류를 이루는 항고소송, 특히 취소소송의 대상과 비교할 때─ 그리
많지 않았다. 이러한 현실은 기존에 민사소송으로 처리해오던 분쟁 유
형을 공법상 당사자소송으로 선언하는 판례 변경이 있을 경우, 하급심
판결을 대량으로 파기하지 않을 수 없고, 하급심으로서도 수건의 소송
이송 사태에 직면하게 되는 등[40] 실무상 혼란이 불가피하다는 점도 암

나. 행정상 손해배상청구소송(단, 자동차손해배상보장법의 적용을 받는 것은 제외
한다)
다. 행정상 손실보상·부당이득반환·원상회복 등 청구소송
라. 기타 행정상 급부이행청구소송
* 2013. 3. 20. 정부 입법예고 행정소송법 개정 법률안
제3조
2. 당사자소송: 행정상 손실보상·손해배상·부당이득반환이나 그 밖의 공법상 원인
으로 발생하는 법률관계에 관한 소송으로서 그 법률관계의 한쪽 당사자를 피고로
하는 소송

암리에 고려되지 않았을까 조심스럽게 추측해본다.

하지만, 판례 변경에 따른 하급심의 실무 변화는 언제든지 예정될 수 있는 것으로서 이러한 일정 기간의 혼란을 우려하여 대법원이 공법상 당사자소송의 인정 영역을 확대하고 사례군을 축적하는 것을 게을리 해서는 안 된다고 생각한다. 공법상 당사자소송을 적극 검토하여 대법원 판례를 변경하고 도출해내는 일은 외형상 민사소송처럼 보이는 공법적 분쟁사항에 대하여 행정사건의 특수성과 전문성이라는 관점에 입각하여[41] 전문법관으로 구성된 행정법원의 심리와 행정소송법상의 특칙 활용 및 공법원리의 적정하고 탄력적인 적용을 통해 국민의 권익구제에 더 효과적인 결과를 가져오는 올바른 방향에 서 있는 것이라고 할 수 있다. 따라서 대법원은 공법상 당사자소송의 대상을 명확히 하고 법리를 계발하며 판례를 축적하는 데에 주저함이 없어야 할 것이다.

라) 공법상 당사자소송을 민사소송으로 잘못 선택한 소송당사자에 대한 불이익·위험 완화 필요

공법상 당사자소송과 민사소송의 구별이 쉽지 않음에도 양자 중 잘못된 소송유형의 선택에 따른 위험 내지 불이익을 국민인 소송당사자에게만 부담시키는 것은 공법상 분쟁에서 국민의 권익을 보호한다는 행정소송제도의 본질 면에서 부당한 결과를 가져온다. 따라서 양자 구별이 쉽지 않다면 양자 중 잘못된 소송유형의 선택에 따른 불이익이나 위험을 감소시켜주는 실무례나 제도 정비 등이 필요하다.[42] 일반 국민 입

---

40) 법원행정처, 2017 행정재판 발전위원회 백서(2017), 제318면. 이에 따라 대법원으로서는 정책적 관점에서 하급심 대량 파기 및 수건의 소송이송 사태 등의 혼란을 감수할 만큼 필요성이 절실하다고 보기 어려운 사건에서는 당사자소송으로 소송형태를 변경하는 판단을 회피하는 경우도 생길 수 있다는 점을 지적하고 있다.
41) 이러한 의미에서 행정사건과 민사사건의 구별은 기본적으로는 공법과 사법의 구별 문제에 귀결되지만, 다른 한편으로는 행정사건의 특수성, 전문성에 입각하여 결정될 필요가 있다는 견해로는 안철상, "행정소송과 민사소송", 재판실무연구(4) 행정소송(Ⅰ), 2008, 한국사법행정학회, 제35면 참조.
42) 같은 취지로 오영표, "당사자소송과 민사소송의 관계", 대청법학3호, 2010, 대청법

장에서 행정법원과 지방법원 중 어느 법원의 관할에 속하는지 명백하지
않을 경우 고등법원이 관할법원을 지정해줄 수 있는 '관할지정제도'의
도입이라던가,[43] 지방법원 본원 행정부로 제소하는 것이 불편한 지역의
경우 공법상 당사자소송에 한해서라도 지방법원 지원에서도 재판을 받
을 수 있도록 당사자소송과 민사소송의 경합적 관할을 인정하거나, 양
자의 병행제기를 허용하는 것이 국민의 권리구제와 제소 편의의 차원에
서 검토되어야 한다는 견해[44] 등이 좋은 예이다.

3. 피고경정과 법원의 석명의무

1) 사안의 분석

제1심과 원심은 모두 이 사건 소의 피고가 국민건강보험공단이 된
것에 대해서도 마찬가지로 의문을 가지지 않았던 것으로 보인다. 더군
다나 제1심은 "보험료 과오납으로 인한 부당이득의 법률관계는 근로복
지공단과의 문제이고, 피고 국민건강보험공단은 근로복지공단으로부터
보험료 징수에 관한 업무를 위탁받아 처리하는 자에 불과하다"는 피고
적격에 관한 본안 전 항변이 있었음에도, 국민건강보험공단이 피고가
되는 것이 적정한가에 관하여 공법적 관점이나 행정소송법 측면에서 크
게 고민하지 않은 것으로 보인다. 그 결과로 이 사건 소 중 부당이득반
환청구의 소가 민사소송이라는 점에만 초점을 맞추어 이행소송에서의
피고적격에 관한 판례이론에 근거하여 본안 전 항변을 배척했고, 소송
의 종류가 확인의 소로서 서로 다른 이 사건 고용·산재보험료 납부의무
부존재확인의 소에 대한 피고적격에 관해서는 어떠한 판시도 하고 있지

학연구회, 제347면 참조.
43) 2013. 3. 20. 정부 입법예고 행정소송법 개정 법률안 제9조에 관할지정제도가 규정
   되어 있었다.
44) 안철상, "행정소송과 민사소송", 재판실무연구(4) 행정소송(Ⅰ), 2008, 한국사법행
   정학회, 제71면.

않다.[45)]

이와 같이 제1심과 원심에서 올바른 피고적격 판단이 이루어지지 못한 원인을 다음 몇 가지로 분석해볼 수 있다. 첫째, 앞서 잠시 본 바와 같이 원고 측에서는 이 사건 소의 피고를 '국민건강보험공단'으로 지정하였는바, 위 공단은 각종 민사소송의 피고로도 자주 등장하고 있었기 때문에 특별히 '공행정 주체'로서 인식되지 않았을 수 있다. 고용보험이나 산업재해보상보험이 모두 국가의 공적인 임무[46)]와 관련된 성격이 비교적 강하게 드러나고, 가입이 강제되며, 해당 보험료는 조세와 마찬가지로 부과·징수된다는 점도 공법상 당사자소송의 해당 가능성을 연상시킬 수 있는 단초 내지 근거가 된다. 그러나 제1심과 원심에서는 소송유형의 선택, 공법상 당사자소송의 해당 가능성이라는 점 자체가 간과되지 않았나한다. 둘째, 앞서 살펴본 바와 같이 제1심과 원심은 모두 이 사건 고용·산재보험료 납부의무 부존재확인의 소가 민사소송에 해당한다고 만연히 생각함으로써 피고적격 문제를 제대로 바라보지 못

---

45) 물론, 이와 같이 고용·산재보험료 납부의무 부존재확인의 소에 대하여 피고적격 판단을 하지 않은 것은, 민사소송의 확인의 소에서는 일반적으로 피고적격이 아니라 확인의 이익 문제로 귀결된다는 취지의 대법원 2013. 2. 15. 선고 2012다67399 판결이 고려되었기 때문이라고 선해할 수도 있을 것이다. 하지만, 관련 설시가 전혀 없어 제1심이 이와 같은 점까지 검토하고 판결을 한 것인지는 알기 어렵다. 위 대법원 판결의 요지 중 해당 부분은 아래와 같다.
   * 대법원 2013. 2. 15. 선고 2012다67399 판결
   "확인의 소에 있어서는 권리보호요건으로서 확인의 이익이 있어야 하고 그 확인의 이익은 원고의 권리 또는 법률상의 지위에 현존하는 불안, 위험이 있고 그 불안, 위험을 제거함에는 피고를 상대로 확인판결을 받는 것이 가장 유효적절한 수단일 때에만 인정된다. 그리고 확인의 소의 피고는 원고의 권리 또는 법률관계를 다툼으로써 원고의 법률적 지위에 불안을 초래할 염려가 있는 자, 다시 말하면 원고의 보호법익과 대립·저촉되는 이익을 주장하고 있는 자이어야 하고 그와 같은 피고를 상대로 하여야 확인의 이익이 있게 된다."
46) 고용보험법이나 산업재해보상보험법에서는 실업 예방, 고용 촉진, 근로자의 생활 안정과 구직 활동의 촉진 또는 근로자의 업무상 재해에 대한 신속·공정한 보상, 근로자의 복지 증진 등의 공적인 목적과 임무를 밝히고 있다.

했던 것으로 생각된다. 이 사건 고용·산재보험료 관련 분쟁의 근거가 되
는 법률이 고용산재보험료징수법으로서 공법관계를 규율하는 것으로
볼 여지가 컸음에도 공법상 당사자소송의 해당성은 달리 고려되지 않았
던 것으로 보인다. 셋째, 평석대상판결에서도 판시한 바와 같이 근거법
률인 고용산재보험료징수법 제4조는 고용보험 및 산업재해보상보험사
업에 관한 업무, 특히 고용·산재보험료 부과업무는 근로복지공단이, 고
용·산재보험료 징수업무는 국민건강보험공단이 각각 고용노동부장관으
로부터 위탁받아 수행되는 것으로 규정되어 있음에도, 제1심과 원심은
이러한 공법상 법률관계를 명확히 인식하지 않았던 것으로 보인다. 원
심이 예비적으로 추가된 처분무효확인청구에서의 '처분'을 고용·산재보
험료 ('징수처분'이 아닌) '부과처분'으로 판시한 것을 보아서도 그러하
다.47) 제1심과 원심 재판부가 고용·산재보험관계에 있어서 고용·산재보
험료 부과처분은 근로복지공단이, 징수처분은 국민건강보험공단이 담당
한다는 점을 구분하여 인식했더라면 피고적격에 관한 제1심에서의 본
안 전 항변에 대하여 올바로 판단했을 수도 있었다고 생각된다.

2) 문제의 소재

가) 공법상 법률관계의 일방 당사자인 피고의 지정 문제

통상 원고의 경우 자신에게 최종적으로 불이익한 결과를 가져온
행위나 대상을 포착하여 그 행위나 법률관계의 상대방을 상대로 소를
제기하는 것은 어찌 보면 자연스러운 일이다. 이러한 관점에서 이 사건

---

47) 이와 같은 고용·산재보험료 부과처분이라는 표현이 판결문에 적시된 것이 원고 측
에서 서면을 제출하면서 그와 같이 '부과처분'이라는 표현을 썼고(원심의 2016. 3.
18.자 청구취지 및 청구원인 변경신청서에 '고용산재보험료부과처분'으로 기재되
어 있다), 재판부가 이를 그대로 판결에 옮겼을 가능성도 있다. 그러나 통상 판결
문에 당사자의 주장을 정리하여 기재하는 경우에는 (소송당사자가 법률용어를 잘
못 적은 그대로를 기재하기보다는) 본래의 법적 성질에 부합하도록 고쳐 적는 경
우가 더 많다는 점에서 이와 같이 생각해 본 것이다.

에서 피고 국민건강보험공단이 원고에게 고용·산재보험료 납부를 독촉하고 일부 보험료를 납부받았기 때문에 원고는 국민건강보험공단을 상대로 부당이득반환청구와 채무부존재확인청구의 소를 제기한 것으로 보인다.[48)]

그러나 이 사건에서는 원고 소송대리인이나 재판부 모두 쟁점 근거법률인 고용산재보험료징수법 전체의 체계를 좀 더 상세히 이해하고, 해당 법률관계에 대한 정확한 해석과 분석을 했더라면, 이 사건 고용·산재보험료 납부의무 부존재확인의 소가 공법상 당사자소송에 해당되고, 피고 역시 보험료의 최종 귀속주체인 근로복지공단이 되어야 한다는 점을 알 수 있었을 것으로 생각된다. 특히, 사회보험료 징수처분은 국세 체납처분의 예에 따라 징수하는 등 조세 부과처분 및 징수처분에 관한 법리와 판례[49)]가 적용될 여지가 크다는 점도 위 고용산재보험료징수법의 이해에 큰 도움이 되었을 것이다. 따라서 제1심과 원심 재판부가 이와 같은 사안의 특성을 조금 더 세심하게 포착하고, 법령 체계와 판례를 잘 이해했다면 피고의 잘못된 지정을 시정할 수 있지 않았을까 생각한다.

---

48) 이병희, "행정법원이 설치되지 않은 지역에서 공법상 당사자소송의 항소심을 지방법원 본원 합의부가 민사소송으로 처리한 경우 관할위반 여부; 국민건강보험공단이 고용보험료와 산재보험료를 징수하는 경우 보험료 납부의무 부존재확인의 소의 피고 및 법원의 석명의무; 고용보험 및 산업재해보상보험법상 사업주", 대법원 판례해설 제109호, 법원도서관, 제374면.

49) 대법원 2000. 9. 8. 선고 99두2765 판결은 서울특별시에 귀속하는 취득세와 국세인 농어촌특별세를 서대문구청장이 징수한 사안이었는데, "이 사건 소에서 피고로 삼은 서대문구는 취득세와 농어촌특별세의 징수사무를 처리하는 지방자치단체일 뿐 취득세와 농어촌특별세의 귀속주체가 아니므로 이 사건 소의 피고적격이 없다"라고 판시하였다. 평석대상판결에서도 조세에 관한 위 판결을 참조판례로 하여 이 사건 고용·산재보험료 납부의무 부존재확인의 소를 공법상 당사자소송으로 보고 피고를 근로복지공단으로 경정해야 한다고 보았다.

나) 피고 경정에 관한 법원의 석명의무 이행을 통한 공법상
　　당사자소송 피고 지정의 난점 해소

행정소송과 민사소송에서의 피고 경정은 아래와 같은 점에서 차이
가 있다.50)

	민사소송법상 피고 경정	행정소송법상 피고 경정
근거 조항	민사소송법 제260조 제1항	행정소송법 제14조 제1항
시적 한계	제1심 변론종결 이전	사실심 변론종결 이전
피고 동의 요부	필요	불요

평석대상 판결에서는 "행정소송법상 당사자소송에서 원고가 피고
를 잘못 지정한 때에는 법원은 원고의 신청에 의하여 결정으로써 피고
의 경정을 허가할 수 있으므로(행정소송법 제44조 제1항, 제14조), 원고가
피고를 잘못 지정한 것으로 보이는 경우 법원으로서는 마땅히 석명권을
행사하여 원고로 하여금 정당한 피고로 경정하게 하여 소송을 진행하도
록 하여야 한다"라고 판시하고 있고, 이와 같이 행정소송에서의 피고경
정에 관한 법원의 석명의무는 대법원 판례에 의해 종전부터도 일관되게
인정되고 있다.51) 이와 같이 대법원 판례가 행정소송에서 피고가 잘못
지정된 경우 피고경정에 관한 법원의 석명의무를 적극적으로 인정하는
것은, ① 행정소송의 피고를 잘못 선정했다는 이유로 공법적 권리구제
를 거부하는 것은 행정소송제도를 둔 취지에 부합하지 않고, ② 위 표

---

50) 아래 표의 정리는 이병희, "행정법원이 설치되지 않은 지역에서 공법상 당사자소
　　송의 항소심을 지방법원 본원 합의부가 민사소송으로 처리한 경우 관할위반 여부;
　　국민건강보험공단이 고용보험료와 산재보험료를 징수하는 경우 보험료 납부의무
　　부존재확인의 소의 피고 및 법원의 석명의무; 고용보험 및 산업재해보상보험법상
　　사업주", 대법원판례해설 제109호, 법원도서관, 제375면을 인용하였다.
51) 예를 들어, 공법상 당사자소송에 대하여는 대법원 2006. 11. 9. 선고 2006다23503
　　판결 등; 항고소송에 관한 판례로는 대법원 2004. 7. 8. 선고 2002두7852 판결 등
　　참조.

에서 보는 바와 같이 행정소송은 민사소송과 달리 피고의 동의 없이도
피고 경정이 가능하다는 점 등을 고려한 것으로 이해된다.52)

이와 같이 행정소송의 일종인 공법상 당사자소송에서 피고를 잘못
지정한 경우 피고경정에 관한 법원의 석명의무가 인정됨으로써, 공법
상 당사자소송과 민사소송 사이의 구별 문제와 그에서 비롯되는 잘못
된 피고 지정의 불이익과 위험이 완화될 수 있는 것으로 보인다. 이와
같은 평석대상판결의 태도는 실질적 법치주의의 관점에서도 매우 바람
직하다.

3) 검토

가) 공법상 법률관계 규정의 체계적 해석과
구조적 이해의 노력 필요

제1심과 원심의 재판부뿐만 아니라 원고 소송대리인 역시 이 사건
분쟁에서 근거법률이 되는 고용산재보험료징수법의 체계적 해석과 구
조적인 제도 이해가 있었다면, 소송유형의 선택과 피고 지정 및 그에
대한 판단에 있어 실수를 범하지 않았을 것으로 생각된다는 점은 앞서
본 바와 같다. 특히 고용산재보험료징수법 및 이와 밀접하게 연관되는
고용보험법과 산업재해보상보험법의 각 제1조에서 규정하는 목적, 그
목적을 실현하기 위해 해당 법률들에서 규정하고 있는 각 제도의 의미
와 구조 및 특성, 강제가입되는 사회보험료 부과·징수와 조세 부과징
수의 유사성 등을 조금이라도 더 깊이 이해할 필요가 있었다. 그랬다면
이미 납부한 보험료 반납을 위한 부당이득반환청구는 별론, 향후 납부

---

52) 이병희, "행정법원이 설치되지 않은 지역에서 공법상 당사자소송의 항소심을 지방
법원 본원 합의부가 민사소송으로 처리한 경우 관할위반 여부; 국민건강보험공단
이 고용보험료와 산재보험료를 징수하는 경우 보험료 납부의무 부존재확인의 소
의 피고 및 법원의 석명의무; 고용보험 및 산업재해보상보험법상 사업주", 대법원
판례해설 제109호, 법원도서관, 제376면. 위 글에서는 행정소송과는 달리 민사소
송에서는 피고를 잘못 지정한 경우에 법원의 석명의무가 인정되지 않는다고 본다.

의무를 면하기 위한 방법으로서 고용·산재보험료 납부의무 부존재확인
의 소를 공법상 당사자소송으로 제기하는 방법이나, 신고납부 방식으로
확정되는 보험료채무에 대하여 경정청구 거부처분의 취소소송53)도 역
시 가능하다는 점까지 알 수 있었을 것으로 생각된다.

　이와 같은 공법상 법률관계 규정의 체계적 해석과 구조적 이해를
위해서는 행정소송 등 공법재판 실무상 경험도 중요하겠지만, 사건 처
리에 있어서 다소 생소한 개별 법률이 등장한다면, 단편적인 개별 법률
조항의 해석만으로 사건을 해결하기보다는 전체 법률의 내용을 살펴보
고, 해당 제도나 법률관계에 관하여 보다 체계적이고 구조적인 이해를
하기 위해 관련 문헌 등을 통해 연구를 하는 등의 노력도 아끼지 말아
야 할 것이다.

나) 행정판례에 대한 관심과 이해도 증진 필요

　공법상 당사자소송에 대한 인식 제고 등을 포함하여 행정소송에
대한 감수성과 이해를 높이는 좋은 방법 중 하나가 바로 행정판례에 대
한 지속적인 관심과 이해도 증진이다. 살아있는 실제 분쟁사례와 거기
에 녹아있는 공법적·행정법적 법리를 가장 생생하게 체득할 수 있는
계기가 바로 행정판례의 연구라고 할 것이다. 만일 이 사건에서 고용·
보험료 납부의무의 귀속관계, 징수처분의 특성 등에 관하여 종전에 조
세법 관련 행정판례를 조금이라도 접해보았다면, 보험료 부과처분과 징
수처분의 차이에서 오는 피고 지정의 문제에 대해 해결의 실마리를 찾
기 쉽지 않았을까 조심스럽게 생각해본다.

---

53) 이 사건 사업장은 건설업에 해당하여 신고납부 방식으로 고용·산재보험료를 납부
　해야 하는바, 그 납부의무는 신고행위에 의하여 구체적으로 확정되고(대법원
　2001. 8. 24. 선고 2001다13075 판결), 원고는 자신이 사업주가 아니라고 주장하며
　경정청구를 할 수도 있지만, 해당 사안에서는 이미 소제기를 한 2014. 8. 13. 당시
　에 경정청구기간[신고납부기간{=사업이 시작된 날(=착공일인 2012. 11. 15.)로
　부터 70일인 2013. 1. 24.} 종료일부터 1년인 2014. 1 .24.]이 도과한 상태여서 경정
　청구 거부처분 취소소송은 불가능했던 것으로 보인다.

4. 관할법원의 문제

1) 사안의 분석

제1심과 원심은 이 사건 소 중 고용·보험료 납부의무 부존재확인의 소가 행정소송의 일종인 공법상 당사자소송에 해당된다는 점을 간과하였기 때문에 행정소송의 행정법원 전속관할에 따른 이송이나 재배당 가능성의 문제를 고려하지 않은 것으로 보인다.

다만, 이와 같은 상태에서 진행된 이 사건 소에 관한 제1심과 원심의 각 판결에 관할위반의 문제가 있는지는 조금 더 세부적으로 파악해 볼 필요가 있다.

가) 행정소송의 관할 일반

행정소송법상 당사자소송의 토지관할을 전속관할로 규정하는 명문의 규정이 없다는 점에서 공법상 당사자소송의 토지관할은 전속관할이 아닌 임의관할임을 간접적으로 밝히고 있다.54) 따라서 토지관할위반 항변을 하지 않고 본안에 관하여 변론 등을 하는 경우에 성립되는 변론관할(민사소송법 제30조)도 발생할 수 있고, 항소심에서는 제1심 법원의 관할위반을 주장하지 못한다고 할 것이다(민사소송법 제411조 본문). 또한 법원조직법 제7조 제3항55)이 정한 행정법원 합의부의 사물관할도 역시 전속관할이 아니다.56)

---

54) 안철상, "행정소송과 민사소송", 재판실무연구(4) 행정소송(Ⅰ), 2008, 한국사법행정학회, 제65면. 이 글에서는 대법원 1994. 1. 25. 선고 93누18655 판결을 들면서, 이 판결은 필수적 공동소송에 관한 관할이 문제된 경우여서 행정소송의 토지관할을 임의관할로 본 예로 들기에는 부적절한 점이 있지만, 만약 행정소송의 토지관할을 전속관할로 보았다면 그 판시내용이 달라졌어야 할 것이라는 점에서 임의관할임을 간접적으로라도 밝힐 수 있는 근거가 되는 판례라고 한다.
55) 법원조직법 제7조 (심판권의 행사)
③ 고등법원·특허법 및 행정법원의 심판권은 판사 3명으로 구성된 합의부에서 행사한다. 다만 행정법원의 경우 단독판사가 심판할 것으로 행정법원 합의부가 결정한 사건의 심판은 단독판사가 행사한다.

다만, 행정법원이 설치된 지역(서울특별시)에서는 행정법원만이 행정사건을 관할할 수 있고,[57] 행정법원이 설치되지 아니한 지역(서울특별시를 제외한 지역)에서는 행정법원의 역할을 할 수 있는 것은 지방법원 본원이며, 다만 춘천지방법원 강릉지원은 본원이 아니지만 「각급 법원의 설치와 관할구역에 관한 법률」 제4조에 의하여 행정사건을 심판할 수 있다.[58]

행정법원이 설치되지 아니하여 지방법원 본원이 행정법원의 역할까지 담당하는 지역에서, 지방법원 본원이 행정사건으로 취급하여야 할 것을 민사사건으로 접수하여 처리하였다 하더라도 이는 단순한 사무분담의 문제일 뿐 관할위반의 문제가 아니다.[59] 따라서 행정소송법상의 당사자소송으로 제기하여야 할 사건을 민사소송으로 잘못 제기한 경우에 해당 소를 접수한 법원(수소법원)이 그 당사자소송에 대한 관할도 동시에 가지고 있다면 (전속관할 위반이 아니고) 행정소송법이 정하는 절차에 따라 이를 심리하면 된다.[60]

나) 제1심의 관할 문제

이 사건 소는 공법상 당사자소송인 고용·산재보험료 납부의무 부존재확인의 소에 민사소송인 부당이득금반환청구의 소가 행정소송법상

---

56) 대법원 2001. 12. 28. 선고 2001다61838 판결의 "법원조직법 제32조 제1항 제2호 소정의 지방법원 합의부의 사물관할은 전속관할이 아니므로 지방법원 단독판사가 지방법원 합의부의 사물관할에 속하는 사건을 재판한 경우에도 항소심에서 당사자는 1심법원의 관할위반을 주장하지 못하는 것이니 이에 대한 항소사건을 지방법원 본원 합의부가 항소심으로서 심리판결한 것은 적법하다"라는 판시내용 참조.

57) 이에 관해서는 법원조직법 부칙(1994. 7. 27.) 제2조가 이를 규정하고 있다.

58) 안철상, "행정소송과 민사소송", 재판실무연구(4) 행정소송(Ⅰ), 2008, 한국사법행정학회, 제63면.

59) 법원행정처, 법원실무제요 「행정」(2016), 제30면 참조.

60) 대법원 2014. 10. 14.자 2014마1072 결정(해당 제1심법원인 의정부지방법원 본원 합의부는 행정소송법상 당사자소송의 관할도 동시에 가지고 있으므로, 해당 소송이 행정소송법상 당사자소송인지 민사소송인지 여부와 관계없이 관할위반의 문제는 발생하지 않는다고 한 사례) 등 참조.

관련청구소송으로 병합된 것이므로 행정소송을 담당하는 법원이 병합된 소 전체에 대한 관할권을 가진다. 왜냐하면 민사소송법 제253조에 의하면, 여러 개의 청구는 같은 종류의 소송절차에 따를 경우에만 하나의 소로 제기할 수 있을 뿐이므로 이 사건 소는 민사소송법상 병합의 요건은 갖추지 못하였으나, 행정소송법 제44조 제2항, 제10조 제1항 제1호의 관련청구소송으로서 행정소송법에 따른 병합 요건은 갖추었기 때문이다.[61]

　　원고는 피고 국민건강보험공단의 소재지(서울 마포구 소재)를 관할하는 법원이 아니라 인천지방법원 본원에 이 사건 소를 제기하였으므로 인천지방법원 본원은 토지관할을 가지지 아니하고(행정소송법 제40조, 제9조 제1항[62]), 이 사건에서 법원조직법 제7조 제3항 단서에 따라 단독판사가 심판하도록 하는 결정(재정단독결정)이 있지 아니하였으므로 단독판사가 이 사건에 대한 사물관할을 가지는 것도 아니어서, 인천지방법원 본원의 단독판사는 원래 이 사건 소에 대한 관할을 가지지 않았다고 보아야 한다.[63] 그렇지만 피고가 제1심에서 관할위반의 항변을 하지 않고 본안에 관하여 변론한 이상, 제1심법원인 인천지방법원 본원 단독판

---

61) 이병희, "행정법원이 설치되지 않은 지역에서 공법상 당사자소송의 항소심을 지방법원 본원 합의부가 민사소송으로 처리한 경우 관할위반 여부; 국민건강보험공단이 고용보험료와 산재보험료를 징수하는 경우 보험료 납부의무 부존재확인의 소의 피고 및 법원의 석명의무; 고용보험 및 산업재해보상보험법상 사업주", 대법원 판례해설 제109호, 법원도서관, 제372면.

62) * 행정소송법 제9조 (재판관할)
① 취소소송의 제1심 관할법원은 피고의 소재지를 관할하는 행정법원으로 한다.
* 행정소송법 제40조 (재판관할)
제9조의 규정은 당사자소송의 경우에 준용한다. 다만 국가 또는 공공단체가 피고인 경우에는 관계행정청의 소재지를 피고의 소재지로 본다.

63) 이병희, "행정법원이 설치되지 않은 지역에서 공법상 당사자소송의 항소심을 지방법원 본원 합의부가 민사소송으로 처리한 경우 관할위반 여부; 국민건강보험공단이 고용보험료와 산재보험료를 징수하는 경우 보험료 납부의무 부존재확인의 소의 피고 및 법원의 석명의무; 고용보험 및 산업재해보상보험법상 사업주", 대법원 판례해설 제109호, 법원도서관, 제372-373면.

사에게는 변론관할이 생기게 되어, 결국 제1심에서 인천지방법원 본원 단독판사가 재판한 것은 관할위반이 되지 않는다고 할 것이다.[64]

다) 원심(항소심)의 관할 문제

법원조직법 제28조 제1호[65]는 고등법원의 심판대상 중 하나로 '행정법원의 제1심판결에 대한 항소사건'을 규정하고 있는바, 여기서 '행정법원의 제1심판결'에는 행정법원 합의부나 단독재판부의 제1심판결뿐 아니라, 행정법원이 설치되지 않은 지역(서울특별시 이외의 지역)에서의 지방법원 본원의 행정재판부에서 행정사건에 대하여 한 제1심판결도 포함된다고 볼 것이고, 나아가 그 판결이 합의부가 아닌 단독판사가 심판한 것이라 하더라도 마찬가지로 보아야 할 것이다.[66]

이 사건의 경우는 제1심판결이 비록 인천지방법원 본원의 행정합의부가 아닌 민사단독판사에 의해 이루어졌다고 하더라도 법원조직법 제28조 제1호에서 정한 '행정법원[67]의 제1심판결'에 해당하여 고등법원

---

64) 행정소송의 토지관할이나 행정법원 합의부의 사물관할이 모두 전속관할이 아니므로 변론관할 발생이 가능하기 때문이다. 또한 인천지방법원 본원은 행정사건인 당사자소송에 대한 관할도 동시에 가지고 있으므로, 앞서 본 바와 같이 행정사건의 전속관할 위반 문제도 발생하지 않는다. 이병희, "행정법원이 설치되지 않은 지역에서 공법상 당사자소송의 항소심을 지방법원 본원 합의부가 민사소송으로 처리한 경우 관할위반 여부; 국민건강보험공단이 고용보험료와 산재보험료를 징수하는 경우 보험료 납부의무 부존재확인의 소의 피고 및 법원의 석명의무; 고용보험 및 산업재해보상보헙법상 사업주", 대법원판례해설 제109호, 법원도서관, 제373면 참조.

65) 법원조직법 제28조 (심판권)
고등법원은 다음의 사건을 심판한다. 다만, 제28조의4 제2호에 따라 특허법원의 권한에 속하는 사건은 제외한다.
  1. 지방법원 합의부, 가정법원 합의부, 회생법원 합의부 또는 행정법원의 제1심 판결·심판·결정·명령에 대한 항소 또는 항고사건

66) 이병희, "행정법원이 설치되지 않은 지역에서 공법상 당사자소송의 항소심을 지방법원 본원 합의부가 민사소송으로 처리한 경우 관할위반 여부; 국민건강보험공단이 고용보험료와 산재보험료를 징수하는 경우 보험료 납부의무 부존재확인의 소의 피고 및 법원의 석명의무; 고용보험 및 산업재해보상보헙법상 사업주", 대법원판례해설 제109호, 법원도서관, 제373-374면 참조.

의 심판대상에 포함되므로, 그러한 제1심판결의 항소심의 관할은 —인천지방법원 본원 (항소)합의부가 아니라— 서울고등법원에 있다고 할 것이다.[68] 그런데 심급관할은 전속관할이고,[69] 이 사건 소는 관할법원에 이송하더라도 부적법하여 각하될 것이 명백한 경우에 해당하지는 않으므로,[70] 결국 이 사건 소를 서울고등법원으로 이송하는 것이 타당하다.

라) 대법원의 관할 판단

이 사건에서 피고가 관할위반의 항변을 하지 않았지만, 대법원은 앞서 본 사정에 따라 직권으로 원심판결을 파기하고 사건을 관할법원인 서울고등법원으로 이송하였다. 제1심법원은 앞서 본 바와 같이 변론관할이 생겨 관할위반이 아니므로 제1심판결을 취소할 필요는 없고, 원심판결만 파기하면 족하다고 할 것이다.[71]

2) 검토

위에서 상세히 살펴본 바와 같이, 제1심판결에 대해서는 변론관할이 생긴 관계로 관할위반이 아니었고, 원심(항소심)은 서울고등법원에

---

67) 여기서의 '행정법원'은 행정법원이 설치되지 아니한 지역에서의 행정법원 역할을 할 수 있는 지방법원 본원도 포함되기 때문이다. 행정법원 역할을 하는 지방법원 본원 소속의 판사인 이상 민사단독판사가 처리했는지 여부는 단순한 사무분담의 문제일 뿐이지, 관할위반은 아니다.

68) 이병희, "행정법원이 설치되지 않은 지역에서 공법상 당사자소송의 항소심을 지방법원 본원 합의부가 민사소송으로 처리한 경우 관할위반 여부; 국민건강보험공단이 고용보험료와 산재보험료를 징수하는 경우 보험료 납부의무 부존재확인의 소의 피고 및 법원의 석명의무; 고용보험 및 산업재해보상보험법상 사업주", 대법원 판례해설 제109호, 법원도서관, 제374면.

69) 대법원 2011. 7. 14.자 2011그65 결정 참조.

70) 대법원 2008. 7. 24. 선고 2007다25261 판결 참조.

71) 이병희, "행정법원이 설치되지 않은 지역에서 공법상 당사자소송의 항소심을 지방법원 본원 합의부가 민사소송으로 처리한 경우 관할위반 여부; 국민건강보험공단이 고용보험료와 산재보험료를 징수하는 경우 보험료 납부의무 부존재확인의 소의 피고 및 법원의 석명의무; 고용보험 및 산업재해보상보험법상 사업주", 대법원 판례해설 제109호, 법원도서관, 제374면.

심급관할로서 전속관할이 있어 이송이 이루어졌어야 하는 사안이었다. 이러한 관할위반의 문제는 결국 소송당사자·소송대리인이나 재판부가 이 사건 고용·산재보험료 납부의무 부존재확인의 소의 성질을 행정소송의 일종인 공법상 당사자소송으로 포착하지 못한 탓이었다. 앞서 본 바와 같이 공법상 당사자소송과 민사소송의 구별필요성 중 가장 큰 이유가 바로 행정사건의 전속관할 등 관할위반 가능성이므로, 애초부터 해당 분쟁에 관한 소가 공법상 당사자소송인지에 관해 원고 측은 물론 해당 재판부도 보다 진지한 고민과 검토를 했어야 할 것으로 생각된다.

Ⅲ. 결론

　　행정판례의 연구와 평석 작업은 먼저 법이론적 관점에서, 당해 사안에 대한 면밀한 분석을 통해 대법원의 판단 내용과 법리설시가 타당한지를 1차적으로 탐구하고, 나아가 2차적으로 해당 판례에서 나타난 행정법적 법리설시의 유효 범위를 분석하며, 그 유효범위 내에 속하는 다양한 행정분쟁을 해결해내기 위한 행정법원리(法原理) 내지 행정법 도그마틱을 검증·도출해 내는 것에 중요한 의미가 있다고 할 것이다.

　　그러나 행정판례 연구와 평석의 또 다른 의의는 실천적 관점에서, 평석대상 판결에서 드러난 행정법적인 문제점을 파악하고, 이를 해소할 수 있는 실무상의 해결책과 입법론적인 해결방안을 생각해보는 것에도 그 중점이 놓일 수 있다고 생각한다. 본 평석대상판결은 공법상 당사자소송의 구별 기준이나 피고경정 및 이에 대한 법원의 석명의무, 관할문제 등에 관해 지극히 타당한 법리설시를 하고 있다. 하지만, 본고(本稿)는 사안과 법리를 분석하는 과정에서 드러난 기존 소송실무상의 문제점과 소송당사자가 겪을 수 있는 난점을 지적·도출해내고, 부족하나마 이를 해소할 수 있는 구체적인 방안을 탐구해 보는 것에 보다 중점을 두었다. 이와 같은 접근방식과 문제의식, 해결방안에 대한 연구 등이 향후 행정법 발전의 미래로 칭해지는 공법상 당사자소송[72]의 발전에 조금이나마 보탬이 되었으면 좋겠다는 바람을 가져 본다.

---

72) 김중권, "당사자소송의 활성화에 즈음한 행정법의 개혁에 관한 소고", 헌법재판의 새로운 지평: 이강국 헌법재판소장 퇴임기념논문집, 2013, 박영사, 제395－396면 참조.

참고문헌

1. 단행본

박윤흔, 최신행정법강의(상), 2002, 박영사
법원행정처, 법원실무제요 「행정」(2016)
법원행정처, 2017 행정재판 발전위원회 백서(2017)
사법발전재단, 행정소송의 이론과 실무(개정판), 2013, 서울행정법원 실무
　　연구회

2. 단행논문

김중권, "당사자소송의 활성화에 즈음한 행정법의 개혁에 관한 소고", 헌
　　법재판의 새로운 지평: 이강국 헌법재판소장 퇴임기념논문집, 2013,
　　박영사, 제379－396면
박정훈, "행정소송법의 개관", 행정소송의 구조와 기능, 2006, 박영사, 제
　　1－31면
안철상, "행정소송과 민사소송", 재판실무연구(4) 행정소송(Ⅰ), 2008, 한
　　국사법행정학회, 제33－71면
오영표, "당사자소송과 민사소송의 관계", 대청법학3호, 2010, 대청법학연
　　구회, 제319－348면
이병희, "행정법원이 설치되지 않은 지역에서 공법상 당사자소송의 항소
　　심을 지방법원 본원 합의부가 민사소송으로 처리한 경우 관할위반
　　여부; 국민건강보험공단이 고용보험료와 산재보험료를 징수하는 경우
　　보험료 납부의무 부존재확인의 소의 피고 및 법원의 석명의무; 고용
　　보험 및 산업재해보상보험법상 사업주", 대법원판례해설 제109호, 법
　　원도서관, 제366－378면
이은상, "민주화운동관련자 명예회복 및 보상 등에 관한 법률에 따른 보

상금의 지급을 구하는 소송의 형태에 관한 소고 — 대법원 2008. 4. 17. 선고 2005두16158 전원합의체 판결에 대한 실무적 관점에서의 검토를 중심으로", 행정법연구, 2010. 8., 행정법이론실무학회, 제 227 – 255면

이현수, "공법상 당사자소송의 연원과 발전방향", 일감법학 제32호, 2015, 건국대학교 법학연구소, 제319 – 352면

이홍훈, "행정소송과 민사소송", 한국공법이론의 새로운 전개, 2005. 6., 삼지원, 제459 – 487면

임영호, "공법상 소송유형과 소송형식 — 항고소송과 당사자소송을 중심으로 —", 행정법연구, 2009, 행정법이론실무학회, 제31 – 68면

정남철, "공법상 당사자소송의 발전과 과제", 행정판례연구 19 – 1집, 2014, 박영사, 제277 – 312면

하명호, "공법상 당사자소송과 민사소송의 구별과 소송상 취급", 2008, 인권과 정의 380호, 대한변호사협회, 제52 – 72면

국문초록

　　행정법원에만 소를 제기해야 하는 전속관할인 공법상 당사자소송은 소송당사자, 청구취지, 청구원인 등에 있어서 민사소송과 거의 유사하여 양자의 구별이 매우 어렵다. 양자는 실무상 관할위반의 문제를 피하기 위해 반드시 구별되어야만 한다. 행정소송법에 공법상 당사자소송에 관한 정의 규정이 있고, 몇몇 대법원 판례가 공법상 당사자소송에 해당하는 사례들을 판시하고 있지만, 이러한 행정소송법 규정이나 대법원 판례가 공법상 당사자소송과 민사소송 사이의 실효적인 구분 기준을 제시해주지는 못하고 있다. 이에 따라 소를 제기하는 당사자나 소송대리인은 물론, 재판을 담당하는 법관까지도 공법상 당사자소송의 대상과 구별기준에 관해 실무적 혼선을 겪고 있는 것이 현실이다.

　　고용·산재보험료 납부의무 부존재확인의 소의 법적성질을 공법상 당사자소송이라고 판시한 평석대상판결을 분석하고 연구함에 있어, 본고에서는 법이론적 관점보다는 실천적 관점에 초점을 맞추었다. 즉, 공법상 당사자소송을 취급함에 있어서 주로 법원과 재판부가 겪게 되는 소송실무상의 난점과 그 원인을 분석하였다. 법이론, 입법, 판례 현황 등에 비추어 볼 때 공법상 당사자소송은 민사소송과의 관계에서 구별기준이 불분명함에도, 피고경정 및 이에 대한 법원의 적극적인 석명의무 이행이 이루어져야 하는 등 담당 법관에게는 공법적 사고와 행정사건 분쟁에 대한 높은 이해도가 요구된다. 그럼에도 공법 재판 경험이나 공법적 감수성과 마인드를 갖춘 법관의 수는 부족하고, 법관들 사이에서 행정법 이론과 행정판례에 대한 관심과 이해도가 낮은 것이 현실이다.

　　이러한 공법상 당사자소송과 관련된 실무상의 어려움을 해결하기 위한 방안으로, 행정소송에 대한 법관 일반의 인식 제고, 공법 관련 법관직무교육 강화, 공법상 당사자소송 대상의 구체화를 위한 법규 제·개정, 공법상 당사자소송에 관한 대법원 판례의 축적, 관할법원을 잘못 선택한 소송당사자에 대한 불이익·위험 완화 제도 도입 등을 검토하였다.

주요어: 공법상 당사자소송, 민사소송, 행정소송, 구별기준, 소송실무, 피고 경정, 석명의무, 행정사건의 관할, 관할법원

Abstract

Practical Difficulties and Solutions in Party Litigation in Public Law: Supreme Court Decision 2016Da221658, Decided October 13, 2016

Eun-Sang RHEE*

It is very difficult to distinguish between civil litigation and party litigation in public law (hereinafter referred to as "party litigation") for which exclusive jurisdiction is given to the administrative court because party litigation is very similar to civil litigation in the case of litigants, the gist and counts of the claim. Both must be distinguished in order to avoid the problem of violation of the jurisdiction in practice. Although the Administrative Litigation Act provides a definition of party litigation and some of the Supreme Court's rulings are related to party litigation, neither the provision nor the Supreme Court precedent provides effective criteria of distinction. As a result, not only the litigant who files the petition but also the judge who is in charge of the trial, is subject to actual confusion about the object of party litigation and the criteria of distinction.

In analyzing and studying the Supreme Court's decision, the object of critical commentary, that ruled the legal nature of lawsuit for affirmation of the non-existence of the duty to pay the employment and industrial accident insurance premium is party litigation, this article focuses on the practical point of view rather than the legal theoretical

---

* Seoul High Court.

point of view. In other words, in handling party litigation, this article analyzes the practical difficulties which mainly the courts and judges face, and the causes of that. In the light of legal theory, legislation and precedent cases, despite the unclear criteria of distinction between civil litigation and party litigation, it is required for judge in charge to have a high degree of understanding of administrative case disputes. For example, the judge must actively take measures such as rectification of defendant, fulfillment of duty for elucidation. Nevertheless, the number of judges who have experience of public law trial, legal receptivity and mind to public law are not enough, and there are low interest and understanding of administrative law theory and administrative precedent among judges.

In order to solve the practical difficulties related to party litigation, it is necessary to raise judges' awareness about the administrative litigation and reinforce judges' specialized training related to the public law. Also, the accumulation of Supreme Court precedents on party litigation is important. In addition, this article suggests establishment and amendment of laws for the clarification of the object of party litigation, and the introduction of disadvantage and risk mitigation system of litigants who misjudged the competent courts.

Key Word: party litigation in public law, civil litigation, administrative litigation, criteria of distinction, litigation practice, rectification of defendant, court's duty for elucidation, jurisdiction in administrative case, competent court

투고일 2018. 5. 31.
심사일 2018. 6. 12.
게재확정일 2018. 6. 19.

地方自治法

自治事務의 職權取消에 대한 異議의 訴 (崔峰碩)

自治事務의 職權取消에 대한 異議의 訴

崔峰碩*

대법원 2017. 3. 30. 선고 2016추5087 판결

Ⅰ. 대상판례의 의의와 쟁점

① 국회의원과 지방의회의원은 그 신분과 처우에 차이가 인정되는가?

② 지방의회의원의 처우에 관한 사항은 법률로 정하여야 하는가?

③ 지방의회의원에게 유급보좌관을 둘 수 있는가?

④ 지방의회의원이 무급으로 개인보좌관을 둘 수 있는가?

⑤ 지방의회의원은 사비로 개인보좌관을 둘 수 있는가?

---

* 동국대학교 법과대학 교수, 법학박사(Dr. jur.).

위의의 질문들은 "지방의회의원이 유급보좌관을 둘 수 있는가?"라는 물음에 답하기 위해 전제적 설정을 어떻게 할 것인가와 관련된 '질문의 연계'의 연계이다. 공교롭게도 ①번부터 시작하여 ②번, ③번의 오름차순으로 질문을 하면 ③번 질문에 대해 부정적인 답변을 할 확률이 높아진다고 한다. 반대로 ⑤번부터 시작하여 ④번, ③번의 내림차순으로 질문에 답하면 긍정적인 답변을 할 가능성이 높아진다고 한다.1) 그동안 지방의회의원에게 유급보좌관을 두는 것과 관련하여 상식에 속하는 의견은 "필요 없다, 수행비서가 된다, 폼 잡으려는 것이다, 국회의원 흉내나 낸다" 등과 같이 부정적인 견해들이 일반적이었다. 하지만 오늘 다룰 판례와 관련한 서울특별시의 경우, 연간 약40조의 사업과 예산을 처리한다. 외교, 국방, 경찰 등의 과업을 수행하지 않는다는 점을 감안하면 사업예산 기준으로 국가에 비해 결코 작지 않은 규모이다. 서울특별시의회의 경우에도 지방의원수는 총106명(비례대표 포함)으로 25개 자치구별로 적게는 2명에서 많게는 5명에 이르는 지방의원이 있는데, 전반적으로 서울특별시를 지역구로 두고 있는 국회의원 총수의 약2배 정도라 할 수 있다. 그런데 서울특별시의원은 모든 의정활동은 오로지 혼자해야 한다. 법률에 명문의 근거규정이 없는 한 의원개인별로 유급보좌관을 둘 수 없다는 대법원 판결에 따라 유급보좌관의 도입은 사실상 금지되어 있다. 대신 서울특별시는 전문위원실과 상임위원회, 의정발전지원센터 등에 입법보좌인력을 배치하여 사안별 혹은 그룹별로 입법지원을 수행하도록 하고 있으며, 이 사건 소송 이전에도 이러한 인력 50명을 일거에 선발하여 운영중이었다. 현재도 서울특별시의회에 의원 개인을 보좌하는 유급보좌관은 존재하지 않는다. 하지만 서울특별시의회에 입법보좌인력이 많다보니(이 사건의 사실관계, 즉 채용공고시에도 사무처직원을 포함하여 이미 357명의 인력이 있었다), 서울특별시의회가 이들을 의원의

---

1) Norman Vincent Peale, The power of Positive Thinking, pp.165-166 참조.

개인별 유급보좌관으로 전용하지 않는가? 하는 의혹(우려)이 행정자치부
(현, 행정안전부)와 감사원 그리고 이를 주시하고 있는 다른 지방자치단
체의 관심사가 되어 왔다.

오늘 다루게 될 사건은 서울특별시의회가 주당 35시간 근로를 조
건으로 하는 시간선택제 8급공무원(보통은 업무의 연속성을 위해 격일근무
또는 반일 근무제로 운용하는 인턴 또는 아르바이트와 유사한 근무관계) 40명
임용을 위한 채용공고를 내자, 이는 유급보좌관으로 전용될 우려가 있
는 공무원을 채용하려는 것이므로 위법하다는 이유로 행정자치부가 감
독권을 행사하여 채용공고 자체에 대해 시정명령과 직권취소를 행한 사
건이다. 채용공고를 직권취소한 이유는 "금지된 유급보좌관을 채용하려
는 정황이 의심스럽기 때문에 위법하다는 것"이었다. 어찌 보면, 이 사
건은 간단하다. 결론(판결)도 충분히 예측가능하였다.

그런데 이 사건에는 그 이전의 유사사건과는 다른 점이 있었는데,
직권취소의 대상이 임용처분이나 합격 또는 불합격 처분이 아니라 채용
공고라는 점이다. 이렇게 되면 법원은 채용공고의 법적 성질을 규명하
고, 시정명령과 직권취소의 대상적격을 검토하면서 그 전제가 된 법률
상의 처분 개념에 대해 밝힐 수밖에 없게 된다. 나아가 시정명령의 법
적 성질과 시정명령·직권취소 양자간의 관계에 대해 밝혀준다면 더 없
는 성과가 될 수 있다.

또한 이 사건에서 원고가 행한 채용공고나 소송상의 청구취지와
청구원인 어디에도 지방의원 유급보좌관 활용여지에 관한 언급이 없다.
그렇다면 법원으로서는 이 소송의 쟁점인 위법성을 밝히기 위해 이 사
건 사실관계와 그 배경 및 직권취소의 대상이 된 채용공고 모두에 대한
정밀한 조사와 분석을 통해 유급보좌관제가 맞았음을 규명해내야 한다.
그렇게 하기 위해서는 유급보좌관의 개념적 정의와 요건 및 다른 고려
사항의 종류와 특성 등에 관해 정리하는 것이 선제적 작업이 된다.

이쯤 되면 이사건 소송의 판결에 대해서는 가히 기대를 걸어볼 만

한 상황이라 할 수 있었다. 그런데 결론을 선취하여 평하자면 예년의 입장과 논거 그대로였다. 새로운 게 없었다. 아니, 분명 밝혀야할 바에 대해 밝히지 않고 과거 판결문의 내용과 판례번호만을 차용하였다. 이에 이 논문에서는 대법원이 분명히 논증했어야할 쟁점, 대법원이 구성했어야할 개념구성 그리고 확인했어야 할 법조와 법리에 대해 대신 논함으로써 판결의 아쉬움을 보완해보고자 한다.

Ⅱ. 사실관계와 판결의 내용

1. 사실관계

서울특별시의회의 요청에 따라 원고(서울특별시장)는 서울특별시제1인사위원회위원장을 통해 2016년 4월 14일 서울특별시(의회) 시간선택제 임기제공무원(라급 8급 상당, 이하 '이 사건 공무원'이라고 한다) 40명의 채용에 관한 공고(이하 '이 사건 채용공고'라고 한다)를 하였다. 이 사건 채용공고에 의하면, 이 사건 공무원들은 임용 후 서울특별시의회 사무처에 소속되어 '정책지원요원'으로서 다음과 같은 업무를 수행하는 상임위원회별 입법지원요원(입법조사관)에 대한 업무지원 업무를 담당하도록 되어 있었다.

① 주요 이슈 등에 대한 사전적인 입법 현안 발굴 및 조사·분석·정책 지원
② 자치법규 제·개정안 마련 지원 및 입법절차 진행 지원
③ 조례안 제·개정안에 대한 공청회·토론회 행사지원 및 전문가·지역주민 의견수렴 지원
④ 정책연구위원회 및 의원연구단체의 정책개발 및 운영 지원
⑤ 민원에 대한 현장중심의 의견청취조사 및 데이터관리, 지속적인 모니터링업무 지원 등

이에 피고(행정자치부장관)는 2016년 4월 19일 원고에게, 이 사건 채용공고는 '지방의회의원 개인별 유급 보좌 인력'의 도입을 목적으로 하는 것으로 지방재정법 제3조 제1항, 제47조 제1항, 제67조 제2항 등 관련 법 규정에 위반된다는 이유를 들어, 2016년 4월 21일까지 이 사건 채용공고를 취소하라는 내용의 이 사건 시정명령을 하였다. 원고가 이 사건 시정명령에 응하지 아니하자, 피고는 2016년 4월 21일 이 사건 채용공고를 직권으로 취소하였다(이하 '이 사건 직권취소처분'이라고 한다).[2]

2. 판결의 내용

(1) 이 사건 채용공고가 직권취소의 대상인지 여부

지방자치법 제169조 제1항은 "지방자치단체의 사무에 관한 그 장의 명령이나 처분이 법령에 위반되거나 현저히 부당하여 공익을 해친다고 인정되면 시·도에 대하여는 주무부장관이, 시·군 및 자치구에 대하여는 시·도지사가 기간을 정하여 서면으로 시정할 것을 명하고, 그 기간에 이행하지 아니하면 이를 취소하거나 정지할 수 있다. 이 경우 자치사무에 관한 명령이나 처분에 대하여는 법령을 위반하는 것에 한한

---

[2] 서울특별시의회는 2016년부터 2018년3월까지 총8차에 걸쳐 최소 2명부터 최대 8명에 이르는 규모로 지방의회 입법보좌인력 총46명(일반직6급, 계약직7급, 시간선택제8급 등 다양한 형태)을 채용(이 사건 채용공고에서 채용하기로 한 인원수를 상회하는 인원)한 것으로 나타난다.
  이 사건 직전인 2015년에도 서울특별시의회는 시간선택임기제 라급으로 입법지원요원 50명을 공개채용한 바 있다. 이들은 모두 입법정책지원부서(의정발전지원센터 등)에서 입법지원업무를 담당하였으며 지방의원의 유급보좌관으로 활용(전용)된 경우는 없었다.
  또한 이 사건을 제외하고는 이 사건 이전인 2015년과 이사건 이후에 서울특별시(의회)가 행한 유사직급으로 유사업무(공고의 세부 내용에는 차이가 있음)를 담당하는 입법지원요원의 채용공고나 채용에 대해 행정안전부(행정자치부/안전행정부)가 시정명령이나 취소·정지를 한 사례는 발견되지 않는다.
  행정안전부 국정감사자료(2017) ; 서울연감, 2017, 157면 이하 참조.

다."라고 규정하고 있다.

이 사건 채용공고는 지방공무원의 임용을 위한 것으로서 지방자치법 제9조 제2항 제1호 마목에 정한 지방자치단체의 사무에 속하고, 이 사건 채용공고를 통하여 임용인원·자격·요건 등 임용에 관한 사항이 대외적으로 공표되어 확정되며, 이를 기초로 이후 임용시험 등의 절차가 진행된다.

그리고 행정소송법상 항고소송은 행정청이 행하는 구체적 사실에 관한 법집행으로서의 공권력의 행사 또는 그 거부와 그 밖에 이에 준하는 행정작용을 대상으로 하여 그 위법상태를 배제함으로써 국민의 권익을 구제함을 목적으로 하는 것과 달리, 지방자치법 제169조 제1항은 지방자치단체의 자치행정 사무처리가 법령 및 공익의 범위 내에서 행해지도록 감독하기 위한 규정이므로 그 적용대상을 항고소송의 대상이 되는 행정처분으로 제한할 이유가 없다.

그렇다면 이 사건 채용공고는 지방자치법 제169조 제1항의 직권취소의 대상이 될 수 있는 지방자치단체의 사무에 관한 '처분'에 해당한다고 봄이 타당하며, 이를 다투는 원고의 주장은 받아들일 수 없다.

(2) 이 사건 직권취소의 위법 여부

가. 지방의회의원에 대하여 유급 보좌 인력을 두는 것은 지방의회의원의 신분·지위 및 그 처우에 관한 현행 법령상의 제도에 중대한 변경을 초래하는 것으로서 국회의 법률로 규정하여야 할 입법사항이다(대법원 2012. 5. 24. 선고 2011추49 판결 등 참조).

그런데 지방의회의원의 신분·지위 및 그 처우에 관하여 지방자치법 제33조는 의정활동비, 공무여비 및 월정수당에 관한 내용을 규정하고, 제34조는 회기 중 직무로 인한 사망·상해 시 등에 보상금을 지급하도록 규정하고 있을 뿐이다.

지방자치법 제90조는 지방의회에 그 사무를 처리하기 위하여 조례

로 정하는 바에 따라 사무처(국·과) 및 사무직원을 둘 수 있도록 규정하
고 있으나, 이는 지방의회가 의결기관으로서 기능을 수행하는 데에 필
요한 의사운영의 보좌 및 그에 수반되는 여러 가지 행정사무의 처리를
위한 것이지 지방의회의원 개개인의 활동에 대한 보좌를 하도록 하는
규정은 아니므로, 위 각 규정이 지방의회의원에 대하여 유급 보좌 인력
을 둘 수 있는 근거가 될 수 없다(대법원 1996. 12. 10. 선고 96추121 판결
참조). 그리고 지방자치법 제56조 제1항은 지방의회는 조례로 정하는 바
에 따라 위원회를 둘 수 있다고 규정하고, 제59조는 위원회에는 위원장
과 위원의 자치입법활동을 지원하기 위하여 지방의회의원이 아닌 전문
지식을 가진 위원(이하 "전문위원"이라 한다)을 두되(제1항), 위원회에 두는
전문위원의 직급과 정수 등에 관하여 필요한 사항은 대통령령으로 정한
다고(제3항) 규정하며, 이에 따라 「지방자치단체의 행정기구와 정원기준
등에 관한 규정」 [별표 5]에서 전문위원의 직급과 정수를 규정하고 있
으나, 이는 전문지식을 가진 전문위원의 설치에 관한 규정으로 전문위
원이 아닌 유급 보좌 인력을 둘 수 있는 근거가 될 수 없다(대법원 2012.
12. 26. 선고 2012추91 판결 참조).
　　한편 지방자치법 제112조는 지방자치단체의 사무를 분장하기 위하
여 필요한 행정기구와 지방공무원을 둘 수 있도록 규정하고, 지방공무
원 임용령 제21조의3은 임기제공무원의 임용에 관하여 규정하고 있으
나, 위 규정은 지방자치단체의 사무를 처리하기 위한 임기제지방공무원
을 둘 수 있다는 규정에 불과할 뿐, 지방의회의원에 대하여 유급 보좌
인력을 둘 수 있는 근거가 될 수는 없다.
　　그 밖에 지방자치법은 물론 다른 법령에서 지방의회의원에 대하여
전문위원이 아닌 유급 보좌 인력을 둘 수 있는 법적 근거를 찾아볼 수
가 없다.

　　나. 앞에서 본 이 사건 공무원의 실제 담당 업무는 입법현안 발굴·

조사·분석 및 정책개발지원 등 상임위원회의 의정활동에 관한 지원인데, 그 업무는 의정활동비를 통하여 비용이 보전되고 있는 지방의회의원의 활동인 의정 자료의 수집·연구 및 이를 위한 보조활동과 동일하거나 유사하여 지방의회의원의 의정활동에 대한 보좌로 볼 수 있다.

한편 위와 같은 이 사건 공무원의 담당 업무는 지방의회 위원회의 위원장과 위원의 자치입법활동을 지원하는 전문위원의 업무와 상당부분 중복되는데, 전문위원의 설치에 관한 지방자치법 제59조 제3항의 위임에 따른 구 「지방자치단체의 행정기구와 정원기준 등에 관한 규정」 (2016. 12. 30. 대통령령 제27713호로 개정되기 전의 것) [별표 5]에 의하면, 원고 지방의회의 경우 총 정수 20명 이내로 4급 10명, 5급 이하 10명의 전문위원을 둘 수 있고 전문위원은 그에 적합한 전문지식을 갖추어야 하므로 이 사건 공무원의 채용을 적법한 전문위원의 임용으로 보기 어려우며, 원고도 이 사건 공무원을 전문위원으로 채용하려는 것이 아님을 인정하고 있다.

이와 같은 이 사건 공무원의 담당업무, 채용규모, 전문위원을 비롯한 다른 사무직원들과의 업무 관계와 아울러 원고가 제출한 증거들 및 기록에 의하여 알 수 있는 이 사건 채용공고의 경위 등을 종합하여 보면, 지방의회에 이 사건 공무원을 두어 의정활동을 지원하게 하는 것은 지방의회의원에 대하여 전문위원이 아닌 유급 보좌 인력을 두는 것과 마찬가지로 봄이 타당하고, 이 사건 공무원이 임기제공무원이라거나 지방의회의원이 위원회의 위원으로 선임되어 안건심사 등의 의정활동을 한다고 하여 달리 볼 것은 아니다.

그렇다면, 이 사건 공무원의 임용은 개별 지방의회에서 정할 사항이 아니라 국회의 법률로써 규정하여야 할 입법사항에 해당하는데, 지방자치법은 물론 다른 법령에서도 이 사건 공무원을 지방의회에 둘 수 있는 법적 근거를 찾을 수 없으므로, 이 사건 공무원의 임용을 위한 이 사건 채용공고는 위법하고, 이에 대한 이 사건 직권취소처분은 적법하다.

따라서 이와 다른 전제에서 이 사건 직권취소처분이 위법하여 취소되어야 한다는 원고의 주장은 받아들일 수 없다.

(3) 결론

그러므로 원고의 이 사건 청구를 기각하고, 소송비용 중 참가로 인한 부분은 원고참가인이, 나머지는 패소한 원고가 각 부담하기로 하여, 관여 대법관의 일치된 의견으로 주문과 같이 판결한다.

Ⅲ. 판례 평석

1. 적용 법조에 대한 선제적 검토

지방자치법 제169조 제2항의 소송은 공법관계에 관한 일반적인 사법작용에서 찾아보기 어려운 독특한 특성을 갖는다고 할 수 있다. 소송의 대상이 되는 '취소 또는 정지 처분'은 선행하는 시정명령에 대한 실효성확보수단인 감독처분이라 할 수 있다. 그런데 시정명령은 상대방의 위법 명령이나 처분에 대한 감독조치로서 그 내용적 실질은 하명에 해당하는 것으로 볼 수 있지만 이에 대한 항고소송은 불가능하다. 게다가 시정명령은 상대방의 명령이나 처분이 위법한 경우뿐만 아니라 부당한 경우에도 발령될 수 있고(자치사무인 경우에는 위법한 경우로 한정됨), "명령이나 처분"을 발령한 지방자치단체가 행정청의 지위를 가짐에도 불구하고 그 "명령이나 처분"은 행정소송법상의 처분성, 즉 '대외적 구속력'(공권의 성립, 법률상 이익의 침해)을 특성으로 하는 행정행위에 상응하는 행정작용으로서의 특징은 요구되지 않는다고 한다.[3]

---

3) 최봉석, 지방자치법론, 삼원사, 2018, 397면 이하 참조.

그렇다면 지방자치단체에 대해 감독청의 지위에 놓이는 행정안전
부(구, 행정자치부)는 지방자치단체의 행위(그 행위의 법적 성질은 불문함)가
마음에 들지 않을 때(그 행위의 위법성 여부는 불문함)에는 언제든지 그 행
위에 대해 시정명령을 발령하고 이에 불응하는 경우 곧바로 그 행위를
취소 또는 정지 할 수 있게 된다. 또한 이때 시정명령 이후 취소·정지를
발령하는 데에는 그 어떤 시간적·상황적 요건도 필요하지 않다. 지방자
치단체의 입장에서는 시정명령이 발령된 후에도 감독청의 취소·정지처
분이 없는 한 그 어떤 불복방법도 가질 수 없게 된다. 그렇다면 감독청
인 행정자치부의 입장에서는 이유 불문하고 그의 뜻과 배치된 모든 지
방자치단체의 행위(처분성은 불문함)4)에 대해 시정명령을 발령하고 그
상태를 유지하거나 그 행위를 취소 또는 정지함으로써 지방자치단체의
행위 일체를 봉쇄할 수 있는 상황을 만들 수 있게 되는 것이다. 만약 이
런 상황이 초래된다면 헌법 제117조와 제118조가 보장하고 있는 지방
자치제도의 본질적 침해라 아니할 수 없을 것으로 보인다. 그런데, 이
사건에서 원고도 피고도 이에 관한 주장을 한 바 없으며(피고로서는 이러
한 주장은 불필요하였을 것임), 법원도 이러한 문제의 가능성조차도 상정하
지 못한 것으로 보인다.

지방자치법 제169조가 법리적으로 문제가 있다는 의심은 제170조
와의 비교를 통해서 보다 구체화 된다. 제170조는 이른바 기관위임사무
에 대한 지방자치단체의 부작위(불완전이행을 포함)에 대한 감독청의 이
행명령과 대집행 등 감독처분에 관한 규정인데5), 제170조 제2항에서는
제1차 감독처분인 이행명령에 대해서도 대법원에 소송할 수 있도록 하
고 있다. 이렇게 본다면 자치사무에 대한 시정명령에 대해서는 소송할

---

4) 이 사건 소송에서 나타났듯이 시정명령의 발령사유로 위법이나 침익의 발생을 요
   하지 않으며 오직 그 발생가능성(위험)까지도 그 요건이 된다. 결국 이 감독조치
   ("감독처분"인지에 관해서는 후술하기로 함)의 성질에는 "예방적 부작위청구"로서
   의 실질이 포함된다고 할 수 있을 것이다.
5) 대법원 2015. 9. 24. 선고 2014추613 판결.

수 없고 기관위임사무에 대한 이행명령에 대해서만 소송할 수 있는 것이 된다. 지방자치단체의 자치권과 법인격 및 자치사무와 기관위임사무에 관한 지방자치단체의 법적 권한과 지위의 차별성 등 그 어떤 논리를 동원해도 기관위임사무를 행하는 지방자치단체보다 자치사무를 행하는 지방자치단체의 지위와 권한이 경시(輕視)되어야 한다는 지방자치법의 설정이 정당화 될 수는 없을 것으로 보인다.[6]

이에 이 판례에 대한 본격적인 논증에 앞서 먼저 이 사건의 전제 법조가 되는 지방자치법 제169조가 위헌성이 있음을 먼저 밝혀두고자 한다. 또한 원고가 이 사건에서 이 조항의 위헌성을 주장하여 헌법재판소의 판단을 이끌어 내는 등의 노력을 다하지 못한 점[7]에 대해서는 아쉬움을 갖게 된다.

---

6) 지방자치법 제170조 역시도 제1차 감독처분인 이행명령에 대해서는 대법원에 바로 제소(제170조 제2항에 따른 이의의 소)할 수 있으나 제2차 감독처분인 대집행에 대해서는 지방자치법에 그 불복에 관해 별도의 소송을 규정하지 않으면서 행정대집행법에 따르도록 규정하고 있다. 따라서 지방자치단체로서는 이행명령에 따르지 않고 대집행이 이루어지는 경우 행정대집행법에 따른 일반적인 대집행과 마찬가지로 일반행정소송을 제기할 수 있게 된다. 그렇다면 행정소송(일반행정소송)을 상고심까지 계속하는 경우 지방자치단체로서는 감독청(국가, 즉 행정자치부)의 의사와 무관하게 분쟁을 장기화 시키면서 기관위임사무 미이행(불완전이행)을 장기간 지속할 수 있게 된다. 물론 이행명령에 대한 불복에 대해 감독청이 곧바로 대집행을 하여 그 대집행에 대해 항고소송이 제기된 예는 아직까지 발생하지 않았다. 하지만 적어도 법리적인 측면에서 또한 법질서의 체계정합성에 있어 이 규정은 입법오류 내지 흠결이라 하지 않을 수 없다. 결국 지방자치법 제170조의 소송 역시 제169조의 소송과 유사한 법적(입법적 및 사법제도적) 문제를 가진다고 하겠다.

7) 물론, 원고가 주장한 경우에도 과연 대법원이 헌법재판소에 위헌법률심판을 구했을지에 대해서는 확언하기 쉽지 않아 보인다. 이 사건 소제기에 관해 서울특별시(장)와 행정자치부 모두 이 사건 소송이 관련 문제(정책적 및 입법적 문제 등)를 해결할 수 없음을 인식하고 있었으나, 실상 상대방에 대해 관련 문제에 대한 주의를 환기시키고자 하는 전략적 의도가 소송의 배경이자 목적이라 이해하고 있었다.

2. 채용공고의 법적성질과 감독처분의 대상성

(1) 지방자치법 제169조의 소송법적 특징

지방자치법 제169조 제2항의 소송, 즉 감독처분소송은 행정소송법 상의 취소소송과는 달리 "지방자치단체의 사무에 관한 그 장의 명령이 나 처분"에 대한 감독처분에 해당하는 취소·정지에 대해 행정소송법상 의 처분성을 소송요건으로 요구하고 있지 않다. 이는 일단 이 소송(이의 의 소)의 대상이 되는 취소·정지의 사유가 지방자치단체장이 행한 명령· 처분의 위법성에 한정하지 않고 넓게 부당(합목적성에 대한 위반)까지를 그 사유로 하고 있다는 점에서 일반행정법관계 상의 취소 또는 철회보 다 넓다는 특징을 가진다는 점을 기초로 한다. 특히 단체위임사무를 "법령에 의해 지방자치단체에 위임된 사무"로 이해하는 경우, 일반적인 위임의 법리에 따라 당해 사무에 관한 주체(명의), 책임(법률관계의 귀속 및 소송당사자적격), 비용, 지방의회의 결정(조례제정권) 등이 일체 지방자 치단체에 속함에도 불구하고 그 사무 집행의 부당(합목적성 위반)을 이유 로 감독청이 이를 취소·정지하게 할 수 있는 권력적 관여에 해당하는 바, 이러한 법률관계는 국가와 지방자치단체 간에 일반 공법관계와는 다른 "부분국가적 특성의 한계(Grenzen des Innen-Staatscharakurs)"[8]가 반영된 것이라 할 수 있다. 이에 따라 이러한 법률관계에 대한 소송법 적 설계 및 그 대상이 되는 국가(지방자치단체)작용의 법적 특성 역시 특 별한 설정이 불가피한 것이라 할 수 있다.[9] 지방자치법 제169조 제2항 이 지방자치단체장의 명령·처분에 대해 감독처분에 대한 이의의 소를 오직 자치사무에만 개방하고 단체위임사무에 대해서는 부정하고 있는

---

8) Vgl. von Mutius, Örtliche Aufgabenerfüllung, ders., Selbstverwaltung im Staat der Industriegesellschaft, 1983, S.228ff.
9) Vgl. Vogelsang/Lübking/Jahn, Reschtsgrundlagen der Kommunalaufgaben, 1991, S.87ff.

입법정책적 취지 역시 이러한 특징의 반영이라 할 수 있을 것이다.

이렇듯 지방자치단체장이 행한 채용공고와 마찬가지로 이에 대한 관여청의 감독처분(시정명령 또는 취소·정지) 역시도 그 처분성과 무관한 독자적인 특성을 가진다고 할 것이다. 다만, 이와 같은 법리에 따르는 경우에도 자치사무에 대한 감독처분은 그 사유가 위법인 경우로 한정되는 바, 지방자치단체장의 명령이나 처분이 위법함으로 인해 이루어지는 취소·정지는 일반행정법상의 감독처분과 마찬가지로 행정소송법상의 처분에 해당하며 이에 대해 행정소송법상의 취소소송이 아울러 가능하다는 주장이 가능하다. 그러나 지방자치법 제169조 제2항의 소송(이의의 소)은 "지방자치단체 사무집행을 전제로 국가등이 행하는 감독처분의 법률관계"에 대한 소송법적 특례로서 특별소송을 인정한 것으로서 이와 행정소송법상의 취소소송은 양립할 수 없다고 할 것이다. 이러한 특징은 이 소송이 일반 행정소송과는 달리 대법원 관할의 단심제 소송이라는 점에서도 나타나는 바, 사실심이 아닌 법률심을 그 특징으로 한다는 점에서도 드러나고 있다.

이 사건 소송의 사실관계를 살피건데, 일단 채용공고의 주체와 관련하여 그 적법성 여부에는 문제가 없는 것으로 보인다. 지방자치법 제3조 제1항은 지방자치단체를 법인으로 하고 있고, 헌법 제117조는 지방의회를 지방자치단체의 기관으로 정의하고 있다. 따라서 지방의회의 계약직10) 공무원을 임용하는 경우에도 임용행위 특히, 계약에 의한 임용

---

10) 과거의 "계약제"라는 공무원임용형식은 폐지된 상태이지만, 이를 대신하여 등장한 "시간선택제"라는 명명 역시 그 본질은 계약제에 다름 아닌 것으로 보인다. "시간선택제"라는 의미는 그 해당 공무원의 근로시간을 법정 제한근로시간의 범위 내에서 선택하여 근로할(또는 근로하게 할) 수 있는 복무관계를 지칭하는 것으로서 그 기본적인 근로관계의 형성이 계약제인지의 여부와는 무관한 것이다. 그러나 일반적으로 시간선택제는 계약직 공무원을 대상으로 하여 운용되는 경우가 대부분이고, 적어도 이사건의 시간선택제 공무원은 서울특별시와의 관계에서 계약제 임용을 전제로 하여 운용되고 있다. 따라서 이하에서는 현재의 시간선택제를 포함하여 이른바 계약에 의해 임용되는(즉, 임용처분에 의한 임용관계가 아닌 경우를 지

의 경우 임용권자는 지방자치단체의 기관(의회)이 아닌 법인의 대표자, 즉 지방자치단체장이 된다. 따라서 본 사건 채용공고의 공고자(공고주체)가 지방자치단체장인 서울특별시장으로 되어 있는 것은 적어도 현행 헌법과 법률의 형식적 설정11)에 부합하는 적법한 것으로 보인다.

(2) 지방자치법 제169조의 명령과 처분의 개념과 특징

지방자치법 제169조의 감독처분은 지방자치단체의 사무, 즉 자치사무와 단체위임사무의 집행을 대상으로 한다는 점에서 지방자치단체의 기관위임사무를 대상으로 한 제170조의 감독처분과 구별되며, 입법작용이 아닌 행정집행작용을 대상으로 한다는 점에서 제172조의 조례 등에 대한 규범통제절차와 구별된다. 지방자치법 제169조는 지방자치단체의 집행작용, 즉 지방자치단체사무(자치사무와 단체위임사무)에 대한 명령이나 처분이 위법 또는 부당한 경우 감독청의 지위에 있는 행정자치부(광역지방자치단체의 집행작용에 대한 감독처분) 또는 광역지방자치단체(기초지방자치단체의 집행작용에 대한 감독처분)가 해당 지방자치단체의 집행작용에 대해 시정을 명하고(시정명령), 이에 따르지 않을 경우 해당 집행작용을 취소 또는 정지할 수 있도록 규정하고 있는데, 이는 지방자치의 집행작용이 적법성(Rechtsmäβigkeit)12) 및 타당성(합목적성: Zweckmäβigkeit)13)을 가지도록 함을 목적으로 한다.

칭함) 공무원을 통칭하여 "계약직 공무원"으로 칭하기로 한다.
11) 지방의회의 경우에는 국회와 달리 지방자치단체의 기관에 해당하고 형식적으로는 지방자치단체장의 소속기관으로서 행정입법기관이라는 법적 성질을 가진다. 따라서 지방의회는 실질적으로는 주민대표기구인 의회이며 형식적으로는 행정입법기관이라는 양면성을 가지는 것으로 해석되어 왔다. 이로 인해 지방의회가 제정(개정 등)하는 조례 역시 실질적으로는 의회입법이며, 형식적으로는 행정입법이라는 이중적 지위가 부여되어 왔다. 국회의 경우 국회의 입법행정은 국회사무처라는 행정청을 통해 집행되어 왔으나 지방의회의 사무처 등은 행정청의 지위를 갖지 못하는 지방의회라는 지방자치단체의 기관 내부에 존재하는 조직단위(부서)로서의 법적 지위만을 갖는다고 할 수 있다.
12) 자치사무와 단체위임사무에 적용되는 기준이다.

서울특별시(의회)의 계약직 지방공무원 채용을 위한 공고가 과연 지방자치법 제169조 제1항에 따른 "지방자치단체장의 명령 또는 처분"에 해당하는지의 여부는 곧 이 사건에서 직권취소를 행한 행정자치부 (현, 행정안전부) 감독처분의 대상적격이 인정되는가 여부와 관련하여 중요한 의미를 갖는 것으로 볼 수 있다. 채용공고가 "지방자치단체장의 명령 또는 처분"에 해당하는지의 여부는 우선 1차적으로는 채용공고의 법적 형식, 즉 법적 성질에 따라 판단되어야 할 문제라 할 수 있다. 그러나 지방자치법 제169조가 행정소송법 상의 항고소송을 전제(기준)로 하고 있지 않은 만큼, 적어도 이 규정에 행정소송법 상의 "처분"개념을 곧바로 적용할 수 있는가의 문제는 법리적 논의를 통해 해결될 수밖에 없을 것으로 보인다.

만약, 지방자치법 제169조가 규정하는 처분개념과 행정소송법 제2조가 규정하는 처분개념이 전혀 다른 것이라면, 그래서 제169조의 처분개념에 관해 제169조만의 고유한 개념설정이 필요하다면 지방자치법 제169조가 가지는 제도적 의의와 기능 등이 종합적으로 판단되어야 할 것으로 보인다. 이 가운데에는 채용공고가 가지는 내용적 측면에서의 특성, 즉 그것이 행정청 의사의 확정에 해당하는지 또한 함께 고려되어야 할 것이다. 지방자치법 제169조가 설사 행정소송법 상의 처분 개념을 전제로 한 것이 아니라 하더라도 법률의 문언(文言)상 "명령 또는 처분"의 용어를 사용한 이상, 채용공고가 이에 해당하는가 여부가 판단되어야 하며, 이를 위해 명령·처분의 개념적 확정이 전제되어야하기 때문이다.

지방자치법 제169조 제1항은 "지방자치단체의 사무에 관한 그 장의 명령이나 처분이 법령에 위반되거나 현저히 부당하여 공익을 해친다고 인정"되는 경우에 감독청의 감독처분이 인정된다고 하고 있다. 이

---

13) 단체위임사무에만 적용되는 기준이다.

는 그 문언상의 취지로 볼 때 지방자치단체장의 명령이나 처분이 '공적 의사표시로서 확정(완결)성'을 가지고 있고 그 것이 이미 '위법 또는 부당의 법익침해를 발생시킨 것으로 인정'되는 상태를 전제로 한 것이라 할 수 있다. 따라서 지방자치단체장의 행위가 완료되지 않고 진행중인 것이거나 위법 또는 부당의 법익침해가 인정되는 상태에 이르지 못한 가운데 그 가능성이나 위험이 추정되는 상태에 대해서까지 감독청의 감독처분 행사가 가능한 것인지에 관해서는 보다 엄정한 분석이 필요하다고 할 수 있을 것이다.

요컨데, 지방자치법 제169조가 규정하는 감독처분의 대상인 "명령이나 처분"은 지방자치단체가 행하는 일체의 행정집행작용을 포괄한다는 의미로서, 비록 이 규정에서 "명령"이라는 용어가 사용되었다고 하여도 이 명령은 비단 지방자치단체의 자치입법인 명령, 즉 "규칙"에 한정된 것이 아니며, 이른바 "하명"으로 분류되는 지방자치단체의 고권적인 명령적 집행행위를 포괄한다고 할 수 있다. "처분" 역시 행정소송법상 행정소송의 대상이 되는 행정작용의 특정 범주를 지칭하는 "소송법적 처분"에 그치지 않고 지방자치단체가 행하는 일체의 행정집행작용(Verwaltungsmaβnahmen ; Verwaltungsausübung) 전반을 지칭하는 것이라 할 수 있다. 이렇게 볼 때, 이 사건에서 서울특별시장(의회)이 행한 채용공고는 앞에서 살핀 바와 같이 그 형식과 내용에 있어 지방자치법 제169조가 규정하는 "지방자치단체의 사무에 관한 그 장의 명령이나 처분", 즉 지방자치단체장이 행한 공법적 행위에 해당하는 것이라 할 수 있을 것이다.

(3) 채용공고의 법적 성질과 특성

이 사건 감독처분인 직권취소처분의 대상은 채용공고이다. 그렇다면 이 사건 판결의 당부를 논함에 있어서 우선적으로 이사건 소송 청구 원인의 가장 중요한 부분 중 하나라 할 수 있는 채용공고의 법적 성질과 그에 대한 감독처분이 적정한 것인지에 관해 살펴보아야 할 것이다.

먼저, 채용공고의 내용이나 효과와 관련하여 채용공고를 이사건 채용공고가 상정하고 있는 바와 같이 계약직 공무원 임용을 전제로 한 것이라면, 이는 채용계약을 위한 행정청의 청약 내지 (정보제공작용을 포함한) 유인행위로 보는 견해가 가능하다. 이 경우 서울특별시장(의회)의 공고가 이루어진 이후에는 그것이 위법함을 이유로 취소 또는 철회 되지 아니하는 한 채용공고를 신뢰하고 이에 따르는 행위를 한(할) 국민(주민)에게 효력을 발생한다고 이해된다. 이와 같은 입장을 취한다면, 채용을 위한 서울특별시장(의회)의 공고는 채용계약을 위한 청약으로서 및 유도적·비구속적 행정작용에 그치고 이것이 그 자체로서 독자적인 법률효과를 발생시키거나 행정행위에 해당하는 것으로 볼 여지가 없다고 하겠다.[14] 이러한 입장을 취하는 경우 지방자치법 제169조 취하고 있는 처분개념을 좁게 이해하여 행정소송법상의 처분개념과 같은(유사한) 것으로 본다면 법률행위(채용계약)의 성립을 위한 지방행정주체(공법인)의 청약(유인작용)에 해당하는 일방적 의사표시라 할 수 있는 채용공고는 제169조에 따른 감독처분(취소·정지)의 대상이 될 수 없다고 볼 수밖에 없게 된다.

그러나 이상의 입장과 달리, 채용공고를 "서울특별시의회의 채용계획 확정의 표시"로 이해한다면, 채용공고는 법적으로는 대외적 효력을 가지는 확정된 '행정계획'으로서의 법적 성질을 가지는 것으로 이해될 수 있다. 또한 이 사건 채용공고에 포함된 시험방법이나 시험일정 또는 시험응시기간 등은 정보제공작용으로서 상대방의 청약을 구하는 유인작용에 해당한다고 볼 수도 있을 것이다. 이러한 입장에서는 채용공고의 법적 성질에 관해 채용공고가 행정소송법 상의 처분에 해당하는 행정청의 결정이라고 할 수 있을 것이다.[15] 이러한 입장을 취한다면 채

---

14) 대구고등법원 1992.12.2, 선고 92구1033 판결(특별부판결) 참조.
15) 서울행정법원 2013.1.25, 선고 2012구합39391 판결 참조.

용공고는 지방자치법 제169조 제1항의 "지방자치단체장의 명령 또는 처분"을 좁게 이해하여 여기에서의 처분 개념을 행정소송법상의 처분 개념과 동일한 것으로 한정하는 경우에도 채용공고는 지방자치법 상 자치사무에 대한 감독처분에 해당하는 취소·정지의 대상이 될 수 있다고 할 수 있게 될 것이다.

하지만, 아쉽게도 이사건 소송에서 대법원은 이에 대해 판단하고 있지 않다. 채용공고의 법적 성질을 논하기보다는 다른 시각에서 문제의 해법을 찾고 있는 것으로 보인다. 즉, 지방자치법 제169조에서 규정하고 있는 감독처분, 즉 취소·정지의 대상인 지방자치단체장의 "처분"에 대해 이를 행정소송법상의 처분 개념과 다른 것이라는 설정을 통해 채용공고에 관한 법적 성질의 확정의 부담을 일거에 해결하는 태도를 취한 것이다. '지방자치법 제169조가 규정한 지방자치단체장의 처분'이, 행정소송법상의 일반 항고소송이 아닌 제169조 제2항의 "이의의 소"라는 특별소송의 대상이 되는 감독처분의 원인이 되는 원처분임으로 이에 대해 행정소송법상의 처분 개념을 적용할 필요가 없다는 입장인 것이다.

생각건대, 대법원의 이러한 설명은 사족에 불과한 것으로 보인다. 그 지방자치단체장이 행한 원처분은 제169조 제2항의 소송이 대상이 되는 감독처분의 원인에 해당할 뿐이기 때문에 설사 제169조 제2항의 소송이 그 대상적격에 관해 행정소송법상의 처분개념을 그대로 취한다고 하여도 원처분은 당해소송의 대상인 처분이 아니기 때문에 그에 대해 행정소송법상의 처분개념을 적용할 여지는 없기 때문이다. 나아가 이 사건 채용공고가 제169조 제1항의 '명령 또는 처분'에 해당하는가의 여부는 이에 대해 발령되는 시정명령이 적법한 것인가의 여부, 즉 시정명령의 대상적격 인정 여부에 관한 문제이기 때문이다. 시정명령은 판결과 같은 사법적(司法的) 결정이 아닌 감독청의 감독작용에 해당하는 것인 만큼, 시정명령의 대상성을 논하기 위해 지방자치법 제169조 제1항의 '지방자치단체장의 처분'을 법적 성질이나 이 사건에서 서울특별시

장이 행한 채용공고가 '행정소송법상의 처분'에 해당하는지 여부를 판단
할 필요는 전혀 없었다고 할 수 있다.

　결과적으로 판결은 대답하여야 할 문제, 즉 서울특별시장이 행한
채용공고가 행정자치부의 시정명령과 직권취소라는 감독처분의 대상이
될 수 있는 지방자치법 제169조 제1항의 "지방자치자치단체장의 명령
이나 처분이 법령에 위반된다고 인정된" 경우에 해당하는가에 대해서는
침묵하고 있다고 할 수 있다. 대법원이 먼저 판단했어야 할 대상은 이
사건 채용공고가 지방자치법 제169조가 감독처분의 요건을 제시한 '지
방자치단체장의 결정으로서의 완결성'과 그 '위법성(자치사무에 해당하므
로 위법성만이 문제됨)의 인정'을 갖추었는가 하는 점이다. 이렇게 볼 때,
대법원의 판단은 판단이 불필요한 대상에 대해 판단하면서 판단하여야
할 대상에 대해서는 침묵한 것으로서 심리미진 내지 판단대상의 선택에
있어 오류가 있었다는 비판을 피하기 어려워 보인다.

3. 시정명령의 법적 성질과 대상

　지방자치단체의 공무원 임용과 관련된 사무는 지방자치단체의 자
치권 중 조직고권(조직권과 인사권을 포함한다)의 실현에 해당하는 사무로
서, 지방자치법 제9조 제2항 제1호가 예정하고 있는 자치사무에 해당하
나 이를 집행하는 지방자치단체는 법률우위의 원칙과 법률유보의 원칙
이 허용하는 범주에서 이를 행하여야 한다. 지방자치법 제169조가 자치
사무와 관련하여 지방자치단체장의 명령과 처분 등에 대해 감독청의 관
여(감독처분)를 규정하고 있는 취지는 지방자치단체장의 위법한 집행으
로 초래되는 위법상태를 제거하기 위한 것이다. 엄격히 말해 제169조는
"법령에 위반되거나 현저히 부당하여 공익을 해친다고 인정"되는 상태
를 전제로 한 것, 즉 결과에 대한 감독처분이지 그 침해발생 우려에 대
처하거나 위험을 방지하기 위한 예방적 감독처분으로서의 실질을 가지

는 것은 아니라는 점이다. 따라서 지방자치법 제169조의 감독처분에 해당하는 시정명령, 즉 채용행위(임용처분, 임용계약)가 아닌 채용공고를 대상으로 한 시정명령이, 지방자치법 제169조에 의한 것인지 즉, 지방자치법 제169조가 규범적으로 전제하고 규율하고 있는 시정명령인지의 여부에 대해서는 논의의 여지가 없지 않은 것으로 보인다.

서울특별시(의회)의 채용공고에 대한 행정자치부의 시정명령은 적어도 그것이 감독청의 감독작용으로서 형식적으로는 하명에 해당하는 명령적 행정작용으로 볼 여지가 있다. 그러나 시정명령을 실질적으로 채용공고 자체에 대한 취소(정지)를 전제로 혹은 이를 포함한 일련의 불이익처분 과정(동일한 법률효과를 전제로 하는 단계적 집행작용)의 일부라기보다는 이후의 위법한 채용행위(임용처분, 임용계약)을 예방하기 위한 사전적(예방적) 감독조치라고 볼 여지 또한 없지 않은 것으로 보인다.16) 이러한 점에서 시정명령이 완결된 임용처분이나 임용계약 자체를 대상으로 사후적(통제적, 권력적)으로 이루어지는 경우 이는 전형적인 감독처분에 해당한다고 할 수 있을 것이다. 다시 말해, 시정명령이 계속중인 혹은 미완의 행위에 대해 위법성 방지를 위해 혹은 확정된 법률효과가 없는 행위에 대해 사전적·예방적으로 이루어지는 경우와 완결된 행위 또는 법률효과가 확정된 행위에 대해 그 존속과 효력을 부인하기 위해 사후적·구속적으로 발령되는 경우 양자의 법적 성질을 과연 동일하게 볼 수는 없는 것이다.

이러한 점에서 살피건데, 이 사건 채용공고에 대한 시정명령은 후행하는(할 수 있는) 취소·정지를 사전적·절차적으로 정당화 하는 불이익처분의 예고 내지 취소·정지 등 후행하는 감독처분을 예방 또는 저지할 수 있는 기회와 방법을 제시한다는 점에서 협력적 행정작용으로서의 특성을 아울러 갖는다고 할 수 있다.17)

---

16) 이에 관해서는 이 사건 피고(행정자치부장관)가 대법원 제출한 자료에서도 설시되고 있다.

결국 이 사건 채용공고에 대한 시정명령이 그 자체로서 내용적으로 권리제한적 처분 내지 불이익처분으로서 형식적으로 처분(소송법적 처분)에 해당하는지 즉, 실질적으로는 행정청의 상대방에 대해 권리나 의무의 발생·변경·소멸을 가져오는 구속적 효력을 가지는 것으로 보는 데에는 일정 정도 법리상 무리가 있다고 할 수 있을 것으로 보인다.18) 지방자치법 제169조에 관한 입법취지나 법조문의 구성으로 볼 때에도, 지방자치법 제169조가 시정명령 자체를 대상으로 한 소송(이의의 소)을 별도로 두고 있지 않는 것 또한 시정명령이 가지는 이러한 법적 성질에 준거한 것으로 보인다.19)

따라서 실질적으로는 채용행위에 대한 사전적·예방적 조치로서의 채용공고에 대한 시정명령에 관해 설사 지방자치법 제169조가 명문으로 규정하지 않는 경우에도 그 발령이 금지된다고 할 수는 없을 것이며, 사전적·예방적 조치로서의 시정명령("시정요청", "시정권고" 등 법률상의 "시정명령" 이외 다른 명칭으로 지칭되는 경우와 법적 성질에 있어 차이를 가지는 것으로 확정하기는 어려움)은 경고, 조언, 권고 등과 같은 비법적 사실행위로서의 실질적인 시정요구와 그 내용과 실질이 다르지 않다고 해도 과언이 아닌 것으로 보인다.

결과적으로 채용공고에 대한 시정명령은 서울특별시의회(서울특별시)에 대한 자발적 시정을 도모하는 것이며, 그 자체로서 실질적으로 법적 구속력을 갖는 행정처분(행정소송법상의 "처분 등")으로 보기에 법리상

---

17) 최봉석, 앞의 책, 342면 이하 참조.
18) 이에 대해 일 견해는 자치사무에 대한 시정명령은 처분이며, 위임사무 즉 단체위임사무에 대한 시정명령은 행정기관의 내부행위이므로 이는 처분이 아니고 따라서 제169조 제2항에 따른 취소·정지에 대한 이의의 소 역시 자치사무의 경우에만 인정되며, 단체위임사무에 대해서는 이의의 소 자체가 인정되지 않는다고 해석하고 있다(김남철, 행정법강론, 제3판, 박영사, 2016, 1040면 참조).
19) 지방자치법이 제169조의 시정명령에 대해 이의의 소를 인정하지 않는 것은 제170조에서 이행명령에 대해 이의의 소를 인정한 것과 비교하여 입법적 오류라는 지적이 있다.

논란의 소지 및 현실적 한계가 있는 것으로 보인다. 나아가 서울특별시
장(의회)가 시정명령에 불응하는 경우에도 행정자치부장관은 해당 채용
공고만을 취소·정지할 수 있을 뿐이며, 그 취소·정지가 상당기간 후에
발령되어 채용공고에 대한 시정명령 이후 채용행위가 완료된 경우에도
행정자치부가 행사할 수 있는 감독처분은 채용공고에 대한 취소·정지
에만 한정되게 된다. 그리고 이와 같은 경우 채용 후 소급하여 직권취
소 된 채용공고와 공무원으로 채용된 자 사이의 권한의 다툼은 새로운
사법적 분쟁을 촉발할 여지 또한 없지 않아 보인다.[20]

　　이렇게 볼 때, 지방자치법 제169조 제2항이 시정명령이후에 이루
어지는 취소·정지에 대한 감독처분소송만을 인정하고 시정명령 자체에
대한 소송을 인정하고 있지 않는 것은 시정명령이 하나의 사전적·예방
적인 조치로서의 실질을 가지며 후행하는 취소·정지와는 그 법적 성질
을 달리하는 것이라는 차이를 입법적으로 확인한 것이라는 해석 또한
가능한 것으로 보인다.

　　또한 이러한 법적 성질의 차별성 내지 혼란을 전제로 할 때, 시정
명령은 그 자체로서 취소소송의 대상이 되는 처분성을 갖추었는지, 즉
이에 대한 일반 항고소송의 허용성 여부와 무관한 지위에 놓여있다고
할 수 있다. 그리고 시정명령의 이러한 특성은 시정명령의 대상이 되는
"지방자치단체장의 명령이나 처분"이 행정소송법상의 처분이나 법률효
과가 확정된 결정인지 등의 여부와 무관하게 그 개념적 범주가 폭넓게
개방되어 있음을 방증하는 것이라 할 수 있다. 대법원은 앞에서 살핀
바와 같이 채용공고의 법적 성질에 관해서도 침묵하였지만 아울러 시정
명령에 대해서도 침묵을 유지하고 있다. 하지만 공교롭게도 지방자치법
제169조 제1항의 "명령 또는 처분"의 개념은 행정소송법상의 처분개념
과는 다르게 광의의 지방자치단체의 행위로 넓게 보아야 한다는 결론에

---

[20] 이러한 견지에서 '후술'하는 선결문제심사권의 인정 여부에 관한 논의가 또한 가능
　　할 것으로 보인다.

이른 점에 대해서는 그 이유에 관해 향후의 유사 사건에서 좀 더 소상
히 밝혀주기를 요청해본다.

4. 감독처분등에 대한 대응과 법적 과제

(1) 감독처분소송의 법적 성질과 특성

일반적으로 행정청이 행한 처분이 위법한 경우 감독청이 사후적으
로 발령하는 시정명령은 원칙적으로 해당 처분의 위법성을 제거하라는
내용의 형식적 하명에 해당하는 것으로 이해될 수 있다. 그러나 유급보
좌관(변형된 형태 포함)으로 전용될 수 있는 지방의회 보좌인력의 채용을
위해 서울특별시의회가 행한 채용공고를 막고자 하는 행정자치부의 시
정명령은 내용적으로 지방자치단체로 하여금 스스로 채용공고의 취소
또는 철회나 채용하지 아니한다는 내용의 수정공고 등을 행할 것을 요
구하는 것으로서, 시정명령은 지방공무원 임용을 위한 절차의 개시 내
지 그 계획을 대상으로 한 예방적·협력적 조치로서의 실질을 가진다는
점에서 일반적으로 행정청의 위법한 처분등을 대상으로 하는 시정명령
과는 차이를 갖는다고 할 수 있다. 따라서 이사건 시정명령이 지방자치
법 제169조 제1항 상의 지방자치단체장의 의사표시로서 "명령 또는 처
분"에 대한 감독처분으로서의 법적 성질을 가지는가에 대해서는 신중한
판단이 필요한 것으로 보인다.

또한 지방자치법 제169조가 적용되는 대상이 자치사무의 경우 지
방자치단체의 처분등에 대한 감독처분은 지방자치단체 행정집행의 적
법성 확보를 그 목적으로 한다. 따라서 감독처분에 대한 이의의 소 역
시 감독처분의 적법성 여부를 목적으로 한다는 취지에서 또한 이 소송
이 대법원을 단심제로 하는 법정소송이라는 특징에 기반하여 이 소송의
법적 성질을 기관소송으로 보는 입장[21])이 가능할 것이다. 그러나 제169
조와 제170조의 이의의 소는 모두 감독청의 감독처분이 피감독자인 지

방자치단체의 자치권을 침해하였음을 이유로 제기하는 소송, 즉 공법상 법인의 법률상 이익 침해를 다투는 주관소송으로서 항고소송에 해당한 다고 하여야 할 것22)이다. 기관소송은 객관소송으로서 소송당사의 주관 적 이익 구제와 무관하게 법정 권한의 확정에 관한 소송으로서 원칙적 으로 법적 권한의 확정을 청구하는 당사자 모두에게 소송개시의 지위 (원고)가 개방된 것을 특징으로 한다. 그러나 제169조 등의 감독처분소 송은 피감기관인 지방자치단체가 원고가 되고 감독청이 피고가 되며 감 독처분(취소·정지등)을 대상으로 한다는 점에서 일반 항고소송과 유사한 소송구조를 가진다는 점에서 항고소송의 일종으로 보는 것이 적절한 입 장인 것으로 보인다. 따라서 이 소송에서 대법원의 판단내용 역시 해당 감독처분으로 인해 침해된 지방자치단체 자치권의 구제에 관한 것이어 야 한다. 이러한 점에 준거할 때, 종래 이러한 감독처분소송이 단심제로 입법화 된 것이 적법(합헌)하다는 논거로 법적 분쟁의 신속한 해결과 함 께 법률심으로 충분하다는 점이 강조되었음23)은 재고가 필요한 것으로 보인다.

(2) 시정명령과 직권취소의 소송법적 관계

시정명령과 직권취소와의 관계 그리고 채용공고와 임용행위의 관

---

21) 일부견해는 대법원 판례(2012추183)의 입장과 같이 이 소송을 기관소송으로 보고 있다. 특히 박균성교수님은 감독청의 시정명령에 대해 지방자치단체가 이의제기 를 하는 경우 감독청이 직접 취소·정지를 할 수 없게 하고 소송을 통해 대법원이 이를 결정(집행정지 포함)하도록 하여야 한다는 개선안을 제기하고 있다. 박균성, 행정법론(하), 제14판, 박영사, 2016, 208면 이하 참조.
22) 일부견해는 이 소송을 항고소송으로 보고 있다. 이 소송을 지방자치단체라는 공법 상 사단법인의 공법상의 자치권(주관적 이익, 즉 법률상 이익)을 소구하는 것으로 서 행정소송법상의 항고소송에 대한 지방자치법성의 특례에 해당하는 특별항고소 송이라 특징지우고 있다. 김남철, 행정법강론, 제3판, 박영사, 2016, 1042면 참조.
23) 김남진/김연태, 행정법Ⅱ, 법문사, 2018, 195면 ; 대법원 2017. 10. 12. 선고 2016추 5148 판결 ; 대법원 2011. 1. 27. 선고 2010추42 판결 ; 대법원 2014. 2. 27. 선고 2012추183 판결 참조.

계는 이들 행정 작용의 법적 성질 및 구속력과 관련하여 법적 논의의
대상이 될 여지가 있어 보인다. 즉, 채용공고에 대해 시정명령이 발령되
었음에도 불구하고 지방자치단체가 이에 불응하여 채용을 강행한 경우
법문(法文)상 후행하는 감독처분인 취소·정지의 대상이 되는 것은 채용
행위가 아닌 채용공고가 된다. 또한 채용공고는 채용행위가 확정됨과
동시에 그 기한의 이익이 소멸되기 때문에 임용처분 이후 채용공고에
대한 취소소송은 소익이 없게 된다.

　　공무원임용에 있어 채용공고와 임용행위에 대응한 감독청의 시정
명령 및 직권취소 또는 정지의 법적 성질에 관한 논의는 지방자치단체
나 감독청의 반대편에 놓여있는 공직임용지원자들과의 관계에서 초래
될 수 있는 법적 문제 및 그 해결과 관련하여 중요한 의미를 갖는다고
할 수 있다. 채용공고를 신뢰하고 공무원채용시험(임용절차)에 지원한
국민의 권리침해와 권리구제와 관련하여 논의가 필요할 것이기 때문이
다. 채용공고와 채용행위 이후 공무원으로 임용된 국민이 채용공고가
위법하였음을 이유로 채용행위가 취소된다면, 국민의 입장에서는 지방
자치단체가 행한 최종적인 임용취소처분과 별도로, 감독청이 행한 시정
명령과 직권취소에 대해 행정소송법상의 취소소송을 제기할 수 있는가
가 문제로 될 수 있을 것이다.

　　비록 하급심판례이기는 하지만 광역지방자치단체장이 기초지방자
치단체장이 행한 소속 공무원 승진임용처분을 취소한 사건에서 법원은
"기초지방자치단체장이 광역지방자치단체장을 상대로 기지방자치법 제
169조의 소송을 제기하는 것과 별개로 감독처분의 직접상대방이 아닌
제3자인 승진임용대상자인 공무원도 광역지방자치단체장의 감독처분을
대상으로 취소소송을 제기할 수 있다."라고 판시24)한 바 있는 만큼, 지
방자치법 제169조의 시정명령과 직권취소에 대한 처분성 논의는 그 실

---

24) 부산고등법원 2006. 11. 10. 선고 2006누3001판결.

익이 있다고 할 수 있을 것이다. 즉, 지방자치법 제169조에 등장하는 감독처분에 대한 소송 외에 그 감독처분에 대해 제3자가 제기하는 행정소송에까지 대응하여야 한다면 지방자치법 제169조상의 감독처분, 즉 시정명령과 취소·정지에 대한 법적성질의 구명은 여전히 논의의 대상이 될 수 있기 때문이다.

(3) 감독처분과 관련한 법적 과제

이 사건에서 서울특별시(의회)는 시정명령과 직권취소에 불응하고 지방자치법 제169조 제2항에 의한 '이의의 소'를 제기하였다. 이 사건 채용공고에 대한 시정명령에도 불구하고 서울특별시의회는 채용취소공고나 수정공고 등을 통해 채용계획을 백지화 하지 않았다. 그렇다면 행정자치부가 채용공고를 직권취소한 경우에도 만약 서울특별시(의회)가 직권취소에 불복하여 지방자치법 제169조 제2항의 소송을 제기하기 보다는 소송을 제기하지 않은 채 '최초의 공고와는 다른 공고(동일 또는 유사 취지의 수정공고)'를 통해 또는 '다른 방식(또는 다른 근거로)의 채용절차(공채 이외의 특별채용절차 등 포함)'를 통해 채용을 계속한다면 어떨까? 하는 의문이 남는다.

법원의 판결과 달리 행정청의 채용공고에 대한 직권취소는 채용공고 자체만의 위법성에 대한 감독처분으로써 감독청인 행정자치부의 취소는 당해 채용공고에만 영향을 미칠 뿐, 후속하는 다른 채용공고나 다른 채용(임용)행위에 대해서는 효력이 없다. 따라서 기판력과 기속력을 가지지 못하는 행정청의 감독처분은 언제든지 수정 또는 가공된 실질적인 동일 처분등에 의해 대체될 수 있는 만큼,25) 지방자치단체의 입장에서는 감독처분에 대해 이에 불응하는 이의의 소(지방자치법 제169조)를 제기하기 보다는 당해 감독처분, 즉 취소·정지 등을 수용하는 대신 동

---

25) 최봉석, 행정법총론(제3판), 삼원사, 2018, 548면 이하 참조.

일목적의 다른 행위를 통해 목적을 달성하는 편이 보다 합리적인 대응
이 될 수 있기 때문이다.26)

　직권취소가 이루어진 경우에는 기존에 유급보좌관제 도입에 대해
이를 위법한 것으로 일관되게 판시해온 법원의 경향을 전제로 할 때,
법원은 이를 위법한 것으로 판결할 것으로 예측되기 때문에 이에 대해
거듭하여 사법적 판단을 묻는 것 자체가 큰 의미가 없다는 점 또한 이
러한 소송을 피하게 하는 이유가 될 수 있을 것이다.

　지방자치단체가 소송을 통해 문제를 해결하고자 하는 경우가 감독
청인 행정자치부의 입장에서는 가장 안정적인 해법이 된다. 판결의 기
판력과 기속력으로 인해 동일 또는 유사의 공고와 채용행위가 법적으로
제한되고 다른 지방자치단체에 대해서도 일반예방적 효과를 발휘할 수
있기 때문이다. 그러나 현실적으로는 지방의원의 유급보좌관제 또는 변
형된 형태의 유사 보좌관제의 도입을 위한 지방자치단체들의 시도27)와

---

26) 최봉석, 분권헌법의 구현을 위한 법적 대응, 서울의회, 2017.10, 6면 이하. 이 글에
　서 저자는 "비록 위법성의 지속이라는 점에서 법치국가적 요청에 배치되는 것이
　라 할 수도 있지만, 기존의 법률이 헌법의 이념과 가치 그리고 제도의 본질에 어
　긋나는 것이라면 이러한 형식적 법치국가 요청에 불응하는 것이 실질적인 법치국
　가 형성(개혁)에 이바지하는 정책적 조치로 이해할 수도 있을 것이다." 라는 표현
　을 통해 (유급보좌관의 도입을 금지하는 감독청의 처분등에 대한) 이러한 대응이
　결코 실질적으로는 위법이 아닐 수 있다는 항변(?)을 표시한 바 있다.
27) 지방의회 의원을 위한 유급보좌관 도입을 위한 지방자치단체들의 시도는 이 사건
　과 같은 직접채용의 경우 외에도 조례를 통한 도입시도나 예산을 통한 도입시도
　등이 지속적으로 이루어진 바 있다.
　① 조례를 통한 시도
　- 경기도의회 : 도지사 제소(2011. 3. 29.), 대법원 무효선고(2012. 5. 24. 선고 2012
　추49 판결)
　- 서울시의회 : 시장 제소(2012. 5. 7.), 대법원 무효선고(2012. 12. 26. 선고 2012추
　91 판결)
　- 인천시의회 : 시장 제소(2012. 3. 15.), 대법원 무효선고(2013. 2. 14. 선고 2012추
　60 판결)
　② 예산을 통한 시도
　- 서울시의회 : 행정안전부장관 제소(2012. 3. 23.), 대법원 무효선고(2013. 2. 14.

이를 원인으로 한 감독청과의 분쟁은 줄어들지 않고 있는 것으로 보인다. 오히려 지방자치단체들이 주도적으로 이러한 갈등을 양산하는 것은 행정조직법정주의와 지방공무원법, 지방재정법 등이 규정하고 있는 국가주도적 설정, 즉 법정주의에 기초한 자치권제한의 문제를 신속하게 해결하게하기 위한 정책적 시도라는 평가가 이루어지고 있다.[28]

실제 서울특별시의회는 행정자치부의 반대와 감독처분 및 법원의 판결에도 불구하고 이 사건에서 채용하고자 했던 40명의 정책지원요원(시간선택제 임기제 라급 8급상당 공무원)을 상회하는 규모의 인력을 모두 충원한 것으로 나타나고 있다.[29]

5. 지방의원 유급보좌관 도입의 법적 과제

(1) 유급보좌관 도입의 자치법적 기초와 한계

지방의회의원의 유급보좌관을 둘 수 있는가에 관해 대법원은 다음과 같은 일관된 입장(또는 이에 대한 부정적 입장의 논거)을 견지[30]하고 있는 것으로 보인다.

선고 2012추77 판결)
　　- 부산시의회 : 행정안전부장관 제소(2012. 4. 12.), 대법원 무효선고(2013. 1. 16. 선고 2012추84 판결)
28) 2018년 3월 26일 대통령에 의해 발의된 헌법개정안에서도 "지방정부의 조직과 운영에 관한 기본적인 사항은 법률로 정하고, 구체적인 내용은 조례로 정한다."라고 규정(제122조 제2항 후단)하여 지방자치단체의 조직고권에 관해 의미 있는 변경(개정)은 하고 있지 않은 것으로 보인다.
29) 행정안전부, 앞의 자료(국정감사자료2017), 157면 이하 참조.
30) 대법원 1996.12.10. 선고 96추121 판결 ; 대법원 2012. 5. 24. 선고, 2011추49 판결 ; 대법원 2012. 12. 26. 선고 2012추91 판결 등에서 제시된 논거를 정리한 것이다.

① 지방의회의원에 대하여 유급 보좌 인력을 두는 것은 지방의회의원의 신분·지위 및 그 처우에 관한 현행 법령상의 제도에 중대한 변경을 초래하는 것으로서 국회의 법률로 규정하여야 할 입법사항이다.

② 지방의회의원의 신분·지위 및 그 처우에 관하여 지방자치법은 의정활동비, 공무여비 및 월정수당과 사망상해 보상금에 관해 규정하고 있을 뿐임으로 유급보좌관을 위해 지출할 비용의 법적 근거가 없다.

③ 지방의회의 사무처 및 사무직원은 지방의회가 의결기관으로서 기능을 수행하는 데에 필요한 행정사무 처리를 위한 것이므로 이들에게 지방의회의원 개개인의 활동에 대한 보좌를 하도록 할 수 없다.

④ 전문지식을 가진 전문위원의 설치에 관한 규정이 전문위원이 아닌 유급보좌인력을 둘 수 있는 근거가 될 수 없다.

즉, 법원의 입장은 유급보좌관 도입을 위해서는 이를 구체적으로 명문화 하는 별도의 법률과 예산이 필요하다는 것이라 할 수 있다. 다만, 예산이나 비용의 문제가 결국 그 지출의 근거가 되는 법률 규정으로부터 나온다는 점을 전제로 한다면, 유급보좌관제가 불가능하다는 위법성 판단의 결정적 근거는 '근거법률의 부재' 때문이라고 이해될 수 있다. 보다 구체적으로는 유급보좌관의 도입 및 그에 소요되는 예산 그리고 그의 고유한 직무(즉, 다른 공무원의 직무와 중복되지 않는 독자적인 직무)가 법률에 규정되어야 한다는 것이 법원의 입장이라고 이해될 수 있다.

그런데, 현행 헌법 제118조 에서는 제1항에서 "지방자치단체에 의회를 둔다."고 한 후 제2항에서 "지방의회의 조직·권한·의원선거 … 에 관한 사항은 법률로 정한다."라고 규정하고 있다. 이는 소위 행정조직법정주의[31] 하에서 지방의회에 관해서도 의회의 조직·한·의원선거 등에 관해서는 법률로 규정하여야 한다는 원칙(법률유보)을 규정한 것이라 할 수 있다. 또한 지난 3월 26일 국회에 제출된(5월 24일 폐기) 대통령

---

31) 헌법 제96조 ③행정 … 의 설치·조직과 직무 범위는 법률로 정한다.

발의 헌법개정안은 이에 대해 "지방의회의 구성 방법 … 지방정부의 조직과 운영에 관한 기본적인 사항은 법률로 정하고, 구체적인 내용은 조례로 정한다."라고 규정(제122조 제2항 후단)"라고 규정하여 현행 헌법보다 그 내용을 좀 더 지방친화적, 즉 지방자치단체의 자치권인 조직고권(인사고권)을 고양하는 방향의 내용을 담고 있다. 즉 현행 헌법에 의하면, 지방의회에 관한 필요적 법률규정사항은 "지방의회의 조직·권한의 원선거"에 관한 사항이다. 그러나 개헌안은 "지방의회의 구성 방법"만을 필요적 사항으로 명문화 하면서 "구체적인 내용은 조례로 정한다."라고 나머지 문제를 자치입법인 조례에 맡겨 사실상 '지방조직(인사)조례주의'를 선언하는 것과 같은 입장을 나타내고 있다.

이에 반해 대법원은 그동안 "지방의회의원의 신분에 관한 중대한 사항이므로 법률에 규정하여야 한다."라는 소위 '중요사항유보설'적인 입장을 견지해 온 것으로 보인다. 그런데 지방의회의원의 신분에 관한 법원의 이러한 설정은 국회의원의 경우에 대한 법적 규율로부터 참고한 것이 아닌가 하는 추론을 낳게 한다. 헌법은 국회의원의 신분에 관해 중요한 내용은 제43조(겸직금지), 제44조(불체포특권), 제45조(면책특권), 제46조(청렴의무 등)에서 규정하는 한편 헌법이 위임한 사항 또는 구체적인 내용은 법률에서 규정하도록 되어 있다. 국회의원은 헌법기관이므로 그 신분에 관한 규정은 원칙적으로 헌법과 법률에서 정하는 것이 당연한 원칙이라 할 수 있다. 이에 따라 국회의원의 처우와 관련하여 국회법(제25조 이하 및, 제34조, 제43조, 제54조 등)과 관계 법률에서는 이에 관해 구체적인 규정[32]을 두고 있다. 국회의원의 처우에 관해 중요사항을 헌법이 규정하고 그 하위 국회법 등에서 위임사항과 세부사항을 규정 한 점에서 살필 때, 국회의원의 처우에 관한 사항 중 국회의원보좌관에 관한 사항을 헌법과 법률도 중요사항으로 보고 있다고 하기는 어

---

32) 국회의원 보좌관에 관해서는 「국회의원수당 등에 관한 법률」 제9조에서 규정하고 있다.

려운 것으로 보인다.

그러나 우리 헌법과 법률 및 관련 법리에 따르면 지방의회 의원은 헌법기관이 아닌 법률상의 기관이다. 따라서 지방의회의원의 신분에 관해 중요한 사항은 법률(지방자치법 제32조 이하)에서 정하고 법률에서 위임한 사항과 기타 구체적인 사항은 하위 행정입법과 자치입법(조례)로 정하게 된다. 그러나 앞에서 살핀 바와 같은 소위 행정조직법정주의로 인하여 지방의위회의원의 처우에 관한 사항 등 지방자치 일반에 관해 조직에 관한 사항은 국가의 법령으로만 정하고 조례를 통해 이를 정하도록 인정하지 않았다. 이에 이 사건 사실관계에서처럼 대부분의 지방자치단체는 조례가 아닌 예산상의 결정 또는 새롭게 도입된 변형된 지방계약제 공무원 채용방식으로 이러한 행정조직에 관한 자신의 요구를 해소해 왔던 것이 사실이다.

대통령발의 헌법개정안처럼 직접 행정조직조례주의의 가능성을 현행헌법상 인정하기는 쉽지 않을 것이다. 그렇다고 하여 지방의원의 신분과 처우를 국회의원의 그것과 비교하여 법률로 정하도록 요구하는 대법원의 입장은 헌법기관과 법률기관의 차별성을 수용하지 못한 오류라 아니할 수 없다. 그렇다면 지방행정조직, 즉 유급보좌관제의 도입여부에 대해 법률유보를 요청한 대법원의 위법 논거는 이를 그대로 수용하기 어렵다고 하겠다.

이 사건 심리와 변론 그리고 판결에는 원고가 주장하지 않은 피고측의 주장이 시나리오처럼 펼쳐지고 있는데, 이게 바로 지방의회의원의 유급보좌관 도입문제이다. 행정자치부의 의심에 찬 수사(?)와 지방의 변칙에 대한 중앙(행정부와 사법부)의 의혹이 감독처분소송인 직권취소처분의 취소청구 사건을 헌법과 제도의 문제로 만든 듯한 "웃픈 희극"(실소를 낳지만 웃지 못 할 만큼 씁쓸한 슬픔을 주는 희극)의 시나리오를 접한 것 같은 무거운 마음을 가지게 된다. 정말 유급보좌관이 그리도 나쁜 것인지 따져봐야 할 것만 같다.

(2) 유급보좌관의 도입 가능성에 대한 행정과 사법의 대응

이 사건에서 대법원이 원고의 청구를 기각하는 판결을 하게 된 가장 중요한 이유는 판결문이 적시하고 있는 바와 같이 채용공고가 지방의원의 유급보좌관을 채용하기 위한 것이며, 지방의원의 유급보좌관은 지방의원의 직무를 보좌(지원)하는 일을 수행하므로 유급보좌관을 설피하기 위해서는 "지방의원의 신분이나 지위 또는 처우에 관한 법률"에 그 근거가 있어야만 한다는 것이다. 또한 지방자치단체(지방의회가) 채용하고자 하는 공무원이 지방의회의원의 유급보좌관인지의 여부는 채용공고상의 직책이나 직위 등 형식적인 면에서만 파악해서는 안 되며, 그가 처리하는 임무나 채용의 실질적 동기 또는 채용 후 담당하게 될 임무와 전문위원 등 다른 공무원의 담당 업무와의 중복성 여부 등을 종합적으로 고려하여 결정하여야 한다고 하고 있다. 이 사건 판결에서 나타난 대법원의 이러한 태도는 이 사건 판결의 특징적인 내용이 아니며 그동안 일관되게 대법원이 유지해온 태도라 할 수 있다.

문제는 이러한 대법원의 "우려"에 근거한 입장이, 그것도 이러한 우려 때문에 채용공고나 채용계획 자체가 위법하다고 판결한 것이 과연 옳은가? 하는 점이다. 그런데 판결의 "우려"가 "기우"라는 결론을 배척하기는 어려워 보인다. 이 사건 서울특별시의회에 관해 살펴보면 지난 2012년 이후 입법보좌인력의 채용 및 현재까지의 운용실태에 있어서 행정안전부의 감독조치는 전혀 실효성이 없었고 그동안 대법원이 유지해온 지방의회의원 유급보좌관 설치(도입)에 관한 우려가 기우였을 뿐이라는 점을 확인하게 된다.

서울특별시의회 의원수(106명)를 감안할 때, 이른바 변형된 유급보좌관에 해당하는 인력으로 감독청에 의해 파악된 인원은 2015년 이전 임용된 50명 외에도 이 사건 직후 새로이 임용된 48명의 추가채용인원을 합하면 총98명에 이른다. 행정안전부는 이들이 담당하는 업무 및 기

능 등에 비추어 이들 모두가 지방의회의원의 유급보좌관으로 활용될 소
지가 큰 것으로 파악하고 있다. 특히, 지방의회의 의장·부의장·상임위위
원장(총10명)이 별도로 사무국 인력을 지원받고 있음을 고려한다면, 서
울특별시의회의 경우에는 사실상 지방의원 1인당 1명 이상을 상회하는
보좌인력이 이미 존재한다고 할 수 있다. 서울특별시의회에는 이들 입
법보좌인력 외에도 의회사무처에 일반직 공무원 197명과 약150명 이상
의 지원인력(계약직 일반임기제 77명, 시간선택제임기제 53명, 교육청소속 계약
직 8명, 별정직 5명, 기타 11명 등)이 상임위원회와 전문위원실 및 입법정
책지원부서(의정발전지원센터 등)에서 별도의 의회지원업무를 수행하고
있는 것으로 나타난다. 그러나 지난 2012년 이후 단 한 번도 지방의회
의원에게 유급보좌관이 배치되거나 지방의원 개인을 전담하는 보좌인
력을 배치하거나 운용한 사례가 없다. 이 사건 채용하고자 하였다가 행
정자치부의 채용공고 직권취소로 불발된 40명의 입법지원인력은 그 이
후 다른 방식으로 인원도 증원하여 총48명이 채용되었으나 행정자치부
는 더 이상 이를 문제 삼지 않았다.[33]

　　이 사건 판결 이후 개최된 지방분권개혁과제 선정을 위한 행정자
치부 정책자문 위원회는 "지방의원 유급보좌관 설치"에 관한 안건심의

33) 실제 이사건 사실관계에 해당하는 채용공고가 난 이후 소집된 행정자치부 자문회
　　의에서 외부 자문위원들은 채용공고의 직권취소에 반대하였으나, 선거의회과에서
　　는 채용인원의 규모가 크고 채용이 이루어지는 경우 실질적으로 지방의원 1인당
　　1인 이상의 보좌인력체계가 구축되어 언제든 유급보좌관제로 탈바꿈될 수 있다는
　　이유를 들어 시정명령(2016년 4월 19일)을 발령한지 불과 2일만에 직권취소(4월
　　21일)를 단행하였다. 실제 시정명령과 직권취소의 직접적 원인이 된 배경에는 서
　　울특별시의회가 채용과 관련하여 행정자치부에 업무협조요청(질의)한 동일 내용
　　의 채용계획에 대해 행정자치부가 반대의 의사를 분명히 전달하였는데도 불구하
　　고 채용공고를 강행한 서울특별시의 태도가 영향을 미쳤다는 입장이 없지 않았다.
　　채용공고 상 채용신청접수기간이 4월 26일(월)에 시작하므로 그 이전에 취소와
　　함께 후속 행정업무를 처리하는 데 하루 또는 이틀이 필요하다는 것이 신속한 직
　　권취소의 원인이 되었다. 행정자치부, "서울시의회 시간선택제임기제 추가채용공
　　고에 대한 대응"[2016년 4월 15일 회의자료] 참조.

에서 행정자치부와 자문위원단은 서울특별시의회나 부산광역시의회 등과 같이 관할 재정규모나 사업범위가 크고 관할 주민수가 많은 소위 특·광역시를 포함한 광역지방의회의 경우에는 지방의원의 업무와 역할이 국회의원의 경우 못지않은 상황이므로 일정한 수(국회의원의 경우보다는 적은 수)의 유급보좌관을 설치하는 것이 합당하나, 대부분의 기초지방의회 의원의 경우에는 개인적인 수행비서로 전락할 우려가 없지 않기 때문에 그 공적 필요성을 확인하기 어렵다는 결론에 이르렀다. 그러나 광역지방의회와 기초지방의회 간의 관계 특히 광역지방의원과 기초지방의원 간 처우의 형평성과 이를 원인으로 한 기관민원 등을 감안하면 이를 지방분권제도개혁과제에 포함시키지는 않기로 한다고 결정한 바 있다.

　　이러한 점에서 나타나듯이 지방의회의원의 유급보좌관을 설치하는 것에 대해 그 기능과 역할과 관련하여 정책적인 판단을 하는 것은 인정될 수 있으며, 서울특별시의회와 같은 경우에는 그 필요성에 공감하는 전문가의견이 다수를 차지한다고 할 수 있다. 따라서 지방의회의원의 유급보좌관 자체가 비판의 대상이 되거나 적어도 법적으로 이의 도입 자체를 위법한 것으로 판단하는 것은 조심스러운 일이 아닐 수 없다. 그런데, 이 사건 판결을 포함한 그동안 유지되어온 대법원의 입장은 "유급보좌관 도입 시도 자체가 위험범"이라는 기우에 기초하고 있는 것이 아닌가? 하는 우려를 금할 수 없게 한다. 판결의 논지는, 채용공고에 나타난 직책과 직위 등의 형식적 표시사항에도 불구하고 실질적 전용가능성 내지 그 주관적 의도까지도 분석하여 판단하는, 사실상 수사에 해당하는 고려가 정당화 된다는 식으로 이해될 여지마저 없지 않은 것으로 보일 수 있다. 이는 지방자치단체에 대한 사실상의 불신 내지 우려가 법원의 기본적인 입장으로 오해되게 할 수 있는 단초가 될 수 있는 만큼, 차후로는 이러한 입장을 표시함에 있어 보다 신중한 입장을 가져야 할 것으로 보인다.

Ⅳ. 결론

판결도 우리 일상의 판단과 마찬가지로 때때로 관습이나 편견에 의해 산재한 각종의 증거와 법리들이 일정한 방향으로 재조합될 수 있는 것 같다. 소위 "레고신드롬(LEGO-Syndrome)"은 경우에 따라서는 모든 가능성을 또는 한계를 무한히 열게 하는 행태적 특성을 가지지만, 엄밀하게 보면 레고가 가지는 투박함에 대한 사전승인 가운데 필수적인 디테일이 경시되거나 수정되는 것을 당연시 여기는 부정확성의 문제를 초래할 수 있다.

이 사건 대법원 판결은 일견 옳다. 사실이지 본안판결은 그 자체로서 누구나 예측한 내용의 판결이며 원고도 소 제기 시에 이미 판결을 예단하고 있었던 것으로 보인다. 하지만 이번에는 좀 다르길 기대했었다. 시정명령의 대상이 '채용공고'라는 유사사건에 견주어 생소한 것이었고, 채용공고나 원고의 소장 어디에도 유급보좌관을 뽑고자 한다는 표현이 없었기 때문이다. 지방자치법 제169조의 "지방자치단체장의 명령 또는 처분"에 나오는 "처분"이 행정소송법상의 처분개념이 아니라는 점은 이미 주지의 사실이라 할 수 있다. 그런데 과연 이러한 "명령이나 처분"이 완결된 결정이 아닌 절차의 계속 중에 포함되어 있는 개별행위에 대해서도 가능한가? 하는 점과 "위법"이 "위법의 발생여지"를 포함한 것인지? 그리고 "그 발생 가능성이 원고의 주장 그 어디에도 없는 피고 측의 추정에 터잡아 구성될 수 있는 것인지?" 이들 문제에 대해 법원의 해안을 기대하지 않을 수 없었다.

유급보좌관제 도입 우려에 관한 대법원의 친절한(?), 구체적으로 소명(?)하려는 노력은 신중하고도 고마운 자세였다. 하지만 이러한 태도보다는 보다 충실한 법리구성에 아쉬움을 갖는 건 아마 행정법과 지방자치법 그리고 지방자치관계자 모두가 공감하는 바라 할 수 있을 것이다. 이제 판결문에서 그것도 대법원의 판결문에서 소설을 만나고 싶지는 않다. 관습과 타성의 축적이 관습법이 될 수 없듯이 변화를 두려워하는 편견이 위험과 위법의 증거가 되어서는 곤란할 것이다. 참으로 다행인 것은 비록 곧 폐기를 맞을 것으로 보이지만 1988년 이후 발의된 대한민국 공식(?) 개헌안 중 처음으로 지난 3월의 대통령발의 개헌안에 행정조직조례주의의 가능성이 명문화 되는 시도가 있었다는 점이다. 또한 2018년 행정안전부가 준비중인 지방자치법 전면개정안에서는 행정안전부가 그동안 위법이라고 주장해온 유급보좌관제를 전면적으로 도입하는 것으로 결정하여 이를 명문화하였다는 전언이 들리고 있다. 사법부에 대한 행정부의 배신처럼 보일지 모르지만, 어찌 보면 다큐멘터리(documentary)라고 알려진 작품의 저자가 자신의 작품이 팩트(fact)가 아닌 팩션(faction)이라고 밝힌 것이니 오히려 양심선언이라고 해야 할지 모르겠다.

　　지방자치법 개정안이 확정된다면, 이제 대법원은 다시 유급보좌관 도입을 막는 감독처분이 위법하다는 논리를 스스로 개발해야만 할 것으로 보인다. 지방자치단체(지방의회)가 입법보좌인력을 채용하려는 모든 시도(채용공고 등)는 유급보좌관 도입을 위한 우회적 편법일지 모르기 때문에 위험하므로 위법이라는 논리(법리)는 어디에서도 동의를 받기 어렵기 때문이다. 또한 이 모든 오류의 책임을 행정안전부(행정자치부)에게 돌릴 수도 없을 것이다. 법률과 법리 외부에 기생하는 각종 정책 의도나 정무적 판단에 귀를 기울이고 객관성과 중립성을 방기한 법원의 책임이 분명한 것으로 보인다.

　　이 논문을 마무리 하는 지금, 법률가가 아닌 한 문인(文人)의 글이 떠오른다. 러시아의 대문호 톨스토이(Leo Tolstoy: Lev Nikolayevich Tolstoy)는 법률가들에게 다음과 같이 일침을 놓은 바 있다. "재판은 불법을 바로잡으려는 것이나, 오히려 불법에 끌려 다니는 시종이 될 수도 있다."

첨부자료

서울특별시제1인사위원회 공고 제2016-233호

서울특별시 시간선택제 임기제공무원 채용공고

서울특별시 시간선택제 임기제공무원을 다음과 같이 공개모집하오니 유능한 분들의 많은 응모를 바랍니다.

2016년 4월 14일

서울특별시제1인사위원회 위원장

1. 임용분야 및 선발예정인원

임용 분야	임용 등급	임용 임원	근무 기간	근무예정 부서	담당 직무내용
정책 지원 요원	시간선택제 임기제 라급 -8급 상당-	40명	임용일로부터 1년 (주당 35시간 근무)	서울시의회 사무처 0000 전문위원실	상임위별 입법지원요인(입법조사관) 업무지원 •주요이슈 등에 대한 사전적인 입법 현안 발굴 및 조사·분석·정책 지원 •자치법규·개정안 마련 지원 및 입찰절차 진행 지원 •조례안 제·개정안에 대한 공청회·토론회 행사지원 및 전문가·지역주민 의견수렴 지원 •정책연구원회 및 의원연구단체의 정책개발 및 운영 지원 •민원에 대한 현장중심의 의견청취·조사 및 데이터 관리 지속적인 모니터링 업무지원

* 근무기간은 근무실적 우수시 총 근무시간 5년 범위 내 연장 가능함.

• 응시원서 접수

– 접수기간: 2016. 4. 26.(화)~4. 28(목)<3일간 09:00~1800>

– 접수방법: 방문접수 또는 우편접수(등기)

　* 우편접수는 마감일 근무시간(18:00)까지 도착분에 한하며 반송용 봉투 및 등기로 (우표) 동봉

– 접수처: 서울특별시의회사무처 의정담당관 의회본관 3층

　* 주소: (우편번호 100-101) 서울특별시 중구 세종대로 125

　　　　서울특별시의회사무처 의정담당관 총무팀(☎ 02)3702-1249)

※ 응시원서 양식(응시원서, 이력서, 자기소개서 등)은 공고문 **붙임 1제출서류 양식**을 출력하여 사용

※ 서울특별시 수입증지를 붙이지 않은 응시원서는 무효 처리

※ 대리접수, 우편접수 등으로 미비한 서류의 책임은 응시자에게 있음

• 시험일정

서류전형 합격자 발표 및 면접시험공고	면접시험		면접합격자 발표
	일시	장소	
2016. 5. 10(화) 예정	2016. 5.16(월) 전·후 예정	시의회 사무처	

* 면접인원 등에 따라 시험일정, 장소 등이 조정될 예정으로 사전에 응시자에게 개별 통지함

참고문헌

김남진, 행정법의 기본문제, 법문사, 1994.

김남진·김연태, 행정법II, 법문사, 2018.

김남철, 행정법강론, 제3판, 박영사, 2016.

박균성, 행정법론(하), 제14판, 박영사, 2016.

최봉석, 지방자치법론, 삼원사, 2018.

_____, 행정법총론(제3판), 삼원사, 2018.

_____, 분권헌법의 구현을 위한 법적 대응, 서울의회, 2017.10.

행정안전부 국정감사자료(2017) ; 서울연감, 2017.

행정자치부, "서울시의회 시간선택제임기제 추가채용공고에 대한 대응", 2016.

Borchert, Kommunalaufsicht und kommunaler Haushalt, in Schriften zum deutschen Kommunalrecht, Bd.12, 1986.

Keller, Die staatliche Genehmigung von Rechtsakten der Selbstverwaltungsträger, 1976.

Von Mutius, A., Örtliche Aufgabenerfüllung, ders, Selbstverwaltung im Staat der Industriegesellschaft, 1983.

Norman Vincent Peale, The power of Positive Thinking, 2015.

Vogelsang/Lübking/Jahn, Reschtsgrundlagen der Kommunalaufgaben, 1991.

Weber, Staats— und Selbstverwaltung in der Gegenwart, 5.Aufl., 1999.

국문초록

　　연구대상 판례는 서울특별시장이 서울특별시의회의 요청에 따라 입법
조사관에 대한 지원 업무를 담당하는 시간선택제 임기제 공무원 40명의 채
용에 관한 공고를 하자, 지방의회의원 개인별 유급 보좌 인력의 도입을 목
적으로 한다는 이유로 행정자치부장관이 채용공고를 취소하라는 시정명령
및 직권취소처분을 내린 사안이다. 대법원은 이 사건의 채용공고가 지방자
치법 제169조 제1항의 직권취소의 대상이 될 수 있는 지방자치단체의 사무
에 관한 '처분'에 해당하며, 이 사건 공무원의 임용이 법률로써 규정해야
하는 입법사항임에도 불구하고 지방자치법은 물론 다른 법령에서도 그 법
적 근거를 찾아볼 수 없으므로, 이 사건의 직권취소처분이 적법하다고 판
시하였다.

　　이 논문에서는 이 사건의 대상이 되는 판결에서 침묵하고 있는 채용공
고의 법적 성질, 시정명령과 직권취소의 대상적격, 시정명령의 법적 성질,
시정명령과 직권취소 간의 관계에 대해 면밀하게 검토하는 한편, 지방의원
유급보좌관의 위법성 또는 필요성 여부를 법적 측면에서 고찰해보았다. 대
상판결의 내용은 그 동안 대법원이 일관되게 유지해 온 태도로서 일견 예
측이 가능하였으나, 대법원이 분명히 확인하고 논증했어야 할 법적 의의와
관계 법리의 제시 또는 정리를 소홀히 한 심리미진의 오류를 범하고 있는
것으로 보인다. 무엇보다도 원고가 청구취지에서 전혀 언급하지 않은 내용
에 대해 피고의 주장만을 들어 헌정사상 단 한 번도 존재하지 않았고 원고
가 존재를 원하지도 않은 유급보좌관의 도입가능성을 하나의 잠정적 위험
으로 판단하여 관계된 모든 법적 쟁점에 대해 위법으로 판정한 점은 사법
판단의 수위를 넘어 일정한 의도된 정책적 고려가 의심스러운 정책판결에
다름 아니라는 평가가 가능한 것으로 보인다. 채용공고에 직책과 직위와
같은 형식적인 표시사항이 명확히 존재함에도 불구하고 그가 처리하는 임
무나 채용 후 담당하게 될 임무, 전문위원 등 다른 공무원의 담당 업무와

의 중복성과 같이 실질적인 전용 가능성이나 주관적 의도까지 분석하여 판단하고 있는 점에서 우려를 금할 수 없다.

이 사건 이후 이 사건과 유사한 다른 지방의회 공무원 인사와 관련하여 주무 중앙행정기관인 행정안전부는 더 이상 유사 감독처분을 행하지 않은 가운데 채용행위를 방치하였고 급기야는 지방자치법 개정에 유급보좌관제의 도입 가능성을 인정하는 데에까지 이르는 등 전향적인 입장을 취하고 있다는 점은 법원의 위법성 판단근거에 대해 더욱 의문을 갖게 하는 거증된다고 할 수 있다. 법원이 그가 내린 판결에 대해 정책판결 내지 기획판결이라는 비판으로부터 자유롭기 위해서는 보다 객관적이고 정체한 법리를 견지하는 자세를 지켜야 할 것이다.

주제어: 지방자치법, 지방의회의원, 유급보좌관, 자치사무, 직권취소, 감독처분소송

Abstract

Revocation Suit regarding Ex officio Revocation Disposition

Prof. Dr. Choi, Bong Seok*

In the court ruling that is the subject of this paper, the Minister of Government Administration & Home Affairs issued a corrective order and an ex officio disposition for the revocation of the public notice of the Mayor of Seoul Metropolitan City. This notice was created to recruit 40 part-time public servants who would be in charge of supporting legislative researchers upon the request of the Seoul Metropolitan Council on the grounds that the public recruitment notice was made for the purpose of introducing paid personal aides to each local council member. The Supreme Court ruled that the ex officio revocation disposition is legitimate, as the public recruitment notice in this case is a "disposition" in relation to the affairs of the local government, which can be revoked ex officio pursuant to Article 169 (1) of the Local Autonomy Act; there are no legal grounds for this matter, not in the Local Autonomy Act nor in any other relevant laws, although recruiting public servants in this case is a legislative matter that shall be stipulated under the law.

This research paper intended to closely review such issues as the legal nature of the public notice for recruitment, whether the notice shall be subject to the corrective order and ex officio disposition for

---

*Dongguk University, Seoul.

revocation, the legal nature of the corrective order, and the relationship between the corrective order and the ex officio revocation (which were not addressed in the court ruling in this case), while presenting the legal mandate of introducing paid aides for local council members. The court ruling in this case was in line with the stance that the Supreme Court has consistently held, so it was to some extent predictable. Nevertheless, it is somewhat regrettable in that the court should have clearly checked and argued about the composition of concepts and reviewed legal principles. Above all, it is a matter of serious concern that, although the position and title of the public servants to be hired are formally indicated in the recruitment notice, the court ruled by analyzing even such matters as what the public servant will be oversee, what duties he/she will handle, and whether his/her duties overlap with the duties of other public servants (including expert committee members). The court thus made a judgment based on an analysis of possibilities or the subjective intention that the part—time public servants to be hired would be assigned to duties other than those they were originally assigned.

It has now been reported that the Ministry of Public Administration & Security prepared the provisions that admitted the possibility of introducing paid aides in the revision bill of the Local Autonomy Act. Therefore, it is hereby expected that further court rulings, where the court thoroughly and logically analyzes the laws and legal principles based on the Constitutional Act, will be seen.

Key Words: Local Autonomy Act, local government(local council), recruiting public servant, ex officio revocation disposition, Revocation Suit

투고일 2018. 5. 31.
심사일 2018. 6. 12.
게재확정일 2018. 6. 19.

環境行政法

民事事件에 있어서 公法的 影響과 判例의 發展方向
  (成奉根)

民事事件에 있어서 公法的 影響과 判例의 發展方向

成奉根*

대법원 2016.05.19.선고 2009다66549전원합의체 판결을 중심으로

Ⅰ. 머리말

최근에는 분야와 사건의 성질, 적용 법률 및 적용 법리 등을 고려할 때 순수한 민사사건이라고 보기보다 공법적 성격이 다수 혼합되어 있다고 볼 수 있는 경우들이 증가해 가고 있다.

공법적 성격이 혼합되어 있는 사건에 대한 법을 해석하고 적용함에 있어서 헌법, 행정법, 경찰법, 환경법 등 공법상의 법리를 축소하거나 왜면한 채, 민법의 법리를 중심으로 판결을 구성하는 것이 과연 타당한지에 대한 의문이 계속 제기되어 오고 있다.

종종 법원은 행정법 등 공법적 법리를 통해 사건의 본질과 문제의 소재를 정확하게 분석할 수 있고 거시적인 시각을 통해 사건을 직접적이고도 명확하게 해결할 수 있음에도 불구하고, 민법 등 사법상의 법리

---

* 서경대학교 교수, 법학박사.

로 도피하는 경향에 있어 왔다고 생각된다. 그 대표적인 사례로서 대법원20160519선고2009다66549전원합의체 판결을 도출하면서 판시되었던 서울중앙지방법원의 1심판결과 서울고등법원의 2심판결 및 대법원 판결 등을 검토해 보고 개선점을 찾아보고자 한다.

공법과 사법이 혼재되어 있는 사건들 속에서 민사법 중심으로 해결책을 모색하는 비중이 증가하는 현상은 법원의 전문성[1]을 떨어뜨리며, 사건의 해당 분야가 공사법이 혼합되어 있다는 특성에 맞는 분석을 하지 못하는 결과를 초래할 우려가 있다. 공법과 사법의 구별과 체계를 무시하고서 사법으로 도피하게 되는 경우에 발생하게 되는 법리적인 문제점들이 다수 드러나게 된다.[2] 헌법과 행정법, 환경법, 경찰법 등 공법적인 관점에서 사건을 접근할 때 해결점이 보다 명료하게 드러남에도 불구하고, 공법과 사법이 혼재된 사건에 대하여 구체적 타당성 있는 판결을 도출하기 위하여 불법행위, 채무불이행책임, 하자담보책임 등에 대한 논의로만 적용 법리를 편중되게 사용하는 것은 문제점이 있다.

따라서 이 사건에 대한 분석을 통하여 앞으로 대법원이 공법과 사법이 혼재된 사건에서 공법과 사법상의 법리를 고르게 적용하여야 하며, 특히 공법상의 법리를 우선 고려하는 개선이 있어야 할 것으로 생각되어 다음과 같이 이 사건에 대한 판례의 소개 및 평석을 하고자 한다.

---

1) 사회가 복잡해지고 고도화됨에 따라 공법관계에 대한 쟁송의 특수성과 전문성을 고려하여야 할 필요성이 증가하고 있다는 마찬가지의 입장에 대하여는 안철상, 행정소송(行政訴訟)과 민사소송(民事訴訟)의 관계, 법조 57권1호 2008.1, 322면.
2) 우리 판례 곳곳에 나타나는 법리의 노후 현상으로서 법관들이 매너리즘에 빠지지 않고 신선하고 창의적이며 새로운 법리를 만들어가야 한다. 성봉근, 규제에 대한 판결의 새로운 패러다임 - 건축신고 판례의 예를 중심으로 -, 행정판례연구 XXI-1, 한국행정판례연구회, 박영사, 2016, 13면 이하

II. 판례의 내용3)

1. 사실관계

(가) 피고 세아베스틸(당시 상호는 대한중기공업 주식회사였다)은 1973년경부터 서울 구로구 (주소 생략) 등 30여 필지 35,011㎡(이하 '이 사건 부지'라고 한다) 지상에서 약 20년간 주물제조공장을 운영하였고, 1982년 경부터는 이 사건 부지 중 대부받아 사용한 시·국유지 2,767㎡(이하 '이 사건 시·국유지'라고 한다)를 제외한 부지 32,244㎡(이하 '이 사건 매매 부지'라고 한다)를 매수하여 소유하여 왔다.

(나) 피고 세아베스틸(당시 상호는 기아특수강 주식회사였다)은 1993. 12. 21. 피고 기아자동차 주식회사(원고의 피고 세아베스틸에 대한 청구에 관하여 원고보조참가인 지위에 있다. 이하 '피고 기아자동차'라고 한다) 및 주식회사 기산(이하 '기산'이라고 한다)에 이 사건 매매 부지 중 각 1/2 지분을 매도하고, 1993. 12. 30. 각 소유권이전등기를 마쳤다.

(다) 기산은 1993. 8. 27. 피고 세아베스틸로부터 위 주물제조공장 철거 및 매립 공사를, 1993년 말경 피고 기아자동차로부터 이 사건 부지의 복토 및 아스팔트콘크리트 피복 등 자동차 출하장 조성공사를 각 도급받아 공사를 실시하였는데, 이 사건 부지 지하의 공동구 등 지하시설물들은 그대로 둔 상태에서 지상의 건물만을 철거하고 폐콘크리트 등 건설폐기물을 지하에 매립한 다음 복토 및 아스팔트콘크리트 피복 작업을 진행하였고, 피고 기아자동차는 1994. 7.경부터 이 사건 부지를 자동차 출하장으로 사용하였다.

(라) 엘지투자증권 주식회사(이하 '엘지투자증권'이라고 한다)는 2000. 6. 28. 주식회사 한국토지신탁을 거쳐 기산의 위 지분을 매수하였고, 원

---

3) 1심,2심,3심의 판결문의 내용들이 방대하여 논의와 관련성이 상대적으로 적은 문장들은 판결문을 소개할 때 생략하였음을 미리 밝힌다.

고는 이 사건 부지의 토양오염 사실 등을 알지 못한 채 이 사건 부지에 복합전자유통센터인 신도림 테크노마트를 신축·분양할 계획을 가지고 (이하 위 신축·분양 사업을 '이 사건 사업'이라고 한다) 2001. 12. 17. 엘지투자증권으로부터 이 사건 매매 부지 중 1/2 지분을, 2002. 2. 15. 피고 기아자동차로부터 이 사건 매매 부지 중 나머지 1/2 지분을 각 매수(매매대금이 24,500,000,000원[4])하여 2002. 7. 9. 이 사건 매매 부지에 관하여 소유권이전등기를 마친 다음 2004. 10. 11. 한국자산신탁 주식회사에 신탁하였고, 이 사건 시·국유지도 그 무렵 매수하여 소유권이전등기를 마친 다음 위 회사에 신탁하였다.

(마) 원고의 이 사건 매매 부지 취득 후 이 사건 부지의 지표면으로부터 지하 6m의 범위에 불소, 아연, 니켈, 구리 등 구 토양환경보전법의 오염물질로 오염된 토양이 존재하고, 또한 지표면으로부터 지하 1m 부근에 주물공장의 바닥층에 해당하는 두께 약 20cm 내지 40cm의 콘크리트 슬래브가 부지 전체에, 지하 공동구 및 콘크리트 매트 등이 부지 일부에 존재하는 것을 비롯하여 콘크리트 조각, 폐슬레이트, 폐아스콘, 폐타이어, 벽돌, 플라스틱, 비닐, 연탄재 등의 폐기물이 이 사건 부지의 대부분에 걸쳐 인위적으로 매립되어 있는 것으로 판명되었는데, 이 사건 부지의 토양오염은 피고 세아베스틸이 약 20년간 주물제조공장을 운영하면서 발생한 것이다(이 사건 부지 내에 있는 위 오염토양 및 폐기물을 통틀어 '이 사건 오염토양 등'이라 한다).

(바) 원고는 사업 부지 30,849㎡ 중 건축물 부지에 존재하는 오염토양 및 폐기물 등에 관하여는 2005. 3. 24., 그중 도로 부지에 존재하는 것에 관하여는 2007. 1. 25., 그중 공원 부지에 존재하는 것에 관하여는 2007. 3. 6. 및 2007. 9. 20. 각 원심판시 업체들에게 그 처리업무를 도급주어 이를 처리하게 하여 원심판시와 같은 비용을 지출하였고,

---

4) 서울고등법원 2009. 7. 16. 선고 2008나92864 판결

사업 제외 부지 4,162㎡에 존재하는 오염토양 및 폐기물 등의 예상 처리비용(10,879,199,388원[5])은 원심판시와 같다.

2. 서울중앙지방법원의 1심 판결

(1) 손해배상책임

가. 피고들의 불법행위책임 인정 여부

1) 원고의 주장

원고는, 피고들은 이 사건 부지를 주물공장 및 자동차 출하장으로 사용하면서 이 사건 부지의 토양을 유류 등으로 오염시키고, 주물공장 철거 및 자동차 출하장 조성 과정에서 지하 시설물을 그대로 내버려 두었을 뿐만 아니라 폐콘크리트 등 폐기물을 매립함으로써 이 사건 매매 부지의 현 소유자인 원고로 하여금 위 오염토 및 폐기물 등을 처리하게 함으로써 그 처리 비용 상당의 손해를 입게 하였으므로 공동불법행위자로서 각자 그 손해를 배상할 책임이 있다고 주장한다.

원고는 피고들의 책임의 발생근거로서, ① 토양환경보전법에 따르면 토양오염으로 인하여 피해가 발생한 때에는 당해 오염원인자는 그 피해를 배상하고 오염된 토양을 정화하여야 하고{토양환경보전법(2005. 3. 31. 법률 제7459호로 개정된 것) 제10조의 3 제1항(토양오염의 피해에 대한 무과실책임)}, ② 환경정책기본법에 따르면 자기의 행위 또는 사업활동으로 인하여 환경오염의 원인을 야기한 자는 그 오염의 방지와 오염된 환경의 회복 및 피해구제에 소요되는 비용을 부담하여야 하며{(환경정책기본법(1999. 12. 31. 법률 제6097호로 개정된 것)) 제7조(오염원인자 책임 원칙)}, 사업장 등에서 발생하는 환경오염으로 인하여 피해가 발생한 때에는 당해 사업자에게 무과실책임을 지우고 있고{환경정책기본법 제31조

---

5) 서울고등법원 2009. 7. 16. 선고 2008나92864 판결

(환경오염의 피해에 대한 무과실책임)}, ③ 폐기물관리법에 따르면 사업장 폐기물을 배출하는 사업자는 사업장 안에서 발생하는 모든 폐기물을 적정하게 처리하여야 한다{ 폐기물관리법(2006. 3. 3. 법률 제7860호로 개정된 것) 제24조 제1항 제1호}고 주장한다.

  2) 판단

    우선 위 폐기물관리법 규정은 행정상의 의무를 규정한 것으로, 위 규정으로부터 곧바로 민사상 손해배상책임을 인정할 수는 없고, 위 토양환경보전법 및 환경정책기본법 규정의 경우 민법 제750조 에 따른 불법행위책임(이하 '일반불법행위책임'이라 한다)과 별개의 책임을 인정하는 것이라기보다는 특수한 형태의 불법행위책임을 규정하면서 행위자의 무과실책임을 인정하는 것이므로, 피고들에게 원고에 대한 일반불법행위책임이 성립하는 것이 위 주장의 전제가 된다.

    그러므로 살피건대, 민법 제750조 에서 "고의 또는 과실로 인한 위법행위로 타인에게 손해를 가한 자는 그 손해를 배상할 책임이 있다."라고 규정하고 있듯이 불법행위는 타인의 재산 등 법익을 침해하여 타인에게 손해를 가하는 행위를 의미하는 것인데, 자신의 소유인 토지에 대하여 그 토양을 오염시키거나 폐기물 등을 매립한 행위는 행위자 자신에 대한 행위로서 제3자에 대한 행위가 아니므로 불법행위가 성립되지 않을 뿐만 아니라 행위자가 이 사건 토지를 오염시키거나 폐기물 등을 매립한 행위 자체만으로 당연히 그 후 이 사건 토지의 소유권을 취득한 사람에게 어떤 손해가 발생하였다고 볼 수도 없으므로 위와 같은 행위가 그 후 이 사건 토지의 소유권을 취득한 사람에 대한 불법행위를 구성하는 것도 아니라 할 것이다(대법원 2002. 1. 11. 선고 99다16460 판결 참조).

    따라서 피고 세아베스틸 또는 피고 기아자동차가 자신의 소유였던 이 사건 토지를 오염시키거나 이 사건 토지에 폐기물 등을 매립하였다고 하더라도 이를 그 후 이 사건 토지에 관한 소유권을 취득한 원고에 대한 불법행위라 할 수는 없다.

따라서 피고들에 대하여 공동불법행위자로서의 손해배상을 구하는 원고의 청구는 이유 없다.

나. 피고 기아자동차의 하자담보책임 또는 채무불이행책임의 인정 여부

1) 하자담보책임의 인정 여부

가) 원고는, 매매 목적물에 하자가 있는 때에 매도인은 그 손해를 배상하여야 하는바(민법 제580조), 이 사건과 같이 엄청난 양의 오염토 및 폐기물 등이 매립되어 있는 것은 이 사건 부지의 하자에 해당하므로, 매도인인 피고 기아자동차는 원고에게 위 오염토 및 폐기물 등의 처리비용 상당의 손해를 배상할 책임이 있다고 주장한다.

나) 살피건대, 원고와 위 피고가 각 회사인 사실은 앞에서 본 바와 같고, 앞에서 설시한 각 증거에 변론 전체의 취지를 종합하면, 원고가 위 피고로부터 이 사건 매매 부지를 인도받은 후 즉시 또는 6월 이내에 하자를 발견하여 통지하지 아니한 사실을 인정할 수 있으므로, 위 피고의 위 주장은 이유 있고, 따라서 원고의 위 주장은 더 나아가 살필 필요 없이 이유 없다.

2) 채무불이행책임의 인정 여부

가) 원고는, 매매계약에 있어 매도인은 하자가 없는 정상적인 물건을 인도할 의무가 있는바, 이 사건과 같이 엄청난 양의 오염토 및 폐기물 등이 매립되어 있는 부지를 인도한 것은 매도인으로서의 의무를 완전히 이행한 것으로 볼 수 없으므로, 피고 기아자동차는 원고에게 위 오염토 등의 처리비용 상당의 손해를 배상할 책임이 있다고 주장한다.

나) 살피건대, 앞에서 본 다음과 같은 사정, 즉 1997. 경부터 이 사건 매매 부지를 포함한 이 사건 부지 일대의 개발이 계획되어 왔고, 원

고는 종합건설업 등을 하는 회사로 지하철 2호선 강변역 주변 테크노마
트 상가 신축 및 분양업을 시행한 회사로서 이 사건 부지를 매수한 것
역시 신도림 테크노마트의 신축 및 분양을 위한 것이었으며, 피고 기아
자동차 역시 이러한 사정을 알고 있었다고 보이는 점 및 이 사건 매매
부지의 매매 대금이 24,500,000,000원인데, 이 사건 부지의 오염토 및
폐기물 등의 처리에 들어간 비용 및 이를 처리하기 위하여 지출하여야
할 것으로 보이는 비용의 합계액이 10,879,199,388원(부가가치세 제외)에
이르는 점 등을 고려하면, 이와 같이 토양이 오염되어 있고 폐기물 등
이 매립되어 있다는 점은 이 사건 매매 부지의 하자에 해당한다 할 것
이므로, 피고 기아자동차는 특별한 사정이 없는 한 매도인으로서 채무
불이행책임을 부담한다.

　　살피건대, 갑 제1호증의 기재, 을가 제1호증 내지 제3호증의 각 기
재, 증인 소외 1 의 증언에 변론 전체의 취지를 종합하면, 원고와 피고
기아자동차가 이 사건 매매 부지에 관한 매매계약을 체결하면서 "본 매
매목적물에 대하여 발생한 수익과 비용은 잔금지급기일과 소유권이전
등기 경료일 중 먼저 도래된 일자를 기준으로 하여 그 이전의 것은 피
고 기아자동차에게, 그 이후의 것은 원고에게 각각 귀속한다(매매계약서
제5조)."라고 약정한 사실을 인정할 수 있으나, 위 인정사실만으로는 원
고가 이 사건 매매계약 체결 당시 피고 기아자동차와 사이에 장래 발생
할 가능성이 있는 일체의 오염토 및 폐기물 등 처리비용을 부담하기로
합의하였다고 인정하기에 부족하고, 달리 이를 인정할 증거가 없다.

　　오히려 위 매매계약서 제5조에서의 '비용'은 장래 발생할 가능성이
있는 일체의 오염토 및 폐기물 등 처리 비용을 의미하는 것이 아니라
이 사건 매매 부지상의 아스팔트콘크리트 제거 비용 등 매매계약 체결
당시 발생 가능성을 충분히 예상할 수 있었던 부분과 관련한 비용을 의
미한다고 봄이 상당하다.

3. 서울고등법원의 2심 판결

(1) 손해배상책임의 발생

가. 피고 세아베스틸의 손해배상책임

1) 자신이 소유하는 토지를 오염시키거나 거기에 폐기물을 불법 매립하여 행정법규를 위반하였다 하더라도 그로 인하여 타인의 법익을 침해하지 않는 한 민사상 불법행위가 성립할 여지는 없다.

그러나 위와 같은 환경오염행위를 한 토지 소유자가 토양환경보전법이나 폐기물관리법 등에 따라 오염된 토양을 정화시키고, 폐기물을 적정하게 처리하지 않은 채 오히려 그 토지 위를 복토를 하는 등의 방법으로 외관상 정상적인 토지인 것처럼 보이게 한 다음 이를 매도하여 유통시킨다면 외부에서 쉽게 알 수 없는 토지 지하에 존재하는 위와 같은 하자의 특성으로 인하여 유통과정에서 그 토지의 소유권을 취득하는 사람은 하자의 존재를 모른 채 취득가액에 이를 반영함이 없이 취득할 가능성이 많고, 그가 하자를 발견하고 행정법규상의 의무이행으로서 또는 자신의 토지 사용상의 필요에 의하여 이를 제거하려면 환경관련 법령이 정하는 바에 따라 적정하게 처리하여야 하므로 그 토지의 효용가치 감소 정도를 초과하는 다대한 비용이 소요되어 불측의 손해를 입게 된다.

토지 소유자의 위와 같은 행위는 토지거래의 안전을 해치고, 장차 그 토지를 취득하려는 사람의 신뢰를 저버리는 행위로서, 결함 있는 제조물을 제작하여 유통시키는 행위와 다를 바 없이 위법한 행위로 평가함이 마땅하다. 그리고 토지 소유자의 위와 같은 행위와 오염사실을 발견한 토지 취득자가 비용을 들여 이를 제거하여야 하는 손해와의 사이에는 상당인과관계도 인정될 수 있다 할 것이므로 손해를 입은 토지 취득자에 대하여 불법행위가 성립한다.

2) 원고는 그러한 사정을 모른 채 피고 기아자동차로부터 1/2 지분

을, 기산의 지분을 매수한 엘지투자증권으로부터 나머지 1/2 지분을 각
매수하였다가 그 지하부분을 이용하기 위하여 토양환경평가를 실시하
는 과정에 위와 같은 사실을 발견하고 이를 처리하기 위하여 앞서 본
바와 같은 비용을 지출하였거나 지출하여야 하는 사실이 인정되는 이
상, 피고 세아베스틸은 불법행위자로서 원고에게 이 사건 매매 부지의
오염토 및 폐기물 등을 처리하기 위하여 입은 손해를 배상할 책임이 있
다할 것이다.

나. 피고 기아자동차의 손해배상책임
1) 불법행위책임의 인정 여부
(가) 원고는, 피고 기아자동차 역시 피고 세아베스틸과 공동으로
이 사건 부지를 주물공장 및 자동차출하장으로 사용하면서 이 사건 부
지의 토양을 유류 등으로 오염시키고, 주물공장 철거 및 자동차 출하장
조성 과정에서 지하시설물을 그대로 내버려 두었을 뿐만 아니라 폐콘크
리트 등 폐기물을 매립함으로써 이 사건 매매 부지의 현 소유자인 원고
로 하여금 위 오염토 및 폐기물 등을 처리하게 함으로써 그 처리 비용
상당의 손해를 입게 하였으므로, 공동불법행위자로서 각자 그 손해를
배상할 책임이 있다고 주장한다.

(나) 살피건대, 건설폐기물을 지하에 매립한 것과 관련하여 피고
기아자동차가 이에 가담한 것은 아닌 점 등을 고려하면, 피고 기아자동
차가 건설폐기물이 존재할 가능성은 알고 있었다고 보여 지지만 그것만
으로는 피고 기아자동차가 피고 세아베스틸의 위와 같은 불법행위에 공
모가담하여 공동으로 이 사건 매매부지 전체의 오염토 및 폐기물 등을
처리하기 위한 손해에 대하여 불법행위책임을 진다고 보기 어렵고, 달
리 이를 인정할 증거가 없다.

2) 하자담보책임의 인정 여부

살피건대, 원고와 위 피고가 각 회사인 사실은 앞에서 본 바와 같고, 앞에서 설시한 각 증거에 변론 전체의 취지를 종합하면, 원고가 위 피고로부터 이 사건 매매 부지를 인도받은 후 즉시 또는 6월 이내에 하자를 발견하여 통지하지 아니한 사실을 인정할 수 있으므로, 위 피고의 위 주장은 이유 있고, 따라서 원고의 위 주장은 더 나아가 살필 필요없이 이유 없다.

3) 채무불이행책임의 인정 여부

살피건대, 이와 같이 토양이 오염되어 있고 폐기물 등이 매립되어 있다는 점은 이 사건 부지가 위 매매의 목적물로서 하자에 해당한다 할 것이므로, 피고 기아자동차는 특별한 사정이 없는 한 매도인으로서 채무불이행책임을 부담한다.

피고 기아자동차에게 하자 있는 부지의 매도와 관련한 귀책사유가 없다고 인정하기 부족하고, 달리 이를 인정할 자료가 없으므로, 위 피고의 이 부분 주장은 이유 없다.

원고가 이 사건 매매계약 체결 당시 피고 기아자동차와 사이에 장래 발생할 가능성이 있는 일체의 오염토 및 폐기물 등 처리비용을 부담하기로 합의하였다고 인정하기에 부족하고, 달리 이를 인정할 증거가 없다.

매매계약서 제5조에서의 '비용'은 장래 발생할 가능성이 있는 일체의 오염토 및 폐기물 등 처리 비용을 의미하는 것이 아니라 이 사건 매매 부지상의 아스팔트콘크리트 제거 비용 등 매매계약 체결 당시 발생 가능성을 충분히 예상할 수 있었던 부분과 관련한 비용을 의미한다고 봄이 상당하다.

마지막으로 피고는, 3년의 소멸시효가 완성됨으로써 원고의 손해배상청구권이 소멸하였다고 주장하나, 상인간 채무불이행에 따른 손해

배상청구권의 소멸시효는 5년이라 할 것이므로, 위 피고의 이 부분 주
장은 더 나아가 살필 필요 없이 이유 없다.

4. 대법원 판결

(1) 전원합의체 다수의견

가. 피고 주식회사 세아베스틸(이하 '피고 세아베스틸'이라고 한다)의
상고이유에 관한 판단

1) 상고이유 1,2,3점에 대하여

(가) 환경을 질적으로 향상시키고 보전함으로써 쾌적한 환경을 조
성하고 나아가 이를 통하여 인간과 환경 사이의 조화와 균형을 유지하
여야 하는 것은 국민의 건강과 문화적인 생활의 향유 및 국토의 보전과
항구적인 국가발전에 필수불가결한 요소이다. 국가·지방자치단체·사업
자뿐 아니라 국민은 환경을 보다 양호한 상태로 유지·조성하도록 노력
하고, 환경을 이용하는 모든 행위를 할 때에는 환경보전을 우선적으로
고려하며, 지구의 환경상 위해를 예방하기 위한 공동의 노력을 강구함
으로써 현재의 국민으로 하여금 그 혜택을 널리 누릴 수 있게 함과 동
시에 미래의 세대에게 계승될 수 있도록 하여야 한다.

이는 환경정책기본법이 선언한 기본이념으로서(제2조), 이를 반영
하여 구 환경정책기본법은 모든 국민에게 건강하고 쾌적한 환경에서 생
활할 권리를 인정하는 한편, 일상생활에 따르는 환경오염과 환경훼손을
줄이고 국토 및 자연환경의 보전을 위하여 노력하도록 의무를 지우고
(제6조), 사업자에게는 그 사업활동으로부터 야기되는 환경오염 및 환경
훼손에 대하여 스스로 이를 방지함에 필요한 조치를 하여야 하며, 국가
또는 지방자치단체의 환경보전시책에 참여하고 협력하여야 할 책무를
지우며(제5조), 나아가 자기의 행위 또는 사업활동으로 인하여 환경오염

또는 환경훼손의 원인을 야기한 자는 그 오염·훼손을 방지하고 오염·훼손된 환경을 회복·복원할 책임을 지며 환경오염 또는 환경훼손으로 인한 피해의 구제에 소요되는 비용을 부담하는 것이 원칙임을 밝히고 (제7조), 사업장 등에서 발생되는 환경오염 또는 환경훼손으로 인하여 피해가 발생한 때에는 해당 사업자가 그 피해를 배상하여야 하며, 사업장 등이 2개 이상 있는 경우에 어느 사업장 등에 의하여 그 피해가 발생한 것인지를 알 수 없을 때에는 각 사업자가 연대하여 배상하도록 함으로써, 환경오염의 피해에 대하여 무과실책임을 지우고 있다(제31조). 이러한 환경정책기본법의 규정들은 1990. 8. 1. 제정 시부터 있었던 것들로서 그동안 일부 내용이 수정·보완되었지만 환경오염원인자에 대하여 오염·훼손의 방지, 오염·훼손된 환경의 회복·복원 및 피해배상에 대한 의무와 책임을 지우는 내용이나 취지는 그대로 유지되어 왔다.

헌법 제35조 제1항 은 모든 국민이 건강하고 쾌적한 환경에서 생활할 권리를 보장하고, 아울러 국가와 국민이 환경보전을 위하여 노력하도록 의무를 지우고 있다. 이는 국가뿐만 아니라 국민도 오염방지와 오염된 환경의 개선에 관하여 책임을 부담함을 의미하며, 위와 같은 구 환경정책기본법 규정들은 헌법이 선언한 이러한 국가와 국민의 헌법상 책무를 구체화하기 위하여 마련된 것이다. 따라서 환경오염에 관련된 법률관계에 대하여 위 규정들 및 관련 법리를 해석·적용할 때에는 환경보전을 위한 헌법의 정신과 구 환경정책기본법의 기본이념이 충분히 실현될 수 있도록 하여야 한다.

(나) 토양환경보전법 제10조의3 제1항 본문은 토양오염으로 인하여 피해가 발생한 경우에 해당 오염원인자는 그 피해를 배상하고 오염된 토양을 정화하도록 규정하고, 같은 조 제3항 제1호 는 '토양오염물질을 토양에 누출·유출시키거나 투기·방치함으로써 토양오염을 유발시킨 자'를 위 제1항 본문에서 말하는 오염원인자 중 하나로 간주하여 그

에게 토양오염에 대한 최종적인 책임을 부담시키는 한편, 제11조 와 제
15조는 관할 행정관청으로 하여금 제10조의3 제3항 제1호 등에서 정한
오염원인자에게 정화조치를 명할 수 있게 하고 있다. 이는 환경오염 중
에서 특히 토양오염이 일단 발생하면 정화되지 않는 이상 그 오염 상태
가 계속되고 이로 인한 피해는 장기간에 걸쳐 누적적으로 발생할 뿐만
아니라 토양오염물질의 확산을 통하여 오염토양 자체가 다른 토양오염
의 원인이 되는 등 토양오염이 국민건강 및 환경상의 위해를 초래하고
토양생태계를 파괴할 수 있는 매우 큰 위험성을 가지기 때문에, 그러한
위해를 예방하고 아울러 토양오염 상태가 발생하여 지속되는 경우에 그
오염된 토양을 정화하는 등 토양을 적정하게 관리·보전함으로써 토양
생태계를 보전하며 국민이 건강하고 쾌적한 삶을 누릴 수 있도록 하려
는 것이다. 따라서 토양오염물질을 토양에 누출·유출하거나 투기·방치
함으로써 토양오염을 유발한 자는 그 토양오염 상태가 계속됨으로 인하
여 발생되는 피해를 배상함과 아울러 오염된 상태의 토지를 전전 매수
한 현재의 토지 소유자에 대하여 직접 구 토양환경보전법 제10조의3 에
따른 오염토양 정화의무를 부담한다.

　　(다) 토양환경보전법에 따른 정화의무의 대상이 되는 오염토양과
폐기물관리법에 따른 처리의 대상이 되는 폐기물은 서로 구별되며, (판
결 당시의) 구 폐기물관리법은 구 토양환경보전법 제10조의3 과 같은 피
해배상책임이나 정화의무에 관한 규정을 직접 두고 있지 아니하다.

　　그렇지만 폐기물 역시 대기, 물, 소음·진동, 악취 등과 함께 사람
의 일상생활과 관계되는 '생활환경'의 하나로서, 구 환경정책기본법에
따라 폐기물로 인한 환경오염 또는 환경훼손의 원인을 야기한 자는 그
오염·훼손에 대한 방지 및 회복·복원의 책임을 진다. 그뿐 아니라, 구
폐기물관리법에 따라 토지·건물의 소유자·점유자를 포함하여 모든 국민
은 자연환경 및 생활환경을 청결히 유지하고 폐기물의 감량화 및 자원
화를 위하여 노력하여야 하며(제6조 제1, 2항), 누구든지 구 폐기물관리

법에 따라 허가·승인을 받은 매립시설 외의 곳에 폐기물을 매립하여서
는 아니 되고 대통령령이 정하는 기준 및 방법에 의하여 처리하여야 하
며, 이를 위반하여 사업장폐기물을 매립하거나 처리한 경우에는 행정상
의 조치명령 및 형사처벌 대상이 될 수 있으므로(제7조 제2항, 제12조, 제
45조, 제58조의2, 제60조), 결국 폐기물은 친환경적으로 적정하게 처리됨
으로써 환경훼손을 예방하고 국민이 건강하고 쾌적한 삶을 누릴 수 있
도록 해야 한다(제1조).

또한 토지에 폐기물이 매립되면, 그것이 토지의 토사와 물리적으로
분리할 수 없을 정도로 혼합되어 토지의 일부를 구성하게 되지 않는 이
상, 토지 소유자의 소유권을 방해하는 상태가 계속되며, 이에 따라 폐기
물을 매립한 자는 그 폐기물이 매립된 토지의 소유자에 대하여 민법상
소유물방해제거의무의 하나로서 폐기물 처리의무를 부담할 수도 있다
(대법원 2002. 10. 22. 선고 2002다46331 판결 참조).

(라) 위와 같은 헌법 제35조 제1항, 구 환경정책기본법, 구 토양환
경보전법 및 구 폐기물관리법의 취지와 아울러 토양오염원인자의 피해
배상의무 및 오염토양 정화의무, 폐기물 처리의무 등에 관한 관련 규정
들과 법리에 비추어 보면, 토지의 소유자라 하더라도 토양오염물질을
토양에 누출·유출하거나 투기·방치함으로써 토양오염을 유발하였음에
도 오염토양을 정화하지 않은 상태에서 그 오염토양이 포함된 토지를
거래에 제공함으로써 유통되게 하거나, 토지에 폐기물을 불법으로 매립
하였음에도 이를 처리하지 않은 상태에서 그 해당 토지를 거래에 제공
하는 등으로 유통되게 하였다면, 다른 특별한 사정이 없는 한 이는 거
래의 상대방 및 위 토지를 전전 취득한 현재의 토지 소유자에 대한 위
법행위로서 불법행위가 성립할 수 있다고 봄이 타당하다. 그리고 위 토
지를 매수한 현재의 토지 소유자가 오염토양 또는 폐기물이 매립되어
있는 지하까지 그 토지를 개발·사용하게 된 경우 등과 같이 자신의 토
지소유권을 완전하게 행사하기 위하여 오염토양 정화비용이나 폐기물

처리비용을 지출하였거나 지출해야만 하는 상황에 이르렀다거나 구 토
양환경보전법에 의하여 관할 행정관청으로부터 조치명령 등을 받음에
따라 마찬가지의 상황에 이르렀다면 위 위법행위로 인하여 오염토양 정
화비용 또는 폐기물 처리비용의 지출이라는 손해의 결과가 현실적으로
발생하였다고 할 것이므로, 토양오염을 유발하거나 폐기물을 매립한 종
전 토지 소유자는 그 오염토양 정화비용 또는 폐기물 처리비용 상당의
손해에 대하여 불법행위자로서 손해배상책임을 진다.

  이와 달리, 자신의 소유 토지에 폐기물 등을 불법으로 매립하였다
고 하더라도 그 후 그 토지를 매수하여 소유권을 취득한 자에 대하여
불법행위가 성립하지 않는다는 취지의 대법원 2002. 1. 11. 선고 99다
16460 판결은 이 판결의 견해에 배치되는 범위 내에서 이를 변경하기로
한다.

  2) 위와 같은 사실관계를 앞에서 본 법리에 비추어 보면, 피고 세
아베스틸은 자신의 귀책사유 있는 행위로 이 사건 부지에 토양오염물질
을 누출·유출하거나 방치함으로써 토양오염을 유발하고 또한 폐기물이
불법으로 매립되게 한 자로서, 그 상태에서 이 사건 매매 부지를 매도
하여 유통시킴으로써 그 사실을 모른 채 이를 전전 매수하여 그 소유권
을 취득한 원고로 하여금 이 사건 사업을 위하여 이 사건 오염토양 등
을 정화 및 처리하는 데에 비용을 지출하였거나 지출해야 하는 손해를
입게 하였으므로, 원고가 입은 이러한 손해에 대하여 불법행위로 인한
손해배상책임을 진다.

  (2) 전원합의체 반대의견 – 피고 세아베스틸의 원고에 대한 불
법행위책임이 인정되는지 여부에 관한 대법관 박보영, 대법관 김창석,
대법관 김신, 대법관 조희대의 반대의견

1) 다수의견의 법리는 불법행위 제도의 이념에 어긋날 뿐만 아니라 법적 안정성은 물론 구체적 정의의 관점에서도 견디기 어려운 문제점을 드러낸다는 점에서 도저히 수긍할 수 없다.

당초 불법행위를 구성하지 아니하였던 피고 세아베스틸의 양도행위가 기산 및 피고 기아자동차의 양도행위에 따라 불법행위를 구성할 수 있게 된다면, 결국 피고 세아베스틸의 양도행위(유통행위)가 아니라 기산 및 피고 기아자동차의 양도행위(유통행위)나 그 이후의 양도행위(유통행위)가 피고 세아베스틸의 불법행위책임을 발생시키는 셈이다. 이는 자기의 행위가 아니라 타인의 행위에 대하여 책임을 지는 것이고, 따라서 자기책임의 원칙에 어긋난다. 다수의견의 법리가 이처럼 불법행위 체계에서 완전히 이탈하게 된 이유는, 그 주장과 달리 실제로는 오염행위 그 자체를 근거로 하여 오염된 토지의 전전 매수인에 대해서까지 절대적인 책임을 부담시키려고 하였기 때문이다. 오염된 토지의 유통행위에 대하여 책임을 묻겠다는 것은 오염행위 자체에 대하여 책임을 묻겠다는 것과 전적으로 같은 것이다. 그럼에도 다수의견은 이 분명한 사실 앞에서 눈을 감고 있다.

피고 세아베스틸이 이 사건 시·국유지를 오염시켰다 하더라도 그로써 오염 당시의 토지 소유자에 대하여 불법행위책임을 부담할 수는 있을 것이나, 그 후 이를 매수한 원고에 대해서까지 불법행위책임을 부담한다고 볼 수는 없다.

(3) 피고 세아베스틸의 원고에 대한 불법행위책임이 인정되는지 여부에 관한 다수의견에 대한 대법관 김용덕의 보충의견

결론적으로 토양오염을 유발하고 폐기물을 매립하여 환경을 훼손한 행위는 국가적으로나 사회적으로 용인될 수 없는 위법한 행위이며, 그 원인행위자가 해당 토지의 소유자라 하더라도 마찬가지이다. 이와 같이 소유권의 행사에 의하여도 용인될 수 없는 환경의 훼손 및 그 방치

행위의 위법성은 토양생태계의 보전, 국민건강 및 환경상 위해의 방지라는 공공적 성격과 사회정의 및 형평의 관념이라는 특수한 목적에서 비롯된 것으로서, 다른 어떠한 위법행위보다 엄격하게 규제되어야 한다.

토양이 오염되고 폐기물이 매립되어 있음에도 쉽게 드러나지 아니하는 토지 환경오염의 특수성으로 인하여 매수인이나 전득자가 그 환경오염 상태를 제대로 알지 못하여 그 정화·처리를 위한 이해관계를 합리적으로 조정할 기회를 가지지 못하는 경우가 일반적이므로, 이를 단순히 환경훼손 원인행위자와 거래 상대방 사이의 이해관계 조정 문제로 맡길 수 없고, 위법한 토양오염이나 폐기물 매립과 해당 토지의 유통으로 인하여 불가피하게 발생되는 매수인 또는 전득자의 오염토양 정화 및 폐기물 처리로 인한 손해의 전보에 관한 책임 소재를 합리적으로 가려 규율하여야 하며, 그렇지 아니하면 위법한 환경훼손 행위로 인한 손해의 공평한 부담이라는 불법행위책임의 정신에 어긋난다.

따라서 토양오염을 유발하고 폐기물을 매립함으로써 환경을 훼손하고 그 훼손 상태를 방치한 채 토지를 유통하여 매수인을 비롯한 제3자로 하여금 그로 인한 위험에 노출시킨 경우에, 그 행위로 인하여 제3자가 입는 피해에 대한 불법행위책임의 성립 여부 및 그 범위에 관하여는 이와 같은 반규범적 행위의 불법성을 충분히 고려하는 한편, 제3자가 입은 피해에 대하여 충분한 전보가 이루어지도록 함이 타당하다.

(4) 피고 세아베스틸의 원고에 대한 불법행위책임이 인정되는지 여부에 관한 반대의견에 대한 대법관 김창석의 보충의견

결국 다수의견의 법리는 형평의 실현을 통하여 정의를 달성하고자 하는 사법(사법)의 한계를 넘어 사실상 제재(제재)를 목적으로 하고 있다는 점에서 문제가 있을 뿐만 아니라, 다수의견이 주장하는 구 토양환경보전법 제10조의3 제1항 의 정화의무가 같은 법 제15조 제3항 에 의하여 인정되는 공법상 정화의무와 조화되지 않는다는 점에서도 중대한 문

제가 있다. 즉 다수의견의 법리는 위 제10조의3 제1항 의 무과실책임 규정의 확장 해석을 통하여 위 제15조 제3항 에 의하여 명시적으로 인정되는 공법상 정화의무의 범위를 초과하여 절대적이고도 불합리한 사법상 정화의무를 창설하고 있는 것이다. 이는 해석의 한계를 훨씬 뛰어넘는 것이라고 보지 않을 수 없다.

(5) 피고 세아베스틸의 원고에 대한 불법행위책임이 인정되는지 여부에 관한 반대의견에 대한 대법관 조희대의 보충의견

피고 세아베스틸은 1993. 12.경 이 사건 매매 부지를 기산 및 피고 기아자동차에게 매도하였고, 그 이후부터 현재까지 이 사건 매매 부지에 대하여 사실상의 지배권을 전혀 가지고 있지 않으므로, 민법 제214조 의 소유권에 기한 방해배제청구권의 한 형태로 폐기물 제거청구권이 포함된다고 보더라도, 원고가 피고 세아베스틸을 상대로 그와 같은 제거청구권을 행사할 수는 없다고 할 것이다.

따라서 피고 세아베스틸에게 민법 제214조 에 의한 폐기물 제거의무가 인정되지 않는데도, 다수의견이 피고 세아베스틸에게 폐기물 제거의무가 있음을 전제로 그 의무 위반으로 인한 불법행위가 성립한다고 하는 것은 잘못이다.

Ⅲ. 판례 평석

1. 서울중앙지방법원의 제1심 판결에 대한 판례 평석

(1) 변경전 대법원의 입장 유지 및 사법적 해결

1심 법원은 종래의 변경 전 대법원 판례의 입장을 유지하여 전전매도인의 오염토지에 대한 전전매수인에 대한 불법행위책임을 부정하

고 있다. 1심 법원은 행정법상 경찰책임의 법리나 환경법상의 법리 등 공법적 법리들을 충분히 고려하지 못하고, 민법 제750조의 불법행위 책임과 민법 제760조의 공동불법행위책임, 민법 제390조의 채무불이행책임 등의 법리에 집중을 하고 있다. 그 결과 1심 법원은 ① 자신의 소유인 토지에 대하여 그 토양을 오염시키거나 폐기물 등을 매립한 행위는 행위자 자신에 대한 행위로서 제3자에 대한 행위가 아니므로 불법행위가 성립되지 않는다고 부정하였을 뿐만 아니라 ② 행위자가 이 사건 토지를 오염시키거나 폐기물 등을 매립한 행위 자체만으로 당연히 그 후 이 사건 토지의 소유권을 취득한 사람에게 어떤 손해가 발생하였다고 볼 수도 없으므로 전매인인 피고 회사1의 오염토지 유통행위에 대하여도 불법행위책임의 성립요건이 충족되지 않는다고 판시하고 말았다.

이는 행정법상 경찰책임이나 환경법상의 책임 등 공법상의 문제로 가면 소유자 등 상태책임자의 무과실책임체계로 가서 책임의 존재를 긍정할 수 있게 된다. 이러한 공법상의 법리를 고려한다면 민법상의 불법행위책임의 성립을 긍정하여야 하는 방향성을 용이하고도 명확하게 확인할 수 있다.

그럼에도 불구하고 이와 달리 민법 제750조의 일반불법행위책임과 민법 제760조의 공동불법행위책임으로 가면 과실책임체계 하에서 문제를 해결하려 들게 되는데, 고의나 과실, 위법성, 상당인과관계 등에 대한 입증에 실패하면 사안에서 보듯이 책임의 존재를 부정하게 된다.

과연 이렇게 공법적인 관점을 배제한 채 이른바 '사법으로의 도피'를 하여 민사적인 방법에 치중하여 공사법이 혼재된 사건을 해결하는 것이 법원으로서 타당한지에 대하여 재고해 보아야 할 일이다. 법원에서 이러한 사법으로의 도피 현상에 지배되는 것에 대하여는 심각하게 고민해 보아야 한다. 토지소유자 등의 오폐기물 등에 대한 책임의 문제는 행정법으로 가서 상태책임의 인정여부와 승계 여부 등에 대한 공법적 관점에서 재조명하여야 하는바, 이는 사안의 성격이 단순히 사법상

의 책임의 문제로 끝나는 것이 아니라 질서유지와 공공복리 등 공익적
관점들이 재조명되어야 할 문제이기 때문이다.

(2) 사법적으로 해결하는 경우의 구체적인 문제점들

행정법상 경찰책임의 문제로 법리를 적용하지 못하는 더 심각한
문제는 1심 법원이 경찰책임의 문제를 민법 제580조의 매매목적물의
하자담보책임으로 가고 있다는 점이다. 민법상의 하자담보책임의 본질
에 대하여는 채무불이행책임설과 법정책임설의 대립이 있기는 하지만,
무과실책임으로 규정이 되어 있다. 따라서 일견해서 보면 행정법상의
경찰책임의 문제로 접근하거나 민법상의 하자담보책임의 문제로 접근
하여 해결하는 것에 큰 차이가 없어 보일 수도 있다. 그러나 민법의 하
자담보책임으로 가는 경우에는 매수인의 목적물의 검사와 6개월 이내
의 하자통지의무에 대한 상법 제69조가 적용되어 더 이상 매도인의 책
임을 물을 수 없게 되고, 매도인은 면책되는 불합리한 해결로 이어지게
된다. 순수한 사법상의 문제가 아니라 오염물질과 폐기물 등의 처리책
임과 의무에 대한 공법적인 성격이 중요한 사안이므로 이러한 해결은
'사법으로의 도피'에 의하여 오히려 불합리한 판결을 생성하게 한다.

공법적인 성격을 배제한 채 사법적인 성격만을 바라보고 사법으로
도피하는 것은 공법적 지식과 이론이 약해져 가는 우리 법원의 자화상
을 그대로 반영하고 있다고 비판할 수 있다. 공법의 적용과 법리의 도
움을 제대로 받지 못하고 해결방법에 있어서 '사법으로 도피'하다 보니
민법상 계약의 해석문제로 접근하게 된다. 따라서 오염물질과 폐기물질
에 대한 처리책임의 문제가 가지는 공법적인 성격을 간과한 채 과연 오
염물질과 폐기물 처리 의무가 계약의 대상으로 내용에 합의되었는지에
집착하게 된다. 이러한 법원의 판결 역시 전문성이 결여되어 있고 공법
적 성격을 도외시하고 있는 것이라고 볼 수 있다.결국 1심법원은 매매
대금이 24억 5천 만원인데 비하여 오염토 및 폐기출 처리의 비용이 십

억 8천 여 만원으로서 지나치게 큰 비중을 차지하고 있으므로 매매계약서를 해석하여 비용에 대한 합의는 전체 오염토 및 폐기물 처리 비용이 아니라 이를 제외하고 매매 부지상의 아스팔트 콘크리트 제거비용을 의미하는 것으로 해석하여 이에 대한 배상을 할 의무가 있다고 일부 승소 판결을 내리고 말았다.

경찰책임에 있어서 비용부담 문제는 경찰법과 환경법 등의 공법적인 규정을 찾아 적용해 보고, 각종 사정들을 고려하여 비례의 원칙에 따라 해결하여야 할 것이다.

법원은 공법과 사법이 혼재된 사건에서 거시적이고 종합적인 해결 방식으로 법리적용의 패러다임을 변화시킬 필요성이 크다.

2. 서울고등법원의 제2심 판결에 대한 판례 평석

(1) 두 가지 유형에 따른 불법행위 성립 차별화 법리

항소심인 서울고등법원은 1심인 서울중앙지방법원에서 청구를 기각한 피고2 회사(세아베스틸)에 대하여는 46억 여원의 청구를 인용하는 것으로 변경하고, 34억 여원에 대한 청구를 인용하였던 다른 피고 1회사(기아자동차)에 대한 34억에 대한 청구인용을 변경하여 피고회사(세아베스틸)과 함께 23억 여원으로 감축하여 인용하는 것으로 변경하고 있다.

2심인 서울 고등법원에서는 이러한 판결을 변경함에 있어서 ① 자신이 소유하는 토지를 오염시키거나 거기에 폐기물을 불법 매립하여 행정법규를 위반하였다 하더라도 그로 인하여 타인의 법익을 침해하지 않는 한 민사상 불법행위가 성립할 여지는 없다는 1심 법원의 입장은 유지하고 있다. 그러면서도 ② 위와 같은 환경오염행위를 한 토지 소유자가 토양환경보전법이나 폐기물관리법 등에 따라 오염된 토양을 정화시키고, 폐기물을 적정하게 처리하지 않은 채 오히려 그 토지 위를 복토를 하는 등의 방법으로 외관상 정상적인 토지인 것처럼 보이게 한 다음

이를 매도하여 유통시킨다면 외부에서 쉽게 알 수 없는 토지 지하에 존재하는 위와 같은 하자의 특성으로 인하여 유통과정에서 그 토지의 소유권을 취득하는 사람은 하자의 존재를 모른 채 취득가액에 이를 반영함이 없이 취득할 가능성이 많고, 그가 하자를 발견하고 행정법규상의 의무이행으로서 또는 자신의 토지 사용상의 필요에 의하여 이를 제거하려면 환경관련 법령이 정하는 바에 따라 적정하게 처리하여야 하므로 그 토지의 효용가치 감소 정도를 초과하는 다대한 비용이 소요되어 불측의 손해를 입게 된다고 보았다. 오염행위를 한 토지 소유자가 이를 숨기고 그 토지를 유통시킬 때 충분히 예측할 수 있는 일로서 토지 소유자의 위와 같은 행위는 토지거래의 안전을 해치고, 장차 그 토지를 취득하려는 사람의 신뢰를 저버리는 행위로서, 결함 있는 제조물을 제작하여 유통시키는 행위와 다를 바 없이 위법한 행위로 평가함이 마땅하다고 보았다. 그리고 토지 소유자의 위와 같은 행위와 오염사실을 발견한 토지 취득자가 비용을 들여 이를 제거하여야 하는 손해와의 사이에는 상당인과관계도 인정될 수 있다 할 것이므로 손해를 입은 토지 취득자에 대하여 불법행위가 성립한다고 입장을 변경하고 있다.

전자의 경우에는 불법행위의 책임을 부정하면서 후자의 경우에는 불법행위의 책임을 긍정하는 고등법원의 법리에 대하여 곰곰이 생각해 보아야 한다. 고등법원은 두 번째 경우에 대한 법리에 대하여 민법상 불법행위의 성립요건에 대한 해석을 왜 그렇게 하는지에 대하여 사법적으로 접근하고 있다. 경찰법과 환경법 등 공법적인 접근이 부족하였다는 점에서 결론에 이르는 논리의 취약점이 발생하고 있다.

사안에서는 일반적인 사법상의 책임 사례와 달리 오염물질과 폐기물 등이 존재함으로 인하여 공법적인 성격의 책임과 의무가 환경법상 책임 및 경찰책임 등과 관련하여 발생하고 있다. 그럼에도 불구하고 항소심인 서울고등법원에서 역시 '사법으로 도피'를 통하여 민법적인 문제 해결방식으로 접근하고 있다. 거시적인 문제해결방식의 수정 없이 이 문제에 대한 본질적이고도 정확한 접근은 어렵다.

항소심인 서울고등법원은 1심인 서울중앙지방법원에서 청구를 기 각한 피고2 회사(세아베스틸)에 대하여는 46억 여원의 청구를 인용하는 것으로 변경하는 것에 대한 정당한 이유가 있는지, 그리고 구체적으로 이것이 무엇인지 등이 중요하기 때문이다.

1심법원인 서울중앙지방법원과 마찬가지로 2심법원인 서울고등법 원 역시 손해배상의무를 발생시키기 위한 법이론적 근거로서 환경법과 행정법상 오염물질과 폐기물질을 제거하여야 할 의무가 있는 토지에 대 하여 경찰책임이나 환경법상의 책임의 문제로 보지 않고, 하자있는 토 지를 매매한 민사상의 문제로 접근하고 있다. 따라서 불법행위책임이나 하자담보책임의 법리로 이 문제를 해결하는 '사법으로의 도피'를 감행하 고 있다.

또한 결함 있는 건물과 토지의 인도 및 매도 행위에 대하여 결함 있는 제조물을 유통시키는 것으로서 토지거래의 안전을 해치는 불법행 위로 법이론을 구성하려는 무리한 시도를 하고 있다.

공법과 사법을 구별하지 않는 영미법계와 달리 공법과 사법을 구 별하면서 상호 교착을 인정하는 것이 대륙법계 국가의 법체계와 법 이 론이라고 할 수 있다.

(2) 공법적 방법론의 제시 및 사안적용에 대한 비판

불법행위의 법리에서는 관념적이고 부동적인 상태에서 잠재적으로 만 존재하던 손해가 현실화 되었을 때 손해가 완성된다고 하는 대신에 공법상의 경찰책임이 경찰위험과 경찰장해를 제거하여야 할 의무로 전 환되는 시기에 비용에 대한 부담의 문제가 구체적으로 발생한다는 논리 로 가는 것이 '사법의 도피'를 방지하고 '공법의 우선적용'이라는 법리에 부합한다.

엄밀하게 판례를 비판한다면 공법적인 검토에 대한 비중이 사법적인 검토의 비중에 비하여 지나치게 축소되거나 생략되는 부분이 많다는 것이라고 평가할 수 있다.

앞으로는 원고 및 피고 회사들의 오염물질제거와 폐기물제거에 대한 경찰책임과 환경책임의 비중과 정도, 경찰책임과 환경책임을 부담하게 된 경위, 경찰책임과 환경책임 등을 회피하게 됨으로써 받은 이익과 경찰책임으로 인한 불이익 등을 종합하여 비용을 계산하고 비례의 원칙에 따라 비용분담을 하도록 금액을 정하는 판결을 하여야 한다.

이러한 금액을 산정할 때에는 경찰책임과 관련된 경찰법, 환경법 등의 공법적 규정들을 찾아서 이를 종합적으로 적용하는데 활용하여야 할 것이다.

서울 고등법원은 피고 회사2인 기아자동차에 대하여는 오염토양이 토지에 포함될 수 있었다는 것을 예측할 가능성이 인정됨에도 불구하고 피고 회사 1인 세아베스틸의 불법행위에 공모가담한 것이 아니므로 불법행위의 책임을 부정하는 판시를 통해 1심 법원의 판결과 다르게 판시하고 있다.

그러나 이는 사안의 책임과 의무가 순수한 민법상의 불법행위 책임이 아니라 공법상의 책임과 의무를 부담하는 성질의 것이라는 점을 간과하고 있는 오류를 범하는 것일 수 있다.

피고 회사 2 역시 오염토양이 포함된 토지를 방치하였으므로 경찰법상의 행위책임자이자 상태책임자이었던 자이며, 환경법상 원인자책임을 부담하여야 한다.

토양환경보전법과 폐기물관리법에서는 피고 회사 2의 경우와 같이 매도인인 경우에도 무과실책임을 지도록 직접 규정하고 있다(더욱이 판결 당시에는 폐기물관리법에는 규정이 없어 토양환경보전법을 유추적용할 수밖에 없었지만, 판결 이후에는 법의 개정에 의하여 직접 규정을 두게 되었다는 점을 고려한다면 더더욱 판례의 민사법에 치우쳐서 공법적 법리를 제대로 반영하지 못하였다는 것을 생각해 볼 수 있다).

3. 대법원 판결에 대한 판례 평석

(1) 사안의 의무의 성질과 공사법의 혼재

우리나라는 공법과 사법을 구별하는 대륙법계에 위치한다. 물론 최근 공사법의 상호 교착 현상이 심해지고 있고, 공법의 사화[6]까지 발생하고 있어 그 구별이 어려워지고 있는 것도 사실이다. 그러나 이는 공법과 사법을 기본적으로 구별하는 전제[7]에서 서서 진행되는 논의라고 보아야 한다.

공법과 사법의 구별기준에 대하여는 구주체설, 성질설, 이익설, 귀속성설 등이 대립해 왔지만, 다수설과 판례의 태도는 복수기준설의 입장에 있다.[8]

공법과 사법을 구별하여야 하고, 공법관계에서 발생한 사안에 대하여는 공법규정을 우선 적용하거나 우선 유추적용 하여야 하며, 곧바로 사법으로 해결하려고 들어서는 안 된다.[9] 법원은 공법규정이 정말로 흠결된 것인지[10]를 선결문제로 먼저 검토하여야 한다. 해당 공법규정이

---

6) 김남진, 행정의 사화와 관련 문제, 학술원통신, 제235호, 2013. 2, 2면; 성봉근, 보장국가로 인한 행정법의 구조변화, 지방자치법연구, 제15권 제3호, 2015.9, 190면, 203면.

7) 공법과 사법의 구별의 배경에 대한 독일과 프랑스 등에서의 법역사학적인 상세한 설명은 박정훈, 公·私法 區別의 方法論的 意義와 限界 - 프랑스와 독일에서의 발전과정을 참고하여-, 공법연구 제37집 제3호, 2009.02, 86면 이하 ; 정호경, 공·사법 구별의 역사와 의미에 관한 일고찰(1), 법학논총 제23집 제1호, 2006, 3면 이하 참고

8) 김남진·김연태, 행정법 Ⅰ, 법문사, 제22판, 2018, 81면; 김중권, 김중권의 행정법, 법문사, 2013, 20면; 박균성, 행정법강의, 제15판, 박영사, 2018, 53면; 정하중, 행정법개론, 제12판, 법문사, 2018, 22면; 홍정선, 신행정법특강, 박영사, 제16판, 2017, 45면

9) 종래의 논의들은 주로 공법규정이 흠결된 경우에 사법규정을 유추적용할 수 있을 것인가에 비중을 두고 있었다. 예를 들면 김용욱, 공법과 사법 구분의 기원·변천 및 당위체계에 관한 연구 - 금전급부 8 유형론의 구체적 실례 및 그 정리와 해결을 중심으로, 저스티스 통권 제150호, 2015.10, 185면 이하

먼저 존재하는지, 유사한 공법규정이 존재하고 있는 것은 아닌지, 사건 발생 이후 최근에 새로 규정된 공법상의 입법에는 어떠한 것이 있는지, 이들을 해결하기 위한 공법적인 논의들이 어떻게 전개되고 있는지를 먼저 조사하고 분석하여야 한다.

두 번째 단계는 공법규정의 흠결을 제대로 확인한 후에 후결문제로 사법규정을 적용하거나 유추적용을 하는 것을 검토하여야 한다.

성급하게 공법규정이 흠결되었다고 판단하고 곧바로 사법규정을 적용하려 드는 판시태도가 만들어지지 않도록 세심하게 판결하여야 한다는 점을 분명하게 강조하고자 한다.

1심인 서울중앙지방법원과 2심인 서울고등법원은 토지소유자가 자기 소유의 토지에 오염물질이나 폐기물을 투기하거나 방치하더라도 불법행위가 되지 않는다고 한다. 그러나 이는 문제를 '사법으로 도피'해서 들어갈 때에 성립하는 논리에 불과하다. 또한 1심은 전매인이 오염 토지를 전매하더라도 전전매수인에 대한 불법행위는 성립하지 않는다고까지 한다.

토지 소유자가 비록 자기 소유의 토지에 오염물질이나 폐기물을 투기하거나 방치하더라도 이는 토지환경보전법과 폐기물관리법 등 경찰법과 환경법 등 공법상의 의무를 위반한 것이다.

그리고 토양환경보전법과 폐기물관리법 등에 의하여 구체적인 환경법상의 책임이 발생한다.

그리고 자기 소유의 토지에 오염물질이나 폐기물을 투기하거나 방치하게 된 경우에는 오염물질과 폐기물로 인한 위험을 제거할 경찰책임이 발생한다.

따라서 오염물질과 폐기물을 투기하거나 방치한 피고 회사들은 경찰책임에 있어서 행위책임자이자 상태책임자이다. 이러한 경찰책임은

---

10) 김남진, 행정법의 흠결과 보충, 고시연구, 1993년 7월호(통권 제232호), 126면.

고의나 과실을 따지지 않는 무과실 책임이다.

나아가서 피고 회사들이 이러한 경찰위험이 발생하고 있는 토지를 매매하여 전전유통시킴으로 인하여 역시 경찰책임 중 행위책임을 지게 된다고 할 것이다. 이러한 행위책임 역시 경찰책임의 하나이므로 고의나 과실을 따지지 않는다. 이 점이 민법상의 채무불이행책임이나 불법행위책임과 다른 점이다.

이러한 공법상의 의무들을 간과한 채 민법으로 곧바로 접근하여 사법규정의 유추적용에 의하여 사건에 접근하려 든다는 점이 해당 판결을 비롯한 상당수 판결들의 특징이자 근본적인 문제점이다. 공법은 사인과 사인간의 관계도 규율대상에 포함한다.[11] 또한 이를 공법으로 입법하고 있다면, 법원은 사인간의 관계라고 해서 실정법을 배제하거나 우회해서는 안 된다. 법원의 역할이 입법의 창설이나 배제에 이르러서는 안 된다. 법관은 대립하는 당사자들 사이의 주장에 대하여 법치주의에 입각하여 판결을 하여야 하므로, 법관은 이미 존재하는 법령을 최대한 활용하여 판결하여야 한다.[12] 공법규정이라고 해서 함부로 배제하거나 간과해서는 안 된다. 공법인 사인간의 관계에 대하여도 규율하고 있다면 그 입법취지는 사인간의 관계라고 하더라도 관련되는 공익이 존재하는 것을 인정하고 사익과 공익을 충실하게 이익형량 하라는 입법자의 명령이 담겨있는 것이다. 공법과 사법의 구별에 대한 논의의 실익이 법의 존재의 발견으로 보든 법의 해석으로 보든[13], 공법규정이 입법되어 있는데도 불구하고 법원이 사법규정으로 사건을 해결하는 방법론을 무제한적으로 허용하는 것은 결코 아닐 것이다.

피고 회사들로부터 오염물질과 폐기물들이 매설되어 있는 토지를

---

11) 박정훈, 公·私法 區別의 方法論的 意義와 限界 - 프랑스와 독일에서의 발전과정을 참고하여-, 공법연구 제37집 제3호, 2009.02, 105면.
12) Waline, Droit administratif, 23e édition, 2010, §8 point 312, p 293
13) 송시강, 공법의 발견과 사법의 준용 - 손실보상금 채권의 준점유자에 대한 변제의 효과에 관한 판례 평석-, 법학연구 통권 제51집, 2017.2, 56면.

구입하여 소유하고 있는 원고 회사도 민법으로 도피하여 문제를 풀게
되면 피해자나 계약을 위반당한 당사자에 불과하게 된다. 따라서 피해
자가 가해자에게 손해배상을 청구하는 문제로만 보아 전원합의체 판결
에서 다수의견과 반대의견이 대립하듯이 상당인과관계 등 요건에 대한
충족 여부에 매달리게 된다. 계약을 위반당한 당사자로 보게 되면 계약
상의 합의 유무와 범위 등에 집착하게 된다. 또한 하자있는 토지를 매
매한 것으로 보아 하자담보책임을 충족하는지에 매달리게 된다.

대법원은 역시 다수의견이든 반대의견이든 모두 원고 회사와 피고
회사들이 지게 되는 책임과 의무의 성질에 대하여 먼저 명확하게 규명
하였어야 한다. 다음으로 그 성질에 따라 경찰법과 환경법의 규정과 법
리 등 공법적인 해결방식으로 우선 접근하고 해결하였어야 한다. 사법
적으로 문제를 해결할 수 있더라도 공법규정을 우선적용하거나 우선유
추적용하여야 한다.14)

그 이유는 법이론적으로는 공사법을 구별하여야 하는 것이 타당하
고, 관할의 차이, 적용규정과 적용법리 등의 차이 등이 발생하기 때문이
다. 실질적인 이유는 이번 사건에서 1심인 서울중앙지방법원과 2심인
서울고등법원, 3심인 대법원에서 공법적인 규율을 회피하게 되는 일이
자주 발생하게 되고, 보다 가깝고 전문적인 해결방식을 두고 무리하게
민사법적으로 법리를 구성하려 들게 되기 때문이다. 전원합의체 판결에
서 다수의견과 반대의견이 대립하고 있는데서 알 수 있듯이 민법상의
불법행위15)의 요건 충족과 이에 대한 입증은 매우 어렵고도 복잡하다.
또한 오염물질과 폐기물질들이 매립되어 있는 토지 등이 전전 유통 되

---

14) 김남진, 행정법의 기본문제, 법문사, 신판, 1996, 1167면; 김남진·김연태, (앞의 책
   주. 8), 79면; 김중권, 앞의 책 (주 8), 16면; 홍정선, (앞의 책 주. 8), 47면
15) 불법행위법리 등을 활용하는 환경사법과 공익을 고려하는 환경공법상 괴리가 발
   생할 수 있지만 환경법적인 관점에서 전체를 조화롭게 보아야 한다는 논의에 대
   하여는 허성욱, 환경법에서의 공법과 사법 ― 공법상 환경기준의 사법상 효력에
   관한 논의를 중심으로 ―, 환경법연구, 제39권 제1호, 2017.4, 315면.

는 경우에 어디까지 계약상의 합의의 내용으로 포함시킬 것인지 그 범
위와 관련하여 당사자들의 의사표시를 해석하는 것도 매우 어렵다.

민법상 하자담보책임으로 가더라도 사안과 같이 상인의 경우에는
매수인의 목적물의 검사와 6개월 이내의 하자통지의무에 대한 상법 제
69조가 적용되어 더 이상 매도인의 책임을 물을 수 없게 되고, 매도인
은 면책되는 불합리한 해결로 이어지게 된다.

전전유통 되는 토지 내에 오염물질과 폐기물질들이 방치되어 있더
라도 이에 대하여 부당이득에 대한 요건을 주장하고 입증하여 인용되는
것 역시 매우 어렵다.

법원이 보다 이 문제를 전문적이고 정확하게 푸는 쉬운 길이 있는
데도 사법으로 도피하여 먼 길을 돌아서 해결하려드는 것에 이 판결의
다수의견과 반대의견이 모두 함께 근본적인 문제점을 내포하고 있다.

법원은 사법규정을 통하여 행정법관계, 환경법관계, 경찰법관계 등
에 법의 흠결이 있는 경우를 유추적용을 하여 문제를 분명 해결할 수
있다. 그러한 점에 문제가 있는 것이 아니라 불법행위책임, 계약법상의
채무불이행책임, 하자담보책임, 부당이득반환책임 등 사법규정의유추적
용을 하기 이전에 경찰책임, 환경법상의 원인자책임 등 공법규정의 유
추적용을 통한 해결을 우선하여야 했다는 점에 문제가 있다.

오히려 1987년도에 대법원이 하천법상 제외지에 대한 보상규정이
없는 경우에 과거의 판례를 변경하여 민법상의 부당이득반환법리를 유
추 적용하는 태도에서 돌아서서 공법인 하천법상 제내지에 대한 보상규
정을 유추 적용한 판시[16]와 제외지 보상청구권의 성질이 공법적인 것
임을 들어 민사소송이 아니라 행정소송인 당사자소송으로 관할을 정하
여야 한다고 한 판시[17] 들이 제대로 된 방향을 잡고 있었다고 평가할
것이다.

---

16) 대법원 1987. 7. 21. 선고 84누126 판결; 대법원 2011. 8. 25. 선고 2011두2743 판결
17) 대법원 2006. 5. 18. 선고 2004다6207 전원합의체 판결

미국에서 역시 이러한 오염된 토지에 대하여는 공법적인 차원의
문제로 많이 다루고 있고, 법원의 판결 역시 공법적으로 해결하는 경향
에 있다.

법원의 전문성과 수준을 높이기 위해서 이번 대법원을 비롯한 각
급 법원의 '사법으로의 도피'에 익숙해져가는 태도는 '공법을 우선 적용'
하는 태도로 시정되어야 한다. 또한 공법적 특색에 부합하는 법리를 검
토할 수 있도록18) 창의적으로 성장해 나가야 한다.

(2) 공법으로 해결하는 경우 환경법에 의한 해결방법 제시

오염물질과 폐기물을 토지에 투기하거나 방치하게 된 경우 환경법
상의 책임과 의무에 대한 실정법상의 규정이 있다. 따라서 이에 의하여
환경법상의 접근을 하는 것이 민법에 의하여 해결하는 것 보다 우선되
어야 한다. 환경법의 규정과 경찰법의 관계는 경찰책임과 의무에 대한
구체적이고 개별적인 법적 근거로서 환경법의 다음 규정들이 작용하게
된다고 볼 수 있다. 법치주의 아래에서 오염토지를 정화하라고 하명하
거나 오염토지 정화에 대한 비용을 부담시키는 등 국민의 권리를 제한
하거나 의무를 부과하는 중요하고 본질적인 사항에 대하여는 법률의 규
정이 있어야 한다는 것이 '법률유보의 원칙'이기 때문이다.19)

1) 토양환경보전법
(가) 토양환경보전법의 성격

토양환경보전법 제1조에서는 동 법의 목적에 대하여 ① 토양오염
으로 인한 국민건강 및 환경상의 위해의 예방, ② 오염된 토양의 적정

---

18) 성봉근, 홈페이지 폐쇄명령에 대한 법의 해석과 비례의 원칙, 행정판례연구
XXII-1, 한국행정판례연구회, 박영사, 2017, 28면.
19) 김남진·김연태, (앞의 책 주. 8), 36면; 김중권, (앞의 책 주. 8) 76면; 정하중, (앞의
책 주. 8), 2018, 29면; 박균성, 앞의 책 (주 8), 53면, 16면; 홍정선, 앞의 책 (주 8),
19면;

한 관리 및 보전, ③ 토양생태계의 보전 및 ④ 자원으로서의 토양가치 제고, ⑤ 모든 국민의 건강하고 쾌적한 삶의 영위 등 여러 가지를 규정하고 있다.

토지환경보전법 제1조의 목적과 제4조의 토양에 대한 행정계획, 제4조의 2의 토양오염의 우려기준의 정립, 제5조의 토양오염도 측정, 제7조 토지 등의 수용 및 사용 등 그 이하 규율 내용들을 공사법구별에 관한 복수기준설에 입각하여 종합적으로 본다면, 공익목적을 추구하는 것을 주요 목적으로 하고 있어 공법적 성격이 강하다.

(나) 토양환경보전법상의 토지소유자 등 사인의 책임과 의무

이러한 토양환경보전법이 환경법이자 공법으로서 가지는 성격과 관련하여 동법 제10조의 3에서는 토양오염의 피해를 발생시킨 피고회사들과 같은 경우에는 ① '피해'를 배상할 의무가 있고 ② 오염된 토양을 정화하는 등의 조치를 다하여야 할 의무가 발생하도록 규정하고 있다. 첫 번째 피해 배상의무는 경찰법상의 비용부담의무이자 환경법상의 비용부담의무를 발생시키는 법적 근거가 된다. 두 번째 오염 토양 정화조치는 경찰법과 환경법상의 위험을 제거하여야 할 책임을 발생시키는 법적 근거가 된다.

동 규정은 또한 환경법상의 '원인자책임'[20]을 규정하고 있는 것으로 볼 수 있다. 동법 제10조의 3 규정이 특이한 점은 피고 회사들처럼 토양오염을 발생시킨 자에 대하여는 무과실책임으로 규정하고 있다는 점이다.

따라서 사안의 경우 피고 회사들은 이 사건 토지에 오염물질과 폐기물들을 무단으로 투기하고 방치한 행위를 한 자들이므로 토양환경보전법 제10조의 3 제1항에 의하여 피해배상의무와 오염토지 정화조치의

---

20) 김남진·김연태, 행정법 Ⅱ, 법문사, 제22판, 2018, 708면; 박균성, 앞의 책 (주 8), 53면, 1296면; 정하중, (앞의 책 (주 8), 1344면; 홍정선, 앞의 책 (주 8), 1073면

무가 모두 발생한다.

토양환경보전법 제10조의 4에서는 피고 회사들과 같이 토양오염물질을 투기·방치한 경우에는 오염토양을 정화할 책임을 인정하면서 '원인자책임'의 범위를 제1호에서 오염물질의 누출·유출·투기·방치 등의 행위로 토양오염을 발생시킨 자에 한정하지 않고, 제2호의 토양오염관리대상시설의 소유자·점유자·운영자는 물론, 제3호에서 합병·상속 등 포괄승계인을 포함하고 있다. 나아가서 동법 제10조의 4 제4호에서는 토양오염이 발생한 토지를 소유하고 있었거나 현재 소유 또는 점유하고 있는 자까지 책임범위를 확대하여 인정하고 있다.

법원은 이러한 규정을 우선 적용하여 사안을 해결하였어야 한다.

따라서 피고 회사들은 토양환경보전법 제10조의 4의 규정 제1호에 따라 토양오염물질을 투기·방치한 자이자 제4호의 토양오염이 발생한 토지를 소유하고 있던 자로서 오염토양을 정화할 책임을 지게 된다. 원고회사는 토양환경보전법 제10조의 4의 규정 제4호에 의하여 토양오염이 발생한 토지를 현재 소유하는 자 또는 점유하는 자로서 오염토양을 정화할 책임이 발생하게 된다.

다만 토양환경보전법 제10조의 4 제2항 제3호에서 토양오염이 발생한 토지를 양수할 당시 토양오염 사실에 대하여 선의·무과실인 경우에는 토양오염이 발생한 토지를 정화할 책임을 면제받게 된다. 이는 사안에서 원고회사에게 유리한 법률요건사실로서 주요사실에 해당한다. 원고 회사처럼 토지를 현재 소유 또는 점유하는 매수인들은 이와 같은 면책사유에 대한 주장과 입증을 할 수도 있다.

다만, 이는 매매대금이라든지 매매당시의 토지이용상황과 외관, 일반인의 인식 등을 종합적으로 판단하여야 한다. 토지 내의 오염물질을 그대로 둔 채 외형만 아스팔트 등으로 복토하고 매매한 경우에는 오염된 토지의 외관을 가지고 매매한 경우와 달리 선의·무과실을 인정받을 가능성이 커진다고 할 것이다.

사안의 경우는 오염토지의 정화책임자들이 경합하는 경우이다. 이때 토양환경보전법 제10조의 4 제4항에 따라 시·도지사 또는 구청장 등 행정청이 정화책임의 분담비율을 고려하여 토양정화명령을 발급할 수 있는 하명을 발급하여야 한다. 이러한 토양정화명령은 반드시 발급하여야 하되 누구에게 어느 정도의 명령을 할 것인가에 대한 선택을 할 수 있으므로 그 성질이 결정재량은 없고 선택재량은 있는 경우라고 할 것이다. 이때 선택재량의 판단기준은 토양환경보전법 제10조의 4 제3항에 따르면 동법 시행령에 근거하면서도 각 정화책임자의 귀책정도를 고려하고 신속하고 원활한 토양정화의 가능성을 고려하여 토양정화를 명령하도록 하고 있다. 각 정화책임자의 귀책정도를 고려하는 것은 위험발생에 대한 기여도를 비례의 원칙으로 고려하라는 의미로 파악할 수 있다. 신속하고 원활한 토양 정화의 가능성을 고려하라는 것은 효율성의 원칙에 따라 위험제거에 대한 선택재량을 행사하여 하명하라는 의미로 볼 수 있다.

이러한 토양환경보전법 제10조의 4 제3항에서 정화책임자가 경합하는 경우에 오염정화의무를 부담할 상대방을 선택하는 재량행사에 있어서 수명자의 순서에 대하여 규정하고 있는데, 첫 번째로는 오염물질 투기·방치 행위자와 포괄승계인, 두 번째로는 토양오염관리대상시설의 점유자 또는 운영자와 그 포괄승계인, 세 번째는 토양오염관리 대상 시설의 소유자 또는 그 포괄승계인. 네 번째는 오염토지를 현재 소유하는 자 또는 점유자. 다섯 번째로는 오염토지를 소유하였던 자 등의 순서이다. 그러나 이는 기속적인 규정이 아니라 재량권행사의 기준으로 규정한 것으로 보아야 한다. 왜냐하면 동 시행령 제5조의 3 항에서 귀책사유 등 제반사정을 고려하여 토양정화명령의 상대방의 순서를 탄력적으로 변경할 수 있도록 규정하고 있기 때문이다.

따라서 사안의 경우 행정청은 토양환경보전법 제10조의 4 제3항에서 위임을 받아 규정한 동 시행령 제5조의 3을 기준으로 하되 오염물질

등으로 인한 위험발생에의 기여정도와 효율성 등을 고려하여 하명을 하
면 되는 선택재량이 인정된다.

그러나 오염된 토양에 대한 정화명령에 대한 것은 효율성의 원칙
으로 처리하여야 하고, 오염된 토양에 대한 정화책임의 비용분담은 비
례의 원칙에 따라 처리하여야 한다.

따라서 동 시행령 제5조의 3의 기준은 정화명령의 상대방이나 비
용부담자들이 이들 모두가 해당될 수 있다는 것에 불과하며 기속적인
것이 아니다.

2) 폐기물관리법

(가) 폐기물관리법의 성격

폐기물관리법은 동법 제1조에서 ① 폐기물 발생의 최대한의 사전
억제, ② 이미 발생한 폐기물에 대한 친환경적 사후처리 등을 통하여
③ 환경보전 및 ④ 국민생활의 질적 향상에의 이바지 등을 목적으로 하
고 있다.

동법 제3조의 2 제6항에서는 폐기물이라고 하더라도 재활용을 가
급적 장려함으로써 자원생산성의 향상을 지향하도록 하고 있다.

동법 제3조의 2에서는 사업자의 폐기물 최소화 및 적합하게 처리
할 책임과 의무를 지우면서 동시에 제4조에서는 이와 관련하여 국가와
지방자치단체의 책무가 인정됨을 규정하고 있다. 나아가서 제7조에서
는 폐기물의 감량화와 자원화를 위한 노력을 전국민의 책무로 확대하
고 있다.

이들 규정들을 통하여 입법태도를 복수기준설에 따라 종합적으로
고려하면 사법이 아니라 공법에 속한다고 보아야 한다.

(나) 폐기물관리법상의 책임과 의무

동법 제3조의 2에서는 폐기물관리의 기본원칙을 총론적인 관점에
서 규정하여 사업자를 비롯하여 모든 국민들에게 폐기물 배출을 최소화

하고 사전에 적절한 조치를 취할 책임과 의무를 인정하고 있다. 동법 제3조의 2 제4항에서는 폐기물로 인하여 환경오염을 일으킨 자에게 오염된 환경을 복원할 책임을 인정하고 있다.

동법 제18조에서 사업장폐기물배출자에 대하여는 폐기물위탁처리 의무를 규정하고 있다.

그러나, 대법원이 파악하였듯이 1심과 2심 법원이 판시할 당시를 기준으로 해서는 구 폐기물관리법에서는 토양환경보전법과 달리 직접적인 정화의무와 비용부담의무 등을 규정하고 있지 않다. 그럼에도 불구하고 헌법 제35조 제1항, 토양환경보전법 등의 규정을 유추적용하여 폐기물을 투기하거나 방치한 자 등 원인자들에 대하여 정화의무와 비용부담의무를 인정할 수 있다.

그러한 점에서 대법원의 판시는 공법규정의 유추적용을 함으로써 폐기물관리법상의 책임과 의무를 도출하는 것에 대하여는 성공하고 있다고 긍정적인 평가를 할 수 있다.

참고로 1심과 2심 판결 이후에는 폐기물관리법이 2010.7.23.에 개정되어 제3조의 2가 신설되어 직접적인 규정을 두게 되었다. 특히 동법 제3조의 2 제4항에서는 폐기물로 인하여 환경오염을 일으킨 자에게 오염된 환경을 복원할 책임을 인정하는 것 뿐만 아니라 오염으로 인한 피해의 구제에 드는 비용부담의무가 있음을 규정하게 되었다.

따라서 대법원처럼 민법상 불법행위책임의 성립요건과 관련하여 과연 피고 회사들에게 손해배상의무와 관련된 상당인과관계가 있는가에 판결을 집중할 것이 아니다.

폐기물관리법에 토양오염보전법에서와 같은 직접적인 정화의무와 비용부담의무가 규정되어 있지 않던 경우에는 토양오염보전법 등의 규정을 유추적용하여 유사한 의무를 도출할 수 있다. 더구나 현행법은 개정으로 인하여 폐기물관리법 제3조의 2 제4항에 따라 피고 회사들은 환경오염을 일으킨 자들이므로 오염으로 인한 피해의 구제를 위한 비용부담의무가 엄연히 존재한다.

법원의 사법으로의 도피는 이렇듯이 중대한 법률의 규정의 적용을 간과하게 만든다.

(3) 책임과 의무의 분담 비율에 대한 판단기준 – 비례의 원칙

대법원은 1심 법원이나 2심 법원과 달리 토양환경보전법과 폐기물관리법, 환경정책기본법, 헌법 등 공법규정을 우선하여 잘 고려하기 시작하였다. 그러나 대법원의 판시에서 아쉬움을 남기는 부분은 바로 비용을 토지소유자이자 매수인인 원고 회사와 매도인인 피고 회사 1 및 전매인인 피고 회사 2 사이에 분담하는 방식과 기준이 되는 법리 부분이다. 공법적인 성격이 강하다는 것을 대법원 스스로 잘 찾아두고는 공법상의 경찰책임과 환경법상의 비용부담에 대한 논의로 가지 못하고 불법행위책임의 요건 충족 여부로 가버리고 있다. 명료하게 잘 해결할 수 있는 사안을 더욱 복잡하게 얽히게 한 결과를 초래하고 있다.

결국 비용분담의 문제는 비례의 원칙에 따라[21] 현재 토지를 소유 및 점유하고 있는 원고 회사와 토양오염의 원인이 되는 행위인 오염물질 및 폐기물 투기 행위 및 방치행위를 하였으며 과거에 토양오염토지를 소유하거나 점유한 피고 회사들 사이에 정당하게 분담하도록 하여야 할 것이다. 특히 이를 산정함에 있어서는 위험과 오염토지 정화책임이 발생하게 한 것에 대한 기여도를 고려하고 매매가격과 이익과 손실 등을 모두 종합적으로 고려하여 사안에 따라서 결정하여야 할 것이다.

따라서 대법원이 이러한 경찰책임과 환경법상의 책임에 대한 공법적인 규정과 법리들을 도외시 한 채 사법으로 도피하여 민법상 불법행위책임 등의 성립요건이 충족하는지에 대하여 법리를 전개하였으므로

---

21) 김남진·김연태, 앞의 책 (주 8), 43면; 김중권, 김중권의 행정법, 앞의 책 (주 8), 42면; 박균성, 앞의 책 (주 8), 31면; 정하중, 앞의 책 (주 8), 39면; 홍정선, 앞의 책 (주 8), 29면

심각한 문제가 있다. 이 사건 대법원 전원합의체 판결의 다수의견과 반대의견 모두 오염토지가 전전유통된 경우에 전매인에게 민법상 불법행위책임을 지울 수 있는지 상당인관관계 인정여부에 법리의 초점을 맞추고 있는 것은 이러한 이유에서 잘못된 판결을 하고 있는 것이다.

대법원은 1심인 서울중앙지방법원과 다르게 판시하면서 종래의 입장을 변경하여 고등법원의 입장대로 전전매수인인 원고 회사가 전매인인 피고2 회사(세아베스틸)에 대하여 가지는 불법행위로 인한 손해배상청구권이 상당인과관계 등의 요건이 충족된다고 입장을 유지하였다. 그러면서도 매도인인 피고 회사2가 전매인인 피고 회사1의 불법행위에 공모한 것으로 볼 수 없다고 보아 불법행위의 성립을 부정한 서울고등법원의 판결을 파기 및 환송하고 있다.

대법원이 환경정책기본법, 토양환경보전법, 폐기물관리법 등 공법을 발견하고 그 취지를 고려한 것은 민법상의 손해배상에 대한 불법행위책임, 채무불이행책임, 하자담보책임, 부당이득반환책임 등에 집중하였던 1심 법원과 2심 법원의 잘못된 태도에 비하여 출발점은 일단 타당하다. 또한 구체적인 타당성의 관점에서 결론도 타당하다.

그러나 대법원의 태도 역시 공법규정들의 취지를 일부 고려하는 것에 그치고 있다는 점에서 법리상으로 한계를 보이고 있다. 공법규정들을 직접 적용하거나 유추적용하여 사안을 해결할 수 있었다면 가장 바람직한 법리를 전개하였을 것이다.

환경정책기본법상 환경오염 방지에 대한 책무는 물론 환경오염 원인자에게 복원책임과 비용부담 책임을 지며, 다수의 사업자에게 연대책임과 무과실책임을 지우고 있다고 규정하고 있다는 것을 판시한 것은 좋았으나, 이를 구체화환 토양환경보전법과 폐기물관리법의 규정들을 직접 적용하지 못하고 민법상 불법행위책임 규정 등으로 해결하고 말았다.

대법원 역시도 결국은 사법으로 도피하여 민법상의 책임의 구성요건을 충족하는가에 대한 논의로 집중하고 있다.

　대법원은 사법상의 불법행위책임에 대한 상당인과관계의 요건을 전매인이 충족하는가 여부에 대하여 전원합의체 판결의 다수의견과 반대의견이 대립하여 논의되고 판시되었을 뿐이다. 결국 사법에 치중하여 문제를 풀고 있다는 점에서는 여전히 근본적인 태도를 버리지 못하고 있다.

　대법원 스스로도 헌법 제35조 제1항에 근거하여 환경오염에 관계된 법률관계에 대한 법의 해석과 법의 적용에 있어서는 헌법과 환경정책기본법 등 공법의 취지를 충분히 고려하여야 한다고 판시한 것까지는 1심법원과 2심법원이 간과한 공법적 법리의 우선 적용이라는 점에서 타당한 태도를 보인 것이라고 평가할 수 있다. 그러나 대법원은 토양환경보전법과 폐기물관리법을 직접 적용하거나 유추적용하여 사안을 해결하지 못하고 결국 불법행위책임의 구성요건에 대한 판시로 문제를 해결하는 한계를 보이고 있다. 보다 직접적이고 가까운 거리에 있는 해결방식이 있는데도 불법행위책임 등 사법의 법리로 우회하여 들어가는 구태의연한 모습을 보이고 있다는 점에서 대법원의 이번 판례는 문제가 있다고 생각한다.

　다만, 대법원이 판례를 변경한 것에 대한 평가를 하면 토양환경보전법, 폐기물관리법, 환경정책기본법, 헌법 등의 공법적 취지를 고려하여 오염토지의 전매인의 전득자에 대한 불법행위책임을 긍정하는 것으로 방향을 선회한 것은 결론적으로 타당하다.

　왜냐하면 공법과 사법 등 복수의 법률과 법이론들이 존재하더라도 하나의 사실관계에 대하여 정당한 법의 해석에 따른 결론이라면 중대한 불일치를 나타내서는 안 되기 때문이다. 중대한 불일치가 발생하게 된다면 이는 법의 해석과 적용에 대한 정당성을 의심해 볼 수 있어야 한다.

　전매인인 피고 회사 1 (세아베스틸)가 토지오염행위를 한 이후 매도인인 피고 회사 2(기아 자동차)를 거쳐 오염된 토지를 매수인이자 전득자인 원고 회사 (프라임 개발)에게 유통시킨 하나의 사실관계에 대하여 토양환경보전법과 폐기물관리법 등 공법규정을 적용하거나 유추적용하는 경우에는 전매인이 토지오염이라는 행위를 한 원인자로서 당연히 법적인 책임과 의무를 지게 되는데, 이를 민법상 불법행위책임이나 채무불이행책임, 하자담보책임, 부당이득반환책임 등으로 가서 책임을 면제받게 된다는 것은 정당한 법의 해석과 적용이라고 볼 수 없기 때문이다.

변경되기 이전의 대법원 판례와 이 사건 1심과 2심 법원이 이러한 잘못된 법의 해석과 적용을 하게 된 것은 근본적으로 공법적인 성격이 강한 사건에서 공법을 제대로 고려하지 못하고 사법으로 도피하여 안일하게 문제를 해결하려는 접근방식에 있다.

따라서 대법원이 전매인인 피고 회사 1이 매수인인 원고 회사에게 불법행위책임이 인정된다고 하여 전매인인 원인자에 대한 책임을 인정한 것은 지극히 타당하지만, 근본적으로 사법에 지나치게 집중하는 방법론을 수정하지 않으면 안 된다고 비판할 수 있다.

그나마 대법원이 공법규정의 취지를 고려하여 사법 규정의 해석과 적용을 하고 종래의 잘못된 판시 태도를 수정한 것은 절반의 개선을 이루었다고 평가할 만하다.

대법원이 이러한 공법적인 성격이 강한 사건들에 대하여 온전하게 공법적인 법의 해석과 적용을 하도록 더욱 발전해 가기를 주문한다.

(3) 공법으로 해결하는 경우 경찰책임에 의한 해결방법 제시

환경법상 원인자책임의 원칙은 경찰법상의 경찰책임과 유사한 면이 있다.[22] 사안의 문제는 순수한 민사문제로 보기 보다는 경찰법 등 공법상의 문제와도 연결되어 있다[23]는 시각에서 접근하는 것이 필요하

---

22) 김남진·김연태, 앞의 책 (주 20), 708면; 이와 관련하여 https://www.bundesverfass
ungsgericht.de/SharedDocs/Entscheidungen/DE/2000/02/rs20000216_1bvr024291.html
최종 방문일 2018.6.20.

다. 토양오염 정화(altlastensanierung)를 둘러싼 이 사건을 비롯하여 그동
안 민사적인 문제에 불과하다고 치부되어 오던 사안에 대하여도 사실상
들여다보면 경찰법, 행정법 등 공법상의 각종 법제도들이 관련되어 있
고 공통되어 있다.24)

　폐기물 등으로 인한 토양오염에 대한 사건 역시 불법행위 책임 등
환경사법상의 책임을 물론 발생시키기는 하지만25), 각종 공법상의 규정
과 법리를 종합해서 판단하지 않으면 안 된다. 순수한 사법상의 문제로
파악하여 결론을 내리려 든다면 공법상의 해결과 충돌하거나 모순되는
결과가 발생할 수도 있다. 이러한 관점에서 독일에서는 바덴-뷔르템
베르크(Baden-Württemberg) 주 등에서는 경찰법(§ 7 des Polizeigesetzes
(PolG))에 토양환경오염자의 경찰책임을 규정하고 있기도 하다.26) 바이
에른(Bayern) 주에서는 경찰법에 토양오염과 관련하여 폐기물 등에 대
한 상태책임자에게 행정형벌과 행정질서벌을 부과할 수 있는 규정27)을
두고 있기까지 하다.28)

　독일연방헌법재판소의 판결29)에서 주목하여야 할 대목은 폐기물

---

23) Schoch (Hrsg.), Besondresverwaltungsrecht, 15. Auflage, Walter de Gruyter GmbH,
　　Berlin, 2013, § 5, Np 211, S. 612.
24) Kloepfer, Umweltrecht, 4. Auflage. Buch. XLIV, C.H.BECK, 2016, § 5 Np. 176,
　　S.262.
25) Kloepfer, Umweltrecht, 4. Auflage. Buch. XLIV, C.H.BECK, 2016, § 6 Np. 523,
　　S.648.
26) https://www.bundesverfassungsgericht.de/SharedDocs/Entscheidungen/DE/2000/02/rs
　　20000216_1bvr024291.html
최종 방문일 2018.6.20.
27) die Zustandsverantwortlichkeit für Altlasten nach Art. 9 Abs. 2 des Gesetzes über
　　das Landesstrafrecht und das Verordnungsrecht
28) https://www.bundesverfassungsgericht.de/SharedDocs/Entscheidungen/DE/2000/02/rs
　　20000216_1bvr024291.html
최종 방문일 2018.6.20.
29) BVerfG, JZ 2001, 37, 41 (Beschluss des Ersten Senats vom 16. Februar 2000); 동 판
　　결에 대한 상세한 소개와 논의는 서정범·김연태·이기춘, 경찰법연구, 제2판, 세창
　　출판사, 2012, 293면- 296면

등 토양오염에 대한 상태책임자의 책임이라도 비례의 원칙에 위반될 수 없다는 취지의 판시라는 것이다. 그렇다면 비례의 원칙과 경찰책임의 원칙이라는 두 가지 공법상의 문제해결 방식은 우리 사안과 같은 경우에도 매우 훌륭하고도 유용하게 활용될 수 있고, 되어야 한다고 생각한다.

경찰법상의 경찰책임에 의한 접근법 역시 공법상의 법리를 통해 사법상의 문제에 대한 해결에 도움을 줄 수 있다. 따라서 다음과 같은 판례의 개선을 위한 발전적인 법리를 제시해 본다.

1) 경찰책임의 의의

경찰책임은 경찰법상의 위험이나 장해가 존재할 때 이를 제거하여야 할 책임을 의미한다.[30] 경찰책임자에게 위험 등에 대한 제거를 하명할 수 있을 경우에는 함부로 비책임자에게 경찰권을 발동할 수 없다.

2) 경찰책임의 종류
(가) 행위책임자

오염물질과 폐기물을 투기하거나 방치한 피고 회사들은 경찰책임에 있어서 투기행위와 방치행위로 경찰위험을 야기하였으므로 행위책임자다.

나아가서 피고 회사들이 이러한 경찰위험이 발생하고 있는 토지를 매매하여 전전유통시킴으로 인하여 경찰위험을 발생시키고 있으므로 전전유통행위로 인한 행위책임을 지게 된다.

이러한 경찰책임은 고의나 과실을 따지지 않는 무과실 책임이므로 전전유통에 대한 고의나 과실에 대한 주장과 입증이 필요 없다는 점이 민법상의 불법행위책임, 계약을 위반한 채무불이행책임 등과 차이가 있는 법리이다.

---

30) 김남진·김연태, 앞의 책 (주 20), 제22판, 2018, 301면; 박균성, 앞의 책 (주 8), 1246면; 정하중, 앞의 책 (주 8), 1122면; 홍정선, 앞의 책 (주 8), 925면;

(나) 상태책임자

오염물질과 폐기물이 매설되어 있는 토지를 소유하고 있는 원고 회사의 경우에도 경찰법에서는 위험한 물건 또는 위험을 야기하는 물건을 소유하거나 지배하는 자로서 위험을 제거할 경찰책임을 지게 된다.

민법에서는 불법행위의 피해자나 채무불이행을 당한 채무자에게는 책임을 물을 수 없는 것과 큰 차이가 있다.31)

(다) 책임의 경합

사안에서처럼 오염물질과 폐기물을 투기하는 행위책임자, 방치하는 행위책임자, 전전유통하는 행위책임자, 오염된 토지를 매수하여 소유하고 있는 상태책임자들이 다수 혼재하는 경우를 경찰책임이 경합하는 경우라고 한다.

(라) 경찰책임의 승계

사안에서처럼 매매나 합병, 상속 등의 경우에는 경찰책임의 문제가 발생한다. 이에 대하여 여러 가지 논의가 있어왔다. 다만, 행위책임의 승계는 부정하나 상태책임의 승계는 다수설과 판례에 의하여 긍정되고 있다.32)

사안의 경우에 피고 회사들의 행위책임은 원고 회사에게 승계되지 않지만, 상태책임은 매매에 의하여 승계되기도 한다고 볼 수 있다.

3) 경찰책임과 위험제거의무의 발생

이에 대하여는 행위책임자우선설, 상태책임자 우선설, 경합자 우선설 등의 대립이 있어 왔다. 그러나 최근에 다수설과 판례의 입장은 효율성의 원칙에 입각하는 경향이다.33) 따라서 책임의 크기에 비례하는

31) 다만 민법에 의하면 과실상계 등에 의하여 구체적 타당성을 해결하려 들게 된다.
32) 김남진·김연태, 앞의 책 (주 20), 305면; 박균성, 앞의 책 (주 8), 1254면; 정하중, 앞의 책 (주 8), 1126면; 홍정선, 앞의 책 (주 8), 931면
33) 김남진·김연태, 앞의 책 (주 20), 303면; 박균성, 앞의 책 (주 8), 1252면; 정하중, 앞의 책 (주 8), 1125면; 홍정선, 앞의 책 (주 8), 929면

것이 아니라 경찰위험을 제거하기에 장소와 시간, 능력 등 제반사정을 고려하여 가장 효율적인 입장에 있는 자에 대하여 위험제거에 대한 경찰하명을 내리도록 해야 한다. 다만, 이는 비용부담의 문제와는 구별하여야 한다. 효율성의 원칙은 경합하는 다수의 경찰책임자 중 누구에 대하여 위험제거에 대한 경찰하명을 내릴 것인지 선택재량을 행사하는 기준으로서 작용하게 된다.

4) 경찰책임과 비용부담의 처리

경찰책임자들이 경합하는 경우에 누가 얼마나 위험제거비용을 부담할 것인지에 대하여는 '비례의 원칙'에 의하여 정한다. 각종 법령의 규정과 사안의 성질, 경찰위험을 발생시키거나 야기 및 증가 시킨 것에 대하여 기여한 정도 등을 전체적이고 종합적으로 정하여 비율을 결정하고 이에 따라 판결하여야 한다.

따라서 법원은 전체 오염물질 및 폐기물 제거에 소요되는 전체 비용 중 상태책임자인 원고회사와 행위책임자인 피고 회사들 사이에 법령의 규정과 사안의 성질, 오염물질과 폐기물 제거책임을 발생시키고 증가시킨 것에 대하여 기여한 정도, 매매시 이에 대한 원고회사와 피고회사의 예측가능성의 정도 등을 종합적으로 고려하여 비례의 원칙에 부합하도록 비율을 결정하고 이에 따라 판결하여야 한다.

아직 오염물질과 폐기물 제거에 대하여 비용을 지출하지 않은 경우에는 경찰책임자들이 각자 기여한 정도에 따라 비례하여 부담하면 될 것이다.

사안에서 보듯이 원고회사가 경찰위험을 제거하는 비용을 지불하였거나 지불하여야 하는 경우에는 비례의 원칙에 따라 기여도에 따른 비율을 초과하는 부분에 대하여 구상청구를 할 수 있도록 법원은 판시하여야 한다.

(4) 여론

1) 소멸시효 기산점

불법행위 소멸시효 완성에 대한 법리는 손해 발생을 언제로 보는 가에 따라 다른데, 환경상의 오염물질 제거의무는 잠재적이고 추상적인 것으로서 구체적인 의무의 존재가 발생해야 손해배상청구권이 발생하 므로 이를 바탕으로 한 시효의 기산점 산정은 타당하다. 또한 이렇게 불법행위청구권의 소멸시효를 기산해야만 오염물질 등 환경법상의 책 임과 이를 제거하여야 하는 경찰책임을 지는 자가 용이하게 소멸시효에 의하여 손해배상의무를 면하게 되는 것을 방지할 수 있게 된다.

그러나, 환경법상의 책임과 의무, 경찰법상의 책임과 의무로 판시 를 함으로써 민사책임을 바탕으로 한 손해배상청구권의 소멸시효를 주 장하는 것을 근본적으로 차단할 수 있다. 환경법과 경찰법 등 공법상의 책임과 의무를 서로 비례의 원칙에 따라 분담하도록 하는 것이 방법론 상 가장 타당하다.

2) 용어

참고로 용어와 관련하여 대법원이 위험발생의 가능성을 의미하는 위험성(Risk, Risiko)이라는 개념을 구별하여 사용하고 있는 것은 타당하 다. 위험의 발생의 가능성이 고도로 높아져서 개연성 단계에 이른 것을 위험(Danger, Gefahr)라고 하여 구별하여야 하기 때문이다.

(5) 전원합의체 반대의견 등에 대한 평석

1) 불법행위의 성립요건

전원합의체 반대의견이 다수의견이 제시하는 새로운 법리에 대하 여 납득할 수 없다는 반발을 보이는 것 중의 하나는 토지소유자가 토지 를 오염시키는 것은 자신에 대하여 불법행위가 되지 않지만, 전전유통시키는 행위에 의하여 전매를 통해 현재 토지를 소유하는 자에 대하여 불법행위가 된다고 하는 법리이다.

과연 불법행위의 성립요건을 충족하는지에 대하여 다수의견이 환경정책기본법, 토양환경보전법, 폐기물관리법 등 공법과 환경법의 취지에 비추어 긍정할 수 있다고 입장을 변경한 것은 타당하기는 하다. 그러나 반대의견이 지적하듯이 법적 안정성과 구체적 타당성 및 불법행위 제도의 이념 등에 비추어 충분히 납득하기는 어려워 보인다.

전원합의체 판결로 종래의 입장을 변경할 때 다수의견의 결론은 타당하지만 충분한 논리를 가지고 완벽하게 대응하지 못했기 때문에 반대의견의 공격을 받게 되었다고 생각한다. 전매인인 피고 회사 1의 비용부담책임과 의무에 대하여 공법적인 성격의 사안임에도 불구하고 민법으로 해결하려고 하다 보니 무리한 법이론을 제시하게 되는 것이다. 처음부터 곧바로 경찰위험의 발생 및 이에 대한 제거의무와 비용부담의무가 토양환경보전법과 폐기물관리법 등에 따라 전매인인 피고 회사 1에게도 발생하고 있다고 법률을 해석하고 적용하였어야 한다. 경찰책임으로서 행위책임을 지는 피고 회사 1은 불법행위 성립 여부와 상관 없이 또한 고의·과실과 무관하게 위험제거와 비용부담의무를 지게 되는 것이다.

또한 환경법상 원인자책임을 지기도 하는 것이기에 마찬가지로 불법행위 성립 여부나 고의·과실 여부와 상관없이 위험제거와 비용부담의무를 지게 되는 것이다.

결국 전원합의체 판결의 다수의견은 공법의 우선 적용이라는 접근방식을 제대로 적용하지 못하고 공법의 취지만 고려하여 사법으로 결국 도피하는 문제를 노출하여 설득력이 충분하지 못한 판시를 하게 되었다. 전원합의체 판결의 반대의견은 환경정책기본법, 토양환경보전법, 폐기물 관리법 등 공법규정의 취지와 경찰책임 및 환경법상의 책임 등을 제대로 이해하지 못한 채 순수하게 민법상의 불법행위 등에 대한 문제로만 접근하고 있다. 이러한 반대의견은 공법적 성격이 강한 사안에서 공법을 고려하지 못하는 법리상의 오류를 범하고 있다. 뿐만 아니라 반대의견처럼 순수한 불법행위책임의 요건문제로 파악하게 되면 오염물질과 폐기물을 투기하거나 방치한 피고 회사 1에 대하여 면책을 인정하게 되는 잘못된 오류를 범하게 된다.

이러한 전원합의체 판결의 태도에 대하여는 공법을 우선 적용하여 문제를 해결하는 근본적인 방식의 전환이 필요하다.

2) 토양오염으로 인한 피해의 범위에 대한 평가

반대의견은 토양오염으로 지하수가 오염되어 사람의 건강에 해를 끼친 때나 인접한 타인 소유의 토지를 오염시킨 경우처럼 직접적인 피해가 발생한 경우로 축소해서 보고 있다.

이와 달리 다수의견은 토지가 오염된 다음 그 오염된 토지의 매매가 이루어진 후 거래과정에서 오염 사실이 제대로 반영되지 못함으로써 매수인에게 생겨날 수 있는 오염정화 비용까지도 포함하는 것으로 확대해서 보고 있다.

그런데, 이 문제 역시 순수한 사법인 불법행위책임 등으로 도피함으로써 겪게 되는 곤란한 일 중의 하나라고 볼 수 있다. 이 사안은 순수하게 사법적으로만 바라볼 수 있는 성질의 것이 아니라, 경찰법과 환경법 등 공법에 주로 속하는 것이다. 따라서 순수한 사법적인 봅법행위책임 등의 요건의 해석에 매달리고 집착해서는 안 된다.

공법적인 접근을 할 때 전매인인 피고 회사 1 역시도 경찰책임을 지면서 환경법상의 원인자책임을 지고 있으며, 이에 대하여는 위험제거의무와 비용부담의무가 토양환경보전법과 폐기물관리법 등에 직접 규정되어 있다.[34]

---

34) 폐기물관리법은 판결 당시는 직접 규정이 없어서 토양환경보전법의 규정을 유추 적용해야 하지만, 지금은 최근의 개정에 의하여 정화의무와 비용부담의무 등에 대한 직접적인 규정을 두고 있다.

마찬가지로 다수의견은 공법규정의 취지만 고려하였을 뿐 사법으로 이를 해결하려 들다가 반대의견의 논리적 공격을 받아 곤란한 상황에 이르렀고, 반대의견은 공법적 성격을 간과한 채 사법적인 해석에 매달리고 있어 이 사안의 성격과 공법적 법리를 심각하게 간과하고 있다.

비록 저자와 동일하지는 않지만 유사한 취지에서 기존의 대법원의 입장을 지지한 반대의견을 비판하는 발표35)가 법원의 실무가에 의하여 이루어지고 있는 점은 매우 환경할 만 일이다. 비록 사법인 불법행위 책임으로 가더라도 전매인인 피고 회사 1의 유통행위를 무리하게 위법한 가해행위로 논리구성하려 하지 말고 전매인의 오염물과 폐기물질의 매립행위 자체를 불법행위로 구성하자고 하고 있다. 또한 원고 회사의 손해를 '유통행위가 없었더라면 존재하였을 상태의 회복'으로 좁게 보지 않고 전매인인 피고 회사의 오염물 '매립행위가 없었더라면 존재하였을 바로 그 상태의 회복'으로 보아야 한다고 주장하고 있다.

이러한 주장 역시 환경법 등 공법의 규정을 잘 파악하고 이를 고려한 것으로서 논리적으로 타당성을 가진다. 특히 전원합의페 판결의 반대의견에 대하여 전매인인 피고 회사 1의 유통행위가 없었더라면 존재하였을 손해로 파악하는 잘못을 저지르고 있다고 비판을 하고 있다. 동시에 다수의견에 대하여는 손해를 정화비용으로 본 것은 타당하지만 유통행위를 불법행위로 보고 있는 오류를 범하고 있다고 잘 지적하고 있다.

이러한 주장은 이 글에서의 주장과 유사하게 일치한다. 오염토지를 유통시킨 행위가 아니라 오염물과 폐기물질을 매립하고 방치한 행위에 책임과 의무의 발생원인으로서 초점이 맞추어져야 하고, 손해 역시 유통행위가 없었더라면 발생하지 않았을 손해에 국한하는 것이 아니라 정화비용으로 확대해서 보아야하기 때문이다.

---

35) 손호영, 환경법에 있어서 공법과 사법의 경계에 관하여 -대법원 2016.5.19.선고 2009다66549 전원합의체 판결을 중심으로 -, 환경법학회 제132회 학술대회 자료집, 78면.

다만, 이 주장 역시도 사법인 불법행위의 구성요건으로 가서 요건
에 대한 해석과 적용을 할 때 공법과 환경법을 고려하자는 것이므로 공
법을 우선 적용하는 접근방식에는 미치지 못하고 있다고 할 것이다.

이 사안의 성격과 적용법조의 영역과 성질, 책임과 의무의 내용 등
을 종합적으로 고려할 때 공법을 우선 적용하여야 한다. 따라서 민법상
불법행위책임의 요건 문제로 가는 것이 아니라 경찰법과 환경법 등 공
법상의 책임과 의무의 문제로 가서 비용부담을 어떻게 분담시키고 정당
한 비율에 따라 구상하도록 하는가의 방법으로 해결하여야 한다.

가장 직접적이고 효과적이며 적합한 문제해결방식을 두고 사법으
로 우회하는 것에 근본적인 문제점이 있다.

반대의견이 다수의견이 토양환경정화법의 해석의 한계를 넘는다고
비판하는 것에도 문제가 있다. 반대의견은 오염토양 정화의무는 토양오
염으로 인한 피해가 발생하였음을 전제로 하는데, 토양 오염으로 인한
피해가 발생하지도 않은 현재의 토지소유자에 대해서까지 정화의무가
인정될 수는 없다고 주장한다.

그러나, 전매자인 피고 회사 1의 경우에서 보듯이 오염물질과 폐기
물을 투기하고 방치하는 행위에 의하여 토지를 오염토양을 포함하는 위
험[36]한 상태로 만들게 되고, 이에 대한 정화의무가 고의·무과실로 발
생하게 되는 것이다.

그럼에도 불구하고 순수한 사법적인 관점에서 의무 및 피해의 범
위에서 함부로 제외하려 드는 것은 심각한 문제가 있다.

반대의견의 논리와 시각은 순수한 사법적인 관점에서는 타당할 수
있는 반박이지만, 공법적인 관점에서 오염물과 폐기물을 함부로 투기하
고 방치한 자가 해당 토지를 전전 유통시키는 경우에는 오히려 경찰책

---

36) 위험에 대한 상세한 논의는 성봉근, 보장국가에서의 위험에 대한 대응 – 전자정
부를 통한 보장국가의 관점에서 본 위험, 법과 정책연구, 제15집 제3호, 2015.9,
1043면 이하

임과 환경법상의 원인자 책임에서 벗어날 수 있다는 것은 오히려 더 큰
문제를 발생시키게 되는 것이다.

3) 위법성과 인과관계 등에 대하여

대법원의 다수의견은 자신의 토지에 폐기물을 매립하거나 토양을
오염하는 행위는 위법하지 않으나, 유통시킨 경우에는 위법하다는 법리
를 전개하고 있다. 반면에 대법원의 반대의견은 직접 거래관계가 없는
전전 매수인에 대한 관계에서는 위법하다고 볼 수 없으므로 두 경우 모
두 위법성을 부정하여야 한다고 보고 있다.

위법성이란 법질서에 반한다고 하는 단일한 가치판단에 해당한다.
피고 회사 1인 전매인은 단순히 토지를 유통시킨 경우에 불과한 것이
아니라 스스로 오염물과 폐기물질들을 투기 및 방치한 자로서 경찰법상
의 행위책임과 환경법상의 원인자책임을 지고 있는 자이다. 따라서 민
법상의 불법행위책임의 요건에 대한 해석을 통하여 토양환경보전법, 폐
기물관리법 등 공법상의 의무를 위반한 것에 대하여 위법성이 없다고
하는 것은 논리적으로 타당하지 않다.[37]

인과관계에 대하여도 대법원의 다수의견과 반대의견이 마찬가지의
시각의 대립을 보이고 있다. 전술한 바와 같이 인과관계도 순수하게 불
법행위책임으로만 바라볼 것이 아니라 공법적인 관점을 고려하게 되면
상당인과관계를 긍정할 수 있다.

공법적인 사안에 대하여 공법적으로 접근하지 않고 사법으로 도피
하였을 때는 이와 같은 논리적인 오류가 발생하게 될 위험이 크다.

---

37) 동지의 관점에서 불법행위로 보더라도 위법성을 인정하여야 한다는 주장은 손호
영, 환경법에 있어서 공법과 사법의 경계에 관하여 —대법원 2016.5.19.선고 2009
다66549 전원합의체 판결을 중심으로 —, 환경법학회 제132회 학술대회 자료집,
80면.

IV. 결 론

변경 전 대법원의 입장에서 벗어나지 못한 서울중앙지방법원의 1심 판결이 보인 근본적인 문제점은 헌법, 행정법, 환경법, 경찰법 등 공법적 법리를 충분히 고려하지 못하고 민법 제750조와 제760조 등 불법행위책임, 민법 제390조의 채무불이행책임 등의 법리에 지나치게 매몰되어 있었기 때문이다.

서울고등법원의 2심 판결 역시 공법과 사법이 혼재되어 있는 이 사건에서 오염물질과 폐기물 등의 존재로 인하여 공법적인 성격의 책임과 의무가 환경법상의 책임 및 경찰법상의 책임들이 발생하고 있음에도 불구하고 불법행위책임과 하자담보책임 등 민사적인 해결에 적용법리를 집중하다가 결국 1심 판결에 대한 온전한 개선에 이르지 못하고 있다.

대법원은 이 사건의 성격이 공법과 사법이 혼재해 있다는 점을 충분히 숙지하였어야 한다. 더구나 원고가 이 사건에서 주장한 중요한 법률과 법리가 토양환경보전법, 환경정책기본법, 폐기물관리법 등에 관한 것이었으므로 대법원은 공법적인 법리의 검토를 사법적인 법리의 검토와 균형 있게 하거나 비중 있게 다루었어야 한다. 공법적인 법리와 사법적인 법리 사이에는 미묘한 차이들이 존재하는데, 사법에서 과실책임으로 요건을 구성하고 있더라도 개별분야에서 추구하는 공익을 위하여 때때로 무과실책임으로 구성하거나 직접적으로 책임을 인정하는 경우들이 있다.

법원의 판결을 개선하는 방안을 제시하기 위하여 환경법에 의한 해결방법을 위하여 토양환경보전법, 폐기물관리법 등의 검토를 통하여 책임을 도출하고 구체적인 분담비율은 비례의 원칙에 의하여야 함을 논의하여 보았다.

나아가서 또 다른 방법으로 경찰책임에 대한 검토를 통하여서도 보다 타당한 해결이 가능함을 제시하여 보았다.

대법원은 사법적인 법리의 적용에 치중한 결과 공사법의 법리를
종합적으로 검토하지 못하는 결과에 이르고 말았다. 다수의견이 가지고
있는 근본적인 문제점을 반대의견들도 마찬가지로 가지고 있다.

이 사건의 판결 이후 법의 개정에 의하여 환경오염 원인자 등의 책
임을 인정하는 직접적 규정을 두게 되었다는 점을 고려한다면 더더욱
판례의 민사법에 치우쳐서 공법적 법리를 제대로 반영하지 못하였다는
것을 아쉽게 돌아 볼 수 있게 되었다.

이 사건처럼 공법과 사법이 혼재해 있는 경우 정당한 판결의 해답
을 찾기 위해서는 공법과 사법의 법리를 모두 종합적으로 검토하는 것
이 도움이 된다. 공법상의 법리를 적용하면 보다 용이하고 명료하게 책
임의 소재와 책임의 범위를 발견할 수 있게 된다. 이러한 공법상의 규
정과 법리를 고려하여 민법상의 불법행위책임이나 채무불이행책임에
대한 법리적용의 방향을 확인하고 종합적으로 정당하면서도 타당성 있
는 판결을 도출할 수 있게 된다.

앞에서도 강조하였듯이 법원의 판례의 첫 번째 문제점은 공법적인
검토에 대한 비중이 사법적인 검토의 비중에 비하여 지나치게 축소되거
나 생략되는 부분이 많다는 것이라고 평가할 수 있다. 두 번째 문제점
은 공법규정이 흠결되어 있다고 속단해서는 안 된다는 것이다. 법의 해
석과 적용의 단계로서 먼저 공법규정의 발견에 대한 작업이 선결문제로
서 선행되어야 한다. 그래야 두 번째 단계로서 사법규정의 유추적용이
라는 후결문제에 들어갈 수 있는 것이다.

결국 법원은 공법과 사법이 혼재된 사건에서 거시적이고 종합적인
해결방식으로 법리적용의 패러다임을 변화시킬 필요성이 크다.

참고문헌

국내문헌

〈단행본〉

김남진, 행정법의 기본문제, 제4판, 법문사, 1996

김남진·김연태, 행정법 Ⅰ, 법문사, 제22판, 2018

김남진·김연태, 행정법 Ⅱ, 법문사, 제22판, 2018.

김중권, 김중권의 행정법, 법문사, 2013.

박균성, 행정법강의, 제15판, 박영사, 2018.

박정훈, 행정법의 체계와 방법론, 박영사, 2010.

서정범·김연태·이기춘, 경찰법연구, 제2판, 세창출판사, 2012.

정하중, 행정법개론, 제12판, 법문사, 2018.

홍정선, 신행정법특강, 박영사, 제16판, 2017.

〈논문〉

김남진, 행정법의 흠결과 보충, 고시연구, 1993년 7월호(통권 제232호)

──────, 행정의 사화와 관련 문제, 학술원통신, 제235호, 2013. 2.

김용욱, 공법과 사법 구분의 기원·변천 및 당위체계에 관한 연구 — 금
     전급부 8 유형론의 구체적 실례 및 그 정리와 해결을 중심으로—,
     저스티스 통권 제150호, 2015.10.

박정훈, 公·私法 區別의 方法論的 意義와 限界 — 프랑스와 독일에서의
     발전과정을 참고하여—, 공법연구 제37집 제3호, 2009.02

성봉근, 규제에 대한 판결의 새로운 패러다임 — 건축신고 판례의 예를
     중심으로 — , 행정판례연구 ⅩⅩⅠ—1, 한국행정판례연구회, 박영
     사, 2016.

──────, 홈페이지 폐쇄명령에 대한 법의 해석과 비례의 원칙, 행정판례연

구 XXII-1, 한국행정판례연구회, 박영사, 2017.

손호영, 환경법에 있어서 공법과 사법의 경계에 관하여 -대법원 2016.5.19.선고 2009다66549 전원합의체 판결을 중심으로 -, 환경법학회 제132회 학술대회 자료집

송시강, 공법의 발견과 사법의 준용 - 손실보상금 채권의 준점유자에 대한 변제의 효과에 관한 판례 평석-, 법학연구 통권 제51집, 2017.2

안동인, 영국법상의 공·사법 이원체계에 관한 연구 - 사법심사청구제도와 관련하여, 서울대학교 박사학위논문, 2009.

안철상, 행정소송(行政訴訟)과 민사소송(民事訴訟)의 관계, 법조 57권1호 2008.1

정호경, 공·사법 구별의 역사와 의미에 관한 일고찰(1), 법학논총 제23집 제1호, 2006

허성욱, 환경법에서의 공법과 사법 — 공법상 환경기준의 사법상 효력에 관한 논의를 중심으로 —, 환경법연구, 제39권 제1호, 2017.4

독일문헌

Ehlers und Pünder, Verwaltung und Verwaltungsrecht im demokratischen und sozialen Rechtsstaat, in Ehlers und Pünder (Hrsg.), Allgemeines Verwatungsrecht, 15. Aufl., Walter de Gruyter GambH, Berlin/Boston, 2016.

Kugelmann, Polizei- und Ordnungsrecht, 2. Aufl., Springer-Verlag Berlin Heidelberg, 2012.

Maurer, Allgemeines Verwaltungsrecht, 18. Aufl., Verlag C.H. Beck, 2011.

Kloepfer, Umweltschutzrecht, 2. Auflage, Verlag C.H.Beck, 2011.

_____, Umweltrecht, 4. Auflage. Buch. XLIV, C.H.BECK, 2016.

Schmidt-Aßmann, Das allgemeine Verwaltungsrecht als Ordnungsidee, Springer-Verlag Berlin Heidelberg, 2004.

——————————, Verwaltungsrechtliche Dogmatik – Eine Zwischenbilanz zu entwicklung, Reform und Künftigen Aufgaben, Mohl Siebeck, 2013.

Schoch (Hrsg.), Besondresverwaltungsrecht, 15. Auflage, Walter de Gruyter GmbH, Berlin, 2013.

Schuppert, Der Gewährleistungsstaat –modisches Label oder Leitbild sich wandelnder Staatlichkeit? in Schuppert (Hrsg.), Der Gewährleistungsstaat – Einleitbild auf dem Prüfstand, 1.Auflage, Nomos Verlagsgesellschaft, Baden–Baden, 2005.

프랑스문헌

Cabrillac, Introduction Générale au Droit, dalloz, 9e édition, 2011.
Waline, Droit administratif, 23e édition, 2010.

영미문헌

Strauss/Rakoff/Farina, Administrative Law ‒cases and comments‒, revised 10the Ed., foundation press, 2003.

국문초록

공사법이 혼재되는 사건들이 증가하고 있는 현대사회에서 법원은 이 점을 충분히 고려하여야 한다. 이 사건에서 중요한 법률과 법리가 토양환경보전법, 환경정책기본법, 폐기물관리법 등에 관한 것이므로 법원은 공법적인 법리의 검토를 사법적인 법리의 검토와 균형 있게 하거나 비중 있게 다루었어야 한다. 공법적인 법리와 사법적인 법리 사이에는 미묘한 차이들이 존재하는데, 사법에서 과실책임으로 요건을 구성하고 있더라도 개별분야에서 추구하는 공익을 위하여 때때로 무과실책임으로 구성하거나 직접적으로 책임을 인정하는 경우들이 있다.

법원의 판결을 개선하는 방안을 제시하기 위하여 환경법에 의한 해결방법을 위하여 토양환경보전법, 폐기물관리법 등의 검토를 통하여 책임을 도출하고 구체적인 분담비율은 비례의 원칙에 의하여야 함을 논의하여 보았다.

나아가서 또 다른 방법으로 경찰책임에 대한 검토를 통하여서도 보다 타당한 해결이 가능함을 제시하여 보았다.

대법원은 사법적인 법리의 적용에 치중한 결과 공사법의 법리를 종합적으로 검토하지 못하는 결과에 이르고 말았다. 다수의견이 가지고 있는 근본적인 문제점을 반대의견들도 마찬가지로 가지고 있다.

이 사건처럼 공법과 사법이 혼재해 있는 경우 정당한 판결의 해답을 찾기 위해서는 공법과 사법의 법리를 모두 검토하는 것이 도움이 된다. 공법상의 법리를 적용하면 보다 용이하고 명료하게 책임의 소재와 책임의 범위를 발견할 수 있게 된다. 이를 고려하여 민법상의 불법행위책임이나 채무불이행책임에 대한 법리적용의 방향을 확인하고 종합적으로 정당하면서도 타당성 있는 판결을 도출할 수 있게 된다.

아울러 법의 해석과 적용에 있어서 공법규정이 과연 흠결된 것인지를 선결문제로서 먼저 검토하여야 한다. 이러한 법의 발견에 대한 노력 없이 곧바로 공법규정이 흠결되었다고 성급히 단정하고 사법규정의 적용을 논의해서는 안 될 것이다.

　　결국 법원은 공법과 사법이 혼재된 사건에서 거시적이고 종합적인 해결방식으로 법리적용의 패러다임을 변화시킬 필요성이 크다.

　　주제어: 오염토양책임, 폐기물책임, 토양환경보전법, 환경정책기본법, 폐기물관리법, 공법과 사법의 관계

Abstract

Study on the Influence of the Public Law to Civil Cases and Direction of Improvement for Judicial Judgement

Sung, Bong Geun*

In modern society where the number of cases involving mixed law between Public Law and Private Law is increasing, the court should fully consider this point. Since Public laws and jurisprudence in this case concern SOIL ENVIRONMENT CONSERVATION ACT, FRAMEWORK ACT ON ENVIRONMENTAL POLICY, WASTES CONTROL ACT, the court should have balanced or considerable handling of the review of the Public Law with the review of the Private Law. There are subtle differences between Public Law and Private Law. Even though Civil Law require responsibility, there are occasions where Public Law does not.

In order to propose a solution to improve the judgment of the court, SOIL ENVIRONMENT CONSERVATION ACT, FRAMEWORK ACT ON ENVIRONMENTAL POLICY, WASTES CONTROL ACT were examined through the review of the Environmental Law, and Administrative Law including the principle of proportionality.

Furthermore, we have suggested that it is possible to solve it more effectively by examining the police responsibility in Police Law in another way.

The Supreme Court focused too much on the application of Civil

* Ph.D. in Law, Professor in Seo Kyeong University, The Department of Law.

Law, and as a result, it failed to comprehensively examine the Mixed Law. The opposition opinion of the Supreme Court also has the same fundamental problems that Majority Opinions in the supreme court have.

If the public law and the private law are mixed together like this case, it is helpful to examine both law in order to find the answer to a fair ruling. Applying the legal method of public law makes it easier and more clear to find the scope of responsibility and responsibility. In consideration of this, it is possible to confirm the direction of the judgment, and to comprehensively make a legitimate and valid judgment.

In the end, the court needs to change the paradigm of application as a macro and comprehensive solution in the case of mixed public and private law through more considering Public Law and balancing this and Private Law.

Key words: Pollution Soil Liability, Waste Liability, SOIL ENVIRONMENT CONSERVATION ACT, FRAMEWORK ACT ON ENVIRONMENTAL POLICY, WASTES CONTROL ACT, Relationship between Public law and Private Law

투고일 2018. 5. 31.
심사일 2018. 6. 12.
게재확정일 2018. 6. 19.

外國判例 및 外國法制 研究

最近(2016-2017) 美國 行政判例의 動向 및 分析 研究*

金聲培**

Ⅰ. 서론

　　2017년 미국 연방대법원의 가장 큰 변화와 이슈는 고 스캘리아 (Scalia) 대법관1)의 후임으로 닐 골서치(Neil Gorsuch) 연방 고등법원판사가 임명된 것이다. Scalia대법관은 1986년부터 2016년 사망할 때까지 대법관으로 재직하면서 학자적·분석적인 판결을 다수 내놓았고 미국 헌법을 해석하고 적용함에 있어서 문언해석과 헌법사적 접근을 통해서 대표적인 보수적 경향의 판결을 하였으며 다수판결뿐만 아니라 그가 작성한 소수의견은 학문적인 영향력도 지대하였다. Scalia대법관은 오바마대

---

* 2017년 12월 14일 행정판례연구회 연말학술대회에서 발표한 본인의 논문을 플로어 토론의 내용을 참조하여 보강한 논문입니다.
** 국민대학교 법과대학 부교수/미국 뉴욕주변호사.
1) 미국 대법관의 구성과 Scalia대법관의 사망에 따른 후임결정의 중요성에 대한 간략한 국내 소개는 김성배, 최근(2015/2016) 미국 행정판례의 동향 및 분석 연구, 행정법연구 XX-2, 행정판례연구회, 2016, 259-261면.

통령의 임기 중인 2016.2.13. 사망하였기에 진보성향의 민주당출신 오바 마대통령은 후임 대법관을 지명할 수 있었지만, 의회의 다수당이 공화당 이었기에 개혁성향의 대법관후보자를 추천하기에는 정치적 지형이 불리 하였고 당시에는 민주당출신이 대통령이 될 가능성이 매우 높다고 판단 하여 차기 대통령이 대법관을 지명하는 것으로 정치적 타협을 하였다.

하지만, 미국 대선에서 트럼프(Donald Trump) 대통령이 당선되었 고 트럼프 대통령은 2017.1.31. Gorsuch를 대법관후보자로 지명하였 고2) 상원법제사법위원회는 2017.4.3. 공화당과 민주당의 의원수와 같 은 11대9 로 적격자로 분류하였지만 민주당은 본회의에서 Gorsuch에 대한 인준안을 저지하기 위해서 합법적 의사진행방해(filibustered)를 하 였다.3) 전미변호사협회는 상원의 청문회이전에 Gorsuch가 대법관후보 자로서 적합하다는 의견을 표명하였지만4) 청문회과정에서 일부 언론 이 Gorsuch의 논문들에 대한 표절의혹을 제기하기도 하였다. 이에 대 해서 Gorsuch의 박사학위 심사교수인 John Jinnis교수는 1차 저작의 인 용표시를 하지 않은 것은 부적절한 것이지만 표절이나 형사처벌대상은 아니라고 보았으며 다른 교수는 유사한 문구가 발견되지만 연구윤리위 반은 아니라고 판단하였다. 상원은 2017.4.7. Gorsuch를 구하기 위해서 공화당소속 의원이 전원 참석하여 찬성표를 던지고 민주당에서는 3명 의 이탈표가 나온 54대 45의 표결로서 대법관인준절차를 마쳤다. Scalia 대법관의 후임인 Gorsuch는 Scalia와 유사하게 미국 헌법의 해석과 적 용에 있어서 역사적 관점에서 문언해석을 위주로 하는 것으로 알려져

---

2) Barnes, Robert (January 31, 2017). "Trump picks Colo. appeals court judge Neil 고 서치(Gorsuch) for Supreme Court". Washington Post. Retrieved February 1, 2017.
3) Flegenheimer, Matt (April 4, 2017). "Democrats' Vow to Bar 고서치(Gorsuch) Sets Up a Clash, Senate Decorum Fades, Seeing 'No Alternative,' Republicans Plan to Bypass Filibuster". The New York Times. p. A1. Retrieved April 15, 2017.
4) ABA Committee on Federal Judiciary Rates Supreme Court Nominee Neil 고서치 (Gorsuch) "Well Qualified" « ABA News Archives". www.americanbar.org. Retrieved March 12, 2017.

있으며5) 현직 대법관 중 한 명인 케네디(Kennedy) 대법관의 재판보좌관
(law Clerk)출신이다.6) Gorsuch는 미국 대법원 역사상 본인이 재판보좌
관으로 모셨던 대법관과 함께 대법관으로 근무하게 되는 최초의 대법관
이 되었다. Gorsuch는 콜롬비아대학에서 문학사를 받았으며 하버드로
스쿨에서 법학석사(Juris Doctor)를 취득하였고 영국 옥스퍼드대학에서
법학박사(Ph.D in Law)를 취득하였다. Gorsuch는 미국 행정법교재에 가
장 많이 인용되는 Chevron판결에7) 대해서 비판적이며, 다시 대법원이
본 판결을 검토해야 한다고 주장하였다. 그는 대법관으로 지명되기 직
전 Gutierrez－Brizuela v. Lynch사건8)에서 행정기관이 연방고등법원의
이민법에 대한 기존 해석을 받아들이지 않는 것은 사법심사를 해야 한
다는 판결을 하였다. 또한 그는 Chevron존중을 비판하면서 원래 미국
헌법의 제정자들의 의도와는 맞지 않다는 보충의견을 제기하였다. 이런
Gorsuch의 고등법원 판사시절의 견해는 Scalia대법관과 매우 유사한 견
해로서 행정법적으로는 Gorsuch가 대법관이 되었기에 기존의 대법원의
판결과 크게 달라지지는 않을 것으로 예상된다. 2016－2017년 재판연
도의 미국 연방대법원은 사실상 8명으로 운영되었다. Gorsuch가
2017.4.8. 대법관이 되지만, 자신이 심리에 참여하지 않은 사건들에서는
입장을 정하지 않은 채로 8명의 대법관만이 판결에 참여하게 된다.9) 그
래서 2017년 재판연도의 연방대법원의 판결은 예전과 달리 전원일치판

---

5) Ponnuru, Ronesh (January 31, 2017). "Neil 고서치(Gorsuch): A Worthy Heir to
   Scalia". National Review.
6) Livni, Ephrat (April 7, 2017). "Neil 고서치(Gorsuch) is the first US Supreme Court
   justice to sit on the bench with his high－court boss". Quartz. Retrieved 16 August
   2017.
7) Chevron U.S.A., Inc. v. Natural Resources Defense Council, Inc., 104 S.Ct. 2778.
8) 834 F.3d 1142, 1148 (10th Cir. 2016)
9) 2016년 October 회기는 9월 3일 월요일부터 시작하였지만 8명의 재판관으로 시작
   하였으며 Gorsuch가 2017.4.8. 대법관으로 임명되고 2017.4.17.부터 재판에 참여하
   였다. 참고 https://ballotpedia.org/Supreme_Court_cases,_October_term_2016－2017

결이나 비교적 명확하게 다수가 결정되는 사건위주로 최종 판결이 나왔
다.[10)

2016-2017년 재판회기동안 미국 연방대법원은 무국적자, 이민법
사례부터 무기소지권까지 매우 다양한 종류의 판결을 다루었다. 2017
년 재판회기에는 대부분의 사건은 8명의 대법관체계에서 변론기일이
잡혔었지만 예년과 유사하게 70건의 사건을 처리하였다.[11) 미국 법학
계와 법조계에서는 우리나라 관련의 법학분류를 하고 있지 않아서[12)
미국에서는 행정사건으로 분류하는 경우도 거의 존재하지 않고, 사건
의 한 분류로 행정사건(administrative case)을 인정해도 우리 행정법분야
에 비하여 지나치게 협소한 영역만을 담당하고 있다.[13) West law사의
2017년 연방대법원사건분류방식을 따르면, 파산법판례, 기본권판례, 상
사법판례, 저작권법판례, 형사법판례, 교육법판례(장애아동사건[14)과 소송
절차충돌[15)), 가족법판례(퇴직 상이군인의 연금청구권 분할문제[16)), 금융·
은행법판례, 성소수자법판례, 정부관련판례(선거법, 허위보상청구사례[17),
연방공직개혁법관련사례), 건강법판례, 이민법판례(귀화사건[18), 성범죄자 추

10) 미국 대법원이 예년과 달리 전원일치의 판결이 많았다는 것을 지적하는 기사 Was
hingtonpost, The Supreme Court's 2016-2017 term - 'the calm before the storm', 2
017.6.27 참조 https://www.washingtonpost.com/news/volokh-conspiracy/wp/2017/
06/27/the-supreme-courts-2016-2017-term-the-calm-before-the-storm
/?utm_term=.7f4f65c58aa1
11) 김성배, 최근(2013/2014) 미국 행정판례의 동향 및 분석 연구, 행정법연구 XX-2,
행정판례연구회, 2014, 230면, 김성배, 최근(2014/2015) 미국 행정판례의 동향 및
분석 연구, 행정법연구 XX-2, 행정판례연구회, 2015, 257면, 김성배, 최근
(2015/2016) 미국 행정판례의 동향 및 분석 연구, 행정법연구 XX-2, 행정판례연
구회, 2016, 259면.
12) 참고 Robert B. Fitzpatrick, U.S. SUPREME COURT UPDATE: 2016-17 TERM, SZ002
ALI-CLE 1
13) Review of Cases Decided This Term , 07-19-2017 U.S. Sup. Ct. Actions 15
14) Endrew F. ex rel. Joseph F. v. Douglas County School Dist. RE-1, 137 S.Ct. 988
15) Fry v. Napoleon Community Schools, 137 S.Ct. 743
16) Howell v. Howell, 137 S.Ct. 1400.
17) State Farm Fire & Cas. Co. v. U.S., ex rel. Rigsby, 137 S.Ct. 436.

방사건19), 대통령명령에 의한 일정국가에 대한 사증발급정지사건20)) 보험법판
례(연방공무원의 의료보험혜택과 주법과의 관계21)), 국제법판례, 노동법판례
(의료보험사건, 차별대우사건, 공무원해고와 쟁송22)), 소송법판례(대체적분쟁해
결관련사례, 단체소송, 관할문제, 원고적격판례, 조약과 소송절차, 변호사비용금
지관련), 인디언법판례, 특허법판례, 재산법(융자제공과 인종차별, 건축허가
와 규제적수용23)), 증권법판례, 상표법판례, 교통법판례(연방근로자법과 철
도종사자의 관할사건24)) 등으로 나누고 있다. 우리의 광의의 행정사건들
이 파산법, 저작권법판례, 교육법판례, 가족법(군인연금관련), 정부관련판
례중 허위보상청구사례, 소송법판례중 관할문제와 원고적격판례, 이민
법판례, 보험법판례중 연방공무원의 의료보험혜택과 주법의 제한사건,
노동법판례중 공무원의 해고와 쟁송, 재산법판례중 규제적 수용사건,
교통법판례 등에 속하여 분류되는 것을 알 수 있다.

2017년 연방대법원 판결을 분석·발표함에 있어서 최근의 외국 발
표에서 소개되지 않은 영역의 판례와 행정판례분석적 의미뿐만 아니라
입법적·정책적으로 외국의 제도와 판결을 분석할 가치가 있는 영역25)
을 선정하여 분석하기로 하였다.26)

---

18) Maslenjak v. U.S., 137 S.Ct. 1918.
19) Esquivel-Quintana v. Sessions, 137 S.Ct. 1562
20) Trump v. International Refugee Assistance Project, 137 S.Ct. 2080
21) Coventry Health Care of Missouri, Inc. v. Nevils, 137 S.Ct. 1190.
22) Perry v. Merit Systems Protection Board, 137 S.Ct. 1975.
23) Murr v. Wisconsin, 137 S.Ct. 1933.
24) BNSF Railway Co. v. Tyrrell, 137 S.Ct. 1549
25) 교육법분야는 기존의 행정판례분석이나 법학관련논문에서 소개되지 않는 영역이
    며, 최근의 장애인특수학교 설립을 둘러싼 사회적 갈등과 사회적 무관심이 문제
    되어서 이번 행정판례연구에서는 교육법사례를 다루기로 하였으며 이에 대한 논
    문은 김성배, 장애를 가진 학생에 대한 특수교육과 개별화교육에 관한 판례 검토,
    2017.12, 행정판례연구회, 495면 이하 참조.
26) 대상판례 선정작업은 미국의 분류방식이나 문헌을 참조한 것이 아니라,
    2016-2017년 대법원판례를 일단 분석한 후, 우리나라의 재판실무적, 이론적, 입
    법방향적 시사점이 있거나 당해 영역이 문제되는 부분의 판례를 선정한 후, 미국

Ⅱ. 2017 연방대법원회기동안의 행정법 관련사건

1. 소송요건 및 재판관할 등에 관한 쟁점

미국은 독립적인 행정소송법이 존재하는 것이 아니라, 일반 민사소송법규에 의해서 행정사건을 다루지만 행정사건에 적용되는 예외들을 연방민사소송규칙이나 판례들이 설정하고 있다.

1) 재판관할문제(BNSF Ry. Co. v. Tyrrell사건27))

가. 사실관계

본 사건은 민간 철도회사인 BNSF 철도회사의 근로자와 근로자의 미망인이 근로자가 철도회사에 근무하는 동안 암 발생이 되는 등 신체 상해를 입었다는 이유로, BNSF의 본사소재지(텍사스)도 아니고 근로자들이 거주하는 주(노스다코타 주, 사우스다코타 주)도 아닌 몬태나 주의 지방법원에 소송을 제기하면서, 철도회사는 관할권위반을 주장하면서 각하신청을 하였으나 몬태나 주법원(1심, 2심, 3심)은 민사소송법규와 연방고용자책임법(Federal Employers' Liability Act)28)에 의해서 철도회사가 몬태나 주에서 영업활동을 했기에 일반 인적 관할권을29) 행사할 수 있다고 판단하였다. 철도회사가 선례라고 주장한 Daimler판례30)은 연방고용자책임법상 손해배상청구나 철도회사가 관련된 것이 아니라서 Daimler판결에서 언급된 적법절차의 한계를 본 사건에는 적용할 수 없

의 분류방식이나 문헌을 참조하여 내용을 보강하거나 시사점을 찾는 방식으로 진행하였다.

27) 137 S.Ct. 1549 (2017)

28) The Federal Employers' Liability Act (FELA), 45 U.S.C. § 51 et seq.,는 한 개의 주를 넘어서 운영하는 철도회사에 대하여 철도운영을 하면서 당해 근로자가 입은 금전상 손해에 대한 민사책임을 부과하고 있다.

29) general personal jurisdiction

30) Daimler AG v. Bauman, 571 U.S. ——, ——, 134 S.Ct. 746, 769, 187 L.Ed.2d 624

다고 판단하였다.

나. 사건의 경과 (두 사건의 절차적 병합)

몬태나 주 제13지방법원은 철도회사의 각하신청을 받아들였고, 근로자가 항소하였고, 미망인이 제기한 소송에서 제13지방법원이 철도회사의 각하신청을 받아들이지 않자, 철도회사가 항소한 사건을 주대법원은 병합심리하였고 근로자사건 파기환송하였고 미망인소송은 원심을 지지하였다.

다. 대법원의 판단

긴즈버그(Ginsburg)대법관은 단순히 철도회사가 일정한 주에서 철도를 운영한다는 사실만으로는 연방고용인책임법상 인적관할을 당해 주가 행사하는 것을 인정할 수 없으며, 본 사건에서 몬태나 주에서의 영업실적이 미비하고 몬태나 주에서 부상이 발생하였다는 개연성이 없어서 적법절차의 관점에서 몬태나 주법원은 일반관할을 행사할 수 없다고 판단하였다.

라. 시사점

일반 민사책임의 인적관할권이론과 연방법상의 책임의 규정의 관계를 판단하면서, 주근거지(법인설립지와 본사소재지), 최소한의 연결점(운영이익, 손해발생지등)과 함께 응소관할의 문제를 고려하면서, 우리와 달리 배심원이 사실관계의 확정을 하는 미국 민사소송에서는 관할법원과 근거법률의 적용면에서 사건관할법원의 결정은 매우 중요한 문제이다. 현재 북한주민도 헌법상 대한민국의 국민에 속하므로 북한주민이 남한주민을 대상으로 상속관련소송이나 일제치하의 보상금소송등을 제기할 수 있는 것으로 법률을 기계적으로 해석·적용하는 경우도 있지만 한반도가 통일되기 전까지는 북한주민이 대한민국의 행정권내로 진입하여 실제 대한민국 국민으로서의 삶을 영위하기 전까지는 금전관계등 민사소송이라고 하더라도 공적인 관점에서 일정한 제한이 필요한데, 그런

제한의 근거로서 생활상·법률상 접점을 요구하는 방법으로 미국의 사례를 참고할 수도 있을 것이다. 행정소송법이 국가의 사무를 위임 또는 위탁받은 공공단체 또는 그 장에 대해서 항고소송을 제기하는 경우에는 피고의 소재지(공공기관의 지방 이전에 따라 다양한 지방법원) 또는 대법원 소재지를 관할하는 행정법원(현재 서울 행정법원)이 관할이 되지만, 당사자소송이 제기되면, 관계행정청의 소재지가 피고의 소재지가 된다. 예를 들면, 국토교통부(세종시)가 관장하는 공인중개사시험을 실질적으로는 한국산업인력공단(울산)에서 출제하고 실시하는데, 만약 인천에서 시험에 응시한 수험생이 시험실시중 감독자가 10분 먼저 시험시간을 종료하여, 일찍 퇴장한 학생이 불합격처분을 다투거나 원서비 반환 혹은 손해배상소송을 제기하는 경우, 항고소송을 제기하면 울산지방법원이나 서울행정법원이 관할권을 가지고 당사자소송으로 제기하면 대전지방법원이나 서울행정법원이 관할권을 가지지만 한국산업인력공단 등에 대해 민사소송이 제기되는 경우에는 민사소송법 제5조에[31] 따라 울산지방법원 또는 인천지방법원에 소송을 제기할 수 있을 것이다. 취소소송이 제기된 경우에는 취소소송을 중심으로 이송 및 병합이 가능하겠지만, 불합격처분을 직접 다투는 것이 아니라, 원서비나 정신적 충격 등의 손해배상을 청구하는 경우 관할법원의 정리가 필요할 것으로 보인다.

2) 소송참가인의 원고적격심사기준
(Town of Chester, N.Y. v. Laroe Estates, Inc.[32])

가. 사건소개
본 사건은 규제적 수용이 본안상의 쟁점인 사건이다. 하지만 대법

---

31) 민사소송법 제5조(법인 등의 보통재판적) ①법인, 그 밖의 사단 또는 재단의 보통 재판적은 이들의 주된 사무소 또는 영업소가 있는 곳에 따라 정하고, 사무소와 영업소가 없는 경우에는 주된 업무담당자의 주소에 따라 정한다.
32) 137 S.Ct. 1645 (2017)

원에서 판단한 것은 규제적 수용이 이루어져서 정당한 보상이 이루어져
야 하는지가 아니라, 소송참가인에게 독립적인 원고적격심사가 필요한
지 여부와 그 원고에 대한 원고적격심사와 차이가 존재하는지 여부였다.

나. 사실관계

Sherman이라는 주택개발업자가 2001년에 뉴욕주 Chester타운에
2.7백만달러를 지불하고 주택단지를 개발하기 위하여 토지를 구매하고,
타운에 개발계획허가를 신청하였으나 여러 가지 이유로 개발허가가 지
연되었다. 당초 토지를 구매한 지 10년이 지나도 개발행위허가가 나오
지 않자, Sherman은 타운이 제시한 허가조건을 충족하려면 5.5백만달
러를 추가적으로 지불해야 하는데, 이런 조건은 자신을 파산으로 내몰
기에 이런 타운의 허가조건강제는 연방수정헌법 제5조와 제14조에 의
한 규제적 수용(regulatory taking)에 해당한다고 주장하였다.[33] Sherman
이 연방지방법원에서 패소하고 연방고등법원에서 원심을 파기하여 환
송하자, Laroe라는 부동산개발회사가 연방민사소송법(Federal Rule of
Civil Procedure) 제24(a)(2)[34]에 따라 소송에 참가할 권리를 주장하면서
소송참가를 신청하였다. Laroe회사는 2003년 Sherman과 주택단지개발
에 관한 계약을 체결하여 250만 달러를 투자하였다. Laroe는 Sherman
이 자신의 이해관계를 충분히 대변하지 못하고 자신이 본 개발계획에
막대한 금전을 투자하였으므로 형평법상 이해관계가 생겼다고 주장하
였지만 Laroe의 소송참가 신청서와 소장에는 Sherman의 청구와 동일
한 내용인 규제적 수용을 주장하면서 자신에게도 보상할 것을 주장하
고 있었다.

---

33) Sherman v. Chester, 752 F.3d 554, 557 (C.A.2 2014)
34) 본 규정은 소송의 대상인 재산이나 거래에 관련하여 이익을 주장하지만 기존의 당
   사자가 그 이익을 적절히 주장·보호하지 않는 경우에 참가신청인에게 실질적인 손
   해나 지연이 발생할 수 있는 상황이면 해당 신청인의 소송참가를 법원이 허용해
   야한다는 규정이다.

다. 소송경과

2012년 Sherman이 뉴욕주 지방법원에 소송을 제기하였지만[35], 타운은 본 소송은 연방지방법원이 관할이라고 주장하여 연방지방법원으로 이송신청하였고 주법원이 허가를 하였으며, 연방지방법원은 Sherman이 주장하는 규제적 수용은 아직까지 충분히 성숙되지 않았다(unripe)는 이유로 각하하고, 원고가 항소하자 제2고등법원은 원심을 파기하였고 이에 대하여 피고가 상고하여 연방대법원까지 오게 되었다.

라. 판결

소송참가자가 원고적격을 충족한 원고와 다른 형태의 구제를 청구하기 위해서는 반드시 연방헌법 제3조의 원고적격(Article III standing)을 독자적으로 충족하여야 한다고 판결하였으며 헌법 제3조의 원고적격을 충족하기 위해서는 소송참가를 구하는 원고가 청구하는 구제가 반드시 ①사실상의 피해를 입었어야 하고 ②그 피해가 피고의 행위와 연관되어 발생한 것임이 추정 가능하여야 하며 ③법원의 판결에 의해서 구제가 가능한 경우이어야 한다고 판단하였다.[36] 다수의 원고의 경우에도 각각 원고적격이 충족되어야 하듯이 소송참가를 하는 경우에도 동일한 기준이 적용되어야 한다고 판결하였다. 모든 소송당사자는 당사자적격을 가져야 하는데, 원고로서 소송을 하던지, 원고들 중 한 명으로 참가하던지, 소송참가인으로 참가를 하던지 각 당사자들은 원고적격을 갖추어야 한다고 판단하였다.

마. 시사점

미국 헌법 제3조의 원고적격은 법률상 분쟁에 대한 사법권관할에 관한 규정인데, 우리 헌법에는 이런 규정이 존재하지 않지만 유사한 규정이 법원조직법 제2조(법원의 관할)[37]에 존재한다. 즉, 법원은 사법관할

35) Sherman v. Chester, 752 F.3d 554, 557 (C.A.2 2014)
36) Spokeo, Inc. v. Robins, 578 U.S. ――, ――, 136 S.Ct. 1540, 1547, 194 L.Ed.2d 635.

을 가지려면 법률상의 쟁송에 해당하여야하고, 법률상 쟁송에 해당하려면, ①사실상의 피해의 존재, ②피고의 행위와의 연관성, ③구제가능성이 존재해야 원고적격을 인정받는다는 것이 미국의 태도이고, 이런 법률상 쟁송에 해당하는지 검토하는 것은 원고의 경우뿐만 아니라 소송참가의 경우를 허용할 때도 소송참가신청인의 경우에도 법률상 쟁송성과 이에 따른 원고적격이 충족되었는지를 독자적으로 심사해야 한다는 것이다. 다만, 원고와 소송참가인의 소송상의 주장이 동일하다면 소송참가인의 법률상 쟁송성은 따로 검토하지 않아도 된다는 것이 미국 연방대법원의 태도이다. 즉 이미 소송참가인의 법률상 쟁송성은 원고를 통해서 검증되었다고 판단하는 것이다. 우리의 경우에는 행정소송에서 행정소송법상의 원고적격으로 모든 것을 검토하고 있는데, 그 전단계로 법원조직법상의 '법률상 쟁송'에 해당하는지를 검토하는 단계를 거치고 그 단계에 해당하는 경우에 행정소송법상의 소송요건이 충족하는지를 검토하는 방향을 고려할 수 있을 것이다.

3) 공무원관련 복합소송에서의 재판관할문제
(Perry v. Merit Systems Protection Bd.38))

가. 사실관계

공무개혁법39)상 징계처분을 받은 공무원은 공무원소청위원회(Merit Systems Protection Board: MSPB)에 이의를 신청하고 재심을 받을 수 있는데, 통계청 공무원이었던 Perry는 근무태만 등으로 해고예고통지를 받았다. 그런데 그는 해고예고통지를 받기 전에 고용평등위원회에 인종·나이·장애등으로 차별을 받고 있다는 진정을 냈었다. 통계청과 Perry는

---

37) 법원조직법 제2조(법원의 권한) ① 법원은 헌법에 특별한 규정이 있는 경우를 제외한 모든 법률상의 쟁송(爭訟)을 심판하고, 이 법과 다른 법률에 따라 법원에 속하는 권한을 가진다.
38) 137 S.Ct. 1975 (2017)
39) the Civil Service Reform Act of 1978 (CSRA)

협상을 통해서 차별 진정을 취소하고 대신 30일간의 정직과 명예퇴직이라는 해결책에 상호합의를 하였다. Perry는 합의에 따라 퇴직하였으나, 합의(?)퇴직이후 자신의 해고처분에 대해서 공무원소청위원회에 이의를 제기하였다.

나. 관련 법률과 쟁점

공무원이 공무개혁법상의 권리침해만을 주장하면, 공무원소청위원회를 거쳐 재결(필요적 행정심판전치주의)[40]을 받지만 이에 불복하는 경우, 연방사건관할고등법원[41]이 관할권을 가진다.[42] 하지만 선례에 의하여[43] 공무원이 연방차별금지법(공무원만 대상으로 하는 법이 아님)상의 차별만을 주장(임의적 행정심판전치주의)[44]하는 경우[45]에는 재판관할권은 연방지방법원이 가진다. 본 사건은 혼합사건(mixed case)로서 공무원소청위원회를 거쳐 법원에 소송을 제기하는 경우, 어떤 법원이 관할권을 가지는지가 쟁점이었다.

다. 사건경과

공무원소청위원회는 Perry가 자발적으로 명예퇴직에 합의를 했기에 자신들은 관할권이 없다고 소청심사를 각하하였다.[46] Perry는 D.C

---

40) 5 U.S.C. §§ 7701-7702, 7512-7513.
41) United States Court of Appeals for the Federal Circuit: 과거의 연방 관세 및 특허고등법원과 국가배상금청구법원이 합쳐져서 생긴 법원이다. 동 법원 지역적 관할권을 가지는 것이 아니라, '소송물의 종류'에 따라 관할권을 가지는 유일한 연방고등법원이다.
42) 5 U.S.C. § 7703(b)(1). Judicial review of decisions of the Merit Systems Protection Board
43) 참조 Kloeckner v. Solis, 568 U.S. 41, 46, 133 S.Ct. 596, 184 L.Ed.2d 433.
44) 42 U.S.C. § 2000e-16(c).
45) 다만, 미국 공무개혁법상에는 필요적 행정심판전치주의의 예외로서 당해 행정청에 제기한 이의절차를 거친 경우에는 바로 소송이 제기할 수 있도록 하고 있다. 이런 경우에도 미국에서는 필요적 전치절차를 충족한 것으로 해석하고 있다. 5 U.S.C. § 7702(a). Perry v. Merit Sys. Prot. Bd., 137 S. Ct. 1975, 1989, 198 L. Ed. 2d 527 (2017)

지역을 관할하는 연방고등법원에 소송을 제기했지만 당 법원은 그 소송을 연방사건관할고등법원으로 이송하였으며, Perry 상소를 대법원이 허가 하였다.

라. 대법원의 판단

공무원소청심사위원회가 혼합사건을 관할권이 없다는 이유로 각하한 경우, 이에 불복하여 소송을 제기한 경우 연방사건관할고등법원이 아니라 연방지방법원이 관할권을 가진다며 공무원소청심사위원회의 재결[47]과 이에 배치되는 연방고등법원의 판결을 파기하였으며, 공무원소청심사위원회가 공무개혁법상 발생한 쟁점에 대해서만 판단한 경우에는 연방사건고등법원이 관할권을 갖는다고 판단하였다. 다만, 올해 처음으로 대법원에 합류한 Gorsuch대법관은 반대견해(Thomas대법관 동조)를 피력하면서, 법조문 그대로의 해석을 강조하고, 법조문이 잘못 된 것을 고치는 것은 법원의 사명이 아니라 의회의 소관이라는 점을 강조하였다. Gorsuch대법관은 본 사건에서 Perry의 주장이 설득력이 전혀 없는 것은 아니지만, 관련 법조문 2개를 연결하여 문언해석하면, 공무개혁법상의 분쟁은 연방사건관할고등법원이 관할권을 가지지만, 차별행위와 관련된 일반사건은 연방지방법원이 처음부터 새롭게(de novo) 검토할 관할권을 가진다는 것이 결론이며 의회는 차별행위에 대한 구제신청을 공무원소청심사위원회에 공무원이 제기할 수 있는 선택권을 부여하였지만 이런 선택권을 부여하였다고 해도 공공근무와 관련된 분쟁해결을 위한 기본적 분쟁해결구조를 흩뜨려 놓을 수는 없다고 주장하였다.[48] 즉 그는 모든 공적근무에서 발생한 분쟁에 대한 사법관할은 모두 연방사건관할고등법원으로 귀속된다고 판단하고 있다.

---

46) 121 M.S.P.R. 439,

47) Conforto v. Merit Systems Protection Bd., 713 F.3d 1111

48) Perry v. Merit Sys. Prot. Bd., 137 S. Ct. 1975, 1989, 198 L. Ed. 2d 527 (2017)

마. 시사점

우리나라는 미국과 달리 행정심판을 거치더라도 행정소송은 행정
법원 등 지방법원심급에서 소송을 시작하며 재판관할에 대해서는 행정
소송법에 특별한 규정을 두고 있어서 미국과 같은 문제는 발생하지 않
는다. 다만, 행정심판이나 특별행정심판을 거치는 경우 행정소송의 심
급을 고등법원으로 하자는 주장이 제기되고 있는데, 준사법절차인 행정
심판을 1차적 사실심으로 보아 고등법원심급에서 행정소송을 시작하는
것도 사법부담의 경감이나 소송경제적 측면에서 유익할 수 있지만, 우
리도 혼합사건의 등장(민사소송과 항고소송, 당사자소송과 민사소송 또는 항
고소송, 필요적 행정심판전치사건과 임의적 행정심판전치사건 등의 혼합과 쟁점
의 혼합)하게 되므로, 제도설계에 신중을 기해야 할 것이며, 국민주권의
발현이며 중요한 광의의 참정권의 직접적 실현인 배심원제가 우리의 경
우에는 변형되어 형사재판에 대한 국민참관재판49)으로 제도화되어 있
어서 1심재판의 의미와 범위는 미국과 다르다는 점도 염두에 두어야 할
것이다.

2. 국가의 재정낭비를 막는 공익소송
(State Farm Fire and Cas. Co. v. U.S ex rel. Rigsby50))

1) 사실관계

사보험회사가 주택보유자에게 정부가 지원하는 홍수보험과 지원이
없는 풍해보험을 발행했는데, 허리케인 카트리나로 걸프만 지역에 발생
한 피해를 조사하면서, 보험회사 소속의 손해평가사를 교육하고 실무에
투입하면서 여기서 발생한 피해는 '홍수'로 인한 것이란 것을 주지시키
고, 바람에 의한 피해는 미비하거나 주요하지 않다고 교육시켰다. 이에

---

49) 정식명칭은 국민참여재판이다. 「국민의 형사재판 참여에 관한 법률」 제2조.
50) 137 S.Ct. 436 (2016)

대하여 보험회사와 계약관계에 있었던 손해평가사교육담당자였던 손해
평가책임자들 중 일부가 정부상대부정청구방지법(False Claims Act)[51]상
의 공익소송을 제기하여 정부가 회수할 수 있는 금액의 일정부분을 보
상받고자 하였다.[52] 부정청구방지법은 남소를 방지하기 위하여 소송이
제기된 사실을 최소 60일간 기밀(in camera)로 유지하도록 하는 조항이
있었는데[53], 원고 측 변호사가 소송제기중 기밀유지기간이 일부해제되
고 전부해제되기 전에 사보험회사를 상대로 공익소송이 제기된 사실을
언론과 지역 정치인에게 알렸다.

2) 소송경과

고발자들은 2006년 4월 기밀을 유지하면서 보험회사가 바람에 의
한 피해를 정부가 부담하는 홍수로 인한 피해로 둔갑시켜 손해평가를
하도록 하여 정부에게 손해를 끼치게 하였다고 재정공익소송(qui tam
action)을 제기하였다. 연방지방법원은 정부의 요청에 따라서 60일간의
비밀유지기간을 몇 차례 연장하였고, 2007년 1월 일부에 대한 비밀유지
를 해제하였으며, 2007년 8월 전부에 대해서 비밀유지의무를 해제하였
다. 이에 대해서 보험회사는 고발자의 변호사가 비밀유지의무를 위반하
였다는 이유로 소기각(dismissal)요청을 하였지만 지방법원은 공익과 형
량을 하면서 3가지 심사기준[54]을 적용하여 기각요청을 받아들이지 않

---

51) 부정한 방법으로 정부에게 금전 청구를 해서 금전지급을 받거나 보상을 받은 경
   우, 이를 고발하면 정부가 입은 손해액의 3배를 환수하고 이런 사실을 고발하고
   소송을 진행한 개인은 일정금액을 보상금으로 받을 수 있는 제도를 포함한 연방
   법률로서 미국 남북전쟁당시 국가재정횡령 및 낭비를 막기 위해서 제정하였는데
   일반 국민이 정부의 이름으로 민사소송을 제기하고 정부(법무부장관)가 참여하여
   공동소송을 진행하는 형태로 진행된다.
52) 31 U.S.C. §§ 3729-3730
53) "The complaint shall be filed in camera, shall remain under seal for at least 60
   days, and shall not be served on the defendant until the court so orders." §
   3730(b)(2).
54) 정부에 실제 손해가 발생하였는지, 당해 위반이 심각하였는지, 악의의 증거가 존

았고 제5연방 고등법원도 비밀유지의무위반이 소각하요건에 해당하지 않는다는 지방법원과 동일한 취지의 판단을 하였다.

3) 판단

연방대법원은 비록 고발자들이 부정청구방지법상의 제소방법으로 나열된 비밀유지기간을 엄수하지 않았더라도 필요적으로 당 소송이 기각되어야 하는 것은 아니라고 판단하였다. 만장일치의 판결문을 작성한 케네디(Kennedy) 대법관은 부정청구방지법의 조문상, 고발소송자는 반드시 일정기간동안 소제기 사실에 대해서 비밀을 유지해야 하지만, 당 법률에는 그 위반에 대한 처벌이나 구제방법이 규정되지 않았다는 사실을 지적하였다. 또한 부정청구방지법상 다른 조항에서는 의무위반을 필요적 기각사유로 규정하고 있지만 비밀유지에 대해서는 아무런 규정이 없다는 점을 지적하면서 보다 많은 일반인들이 국가재정낭비에 대해서 국가를 위하여 개인이 민사소송을 제기하여 국고환수조치를 하는 것이 본 법의 제정목적이므로 의무위반에 대한 조치를 엄격하게 해석하여 기각(dismissal)하는 것은 본법의 취지에 맞지 않다는 판결을 하였다. 또한 본 사안에서 지방법원이 소기각하지 않은 것은 재판재량의 일탈남용이라고 주장한 것에 대해서는 기각결정이 적절한지 판단하는 것은 사실심법원의 재량에 속한다고 결정하면서 1심법원이 적용한 3단계심사가 적절한지를 심사할 필요가 없다고 판단하였다.

4) 시사점

미국은 우리와 달리, 사인이 사인을 상대로 공익을 실현하는 소송제도를 두고 있는데, 재정공익소송도 그러한 형태의 하나이다. 국가재정을 유용하고 편취하는 사례의 경우, 공정거래위반의 단합사례처

재하는지를 적용한 사례를 적용한 것이다. United States ex rel. Lujan v. Hughes Aircraft Co., 67 F.3d 242, 245-247

럼 행정기관이 직접 인지하거나 발견하기 힘든 실정을 감안한 입법이다. 우리나라도 풍수해보험법이 2006년 제정되어 국가 등이 풍수해에 대해서는 재정지원하고 있고 2001년 농어업재해보험법이 제정되어 시행되고 있는데[55] 고의로 진실을 숨기고 거짓으로 손해평가를 하는 자에 대해서는 1년 이하의 징역과 1천만원이하의 벌금에 처하고 법인에 대하여 제한적 양벌규정을 가지고 있지만 부정수급이나 정부에 손해를 전가하는 경우의 회수규정이나 미국처럼 3배의 손해배상을 청구규정으로 두고 있지 않고 있다. 결국 민사소송에 의해서 정부가 보험회사나 부정수급자에 대해서 소송을 제기해야 할 것으로 보인다. 정부지출분야에서 재정낭비를 막기 위해 미국식 재정공익소송을 도입하는 방안을 검토할 필요가 존재한다. 또한 공익제보자를 보호하는 법률[56]들이 존재하지만, 공익적 결단에서 내부비리를 고발했던 사례의 끝이 공익제보자가 감당하기 힘든 개인적 불이익으로 끝나는 무수한 사례가 존재하므로 투명하고 깨끗한 사회가 되기 위해서는 공익신고자에 대한 인센티브를 금전적 측면에서 강구하는 제도개선도 고려해 볼 수 있을 것이다.[57]

---

55) 농업재해보험법 시행령 제8조는 재해보험에서 보상하는 재해의 범위를 시행령 별 표1에서 정하고 있는데, 재해보험의 대상이 되지 않는 재해를 보상이 되는 재해로 둔갑시킬 우려가 항상 존재한다.

56) 대표적인 법으로 공익신고자보호법이 존재한다.

57) 현대자동차결함을 세계에 알려서, 회사로부터 해고되고 가정이 풍지박산난 사례와 관련 기사 참조, 웹데일리, 김광호 "내부고발형태로 자동차 결함 드러나 공익신고자보허법, 소비자보호 위해 필요", 2017.11.14. http://news.webdaily.co.kr/view.php?ud=2017111317355315069d488cea5c_7

3. 공무원대상 의료보험 및 연금 등 공적부조제도에서 구상 및 분할청구사례

1) 공무원대상 의료보험지급과 구상권의 제한에 있어서 연방 법의 효력(Coventry Health Care of Missouri, Inc. v. Nevils)[58]

가. 사건의 배경

연방 공무원인 Nevils는 연방공무원건강보험법에 의해 민간보험회사가 제공하는 공무원대상 의료보험계약에 가입하였다. Nevils가 자동차사고로 부상을 당하자, 민간보험회사는 보험금을 지급하였다. 의료보험회사로부터 보험금을 지급받은 후, Nevils는 자동차사고의 원인자인 다른 운전자와 사고보상합의를 하였는데, 민간보험회사는 Nevils의 보상합의금에 대한 유치권을 주장하였고 민간보험회사는 Nevils에게 이미 지급한 보험료를 보상합의금에서 환수하였다.

나. 법률적 배경

미국에서는 연방공무원건강보험법이[59] 인사관리국(OPM)으로[60] 하여금 사보험회사와 계약하여 연방 공무원에게[61] 건강보험혜택을 주도록 하고 있다.[62] 동법은 명시적인 연방법 우선적용조항을 가지고 있었는데[63] 우선조항은 "보험의 성질, 규정, 또는 보험범위 및 보험혜택(보험금포함)과 관련된 본 절에 의한 보험계약의 조건은 건강보험과 건강보장계획과 관련된 어떤 주법이나 지방자치조례에 우선한다."고 규정하고 있었다. 인사관리국이 제정한 행정입법은 당사자가 된 보험계약에

---

58) 137 S. Ct. 1190, 197 L. Ed. 2d 572 (2017)
59) The Federal Employees Health Benefits Act of 1959 (FEHBA)
60) the Office of Personnel Management (OPM)
61) 우리의 공무원보다는 넓은 개념으로 우리의 공무원뿐만 아니라 연방정부가 고용하고 있는 근로자를 포함한 개념이다.
62) 5 U.S.C. § 8902(a), (d).
63) § 8902(m)(1)

는 민간보험회사에게 대위변제와 구상권청구를 규정하고 있었다. 이런 계약을 뒷받침하기 위해서 인사관리국의 행정입법은 보험계약에 따라 보험혜택조항, 보험금지급, 보험혜택의 본질에 관한 제한조건하에서 대위변제권과 구상권을 민간보험회사에게 인정하고 있었다.[64] 그런데, 미주리 주의 주법과 판례는 이런 사고보상금에 대한 구상권행사를 금지하고 있었다.[65]

다. 사건의 경과

Nevils는 보험회사를 상대로 주법을 위반하여 구상하였다고 주장하면서 소송을 미주리 주 지방법원에 제기하였다. 주지방법원은 연방법 우선을 주장한 보험회사의 청구를 받아 들였고[66] 미주리 주 고등법원도 원심을 유지하였지만, 미주리 주 대법원은 "연방 의회의 명백하고 명확한 배제의도가 없는 한 역사적으로 주정부가 갖고 있는 규제권한(police powers)은 연방법에 의해 대체되지 않는다."는 연방대법원의 판결[67]을 선례로 인용하면서 고등법원판결을 파기하였다.

라. 대법원의 판단

긴즈버그(Ginsburg)대법관이 주문을 작성하였는데, 대법원은 연방공무원건강보험법상의 명시적인 우선조항은 유치권금지 및 구상권행사금지를 규정한 주법에 우선한다고 판단하였으며, 연방공무원건강보험법상의 우선조항은 연방헌법의 연방법우선조항[68]이 규정한 의회권한범위를

---

64) 5 C.F.R. § 890.106(b)(1).
65) Benton House, LLC v. Cook & Younts Ins., Inc., 249 S.W.3d 878, 881-882 (Mo.App.2008).
66) Nevils v. Group Health Plan, Inc., No. 11SL-CC00535 (Cir. Ct., St. Louis Cty., Mo., May 21, 2012),
67) Cipollone v. Liggett Group, Inc., 505 U.S. 504, 516, 112 S.Ct. 2608, 120 L.Ed.2d 407 (1992))
68) the Supremacy Clause. 제6편 제2조 (연방정부의 최고성) 본 헌법, 본 헌법에 준거하여 제정되는 합중국 법률 그리고 합중국의 권한에 의하여 체결되었거나 체결될 모든 조약은 이 나라의 최고법률이며, 모든 주의 법관은, 어느 주의 헌법이나 법

일탈한 것이 아니라고 판단하면서 미주리대법원의 판결을 파기하였다.

마. 시사점

연방국가인 미국은 주법과 연방법률의 우선에 관한 쟁점이 연방대
법원까지 올라오는 경우가 많지만, 우리의 경우에는 현재까지는 지방자
치단체의 조례의 효력은 법령보충적효력만을 인정하고 있으며, 주민의
직접선거에 의해 구성된 지방의회의 입법을 중앙행정기관의 행정입법
보다 하위에 두는 체계를 두고 있다. 하지만 문재인정부에서 법령을 개
정하여 지방정부라고 개칭하고 연방제수준의 지방분권을 실시한다고
하니, 헌법개정과 개별법률에 지방자치단체의 조례의 위상과 규정수준
에 대한 정책을 반영하여야 할 것이다. 또한 본 사건의 시사점은 국회
가 정한 법률의 위상과 행정입법의 위상뿐만 아니라, 행정입법을 기반
으로 마련된 공법상 계약으로 분류될 수 있는 사인과의 공무원의 보험
계약조건(보험약관)의 효력이 지방자치단체 조례(미국은 주법)의 효력보다
우선할 수 있는지에 대한 쟁점도 가지고 있다. 즉, 국법과 조례의 관계
에서 국법의 우선을 인정한다고 해도, 의회가 입법권을 행사하여 제정
한 법률에 기반한 행정입법에 의거하여 채결된 계약상의 조건이 지방의
회가 제정한 조례와 충돌하는 경우에 효력의 우선을 어떻게 설정할지에
대한 쟁점이었다. 미주리대법원의 입장은 미국 연방헌법의 연방헌법우
선조항은 의회가 제정한 법률에 적용되는 것이지, 행정입법이나 행정입
법에 기반한 공법상 계약이 주법보다 우선하는 것이 아니며, 그렇게 해
석하는 것은 헌법위반이라는 입장을 취한 반면, 연방대법원은 연방법우
선의 범위를 연방의회가 제정한 법률과 당해 법률에 근거한 행정입법과
그 행정입법에 따라 채결된 공법상 계약에도 확대한 것이다.

률 중에 이에 배치되는 규정이 있을지라도 이에 구속된다. 법제처 세계법령정보
의 미국헌법 번역문. 단, 제6조 2항을 제6편 제2조로 변경함(미국헌법은 편장절조
의 분리가 되어있지 않음

2) 군인연금청구권의 부분적 포기와 이혼 후 연금배분문제

가. 사건소개와 사실관계

퇴역군인과 이혼한 전처가 퇴직군인이 군복무기간중 발생한 장애에 대한 수당을 지급받기 위하여 군인연금의 일부분을 포기한 경우, 이혼 재판당시 장래에 지급받기로 된 군인연금의 50%를 지급받기로 한 경우에 이혼한 전처가 받아야 하는 연금배분액수에 대한 다툼에 관한 소송이다. 군인인 Jonh Howell은 아내인 Sandra Howell과 이혼하기로 하고 이혼재판과정에서 Jonh이 내년에 퇴역하는 경우 John이 받게 되는 퇴역연금의 50%를 Sandra에게 주기로 합의하였다. 퇴역연금을 지급하게 된지 13년 만에, 국가보훈부[69]는 Jonh이 군복무중 장애를 얻었다는 것을 확인하게 되었다. 연방법에 따라서 장애연금을 받기 위해서는 장애연금을 받을 수 있는 금액만큼 군인연금을 포기해야 했는데[70], John은 250달러의 퇴역연금을 포기하고 장애연금으로 수령하게 되었고 이에 따라서 Sandra가 받는 액수가 줄어들게 되었다. Sandra는 자신이 받는 액수(군인퇴역연금의 50%)가 줄어들자, 애리조나 주 가정법원에 당초 이혼재판시 결정된 지급액수결정에 따라[71] 자신에게 지급할 것을 구하게 되었다.

나. 사건경위

애리조나 주 지방법원은 퇴역군인이 장애연금을 받기 위하여 일부 포기한 군인연금과 상관없이 이혼 재판 당시에 받기로 예정된 군인연금의 50%를 전처에게 지급해야 한다는 판결을 하였고, 이에 대하여 퇴역군인이 항소하자 애리조나 주 고등법원은 원심판결을 지지하고 항소를 기각하였고 이에 대하여 퇴역군인이 상고하자 애리조나 주 대법원은 1

---

69) the Department of Veterans Affairs
70) 38 U.S.C. § 5305
71) the original divorce decree

심과 원심판결을 지지하고 상고를 기각하였다. 이에 대하여 연방 대법
원에 상고하자 연방 대법원이 상고심을 진행하기로 결정하였다.

다. 관련법령

미국은 연방법으로 군인의 전배우자를 보호법72)을 제정하고 있다.
동법은 장래에 퇴역시 지급될 퇴역군인의 연금73)에 대해서 배우자와
이혼시 분할 할 수 있는 공동의 재산74)으로 보고 있다.75) 동법은 퇴역
군인이 국가로부터의 혜택을 2중으로 받지 못하도록 하기 위해서, 장애
연금을 받기 위해서는 퇴역연금에서 동일한 액수를 포기하도록 하고 있
다. 또한 관련 세법에 의해서 장애연금은 일반적 퇴역연금과 달리 비과
세되는 혜택에 해당되었다.

라. 연방대법원 판결76)

연방 대법원은 애리조나 대법원의 판결을 파기 환송하였다. 연방
대법원은 퇴역군인이 비과세되는 장애연금을 수령하기 위해서, 퇴역군
인연금의 일부를 포기함에 따라서 퇴역군인의 전배우자가 받는 퇴역연
금이 감소한다고 하더라도, 그 감소액을 퇴역군인이 부담하도록 주법원
은 강제할 수 없다고 판결하였다. 이런 판결을 하면서, 본 판결과 대치
된 판결들을 파기하였다.77) 본 판결을 하면서 대법원은 Mansell v.
Mansell판결78)을 인용하면서 포기된 군인연금을 개별 주에서 분할가능

---

72) The Uniformed Services Former Spouses' Protection Act
73) "disposable retired pay"
74) community property
75) 10 U.S.C. § 1408
76) 본 판결은 Breyer 대법관이 판결문을 작성하고 Roberts 대법원장, Kennedy, 긴즈버
    그(Ginsburg), Alito, Sotomayor, Kagan 대법관이 동조하였고, Thomas 대법관은 별
    개의견을 제시하였고, Gorsuch 대법관은 심리에 참여하지 않았고 의견을 제기하
    지 않았다.
77) Glover v. Ranney, 314 P.3d 535,Krapf v. Krapf, 439 Mass. 97, 786 N.E.2d
    318,Johnson v. Johnson, 37 S.W.3d 892,Abernethy v. Fishkin, 699 So.2d 235.
78) 490 U.S. 581, 109 S.Ct. 2023, 104 L.Ed.2d 675

한 공동재산으로 취급하는 것은 이에 반하는 연방법률이 존재하는 한 불가능하다[79]고 지적하였다. 애리조나 주 대법원은 Mansell사건에서는 연금포기가 이혼이전에 발생하였지만 본 사건은 이혼후 몇 년이 지난 후 군인퇴역연금포기가 있었다는 사실을 강조하면서 Mansell사건과 본 사건을 구별하고자 하였지만, 대법원은 두 사건에서 이혼시점이 다른 것은 단순히 이혼당시 퇴역예정군인이 받을 것으로 예상되는 연금은 미래에 불확실한 상황에 의존한다는 점을 강조할 뿐이라고 보았다. 즉 배우자가 받을 수 있는 퇴역군인연금의 실제수령액은 이혼당시 예정한 금액보다 적을 수도 있다는 것을 의미한다고 판단하였다. 그래서 연방대법원은 Jonh이 장애연금을 받기 위해서 포기한 퇴역연금액 때문에서 전배우자인 Sandra가 받을 실제 수령액이 줄어든다고 하더라도 주법원은 그 감소된 부분에 대해서 퇴역군인인 John이 보충부담하도록 할 수는 없다고 보았다. 애리조나 주법원은 이혼당시에 이미 배우자인 부인에게 부여된 재산권[80]이므로 포기한 퇴역연금액에 대해서도 배우자가 법적 이해관계가 존재한다고 하였지만, 연방대법원은 주법원은 연방법에 반하는 권한이 존재하지 않으며, 부인에게 확정적으로 부여된 재산권이 아니라고 보았다. 다만, 주법원은 이혼시 포기될 수 있는 연금액부분을 고려하여 배우자의 생계와 자녀양육 등을 위한 재산분할을 하거나 연금액을 정할 수는 있다고 판단하였다. 그러나 본 사건은 이미 이혼시 지급 받게 될 퇴역연금의 50%에 대해서 배우자에게 수여하고 있고, 연방법은 장애연금을 지급받기 위해서 포기되는 퇴역연금은 퇴역연금으로 보지 않고 또한 연방법은 장애연금과 퇴역연금을 분명히 구분하고 있어서, 배우자는 장애연금으로부터 줄어든 금액을 회복할 수 없다고 대법원은 보았다.

---

79) Id., at 594-595, 109 S.Ct. 2023
80) the waivable portion as having "vested"

마. 시사점

현재 대법원은 공법상의 금전지급관련 소송을 소송의 형태로 대부
분 진행하고 있지만 행정법학계의 통설은 공사법이분론에 따라서 공법
적 효과를 가지고 오거나 공법상의 금전지급의무와 관련된 소송은 행정
소송법상의 당사자소송에 의하여야 한다는 견해이다. 우리나라의 경우
국민연금법이 개정되어 1999년부터 배우자의 분할연금수급권이 규정[81]
되었고, 공무원연금의 경우에는 국민연금법이 개정되어 배우자의 분할
연금수급권을 비교적 일찍 인정하고 있었던 것에 비하여 비교적 늦게
2015년 법개정을 통해서 공무원연금에 대한 배우자의 분할연금수급권
을 규정하고 있으며, 사립학교교직원의 경우에는 공무원연금법을 준용
하도록 규정하여 배우자의 분할연금수급권을 인정하게 되었다. 그런데
국민연금법 제64조 제1항에 대해서 헌법재판소는 헌법불합치결정을 하
였고, 동 조항은 2018.6.30.을 시한으로 입법자가 개정할 때까지 한정적
으로 적용되게 되었다.[82] 동 사례는 법률혼관계에 있었으나, 배우자일

---

81) 국민연금법 제64조(분할연금 수급권자 등) ① 혼인 기간(배우자의 가입기간 중의
   혼인 기간만 해당한다. 이하 같다)이 5년 이상인 자가 다음 각 호의 요건을 모두
   갖추면 그때부터 그가 생존하는 동안 배우자였던 자의 노령연금을 분할한 일정한
   금액의 연금(이하 "분할연금"이라 한다)을 받을 수 있다.
   1. 배우자와 이혼하였을 것
   2. 배우자였던 사람이 노령연금 수급권자일 것
   3. 60세가 되었을 것
   ② 제1항에 따른 분할연금액은 배우자였던 자의 노령연금액(부양가족연금액은 제외한
   다) 중 혼인 기간에 해당하는 연금액을 균등하게 나눈 금액으로 한다.
   ③ 제1항에 따른 분할연금은 제1항 각 호의 요건을 모두 갖추게 된 때부터 5년 이내에
   청구하여야 한다
82) 헌재 2016. 12. 29. 2015헌바182 헌법불합치결정 "분할연금제도는 재산권적인 성격
   과 사회보장적 성격을 함께 가진다. 분할연금제도의 재산권적 성격은 노령연금
   수급권도 혼인생활 중에 협력하여 이룬 부부의 공동재산이므로 이혼 후에는 그
   기여분에 해당하는 몫을 분할하여야 한다는 것이고, 여기서 노령연금 수급권 형
   성에 대한 기여란 부부공동생활 중에 역할분담의 차원에서 이루어지는 가사·육아
   등을 의미하므로, 분할연금은 국민연금 가입기간 중 실질적인 혼인 기간을 고려

방의 별거나 가출 등으로 전혀 재산형성이나 가족공동체로서의 삶을 지속하지 않은 배우자에게도 법률상 요건(5년 이상)을 충족한 경우에는 연금분할청구를 인정하여 자신의 국민연금수혜액이 감액[83]되자 이에 대하여 취소소송을 제기[84]하였고 취소소송이 계속되는 중에 위헌법률심판을 제청하였으나 기각되어 헌법소원을 제기한 사건인데 헌법재판소는 동 규정을 해석함에 있어서 실질적인 혼인관계를 고려하지 않은 것은 헌법에 위배된다는 취지이다.[85] 공무원연금법도 동일한 조문이 제46조의3[86]과 제46조의4[87]에 존재하며 제46조의5(분할연금과 퇴직연금 등과의 관계)를 추가적으로 규정하고 있다. 하지만 군인연금법에는 연금분할청구제도를 도입하고 있지 않다. 연금분할청구제도의 취지와 우리사회

하여 산정하여야 한다. 따라서 법률혼 관계를 유지하고 있었다고 하더라도 실질적인 혼인관계가 해소되어 노령연금 수급권의 형성에 아무런 기여가 없었다면 그 기간에 대하여는 노령연금의 분할을 청구할 전제를 갖추었다고 볼 수 없다

83) 사실관계에서 분할연금 수급 신청자인 A는 전 배우자인 원고의 국민연금 가입 기간 동안 실질적인 혼인생활을 하지 않아 원고의 노령연금형성에 기여한 바가 없으며 노령연금 역시 연금가입자의 자기기여로 재산권적 성격을 갖고 있고 일체의 자기기여 없이 재산권을 분할하라는 법원의 판단은 오히려 노령연금 수급권자인 원고의 재산권을 침해하는 결과를 발생하게 한다고 원고는 주장하였다.

84) "원고는 A와 1975. 8. 15. 혼인신고를 하였으나 1986. 11.경 A의 가출로 혼인관계가 사실상 파탄되었다. 이후 원고와 A는 2004. 4. 21. 재판상 이혼을 하였고 원고는 2010. 7. 30. 국민연금공단(피고)으로부터 노령연금을 지급받고 있다. A는 2014. 4. 24. 국민연금공단(이하'공단'이라 함)을 대상으로 「국민연금법」 제64조 제1항에 따른 분할연금을 신청하였고 공단은 이를 받아들여 원고에게 연금수급권 내용변경 통지를 하였다" 2014구합1272 재판원문이 검색되지 않지만, 사실관계에 대한 간단한 평석을 한 논문으로 양승엽, 국민연금법상 분할연금의 법적 성격, 노동법학 제54호, 2015.6, 197－199

85) 본 헌법재판에 대상이 된 조문이외에 관련 조문은 제64조의 2가 존재한다. 제64조의2(분할연금 지급의 특례) ① 제64조제2항에도 불구하고 「민법」 제839조의2 또는 제843조에 따라 연금의 분할에 관하여 별도로 결정된 경우에는 그에 따른다.② 제1항에 따라 연금의 분할이 별도로 결정된 경우에는 분할 비율 등에 대하여 공단에 신고하여야 한다.③ 제2항에 따른 신고 방법 및 절차 등 신고에 필요한 세부사항은 보건복지부령으로 정한다.

86) 제46조의3(분할연금 수급권자 등)

87) 제46조의4(분할연금 지급의 특례)

의 가족결속력과 부양현실을 고려하면 군인연금법에도 이혼한 배우자 일방에게 연금분할청구권을 인정해야 할 것이다. 하지만, 공무원연금법 상의 현재 법규정에 따르더라도 민법에 의해 연금분할을 별도로 정하는 경우 이에 따르도록 되어 있어서 미국과 유사한 사례에서 가정법원에서 연금분할을 1/2로 하였지만 향후 장애연금등 이중지급금지에 해당하는 기존의 사례가 발생하여 중복 수급되는 한도에서 감액되는 경우에 어떻게 배우자일방에 지급되는 연금액을 조정해야할지가 문제될 수가 있을 것이다. 비록 한쪽 배우자의 보호도 중요하지만, 공법적 체계에서 연금 제도와 공직수행에 대한 보상을 조정하는 공법적 마인드가 채택된 미국의 사례는 비록 양성의 평등과 여성보호를 비교적 강하게 하는 미국에서도 장애연금의 감액분을 전가시키지 않았다는 것은 하나의 공익과 사익의 조절의 모델이 될 수도 있을 것이다.

Ⅲ. 결론

　　2017년 미국 연방대법원의 회기는 대부분 8인의 재판관이 심리하게 되므로 예년과 달리 전원일치의 판결이 많았으며, 우여곡절 끝에 Gorsuch 연방고등법원판사가 대법관으로 임명되었지만 판결에 영향을 미치지는 못했다. 미국의 인준과정을 보면, 우리와 유사한 현상이 일어나고 논문표절시비등도 발생하였다는 사실과 대법관의 공석이 장기화되었다는 것을 보면 우리나라 헌법재판소의 재판관임명과정에서 발생한 여러 사정도 이해되는 면이 없는 것은 아니라는 정치적, 사실적 유사점을 발견할 수 있다. 법률의 체계와 법학의 체계가 다른 미국의 대법원 사건을 분석하면, 우리의 행정사건에 해당하는 사건들이 행정사건으로 분류되는 것이 아니라 가족법, 보험법, 절차법, 소송법 등 다양한 법률분야로 산재하여 있음을 발견할 수 있다. 외국의 행정판례를 연구

하고 국내에 소개함에 있어서 형식적 법 분야에 한정되지 않고 내용적
측면에서 접근하여 다양한 행정사례에 시사점을 도출할 수 있을 것으로
판단된다.

행정법은 공익달성을 위하여 공익과 사익의 균형과 조절을 필수적
으로 요구하게 된다. 미국사례의 시사점을 정리해보면 공익과 사익의
균형과 조절에 대한 공법적인 마인드가 작동된다는 것이다. 소송참가와
관련하여 원고와 소송참가인의 소송상의 주장이 동일하다면 소송참가
인의 법률상 쟁송성은 따로 검토하지 않아도 된다는 것이 미국 연방대
법원의 태도이다. 즉 이미 소송참가인의 법률상 쟁송성은 원고를 통해
서 검증되었다고 판단하는 것이다. 우리의 경우에는 행정소송에서 행정
소송법상의 원고적격으로 모든 것을 검토하고 있는데, 그 전단계로 법
원조직법상의 '법률상 쟁송'에 해당하는지를 검토하는 단계를 거치고 그
단계에 해당하는 경우에 행정소송법상의 소송요건이 충족하는지를 검
토하는 방향을 고려할 수 있을 것이다. 재판관할문제에 관한 시사점은
일반 민사책임의 인적관할권이론과 연방법상의 책임의 규정의 관계를
판단하면서, 주근거지(법인설립지와 본사소재지), 최소한의 연결점(운영이
익, 손해발생지등)과 함께 응소관할의 문제를 고려하면서, 우리와 달리 배
심원이 사실관계의 확정을 하는 미국 민사소송에서는 관할법원과 근거
법률의 적용면에서 사건관할법원의 결정은 매우 중요한 문제인데, 현재
북한주민도 헌법상 대한민국의 국민에 속하므로 북한주민이 남한주민
을 대상으로 상속관련소송이나 일제치하의 보상금소송등을 제기할 수
있는 것으로 법률을 기계적으로 해석·적용하는 경우도 있지만 한반도가
통일되기 전까지는 북한주민이 대한민국의 행정권내로 진입하여 실제
대한민국 국민으로서의 삶을 영위하기 전까지는 금전관계등 민사소송
이라고 하더라도 공적인 관점에서 일정한 제한이 필요한데, 그런 제한
의 근거로서 생활상·법률상 접점을 요구하는 방법으로 미국의 사례를
참고할 수도 있을 것이다. 정부의 재정지출을 줄이는 방안에 대한 입법

적 시사점은 정부지출분야에서 재정낭비를 막기 위해 미국식 재정공익
소송을 도입하는 방안을 검토할 필요가 존재한다. 또한 공익제보자를
보호하는 법률88)들이 존재하지만, 공익적 결단에서 내부비리를 고발했
던 사례의 끝이 공익제보자가 감당하기 힘든 개인적 불이익으로 끝나는
무수한 사례가 존재하므로 투명하고 깨끗한 사회가 되기 위해서는 공익
신고자에 대한 인센티브를 금전적 측면에서 강구하는 제도개선도 고려
해 볼 수 있을 것이다.   연방법과 주법의 관계에 있어서 시사점은 국가
법과 지방자치단체의 규범과의 관계에서 살펴보면, 국가법과 조례의 관
계에서 국법의 우선을 인정한다고 해도, 의회가 입법권을 행사하여 제
정한 법률에 기반한 행정입법에 의거하여 채결된 계약상의 조건이 지방
의회가 제정한 조례와 충돌하는 경우에 효력의 우선을 어떻게 설정할지
에 대한 쟁점이는데 미국은 연방행정입법에 기반한 공법상계약도 주법
에 우선한다는 국가 전체적 관점의 판단을 하고 있다. 연금분할청구제
도와 관련한 시사점은 공무원연금법상의 현재 법규정에 따르더라도 민
법에 의해 연금분할을 별도로 정하는 경우 이에 따르도록 되어 있어서
미국과 유사한 사례에서 가정법원에서 연금분할을 1/2로 하였지만 향후
장애연금등 이중지급금지에 해당하는 기존의 사례가 발생하여 중복 수
급되는 한도에서 감액되는 경우에 어떻게 배우자일방에 지급되는 연금
액을 조정해야할지가 문제될 수가 있을 것이다. 비록 한쪽 배우자의 보
호도 중요하지만, 공법적 체계에서 연금제도와 공직수행에 대한 보상을
조정하는 공법적 마인드가 채택된 미국의 사례는 비록 양성의 평등과
여성보호를 비교적 강하게 하는 미국에서도 장애연금의 감액분을 전가
시키지 않았다는 것은 하나의 공익과 사익의 조절의 모델이 될 수도 있
을 것이다. 2017년 재판회기동안 미국의 대법원 판례 중 이민관련 판례
도 존재하지만 이번 분석에서 제외한 이유는 국내 행정재판에서 출입국

---

88) 대표적인 법으로 공익신고자보호법이 존재한다.

관련, 난민 및 국적관련사건이 급증하고 있어서 따로 난민과 이민관련 사건을 상세히 분석하여 다음 기회에 발표하려고 준비하고 있기 때문이며, 현재 우리나라에서 심각하게 사실상의 차별을 받고 있는 장애아동의 교육과 관련된 미국의 판례도 독립된 글을 통해서 자세히 소개하기 위하여 지면부족을 이유로 이번 분석에는 제외하였다.[89)]

---

89) 행정판례연구회 발표문에는 교육법판례가 비교적 자세히 수록되어 있지만, 논문투고의 현실상 논문면수의 한계로 인하여 독립된 논문으로 구성하여 발표하기로 하였다. 참조 김성배, 장애를 가진 학생에 대한 특수교육과 개별화교육에 관한 판례 검토, 행정법연구 XXII-2, 행정판례연구회, 2017, 495면 이하.

참고문헌

김성배, 최근(2013/2014) 미국 행정판례의 동향 및 분석 연구, 행정법연
　　구 XX-2, 행정판례연구회, 2015.
김성배, 최근(2015/2016) 미국 행정판례의 동향 및 분석 연구, 행정법연
　　구 XXI-2, 행정판례연구회, 2016.
김성배, 장애를 가진 학생에 대한 특수교육과 개별화교육에 관한 판례 검
　　토, 행정법연구 XXII-2, 행정판례연구회, 2017.
이황원, 장애아동을 위한 무상의 적절한 공교육(FAPE)과 관련한 미국의
　　판례분석, 특수아동교육연구, 제18권 3호, 한국특수아동학회, 2016.
ABA Committee on Federal Judiciary Rates Supreme Court Nominee
　　Neil Gorsuch "Well Qualified" « ABA News Archives".
　　www.americanbar.org. Retrieved March 12, 2017.
Barnes, Robert (January 31, 2017). "Trump picks Colo. appeals court
　　judge Neil Gorsuch for Supreme Court". Washington Post.
　　Retrieved February 1, 2017.
Flegenheimer, Matt (April 4, 2017). "Democrats' Vow to Bar Gorsuch
　　Sets Up a Clash, Senate Decorum Fades, Seeing 'No Alternative,'
　　Republicans Plan to Bypass Filibuster". The New York Times. p.
　　A1. Retrieved April 15, 2017.
Livni, Ephrat (April 7, 2017). "Neil Gorsuch is the first US Supreme
　　Court justice to sit on the bench with his high-court boss".
　　Quartz. Retrieved 16 August 2017.
Ponnuru, Ronesh (January 31, 2017). "Neil Gorsuch: A Worthy Heir
　　to Scalia". National Review, 2017.
Robert B. Fitzpatrick, U.S. SUPREME COURT UPDATE: 2016-17
　　TERM, SZ002 ALI-CLE 1

참고판례

Benton House, LLC v. Cook & Younts Ins., Inc., 249 S.W.3d 878, 881
－882 (2008)

BNSF Railway Co. v. Tyrrell, 137 S.Ct. 1549 (2017)

Board of Ed. of Hendrick Hudson Central School Dist., Westchester
Cty. v. Rowley, 458 U.S. 176, 102 S.Ct. 3034, 73 L.Ed.2d 690
(1982)

Chevron U.S.A., Inc. v. Natural Resources Defense Council, Inc., 104
S.Ct. 2778 (1984)

Conforto v. Merit Systems Protection Bd., 713 F.3d 1111 (2013)

Coventry Health Care of Missouri, Inc. v. Nevils, 137 S. Ct. 1190, 197
L. Ed. 2d 572 (2017)

Daimler AG v. Bauman, 571 U.S. ——, ——, 134 S.Ct. 746, 769, 187
L.Ed.2d 624 (2014)

Esquivel－Quintana v. Sessions, 137 S.Ct. 1562 (2017)

Fry v. Napoleon Community Schools, 137 S.Ct. 743 (2017)

Gutierrez－Brizuela v. Lynch, 834 F.3d 1142, 1148 (2016)

Howell v. Howell, 137 S.Ct. 1400 (2017)

Joseph F. v. Douglas County School Dist. RE－1, 137 S.Ct. 988 (2017)

Kloeckner v. Solis, 568 U.S. 41, 46, 133 S.Ct. 596, 184 L.Ed.2d 433
(2016)

Lujan v. Hughes Aircraft Co., 67 F.3d 242, 245-247 (1995)

Maslenjak v. U.S., 137 S.Ct. 1918 (2017)

Murr v. Wisconsin, 137 S.Ct. 1933 (2017)

Nevils v. Group Health Plan, Inc., No. 11SL-CC00535 (2012)

Perry v. Merit Systems Protection Bd, 137 S.Ct. 1975 (2017)

Sherman v. Chester, 752 F.3d 554, 557 (C.A.2 2014)

Spokeo, Inc. v. Robins, 578 U.S., 136 S.Ct. 1540, 1547, 194 L.Ed.2d
635 (2016)

State Farm Fire & Cas. Co. v. U.S., ex rel. Rigsby, 137 S.Ct. 436
  (2017)
Trump v. International Refugee Assistance Project, 137 S.Ct. 2080
  (2017)

국문초록

　2016－2017년 재판회기동안 미국 연방대법원은 무국적자, 이민법사례부터 무기소지권까지 매우 다양한 종류의 판결을 다루었다. 2017년 재판회기에는 대부분의 사건은 8명의 대법관체계에서 변론기일이 잡혔었지만 예년과 유사하게 70건의 사건을 처리하였다. 미국 법학계와 법조계에서는 우리나라 관련의 법학분류를 하고 있지 않아서 미국에서는 행정사건으로 분류하는 경우도 거의 존재하지 않고, 한 분류로 행정사건(administrative case)을 인정해도 우리 행정법분야에 비하여 지나치게 협소한 영역만을 담당하고 있다.[90] West law사의 2017년 연방대법원사건분류방식을 따르면, 파산법판례, 기본권판례, 상사법판례, 저작권법판례, 형사법판례, 교육법판례(장애아동사건과 소송절차충돌), 가족법판례(퇴직 상이군인의 연금청구권 분할문제[91]), 금융·은행법판례, 성소수자법판례, 정부관련판례(선거법, 허위보상청구사례[92], 연방공석개혁법관련사례), 건강법판례, 이민법판례(귀화사건, 성범죄자 추방사건, 대통령명령에 의한 일정국가에 대한 사증발급정지사건[93]) 보험법판례(연방공무원의 의료보험혜택과 주법과의 관계), 국제법판례, 노동법판례(의료보험사건, 차별대우사건, 공무원해고와 쟁송), 소송법판례(대체적분쟁해결관련사례, 단체소송, 관할문제, 원고적격판례, 조약과 소송절차, 변호사비용금지관련), 인디언법판례, 특허법판례, 재산법(융자제공과 인종차별, 건축허가와 규제적수용), 증권법판례, 상표법판례, 교통법판례(연방근로자법과 철도종사자의 관할사건) 등으로 나누고 있다. 우리의 광의의 행정사건들이 파산법, 저작권법판례, 교육법판례, 가족법(군인연금관련), 정부관련판례 중 허위보상청구사례, 소송법판례 중 관할문제와 원고적격판례, 이민법판례, 보험법판례 중 연방공무원의 의료보험혜택과 주법의

90) Review of Cases Decided This Term , 07－19－2017 U.S. Sup. Ct. Actions 15
91) Howell v. Howell, 137 S.Ct. 1400.
92) State Farm Fire & Cas. Co. v. U.S., ex rel. Rigsby, 137 S.Ct. 436.
93) Trump v. International Refugee Assistance Project, 137 S.Ct. 2080

제한사건, 노동법판례 중 공무원의 해고와 쟁송, 재산법판례 중 규제적 수용사건, 교통법판례 등에 속하여 분류되는 것을 알 수 있다.

2017년 연방대법원 판결을 분석·발표함에 있어서 최근의 외국 발표에서 소개되지 않은 영역의 판례와 행정판례분석적 의미뿐만 아니라 입법적·정책적으로 외국의 제도와 판결을 분석할 가치가 있는 영역을 선정하여 분석하기로 하였다.

주제어: 미국 연방대법원, 행정판례, 장애인 교육, 대법관, 소송요건, 소송참가, 개별화교육

Abstract

Analyses of Import Administrative Law Cases in 2016 Term of the U.S Supreme Court

Sung－Bae Kim*

The Supreme Court's just－concluded term was relatively quiet and inconsequential, as far as Supreme Court terms go. With only eight justices for most of the term, the justices avoided taking on too many difficult cases and appeared to make an extra effort to decide cases on the narrowest of grounds. Now that the court is back to nine justices, however, don't expect this to continue. On January 31, 2017, President Donald Trump nominated Neil Gorsuch to succeed Justice Antonin Scalia on the U.S. Supreme Court. Justice Scalia was found dead of natural causes on February 13, 2016. Scalia was a member of the U.S. Supreme Court for three decades. Gorsuch was confirmed on a recorded 54－45 vote of the U.S. Senate on Friday, April 7, 2017. The U.S. Supreme Court held its final, two－week argument sitting of this term beginning on April 17, 2017.

Education Law Cases ① Disabled Students—Individualized education program under IDEA must be reasonably calculated to enable child to make progress appropriate in light of child's circumstances. Endrew F. ex rel. Joseph F. v. Douglas County School Dist. RE－1, 137 S.Ct. 988. ② Exhaustion of IDEA's administrative procedures is unnecessary when gravamen of suit is something other than denial of free appropriate public education. Fry v. Napoleon

---

*Kookmin University College of Law Professor of Law.

Community Schools, 137 S.Ct. 743. Family law case Divorce—State cannot require veteran to indemnify divorced spouse for losing share of military retirement pay waived so veteran can receive nontaxable disability benefits. Howell v. Howell, 137 S.Ct. 1400. Government Case False Claims—Violation of False Claims Act's seal requirement does not require dismissal of complaint. State Farm Fire & Cas. Co. v. U.S., ex rel. Rigsby, 137 S.Ct. 436. Insurance Case Health—Federal Employees Health Benefits Act preempts state antisubrogation and antireimbursement laws. Coventry Health Care of Missouri, Inc. v. Nevils, 137 S.Ct. 1190. Labor Case Public Employment—District court is proper review forum when Merit Systems Protection Board dismisses mixed case on jurisdictional grounds. Perry v. Merit Systems Protection Board, 137 S.Ct. 1975. Litigation case Parties—Litigant must have Article III standing to intervene of right if it wishes to pursue relief not requested by a plaintiff. Town of Chester, N.Y. v. Laroe Estates, Inc., 137 S.Ct. 1645. Real property case Eminent Domain—State court properly analyzed commonly owned, adjacent lots as single unit when determining property at issue in regulatory taking case. Murr v. Wisconsin, 137 S.Ct. 1933. Transprotation law Railroads—FELA does not authorize state courts to exercise personal jurisdiction over railroad solely on ground of doing some business in state. BNSF Railway Co. v. Tyrrell, 137 S.Ct. 1549.

Keywords: Supreme Court, US Supreme Court, Justice, Gorsuch, Scalia, Merity systems Protection Board, Taking, Disabled Student, Individualized education program

투고일 2018. 5. 31.

심사일 2018. 6. 12.

게재확정일 2018. 6. 19.

日本의 最近(2016) 行政判例의 動向 및 分析

咸仁善*

Ⅰ. 일본의 최근(2016) 행정판례의 동향

1. 2016년 사법통계

2017년 12월 현재 공식 집계된 최고재판소의 사법통계에 의하면 2016년도에는 최고재판소의 경우 신수(新受)건수 1,123건, 고등재판소의 경우는 신수건수 3,863건이고, 지방재판소의 경우는 신수건수 4,827건이었다[1].

이들 가운데 각급 재판소의 신수건수의 추이를 살펴보면, 아래표와 같지만, 전년도와 비교할 때, 최고재판소와 지방재판소의 경우에는 약각 감소하였지만, 고등재판소의 경우에는 다소 증가하였음을 알 수 있다.

---

* 전남대학교 법학전문대학원 교수.
1) http://www.courts.go.jp/app/sihotokei_jp/search (2017.12.10. 방문)

일본 재판소의 최근 10년간(2007-2016) 행정사건 신수(新受) 건수의 추이[2]

	최고재판소	고등재판소	지방재판소
2016	1,123	3,863	4,827
2015	1,251	3,727	5,113
2014	1,172	4,537	4,498
2013	1,263	4,072	4,524
2012	1,021	3,706	4,783
2011	1,031	3,384	4,382
2010	1,112	3,390	4,173
2009	991	3,334	3,821
2008	1,018	3,222	4,056
2007	932	3,033	4,112

2. 2016년 일본 행정판례의 동향 개관

2016년도(平成 28년도)에 판결된 일본 행정사건판례 가운데에서 중요하다고 생각되는 최고재판소 및 하급심 판결의 동향을 개관하도록 한다.[3]

(1) 기본원리 관련판례

안전배려의무와 관련한 최고재판결[4](Ⅱ.1. 참조)은 미결구류에 의한 구금관계는 당사자 일방 또는 쌍방이 상대방에 대해서 신의칙상의 안전배려의무를 지는 특별한 사회적 접촉관계에 있다고 할 수 없다고 하여, 국가는 구치소에 수용된 피구류자에 대해 신의칙상의 안전배려의무를 지지 않는다고 하였다.

---

2) http://www.courts.go.jp/app/files/toukei/491/008491.pdf(2017.12.10. 방문)
3) 이하는 2016判例回顧と展望 (行政法), 法律時報 89卷 7号(2017.6), 26-47쪽 ; 平成28年度 重要判例解説, ジュリスト1505호(2017.4), 32-60쪽을 주로 참조하였다.
4) 最判 平成28年4月21日 損害賠償請求事件, 判例タイムズ 1425号 122쪽.

법치주의와 관련하여, 하급심판결5)은 사도의 부지의 일부 소유자
가 한 사도의 폐지신청에 대해 법령의 근거없이 법시행규칙이나 취급기
준에 의해 새롭게 사인의 권리를 제한할 수 없으며, 그에 근거하여 일
정범위의 권리자의 승낙이 없음을 이유로 하여 신청을 거부할 수 없다
고 하였다.

(2) 행정작용법 관련판례

첫째로, 백지위임과 관련하여, 최고재판결이 퇴직일시금에 부가하
여 반환해야 할 이자의 이율의 결정을 정령(政令)에 위임하는 후생연금
보험법등의일부를개정하는법률 부칙 등이 헌법 41조6) 및 73조 6호7)에
위반하지 않는다고 하였다.

둘째로, 건축기준법상의 인정처분에 대해 단지관리조합에 의한 설
명조치에 관해 심사가 완전하게 이루어지지 않은 점에서 하자가 있지
만, 그 후의 추가설명에 의해 하자가 치유되었다고 한 하급심판결8)이
있다.

셋째로, 최고재판소9)는 시가 이미 취득했었던 인접지와 일체로 된
것으로서 사업용으로 사용하기 위하여 토지개발공사가 취득한 토지를
그 장부가에 기하여 정상가격의 약 1.35배의 가격으로 매수한 매매계약
을 체결한 시장의 판단이 토지인접지의 취득가격이 근접토지의 분양가
격등을 참고로 해석하여 결정된 것이며, 매매계약에 관련된 토지의 1㎡
당 취득가격은 인접지의 1㎡당 취득가격을 하회하는 것으로서 위법하

---

5) 東京地判 平成28年6月17日 判例タイムズ 1431号, 177쪽.
6) 제41조 국회는 국권의 최고기관으로서 국가의 유일한 입법기관이다.
7) 제73조 내각은 다른 일반행정사무 이외에 아래 사무를 행한다.
   이 헌법 및 법률의 규정을 실시하기 위하여 정령을 제정하는 것. 단, 정령에는 특
   히 그 법률의 위임이 있는 경우를 제외하고는 벌칙을 설정할 수 없다.
8) 東京地判 平成28年2月16日 判例時報 2313号, 18쪽.
9) 最判 平成28年6月27日, 判例時報 2314号, 25쪽.

다고 할 수 없다고 하여 원고의 청구를 기각하였다.

넷째로, 최고재판소[10](II.3. 참조)는 시가 경영하는 경정(競艇)사업의 임시종업원 등에 의해 조직된 공제회가 퇴직하는 임시종업원에 대해 지급하는 퇴직전별금에 충당하기 위하여 시가 공제회에 대해서 한 보조금의 교부가 지방자치법 등이 규정하는 급여조례주의를 잠탈하는 것으로서 위법하다고 하였다.

다섯째로, 최고재판소[11]는 신탁계약의 수탁자가 소유하고 있는 복수의 부동산의 고정자산세와 관련된 체납처분으로 이루어진, 그 부동산 중의 신탁재산인 토지와 그 위에 존재하는 국유재산인 가옥과 관련된 임대료채권의 압류를 적법하다고 하였다.

여섯째로, 정(町)의 규칙에 근거하는 어업재해대책자금의 대부결정이 위법하다고 제기된 주민소송에서 자금대부와 관련된 규칙이 자금차입요건으로서 어업협동조합의 이사회 의결을 요구하였던바, 이사회 의결에 있어서 대부를 받는 어업자가 이사로서 가담하였기 때문에 의결절차상의 하자가 대부결정의 위법사유로 되는지 여부가 쟁점이 되었다. 최고재판소[12]는 우선, 의결의 효력에 대해 이해관계를 가지는 이사를 제외하고도 의결에 필요한 다수의 이사의 찬성이 있는 경우에는 의결은 무효로 되지 않는다고 판단하였다. 그런 다음, 재판소는 규칙의 법적 성격에 대하여 규칙의 공시방법이 정(町)의 공고식 조례에 반하였다는 점에서 당해 규칙은 무효라고 판단하였지만, 유사한 대부를 함에 있어서 이사회 의결을 요하는 것으로 하는 것은 합리적이라고 생각된다고 하여, 결론적으로는 의결에 무효라고 하여야 할 하자가 없는 점으로부터 하면, 합리적인 절차에 따라서 대부에 관련된 결정이 이루어진 것이라고 인정된다고 하여, 지출부담행위(본건 대부)는 정장(町長)의 재량권의

---

10) 最判 平成28年7月15日, 判例タイムズ 1430号, 121쪽.
11) 最判 平成28年3月29日, 判例時報 2310号, 39쪽.
12) 最判 平成28年1月22日, 民集 70巻1号, 84쪽.

범위를 일탈하지 않았다고 하였다(원판결을 파기환송).

일곱째로, 방위·안전보장과 관련된 사안에서 최고재판소13)는 넓은 재량적인 판단의 여지를 행정에 인정하고 있다. 즉, 최고재판소는 아츠기(厚木)기지 제4차소송의 상고심판결에서 공항에서의 항공기소음으로 인해 주변주민인 원고들에게 발생하는 피해는 경시할 수 없지만, 피해 경감을 위한 운항의 자율규제나 주변대책사업의 실시 등 상응하는 대응조치가 강구되어 있다고 하여, 장래에 걸쳐 자위대기의 운항이 이루어지지만, 사회통념에 비추어 현저하게 타당성을 결하는 것이라고 할 수 없다고 판단하였다.

여덟째로, 최고재판소14)는 공유수면매립면허를 현(縣)지사가 취소한 것에 대해, 국토교통대신이 시정지시를 했음에도 불구하고, 현지사가 따르지 않았기 때문에 지방자치법에 근거하여 국가가 제기한 부작위위법확인소송에서 현지사의 직권에 의해 취소된 전 지사의 공유수면매립면허승인처분에는 위법 또는 불합리한 판단은 없었기 때문에 직권취소처분은 위법하다고 판단하였다.

(3) 행정절차 관련판례

하급심판결15)로서 시 직원이 담당하고 있는 생활보호수급자에 대해 성추행을 한 것을 이유로 하는 징계면직처분에 대해 처분사유설명서에 처분의 원인으로 된 사실의 기재사유가 없고, 처분사유의 기재를 결여하였기 때문에 위법한 처분이라고 한 판결이 있다.

또한, 금융상품거래법에 근거하는 외무원직무정지처분의 통지서에서 특정기간에서의 직무상 알 수 있었던 비밀의 누설사실의 시기 및 종기 그리고 추상적인 유형이 제시된데 그친 사안에서, 불이익처분의 이

13) 最判 平成28年12月8日 LEX/DB 25448308.
14) 最判 平成28年12月20日 LEX/DB 25448341.
15) 水戸地判 平成28年1月28日, 判例自治 414号, 42쪽.

유제시를 요구하는 행정수속법 14조 1항 본문에 위반한다고 판단하였
으며, 또 다른 하급심판결16)에서는 정보공개·개인정보 보호조례에 근
거하는 공개청구에 대해 "공개청구와 관련된 행정문서를 가지고 있지
않다"고 하는 이유에 의해 전부 비공개로 한 결정은 이유제시의 요건을
결여한다고 판단한 것도 있다.

(4) 국가배상 관련판례

국가배상 관련판례로서는 우선 최고재판소판결 2건17)이 있다. 이
와 관련하여서는 Ⅱ. 주요 행정판례의 1.과 2.에서 다루기 때문에 여기
에서는 생략하기로 한다.

한편, 하급심판결로서, 국유임야의관리경영에관한법률에 근거하는
육림사업은 국가배상법상의 공권력의 행사에 해당한다고 판단하고, 국
가가 행한 국유임야육림계약의 체결에 대해 계약담당자의 계약행위자
에 대한 설명의무 위반을 인정한 것18)과, 재심청구와 관련된 변호인으
로부터 사형확정자에게 우송된 책자의 열람을 불허한 처분에 대해, 형
사시설의 규율 및 질서의 유지상 방치할 수 없을 정도의 장해가 발생할
상당한 개연성이 있는 것으로는 인정될 수 없고, 구치소장의 판단에 합
리적인 근거는 인정되지 않는다고 한 것19)이 있다.

(5) 행정소송 관련판례

첫째로, 취소소송의 소송요건인 제소기간과 관련하여, 최고재판
소20)는 제소기간의 기산일을 규정하는 행정사건소송법 14조 1항의 "처

---

16) 岡山地判 平成28年6月15日 LEX/DB 25448248.
17) 最判 平成28年4月21日, 判例タイムズ 1425号, 122쪽 ; 最判 平成28年4月12日, 判例タ
   イムズ 1427号, 63쪽.
18) 大阪高判 平成28年2月29日, 判例時報 2303号, 44쪽.
19) 福岡高判 平成28年2月29日 LEX/DB 25544237.
20) 最判 平成28年3月10日, 判例時報 2306号, 44쪽.

분이 있었던 것을 안 날"이란 개인정보보호조례에 근거하는 일부 비공개결정에 대해서도 비공개결정통지서가 대리인 변호사에게 도달한 날로 해석하는 것이 상당하다고 판단하였다. 이 판례에 대해서는 Ⅱ. 4.에서 보다 구체적으로 다루도록 한다.

둘째로, 아츠기(厚木)기지 제4차소송의 상고심판결에서 최고재판소[21]는 학설이 줄기차게 주장해온 공항소음중지청구소송의 소송유형을 인정하였다는 점에서 큰 의의를 부여할 수 있다.

셋째로, 주민소송과 관련하여서는, 시의 토지개발공사가 보유하는 토지를 시가 매입함에 있어서 토지취득가격에 지불이자 등을 더한 장부가에 근거하여 가격의 결정이 이루어진 점이 다투어진 사안에서, 최고재판소[22]는 매입가격의 타당성은 정상가격에 더하여 구입의 필요성이나 토지의 대체가능성, 교섭경위 등을 기초로 할 필요가 있다고 한 다음, 토지와 일체적으로 구입된 인접지의 가격산정에 합리성이 있는 점, 토지의 1㎡당 단가는 인접지의 그것보다 하회한다는 점 등을 들어 청구를 기각하였다. 또한, 시도(市道)를 권원없이 점유하고 있는 신사에 대해, 교토시도로점용료조례 소정의 점용료 상당액의 부당이득반환청구권을 행사하지 않은 것이 위법하다고 하여, 교토시에 대해 부당이득반환청구를 하도록 명령한 하급심판결[23]이 있다.

21) 最判 平成28年12月8日 LEX/DB 25448308. 이에 대해서는 '(2) 행정작용법 관련판례'에서 다루었다.
22) 最判 平成28年6月27日, 判例時報 2314号, 25쪽.
23) 京都地判 平成28年3月3日 LEX/DB 25543153.

Ⅱ. 주요 행정판례의 분석

1. 구치소 피구류자의 손해배상청구사건[24]

〈사실관계〉

X는 2006년 10월에 체포, 구류되어 2007년 3월 고베(神戸)지방재판소에서 기물손괴죄로 징역 1년의 판결을 받아, 이에 불복하여 항소하고, 동년 5월 10일 오사카구치소로 이송되어 동 구치소에 수용되었다.

오사카구치소 의무부의 의사는 2007년 5월 14일 X가 11식(食) 연속해서 식사를 하지 않고, 동 구치소 입소시와 비교해서 체중이 5kg 감소하고, 식사를 하도록 지도를 해도 이를 거절하고 있기 때문에 이대로는 X의 생명에 위험이 미칠 우려가 있다고 판단하여, X의 동의를 얻지 않고, 콧구멍으로부터 위장 내부에 관(catheter)을 삽입하여 영양제를 주입하는 조치를 실시하였다. 그 후, 관을 뺐는데 X의 콧구멍으로부터 출혈이 있었기 때문에 의사의 지시에 의해 지혈처치가 이루어졌다.

X는 자신의 동의없이 불필요한 처치가 취하여짐으로써 많은 정신적 고통을 받았다고 하여, 의사의 '선관주의의무 위반'을 이유로 국가(Y)에 대해 위자료의 지급을 청구하였다.

〈하급심 판결〉: 제1심-청구기각, 원심- 일부 인용

1심판결[25]은 X 주장의 '선관주의의무'를 '안전배려의무'의 취지라고 해석한 다음, "안전배려의무의 근거가 신의칙에서 구하여지는 이상, 적어도 당사자의 자유의사가 계기로 되어 개시되는 것이 아닌 관계는 '법률관계에 근거한 특별한 사회적 접촉'의 범주 외에 있다"고 하여, 미결구금자와의 관계에서는 안전배려의무가 성립하지 않는다고 하고, 또

---

24) 最判 平成28年4月21日, 判例タイムズ 1425号 122쪽.
25) 大阪地判 平成25年3月15日 訟務月報 60卷3号, 517쪽.

한 본건 처치에는 그 필요성 및 방법에 비추어 위법성은 없으며, 불법행위도 성립하지 않는다고 판단하였다.

이에 대해, 원심판결26)은 형사수용시설법 56조27)를 인용하여 "국가는 기본적으로는 피수용자에 대해 일반인이 의료행위를 받는 것과 동수준의 의료상의 처치를 강구할 의무를 부담하고 있다"고 지적한 다음, "형사수용시설에 구금된 피수용자는 시설 외부의 국민과 달리, 자기의 의사에 따라서 자유롭게 의사의 진료를 받을 수 있는 것도 아니고, 시설 내의 진료행위 등에 관하여 피수용자의 생명 및 신체의 안전을 확보하여, 위험으로부터 보호해야 할 필요성은 고용계약에 있어서의 고용자와 노동자 간의 관계 등과 달리 해석해야 할 논거가 없을 뿐만 아니라 그 이상의 필요성이 인정된다"고 하여, 국가는 안전배려의무를 진다고 하였다. 그리고, 국가와 피수용자와의 사이에는 계약 또는 이에 준하는 관계가 인정될 수 없기 때문에 국가는 안전배려의무를 지지 않는다고 하는 Y의 주장에 대해서는 다음과 같이 판시하였다.

"안전배려의무는 공법, 사법 모두 규정이 없고, 일반적 법원리에 근거하는 의무이며, 이것을 인정해야 할 필요성은 당사자 간의 일정한 접촉관계에서 일방 당사자가 상대방 당사자에 대해 일정한 장소, 설비 등에서 근무 등을 명할 수 있다고 하는 우월한 입장에 있는 당사자에게 상대방 당사자에 대한 보호의무를 부과하는 것이 상당하다고 하는 법적·사회적 평가로부터 오는 것으로서 당사자의 의사를 논거로 하는 것이 아니다." 그러한 다음, 본건 조치의 실시는 위법하다고 판단하여, X의 위자료청구의 일부를 인용하였다.

---

26) 大阪高判 平成26年1月23日 判例時報 2239号, 74쪽.
27) (보건위생 및 의료의 원칙) 제56조 형사시설에서는 피수용자의 심신의 상황을 파악하는 것에 노력하고, 피수용자의 건강 및 형사시설 내의 위생을 보지하기 위해 사회 일반의 보건위생 및 의료의 수준에 비추어 적절한 보건위생상 및 의료상의 조치를 강구하는 것으로 한다.

〈最高裁 判決 要旨〉: 파기자판, 항소기각

"미결구류는 형소법의 규정에 근거하여, 도망 또는 증거인멸의 방지를 목적으로 하여, 피의자 또는 피고인의 거주를 형사시설 내로 한정하는 것으로서, 이러한 미결구류에 의한 구금관계는 구류의 재판에 근거하여 구류자의 의사에 관계없이 형성되어, 법령 등의 규정에 따라서 규율되는 것이다. 그렇다면, 미결구류에 의한 구금관계는 당사자의 일방 또는 쌍방이 상대방에 대해 신의칙상의 안전배려의무를 져야할 특별한 사회적 접촉관계라고는 할 수 없다. 따라서, 국가는 구치소에 수용된 피구류자에 대해서 그 불이행이 손해배상책임을 발생시키는 것으로 되는 신의칙상의 안전배려의무를 지지 않는다고 하여야 할 것이다(한편, 사실관계에 따라서는 국가가 당해 피구류자에 대해 국가배상법 1조 2항에 근거하는 손해배상책임을 지는 경우가 있을 수 있는 것은 별론이다)."고 하여, 원심판결을 파기하고, X의 항소를 기각하였다.

〈본 판결의 해설〉

본건은 오사카구치소에 미결구류되었던 X가 동 구치소의무부의 의사에게 X의 당시의 신체상태에 비추어 불필요한 처치를 한 것이 구치소에 수용된 피구류자에 대한 진료행위에서의 안전배려의무에 위반하여 채무불이행을 구성한다는 등의 주장으로 국가(Y)에 대해 손해배상청구를 한 사안이다. 국가가 구치소에 수용된 피구류자에 대해 미결구류에 의한 구금관계의 부수의무로서 신의칙상의 안전배려의무를 지는지 여부가 다투어졌다.

안전배려의무에 대해서는 종래 이에 관한 명문의 규정[28]이 없이 주로 고용계약(노동계약)의 분야에서 논의되어, 판례의 축적에 의해 발전해왔다고 할 수 있다. 이와 관련하여 최초로 판단한 1975년 최고재판소판결[29]은 "안전배려의무는 어떤 법률관계에 근거하여 특별한 사회적

28) 다만, 현재는 2007년에 제정된 노동계약법 5조가 이에 대해 규정하고 있다.

접촉의 관계에 들어간 당사자 간에서 당해 법률관계의 부수의무로서 당사자의 일방 또는 쌍방이 상대방에 대해 신의칙상 지는 의무로서 일반적으로 인정되어야 하는 것으로서, 국가와 공무원 간에서도 달리 해석해야 할 논거는 없고, 공무원이 직무전념의무 등을 성실히 이행하기 위해서는 국가가 공무원에 대해 안전배려의무를 지고, 이를 다할 것이 필요불가결하기 때문이다"고 하여, "국가는 공무원에 대해 국가가 공무수행을 위해 설치해야 할 장소, 시설 또는 기구 등의 설치관리 또는 공무원이 국가 또는 상사의 지시 하에 수행하는 공무의 관리에 있어서 공무원의 생명 및 건강 등을 위험으로부터 보호하도록 배려해야 할 의무를 지고 있다"고 판시하였다.

학설상으로는 안전배려의무는 ① 상대방을 위험에 노출시키는 접

---

29) 最判 昭和50年2月25日, 民集 29卷2号, 143쪽. 본 사안의 개요는 다음과 같다. 자위대원인 A가 1965년 7월 13일에 부대 내에서 군용차 정비중에 동료가 운전한 군용차에 치여 즉사하였다. 이에 그 자인 X가 1969년 10월 6일에 국가(Y)를 상대로 자배법에 기한 손해배상청구를 하였던바, Y는 소멸시효를 원용하였으며, X는 Y의 소멸시효의 원용은 신의칙에 반한다고 주장하였으나, 제1심은 Y의 시효항변을 받아들여 청구기각판결을 하였다. 이에 X는 Y는 자위대원의 사용주로서 대원의 복무에 대해 그 생명에 위험이 발생하지 않도록 주의하고, 인적 물적 환경을 정비해야 할 의무를 지고 있는 바, 본건 사고현장의 소음이나 혼잡에도 불구하고 차량운전자에 대한 안전교육을 철저하게 하지 않는, 자위대원에 대한 안전배려의무에 위배하였다고 주장하여 항소하였다. 이에 대해 항소심은 자배법에 근거한 청구는 기각, 안전배려의무위배의 주장에 대해서는 A와 Y는 특별권력관계라는 이유로 배척하였다. 이에 대해, 최고재판소는 본문과 같은 이유에 입각하여, 공무원이 근무중에 받은 재해에 대한 손배상청구권은 국가의 공무원에 대한 안전배려의무 위배로서 민법상의 채무불이행에 근거하는 것이며, 따라서 그 소멸시효기간은 회계법상의 단기소멸시효에 의할 것이 아니라 일반채권의 소멸시효를 규정한 민법규정에 의해 10년으로 해석해야 한다고 하여, 파기환송판결을 한 것이다. 동 판결의 의의로서는 국가공무원의 근무관계의 법적 성질에 대해 종래의 특별권력관계론의 입장과 달리, 사법상의 고용계약에서 사용자의 노무자에 대한 신의칙에 근거한 안전배려의무를 인정함과 함께, 국가공무원의 근무관계에 대해서도 사용자로서의 국가의 안전배려의무를 인정한 것은 국가의 공무원에 대한 보호의무를 인정한 최초의 판례이며, 종래의 특별권력관계론에 대한 비판을 포함한다는 점에서도 주목할 만한 판결이라고 할 수 있다.

촉관계를 중시하여 채무불이행책임을 인정하는 견해, ② 급부내용을 중
심으로 하는 계약내용과의 관련을 중시하여 채무불이행책임을 인정하
는 견해로 나뉘지만, 그 법적 성질을 계약상의 의무(채무불이행책임)로
보는 견해가 다수설이라고 할 수 있다[30]. 그 논거를 어디서 구하건, 안
전배려의무의 본질은 타인의 행동을 관리·제약하는 자가 그 관리에 수
반하는 위험에 대한 조치를 취하고, 그 타인의 생명·건강이 해쳐지는
것을 미연에 방지할 의무를 지는데 있다고 할 수 있다.

　본 판결은 구금관계에 대해서 안전배려의무의 성립을 부정하면서
도 피구류자에 대해 국가배상법 1조 1항에 근거한 손해배상책임을 지는
경우가 있을 수 있다고 한다. 그러나, 본건은 피구류자에 대한 직접의
유형력 행사가 불법행위가 되는지의 문제이며, 본래의 안전배려의무의
문제가 아니라고 할 수 있다. 안전배려의무는 전형적인 예로서는 피구
금자의 질병에 대해 적절한 조치를 취하지 않는 경우(부작위) 등에 문제
로 될 것이다[31].

　본 판결에서는 1975년 최고재판소판결의 '특별한 사회적 접촉관계'
의 의의가 문제된다. 그것은 지위·감독 등 타인의 행동을 관리하여 제
약하는 관계이며, 그 관계가 단지 사실적인 것이 아니라 '어떤 법률관
계'에 의해 정당화되는 것을 의미한다. 1975년 최고재판소판결에 의하
면, 안전배려의무의 근거는 당사자의 의사 그 자체가 아니라 신의칙이
다. 이것은 안전배려의무는 당사자의 의사가 아니라 법질서의 요구에
근거하는(즉, 당사자의 의사에 의해서 배제할 수 없는) 것을 의미한다. 따라
서, '사회적 접촉'을 계약적인 것에 한정할 이유는 없고, 법률에 근거하
는 구금관계에서도 그 법률에 근거하는 권한의 행사에 대해 신의칙의

---

30) 野村武範, 拘置所に収容された被勾留者に対する国の安全配慮義務の有無, ジュリス
　　 ト1502号(2017.2), 102쪽.
31) 高橋 真, 拘置所に収容された被勾留者に対する国の安全配慮義務の有無, 司法判例リ
　　 マークス55(2017), 16쪽.

요구가 타당하고, 안전배려의무를 인정할 수 있다고 할 것이다.32) 이러한 관점에서 최고재판소의 판결에는 의문의 여지가 있다.

2. 사형확정자의 서신 발송 거부를 이유로 한 손해배상 청구사건33)

〈사실관계〉

사형확정자로서 오사카구치소에 수용되어 있는 X는 재심청구 변호인인 A 앞으로 편지지 7매에 기재한 서신(이하 '본건서신1')을 80엔 우표 5매를 동봉하여 발신할 것을 신청하였다. 본건서신1의 첫 장에는 A에 대한 근황보고 등에 이어서 X의 형사재판의 지원자들 4명의 이름, 주소, 전화번호 등이 기재되어 있고, 2장 째부터 7장 째까지는 순전히 상기 지원자들에 대한 연락사항이나 물건차입에 대한 감사의 말 등이 지원자 별로 편지지를 나누어 기재되어 있었다. 구치소장은 본건서신1은 외형적으로는 A를 수신인으로 하고 있지만, 편지지 7장 중 6장은 X가 A를 매개하여 지원자들에 대해 서신의 전송을 도모한 것이며, 그 발신을 허가하는 경우에 형사수용시설및피수용자등의처우에관한법률(이하 '법'이라 한다) 139조34)가 규정하는 사형확정자의 외부교통에 대한 제한

---

32) 高橋 真, 위 글, 16쪽.

33) 最判 平成28年4月12日, 判例タイムズ 1427号, 63쪽.

34) (발수를 허용하는 신서) 제139조 ①형사시설의 장은 사형확정자(미결구금자로서의 지위를 가지는 자를 제외한다. 이하 같음)에 대해 … 다음에 드는 신서를 발수하는 것을 허용하는 것으로 한다.

  1. 사형확정자의 친족과의 사이에서 발수하는 신서

  2. 혼인관계의 조정, 소송의 수행, 사업의 유지 기타 사형확정자의 신분상, 법률상 또는 업무상의 중대한 이해에 관련되는 용무의 처리를 위해 발수하는 신서

  3. 발수에 의해 사형확정자의 심정의 안정에 이바지한다고 인정되는 신서

    ② 형사시설의 장은 사형확정자에 대해 전항 각호에서 드는 신서 이외의 신서의 발수에 대해, 그 발수의 상대방과의 교우관계의 유지 기타 그 발수를 필요로 하는 사정이 있으며, 그 발수에 의해 형사시설의 규율 및 질서를 해할

의 잠탈을 인정하는 결과가 되고, 나아가서는 부정연락 등의 수단으로
서 이용되는 등 구치소의 규율 및 질서를 해칠 우려가 있다고 판단하
여, X에 대해 본건서신1 및 우표 5매를 반려했다. X는 같은 날, 다시 A
앞으로 거의 같은 내용의 서신(이하 '본건서신2')의 발신을 신청하였지만,
본건서신1과 같은 이유로 반려되었다. 그 후, X가 본건서신2의 1장째만
을 A앞으로 발신할 것을 신청하였던 바, 구치소장은 이것을 허가하여
발신되었다.

　　X는 구치소장이 본건 각 서신의 발신을 허가하지 않고 반려한 행
위는 위법하다고 주장하여, 국가배상법 1조 1항에 근거하여 국가(Y)에
대해 위자료 등을 청구하여 본건소송을 제기하였다.

〈하급심 판결〉: 제1심-청구기각, 원심- 일부 인용

　　제1심[35]은 구치소장의 행위에 위법성은 없다고 하여 X의 청구를 기
각하였지만, 원심[36]은 본건 각 서신이 A에 대한 서신인 것을 전제로 법
139조 1항 소정의 서신에는 해당하지 않지만, 동조 2항의 요건을 충족하
고 있으며, 구치소장은 본건 각 서신의 발신을 허가할 의무를 지고 있었
다고 하여야 하기 때문에 그것을 허가하지 않는 것은 재량권을 일탈·남
용한 것으로서 국가배상법상의 위법이며, 본건 각 서신을 반려한 행위도
또한 국가배상법상 위법하다고 하여 X의 청구를 일부 인용하였다.

〈최고재 판결 요지〉: 파기자판, 항소기각

　　법 139조 2항의 문언에 비추어보면, 동 항에서 말하는 교우관계의
유지에 대하여서는 당해 서신의 발·수신의 상대방과의 관계에서 검토
되어야 할 것이며, 순전히 지원자들 4명에 대한 연락사항 등이 기재된
상기의 부분이 본건 각 서신의 발신의 상대방인 A와의 교우관계의 유
지에 관련된 것이 아니라는 것은 명백하다.

　　　　우려가 없다고 인정할 때는 이를 허용할 수 있다.
35) 大阪地判 平成25年4月24日, 訟務月報 62卷9号, 1607쪽.
36) 大阪高判 平成26年1月16日, 判例時報 2238号, 38쪽.

또한, 본건 각 서신의 내용, 체재 등에 비추어보면, X가 상기 부분을 지원자들 4명 각자 앞으로의 서신으로서 개별로 발신을 신청하지 않고, 본건 각 서신의 전부를 A앞의 서신으로서 발신하고자 한 것에 구치소의 규율 및 질서의 유지의 관점에서 문제가 있었던 것은 부정하기 어렵고, 본건 각 서신의 발신을 허가한 경우에는 구치소의 규율 및 질서를 해칠 우려가 있다고 한 오사카구치소장의 판단에 불합리한 점이 있었다고 할 수 없다.

〈본 판결의 해설〉

본 판결은 사형확정자로부터 발신신청이 있었던 서신을 구치소장이 반려한 행위에 위법성이 없다고 판단한 것이지만, 법 139조 소정의 허가요건에 대해 최고재판소가 판단한 최초의 판결이라는 점이 주목된다. 법 139조 2항은 1항 이외의 서신의 발수(發受)에 대해 그 발수의 상대방과의 교우관계의 유지 기타 그 발수를 필요로 하는 사정이 있고, 그 발수에 의해 형사시설의 규율 및 질서를 해칠 우려가 없을 것으로 인정될 것을 요건으로 형사시설의 장의 재량에 위임하고 있다. 즉, 법 139조 2항의 취지는 동 조 1항 각 호 이외의 서신의 발수에 대해서는 그 발수의 상대방과의 교우관계의 유지 기타 그 발수를 필요로 하는 사정이 있고, 그 발수에 의해 형사시설의 규율 및 질서를 해칠 우려가 없을 것으로 인정할 때는 형사시설의 장은 사형확정자에 대해 이를 허용할 수 있다고 하여, 사형확정자의 서신의 재량발수에 대해 규정하고 있다. 동조가 친족 이외의 자와의 서신의 발수를 일반적으로 제한하고, 개별적으로 서신의 발수의 필요성이 인정되는 경우에만 발수가 허용되는 것이라고 해석되는 점, 동조 2항이 재량발수의 요건으로서 "그 발수의 상대방과의 교우관계의 유지 기타 그 발수를 필요로 하는 사정"이라고 규정하고 있는 점, 제3자와의 교우관계의 유지를 위해 서신의 발수가 필요하다면, 당해 제3자를 상대방으로 하여 서신의 발수의 허가를 신청하면 족하다는 점 등으로부터 생각하면, 139조 2항은 교우관계의 유지를 목적으로 하는 서신의 재량발수의 허부의 판단에 있어서 발수의 상대방을 특정한 다음, 당해 상대방과의 관계에서 교우관계의 유지에 이바지할지 여부를 검토하는 것을 당연한 전제로 하고 있고, 당해 상대방 이외의 제3자와의 교우관계의 유지의 필요성을 고려하는 것은 원칙적으로 상정하고 있지 않다고 해석된다[37].

본 판결은 법 139조 2항의 '교우관계의 유지'가 서신의 발수의 상대방과의 관계에서 검토되어야 하는 것이며, 본건 각 서신의 2장 째 이후는 A와의 관계에서 교우관계의 유지에 관련되는 것이 아닌 것은 명백하다고 하여, 본건 각 서신을 구치소장이 반려한 행위에 위법성이 없다고 판단하였다. 위에서 살펴본 바와 같이, 본건 각 서신의 2장 째 이후에 대해서 '교우관계의 유지'요건을 충족하지 않는다고 판단한 최고재 판결은 정당하다고 볼 수 있을 것이다.

3. 나루토시(鳴門市) 경정(競艇)종사원공제회에의 보조금 지출 주민소송[38]

〈사실관계〉

본건은 나루토경정종사원공제회(이하 '공제회')로부터 나루토경정임시종사원(이하 '임시종사원')에게 지급된 퇴직전별금에 충당하기 위하여 나루토시가 공제회에 대해 보조금(이하 '본건 보조금')을 교부한 것이 급여조례주의를 규정한 지방공영기업법 38조 4항[39]에 반하는 위법, 무효인 재무회계상의 행위라고 하여, 시의 주민인 X 등이 시장을 상대로 본

---

37) 拘置所長が死刑確定者から発信を申請された信書を返戻した行為が国家賠償法1条1項の適用上違法であるとはいえないとされた事例, 判例タイムズ 1427号(2016.10), 64쪽.
38) 最判 平成28年7月15日, 判例タイムズ 1430号, 121쪽.
39) (급여) 제38조 ④기업직원의 급여의 종류 및 기준은 조례로 정한다.

건 보조금 교부 당시의 시장, 시공영기업관리자 기업국장에 대한 손해
배상청구 등을 할 것을 청구한 주민소송이다. 보다 상세한 사실관계의
개요는 다음과 같다.

(1) 나루토시는 조례로써 경정사업을 설치하여 지방공영기업법의
규정을 적용하고, 그 관리자를 기업국장으로 규정하고 있다. 시는 경정
사업의 수행을 위하여 임시종사원을 채용하고 있는 바, 그 채용은 기업
국장이 등록명부에 등록된 채용예정자에 대해 개별 취업일을 지정한 채
용통지서에 의해 통지하는 일일고용의 형식이 취하여졌다. 임시종사원
의 신분은 지방공무원법 22조 5항의 임시적 임용에 의한 동법 3조 2항
의 일반직의 지방공무원이라고 이해되고, 이것을 전제로 하는 운용이
이루어지고 있다. 임시종사원의 임금은 일급이며, 기본급 및 수당으로
이루어지지만, 임시종사원의 취업규정, 임금규정에는 퇴직수당은 규정
되지 않았다.

한편, 시의 기업직원의 급여의 종류 및 기준을 규정하는 조례(이하
'급여조례')는 상근직원이 근무기간 6개월 이상으로 퇴직한 경우에 퇴직
수당을 지급하는 규정을 두고, 비상근직원에 대해서는 상근직원의 급여
와의 권형(權衡)을 고려하여 예산의 범위 내에서 급여를 지급한다고 규
정하고 있다.

(2) 임시종사원 등으로 조직되는 공제회는 그 사업의 하나로서 퇴
직 또는 사망에 의해 등록명부로부터 말소된 회원 또는 그 유족에 대해
퇴직시의 기본임금(일액임금)에 재적연수 및 이를 기준으로 하는 지급율
을 곱하여 산출한 퇴직전별금을 지급하였다. 한편, 소득세의 과세실무
상 퇴직전별금은 소득세법 30조 1항 소정의 퇴직수당 등에 해당하는 것
으로서 취급되고 있다.

시가 규정하는 퇴직전별금에관한보조금의교부요강에는 공제회에
대해 교부되는 보조금액은 퇴직전별금에 관련된 계산식과 연동한 계산
식에 의해 산출된 금액의 범위 내로 되었다. 공제회는 시로부터 교부를

받은 본건 보조금을 기초자산으로 하여 등록명부로부터 말살된 임시종
사원에 대해 퇴직전별금을 지급하였지만, 그 기초자산에서 차지하는 본
건 보조금의 비율은 2010년 7월에 교부된 보조금에 대해서는 97%,
2011년 11월부터 2012년 6월에 걸쳐 교부된 보조금에 대해서는 약
91.5%였다.

    그 후, 시는 임시종사원의 수당의 종류로서 퇴직수당을 포함할 것
을 규정한 조례(이하 '급여조례')를 제정하고, 본건 조례는 2013년 3월에
시행되었다.

〈하급심 판결〉: 제1심 및 원심- 청구 기각

    퇴직전별금이 퇴직금으로서의 성격을 가지고, 본건 보조금의 교부
가 실질적으로 임시종사원에 대한 퇴직금 지급으로서의 성격을 가지고
있는 것은 부정할 수 없다고 하면서, 임시종사원의 취로의 실태가 상근
직원에 준하는 계속적인 것이며, 퇴직수당을 수령할 만큼의 실질이 존
재하는 것으로부터 한다면, 본건 보조금의 교부가 급여법정주의의 취지
에 반하고, 이를 잠탈하는 것이라고 할 수 없고, 본건 보조금의 교부에
지방자치법 232조의2[40]가 규정하는 공익상의 필요성이 있다고 하는 판
단이 재량권을 일탈, 남용한 것이라고는 인정될 수 없기 때문에 본건
보조금의 교부가 위법하다고 할 수 없다고 하여, X 등의 청구를 모두
기각하였다.

〈최고재 판결 요지〉: 일부 파기자판, 일부 파기환송

    (1) 본건 보조금 교부 당시, 임시종사원에 대해서 퇴직전별금 또는
퇴직수당을 지급한다는 내용의 조례의 규정은 없었다. 또한, 임시종사
원은 일일고용되어 그 신분을 가지는 자에 지나지 않고, 급여조례가 규
정하는 퇴직수당의 지급요건을 충족하는 것이었다고도 할 수 없다.

---

40) (기부 또는 보조) 제232조의2 보통지방공공단체는 그 공익상 필요가 있는 경우에
    는 기부 또는 보조할 수 있다.

(2) 그렇다면, 임시종사원에 대한 퇴직전별금에 충당하기 위하여 이루어진 본건 보조금의 교부는 지방자치법 204조의2[41] 및 지방공영기업법 38조 4항이 규정하는 급여조례주의를 잠탈하는 것이라고 하지 않을 수 없고, 이것은 임시종사원의 취로실태 등의 여하에 의해 좌우되는 것이 아니다.

(3) 이상에 의하면, 지방자치법 232조의2가 규정하는 공익상의 필요성이 있다고 하여 이루어진 본건 보조금의 교부는 재량권의 범위를 일탈하거나 이를 남용한 것으로서 동조에 위반하는 위법한 것이라고 하여야 할 것이다.

(4) 한편, 본 판결은 예산의 조제를 위법한 재무회계상의 행위라고 하여 당시의 시장에 대해 손해배상청구를 할 것을 구하는 청구와 관련된 소에 대해서는 주민소송의 대상 외의 행위를 대상으로 하는 부적법한 것이라고 하여, 이를 각하하였다.

〈본 판결의 해설〉

본건 퇴직전별금의 지급원인, 계산식, 실제 지급액 등으로 볼 때, 하급심판결이 인정하고 있는 것처럼, 퇴직전별금이 퇴직금으로서의 성격을 가지는 것은 부정할 수 없다고 생각한다. 그리고, 시로부터 공제회에 대해 교부되는 보조금의 계산식이 공제회로부터 임시종사원에 대해 지급되는 퇴직전별금의 계산식과 연동되어 퇴직전별금의 기초자산에서 차지하는 본건 보조금의 비율이 약 97%에 미친 것에 비추어 보면, 본건 보조금은 실질적으로는 시가 공제회를 경유하여 임시종사원에 대해 퇴직수당을 지급하기 위해 공제회에 대해 교부한 것이라고 할 수 있을 것이다.

일본 지방자치법 204조의2는 보통지방자치단체는 법률 또는 이에

---

41) 제204조의2 보통지방공공단체는 어떠한 급여 기타의 급부도 법률 또는 이에 근거하는 조례에 근거하지 않고서는 이를 그 의회의 의원, 제203조의2 제1항의 직원 및 전조 제1항의 직원에게 지급할 수 없다.

근거한 조례에 근거하지 않고서는 어떠한 급여 기타 급부도 직원에게
지급할 수 없다고 규정하고, 지방공영기업법 38조 4항은 기업직원의 급
여의 종류 및 기준은 조례로 정한다고 규정하고 있다. 그러나, 본건 보
조금의 교부 당시, 임시종사원에 대해 퇴직전별금 또는 퇴직수당의 지
급을 규정한 조례는 없고, 임금규정에도 퇴직수당은 규정되지 않았다.
또한, 임시종사원은 채용통지서에 의해 지정된 개별 취업일 별로 일일
고용되어 그 신분을 가지는 자에 지나지 않고, 그 고용이 계속되는 것
이 아니기 때문에, 급여조례가 규정하는 "근무기간 6월 이상으로 퇴직
한 경우"의 요건에 해당하지 않으며, 임시종사원이 상근직원 또는 비상
근직원의 어디에 해당하는지 관계없이 급여조례에 근거하여 임시종사
원에 대해 퇴직수당을 지급할 수 없다고 해석된다.

이와 같이, 임시종사원에게 퇴직수당을 지급해야할 조례상의 근거
가 없었다고 한다면, 시가 공제회에 대해 퇴직전별금에 충당하기 위하
여 본건 보조금을 교부한 것은 조례상의 근거없이 실질적인 퇴직수당을
지급한 것으로서, 지방자치법 등이 규정하는 급여조례주의를 잠탈하는
위법한 것이라고 하지 않을 수 없고, 본건 보조금의 교부에 공익상의
필요성이 있다는 판단에는 재량권의 일탈·남용이 있다고 생각된다.

본 판결이 이상과 같은 관점에서, 본건 보조금의 교부가 지방자치
법 232조의2의 '공익상의 필요성'의 판단에 관한 재량권을 일탈·남용한
위법한 것이라고 판단한 것은 일응 수긍할 수 있다고 할 것이다.

4. 개인정보 일부 비공개결정처분취소 등 청구사건[42]

〈사실관계〉

X는 교토부(京都府)개인정보보호조례(이하 '본건 조례')에 근거하여,

---

42) 最判 2016年3月10日, 判例タイムズ 1426号, 26쪽.

A변호사를 대리인으로 하여 2011년 12월 20일에 X의 자(子)가 건물로부터 전락하여 사망한 사건에 대해 교토부경찰 다나베(田辺)경찰서에서 작성된 서류 등(이하 '본건 각 문서')에 기록되어 있는 자기의 개인정보의 공개청구(이하 '본건 공개청구')를 교토경찰본부장(처분행정청)에게 하였던 바, 교토부경찰본부장은 2012년 3월 8일에 X의 자의 개인정보는 X의 개인정보에 해당하지 않는다고 하여, 본건 각 문서 중 X 자신의 개인정보로 인정되는 것이 기록되어 있는 공문서(이하 '본건 공문서')에 기록된 개인정보만을 일부 공개한다고 결정하였다. 그 후, 처분행정청은 2012년 10월 3일에 A변호사의 청구를 받고서 본건 공개청구에 대한 응답과는 별도로 본건 조례에 근거하여 본건 공문서를 제외한 본건 각 문서의 사본을 그 일부를 블랭크 처리하여 이른바 임의제공으로서 A변호사에게 교부하고, 또한, 별건소송의 판결에서 당해 사건의 사실관계에서 사자의 개인정보가 그 상속인에게는 자기의 개인정보에 해당한다고 한 것을 받아들여, 2012년 10월 12일에 다시금 일부를 공개하는 결정(이하 '본건 처분')을 하였다. 교토부경찰본부 담당자는 같은 날에 임의제공한 상기 공문서와 본건 각 공개문서가 동일한 내용이라는 것을 A변호사에게 전화로 전하였다. 그리고, 본건 통지서는 10월 15일에, 본건 각 공개문서는 10월 22일에 각각 도달하였다.

X는 A변호사 등을 대리인으로 하여 국가(Y)를 상대로 2013년 4월 19일에 본건 처분 중 개인정보를 비공개로 한 부분(이하 '본건 각 비공개부분')의 취소를 청구함과 함께, 본건 각 비공개부분에 관련된 개인정보의 공개결정의 의무이행을 청구하는 소를 제기하였다.

〈하급심 판결〉: 제1심—청구기각, 원심— 일부 인용

제1심[43]은 본건 통지서가 A변호사에게 도달한 것에 의해 A변호사가 본건처분을 알았다고 인정되기 때문에 본건 소는 행정사건소송법 14

---

[43] 京都地判 2014.7.15., LEX/DB 25505065

조 1항44)의 제소기간을 도과한 것으로서, 이것에 정당한 이유도 없다고
하여 소를 각하하였다.

　　이에 대해, 원심45)은 본건 통지서와 본건 각 공개문서가 일체로 되
어 본건 처분의 통지 내용을 구성하고 있다고 해석하는 것이 상당하다
고 하여야 하기 때문에 X가 본건 처분의 존재를 현실적으로 안 날은 본
건 각 공개문서가 A변호사에게 도달한 2012년 10월 22일로 볼 수 있기
때문에 본건 소는 제소기간을 준수하였다고 하여, 제1심판결을 파기하
였다.

　　〈최고재 판결 요지〉: 파기자판, 항소기각
　　(1) 행정사건소송법 14조 1항 본문은 취소소송에 대해 처분이 있
었던 것을 안 날로부터 6개월을 경과한 때는 제기할 수 없다고 규정하
고 있는 바, 본건 조례 16조에 근거하는 공개는 동 조례 15조에 근거하
는 공개결정 등의 후의 절차로서 자리매겨지기 때문에 동 조례에 근거
하는 공개결정 등은 개인정보가 기록된 공문서의 사본의 교부 등에 의
한 공개가 실시되어 있지 않다고 하더라도, 당해 공개결정 등에 관련된
통지서가 공개청구자에게 도달한 시점에서 효력을 발생하는 것으로 해
석되고, 본건처분은 2012년 10월 15일에 본건 통지서가 피상고인을 대
리하는 A변호사에게 도달한 시점에서 효력이 발생한 것이며, 상기 시점
에서 '처분이 있었다'고 하여야 한다.
　　(2) 처분이 그 상대방에게 개별적으로 통지되는 경우에는 행정사
건소송법 14조 1항 본문에서 말하는 '처분이 있음을 안 날'이란 그 자가
처분이 있었던 것을 현실로 안 날을 말하며, 당해 처분의 내용의 상세
나 불이익성 등의 인식까지를 요하는 것이 아니라고 해석된다. 그리고,
본건처분은 본건 통지서로서 통지된 것인바, 본건 기록에 의하면 본건

---

44) (출소기간) 제14조 ①취소소송은 처분 또는 재결이 있음을 안 날부터 6개월을 경
　　과한 때는 제기할 수 없다. 다만, 정당한 이유가 있을 때는 그러하지 아니한다.
45) 大阪高判 2015.1.29., LEX/DB 25542882

통지서에는 본건 공개청구에 대한 응답으로서 일부를 공개하는 뜻이 명시되어 있는 것이 명백한 외에, 또한 본건 통지서에는 본건 각 문서에 기록된 개인정보 중 본건 처분에 비공개된 부분을 특정해서 그 이유가 제시되어 있다.

그렇다면, X는 본건 통지서가 동인을 대리하는 A변호사에게 도달한 2012년 10월 15일에 본건 처분이 있었음을 현실로 안 것이라고 할 수 있고, 2013년 4월 19일에 제기된 본건 취소소송은 본건 처분 있었음을 안 날로부터 6개월의 제소기간을 경과한 후에 제기된 것이라고 하여야 할 것이다.

(3) 본건 통지서에서 제소기간의 교시가 이루어지고 있는 것이 명백하고, 또한, 본건 통지서의 기재는 비공개부분을 특정해서 비공개의 이유를 붙인 것으로서 본건 각 공개문서가 A변호사에게 도달한 것은 본건 통지서가 동 변호사에게 도달한 1주간 후인 외에, 동 변호사가 본건 공개청구로부터 본건소송에 이르기까지 일관해서 X를 대리해서 행동하고 있다.

이러한 사정에 의하면, 본건 취소소송이 제소기간을 경과한 후에 제기된 것에 대해 행정사건소송법 14조 1항 단서의 '정당한 이유'가 있다고 할 수 없다.

〈본 판결의 해설〉

1. 제소기간의 도과 문제

(1) 일본 행정사건소송법 14조 1항 본문은 "처분이 있었던"이라고 할 수 있기 위해서는 처분이 성립하고, 그 효력이 발생하고 있을 필요가 있다고 해석되는 바, 일반적으로 행정행위에 대해서는 행정청이 의사결정을 해서 이를 표시하였을 때에 성립하고, 당해 의사표시가 상대

방에 도달한 때에 효력을 발생하는 것으로 해석된다[46].

그리고, 처분이 있었던 것을 '안 날'이란 처분의 효력을 받는 자가 당해 처분이 있었던 것을 현실적으로 알았던 날을 기준으로 하여야 할 것이다. 처분의 고지방법이 개별 통지가 아니라 고시, 공고 등으로 되어 있는 경우에는 적법하게 고시 등이 이루어진 날이 기산점으로 된다고 해석하는 것이 통설·판례의 입장이다[47]. 나아가서, '알았다'고 할 수 있기 위해서는 당해 처분에 대해 무엇을 어느 정도 요지(了知)할 필요가 있는지가 문제되지만, 제소기간의 규정은 법률관계의 안정과 국민의 권익구제를 받을 기회의 확보라는 2개의 목적을 도모하는 규정이기 때문에, 6개월의 제소기간은 처분이 있음을 알았던 당사자가 당해 처분의 내용을 조사하여 소송을 제기할 것인지 여부를 포함해서 대응을 검토할 것이 예정되어 있는 것이며, 그 기산점을 확정하는 지표로 되는 "처분 있음을 알았던" 상태란 당해 처분이 자기의 법률상의 지위에 변동을 미칠 것임을 객관적으로 인식할 수 있는 상태이면 충분하며, 그 이상으로 당해 처분의 내용의 상세나 불이익성 등의 인식까지 요한다고 해석하는 것은 법률관계의 안정의 관점에서도 상당하지 않다고 해석된다.

(2) 본건 처분에 대해서 살펴보면, 본건 통지서에서는 본건의 공개 청구에 대한 응답으로서 일부를 공개할 것이 명시되어 있고, 대상문서 중 공개하지 않는 것으로 된 부분을 개별적으로 특정해서 그 이유가 제시되어 있고, X는 본건 통지서가 X 대리인 변호사에게 도달한 2012년 10월 15일에 본건 처분이 있음을 '알았던' 것으로 해석하는 것이 정당할 것이다.

---

46) 宇賀克也, 行政法概説(第5版), 有斐閣, 354쪽.
47) 個人情報の一部を不開示とする決定の取消しを求める訴えが 行政事件訴訟法14条1項本文の定める出訴期間を経過した後に提起されたものとされた事例, 判例タイムズ 1426号(2016.9), 27쪽.

2. '정당한 이유'의 유무 문제

(1) 2004년 행정사건소송법의 개정에 의해 그 때까지 주관적 제소기간을 불변기간으로 규정하였던 것을 개정하여, '정당한 이유'가 있는 때에는 제소기간을 도과하더라도 취소소송을 제기할 수 있도록 되었다. 여기서의 '정당한 이유'는 제소기간 내에 제소하지 않았던 것에 대한 사회통념상 상당하다고 인정되는 이유를 의미하는 것으로 해석되고, 구체적인 사안에서는 처분 등의 내용·성질, 행정청의 교시의 유무 및 그 내용, 처분 등에 이르는 경위 및 그 후의 사정, 처분 당시 및 그 후의 시기에 원고가 처한 상황, 기타 제소기간 도과의 원인으로 된 제 사정을 종합적으로 감안하여 판단하여야 할 것이다48)49).

(2) 본건에서는 본건 통지서에서 제소기간의 교시가 명확하게 이루어지고 있는 점에서 '정당한 이유'가 있었다고는 해석하기 어렵지만, 나아가, 본건 통지서의 기재는 비교적 상세하게 비공개부분을 특정해서 비공개의 이유를 부기했던 점, 본건 공개문서가 X 대리인변호사에게 도달한 1주일 후이며, 제소기간 경과까지 시간적인 여유가 충분하였던 점, 동 변호사가 공개청구부터 본건 소송에 이르기까지 일관해서 X의 대리인으로서 행동하고 있었던 점을 함께 고려하면, '정당한 이유'가 있었다고는 해석할 수 없을 것이다.

이상 살펴본 바와 같이, 본 최고재판소판결은 정당한 것으로 판단된다.

---

48) 南博方編著, 条解行政事件訴訟法[第4版], 弘文堂, 393쪽(深山卓也 집필부분).
49) 이러한 구체적인 예로서는 처분시에 교시가 이루어지지 않거나 또는 잘못된 장기의 제소기간이 교시되어 당사자가 다른 방법으로도 제소기간을 알 수 없었던 경우, 처분이 공고 등에 의해 이루어졌지만 당사자가 통상적으로는 처분을 알 기회가 없었다고 인정되는 경우가 들어진다.

Ⅲ. 마치며

이상에서 살펴본 2016년 일본 행정판례의 주목할 만한 특징으로서
는 다음과 같이 정리할 수 있을 것이다.

첫째로, 안전배려의무와 관련한 최고재판소판결[50]은 미결구류에
의한 구금관계에 있어서는 당사자 일방 또는 쌍방이 상대방에 대해서
신의칙상의 안전배려의무를 지는 특별한 사회적 접촉관계에 있다고 할
수 없다고 하여, 국가는 구치소에 수용된 피구류자에 대해 신의칙상의
안전배려의무를 지지 않는다고 하였다. 그러나, 이것은 안전배려의무는
당사자의 의사가 아니라 법질서의 요구에 근거하는(즉, 당사자의 의사에
의해서 배제할 수 없는) 것을 의미한다. 따라서, '사회적 접촉'을 계약적인
것에 한정할 이유는 없고, 법률에 근거하는 구금관계에서도 그 법률에
근거하는 권한의 행사에 대해 신의칙의 요구가 타당하고, 안전배려의무
를 인정할 수 있다고 할 것이며, 이러한 관점에서 최고재판소의 판결에
는 의문의 여지가 있다.

둘째로, 최고재판소[51]는 시가 경영하는 경정사업의 임시종업원 등
에 의해 조직된 공제회가 임시종업원에 대해 지급하는 퇴직전별금에 충
당하기 위하여 시가 공제회에 대해서 한 보조금의 교부가 지방자치법
등이 규정하는 급여조례주의를 잠탈하는 것으로서 위법하다고 하였다.
이에 대해서는, 퇴직전별금이 퇴직금으로서의 성격을 가지고, 본건 보
조금의 교부가 실질적으로 임시종사원에 대한 퇴직금 지급으로서의 성
격을 가지고 있는 것은 부정할 수 없으며, 임시종사원의 취로의 실태가
상근직원에 준하는 계속적인 것이며, 퇴직수당을 수령할 만큼의 실질이
존재한다고 하여, 원고들의 청구를 모두 기각한 하급심판결과 비교할
때, 어느 쪽의 판결이 실질적 법치주의에 부합할지는 논란의 여지가 있

---

50) 最判 平成28年4月21日, 判例タイムズ 1425号, 122쪽.
51) 最判 平成28年7月15日, 判例タイムズ 1430号, 121쪽.

을 것이다.

셋째로, 아츠기(厚木)기지 제4차소송에서 최고재판소[52]는 넓은 재량적인 판단의 여지를 행정에 인정하여 원고들의 청구를 기각하였지만, 일본의 학설이 줄기차게 주장해온 공항소음중지청구소송의 소송유형을 인정하였다는 점에서 그 의의를 찾을 수 있을 것이다.

---

52) 最判 平成28年12月8日 LEX/DB 25448308.

참고문헌

宇賀克也, 行政法概説(第5版), 有斐閣

南博方編著, 条解行政事件訴訟法[第4版], 弘文堂,

高橋　真, 拘置所に収容された被勾留者に対する国の安全配慮義務の有無, 司法判例リマークス55(2017),

野村武範, 拘置所に収容された被勾留者に対する国の安全配慮義務の有無, ジュリスト1502号(2017.2)

個人情報の一部を不開示とする決定の取消しを求める訴えが′行政事件訴訟法14条1項本文の定める出訴期間を経過した後に提起されたものとされた事例, 判例タイムズ 1426号(2016.9),

拘置所長が死刑確定者から発信を申請された信書を返戻した行為が国家賠償法1条1項の適用上違法であるとはいえないとされた事例, 判例タイムズ 1427号(2016.10)

2016判例回顧と展望（行政法）, 法律時報 89巻7号(2017.6)

平成28年度　重要判例解説, ジュリスト1505호(2017.4)

국문초록

본고는 2016년(平成28年) 일본 행정판례를 그 주요 사법통계와 판례의 동향을 살펴보고, 그 중 일부의 주요사건을 추출하여 보다 구체적으로 살펴본 것이다. 이러한 검토를 토대로 하여, 2016년 일본 행정판례의 주목할 만한 특징으로서는 다음과 같이 정리할 수 있을 것이다.

첫째로, 안전배려의무와 관련한 최고재판소판결은 미결구류에 의한 구금관계에 있어서는 당사자 일방 또는 쌍방이 상대방에 대해서 신의칙상의 안전배려의무를 지는 특별한 사회적 접촉관계에 있다고 할 수 없다고 하여, 국가는 구치소에 수용된 피구류자에 대해 신의칙상의 안전배려의무를 지지 않는다고 하였다. 그러나, 이것은 안전배려의무는 당사자의 의사가 아니라 법질서의 요구에 근거하는(즉, 당사자의 의사에 의해서 배제할 수 없는) 것을 의미하기 때문에, '사회적 접촉'을 계약적인 것에 한정할 이유는 없고, 법률에 근거하는 구금관계에서도 그 법률에 근거하는 권한의 행사에 대해 신의칙의 요구가 타당하고, 안전배려의무를 인정할 수 있다고 할 것이며, 이러한 관점에서 최고재판소의 판결에는 의문의 여지가 있다.

둘째로, 최고재판소는 시가 경영하는 경정사업의 임시종업원 등에 의해 조직된 공제회가 임시종업원에 대해 지급하는 퇴직전별금에 충당하기 위하여 시가 공제회에 대해서 한 보조금의 교부가 지방자치법 등이 규정하는 급여조례주의를 잠탈하는 것으로서 위법하다고 하였다. 이에 대해서는, 퇴직전별금이 퇴직금으로서의 성격을 가지고, 본건 보조금의 교부가 실질적으로 임시종사원에 대한 퇴직금 지급으로서의 성격을 가지고 있는 것은 부정할 수 없으며, 임시종사원의 취로의 실태가 상근직원에 준하는 계속적인 것이며, 퇴직수당을 수령할 만큼의 실질이 존재한다고 하여, 원고들의 청구를 모두 기각한 하급심판결과 비교할 때, 어느 쪽의 판결이 실질적 법치주의에 부합할지는 논란의 여지가 있을 것이다.

셋째로, 아츠기(厚木)기지 제4차소송에서 최고재판소53)는 넓은 재량적

인 판단의 여지를 행정에 인정하여 원고들의 청구를 기각하였지만, 일본의
학설이 줄기차게 주장해온 공항소음중지청구소송의 소송유형을 인정하였다
는 점에서 그 의의를 찾을 수 있을 것이다.

주제어: 일본행정판례, 주민소송, 안전배려의무, 행정재량, 퇴직수당,
공항소음중지청구소송, 제소기간

---

53) 最判 平成28年12月8日 LEX/DB 25448308.

Abstract

The trend and analysis of the recent (2016) Administrative Cases in Japan

Ham, In—Seon*

This paper examines the trends of major judicial statistics and judicial precedents in the cases of Japanese administrative cases in 2016, and extracts major cases among them and analysed them more concretely. Based on these reviews, the notable characteristics of the Japanese administrative cases in 2016 can be summarized as follows;

Firstly, the Supreme Court's decision in relation to the obligation to safeguard the national's safety is that there is a special social contact relationship in which one or both of the parties concerned are obliged to safely respect the other party. The state does not have the obligation to safeguard the detainees held in detention facilities in a faithful manner, but this obligation is not based on the intent of the parties concerned, but on the requirements of the law order(that is, it can not be excluded by the will of the parties). Therefore, there is no reason to restrict social contact to contractual matters, and even in cases of detention based on law, the exercise of rights based on the law. From the viewpoint of this, the Supreme Court's judgment is questionable.

Secondly, the Supreme Court decided that the city would apply for the retirement allowance, which was once organized by the temporary

---

* Professor of Chonnam National University Law School.

employees of the athletic business operated by the city, It is illegal because it violates the rules of salary ordinance stipulated by the Local Autonomy Law. However, it can not be denied that the temporary employee has the nature of the retirement allowance of the temporary employee and that the actual status of the temporary employee's employment is similar to that of the permanent employee, When comparing the plaintiffs 'claims with the lower court rulings, there is room for discussion as to whether or not any of the judgments meet the substantive rule of law.

Thirdly, the Supreme Court dismissed plaintiffs' claims by admitting the possibility of wide discretionary decision to the government in the fourth case of the Athugi Base, but there was a strong opinion against the airport noise injunction lawsuit. It is possible to find out the significance in terms of recognizing it.

keywords: Japanese Administrative Cases, resident's lawsuit, the obligation to safeguard the national's safety, administrative discretion, retirement allowance, Athugi airport noise injunction lawsuit, period of filing lawsuit

투고일 2018. 5. 31.
심사일 2018. 6. 12.
게재확정일 2018. 6. 19.

最近(2016) 獨逸 行政判例의 動向과 分析

桂仁國*

Ⅰ. 연구의 목적과 방법

본 연구는 독일 연방행정법원(Bundesverwaltungsgericht) 2016년도 선고 판결의 동향을 개관하고 분석하는 데에 있다. 흔히 말하는 판례법 체계가 아닌 독일의 경우, 연방행정법원이 내린 전년도 판결 중 선결된 사례만으로 판례의 동향을 파악한다고 말하기는 쉽지 않다. 그러나 이미 여러 해 동안 판례 동향이 연구되고 있었던 만큼 한편으로는 개별법 영역에서 시사점을 포착할 뿐만 아니라 이들을 종합하여 전반적인 판례 동향을 대강이라도 가늠하는 데에 기여할 수 있으리라고 본다.

각 법영역별로 흩어져 있는 수많은 판례를 통해 개별적 시사점을 넘어 일련의 동향을 파악하기 위해서는 부득이 주요판례를 선정할 필요가 있다. 해외 판례 동향을 개관하고 분석하는 방법론으로 하나의 판결을 중심으로 상세한 전·후방 연구를 진행하는 것과, 해당 연도의 여러

---

* 사법정책연구원 연구위원, 법학박사(Dr. jur.)

판결들을 개괄적으로 소개하는 것이 있는데, 양자 모두 명백한 장단점
을 가지고 있기 때문에 어떤 방법이 더욱 적절한 지에 대해서는 간단히
말하기 힘들다. 이하에서는 독일연방행정법원의 2017년도 연례 언론 회
견 자료(Jahrespressegespräch 2017)에 수록된 독일연방행정법원의 업무수
행현황과 2016년도 주요 판례를 소개할 것이나, 회견자료는 다수의 판
례를 매우 간략하게만 소개하고 있기에 이들 중 일부를 재선별하였다.
재선별된 판례는 연방행정법원의 판결문을 직접 텍스트로 하되, 주요판
결요지와 사실관계를 발췌 정리하는 방식으로 소개할 것이다. 이 경우
에도 해당 판결에 대해서는 개략적인 내용만을 소개하게 되므로 보다
상세한 배경의 소개나 법리분석 및 판례의 변화양상은 제한적으로 언급
된다는 한계가 있다.

Ⅱ. 독일연방행정법원의 업무수행 현황

1. 개 관

2016년도 독일연방행정법원의 접수사건은 지난 2015년에 이어 2
년 연속 증가 추세를 보이고 있다. 전년도인 2015년의 1,459건에 비하
여 2016년도는 1,658건이 접수되었으며 이는 전년 대비 약 12%가량의
증가율을 나타내는 것이다. 독일연방행정법원의 접수사건 수가 지속적
으로 감소 추세를 보이고 있었으나, 2015년 반등을 보인 이후 2016년은
전년도 대비 두 자리 수의 백분율로 증가한 것이며, 2011년 1655건을
기록한 이후 근소하게나마 최근 들어 가장 많은 사건이 접수되었다.

접수사건 1,658건 중 1,664건이 처리되어 연말까지 계류 중인 사건
은 727건으로 2015년 1,459건이 접수되고 1,412건이 처리되어 733건이
계류 중이었던 것에 비해 접수사건 수와 처리사건 수에서 모두 큰 폭의

[표] 최근 5년간 독일연방행정법원 업무현황

해당연도	접 수	처 리	계 류
2012	1502	1461	786
2013	1458	1523	721
2014	1372	1405	688
2015	1459	1412	733
2016	1658	1664	727

증가를 보였으며 이로 인해 계류 중인 사건의 숫자는 큰 차이를 나타내
지는 않게 되었다.

2. 상고절차와 재항고절차에서의 처리기간

상고절차의 기간은 전체적으로 보았을 때는 확연히 감소하였다.
2015년도 평균 11개월 12일 소요된 반면, 2016년은 평균 10개월 5일이
소요되었다. 특히 판결을 통한 종국절차가 전년도에 비해 눈에 띄게 기
간의 단축을 이루었던 바, 2015년도 평균 13개월 23일이 소요된 반면,
2016년도는 11개월 27일이 소요되었다.

[표] 최근 5년간 판결에 의한 종국절차기간

해당연도	절차기간 (판결에 의한 종국절차)
2012	13개월 18일
2013	13개월 9일
2014	13개월 25일
2015	13개월 23일
2016	11개월 27일

재항고절차기간은 전년도에 비해 소폭으로 늘어났다. 전년도 평균 4개월 13일에 비해 2016년에는 평균 5개월이 소요되었다. 재항고절차의 47.1%는 접수 후 3개월 이내에, 56.8 %는 6개월 안에 종결되었다.

3. 인프라시설 프로젝트에 대한 시심절차

연방행정법원은 인프라시설 프로젝트에 대한 법적 분쟁에 대해 시심이자 종심으로서 관할하고 있다. 2016년도 소제기 건수는 43건으로 전년도 49건보다 하락하였으나 그 이전 22건에 비해서는 여전히 늘어난 상태이다. 이에 비해 임시적 권리구제절차의 접수는 21건으로 늘어나 전년도 2건에 불과했던 것에 비해 대폭 증가하였으며 2014년도 12건이나 2013년 9건과 비교하여도 크게 증가하였음이 나타난다. 영역별로 보면 국도법에서 31건, 철도법에서 10건, 수로법에서 1건 에너지설비구축법에서 22건으로 각각 나눠진다.

시설계획법(Fachplanungsgesetzen)에서 연방행정법원의 시심관할에 놓여있는 총 146개의 인프라계획 중 2016년에 14개의 프로젝트가 행정사건절차의 대상이 되었다. 추이를 간략히 살펴보면 2011년 7개-2012년 12개-2013년 10개-2014년 11개-2015년 18개-2016년 14개이다. 이들 중 4개가 국도프로젝트, 3건이 철도프로젝트, 1건의 수로프로젝트와 6건의 에너지시설프로젝트이다.

인프라시설 프로젝트에 대한 소송절차기간은 2015년 대폭 줄어들었다가 2016년 다시 그 이전 수준으로 증가하였다. 2011년 이후 2014년까지는 거의 동일하게 11개월 이상의 기간이 소요되었으나, 2015년 8개월 16일로 대폭 축소되었고 2016년 다시 평균 11개월 6일이 소요되었다.

4. 업무현황

2016년 업무현황을 살펴보면, 상고부(Revisionssenate)의 경우 업무 연도의 개시 당시 계류 중인 사건이 685건이며 접수된 사건은 1571건, 종국사건은 1571건이며 업무년도 종료 당시 계류 중인 사건은 685건이 다. 전년도 622건 계류, 접수 1360건, 종국사건 1295건에 비해 처리사 건이 증가하였음이 나타난다. 군사부(Wehrdienstsenate)의 경우 2016년 업무년도 개시 당시 계류 중인 사건은 48건이며 접수된 사건은 87건, 종국사건은 93건이며 업무년도 종료 당시 계류 중인 사건은 42건으로 최근 5년간 계류 중인 사건의 수가 계속 감소추세를 보였다.

Ⅲ. 주요 행정판례의 분석

1. 무인전투드론이 배치된 미군 비행장 인근주민의 원고적격
   (BVerwG 1 C 3. 15 - Urteil vom Apr. 2016)

(1) 주요 요지

[1] 독일 내 미 공군기지에 대한 군사적 혹은 테러공격의 가능성만 으로는 독일 연방공화국 군사력의 감시에 대한 거주자의 기본권적 방어 청구권도 기본권적 보호의무에서 도출되는 청구권도 도출되지 않는다.

[2] 연방기본법 제25조 제2문 후단1)에 의해 국제법상의 일반규정 이 수범자의 확대를 가져오는 것은, 국가만이 아니라 독일 영토 내의

---

1) [연방기본법 제25조] 국제법의 일반원칙은 연방법의 구성부분이다. 이는 법률에 우선하고 연방 내의 주민에 대하여 직접 권리와 의무를 발생시킨다.

거주하는 자에 대해 직접적으로 권리와 의무를 창설한다.

　　[3] 1977년 제네바 협약 제1차 추가의정서 제51조 제2호와 제3호에 의한 민간인에 대한 목적되고 무차별적인 공격의 금지는 독일연방기본법 제25조 제2문 후단이 말하는 국제법상 일반규정으로 이 일반규정이 침해된 직접 당사자에 대해 개인적 권리의 기초가 된다.

　　[4] 연방기본법 제100조 제2항에 따른 제청²⁾은 국제법상 일반규정의 존부와 내용에 대한 것일 뿐, 국제법상 규정이 연방기본법 제25조 제2항에 의해 수범자를 확대한 것인지에 대한 것이 아니다.

(2) 대상 판결의 개요 및 분석

　　라인란트-팔츠 주 카이저스라우터른(Kaiserslautern)시 인근 람슈타인(Ramstein) 미 공군기지는 유럽 내 미 공군의 중심기지이며 2011년부터 국제법상 논란이 이어지고 있는 전투드론이 배치되어 실전에 투입되고 있다는 의혹이 지속적으로 제기되고 있었으며, 이로 인해 독일이 무인드론 전쟁에 개입되어있다는 비판이 제기되어왔다.

　　원고는 람슈타인 공군기지로부터 약 12km 가량 떨어진 카이저스라우터른 시에 거주하고 있다. 람슈타인 공군기지는 1951년 북대서양방위기구(NATO)협약의 체결 이후 1954년부터 독일연방공화국과 NATO간의 주둔협약을 근거로 미군이 이용하고 있다. 원고는 연방국방부를 상대로 하여 람슈타인 공군기지의 이용현황 등에 대한 정보공개를 청구하였다. 연방국방부는 미 공군의 람슈타인 기지 이용허가를 위한 법적 근거에

---

2) [연방기본법 제100조 제2항] 소송에서 국제법의 규정이 연방법의 구성부분이 되는지의 여부와 이것이 개인에 대하여 권리와 의무를 직접적으로 발생시키는지의 여부가 의심스러운 경우, 법원은 연방헌법재판소의 결정을 구해야 한다.

대해서는 제시하였으나 개별 운항에 대한 정보는 공개하지 않았다. 원고는 연방국방부를 상대로 람슈타인 미 공군기지에 무인전투드론의 배치 및 운항과 작전수행 여부 및 범위에 대한 정보공개와 독일연방공화국의 지원행위 또는 의 위법성을 확인하는 소를 제기하였다. 제1심 쾰른 행정법원은 원고적격이 없음을 이유로 이를 각하하였다.

　　항소심절차 중에 원고는 국제법적 위반행위인 드론투입에 대한 정보공개로 대상을 집중하여 새로 정보공개를 청구하였다. 신청이유로 원고는 람슈타인 공군기지의 항공우주작전센터(AOC)는 미국 네바다 주에서 인공위성을 통해 드론을 조종하기 위해 기술적으로 필수적인 연결점이라는 것을 이유로 하여 원고의 신청과 관련될 수밖에 없음을 설명하였다. 그럼에도 뮌스터 고등행정법원은 원고의 원고적격을 인정하지 않았다. 항소심은 국제법적 무력사용금지에서나 침략적 전쟁의 금지에서나 개인의 권리침해가 도출되지 않는다고 보았다. 무력사용 금지나 침략적 전쟁의 금지와 같은 국제법의 일반원칙은 연방기본법 제25조에 의하여 연방의 영토 내 거주하는 자에게 직접 권리의 의무를 창설한다. 그러나 원고는 그가 일반적인 경우와 비교하여 특수한 형태로 침해되는 경우에 이 국제법상 원칙에 기해 소를 제기할 수 있다는 것이다. 뮌스터 고등법원은 이 사례는 위와 같은 경우가 아니라고 보았다. 드론 공격의 국제법 위반은 독일에 영향을 주지 않는다는 것이며 원고 역시 측정가능한 테러 공격의 위험이나 군사적 보복공격의 위험의 증가를 제시하지 않았다. 나아가 예상할 수 있는 테러행위를 피고에게 책임을 지울 수도 없다고 하였다. 또한 원고적격이 기본권 보장으로부터 주어지지도 않는다고 보았던바, 연방기본법 제14조에 의해 보호되는 재산권이나 제2조 제2항으로 보호되는 원고의 생명권은 람슈타인 기지 AOC의 드론 공격을 위한 정보처리와 그 조종협력에 의해 관련되지 않는다는 것이다. 테러공격이나 보복공격의 리스크가 측정가능한 정도로 증대되는지는 이를 통해 확정할 수 없다. 이에 원고는 연방행정법원에 상고하였면

서, 연방기본법 제100조 제2항에 따라 연방헌법재판소에 제청함이 없이
내린 원심의 판결을 또한 다투었다.

연방행정법원은 원심과 마찬가지로 원고가 원고적격을 갖지 않는
다고 판시하였다. 원고는 국제법 위법이라고 보여지는 전투드론배치로
인해 원고 자신의 권리가 침해당하였다고 주장하고 있으나 이는 수긍하
기 어렵다고 하였다. 원고와 같은 주장이 받아들여지기 위해서는 민중
소송(Popularklage)이 인정되어야 할 것이나 독일 현행 연방법 체계에서
민중소송은 존재하지 않는다.[3]

전쟁 등으로 생명과 재산에 대한 기본권적 보호가 침해될 가능성
은 람슈타인 기지 인근에 거주한다는 것만으로 개별화될 수 있는 것은
아니며 또한 연방기본법 제25조 제2문으로부터 원고 개인의 권리침해
가 도출되지도 않는다고 보았다. 연방기본법 제25조가 규정하고 있는
국제법상의 원칙으로부터 개인의 권리가 도출되기 위한 요건으로 연방
헌법재판소의 판례는 국제법적 위반 등이 개인의 중요한 기본권적 침해
와 밀접한 관련성이 있을 것을 요구하고 있는 바,[4] 이는 직접적으로 관
계당사자가 될 수 있는, 이 사안의 경우에는 예를 들어 드론공격에 의
한 희생자와 같은 경우에 인정될 수 있다는 것이다.

끝으로 국제법의 규정이 연방법의 구성부분이 되는지의 여부와 이
것이 개인에 대하여 권리와 의무를 직접적으로 발생시키는지의 여부가
의심스러운 경우로 연방헌법재판소에 제청해야하는 경우인지의 문제에
대해, 연방행정법원은 위 연방기본법 제100조 제2항의 규정이 국제법의
규정이 연방기본법 제25조 제2항에 의해 수범자를 확대한 것에 해당하
는지 및 그 범위가 어디까지인지에 대한 것이 아니라고 하였다.

---

3) 독일 행정소송법 제42조 제2항.
4) BVerfG, Beschluss vom 26. Okt. 2004 — 2 BvR 955/00, 1038/01 — BVerfGE 112,
1 (22).

2. 공무원 면직처분의 합헌성

(BVerwG 2 C 4.15 – Urteil vom 21. Apr. 2016)

(1) 주요 요지

[1] 연방기본법 제33조 제5항의 의미에서의 계승된 직업공무원제의 원칙들은 행정행위에 의한 공무원관계 징계면직과 상충되지 않는다.

[2] 오랜 기간 전통으로 형성된 시간 동안 일반적으로 혹은 비중있게 통용되며 보존되어온 공무원법의 구성원칙의 핵심요소는, 행정청의 징계처분에 의해 종신제 공무원관계로부터 면직시키는 것과 모순된다는 어떤 내용의 원칙도 나타내지 않는다.

(2) 대상판결의 개요 및 분석

바덴-뷔르템베르크 주의 2008년 징계절차법은 지방공무원에 대한 모든 징계절차를 행정청의 징계처분으로 함을 인정하고 있었다. 동법 제38조 제1항 1문은 복무기간 혹은 연금관계의 단축, 감봉, 면직 또는 연금감축에 대한 징계수단에 대해서는 행정청의 징계처분으로도 족하도록 하였다.

원고는 1987년부터 경찰공무원으로 재직해왔으며 1995년 종신직을 부여받았다. 원고는 공직 이외에 부업으로 두 개의 건축회사를 운영하고 있었으며 재정악화에 이르고 있었다. 형사 절차에서 원고에게 고의적 도산신청지연과 8건의 임금체불과 횡령으로 집행유예 11개월 선고가 내려졌으며, 동일한 사안에 대한 징계절차에서 원고는 면직처분을 받았다. 원고는 연방기본법 제33조 제5항에 따른 공무원 신분의 원칙으로부터 도출되는 그의 권리가 해당 주법 규정에 의해 침해당한 것임을 주장하였다.

연방행정법원은 해당 주법 제38조 제1항이 헌법에 합치되는지의
여부를 위해 상고를 허가하였으나, 이유없음으로 기각하였다. 먼저 행
정청의 징계권한이 공무원관계로부터 면직시키는 것까지 확장되는 주
법 제38조 제1항은 연방기본법 제33조 제5항에 의한 직업공무원제의
원칙에 모순되지 않는다. 연방행정법원은 소위 계승된 직업공무원제의
원칙들을 연방헌법재판소의 판례에 따라, 이는 전통을 형성할 오랜 시
간 동안 일반적으로 혹은 비중있게 통용되며 보존되어온 공무원법의 구
성원칙의 핵심요소로 이해하였다. 이에 따라 연방행정법원은 역사적 차
원에서 발전되어온 독일 직업공무원제도를 하나씩 검토하였던 바, 예를
들어 종신직으로 임명받은 공무원이 징계사유로 인해 면직되는 것은 과
거 제2제국에서 법률에 의하기도 하였고 행정청, 특히 징계관청에 의하
기도 했고, 바이마르 공화국 헌법은 이러한 절차형성의 다양성을 수용
하였고 다만 이를 권리구제 수단으로 다룰 수 있게 한 것, 프로이센에
서 1932년 처음으로 독립된 징계법원을 설립하였던 점 등을 일일이 설
시하였다.

3. 공무원임용연령제한 규정

(BVerwG 2 C 11.15 - Urteil vom 11. Okt. 2016)

(1) 주요 요지

[1] 노르트라인-베스트팔렌주 공무원법 제14조 제3항에서 시보공
무원의 임용을 원칙적으로 42세 이하로 규정한 연령제한은 연방기본법
이나 유럽연합법에 합치된다.

[2] 노르트라인-베스트팔렌주 공무원법 제14조 제10항 제1문 1호
에 임용연령제한의 예외로서 현저한 직무상의 이익에 있어 이를 허용하

는 규정이 지원자의 주관적 권리에 대한 근거가 되는 것은 아니다.

(2) 대상판결의 개요 및 분석

1963년생인 원고는 2004년부터 기간제교사로 일하고 있으며 2007년 제2차 국가시험에 합격하였다. 2009년 원고는 시보공무원 신청원을 제출하였다. 그러나 이 신청원은 원고가 라우프반(Laufbahn) 규정5)에 따른 공무원 임용을 위해 적용되는 연령제한인 40세를 이미 넘었다는 이유로 거부되었다. 원고는 이에 대하여 소를 제기하여 상고심까지 이르렀으나 결국 패소하였고, 이에 원고는 시보공무원의 임용연령제한에 대해 재판소원을 신청하였다.

연방헌법재판소는 해당 라우프반 규정이 연방기본법에 합치되지 않음을 결정하여 당해 사건을 다시 연방행정법원으로 환송하였다.6) 연방헌법재판소는 노르트라인-베스트팔렌 주 지방공무원법상 연령제한 규정이 기본권의 제한규정 및 일반적 수권규정으로서 충분한 정도의 명확성을 가지지 못하고 있다는 이유로 연방기본법과 합치되지 않는다고 하였다. 직업의 자유를 규정하고 있는 연방기본법 제12조 제1항을 보충하고 있는 연방기본법 제33조 2항의 공무원관계 규정은 법률유보규정을 두고 있지 않으므로 그 제한에 대하여 규율하고자 할 경우 그 권리들의 헌법 내재적인 제한을 명확히 하며 구체화해야 하며 이에 비추어 볼 때 노르트라인-베스트팔렌 주 지방공무원법의 규정이 명확하지 않으며, 시행령을 통해 각종 요건들을 정하도록 할 것이 아니라 법률이

---

5) 라우프반(Laufbahn)이란 직역하자면 경력진로 정도로 표현할 수 있으며, 공직의 수행을 위한 학력이나 자격 등을 요건으로 하여 나누어지는 직렬 내지 직무군을 말한다. 라우프반에 의해 동일한 자격이나 학력요건 하에서 동일한 직무에 속하게 되는 공무원에게 동일한 업무나 보수가 제도적으로 보장된다. 이에 대해서는 연방라우프반령(Verordnung über die Laufbahnen der Bundesbeamtinnen und Bundesbeamten; Bundeslaufbahnverordnung: BLV)이 규정하고 있다.
6) BVerfGE 139, 19.

충분히 명확한 수권의 근거를 제공해야 한다고 본 것이다.

연방행정법원으로 환송된 사건의 절차가 진행되는 중 노르트라인
-베스트팔렌 주 입법자는 2015년 주 지방공무원법개정을 통해 공무원
임용 연령제한을 원칙적으로 42세로 새로 정하였으며 여러 예외조항을
함께 두었다. 52세인 원고는 개정법상의 규정이 유럽연합법에 위반되며
예외조항에 따라 시보공무원으로 임용할 것을 구하였다. 그러나 연방행
정법원은 개정법의 규정이 비록 연방기본법 제33조 제2항과 제12조 제
1항에 대한 제한임은 분명하나 공무원법상의 정년보장 원칙 등에 위배
되는 것은 아니라고 보았다. 또한 유럽연합법상 동등대우 원칙에도 반
하지 않으며, 나아가 원고가 지방공무원법상 예외규정을 통해 개인의
주관적 권리를 주장할 수 있는지에 대해서는 이를 부정하였다.

4. 치료목적의 대마초 재배에 대한 예외적 허가
(BVerwG 3.C 10.14 - Urteil vom 6. Apr. 2016)

(1) 주요 요지

치료목적의 대마초 재배가 마취제법(BtMG) 제3조 제2항상의 공익
을 위한 치료목적에 해당하는 경우란 그 신청인이 중한 질병을 앓고 있
으며 이 질병에 대해 동일한 효과를 가지며 적절한 비용의 치료대안이
존재하지 않는 경우를 말한다.

(2) 대상판결의 개요 및 분석

원고는 52세로 1985년부터 다발성 경화증을 앓고 있었고 1987년부
터 질병의 증상을 치료하기 위하여 정기적으로 대마초제를 복용하였다.
2005년 원고는 허가 없이 대마초를 소지 및 재배한 혐의로 자유형을 구
형받았다. 그러나 법원은 원고에게 다른 치료대안이 존재하지 않음을

이유로 원고의 행위를 적법하다고 판단하였다. 한편 원고는 2000년 5월
부터 연방의약품 및 의료기기 연구소(Bundesinstitut für Arzneimittel und
Medizinprodukte: BfArM)에 치료목적의 대마초 재배를 위해 마취제법 제
3조 제2항에 의한 예외적 허가의 발령을 신청하였으나 연방의약품 및
의료기기 연구소는 이를 받아들이지 않았다. 이에 원고는 그의 주거에
서 치료목적으로 사용할 대마초를 재배할 것을 허가하는 의무를 구하는
소를 제기하였다.

제1심은 2011년 1월 이러한 허가가 행정청의 재량에 맡겨져 있다
고 하면서 연방의약품 및 의료기기 연구소가 규정에 적합하게 이 재량
을 행사하지 않았다고 보았다. 왜냐하면 연방의약품 및 의료기기 연구
소는 원고에게 다른 대체적 치료가능성이 있는지, 이를 원고가 적절한
비용으로 할 수 있는지 심사하지 않았다는 것이다. 피고의 항소에 대해
고등행정법원은 대마초가 원고의 중대한 질병증세에 있어 고통을 완화
시키는 약품으로 사용되며 그 외에 사용가능한 약물이 없다는 점에서
마취제법 제3조 제2항의 공익을 위한 치료목적이 인정된다고 보았다.

5. 주차금지 표지판의 가시성원칙

(BVerwG 3 C 10.15 – Urteil vom 6. Apr. 2016)

(1) 주요 요지

[1] 정지차량을 위한 교통표지가 세워져있거나 설치된 경우, 도로
교통령 제1조에 따라 평균적인 운전자가 이를 준수함에 있어 필요한 주
의와 방해 없는 가시성에 의해 운행 중 또는 하차 중에 단지 보는 것만
으로 이를 알아볼 수 있는 경우에, 도로사용자에게 교통표지를 인지하
였든 못하였든 동일하게 법적 효력을 표명하게 된다.

[2] 개별적인 사례에서 구체적인 정황에 따라 특별한 계기가 존재하는 경우에는 운전자에게 사후에 교통표지를 확인해야 할 의무가 주어진다.

(2) 대상판결의 개요 및 분석

원고는 2010년 9월 10일 밤에 베를린에서 도로이면에 주차를 하였는데, 이 도로는 9월 11일부터 축제가 예정된 관계로 2010년 9월 8일부터 전면적인 주차금지표지가 설치되었다. 이 표지판에는 도로교통청의 명령임이 서명과 함께 표시되어 있었다. 9월 11일 오전에 경찰공무원은 해당 차량을 도로축제 준비를 위해 견인조치되었으며, 견인문서에는 해당 차량이 "도로이면 주차금지를 명백히 인식가능"하다고 하였다. 피고는 원고에게 125유로의 과태료를 부과하였으며 원고는 행정심판을 거쳐 소를 제기하였으나 제1심에서는 패소하였다. 제1심 베를린 행정법원[7]은 원고는 유효한 주차금지처분을 위반하였으며 이에 견인조치가 적법하다고 인정하였다. 또한 원고가 주차 당시 혹은 주차 직후라도 주변에 주정차가 허용되었는지를 살필 의무가 있다고 하였다. 원고가 그렇게 행동했다면 비록 당시 표지판이 1.5미터 가량의 높이로 가설되어 있었음에도 이를 인지할 수 있었을 것이라고 하였다.

항소심 고등법원은 원고의 항소를 기각하였다. 원고가 차를 주차한 곳은 절대적 주차금지지역이었으며 이를 명백하게 인식할 수 있도록 표시하였고 이후의 견인조치는 적법하다고 보았다. 한편, 교통표지판이 유효한 법적 효과를 가지기 위해서는 소위 가시성의 원칙(Sichtbarkeitsgrundsatz)를 충족시켜야 한다. 가시성의 원칙은, 교통표지판은 평균적인 운전자가 필요한 주의력에 따른 준수를 위해 빠르게 대강 보아도 이해할 수 있도록 설치되어야 한다는 원칙으로 이러한 조건 하

---

7) VG Berlin vom 25. Nov. 2011 VG 33 K 347.11

에서[8] 교통표지판은 그 표지판을 실제로 인지했거나 하지 못한 것에 대해 동등한 법적 효과를 가져오게 된다.[9] 운전자는 교통표지판의 지시에 대해 별다른 숙고 없이 바로 명확히 이해할 수 있어야만 한다.[10] 다만 가시성의 원칙은 개념적인 완전성을 갖지 못하며 교통상황에 대한 고려 없이 적용될 수 없다. 그러므로 정지 중인 차량에 대해서는 운행 중인 차량보다 교통표지의 가시성은 보다 낮게 요구된다는 것이다. 이러한 상황관련적인 이해에 의하면 운전자는 대도시에서 언제든 임시적인 주정차금지를 예측할 의무가 있으며 이에 따라 인근 지역에 표지판이 있는지 주의깊게 살펴야하며 그러한 한 표지판의 높이 등 형식은 중요하지 않으며 임시표지판의 경우 및 사인에 의해 설치되고 해당 행정청이 이를 승인한 표지판의 경우에도 동일하게 적용된다는 것이다.

원고는 상고하였으며 연방행정법원은 원심의 판결을 파기하고 환송하였다. 문제가 된 점은 가시성의 원칙을 적용함에 있어 주정차된 차량과 운행 중인 차량간의 차이를 인정하는 부분이다. 원심은 가시성의 원칙이 주정차 중인 경우와 운행 중인 경우를 구별하였던 바, 이는 그간의 어느 정도 확고하게 지지되어온 판례의 태도라고 할 수 있으며[11] 학계에서도 이는 일반적으로 인정되고 있다. 연방행정법원은 이에 대해 그동안 명시적으로 언급한 바는 없었다. 운행 중인 차량은 특히 빠른 속도와 짧은 시간에 규율내용을 이해할 수 있어야만 하지만 주정차 중인 차량은 그렇지 않다는 차이가 있음이 인정된다. 그러나 항소심 고등행정법원과 같이 모든 범위에서 가시성을 낮게 요구하는, 다시 말해 빠르게 대강 보아도 이해할 수 있는 정도 외에 주정차 이후 주의깊게 이

---

8) 나무와 덤불에 의해 가려진 표지판에 대해 가시성의 원칙을 부정한 사례로는, OLG Hamm III-3 RBs 336/09
9) BVerwG 3 C 18. 07 - Urteil vom 13.03.2008
10) OVG Münster NJW 2005, 1142; BGH NJW 1966, 1456.
11) OVG Münster, Beschluss vom 11. Juni 1997 - 5 A 4278/95 - juris Rn. 6 f.; VGH Mannheim, Urteil vom 20. Januar 2010 - 1 S 484/09 - NJW 2010, 1898 (1899)

를 살펴야 할 의무를 인정하기는 어렵다. 이러한 의무가 인정되기 위해
서는 주차금지 교통표지판의 설치와 가시성에 대한 추가적인 사실관계
의 확정이 필수적이다.

6. 운전면허증에 의한 거주허가 증명
(BVerwG 3 C 16.15 - Urteil vom 8. Sep. 2016)

(1) 주요 요지

난민절차의 진행을 위해 사진과 소지자 본인에 의한 인적사항의
기재에 의한 증명은 운전면허 신청에서 생년월일과 출생지로 족하다.
이 내용에 대한 정당한 의심이 있는 경우라면 달리 적용될 수 있다.

(2) 대상판결의 개요 및 분석

원고는 아프가니스탄 출신의 난민신청자로 독일에서 운전면허증을
발급받고자 한다. 2013년 1월 원고는 운전면허발급을 위한 인적 증명으
로서 그가 독일에 처음 거주허가를 위해 제출한 사진이 부착된 증명을
이용하려고 하였으나 피고 행정청은 이를 거부하였다. 피고 행정청은
운전면허 발급 규정에서 신청인의 인적 증명을 위한 심사는 공증된 신
청인의 출생일과 출생지가 제출되어야 한다는 것을 이유로 하였다. 원
고가 제출한 신청서에는 출생일과 출생지가 자신에 의해 기재되어있었
기 때문에 이 요건을 충족할 수 없었던 것이다.

연방행정법원은 원심의 판시를 받아들여 피고의 상고를 기각하였
다. 거주허가를 위한 증명으로 관계당사자가 내용을 기재한 서류는 운
전면허발급을 위한 신원증명으로 족하다는 것이다. 또한 도로교통법 제
21조 제1항과 제3항 및 운전면허시행령은 신청인의 생년월일과 출생지
를 증빙하도록 되어있으나 이는 당해 행정청이 신청인이 운전면허 발급

을 위한 최소연령에 이르렀는지를 확인하고 형식상의 기재사항을 확인하는 등을 위한 것이다.

7. 풍력발전시설의 기상레이더 장애

(BVerwG 4 C 6.15 und 2.16 – Urteile vom 22. Sep. 2016)

(1) 주요 요지

[1] 레이더시설에 대해 법적으로 문제되는 기능장애의 의미는 연방건축법 제35조 제3항 1문 8호에서의 의미를 전제하는 것으로, 그 기술적 기능이 일정 정도 영향을 받아 운영자의 과업이행에 영향을 미치는 것을 말한다.

[2] 풍력에너지시설이 독일기상청 기상레이더의 기능에 대해 연방건축법 제35조 제3항 1문 8호의 의미에서 장애를 가하는지, 이 장애가 중요하여 연방건축법 제35조 제1항 5호에 따라 풍력에너지시설에 계획외 지역의 특혜를 허용하는 것에 반하는 것인지는 전면적인 사법심사에 놓여진다. 이러한 점에서 독일기상청에 판단여지가 주어지지는 않는다.

(2) 대상판결의 개요 및 분석

2011년 11월 원고는 196m 높이의 풍력에너지 발전시설을 설치하기 위하여 임미시온법상의 허가를 신청하였다. 그러나 독일기상청(Deutsche Wetterdienst: DWD)은 풍력에너지 발전시설(Windenergieanlagen: WEA)이 기상레이더시설의 기능에 장애를 유발하게 될 것임을 주장하였고 이에 2012년 관할 행정청은 연방건축법 제35조 제3항 1문 8호에 의거하여 공공의 이해에 반한다는 이유로 허가의 발령을 거부하였다.

이 사안에서 연방건축법 제35조 제3항 3문상의 공공의 이해 (öffentliche Belagne)에 저촉되는지 여부가 문제되었다. 본 시설은 기상청 의 레이더로부터 약 10㎞가량 떨어진 곳에 위치하고 있었으며 기상청 시설에 부정적인 영향을 미치게 된다는 것이었다. 이에 원고는 임미시 온법 상 허가를 발령할 의무가 있음을 주장하여 소를 제기하였다. 제1 심 레겐스부르크 행정법원은 WEA가 연방건축법상 공공의 이해에 상충 된다고 보아 원고가 제기한 소를 기각하였다. 항소심 뮌헨 고등행정법 원은 이 문제가 전면적인 사법심사의 대상이 된다고 보았으며 이에 따 라 원고의 허가신청에 대한 법적 해석을 새로이 하여 판단하였다. 항소 심은 일단 WEA가 기상청 레이더에 대해 음영효과와 반향효과로 인해 부정적인 영향을 미치고 이러한 영향이 바로 제거될 수 없다는 점은 인 정하였다. 그러나 이러한 부정적인 영향이 모두 다 연방건축법상 공공 의 이해에 상충되는 기능장애에 해당한다고 볼 수 없다고 하였다독일 기상청이 말하는 장애가 존재하는 지에 대해서는 법적으로 제한없는 심 사가 가능한 것이며 독일기상청에게 이러한 장애의 존재여부나 그 장애 가 공공의 이해에 상충되는지에 대한 판단여지를 부여한 것은 아니라고 본 것이다. 일정한 장애는 존재하나 그러나 전면적으로 기능불능은 아 닌 정도로 장애를 야기하며 이러한 점에서 연방 임미시온법 상 허가를 발령할 의무가 있다고 판시하였다.

연방행정법원 역시 독일 기상청에 판단여지가 주어지지 않는다고 보았다. 연방기본법 제19조 제4항 1문에 따라 행정작용은 원칙적으로 전면적인 사법심사 아래 놓이는 것이나, 입법자가 예외를 정할 수 있는 것이다. 입법자의 의사는 독일 기상청에 일정한 활동영역을 허용하였지 만 최종적인 결정 권한을 말하는 것은 아니라고 보았다.

8. 연방의회의원의 개인정보보호

(BVerwG 6 C 65.14 und 66.14 – Urteile vom 16
März 2016)

(1) 주요 요지

[1] 연방입법자에 의한 개별 법률의 흠결의 경우 연방입법권한과
의 대립으로 인해 주법이 적용될 수 없는 한, 연방기본법 제5조 제1항
2문은 연방행정청에 대한 헌법 직접적인 정보공개청구를 인정한다.

[2] 기본법 제38조 제1항[12] 2문에 의해 보장되는 자유위임은 연방
의원의 인적관련 정보의 보호를 포함한다.

(2) 대상판결의 개요 및 분석

기자로 활동하고 있는 원고는 정보자유법과 언론법에 근거하여 해
당 각 계좌를 통한 의원들의 소비내역에 대한 정보공개청구를 하였다.
연방의회의원법(AbgG)[13] 제12조 제4항 1문 1호와 제12조 제4항 2문에
따라 독일 연방의회 의원들은 실비와 업무추진비 등으로 연간 최대
12,000유로의 자금을 지원받게 된다. 이러한 목적을 위해 의회행정처
(Verwaltung des Deutschen Bundestages)는 의원들의 별도 계좌를 두고 있
다. 그런데 일부 의원들이 해당 자금을 통해 위의 목적과 무관한 용도
의 물품인 몽블랑 만년필이나 디지털 카메라, 아이팟 등을 구매하였다
는 의혹이 제기되었기 때문이다.

---

12) [연방기본법 제38조 제1항] 독일 연방의회의원은 보통, 직접, 자유, 평등 및 비밀선
   거에 의해 선출된다. 독일 연방의회의원은 국민 전체의 대표자로 명령과 지시에
   구속되지 않으며 오직 자신의 양심에 따른다.
13) Gesetz über die Rechtsverhältnisse der Mitglieder des Deutschen Bundestages
   (AbgG)

연방행정법원은 정보자유법상 정보공개청구는 인적관련 정보의 보호를 고려해야 하는 것이며 헌법직접적인 청구권이 원고에게 주어지지 않는다고 보았다. 연방기본법 제5조 제1항으로부터 도출되는 알권리는 일반적으로 접근가능한 정보원에 대한 접근을 의미하는 것이지 아직 일반적으로 접근가능하지 않은 정보원에 접근가능하도록 하는 청구권이 바로 도출되는 것은 아니다.

9. 공공폐기물처리자의 공법상 보호
(BverwG 7 C 4.15 - Urteil vom 30. Jun. 2016)

원고는 연방 전역에서 폐기물처리업체를 운영하고 있으며 2008년부터 피고 아샤펜부르크(Aschaffenburg) 시에서 헌옷과 신발을 수거하고 있었다. 원고는 2012년 서면으로 영업적 폐기물 수거량을 월 5내지 7톤 가량으로 허가해줄 것을 신청하였다. 원고는 공법상의 폐기물처리자에 의한 수거만으로는 적정 비용으로 충분히 수거 및 재활용이 될 수 없을 것이라고 주장하고 있다. 그러나 아샤펜부르크 시는 오히려 원고의 영업적인 폐기물수거는 공공 폐기물업자의 계획안정성과 기관책임을 본질적으로 해할 것이며 이는 현저히 공익에 반한다는 이유로 원고의 신청을 거부하였다.

제1심 뷔르츠부르크 행정법원은 원고 폐기물 수거에 대한 신뢰에 의심이 있으므로 신청을 거부할 수 있다고 판시하였다. 이에 원고는 항소하였으나 항소심 뮌헨 행정법원은 이를 기각하였다. 피고 행정청은 폐기물경제법[14] 제18조 제5항 2문에 의거하여 원고의 신청을 거부할 수 있다는 것이며 원고의 폐기물수거는 폐기물경제법 제17조 2항 1문 제4호 및 제17조 제3항 3문 1호에 따른 현저히 중요한 공익에 반한다는

---

14) Gesetz zur Förderung der Kreislaufwirtschaft und Sicherung der umweltverträglichen Bewirtschaftung von Abfällen: KrWG

것이다.

연방행정법원은 원고의 상고를 받아들이며 원심을 파기환송하였다. 폐기물경제법 제17조 제3항 4문 등 관계법령에 의하면 해당 기준의 설정은 폐기물의 영업적 수거자에 의한 수거 및 재활용 양은 공법상 폐기물처리자에게 이미 주어졌거나 구체적으로 계획된 역량보다 본질적으로 더 적합한 경우인지 여부에 달려있다. 공법상의 폐기물처리자가 양질의 수거 및 재활용서비스를 제공한다는 것만으로 이러한 규정이 영업적 폐기물수거를 거부하는 것이라고 이해될 수는 없다는 것이다. 오히려 영업적 경쟁업자에 의한 폐기물 수거에도 불구하고 공법상 폐기물처리자의 처리기능이 위해를 받을 것이라는 법률상의 예측이 예외적으로 침해되지 않는지 여부에 대한 심사가 필요하다는 것이다. 연방행정법원은 개정 재활용경제법에서 공법상의 폐기물처리자가 헌옷 수집업체와의 경쟁관계에 놓이는 것을 인정하면서 공법상 어떤 일반적 보호를 받는 지위에 있지 않음을 선언하였다. 공법상 폐기물처리자가 적절한 임무이행을 보장하기 위해 그의 조직상의 기본 결정을 실현시키는 폐기물처리의 기본적 구조는 이제 본질적으로 재구성되어야만 한다는 것이다. 이러한 예외적 상황이 존재하는 지 여부는 일차적으로 수거할당량에 따라 정해진다. 이를 위해 일반적으로 사용되는 방법인 근소분기점 (Irrelevanzschwelle)이 적용된다.

10. 연방정보국의 인적관련정보 제공
(BVerwG 6 A 7.14 – Urteil vom 15. Jun. 2016)

(1) 주요 요지

[1] 연방정보국에 의해 저장된 인적 관련정보에 대한 법률상의 공개청구가 주어지지 않는 경우 정보공개청구 신청인은 정보자기결정권

으로부터 도출되는 하자 없는 결정의 청구에 의할 수 있다.

　　[2] 이러한 재량행사청구는 정보의 원천과 수신에 대한 비밀유지의 이익이 신청자의 정보공개이익에 우선한다는 연방 헌법수호청법 규정로 인해 입법자에 의해 사전구조화되어있다.

　　[3] 이에 대한 예외사유로서 신청인은 정보의 원천과 제공에 대한 공개를 거부함이 중대한 불이익을 필연적으로 가져온다는 것을 입증하여야 한다.

(2) 대상판결의 개요 및 분석

　　독일 연방의회 의원인 원고는 연방정보국(BND)이 저장하고 있는 연방의회의원의 인적관련정보를 공개해달라는 것과 연방정보국으로부터 미 국가안보국(National Security Agency: NSA)에게 제공된 정보가 있는지, 있다면 어느 정도 제공되어 현재 NSA가 보유하고 있는 것인지를 내용으로 하는 정보공개를 신청하였다. 원고의 정보공개청구에 대하여 연방정보국은 당해 기관이 저장하고 있는 원고의 인적관련정보, 즉 원고의 개인정보의 저장 부분에 대해서는 정보공개청구를 받아들였으며 신청인과 관련된 인적 관련 정보를 저장한 바 없다는 것을 통지하였다. 그러나 연방정보국은 미국 NSA와의 정보교환 내용에 대하여는 공개를 거부하였다. 관계법령에 의할 경우 정보의 출처나 다른 기관으로의 제공에 대한 것은 정보공개의 대상이 아니라는 것이다
　　원고는 연방정보국이 보유한 인적관련 정보가 미 국가안보국으로 제공된 바 있는지, 있다면 어느 정도 제공되었는지를 공개하라는 의무이행의 소를 제기하였다. 행정법원법 제50조 제1항 4호에 따라 연방행정법원 단심으로 진행되는 본 사건에 대해 연방행정법원은 이유 없다고 보아 소를 기각하였다. 연방행정법원은 정보공개를 함에 있어 연방 정

보국법(Gesetz über den Bundesnachrichtendienst: BNDG) 상 하자 없는 재
량행사를 통한 정보공개 결정을 내릴 것을 원고의 정보 자기결정권으로
부터 도출할 수 있다고 보았으며 이에 소송유형으로 의무이행소송을 긍
정하였으며 재결절차를 거치는 등의 요건을 갖추어 소가 적법하다고 하
였다. 그러나 법률상 규정된 정보공개의무를 인정할 수 없으며 또한 하
자 없는 재량행사에 대한 청구 역시 차단된다고 보았다. 연방정보국법
은 해당 정보의 원천 및 수신자에 대하여 비밀의 이익을 우선하도록 규
정하고 있으며15) 재량행사의 영역에 있어 개별적인 형량은 단지 예외
적인 상황에서만 인정된다. 비밀의 이익에 따른 재량행사가 연방 정보
국법 및 연방 헌법수호청법(Gesetz über die Zusammenarbeit des Bundes
und der Länder in Angelegenheit des Verfassungsschutzes und über das
Bundesamt für Verfassungsschutz: BVerfSchG) 등의 법률의 목적에 부합하
게 행사된 것이 아닌, 예외적인 상황이라고 볼 것인지는, 신청인의 인적
관련 정보가 해당 정보의 원천이나 수신자의 공개를 거부함을 통해 현
저한 침해가 있을 것으로 보아야 할 것이지만 본 사안에서 저장된 정보
는 대개 언론이나 미디어에 의해 공개된 내용이었다는 점에서 재판부는
본 사안을 예외적인 상황으로 인정하지 않았던 것이다.

Ⅳ. 결어

서론에서 언급한 바와 같이, 판례법 국가가 아닌 국가의 판결 몇
개를 선별하여 분석함으로써 나름의 동향을 파악한다는 것은 필연적으
로 한계에 봉착하게 된다. 이와 같은 경우 다음과 같은 점에 보다 의의
를 둘 수밖에 없다. 첫째, 해당 사안에 있어 직·간접적으로 우리 실정에

---

15) 입법자가 이에 우위를 둔 규정으로 적시되는 것은 각각 연방정보국법과 연방헌법
수호청법 규정이다 (§ 7 S. 1 BNDG, § 15 Abs. 3 BVerfSchG)

응용하거나 참고할 수 있는 법리를 추출하는 것이다. 둘째, 우리와 유사한 - 그러나 또한 많은 차이점이 있는 - 독일 행정소송법에 있어 소위 흠결 없는 권리구제와 함께 공정하고 신속한 절차의 진행에 대한 시사점을 발견하는 것이다. 셋째, 실체법적으로는 해당 영역의 법리가 지속적으로 법원에 의해 재확인되고 유지되는 경우와 판례 변경을 통해 새로운 법리가 지지되는 지점을 포착하는 것이다. 이러한 세 가지 측면이 아마도 대륙법계 국가 간의 판례 동향 분석에 있어 일차적인 과제가 될 것이라고 생각한다. 이러한 문제의식을 충분히 반영할 정도의 연구인지에 대해서는 아쉬움이 남지만 매년 반복되는 판례 동향을 제공함으로서 해당 국가의 판례 내지 사건의 존재 자체를 알리고 이에 대한 문제점을 소개한다는 데에서 일단 기반적인 의미를 부여하고자 한다. 이를 통해 더 많은 비교법적 연구가 이뤄질 수 있기를 희망한다.

참고문헌

독일연방행정법원 (http://www.bverwg.de)
독일현행법령 사이트 (https://www.gesetze-im-internet.de)

국문초록

본 연구는 2016년도 독일 연방행정법원의 업무현황과 함께 독일연방행
정법원의 연례보고서에서 선별된 판례를 중심으로 주요 행정판례를 소개하
였다. 선정된 판례로는 무인 전투드론 배치 공군기지 인근주민의 원고적격
이나 공무원 면직처분의 합헌성, 공무원 임용연령제한, 치료목적의 대마초
재배에 대한 허가, 주차금지처분의 가시성, 연방의회의원 개인정보보호, 정
보공개청구와 비밀유지이익, 풍력발전시설의 장애사유에 대한 행정청의 판
단여지 등이다.

주제어: 독일연방행정법원, 원고적격, 면직처분, 개인정보보호, 정보제
공의무, 판단여지

Abstract

Analyses of Important Administrative Law Cases in 2016 Term of the German Federal Administrative Court(Bundesverwaltungsgericht)

Inkook Kay*

This article is devoted to an overview of cases of the German Federal Administrative Court(Bundesverwaltungsgericht) in 2016. The subject of this work are based on the Annual Press of the Federal Administrative Court 2016. The cases analysed in this article are:

BVerwG 1 C 3. 15 – Urteil vom Apr. 2016 (U.S. Drohneneinsatätzen)

BVerwG 2 C 4.15 – Urteil vom 21. Apr. 2016 (Disziplinare Entfernung)

BVerwG 2 C 11.15 – Urteil vom 11. Okt. 2016 (Einstellungsaltergrenze)

BVerwG 3.C 10.14 – Urteil vom 6. Apr. 2016 (Eigenanbau von Canabis zu therapeutischen Zwecken)

BVerwG 3 C 10.15 – Urteil vom 6. Apr. 2016 (Sichtbarkeit von Halverbotszeichen)

BVerwG 3 C 16.15 – Urteil vom 8. Sep. 2016 (Identitätsnachweis beim Fahrerlaubnis)

BVerwG 4 C 6.15 und 2.16 – Urteile vom 22. Sep. 2016 (Gerichtliche Prüfung der Windenergieanlagen)

---

16) Research Fellow JPRI, Dr. jur.

BVerwG 6 C 65.14 und 66.14 — Urteile vom 16 März 2016
(Datenschutz von Abgeordneten des Bundestages)

BverwG 7 C 4.15 — Urteil vom 30. Jun. 2016 (Konkurrenz mit gewerblicher Altkleidersammeler)

BVerwG 6 A 7.14 — Urteil vom 15. Jun. 2016 (Ankunft über Daten vom Bundesnachrichtdienst)

Keyword: Bundesverwaltungsgericht, Klagebefugnis, Disziplinare Entfernung, Datenschutz, Auskunftspflicht, Beurteilungsspielräume

투고일 2018. 5. 31.

심사일 2018. 6. 12.

게재확정일 2018. 6. 19.

最近(2017) 프랑스 행정판례의 動向과 檢討

金慧眞*

Ⅰ. 들어가는 말

꽁세유데따는 공식 홈페이지에 매월 판례 분석을 공개하는데[1], 꽁세유데따 판례집(Recueil Lebon)에 그 전문이 실리거나 주요 내용이 언급될 판결이 그 대상으로 된다. 2017년도에 선고된 총 10,134건 중에서 약 90여 개의 판결 전문이 판례집에 실릴 예정이다.[2] 본고에서 소개할 주요 행정판례는 위와 같이 전문이 판례집에 실린 사건들 중에서 특히 필자가 그 주제 및 판시 내용에 비추어 비교법적 연구의 가치가 있는

---

* 헌법재판소 헌법연구관.
1) 그 출처는 아래와 같다.
  http://www.conseil−etat.fr/Decisions−Avis−Publications/Etudes−Publications/Jurisprudence
2) 2017년 꽁세유데따가 처리한 소송 사건 수는 10,134건이므로(아래 각주 3)의 통계자료집 참조), 판결 전문이 실리는 사건 수는 전체 사건의 1%에 미치지 못한다.

것으로 판단한 6개의 결정이다.

　　주요 행정판례를 소개하기에 앞서, 2017년 꽁세유데따 자문 업무 및 소송 업무 통계를 간략히 소개한다. 2017년 꽁세유데따 자문 분야는 총 106개의 법률안, 69개의 법률명령(오르도낭스)안, 1101개의 행정입법(데크레)안, 18개의 기타 사항에 대한 각 자문요청을 처리하였는데, 법률안의 경우 100%, 행정입법안의 경우 93.8%가 최장 2개월 이내에 심사 완료되었다. 분야별로 본다면 내무부, 사회부, 재정부, 환경노동교통부가 각 28%, 18%, 12%, 11%의 순서로 정부 부처별 자문요청 비율의 상위권을 차지하였다.

　　소송 분야에서 꽁세유데따는 2017년에 이르러 사건처리의 신속화를 상당한 수준에 이르게 하였다. 우선 꽁세유데따는 2016년 대비 2.5% 증가한 총 9,864건의 사건을 접수하여 10,134건을 선고하였는데, 그 평균 처리 기간은 5개월 24일로 2007년 대비 45%가 단축되었다. 지방행정법원은 197,243건을 접수해서 201,460건을 선고하였는데, 그 평균 처리기간은 9개월 18일로 2007년 대비 33%가 단축되었다. 행정항소법원은 31,283건을 접수하여 31,283건을 선고하였는데, 항소 기각율은 80.59%, 평균 처리기간은 10개월 28일로 2007년 대비 17.34%가 단축되었다.[3]

　　이처럼 사건 수의 증가에도 불구하고 위와 같은 성과를 달성할 수 있었던 것은 2017. 1. 1.부터 시행된 전자소송(le télérecours)과, 최근 수년간 시범적으로 실시된 판결문 작성 간이화 작업이 실무상 정착되어 2017. 12. 15.자 내규로 공식화된 점과 관련이 있는 것으로 보인다.[4]

___

[3] 이상의 자문·소송업무에 관한 통계는 꽁세유데따 공식자료인 <Le Conseil d'État et la justice administrative 2017>(출처: http://www.conseil-etat.fr/bilan2017/assets/dl/CE-2018_Web.pdf), Conseil d'État, pp.40-42를 참조

[4] Jean-Marc Sauvé, L'année vu par Jean-Marc Sauvé, in <Le Conseil d'État et la justice administrative 2017>, Conseil d'État, pp.6-7

II. 주요 행정판례 분석

1. 도시계획절차 내 위법성 승계의 범위
(CE 5 mai 2017, req. n°388902)

가. 사건개요

Saint−Bon−Tarentaise 꼬뮌은 2002. 2. 27. 토지이용계획(Plan d'occupation des sols: POS) 및 그 목적을 꼬뮌의회의 의결(la délibération)로 개정한 뒤(제1차 의결), 이를 지방도시계획(Plan locale d'urbanisme: PLU)로 변경하였다. 위 지방도시계획은 위 토지이용계획인 입안된 지 거의 10년이 된 시점인 2011. 11. 17. 꼬뮌의회의 의결에 따라 비로소 승인되었다(제2차 의결). 그런데 그르노블 행정법원은 '제1차 의결이 토지이용계획의 목적을 충분히 명확하게 규정하지 않았다'는 이유로 제2차 의결을 취소하였다. Saint−Bon−Tarentaise 꼬뮌은 위 판결에 항소하였다가 기각되자, 꽁세유데따에 상고하였다.

나. 판결요지

꽁세유데따는 다음과 같은 이유로 원심을 파기환송하였다. 《꼬뮌의회는 의견수렴절차가 행해지기 이전에, "최소한 대강의"(au moins dans les grandes lignes) 추구되는 목적들과 의견수렴의 방식에 관하여 의결하여야 한다(제1차 의결). 위법한 제1차 의결은 그 자체 월권소송의 대상이 되나, 그 목적이나 효력에 비추어 제1차 의결의 위법성은 지방도시계획을 최종적으로 승인하는 의결(제2차 의결)에 관하여 주장될 수 없다.》

다. 분석

지방도시계획은 두 단계 절차에 따른다. 첫 번째 단계는 해당 계획이 아직 충분히 구체화되기 전에 공공의 의견을 수렴하여 계획을 적절히 변경할 수 있도록 하는 의견수렴(la concertation)의 국면이고, 두 번째 단계는 구체적 계획안에 대한 공공조사절차(l'enquête publique)의 국면 이다.

제1차 의결은 위 첫 번째 단계를 진행하기 위한 전제로, "최소한 대강의" 목적을 규정하였어야 함에도 그 내용이 지나치게 추상적이고 불충분하여 위법하다(Sainte-Lunaire 꽁뮌 판결).5) 꽁세유데따 연구관(le rapporteur public)은, 이처럼 지방도시계획의 목적을 불충분하게 규정하 는 것은 내적 위법성(l'irrégularité interne)을 구성한다고 보고, 외적 위법 성(l'irrégularité externe), 특히 절차 하자(le vice de procédure)는 그 결정 에 영향을 미친 경우에 한하여 취소사유가 된다는 Danthony 판결6)의 적용을 배제하였다. 즉, '목적의 불충분한 정의'는 그 자체 지방도시계획 의 '내용'에 영향을 미치는 사유에 해당하고, 그 존재가 인정되는 한 제 1차 의결의 취소사유가 된다. 꽁세유데따 또한 위 주장을 묵시적으로 받아들였다.

다만, 꽁세유데따는 지난 10년 간 제1차 의결의 위법성이 전혀 문 제되지 않았던 점에 비추어 제2차 의결의 대상인 지방도시계획을 취소 하는 것은 과도하다는 꽁뮌 측의 주장을 받아들였다. 즉, 앞서 본 제1차 의결의 위법성은 제2차 의결에 승계되지 않고, 제2차 의결의 취소를 구 하는 월권소송에서 위법성 항변(l'exception d'illégalité)의 사유로 되지 않 는다. 결국 꽁세유데따는 지방도시계획 영역에서 다단계행정작용의 이 론(la théorie des opérations complexes)의 적용 범위를 제한한 것이다. 이 는 실질적으로 앞서 본 Sainte-Lunaire 꽁뮌 판결의 효력 범위를 제한 한 것이기도 한데, 제1차 의결이 정한 의견수렴의 방식을 준수하지 않 았다는 사유는 제2차 의결에 관하여 주장될 수 없다는 Illats 꽁뮌 판 결7)과 그 취지를 같이 하는 것이다.

---

5) CE 10 fév. 2010, req. n°327149
6) CE 23 déc. 2011, req. n°335033

이처럼 위법성 승계의 범위를 제한함에 있어서 이 사건 연구관의 의견서(Conclusion)는, "토지이용계획 및 조례의 상세보고와 이유 및 그 초안이 단지 불충분한 경우에는 효력에 영향을 미치지 않는다"는 독일 연방건설법전 제214조와 영국의 도시계획 실무례를 주요한 논거로 언급하였다. 의견서는 그에 더하여, 도시계획절차의 진행 단계별로 평균 4~5년이 소요되는 점, 이 사건에서 지방도시계획을 취소하는 것은 대략 86,5백만 유로의 보상을 필요로 하므로 꼬뮌의 재정에 '뒤늦게 터지는 폭탄'이 될 것이라는 점을 강조한다.[8] 결국 이 판결은 Sainte-Lunaire 꼬뮌 판결과 다단계행정작용의 이론이 결합하여 장기간에 걸쳐 진행되는 도시계획절차의 법적안정성을 훼손하는 것을 제한한 것이라 평가할 수 있다.

2. 제3자의 행정계약 해지청구
(CE 30 juin 2017, req. n° 398445)

가. 사건개요

원고들은 영불해협의 해저터널을 운영하는 회사인데, 영불해협 간 활동 촉진을 위한 혼합회사(이하 'SMPAT')가 2006. 11. 29. 제3의 회사와 프랑스 디페 지역과 영국 뉴헤븐 지역을 연결하는 공공해상운송계약을 공역무 위탁계약(la convention de délégation de service public)의 형식으로 체결하자, 2010. 11. 19. SMPAT 측에 위 공역무 위탁계약의 해지(la résiliation)를 구하는 서한을 송부하였다. SMPAT 대표가 위 서한에 2개월 간 아무런 답변을 하지 아니하자, 거부결정이 있었던 것으로 간주되었고, 원고 회사들은 루앙 행정법원에 위 거부결정의 취소를 구하는 월

---

7) CE 8 oct. 2012, req. n°338760
8) Louis Dutheillet de Lamote, Plan d'urbanisme: les limites de la théorie des opérations complexes, RFDA, 2017, p.783 s.

권소송(le recours pour excès de pouvoir)을 제기하였다. 루앙 행정법원은 2013. 7. 16. 원고들의 청구를 기각하였다. 두에 행정항소법원은 2016. 1. 28. 문제의 계약이 실질상 공역무 위탁이 아니라, 공공조달(le marché public)에 해당한다고 판단한 뒤, 공공조달법전(Code des marchés publics)이 정한 조달계약체결 절차를 준수하지 않았다는 이유로 원심판결을 취소하고, 항소심 판결이 SMPAT에 통지된 지 6개월이 지난 시점에 계쟁 계약이 해지되도록 판결하였다. SMPAT는 꽁세유데따에 상고하였고, 꽁세유데따는 2016. 7. 22. 본안 판결 시까지 위 행정항소법원 판결의 집행을 정지(sursis à l'exécution)하도록 결정하였다.

나. 판결요지

꽁세유데따는 다음과 같은 이유로 두에 행정항소법원 판결을 취소하고, 원고들의 청구를 기각하였다. 《행정계약의 제3자는 그 행정계약의 집행을 종료할 것을 구하는 신청을 거부하는 결정에 의하여 충분히 직접적이고 확실하게(de façon suffisamment direct et certaine) 이익을 침해당하였음을 주장하는 경우, 행정계약의 집행을 종료할 것을 완전심판소송(le recours de pleine juridiction)의 형식으로 구할 수 있다. 지방자치단체가 체결한 계약에 대하여는 지방의회 및 도지사도 완전심판소송을 제기할 수 있다. 해당 계약에 적용되는 법률조항들이 정하는 바에 따라 계약의 집행을 종료해야만 하거나, 계약 집행을 지속함에 장애가 되는 성격의 위법사유(l'irrégularité)가 존재하고 이를 법관이 직권으로 인정하는 경우이거나, 계약의 계속 집행이 공익(l'intérêt général)에 명백히 반하는 경우, 계약 당사자인 공법인은 해당 행정계약의 집행을 종료해야 한다. 제3자인 원고는 계약의 집행이 명백히 공익에 반함을 주장할 수 있지만, 그 외의 다른 위법사유, 특히 계약종료신청의 거부결정에서 고려된 요건들과 형식에 관한 사유들은 주장할 수 없다. 결국 지방의회 및 도지사 외의 제3자는 자신의 침해된 이익과 직접적으로 관련되는 위법사유만을 주장할 수 있다. 법원은 주장된 사유가 계약종료권을 부여하기에 충분하고 공익에 과도한 침해를 가져오는지 여부를 확인한 후, 해당 계약의 집행을 종료하도록 선언할 수 있고, 필요한 경우에는 그 종료 시점을 조정할 수 있다. 이 판결에 의한 판례 변경의 효력은 즉시 적용되는데, 이 사건에서 원고들이 주장하는 사유, 즉 영불해협의 이동 수단 간의 직접적 경쟁관계만으로는 계쟁 계약의 집행을 종료할 직접적이고 확실한 이익의 침해가 있다고 할 수 없다.》

다. 분석

이 판결은, 행정계약의 제3자는 계약으로부터 분리 가능한 행위 (l'acte détachable du contrat)에 대하여 월권소송을 제기할 수 있다는 LIC 판례9)를 실질적으로 폐기하고, 제3자에게 완전심판소송이라는 새로운 쟁송수단을 허용한다. 이는 행정계약의 집행(l'exécution)에 있어서도 제한적 요건 하에 제3자의 완전심판소송 제기 권한을 인정한 것으로, 행정계약의 제3자는 일정한 요건 하에 그 체결(la passation)의 무효를 주장하며 완전심판소송을 제기할 수 있다고 한 Tarn-et-Garonne 도 (département) 판결10)의 취지를 확장한 것이다. 결국, 꽁세유데따는 행정계약의 체결, 집행, 종료의 전 단계에서 제3자가 자신의 이익을 직접, 확실하게 침해당한 경우에 한하여 완전심판소송을 제기할 수 있도록 하고, 법원으로 하여금 계약의 효력 유무 및 효력 상실 시기 등을 직권으로 판단하도록 하여, 계약의 적법성과 투명성을 확보하는 동시에 계약의 법적안정성을 유지할 수 있도록 한다.11)

앞의 Tarn-et-Garonne도 판결에서 꽁세유데따는 행정계약의 체

---

9) CE 24 avr. 1964, req. n°53518
10) CE Ass. 4 avr. 2014, req. n°358994
11) Conseil d'Etat, <Le juge administratif et la commande publique>, Dossiers thématiques, 3 juin 2014.

결 단계에서 제3자의 완전심판소송 제기를 허용하고, 이에 따라 분리가
능행위 이론에 따른 월권소송의 제기를 불허하되, 이러한 판례 변경의
효력은 법적안정성을 보장하기 위해 위 판결 선고일인 2014. 4. 14. 이
전에 체결된 계약에는 적용되지 않도록 하였다. 그런데 이 사건에서는
판례변경의 소급효를 달리 제한하지 않았고, 행정계약의 종료 단계에서
분리가능행위 이론에 따른 월권소송이 가능한지 여부에 대해서도 언급
하지 않고 있다. 이러한 판례 변경의 흐름에 따라 기존의 분리가능행위
이론이 더 이상 유효하지 않은 것으로 될지, 여전히 한계적 사안에서
유용할지 여부는 불분명하다.

3. 취소판결의 소급효 제한
(CE Ass. 19 juillet 2017, req. n° 370321)

가. 사건개요

유럽공동체 지침 2009/73/CE 및 유럽사법재판소의 2016. 9. 7.
C-121/15 판결은 천연가스 분야의 경쟁시장 실현을 명하면서, 동시에 천
연가스 가격규제를 통해 각 회원국이 경제상 공익을 추구할 수 있는 광범
위한 재량권을 인정하였다. 한편, 프랑스 에너지법전(Code de l'energie) 제
445-1조 내지 제445-4조는 천연가스 공급자에게 최종소비자에 대한
가격규제표에 따른 공급의무를 부과하고, 이에 따라 2013. 5. 16.자 데
크레는 천연가스 가격을 규율하고 있었다. 프랑스 에너지 중소공급자연
합(ANODE)은 위 데크레가 유럽공동체 지침에 위배된다는 이유로 그 취
소를 구하는 월권소송을 제기하였다.

나. 판결요지

꽁세유데따는 우선, 에너지법전 제445-1조 내지 제445-4조는 천
연가스 분야의 경쟁시장 실현이라는 유럽공동체 지침의 목적달성을 저

해한다고 판단한 뒤, 천연가스 가격규제는 다음의 세 가지 조건 하에서만 허용된다고 판시하였다. 《첫째, 경제상 공익(l'intérêt économique général) 목적에 부합할 것, 둘째, 그 목적 실현에 필요한 유일한 수단으로써만, 특히 제한된 기간 내에서만 제한될 것, 셋째, 해당 규제는 명확하고, 투명하며, 비차별적인 동시에 통제 가능할 것.》

이 사건에서 꽁세유데따는, 위 법률조항 및 2013. 5. 16.자 데크레가 천연가스 공급의 안정성을 보장하기 위하거나, 프랑스 전역의 가스 공급의 형평성 또는 공급 가격의 합리성을 보장한다는 경제상 공익이라는 목적을 추구하는 것이 아니라고 하여, 위 첫 번째 요건부터 충족하지 못한다고 판단하였다. 국토 전역에 공급되어야 하는 일차적 필수재인 전기와는 달리, 천연가스는 대체에너지가 존재하는 부차적 에너지에 불과하다는 것이다. 이에 따라 꽁세유데따는 위 법률조항이나 데크레 조항이 구체적인 비례성을 충족하고 있는지 여부, 즉 위 두 번째 및 세 번째 요건의 충족 여부의 심사에 나아가지 않고, 《에너지법전 제445-1조 내지 제445-4조는 유럽공동체 지침 2009/73/CE에 합치되지 아니하고, 2013. 5. 16.자 데크레는 그 적법성의 근거를 상실한다.》고 판단하였다.12)

다만, 꽁세유데따는 위 2013. 5. 16.자 데크레가 이미 2015. 12. 30.자 데크레에 의하여 2016. 1. 1. 폐지되었고, 위 2013. 5. 16.자 데크레를 소급취소할 경우 구법령인 2009. 12. 18.자 데크레가 소급해서 부활한다는 점에 비추어, 《그 소급취소가 수백만 소비자와의 계약에 미칠 중대한 불확실성과, 법적안정성을 보장할 절대적인 필요성을 고려하여, 예외적으로, 이 판결 선고 당시 이미 제소된 사건을 제외하고, 위 데크

---

12) 프랑스 법률이 유럽공동체 조약에 위반되는 경우, 꽁세유데따와 파기원은 해당 법률이 당해 사건에서 무효임을 선언할 수 있다(C. Cass. l'arrêt Jacques Vabre du 24 mai 1975; CE l'arrêt Nicolo du 20 octobre 1989). 이를 법률의 공동체법 합치성 심사(Le contrôle de conventionnalité des lois)라 한다. 위 사건도 법률의 공동체법 합치성 심사를 행한 것으로 볼 수 있다.

레가 이미 발생시킨 법적 효과는 확정되어 더 이상 다툴 수 없는 것으
로 간주된다.》고 판결하였다.

다. 분석

데크레를 비롯한 법규명령을 포함한 행정행위(l'acte administratif)의
취소는 원칙적으로 그 행정행위가 전혀 일어나지 않았던 것과 같은 상
태를 낳는다. 그러나 이러한 행정행위 취소의 소급효는 그것이 유효하
였을 당시 발생시킨 법적 효과와 상황에 비추어 성질상 명백히 과도한
결과를 초래할 수 있다. 이에 따라 공익상 법관은 당사자의 주장 및 직
권조사사항 등을 통하여 밝혀진 바에 따라, 한편으로는 취소의 소급효
가 현존하는 다양한 공사익에 미치는 결과를, 다른 한편으로는 적법성
의 원칙 및 효과적 사법구제에 관한 원고들의 권리를 고려할 때 취소의
소급효를 제한함으로써 발생하게 될 불이익을 형량하여, 해당 행정행위
의 효력을 유지하도록 결정할 수 있다.[13]

이 사건은 위와 같은 내용의 법적안정성원칙(le principe de sécurité
juridique)이 유럽공동체법 준수의무와 충돌하는 경우, 취소판결의 소급
효를 제한하기 위한 구체적 요건 − '예외적으로'(à titre exceptionnel),
'절대적인 필요성(une nécessité impérieuse)의 존재' − 을 최초로 밝히고
있다. 이는 유럽사법재판소의 2016. 7. 28. 자 프랑스 환경연합 판결
(C−379−15)의 판시에 따른 것인데, 위 판결은《국내법이 허용하는 경
우, 회원국 법원은 사안에 따라 예외적으로(exceptionnellement) 유럽공동
체 지침을 위반한 국내법의 위법성이 낳는 시간적 효과를 제한할 수 있
다. 이 경우, 중대한 사유(une considération impérieuse)가 존재하여야 하
고, 사안의 개별·구체적인 상황에 비추어 그러한 제한이 필요한 경우라

---

13) 이러한 판시는 CE Ass. 11 mai 2004, Assocation AC!, req. nos°255886 à 255892에
　　서 최초로 등장하였고, 이후 CE Ass. 23 déc. 2013, req. nos°363702, 363719 판결
　　등에서 그 요건이 구체화되었다.

는 확신이 있다면 그 판결에서 제시된 제한의 요건에 관한 해석 및 적용에 어떠한 합리적 의문도 제기되지 않도록 해야 한다.》고 하여, 취소판결 소급효의 제한 요건을 구체화하였다.

4. 칼레 난민촌 개선 명령
(CE 31 juillet 2017, req. n° 412125)

가. 사건개요

프랑스에서 영국으로 가는 길목인 노르망디 지역의 칼레 시에 불법체류 난민들이 밀집하여 생긴 집단정착촌, 이른바 '정글'(jungle)이 사회문제를 발생시키자, 내무부와 칼레 시장은 난민촌을 없애려는 목적으로 난민촌의 열악한 생활환경을 방치하였다.[14] 이에 인권단체들이 릴 행정법원에 자유보전가처분(le référé-liberté)을 신청하였고, 위 법원은 2017. 6. 26.자 명령으로 10일 이내에 식수 공급시설 및 위생시설을 설치하고, 난민신청 및 심사 기간 동안 이들 난민을 수용하고 교육하기 위한 적절한 시설을 마련할 것을 명하였다. 내무부 장관 및 칼레 시장은 위 명령에 상고하였다.

나. 판결요지

꽁세유데따는, 《특별한 규정이 없는 이상, 인간의 존엄성이라는 헌법 원리, 특히 모든 인간이 비인간적이고 품위를 저해하는 처우를 받지

---

14) 르몽드 지의 보도에 따르면, 정부가 2016. 10. 24. 칼레시의 정글에 거주하는 7,400여 명의 불법체류자들을 추방하였음에도 불구하고, 현재까지 약 700-800여 명의 불법체류자들이 여전히 칼레시에서 폭력 등 사회문제를 발생시키고 있다고 한다. 출처: https://www.lemonde.fr/immigration-et-diversite/article/2017/10/24/un-an-apres-l-evacuation-de-la-jungle-les-conditions-de-vie-inhumaines-a-calais_5205036_1654200.html, https://www.lemonde.fr/societe/article/2018/02/02/a-calais-une-explosion-de-violence_5250756_3224.html

않을 권리의 보장은, 일반 경찰권(le pouvoir de police général)의 주체에
게 속한다. 비인간적이고 품위를 저해하는 처우(les traitements inhumains
ou dégradants)를 받는 자에게 공권력이 부재한 상황은, 근본적 자유(la
liberté fondamentale)에 대한 명백히 위법하고 중대한 침해를 구성하고,
이러한 상황은 행정법원법전 법률 제521-2조[15])에 따라 가처분 법관이
48시간 이내에 그러한 공권력의 부재에서 비롯한 상황을 중단시킬 수
있는 모든 적절한 보호조치를 발할 수 있게 한다.》고 전제한 뒤, 칼레
난민촌의 식수 공급시설 및 위생시설이 명백히 부족하고, 이러한 상황
은 비인간적이고 품위를 저해하는 것에 해당하며, 그 자체 가처분이 필
요한 긴급 상황이라고 판단하였다. 또한 《법원은 비용을 부담하게 될
행정청이 현재 칼레의 상황을 다룸에 있어서 선택한 방식을 문제 삼을
권한을 가지지 않는다.》고 하면서도, 《긴급한 필요에 의하여 임시적으
로 난민 수용시설, 식수 공급시설 및 위생시설을 설치하도록 명하는 것
은 가능하다》고 판시하였다.

다. 분석

꽁세유데따는 기존 결정들에서 자유보전가처분 절차에서 주장할
수 있는 근본적 자유의 범주에서 유럽인권협약 제3조[16])의 '비인간적 처
우의 금지'를 제외하고 있었고,[17]) 유럽인권협약 제3조의 '비인간적 처우

---

15) 그 내용은 다음과 같다.
   행정법원법전 법률 제521-2조 신청의 긴급성이 인정되는 경우, 가처분 법관은 모
   든 공법인 또는 공역무 수행을 담당하는 사적 조직이 그 권한을 행사함에 있어 중
   대하고 명백하게 위법한 기본적 자유를 침해한 경우, 그 기본적 자유의 보호에 필
   요한 모든 조치를 하도록 결정할 수 있다. 가처분 법관은 48시간 이내에 결정을
   내려야 한다.
16) 그 내용은 다음과 같다.
   유럽인권협약 제3조(고문의 금지) 누구든지 고문 또는 비인간적 처우 내지 처벌을
   받지 아니한다.
17) CE 25 mai 2005, req. n°280607; CE 14 nov. 2008, req. n°315622 등 참조.

의 금지' 위반 주장을 좀 더 구체적인 다른 자유에 관한 것으로 환원하
는 경향이 있었다.[18] 이 사건에서 꽁세유데따는 <비인간적이고 품위를
저해하는 처우를 받지 않을 권리>를 명시적으로 언급함으로써, 유럽인
권협약 제3조의 '비인간적 처우의 금지' 위반이 자유보전가처분의 직접
적인 발령 사유가 될 수 있음을 최초로 밝혔다.[19]

한편, 꽁세유데따는 이 사건에서 난민 수용시설, 식수 공급시설 및
위생시설의 설치가 법원이 가처분 절차에서 발할 수 있는 '적절한 조치'
의 내용에 해당한다고 보았지만, 그 이틀 전에 선고된 자유보전가처분
사건에서는 가처분의 임시성, 행정청의 수단선택에 관한 재량을 강조하
면서, 《범죄자 수용시설의 포화상태(적정 수용인원의 200%를 초과)는 성질
상 수용자의 사생활의 자유를 침해하고 비인간적이고 품위를 저해하는
처우에 해당하지만, 행정청은 이미 상황을 개선하기 위한 조치들을 실
행하고 있고, 수용자 인원을 통제할 다른 수단이 없다》는 이유로 적절
한 개선조치를 구하는 가처분신청을 기각하였다.[20]

5. 망명을 위한 사증 신청
   (CE 16 octobre 2017, req. nos° 408374, 408344)

가. 사건개요

원고들은 아프가니스탄에 파병된 프랑스 군대의 통역을 담당하던
현지인들로, 해당 군대의 철수 시점에 아프가니스탄 주재 프랑스 대사
관에 사증(le visa)을 신청하였다가 묵시적으로 거부되었다. 이후 원고들
은 다시 사증을 신청하였다가 명시적으로 거부결정을 받자, 낭뜨 행정

---

18) 예를 들어, 꽁세유데따는 교정시설에서의 비인간적 처우 문제를 유럽인권협약 제3
   조 중 '고문금지'에 결부시키는 경향을 보인다. CE 19 juin 2014, req. n°381061 참조.
19) Mathieu Carpentier, Affaire des silhouettes: la salutaire mise au point du juge des
   référés du Conseil d'Etat, AJDA, 2017, p. 2076 s.
20) CE 28 juillet 2017, req. n°410677

법원에 위 거부결정의 집행정지가처분(le référé-suspension)을 구하였으
나 2016. 11. 22. 모두 기각되었다. 이에 원고들은 꽁세유데따에 상고하
였다.

나. 판결요지

꽁세유데따는 우선, 《헌법상 망명권(le droit constitutionnel
d'asile)이 프랑스에 난민의 자격을 요청할 권리와 동일시되고 있지만,
외국인에게 인정되는 망명권에 결부된 보장들은 프랑스에 망명을 신청
하기 위한 또는 (외국인의 입국 및 체류, 망명권에 관한 법전 제712-1조에 규
정된) 보충적 보호 특권을 요구하기 위한 사증 발급 신청권을 포함하지
않는다.》라고 판시하였다. 헌법상 망명권[21]이나 유럽인권협약 제2조(생
명권) 및 제3조(고문의 금지)는 입국을 위한 비자발급 신청권을 의미하지
않는다는 것이다. 더 나아가 꽁세유데따는, 《행정청은 법률상 사증 발급
을 위한 광범위한 평가권한을 가지고, 이해관계인은 이에 대한 어떠한
권리도 주장할 수 없다. 행정청은 이러한 유형의 처분을 함에 있어 신
청인의 일반적 지향(l'orientation générale)을 자유롭게 확정할 수 있지만,
이해관계인은 행정청이 확정한 지향을 행정소송에서 청구의 근거로 원
용할 수는 없다.》고 하면서, 이 사건에서 아프가니스탄 주재 프랑스 대
사관이 확정한 일반적 지향, 즉 '원고들이 아프가니스탄에 주둔한 군대
의 통역을 위해 채용된 민간인'이라는 사실관계만으로는 사증 발급 청
구의 인용 근거로 충분하지 않다고 하였다. 결국 꽁세유데따는 사증 발

---

21) 1946년 프랑스 헌법 전문 제4항은 <자유를 위한 행동으로 인하여 박해받는 모든
인간은 프랑스 영토에서 망명권을 가진다>고 규정한다. 현행 1958년 프랑스 헌
법 제53-1조는, < 공화국은 망명, 인권보호, 기본권으로서의 자유권이라는 공통
된 이념으로 연결된 유럽 국가들과 사이에 해당국가에 제출된 망명 요청을 심사
할 수 있는 권한에 관한 협정을 체결할 수 있다. 다만, 상기의 협정 하에서 망명요
청이 자국의 재판권에 속하지 아니하는 경우에도, 공화국은 자유를 위한 활동을
이유로 박해받거나 그 외의 이유로 공화국의 보호를 필요로 하는 모든 외국인에
게 망명을 허가할 수 있다>고 규정한다.

급 거부의 당부는 수소법원이 원고가 처한 구체적인 상황을 종합적으로 평가하는 방식으로 이루어져야 한다는 전제에서, 외국인 군대에 소속된 아프가니스탄인들에 대한 폭력적 위협이 증대하고 있는 현실에 비추어 일부 원고의 사증 발급 신청을 거부한 행위는 헌법상 망명권에 대한 중대·명백한 침해라는 이유로 집행정지신청을 인용하였다.

다. 분석

꽁세유데따는 2001년 가처분 신청에서 중대·명백한 침해를 주장할 수 있는 근본적 자유(la liberté fondamentale)에 헌법상 망명권이 포함된다고 판시하여, 프랑스에 망명을 신청하기 위해 입국을 신청한 외국인에 대한 사증 발급 거부처분이 가처분 신청의 대상이 됨을 명확히 했지만, 당해 사건은 소의 이익이 없다는 이유로 각하되었다(non-lieu à statuer).[22] 이후 2015년 내무부장관 판결에서 꽁세유데따는 헌법상 망명권이 망명신청을 위한 사증 발급 신청권을 의미하는 것은 아니라고 선언함과 동시에 행정청의 사증 발급에 관한 광범위한 권한을 확인하고, 행정청이 확정한 원고의 일반적 지향('시리아인')에 비추어 당해 사증 발급 거부행위는 헌법상 망명권에 대한 중대·명백한 침해가 아니라고 하였다.[23] 결국 꽁세유데따는 헌법상 망명권과 법률상 사증 발급 청구권을 구별하고, 전자로부터 후자가 곧바로 도출되는 것은 아니라고 함으로써 망명권의 한계를 설정한 것이라고 볼 수 있는데, 여기서 법률상 사증 발급 청구권이란 실체적 권리를 의미하는 것이므로 우리나라 대법원과 같이 사증 발급 거부처분 취소에 관한 법률상 또는 조리상 이익을 부인하는 취지는 아니다.[24]

---

22) CE 12 janv. 2001, req. n°229039
23) CE 9 juiliet 2015, req. n°391392
24) 《사증발급의 법적 성질, 출입국관리법의 입법 목적, 사증발급 신청인의 대한민국과의 실질적 관련성, 상호주의원칙 등을 고려하면, 우리 출입국관리법의 해석상 외국인에게는 사증발급 거부처분의 취소를 구할 법률상 이익이 인정되지 않는

다만 위 두 판결만으로는 가처분 절차에서 어떠한 경우에 어떠한 방식으로 '망명을 위한 사증 신청'이 허용될 수 있을지 명확하지 않았다. 이에 관하여 꽁세유데따는 이 사건에서 행정청의 사증 발급 신청인의 일반적 지향에 관한 일차적 판단권을 재확인하면서도, 종국적인 사증 발급 여부는 원고의 구체적 상황에 좌우된다고 보고, 가처분 법관은 개별적인 판단에 근거하여 원고에 대한 사증 발급의 거부가 헌법상 망명권에 대한 중대·명백한 침해가 되는지 여부를 평가하여야 한다고 본 것이다.

6. 제재소송과 법관의 재량
(CE 25 octobre 2017, req. n° 392578)

가. 사건개요

원고는 Boulogne-sur-Mer 항구에 21미터 길이의 어선을 허가 없이 정박하였는데, 해당 정박지는 다른 어선이 수산물을 하역하기 위해 미리 정박 허가를 받아둔 곳이었다. 항구 관리자는 원고에게 이동할 것을 명하였으나, 원고는 명령에 불응하였다. 위 항구 관할지인 빠드칼레 도지사는 릴 행정법원에 원고를 공공통행로 위반죄(la contravention de grande voirie)로 기소하였다. 위 법원은 20미터를 초과하는 길이의 배에 적용되는 교통법전(Code des transports) 법률 제5337-5조 제2항[25]을 적용하여 원고에게 8,000 유로의 벌금(l'amende)를 부과하였고, 원고

다.》(대법원 2018. 5. 15. 선고 2014두42506 판결)

25) 교통법전 법률편 제5337-5조 제1문은 항만관리자 등의 명령 등에 불응한 선주, 선장 등에게 해당 선박등의 크기에 따라 벌금을 부과하되, 20미터 이하 길이의 선박 등에는 500유로(제1항), 20미터 초과 100미터 이하 길이의 선박 등에는 8,000유로(제2항), 100미터 초과 길이의 선박 등에는 20,000유로(제3항)의 정액을 벌금으로 부과하도록 규정하고, 동조 제2문은 위 위반행위로 벌금형을 선고 받고 5년 이내에 동일한 위반행위를 한 경우, 벌금액은 법정액의 두 배가 된다고 규정한다.

는 꽁세유데따에 상고하였다.

나. 판결요지

꽁세유데따는 《법관은 통로위반사실을 인정할 경우, 해당 위반행위자에게 벌금을 부과할 의무가 있다. 그러나 법관은 제재소송에서, 비록 법률에 명시적인 근거가 없더라도, 법률이 정한 벌금 총액을 상한으로 하고, 바로 아래 단계의 벌금 총액을 하한으로 하여, 위반행위의 성격과 그 결과에 비추어 평가한 과실의 정도를 고려하여 벌금액을 조정할 수 있는 유일한 권한을 가진다.》고 판시하였다. 이에 따라 꽁세유데따는 20미터 이하 길이의 배에 적용되는 법률조항(교통법전 법률 제5337-5조 제1항)이 규정한 벌금액인 500 유로와, 20미터 초과 100미터 이하 길이의 배에 적용되는 법률조항이 규정한 벌금액인 8,000유로 사이에서, 벌금액이 정해져야 한다는 전제에서, 원심을 파기하고 《불법정박의 기간26)을 고려하여, 이 사안에서는 원고에게 4,000 유로를 벌금으로 부과한다》고 판결하였다.

다. 분석

꽁세유데따는 공공통행로 위반죄(la contravention de grande voirie) 등 행정제재(les sanctions administratives)의 영역에서, 제재를 부과하는 법관(le juge du contentieux répressif)에게 점차 많은 재량을 부여하고 있다. 공공통행로 위반죄의 영역에 국한하여 보면, 꽁세유데따는 이미 법원에 상당한 재량을 부여하였다. 우선, 법원은 공물침해자에 대한 손해배상소송(l'action en réparation des dommages portés au domaine public)이 제기된 경우, 직권으로(d'office) 해당 행위의 공공통행로 위반죄 해당 여부를 심판하여야 한다.27) 나아가 법관은 공공통행로 위반죄, 특히 불법

---

26) 판결문에서는 불법정박의 기간이 얼마인지 드러나지 않는다.
27) CE 7 déc. 2015, req. 'n° 362766

점용에 관한 쟁송 절차에서 명시적인 법령상의 근거 없이도 법의 일반
원리(le principe général du droit)에 근거하여 이행명령에 수반한 이행강
제금(l'astreinte)을 부과할 수 있는데,[28] 동일한 근거로 이행강제금을 청
구할 권리를 가지는 공물관리주체가 해당 판결의 집행을 일부 또는 전
부 원하지 아니하는 경우, 법관은 해당 이행강제 판결의 내용을 변경
(modérér)하거나 취소(supprimer)할 수 있다.[29]

　　이 사건은 법관의 재량이 법률상 정액(le montant fixé)으로 규정된
벌금의 구체적 액수에 관해서도 일정한 상한과 하한의 범위 내에서 미
치고, 다만 위반사실이 인정되는 이상 벌금을 면제할 수는 없다는 점을
명시적으로 선언하였다는 의의가 있다. 다만, 이처럼 법관 및 행정청의
재량을 확대하는 경향에 대해서는 공물의 보호라는 공익 달성이 저해될
우려가 있다는 지적이 있다.[30]

Ⅲ. 전망 및 결어

　　앞서 소개한 바와 같이, 꽁세유데따를 비롯한 프랑스 행정법원은
지속적으로 증가하는 사건을 적정한 기간 내에 처리하기 위하여 다방면
으로 노력을 기울이고 있다. 2017년에는 변호사 강제주의가 적용되는
사건의 원고와 행정청만이 전자소송절차에 따를 의무가 있었지만, 2018
년에는 모든 사건 당사자로 그 적용대상이 확대된다. 이에 더하여, 사건
부담을 경감하기 위해 2018년부터 공무원 지위 관련 소송, 사회급부소
송, 노동관계소송 등 제한적 분야에 의무조정절차(le procédure de

---

28) CE Ass. 10 mai 1974, req. n°85132
29) CE 15 oct. 2014, req. n°338746
30) Maud Baldovini, L'office du juge de la contravention de grande voirie lors de la
　　liquidation de l'astrente, AJDA, 2015, p.996 s.

médiation obligatoire)를 시행할 계획이므로, 사건 처리의 신속화에 더욱 박차를 가하게 될 것으로 전망된다.[31]

한편, 2017년에 난민 사건이 전년 대비 34%나 증가하였고,[32] 본고에서 본 바와 같이 가처분 및 본안사건에서 난민의 법적지위에 관한 중요한 법리가 선언되었다. 난민 문제가 정치적으로 해결되지 않는 이상, 이러한 경향은 당분간 계속될 것으로 전망된다. 현재 우리나라에서도 난민 문제가 본격적인 법문제로 대두되고 있는데, 프랑스의 난민 소송 실무는 우리에게 상당한 시사점을 제공할 수 있을 것이다.

마지막으로 앞에서 소개한 판결들에서 발견할 수 있는 하나의 흐름을 언급하고자 한다. 앞의 1. 도시계획절차 내 위법성 승계의 범위, 2. 제3자의 행정계약해지청구, 3. 취소판결의 소급효 제한 판결들에서 보듯이, 꽁세유데따는 전통적 의미의 행정의 법률적합성을 수호하는 것보다 좋은 행정을 위한 법적안정성을 확보하는데 점점 더 많은 노력을 기울이고 있다. 이러한 경향에 대하여 우려를 표하는 학계의 의견도 존재하지만,[33] 그 배경에 점차 힘을 더하는 유럽법과 독일법의 영향이 있음을 부인할 수 없다. 이처럼 프랑스 행정법의 오랜 전통이 시대 변화에 따라 어떻게 변화해 왔는지, 그리고 그것이 우리에게 주는 교훈이 무엇인지는 추후의 연구과제로 삼기로 한다.

---

31) Jean—Marc Sauvé, op. cit, pp.6—7
32) <Le Conseil d'État et la justice administrative 2017>, p.42
33) Paul Cassia, Le Conseil d'Etat abime les principes de légalité et de sécurité juridique, Article in Mediapart, 2018.

참고문헌

김영현, 프랑스 월권소송의 판결의 효력 – 기판력(autorité de la chose jugée) 개념을 중심으로 –, 서울대학교 석사학위논문, 2005
강지은, 제재적 행정처분에 대한 소송 – 프랑스의 최근 판례를 중심으로 –, 공법학연구 제14권 제2호, 2013. 5.
_____, 행정계약의 제3자에 의한 소송 – 프랑스의 최근 판례를 중심으로 –, 행정법연구 제43호, 2015. 11.
_____, 난민지위 인정절차의 제문제 – 프랑스의 2015년 개정 외국인법제를 중심으로 –, 행정법연구 제45호, 2016. 6.
박현정, 프랑스 행정소송법상 긴급소송제도 – 2000년 개혁 이후의 집행정지가처분과 자유보호가처분을 중심으로 –, 행정법연구 제13호, 2005. 5.
윤성운, 프랑스 행정법상 '행정으로서의 행정재판'에 관한 연구 – 행정의 재판적 통제와 행정임무 수행의 관계를 중심으로 –, 서울대학교 석사학위논문, 2014
전학선, 프랑스에서 국제법과 헌법재판, 공법학연구 제9권 제1호, 2008. 2.
최계영, 행정소송의 제소기간에 관한 연구, 서울대학교 박사학위논문, 2008
Le Conseil d'État et la justice administrative, Conseil d'État, 2017
Le juge administratif et la commande publique, Dossiers thématiques, Conseil d'Etat, 2014.
Louis Dutheillet de Lamote, Plan d'urbanisme: les limites de la théorie des opérations complexes, RFDA, 2017, p.783 s.
Mathieu Carpentier, Affaire des silhouettes: la salutaire mise au point du juge des référés du Conseil d'Etat, AJDA, 2017, p. 2076 s.
Maud Baldovini, L'office du juge de la contravention de grande voirie lors de la liquidation de l'astrente, AJDA, 2015, p.996 s.

국문초록

　　프랑스 행정최고재판소인 꽁세유데따는 2017년 총 10,134건의 결정을 선고하였는데, 그 중 약 90여 개의 판결 전문이 판례집에 실렸다. 본고는 그 전문이 실린 판결 중 다음 6개의 판결을 분석하였다. 1. 토지이용계획의 위법성은 지방도시계획의 위법 사유로 주장할 수 없다(CE 5 mai 2017, req.°n 388902). 2. 행정계약의 제3자는 행정계약의 해지를 구하는 완전심판소송을 제기할 수 있다(CE 30 juin 2017, req.°n398445). 3. 예외적으로 절대적인 필요성이 있는 경우, 유럽공동체법을 위반한 행정행위 취소판결의 소급효는 제한될 수 있다(CE Ass. 19 juillet 2017, req.°n 370321). 4. 가처분 법관은 유럽인권조약 제3조의 '비인간적 처우 금지'에 근거하여, 난민의 열악한 생활환경을 개선하도록 관계행정청에 조치를 명할 수 있다(CE 31 juillet 2017, req.°n412125). 5. 헌법상 망명권이 인정된다고 하여 곧바로 망명을 위한 사증발급 청구권이 인정되는 것은 아니다(CE 16 octobre 2017, req. nos 408374, 408344). 6. 공물침해로 인한 행정제재부과소송에서 법관은 명시적 근거 없이도 벌금액 양정에 관하여 상당한 재량을 가진다(CE 25 octobre 2017, req.°n 392578). 이상의 판결들에서 전체 행정사건 중에서 점차 난민 사건이 중요도를 더하고 있다는 점과, 최근 꽁세유데따는 법률적합성 보다 법적안정성을 더 중시하고 있다는 점을 발견할 수 있다.

　　주제어: 꽁세유데따, 위법성의 항변, 다단계 행정작용의 이론, 행정계약 해지청구, 완전심판소송, 취소판결의 소급효, 자유보전 가처분, 망명권, 사증발급 청구권, 행정제재, 법관의 재량, 법률적합성, 법적안정성

Résumée

Le bilan et l'analyse des jurisprudences administratives françaises en 2017

KIM, Hyejin[*]

À l'année 2017, le Conseil d'État a jugé 10,134 affaires dont 90 ont été publiés en Recueil Lebon en tant que tel. Cette étude est notamment sur les 6 décisions qui sont au Recueil Lebon comme les arrêts les plus importants. 1. L'illégalité du Plan d'occupation des sols est inopérante en recours pour excès de pouvoir contre Plan locale d'urbanisme(CE 5 mai 2017, req.°n 388902). 2. Il est permis aux tiers de demander directement au juge de plein contentieux la résiliation d'un contrat(CE 30 juin 2017, req.°n398445). 3. Au regard du droit de l'UE et à son annulation, il y a lieu de prévoir, à titre exceptionnel et avec une nécessité impérieuse, que les effets produits par le décret attaqué sont regardés comme définitifs(CE Ass. 19 juillet 2017, req.°n 370321). 4. Lorsque la carence des autorités publiques expose des personnes à être soumises à un traitement inhumain ou dégradant et que la situation permet de prendre utilement des mesures de sauvegarde, le juge des référés peut prescrire toutes les mesures de nature à faire cesser la situation résultant de cette carence(CE 31 juillet 2017, req.°n412125). 5. Le droit constitutionnel d'asile n'emporte aucun droit à la délivrance d'un visa(CE 16 octobre 2017, req. n°s 408374,

---

* Rapporteur public à la Cour constitutionnelle de Corée.

408344). 6. Alors même que les textes ne prévoient pas de modulation des amendes infligées pour sanctionner des contraventions de grande voirie, le juge peut toutefois moduler leur montant (CE 25 octobre 2017, req. ° n 392578). De ces décisions－là, on peut trouver une tendance que les affaires sur les refuges sont de plus en plus importantes et le Conseil d'État met à l'accent sur le securité juridique, non sur légalité administrative.

Mot-Clés: Conseil d'État, l'exception d'illégalité, la théorie des opérations complexes, la résiliation d'un contrat, le recours de pleine juridiction, la retroactivité de l'annulation, le référé－liberté, le droit d'asile, le droit à la délivrance d'un visa, la sanction administrative, l'office du juge du contentieux répressif, la légalité, la sécurité juridique

투고일 2018. 5. 31.
심사일 2018. 6. 12.
게재확정일 2018. 6. 19.

附　　錄

研究倫理委員會 規程

제1장 총 칙

제 1 조 (목적)

이 규정은 사단법인 한국행정판례연구회(이하 "학회"라 한다) 정관 제 26조에 의하여 연구의 진실성을 확보하기 위하여 설치하는 연구윤리 위원회(이하 "위원회"라 한다)의 구성 및 운영에 관한 기본적인 사항을 정함을 목적으로 한다.

제 2 조 (적용대상)

이 규정은 학회의 정회원·준회원 및 특별회원(이하 "회원"이라 한다) 에 대하여 적용한다.

제 3 조 (적용범위)

연구윤리의 확립 및 연구진실성의 검증과 관련하여 다른 특별한 규정이 없는 한 이 규정에 따른다.

제 4 조 (용어의 정의)

이 규정에서 사용하는 용어의 정의는 다음과 같다.

1. "연구부정행위"는 연구를 제안, 수행, 발표하는 과정에서 연구목적과 무관하게 고의 또는 중대한 과실로 행하여진 위조·변조·표절·부당한 저자표시 등 연구의 진실성을 심각하게 해치는 행위를 말한다.

2. "위조"는 존재하지 않는 자료나 연구결과를 허위로 만들고 이를 기록하거나 보고하는 행위를 말한다.

3. "변조"는 연구와 관련된 자료, 과정, 결과를 사실과 다르게

변경하거나 누락시켜 연구가 진실에 부합하지 않도록 하는 행위를
말한다.
>   4. "표절"은 타인의 아이디어, 연구 과정 및 연구결과 등을 정
>   당한 승인 또는 적절한 인용표시 없이 연구에 사용하는 행
>   위를 말한다.
>   5. "부당한 저자 표시"는 연구내용 또는 결과에 대하여 학술적
>   공헌 또는 기여를 한 자에게 정당한 이유 없이 저자 자격을
>   부여하지 않거나, 학술적 공헌 또는 기여를 하지 않은 자에
>   게 감사의 표시 또는 예우 등을 이유로 저자 자격을 부여하
>   는 행위를 말한다.

제2장 연구윤리위원회의 구성 및 운영

제5조 (기능)

위원회는 학회 회원의 연구윤리와 관련된 다음 각 호의 사항을 심
의·의결한다.
>   1. 연구윤리·진실성 관련 제도의 수립 및 운영 등 연구윤리확
>   립에 관한 사항
>   2. 연구윤리·진실성 관련 규정의 제·개정에 관한 사항
>   3. 연구부정행위의 예방·조사에 관한 사항
>   4. 제보자 및 피조사자 보호에 관한 사항
>   5. 연구진실성의 검증·결과처리 및 후속조치에 관한 사항
>   6. 기타 위원장이 부의하는 사항

제6조 (구성)

① 위원회는 위원장과 부위원장 각 1인을 포함하여 7인 이내의 위
원으로 구성한다.
② 위원장은 부회장 중에서, 부위원장은 위원 중에서 회장이 지명

한다.

③ 부위원장은 위원장을 보좌하고 위원장의 유고시에 위원장의 직무를 대행한다.

④ 위원은 정회원 중에서 회장이 위촉한다.

⑤ 위원장과 부위원장 및 위원의 임기는 1년으로 하되 연임할 수 있다.

⑥ 위원회의 제반업무를 처리하기 위해 위원장이 위원 중에서 지명하는 간사 1인을 둘 수 있다.

⑦ 위원장은 위원회의 의견을 들어 전문위원을 위촉할 수 있다.

제 7 조 (회의)

① 위원장은 필요한 경우 위원회의 회의를 소집하고 그 의장이 된다.

② 회의는 재적위원 과반수 출석과 출석위원 과반수 찬성으로 의결한다. 단 위임장은 위원회의 성립에 있어 출석으로 인정하되 의결권은 부여하지 않는다.

③ 회의는 비공개를 원칙으로 하되, 필요한 경우에는 위원이 아닌 자를 참석시켜 의견을 진술하게 할 수 있다.

제 3 장   연구진실성의 검증

제 8 조 (연구부정행위의 조사)

① 위원회는 구체적인 제보가 있거나 상당한 의혹이 있는 경우에는 연구부정행위의 존재 여부를 조사하여야 한다.

② 위원회는 조사과정에서 제보자·피조사자·증인 및 참고인에 대하여 진술을 위한 출석과 자료의 제출을 요구할 수 있다.

③ 위원회는 연구기록이나 증거의 멸실, 파손, 은닉 또는 변조 등을 방지하기 위하여 상당한 조치를 취할 수 있다.

제 9 조 (제보자와 피조사자의 권리 보호)

① 위원회는 어떠한 경우에도 제보자의 신원을 직·간접적으로 노출시켜서는 안 된다. 다만, 제보 내용이 허위인 줄 알았거나 알 수 있었음에도 불구하고 이를 신고한 경우에는 보호 대상에 포함되지 않는다.

② 위원회는 연구부정행위 여부에 대한 검증과정이 종료될 때까지 피조사자의 명예나 권리가 침해되지 않도록 노력하여야 한다.

제10조 (비밀엄수)

① 위원회의 위원은 연구부정행위의 조사, 판정 및 제재조치의 건의 등과 관련한 일체의 사항을 비밀로 하며, 검증과정에 직·간접적으로 참여한 자는 검증과정에서 취득한 정보를 누설하여서는 아니 된다.

② 위원장은 제 1 항에 규정된 사항으로서 합당한 공개의 필요성이 있는 때에는 위원회의 의결을 거쳐 공개할 수 있다. 다만, 제보자·조사위원·증인·참고인·자문에 참여한 자의 명단 등 신원과 관련된 정보가 당사자에게 부당한 불이익을 줄 가능성이 있는 때에는 공개하지 아니한다.

제11조 (제척·기피·회피)

① 위원은 검증사건과 직접적인 이해관계가 있는 때에는 당해 사건의 조사·심의 및 의결에 관여하지 못한다. ② 제보자 또는 피조사자는 위원에게 공정성을 기대하기 어려운 사정이 있는 때에는 그 이유를 밝혀 당해 위원의 기피를 신청할 수 있다. 위원회에서 기피 신청이 인용된 때에는 기피 신청된 위원은 당해 사건의 조사·심의 및 의결에 관여하지 못한다.

③ 위원은 제 1 항 또는 제 2 항의 사유가 있다고 판단하는 때에는 회피하여야 한다.

④ 위원장은 위원이 검증사건과 직접적인 이해관계가 있다고 인정하는 때에는 당해 검증사건과 관련하여 위원의 자격을 정지할 수 있다.

제12조 (의견진술, 이의제기 및 변론기회의 보장)

위원회는 제보자와 피조사자에게 관련 절차를 사전에 알려주어야 하며, 의견진술, 이의제기 및 변론의 기회를 동등하게 보장하여야 한다.

제13조 (판정)

① 위원회는 위원들의 조사와 심의 결과, 제보자와 피조사자의 의견진술, 이의제기 및 변론의 내용을 토대로 검증대상행위의 연구부정행위 해당 여부를 판정한다.

② 위원회가 검증대상행위의 연구부정행위 해당을 확인하는 판정을 하는 경우에는 재적위원 과반수 출석과 출석위원 3분의 2 이상의 찬성으로 한다.

제 4 장 검증에 따른 조치

제14조 (판정에 따른 조치)

① 위원장은 제13조 제1항의 규정에 의한 판정결과를 회장에게 통보하고, 검증대상행위가 연구부정행위에 해당한다고 판정된 경우에는 위원회의 심의를 거쳐 그 판정결과에 따라 필요한 조치를 건의할 수 있다.

② 회장은 제1항의 건의가 있는 경우에는 다음 각 호 중 어느 하나의 제재조치를 하거나 이를 병과할 수 있다.

1. 연구부정논문의 게재취소
2. 연구부정논문의 게재취소사실의 공지
3. 회원의 제명절차에의 회부

4. 관계 기관에의 통보

5. 기타 적절한 조치

③ 전항 제2호의 공지는 저자명, 논문명, 논문의 수록 권·호수, 취소일자, 취소이유 등이 포함되어야 한다.

④ 회장은 학회의 연구윤리와 관련하여 고의 또는 중대한 과실로 진실과 다른 제보를 하거나 허위의 사실을 유포한 자가 회원인 경우 이를 제명절차에 회부할 수 있다.

제15조 (조사결과 및 제재조치의 통지)

회장은 위원회의 조사결과 및 제재조치에 대하여 제보자 및 피조사자 등에게 지체없이 서면으로 통지한다.

제16조 (재심의)

피조사자 또는 제보자가 판정결과 및 제재조치에 대해 불복할 경우 제15조의 통지를 받은 날부터 20일 이내에 이유를 기재한 서면으로 재심의를 요청할 수 있다.

제17조 (명예회복 등 후속조치)

검증대상행위가 연구부정행위에 해당하지 아니한다고 판정된 경우에는 학회 및 위원회는 피조사자의 명예회복을 위해 노력하여야 하며 적절한 후속조치를 취하여야한다.

제18조 (기록의 보관) ① 학회는 조사와 관련된 기록은 조사 종료 시점을 기준으로 5년간 보관하여야 한다.

부 칙

제1조 (시행일) 이 규정은 2007년 11월 29일부터 시행한다.

研究論集 刊行 및 編輯規則

제정: 1999. 08. 20.

제 1 차 개정: 2003. 08. 22.

제 2 차 개정: 2004. 04. 16.

제 3 차 개정: 2005. 03. 18.

전문개정: 2008. 05. 26.

제 5 차 개정: 2009. 12. 18.

제1장 총 칙

제 1 조 (目的)

이 규칙은 사단법인 한국행정판례연구회(이하 "학회"라 한다)의 정관 제27조의 규정에 따라 연구논집(이하 '논집'이라 한다)을 간행 및 편집함에 있어서 필요한 사항을 정함을 목적으로 한다.

제 2 조 (題號)

논집의 제호는 '行政判例研究'(Studies on Public Administra─tion Cases)라 한다.

제 3 조 (刊行週期)

① 논집은 연 2회 정기적으로 매년 6월 30일, 12월 31일에 간행함을 원칙으로 한다.

② 전항의 정기간행 이외에 필요한 경우는 특별호를 간행할 수 있다.

제 4 조 (刊行形式)

논집의 간행형식은 다음 각 호의 어느 하나에 의한다.

    1. 등록된 출판사와의 출판권 설정의 형식

    2. 자비출판의 형식

제 5 조 (收錄對象)

① 논집에 수록할 논문은 다음과 같다.

    1. 발표논문: 학회의 연구발표회에서 발표하고 제출한 논문으로 서 편집위원회의 심사절차를 거쳐 게재확정된 논문

    2. 제출논문: 회원 또는 비회원이 논집게재를 위하여 따로 제출 한 논문으로서 편집위원회의 심사절차를 거쳐 게재확정된 논문

    3. 그 밖에 편집위원회의 심사절차와 간행위원회의 의결을 거쳐 수록하기로 한 논문 등

② 논집에는 부록으로서 다음의 문건을 수록할 수 있다.

    1. 학회의 정관, 회칙 및 각종 규칙

    2. 학회의 역사 또는 활동상황

    3. 학회의 각종 통계

③ 논집에는 간행비용의 조달을 위하여 광고를 게재할 수 있다.

제 6 조 (收錄論文要件)

논집에 수록할 논문은 다음 각호의 요건을 갖춘 것이어야 한다.

    1. 행정판례의 평석 또는 연구에 관한 논문일 것

    2. 다른 학술지 등에 발표한 일이 없는 논문일 것

    3. 이 규정 또는 별도의 공고에 의한 원고작성요령 및 심사기준 에 부합하는 학술연구로서의 형식과 품격을 갖춘 논문일 것

제 7 조 (著作權)

① 논집의 편자는 학회의 명의로 하고, 논집의 개별 논문에는 집필
자(저작자)를 명기한다.

② 학회는 논집의 편집저작권을 보유한다.

제 2 장 刊行委員會와 編輯委員會

제 8 조 (刊行 및 編輯主管)

① 논집의 간행 및 편집에 관한 업무를 관장하기 위하여 학회에
간   행위원회와 편집위원회를 둔다.

② 간행위원회는 논집의 간행에 관한 중요한 사항을 심의·의결한다.

③ 편집위원회는 간행위원회의 결정에 따라 논집의 편집에 관한 업
무를 행한다.

제 9 조 (刊行委員會의 構成과 職務 등)

① 간행위원회는 편집위원을 포함하여 회장이 위촉하는 적정한 수
의 위원으로 구성하고 임기는 1년으로 하되 연임할 수 있다.

② 간행위원회는 위원장, 부위원장 및 간사 각 1인을 둔다.

③ 간행위원장은 위원 중에서 호선하고, 부위원장은 학회의 출판담
당 상임이사로 하고, 간사는 위원 중에서 위원장이 위촉한다.

④ 간행위원회는 다음의 사항을 심의·의결한다.

1. 논집의 간행계획에 관한 사항

2. 논집의 특별호의 기획 등에 관한 사항

3. 이 규칙의 개정에 관한 사항

4. 출판권을 설정할 출판사의 선정에 관한 사항

5. 그 밖에 논집의 간행과 관련된 중요한 사항

⑤ 간행위원회는 다음 각 호의 경우에 위원장이 소집하고, 간행위
원회는 위원 과반수의 출석과 출석위원 과반수의 찬성으로 의결

한다.

1. 회장 또는 위원장이 필요하다고 판단하는 경우
2. 위원 과반수의 요구가 있는 경우

제10조 (編輯委員會의 構成과 職務 등)

① 편집위원회는 학회의 출판담당 상임이사를 포함하여 회장이 이사회의 승인을 얻어 선임하는 10인 내외의 위원으로 구성하고 임기는 3년으로 한다.

② 편집위원회는 위원장, 부위원장 및 간사 각 1인을 둔다.

③ 편집위원장은 위원 중에서 호선하고, 부위원장은 학회의 출판담당 상임이사로 하고, 간사는 위원 중에서 위원장이 위촉한다.

④ 편집위원회는 다음의 사항을 행한다.

1. 이 규칙에 의하는 외에 논집에 수록할 논문의 원고작성요령 및 심사기준에 관한 세칙의 제정 및 개정
2. 논문심사위원의 위촉
3. 논문심사의 의뢰 및 취합, 종합판정, 수정요청 및 수정후재심사, 논집에의 게재확정 또는 거부 등 논문심사절차의 진행
4. 논집의 편집 및 교정
5. 그 밖에 논집의 편집과 관련된 사항

⑤ 편집위원회는 다음 각 호의 경우에 위원장이 소집하고, 위원 과반수의 출석과 출석위원 과반수의 찬성으로 의결한다.

1. 회장 또는 위원장이 필요하다고 판단하는 경우
2. 위원 과반수의 요구가 있는 경우

제3장 論文의 提出과 審査節次 등

제11조 (論文提出의 基準)

① 논문원고의 분량은 A4용지 20매(200자 원고지 150매) 내외로 한다.

② 논문의 원고는 (주)한글과 컴퓨터의 "문서파일(HWP)"로 작성하고 한글사용을 원칙으로 하되, 필요한 경우 국한문혼용 또는 외국어를 사용할 수 있다.

③ 논문원고의 구성은 다음 각 호의 순서에 의한다.

1. 제목
2. 목차
3. 본문
4. 한글초록·주제어
5. 외국어초록·주제어
6. 참고문헌
7. 부록(필요한 경우)

④ 논문은 제1항 내지 제3항 이외에 편집위원회가 따로 정하는 원고작성요령 또는 심사기준에 관한 세칙을 준수하고, 원고는 편집위원회가 정하여 공고하는 기한 내에 출판간사를 통하여 출판담당 상임이사에게 제출하여야 한다.

제12조 (論文審査節次의 開始)

① 논문접수가 완료되면 출판담당 상임이사는 심사절차에 필요한 서류를 작성하여 편집위원장에게 보고하여야 한다.

② 편집위원장은 전항의 보고를 받으면 편집위원회를 소집하여 논문심사절차를 진행하여야 한다.

제13조 (論文審査委員의 委囑과 審査 依賴 등)
① 편집위원회는 간행위원, 편집위원 기타 해당 분야의 전문가 중
에서 심사대상 논문 한 편당 3인의 논문심사위원을 위촉하여 심사
를 의뢰한다.
② 제 1 항의 규정에 의하여 위촉되어 심사를 의뢰받는 논문심사위
원이 심사대상 논문 또는 그 제출자와 특별한 관계가 명백하게 있
어 논문심사의 공정성을 해할 우려가 있는 사람이어서는 안 된다.

제14조 (秘密維持) ① 편집위원장은 논문심사위원의 선정 및 심사의
진행에 관한 사항이 외부로 누설되지 않도록 필요한 조치를 취하여
야 한다.
② 편집위원 및 논문심사위원은 논문심사에 관한 사항을 외부로 누
설해서는 안 된다.

제15조 (論文審査의 基準) 논문심사위원이 논집에 수록할 논문을 심
사함에 있어서는 다음 각 호의 기준을 종합적으로 고려하여 심사의
견을 제출하여야 한다.
  1. 제 6 조에 정한 수록요건
  2. 제11조에 정한 논문제출기준
  3. 연구내용의 전문성과 창의성 및 논리적 체계성
  4. 연구내용의 근거제시의 적절성 및 객관성

제16조 (論文審査委員別 論文審査의 判定) ① 논문심사위원은 제15
조의 논문심사기준에 따라 [별표 1]의 [논문심사서](서식)에 심사의
견을 기술하여 제출하여야 한다.
② 논문심사위원은 심사대상 논문에 대하여 다음 각호에 따라 '판
정의견'을 제출한다.
  1. '게재적합': 논집에의 게재가 적합하다고 판단하는 경우
  2. '게재부적합': 논집에의 게재가 부적합하다고 판단하는 경우

3. '수정후게재': 논문내용의 수정·보완 후 논집에의 게재가 적합
하다고 판단하는 경우

③ 전항 제1호에 의한 '게재적합' 판정의 경우에도 논문심사위원은
수정·보완이 필요한 경미한 사항을 기술할 수 있다.

④ 제2항 제2호에 의한 '게재부적합' 판정 및 제3호에 의한 '수
정후게재' 판정의 경우에는 각각 부적합사유와 논문내용의 수정·보
완할 점을 구체적으로 명기하여야 한다.

제17조 (編輯委員會의 綜合判定 및 再審査)　① 편집위원회는 논문
심사위원 3인의 논문심사서가 접수되면 [별표 2]의 종합판정기준에
의하여 '게재확정', '수정후게재', '수정후재심사' 또는 '불게재'로 종
합판정을 하고, 그 결과 및 논문심사위원의 심사의견을 논문제출자
에게 통보한다.

② 편집위원회의 종합판정 결과, '수정후재심사'로 판정된 논문에 대
하여는 재심사절차를 진행한다. 이때 최초심사에서 '게재적합' 또는
'수정후게재' 판정을 한 심사위원은 교체하지 아니하고, '게재부적합'
판정을 한 논문심사위원은 다른 사람으로 교체하여 심사를 의뢰한다.

③ 전항의 논문을 재심사하는 논문심사위원은 '게재적합' 또는 '게
재부적합'으로만 판정하며, 편집위원회는 재심사의 결과 '게재적합'
이 둘 이상이면 '게재확정'으로 최종 판정한다.

제18조 (修正要請 등)

① 편집위원장은 제17조의 규정에 의해 '수정후게재/ 또는 '수정후
재심사' 판정을 받은 논문에 대하여 수정을 요청하여야 한다.

② 편집위원장은 제17조의 규정에 의해 '게재확정'으로 판정된 논
문에 대하여도 편집위원회의 판단에 따라 수정이 필요하다고 인정
하는 때에는 내용상 수정을 요청할 수 있다.

③ 편집위원회는 집필자가 전항의 수정요청에 따르지 않거나 재심

사를 위해 고지된 기한 내에 수정된 논문을 제출하지 않을 때에는 처음 제출된 논문을 '불게재'로 최종 판정한다.

제 4 장 기　타

제19조 (審査謝禮費의 支給) 논문심사위원에게 논집의 간행·편집을 위한 예산의 범위 안에서 심사사례비를 지급할 수 있다.

제20조(輔助要員) 학회는 논집의 간행·편집을 위하여 필요하다고 인정하는 때에는 원고의 편집, 인쇄본의 교정, 부록의 작성 등에 관한 보조요원을 고용할 수 있다.

제21조 (刊行·編輯財源) ① 논집의 간행·편집에 필요한 재원은 다음 각호에 의한다.
  1. 출판수입
  2. 광고수입
  3. 판매수입
  4. 논문게재료
  5. 외부 지원금
  6. 기타 학회의 재원
  ② 논문 집필자에 대한 원고료는 따로 지급하지 아니한다.

제22조 (論集의 配布)　① 간행된 논집은 회원에게 배포한다.
  ② 논문의 집필자에게는 전항의 배포본 외에 일정한 부수의 증정본을 교부할 수 있다.

附　　則 (1999. 8. 20. 제정)

이 규칙은 1999년 8 월 20일부터 시행한다.

附 則

이 규칙은 2003년 8 월 22일부터 시행한다
.

附 則

이 규칙은 2004년 4 월 17일부터 시행한다.

附 則

이 규칙은 2005년 3 월 19일부터 시행한다.

附 則

이 규칙은 2008년 5 월 26일부터 시행한다.

附 則

이 규칙은 2009년 12월 18일부터 시행한다.

[별표 1 : 논문심사서(서식)]

「行政判例研究」 게재신청논문 심사서

社團法人 韓國行政判例研究會

게재논집	行政判例研究 제15-2집	심사일	2010. . .
심사위원	소속	직위	
		성명	(인)
게재신청논문 [심사대상논문]			
판정의견	1. 게재적합 ( ): 논집의 게재가 가능하다고 판단하는 경우 2. 게재부적합 ( ): 논집의 게재가 불가능하다고 판단하는 경우 3. 수정후게재 ( ): 논문내용의 수정·보완 후 논집의 게재가 가능하다고 판단하는 경우		
심사의견			
심사기준	• 행정판례의 평석 또는 연구에 관한 논문일 것 • 다른 학술지 등에 발표한 일이 없는 논문일 것 • 연구내용의 전문성과 창의성 및 논리적 체계성이 인정되는 논문일 것 • 연구내용의 근거제시가 적절성과 객관성을 갖춘 논문일 것		

※ 심사의견 작성시 유의사항 ※

▷ '게재적합' 판정의 경우에도 수정·보완이 필요한 사항을 기술할 수 있습니다.

▷ '게재부적합' 및 '수정후 게재' 판정의 경우에는 각각 부적합사유와 논문내용의 수정·보완할 점을 구체적으로 명기하여 주십시오.

▷ 표 안의 공간이 부족하면 별지를 이용해 주십시오.

[별표 2: 종합판정기준]

	심사위원의 판정			편집위원회 종합판정
1	○	○	○	게재확정
2	○	○	△	
3	○	△	△	수정후게재
4	△	△	△	
5	○	○	×	
6	○	△	×	수정후재심사
7	△	△	×	
8	○	×	×	
9	△	×	×	불게재
10	×	×	×	

○ = "게재적합"　△ = "수정후게재"　× = "게재부적합"

「行政判例研究」 原稿作成要領

I. 원고작성기준

1. 원고는 워드프로세서 프로그램인 [한글]로 작성하여 전자우편을 통해 출판간사에게 제출한다.
2. 원고분량은 도표, 사진, 참고문헌 포함하여 200자 원고지 150매 내외로 한다.
3. 원고는 「원고표지 － 제목 － 저자 － 목차(로마자표시와 아라비아숫자까지) － 본문 － 참고문헌 － 국문 초록 － 국문 주제어(5개 내외) － 외국문 초록 － 외국문 주제어(5개 내외)」의 순으로 작성한다.
4. 원고의 표지에는 논문제목, 저자명, 소속기관과 직책, 주소, 전화번호(사무실, 핸드폰)와 e－mail주소를 기재하여야 한다.
5. 외국문 초록(논문제목, 저자명, 소속 및 직위 포함)은 영어를 사용하는 것이 원칙이지만, 논문의 내용에 따라서 독일어, 프랑스어, 중국어, 일본어를 사용할 수도 있다.
6. 논문의 저자가 2인 이상인 경우 주저자(First Author)와 공동저자(Corresponding Author)를 구분하고, 주저자·공동저자의 순서로 표기하여야 한다. 특별한 표시가 없는 경우에는 제일 앞에 기재된 자를 주저자로 본다.
7. 목차는 로마숫자(보기 : I, II), 아라비아숫자(보기 : 1, 2), 괄호숫자(보기: (1), (2)), 반괄호숫자(보기 : 1), 2), 원숫자(보기 : ①, ②)의 순으로 한다. 그 이후의 목차번호는 논문제출자가 임의로 정하여 사용할 수 있다.

II. 각주작성기준

1. 기본원칙
   (1) 본문과 관련한 저술을 소개하거나 부연이 필요한 경우 각주로 처리한다. 각주는 일련번호를 사용하여 작성한다.
   (2) 각주의 인명, 서명, 논문명 등은 원어대로 씀을 원칙으로 한다.
   (3) 외국 잡지의 경우 처음 인용시 잡지명을 전부 기재하고 그 이후 각 주에서는 약어로 표시한다.

2. 처음 인용할 경우의 각주 표기 방법
   (1) 저서: 저자명, 서명, 출판사, 출판년도, 면수.
      번역서의 경우 저자명은 본래의 이름으로 표기하고, 저자명과 서명 사이에 옮긴이의 이름을 쓰고 "옮김"을 덧붙인다.
      엮은 책의 경우 저자명과 서명 사이에 엮은이의 이름을 쓰고 "엮음"을 덧붙인다. 저자와 엮은이가 같은 경우 엮은이를 생략할 수 있다.
   (2) 정기간행물: 저자명, "논문제목", 「잡지명」, 제00권 제00호, 출판연도, 면수.
      번역문헌의 경우 저자명과 논문제목 사이에 역자명을 쓰고 "옮김"을 덧붙인다.
   (3) 기념논문집: 저자명, "논문제목", 기념논문집명(000선생00기념논문집), 출판사, 출판년도, 면수.
   (4) 판결 인용: 다음과 같이 대법원과 헌법재판소의 양식에 준하여 작성한다.
      판결 : 대법원 2000. 00. 00. 선고 00두0000 판결.
      결정 : 대법원 2000. 00. 00.자 00아0000 결정.
      헌법재판소 결정 : 헌법재판소 2000. 00. 00. 선고 00헌가00

결정.

(5) 외국문헌 : 그 나라의 표준표기방식에 의한다.

(6) 외국판결 : 그 나라의 표준표기방식에 의한다.

(7) 신문기사는 기사면수를 따로 밝히지 않는다(신문명 0000. 00. 00.자). 다만, 필요한 경우 글쓴이와 글제목을 밝힐 수 있다.

(8) 인터넷에서의 자료인용은 원칙적으로 다음과 같이 표기한다.

　저자 혹은 서버관리주체, 자료명, 해당 URL(검색일자)

(9) 국문 또는 한자로 표기되는 저서나 논문을 인용할 때는 면으로(120면, 120면-122면), 로마자로 표기되는 저서나 논문을 인용할 때는 p.(p. 120, pp. 121-135) 또는 S.(S. 120, S. 121 ff.)로 인용면수를 표기한다.

3. 앞의 각주 혹은 각주에서 제시된 문헌을 다시 인용할 경우 다음과 같이 표기한다. 국내문헌, 외국문헌 모두 같다. 다만, 저자나 문헌 혹은 양자 모두가 여럿인 경우 이에 따르지 않고 각각 필요한 저자명, 문헌명 등을 덧붙여 표기함으로써 구별한다.

(1) 바로 위의 각주가 아닌 앞의 각주의 문헌을 다시 인용할 경우

1) 저서인용: 저자명, 앞의 책, 면수

2) 논문인용: 저자명, 앞의 글, 면수

3) 논문 이외의 글 인용: 저자명, 앞의 글, 면수

(2) 바로 위의 각주에 인용된 문헌을 다시 인용할 경우에는 "위의 책, 면수", "위의 글, 면수"로 표시한다.

(3) 하나의 각주에서 앞서 인용한 문헌을 다시 인용할 경우에는 "같은 책, 면수", "같은 글, 면수"로 표시한다.

4. 기타

(1) 3인 공저까지는 저자명을 모두 표기하되, 저자간의 표시는 "/"

로 구분하고 "/" 이후에는 한 칸을 띄어 쓴다. 4인 이상의 경우
성을 온전히 표기하되, 중간이름은 첫글자만을 표기한다.
(2) 부제의 표기가 필요한 경우 원래 문헌의 표기양식과 관계없이
원칙적으로 콜론으로 연결한다.
(3) 글의 성격상 전거만을 밝히는 각주가 너무 많을 경우 약자를
사용하여 본문에서 그 전거를 밝힐 수 있다.
(4) 여러 문헌의 소개는 세미콜론(;)으로 하고, 재인용의 경우 원
전과 재인용출처 사이를 콜론(:)으로 연결한다.

III. 참고문헌작성기준

1. 순서
국문, 외국문헌 순으로 정리하되, 단행본, 논문, 자료의 순으로
정리한다.

2. 국내문헌
(1) 단행본: 저자, 서명, 출판사, 출판연도.
(2) 논문: 저자명, "논문제목", 잡지명 제00권 제00호, 출판연도.

3. 외국문헌
그 나라의 표준적인 인용방법과 순서에 따라 정리한다.

歷代 任員 名單

■ 초대(1984. 10. 29.)

회 장 金道昶
부 회 장 徐元宇·崔光律(1987. 11. 27.부터)

■ 제 2 대(1988. 12. 9.)

회 장 金道昶
부 회 장 徐元宇·崔光律
감 사 李尙圭
상임이사 李鴻薰(총무), 金南辰(연구), 朴鈗炘(출판), 梁承斗(섭외)
이 사 金東熙, 金斗千, 金英勳, 金元主, 金伊烈, 金鐵容, 石琮顯,
      芮鍾德, 李康爀, 李升煥, 趙慶根, 崔松和, 韓昌奎, 黃祐呂

■ 제 3 대(1990. 2. 23.)

회 장 金道昶
부 회 장 徐元宇·崔光律
감 사 金鐵容
상임이사 李鴻薰(총무), 黃祐呂(총무), 金南辰(연구), 朴鈗炘(출판),
      梁承斗(섭외)
이 사 金東熙, 金斗千, 金英勳, 金元主, 金伊烈, 石琮顯, 芮鍾德,
      李康爀, 李升煥, 李鴻薰
(1991. 1. 25.부터) 趙慶根, 崔松和, 韓昌奎, 黃祐呂

■ 제 4 대(1993. 2. 23.)

회　　장　金道昶
부 회 장　徐元宇·崔光律
감　　사　金鐵容
상임이사　李鴻薰(총무), 金南辰(연구), 朴銑炘(출판), 梁承斗(섭외)
이　　사　金東熙, 金英勳, 金元主, 朴松圭, 卞在玉, 石琮顯, 孫智烈,
　　　　　芮鍾德, 李康國, 李康爀, 李京運, 李淳容, 李重光, 李鴻薰,
　　　　　趙慶根, 趙憲銖, 千柄泰, 崔松和, 韓昌奎, 黃祐呂

■ 제 5 대(1996. 2. 23.)

명예회장　金道昶
고　　문　徐元宇·金鐵容
회　　장　崔光律
부 회 장　金南辰·徐廷友
감　　사　韓昌奎
상임이사　金東熙(총무), 金元主(연구), 李康國(출판), 梁承斗(섭외)
이　　사　金英勳, 朴松圭, 朴銑炘, 卞在玉, 石琮顯, 李康爀, 李京運,
　　　　　李淳容, 李升煥, 李重光, 李鴻薰, 趙慶根, 趙憲銖, 千柄泰,
　　　　　崔松和, 黃祐呂

■ 제 6 대(1999. 2. 19.)

명예회장　金道昶
고　　문　徐元宇, 金鐵容, 金南辰, 徐廷友, 韓昌奎
회　　장　崔光律
부 회 장　梁承斗, 李康國
감　　사　金元主
상임이사　李鴻薰(총무), 金東熙(연구), 崔松和(출판), 金善旭(섭외)

이　　　사　金東建, 金英勳, 南勝吉, 朴松圭, 朴鈗炘, 白潤基, 卞海喆,
　　　　　　石琮顯, 李京運, 李光潤, 李升煥, 李重光, 鄭然彧, 趙憲銖,
　　　　　　洪準亨, 黃祐呂

■ 제 7 대(2002. 2. 15.)

명예회장　金道昶
고　　　문　金南辰, 金元主, 徐元宇, 徐廷友, 梁承斗, 李康國, 崔光律,
　　　　　　韓昌奎
회　　　장　金鐵容
부 회 장　金東建, 崔松和
감　　　사　金東熙
상임이사　金善旭(총무), 朴正勳(연구), 李光潤(출판), 李京運(섭외)
이　　　사　金英勳, 金海龍, 南勝吉, 朴均省, 朴鈗炘, 白潤基, 卞海喆,
　　　　　　石琮顯, 李東洽, 李範柱, 李重光, 李鴻薰, 鄭夏重, 趙憲銖,
　　　　　　洪準亨, 黃祐呂

■ 제 8 대(2005. 2. 21. / 2008. 2. 20.) *

명예회장　金道昶(2005. 7. 17. 별세)
고　　　문　金南辰, 金元主, 徐元宇(2005. 10. 16. 별세), 徐廷友, 梁承斗,
　　　　　　李康國, 崔光律, 韓昌奎, 金鐵容, 金英勳, 朴鈗炘, 金東熙
회　　　장　崔松和
부 회 장　李鴻薰, 鄭夏重
감　　　사　金東建, 李京運,
상임이사　李光潤(총무), 安哲相(기획), 洪準亨/吳峻根(연구),
　　　　　　金性洙(출판), 徐基錫(섭외)
이　　　사　金善旭, 金海龍, 南勝吉, 朴均省, 朴秀赫, 朴正勳, 白潤基,
　　　　　　卞海喆, 石琮顯, 石鎬哲, 蘇淳茂, 柳至泰, 尹炯漢, 李東洽,
　　　　　　李範柱, 李殷祈, 李重光, 趙龍鎬, 趙憲銖, 崔正一, 黃祐呂,

金香基, 裵柄皓, 劉南碩
간   사 李元雨 / 金鐘甫(총무), 李賢修(연구), 金重權(재무),
　　　　宣正源 / 李熙貞(출판), 권은민(섭외)
 * 위 '회장', '부회장', '상임이사', '이사'는 2007. 4. 20. 제정된 사단법인 한국행정
판례연구회 정관 제13조, 제14조, 제15조의 '이사장 겸 회장', '이사 겸 부회장',
'이사 겸 상임이사', '운영이사'임.

■제 9 대(2008. 2. 15. / 2011. 2. 14.)

고   문 金南辰, 金東熙, 金英勳, 金元主, 金鐵容, 朴鈗炘, 徐廷友,
　　　　　梁承斗, 李康國, 李鴻薰, 鄭夏重, 崔光律, 韓昌奎
회   장 崔松和
부 회 장 李京運, 徐基錫
감   사 金東建, 金善旭
이사 겸 상임이사   慶   健(총무), 安哲相(기획), 朴均省(연구), 韓堅愚
　　　　　　　　　(출판), 權純一(섭외/연구)
운영이사 具旭書, 권은민, 金光洙, 金性洙, 金連泰, 金容燮, 金容贊,
　　　　　金裕煥, 金義煥, 金重權, 金敞祚, 金海龍, 金香基, 金鉉峻,
　　　　　朴正勳, 朴海植, 裵柄皓, 白潤基, 卞海喆, 石琮顯, 石鎬哲,
　　　　　成百玹, 蘇淳茂, 申東昇, 辛奉起, 吳峻根, 劉南碩, 俞珍式,
　　　　　尹炯漢, 李光潤, 李承寧, 李元雨, 李殷祈, 李重光, 鄭鍾舘,
　　　　　鄭準鉉, 趙龍鎬, 曺海鉉, 趙憲銖, 崔正一, 洪準亨
간   사 張暻源 · 李殷相 · 安東寅(총무), 鄭亨植 · 장상균(기획), 金泰昊
　　　　　(기획/연구), 金聖泰 · 崔善雄 · 鄭南哲(연구), 李熙貞 · 河明鎬 · 崔
　　　　　桂暎(출판), 林聖勳(섭외), 박재윤(총무)

■제 10 대(2011. 2. 15. /2014. 2. 14)

명예회장 金鐵容, 崔光律

고　　문　金南辰, 金東建, 金東熙, 金英勳, 金元主, 朴鈗炘, 徐廷友, 梁
　　　　　承斗, 李康國, 李京運, 鄭夏重, 崔松和, 韓昌奎

회　　장　李鴻薰

부 회 장　徐基錫, 李光潤

감　　사　金善旭, 蘇淳茂

이사 겸 상임이사　金重權(총무), 安哲相(기획), 劉南碩, 金容燮(연구), 金
　　　　　鐘甫(출판), 金敏祚, 金義煥(섭외/연구)

운영이사　姜錫勳, 慶　健, 具旭書, 權純一, 權殷旼, 琴泰煥, 金光洙, 金
　　　　　性洙, 金連泰, 金容燮, 金容贊, 金海龍, 金香基, 金鉉峻, 朴均
　　　　　省, 朴正勳, 朴海植, 裵柄皓, 白潤基, 卞海喆, 石琮顯, 石鎬哲,
　　　　　宣正源, 成百玹, 申東昇, 辛奉起, 呂相薰, 吳峻根, 俞珍式, 尹
　　　　　炳漢, 李承寧, 李元雨, 李殷祈, 李重光, 李賢修, 李熙貞, 林永
　　　　　浩, 鄭南哲, 鄭鍾館, 鄭準鉉, 鄭亨植, 趙龍鎬, 曺海鉉, 趙憲銖,
　　　　　崔正一, 洪準亨, 韓堅愚, 河明鎬

간　　사　安東寅, 李義俊(총무), 蔣尙均(기획), 金泰昊, 朴在胤(연구), 朴
　　　　　玄廷, 姜知恩(출판), 李殷相(섭외)

■제 11 대(2014. 2. 15./2017. 2. 14.)

명예회장　金鐵容, 崔光律

고　　문　金南辰, 金東建, 金東熙, 金英勳, 金元主, 朴鈗炘, 徐廷友, 梁
　　　　　承斗, 李康國, 李京運, 崔松和, 韓昌奎 李光潤, 徐基錫

회　　장　鄭夏重

부 회 장　安哲相, 朴正勳

감　　사　蘇淳茂, 白潤基

상임이사　李熙貞(총무), 鄭鎬庚(연구), 李承寧, 康鉉浩(기획) 金義煥, 鄭
　　　　　夏明(섭외), 鄭南哲(출판)

운영이사　姜錫勳, 慶　健, 具旭書, 權殷旼, 琴泰煥, 金光洙, 金國鉉,

　　　　金南撤，金炳圻，金性洙，金聖泰，金秀珍，金連泰，金容燮，
　　　　金容贊，金裕煥，金重權，金鐘甫，金敞祚，金致煥，金海龍，
　　　　金香基，金鉉峻，文尚德，朴均省，朴海植，裵柄皓，卞海喆，
　　　　石鎬哲，宣正源，宋鎭賢，成百玹，申東昇，辛奉起，呂相薰，
　　　　吳峻根，俞珍式，柳哲馨，尹炯漢，李東植，李元雨，李殷祈，
　　　　李重光，李賢修，林永浩，張暻源，藏尙均，田聖銖，田　勳，
　　　　鄭鍾錧，鄭準鉉，鄭亨植，趙成奎，趙龍鎬，曹海鉉，趙憲銖，
　　　　趙弘植，朱한길，崔峰碩，崔善雄，崔正一，洪準亨，韓堅愚，
　　　　河明鎬，河宗大，黃彰根

간　　　사　房東熙，崔允寧(총무)，崔桂暎，張承爀(연구)，洪先基(기획)
　　　　　　桂仁國，李惠診(출판)

■제12대(2017. 2. 17. /2020.2.16.)

명예회장 金鐵容，崔光律
고　　　문 金南辰，金東熙，金英勳，朴鈗炘，徐基錫，徐廷友，蘇淳茂，
　　　　　　李康國，李京運，李光潤，李鴻薰，鄭夏重，崔松和，韓昌奎
회　　　장 金東建
부 회 장 朴正勳，李承寧，金重權
감　　　사 李殷祈，孫台浩
상임이사 金敞祚/李鎭萬(기획)，俞珍式/徐圭永(섭외)，
　　　　　　李熙貞/張暻源(총무)，李賢修/河明鎬(연구)，崔瑠修(출판)
운영이사 姜基弘，姜錫勳，康鉉浩，慶　健，具旭書，權殷旼，琴泰煥，
　　　　　　金光洙，金國鉉，金南撤，金炳圻，金聲培，金性洙，金聖泰，
　　　　　　金秀珍，金連泰，金容燮，金容贊，金裕煥，金義煥，金鐘甫，
　　　　　　金致煥，金海龍，金香基，金鉉峻，文尚德，朴均省，朴海植，
　　　　　　房東熙，裵柄皓，白潤基，石鎬哲，宣正源，成百玹，成重卓，
　　　　　　宋鎭賢，申東昇，辛奉起，安東寅，呂相薰，吳峻根，柳哲馨，

尹炯漢, 李東植, 李元雨, 李重光, 林永浩, 張暻源, 藏尙均,
田聖銖, 田　勳, 鄭南哲, 鄭鍾錧, 鄭準鉉, 鄭夏明, 鄭亨植,
鄭鎬庚, 趙成奎, 趙龍鎬, 曹海鉉, 趙憲銖, 朱한길, 崔桂暎,
崔峰碩, 崔善雄, 崔允寧, 崔正一, 河宗大, 韓堅愚, 洪準亨

간　　사 禹美亨/朴祐慶(총무), 金判基(연구),
李眞洙/桂仁國/李在勳(출판)

月例 集會 記錄

<2018. 6. 현재>

순번	연월일	발표자	발 표 제 목
1-1	84.12.11.	金南辰	聽聞을 결한 行政處分의 違法性
-2		李鴻薰	都市計劃과 行政拒否處分
2-1	85.2.22.	崔世英	行政規則의 法規性 認定 與否
-2		崔光律	實地讓渡價額을 넘는 讓渡差益의 인정여부
3-1	3.29.	石琮顯	都市計劃決定의 法的 性質
-2		金東建	違法한 旅館建物의 건축과 營業許可의 취소
4-1	4.26.	徐元宇	當然無效의 行政訴訟과 事情判決
-2		黃祐呂	아파트地區내의 土地와 空閑地稅
5-1	5.31.	朴鈗炘	林産物團束에관한法律 제 7 조에 대한 違法性 認定의 與否
-2		姜求哲	行政訴訟에 있어서의 立證責任의 문제
6-1	6.28.	金鐵容	酒類販賣業 免許處分 撤回의 근거와 撤回權 留保의 한계
-2		盧塋保	國稅基本法 제42조 소정의 讓渡擔保財産의 의미
7-1	9.27.	金道昶	信賴保護에 관한 行政判例의 최근 동향
-2		金東熙	自動車運輸事業法 제31조 등에 관한 處分要

순번	연월일	발표자	발 표 제 목
			領의 성질
8-1	10.25.	李尙圭	入札參加資格 制限行爲의 법적 성질
-2		李相敦	公有水面埋立에 따른 不動産所有權 國家歸屬의 무효확인
9-1	11.22.	梁承斗	抗告訴訟의 提起要件
-2		韓昌奎	地目變更 拒否의 성질
10	86.1.31.	李相赫	行政訴訟에 있어서의 訴의 利益의 문제
11	2.28	崔松和	運轉免許 缺格者에 대한 면허의 효력
12	3.28	金道昶	憲法上의 違憲審査權의 所在
13	4.25.	趙慶根	美聯邦情報公開法에 대한 약간의 고찰
14	5.30.	張台柱	西獨에 있어서 隣人保護에 관한 判例의 최근 동향
15	6.27.	金斗千	僞裝事業者와 買入稅額 控除
外1	9.30.	藤田宙靖	日本의 最近行政判例 동향
16	10.31.	金英勳	注油所 許可와 瑕疵의 承繼
17	11.28.	芮鍾德	漁業免許의 취소와 裁量權의 濫用
外2	87.3.21.	鹽野宏	日本 行政法學界의 現況
		園部逸夫	새 行政訴訟法 시행 1년을 보고
18	4.25.	金道昶	知的財産權의 문제들
19-1	4.22.	李升煥	商標法에 관한 최근판례의 동향
-2			工場登錄 拒否處分과 소의 이익
20	5.29.	金南辰	執行停止의 요건과 本案理由와의 관계
21	9.25.	崔光律	日本公法學會 總會參觀 등에 관한 보고
22-1	10.30.	金道昶	地方自治權의 강화와 行政權限의 위임에 관한 문제
-2			
23	11.27.	金鐵容	不作爲를 구하는 訴의 가부

순번	연월일	발표자	발 표 제 목
24	88.2.26.	金時秀	租稅賦課處分에 있어서의 當初處分과 更正拒否處分의 법률관계
25-1	3.25.	徐元宇	최근 日本公法學界의 동향
-2		朴鈗炘	平澤港 漁業補償 문제
外3	4.29.	成田賴明	日本 行政法學과 行政判例의 최근 동향
26	5.27.	李尙圭	防衛稅 過誤衲 還給拒否處分의 취소
27	6.24.	徐元宇	運輸事業計劃 변경인가처분의 취소
28	8.26.	金完燮	처분후의 事情變更과 소의 이익
29	10.7.	石琮顯	行政處分(訓令)의 법적 성질
30	10.28.	李鴻薰	土地收用裁決處分의 취소
31	11.17.	朴鈗炘	行政計劃의 법적 성질
32	89.1.27.	金東熙	裁量行爲에 대한 司法的統制의 한계
33	2.24.	李碩祐	國稅還給申請權의 인정 여부
34	3.24.	朴松圭	國産新技術製品 保護決定處分의 일부취소
35-1	4.28.	金鐵容	독일 行政法學界의 최근동향
-2		千柄泰	제3자의 行政審判前置節次 이행 여부
36	5.26.	金善旭	公務員의 團體行動의 違法性
37	6.30.	金元主	租稅行政과 信義誠實의 원칙
38	8.25.	趙憲銖	國稅還給拒否處分의 법적 성질
39	9.29.	鄭準鉉	刑事訴追와 行政處分의 효력
40	10.27.	韓堅愚	行政規則(訓令)의 성질
41	11.24.	金斗千	相續稅法 제32조의2의 違憲 여부
外4	12.27.	小早川光朗	日本 行政法學界의 최근 동향
42	90.1.19.	金鐵容	豫防的 不作爲訴訟의 許容 여부
43	2.23.	李光潤	營造物行爲의 법적 성질
44	3.30.	南勝吉	行政刑罰의 범위

순번	연월일	발표자	발 표 제 목
45	4.27.	黃祐呂	法律의 遡及效
46	5.25.	朴均省	行政訴訟과 訴의 이익
47	6.29.	卞在玉	軍檢察官의 公訴權行使에 관한 憲法訴願
48	8.31.	成樂寅	結社의 自由의 事前制限
49	9.28.	辛奉起	憲法訴願과 辯護士 强制主義
50	10.26.	朴圭河	行政官廳의 權限의 委任·再委任
51	11.30.	朴國洙	行政行爲의 公定力과 國家賠償責任
52	91.1.25.	梁承斗	土地去來許可의 법적 성질
53	2.22.	徐元宇	建築許可 保留의 위법성 문제
外5-1	3.29.	南博方	處分取消訴訟과 裁決取消訴訟
-2		藤田宙靖	日本 土地法制의 현황과 課題
54	4.26.	吳峻根	遺傳子工學的 施設 設置許可와 法律留保
55	5.31.	金南辰	拒否行爲의 行政處分性과 "법률상 이익 있는 자"의 의미
56	6.28.	鄭然彧	無效確認訴訟과 訴의 이익
57	8.30.	金性洙	主觀的公權과 基本權
58	9.27.	金英勳	運轉免許 取消處分의 취소
59	10.25.	石琮顯	基準地價告示地域 내의 收用補償額 算定基準에 관한 판례동향
60	11.29.	朴鈗炘	工事中止處分의 취소
61	92.1.31.	卞海喆	公物에 대한 强制執行
62	2.28.	李康國	違憲法律의 효력-그 遡及效의 범위와 관련하여
63	3.27.	金善旭	公勤務에 관한 女性支援指針과 憲法上의 平等原則
64	4.24.	全光錫	不合致決定의 허용 여부
65	5.29.	崔正一	行政規則의 법적성질 및 효력

순번	연월일	발표자	발 표 제 목
66	6.26.	李琦雨	獨逸 Münster 高等行政裁判所 1964.1.8. 판결
67	8.28.	朴鈗炘	地方自治團體의 자주적인 條例制定權과 規律 문제
68	9.18.	金元主	讓渡所得稅 등 賦課處分의 취소
69	10.16.	洪準亨	結果除去請求權과 行政介入請求權
70	11.20.	金時秀	土地收用裁決處分의 취소
71	93.1.15.	金海龍	環境技術관계 行政決定에 대한 司法的 統制의 범위
72	2.19.	李重光	租稅法上 不當利得 返還請求權
73	3.19.	高永訓	行政規則에 의한 行政府의 立法行爲外
外6	4.16.	J.Anouil	EC法의 現在와 將來
74	5.21.	柳至泰	行政訴訟에서의 行政行爲 根據變更에 관한 판례분석
75	6.18.	徐元宇	原處分主義와 被告適格
76	8.20.	朴均省	國家의 公務員에 대한 求償權
77	9.17.	金東熙	教員任用義務不履行 違法確認訴訟
78	10.15.	盧永錄	建設業免許 取消處分의 취소
79	94.1.21.	徐廷友	無效確認을 구하는 의미의 租稅取消訴訟과 租稅還給金 消滅時效의 起算點
80	2.18.	洪準亨	判斷餘地의 한계
81	3.18.	裵輔允	憲法訴願 審判請求 却下決定에 대한 헌법소원
82	4.15.	金善旭	舊東獨判事의 獨逸判事任用에 관한 決定과 그 不服에 대한 管轄權
83	5.20.	李京運	學則의 법적 성질
84	6.17.	朴松圭	任用行爲取消處分의 취소
85	8.19.	金鐵容	公務員 個人의 不法行爲責任

순번	연월일	발표자	발 표 제 목
86	9.30.	卞在玉	日本 家永教科書檢定 第一次訴訟 上告審 判決의 評釋
87	10.21.	金香基	無名抗告訴訟의 可否
88	11.18.	李康國	行政行爲의 瑕疵의 治癒
89	95.1.20.	趙憲銖	取消判決의 遡及效
90	2.17.	朴秀赫	獨逸 統一條約과 補償法上의 原狀回復 排除 規定의 合憲 여부
外7	3.17.	小高剛	損失補償에 관한 日本 最高裁判所 判決의 분석
91	4.21.	崔松和	行政處分의 理由明示義務에 관한 판례
92	5.19.	崔正一	石油販賣業의 양도와 歸責事由의 승계
93	6.16.	鄭夏重	國家賠償法 제5조에 의한 배상책임의 성격
94	8.18.	吳振煥	無效인 條例에 근거한 行政處分의 효력
95	9.15.	金敞祚	日本 長良川 安八水害 賠償判決
96	10.20.	黃祐呂	非常高等軍法會議 判決의 破棄와 還送法院
97	11.17.	白潤基	地方自治法 제98조 및 제159조에 의한 訴訟
98	96.1.19.	徐元宇	營業停止期間徒過後의 取消訴訟과 訴의 이익
99	2.23.	金海龍	計劃變更 내지 保障請求權의 성립요건
外8	3.19.	鹽野宏	日本 行政法 判例의 近年動向 - 行政訴訟을 중심으로
100	4.19.	金東熙	國家賠償과 公務員에 대한 求償
101	5.17.	梁承斗	敎員懲戒와 그 救濟制度
102	6.28.	金容燮	運轉免許取消·停止處分의 法的 性質 및 그 한계
103	8.16.	李京運	轉補發令의 處分性
104	9.20.	盧永錄	申告納稅方式의 租稅와 그 瑕疵의 판단기준
105	10.18.	金敞祚	道路公害와 道路設置·管理者의 賠償責任

순번	연월일	발표자	발 표 제 목
106	11.15.	金裕煥	形式的 拒否處分에 대한 取消訴訟의 審理범위
107	97.1.17.	裵柄皓	北韓國籍住民에 대한 强制退去命令의 적법성
108	2.21.	趙龍鎬	公衆保健醫師 採用契約解止에 대한 爭訟
109	3.21.	金鐵容	行政節次法의 내용
110	4.18.	趙憲銖	建築物臺帳 職權訂正行爲의 처분성
111	5.16.	鄭夏重	交通標識板의 법적성격
112	6.20.	裵輔允	違憲決定과 行政處分의 효력
113	8.22.	吳峻根	聽聞의 실시요건
114	9.19.	金善旭	옴부즈만條例案 再議決 無效確認判決의 문제점
115	10.17.	李光潤	機關訴訟의 성질
116	11.21.	朴正勳	敎授再任用拒否의 처분성
117	98.1.16.	白潤基	當事者訴訟의 대상
118	2.20.	辛奉起	機關訴訟 주문의 형식
119	3.20.	洪準亨	行政法院 出帆의 意義와 행정법원의 課題
120	4.17.	宣正源	오스트리아와 독일의 不作爲訴訟에 관한 고찰
121	5.16.	李東洽	刑事記錄 열람·등사 거부처분
122	6.19.	金東建	環境行政訴訟과 地域住民의 原告適格
123	98.8.21.	金南辰	法規命令과 行政規則의 구별
124	9.18.	金敏祚	河川 管理 責任
125	10.16.	金容燮	行政審判의 裁決에 대한 取消訴訟
126	11.20.	徐廷友	垈地造成事業計劃 승인처분의 재량행위
127	99.1.15.	南勝吉	處分의 기준을 規定한 施行規則(部令)의 성격
128	2.19.	金裕煥	違憲法律에 根據한 行政處分의 效力
129	3.19.	鄭夏重	多段階行政節次에 있어서 事前決定과 部分許可의 意味

순번	연월일	발표자	발 표 제 목
130	4.16.	裵輔允	南北交流協力 등 統一에 관한 법적 문제
131	5.21.	康鉉浩	計劃承認과 司法的 統制
132	6.18.	俞珍式	行政指導와 違法性阻却事由
133	8.20.	朴正勳	侵益的 行政行爲의 公定力과 刑事裁判
134	9.17.	金東熙	建築許可신청서 返戾처분취소
		金南澈	行政審判法 제37조 제2항에 의한 自治權侵害의 가능성
135	10.15.	金炳圻	條例에 대한 再議要求事由와 大法院提訴
		權殷玟	公賣決定·通知의 처분성 및 소송상 문제점
136	11.19.	石鎬哲	羈束力의 범위로서의 처분사유의 동일
		金珉昊	직무와 관련된 不法行爲에 있어 공무원 개인의 책임
137	00.1.21.	尹炯漢	任用缺格과 退職給與
		裵柄皓	還買權소송의 管轄문제
138	2.18.	趙憲銖	個人事業의 法人轉換과 租稅減免
		金連泰	조세행정에 있어서 경정처분의 효력
139	3.17.	俞珍式	自動車運輸事業 면허처분에 있어서 競業, 競願의 범위
		慶 健	情報公開請求權의 憲法的 根據와 그 制限
140	4.21.	朴正勳	拒否處分 取消訴訟에 있어 違法判斷의 基準時와 訴의 利益
		金柄圻	行政訴訟上 執行停止의 要件으로서의 '回復하기 어려운 損害'와 그 立證責任
141	5.19.	洪準亨	不可變力, 信賴保護, 그리고 行政上 二重危險의 禁止
		康鉉浩	建築變更許可와 附款

순번	연월일	발표자	발표 제 목
142	6.16.	趙龍鎬	寄附金品募集許可의 法的性質
		金容燮	行政上 公表
143	8.18.	朴松圭	盜難당한 自動車에 대한 自動車稅와 免許稅
		權殷玟	廢棄物處理業 許可權者가 한 '不適正通報'의 法的性質
144	9.22.	石鎬哲	公法的 側面에서 본 日照權 保護
145	10.20.	蘇淳茂	後發的 事由에 의한 更正請求權을 條理上 인정할 수 있는지 與否
		金光洙	土地形質變更許可와 信賴保護原則
146	11.17.	朴鈗炘	慣行漁業權
		宣正源	複合民願과 認·許可擬制
147	01.1.19.	崔松和	판례에 있어서 공익
		李光潤	도로가 행정재산이 되기 위한 요건 및 잡종재산에 대한 시효취득
148	2.16.	金鐵容	개발제한 구역의 시정과 손실 보상
		鄭夏重	부관에 대한 행정소송
149	3. 8.	金性洙	독일연방헌재의 폐기물법에 대한 결정과 환경법상 협력의 원칙
		李東植	중소기업에 대한 조세 특례와 종업원의 전출.파견
150	4.20.	李京運	주택건설사업계획 사전결정의 구속력
		裵輔允	2000년 미국대통령 선거 소송 사건
151	5. 9.	李東洽	위헌법률에 근거한 처분에 대한 집행력 허용 여부
		金珉昊	상속세 및 증여세법상 증여의 의미
152	6.15.	李元雨	정부투자기관의 부정당업자 제재조치의 법적

순번	연월일	발표자	발 표 제 목
			성질
		朴榮萬	군사시설보호법상의 협의와 항고소송
153	8.17.	崔正一	법규명령형식의 재량준칙의 법적성질 및 효력
		趙憲銖	유적발굴허가와 행정청의 재량
154	9.21.	金東熙	국가배상법 제5조상의 영조물의 설치·관리상 하자의 관념
		金東建	대법원 판례상의 재량행위
155	10.10.	吳峻根	행정절차법 시행이후의 행정절차 관련 주요 행정판례 동향분석
		柳至泰	공물법의 체계에 관한 판례 검토
156	11. 7.	白潤基	행정소송에 있어서 건축주와 인근주민의 이익의 충돌과 그 조화
		徐廷範	국가배상에 있어서 위법성과 과실의 일원화에 관하여
157	02.1.18.	金善旭	독일헌법상의 직업공무원제도와 시간제공무원
		朴正勳	처분사유의 추가·변경 - 제재철회와 공익상 철회
158	2.15.	辛奉起	일본의 기관소송 법제와 판례
		權殷玟	원천징수행위의 처분성과 원천징수의무자의 불복방법
159	3.15.	朴均省	환경영향평가의 하자와 사업계획승인처분의 효력
		金鐘甫	관리처분계획의 처분성과 그 공정력의 범위
160	4.19.	崔光律	농지전용에 관한 위임명령의 한계
		俞珍式	건축법상 일조보호규정의 私法上의 의미
161	5.17.	朴鈗炘	국가배상법 제2조 제1항 단서에 대한 헌법재

순번	연월일	발표자	발 표 제 목
			판소의 한정위헌결정 및 관련 대법원판례에 대한 평석
		宣正源	행정의 공증에 대한 사법적 통제의 의미와 기능의 명확화
162	6.21.	金元主	도로배연에 의한 대기오염과 인과관계
		康鉉浩	재량준칙의 법적 성격
163	7.19.	裵柄皓	회의록과 정보공개법상 비공개대상정보
		慶健	공문서관리의 잘못과 국가배상책임
164	8.16.	金容燮	거부처분취소판결의 기속력
		金炳圻	보완요구의 '부작위'성과 재결의 기속력
165	9.13.	尹炯漢	기납부 택지초과소유부담금 환급청구권의 성질과 환급가산금의 이자율
		鄭夏明	미국연방대법원의 이른바 임시규제적 수용에 관한 새로운 판결례
166	10.18.	李鴻薰	공용지하사용과 간접손실보상
		金光洙	국가배상소송과 헌법소원심판의 관계
167	11.15.	徐元宇	행정법규위반행위의 사법적 효력
		李康國	조세채무의 성립과 확정
168	12.20.	蘇淳茂	인텔리전트빌딩에 대한 재산세중과시행규칙의 유효성 여부
169	03.1.17.	金敞祚	정보공개제도상의 비공개사유와 본인개시청구
		金聖泰	운전면허수시적성검사와 개인 정보보호
170	2.21.	金東熙	기속재량행위와 관련된 몇 가지 논점 또는 의문점
		曹海鉉	행정처분의 근거 및 이유제시의 정도
171	3.21.	白潤基	불합격처분에 대한 효력정지결정에 대한 고찰

순번	연월일	발표자	발 표 제 목
172	5.16.	宣正源	행정입법에 대한 부수적 통제
		李元雨	한국증권업협회의 협회등록최소결정의 법적 성질
173	6.20.	金容贊	정보공개청구사건에서의 몇 가지 쟁점
		金重權	이른바 "수리를 요하는 신고"의 문제점에 관한 소고
174	7.18.	洪準亨	평생교육시설 설치자 지위승계와 설치자 변경 신청서 반려처분의 적법 여부
		金鐵容	학교법인임원취임승인취소처분과 행정절차법
		金秀珍	성별에 따른 상이한 창업지원금신청기간설정과 국가의 평등보장의무
175	8.22.	鄭夏重	법관의 재판작용에 대한 국가배상책임
		金鐘甫	정비조합(재건축, 재개발조합) 인가의 법적 성격
176	9.19.	金炳圻	수익적 행정행위의 철회의 법적 성질과 철회 사유
		朴榮萬	군사시설보호구역설정행위의 법적 성격
177	10. 9	朴正勳	취소판결의 기판력과 기속력
		李東植	구 소득세법 제101조 제2항에 따른 양도소득세부과와 이중과세 문제
178	11.21.	李東洽	최근 행정소송의 주요사례
		慶 健	하천구역으로 편입된 토지에 대한 손실보상
179	12.19.	朴均省	거부처분취소판결의 기속력과 간접강제
180	04.1.16.	李光潤	광역지방자치단체와 기초지방자치단체의 성격
		朴海植	행정소송법상 간접강제결정에 기한 배상금의 성질
181	2.20.	金海龍	행정계획에 대한 사법심사에 있어서 법원의

순번	연월일	발표자	발 표 제 목
			석명권행사 한계와 입증책임
		李賢修	영업양도와 공법상 지위의 승계
182	3.19.	俞珍式	기부채납부관을 둘러싼 법률문제
		鄭泰學	매입세액의 공제와 세금계산서의 작성·교부 시기
183	4.16.	柳至泰	행정행위의 취소의 취소
		金致煥	통지의 법적 성질
184	5.21.	鄭準鉉	단순하자 있는 행정명령을 위반한 행위의 가벌성
		權殷玟	압류처분취소소송에서 부과처분의 근거법률이 위헌이라는 주장이 허용되는지 여부
185	6.18.	趙憲銖	사업양도와 제2차 납세의무
		金連泰	과징금 부과처분에 대한 집행정지결정의 효력
186	7.16.	金容燮	보조금 교부결정을 둘러싼 법적 문제
		林聖勳	영내 구타·가혹 행위로 인한 자살에 대한 배상과 보상
187	8.20.	李京運	교수재임용거부처분취소
		曺媛卿	국가공무원법 제69조 위헌제청
188	9.17.	鄭成太	법규명령의 처분성
		金敏昨	원자로 설치허가 무효확인소송
189	04.10.15.	崔正一	법령보충적행정규칙의 법적 성질 및 효력
		李湖暎	독점규제법상 특수관계인에 대한 부당지원행위의 규제
190	11.19.	金香基	재결에 대한 취소소송
		劉南碩	집행정지의 요건으로서 "회복하기 어려운 손해를 예방하기 위한 긴급한 필요"와 그 고려

순번	연월일	발표자	발 표 제 목
			사항으로서의 '승소가능성'
191	12.17.	尹炯漢	사전통지의 대상과 흠결의 효과
192	05.1.31.	鄭鎬慶	행정소송의 협의의 소의 이익과 헌법소원의 보충성
		金重權	국토이용계획변경신청권의 예외적 인정의 문제점에 관한 소고
193	2.18.	宣正源	하자승계론에 몇 가지 쟁점에 관한 검토
		李熙貞	공법상 계약의 해지와 의견청취절차
194	3.18.	安哲相	취소소송 사이의 소의 변경과 새로운 소의 제소기간
		康鉉浩	민간투자법제에 따른 우선협상대상자지정의 법적 제문제
195	4.15.	吳峻根	재량행위의 판단기준과 재량행위 투명화를 위한 법제정비
		李根壽	대집행의 법적 성격
196	5.20.	河宗大	금산법에 기한 계약이전결정 등의 처분과 주주의 원고적격
		金鐘甫	토지형질변경의 법적 성격
197	6.17.	朴海植	제재적 행정처분의 효력기간 경과와 법률상 이익
		李桂洙	공무원의 정치적 자유와 정치운동금지의무
198	8.19.	金容燮	재결의 기속력의 주관적 범위를 둘러싼 논의
		徐正旭	공시지가와 하자의 승계
199	9.16.	金鉉峻	용도지역 지정·변경행위의 법적 성질과 그에 대한 사법심사
		趙成奎	직접민주주의와 조례제정권의 한계

순번	연월일	발표자	발 표 제 목
200	10.21.	金光洙	공직선거법과 행정형벌
		崔桂暎	용도폐지된 공공시설에 대한 무상양도신청거부의 처분성
201	11.12.	鄭夏重	행정판례의 발전과 전망
		朴正勳	행정판례의 발전과 전망
		尹炯漢	행정재판제도의 발전과 행정판례
		朴海植	행정재판제도의 발전과 행정판례
202	12.16.	鄭泰容	행정심판청구인적격에 관한 몇 가지 사례
203	06. 1.20	朴均省	행정상 즉시강제의 통제 — 비례원칙, 영장주의, 적법절차의 원칙과 관련하여 —
		權殷玟	기본행위인 영업권 양도계약이 무효라고 주장하는 경우에 행정청이 한 변경신고수리처분에 대한 불복방법 등
204	2.17.	曹海鉉	민주화운동관련자명예회복및보상등에관한법률에 기한 행정소송의 형태
		金重權	사권형성적 행정행위와 그 폐지의 문제점에 관한 소고
205	06.3.17.	朴正勳	불확정개념과 재량 — 법규의 적용에 관한 행정의 우선권
		李相憲	한국지역난방공사 공급규정 변경신고를 산업자원부장관이 수리한 행위의 법적 성질
206	4.21.	俞珍式	공유수면매립법상 사정변경에 의한 매립면허의 취소신청
		林永浩	채석허가기간의 만료와 채석허가취소처분에 대한 소의 이익
207	5.19	嚴基變	공정거래법상 사업자단체의 부당제한행위의

순번	연월일	발표자	발 표 제 목
			성립요건
		李賢修	납입고지에 의한 변상금부과처분의 취소와 소멸시효의 중단
208	6.16.	金鐘甫	재건축 창립총회의 이중기능
		鄭夏明	미국 연방대법원의 행정입법재량통제
209	8.17.	裵柄皓	개정 하천법 부칙 제2조의 손실보상과 당사자 소송
		金裕煥	공공갈등의 사법적 해결 — 의미와 한계
210	9.15.	金容燮	텔레비전 수신료와 관련된 행정법적 쟁점
		崔桂暎	행정처분과 형벌
211	10.20.	金海龍	처분기간이 경과된 행정처분을 다툴 법률상 이익(행정소송법 제12조 후문 관련)과 제재적
		石鎬哲	처분기준을 정한 부령의 법규성 인정 문제
212	11.17.	宣正源	입헌주의적 지방자치와 조직고권
		李熙貞	주민투표권 침해에 대한 사법심사
213	06.12.8.-		법제처 · 한국행정판례연구회 공동주관 관학협동워크샵
	9.	朴 仁	법령보충적 성격의 행정규칙의 현황과 문제점
		林永浩	법령보충적 성격의 행정규칙에 대한 판례분석
		鄭南哲	법령보충적 성격의 행정규칙의 정비방향과 위임사항의 한계
		金重權	민주적 법치국가에서 의회와 행정의 공관적 법정립에 따른 법제처의 역할에 관한 소고
		金海龍	국토계획 관련법제의 문제점과 개선방안
214	07.1.19.	張暻源	독일 맥주순수령 판결을 통해 본 유럽과 독일의 경제행정법

순번	연월일	발표자	발 표 제 목
		權純一	재정경제부령에 의한 덤핑방지관세부과조치의 처분성 재론 - 기능적 관점에서 -
215	2.23.	鄭準鉉	소위 '공익사업법'상 협의취득의 법적 성질
		裵輔允	구 농어촌정비법 제93조 제1항의 국공유지 양증여의 창설환지 등의 문제점
216	3.16.	朴榮萬	법령의 개정과 신뢰보호의 원칙
		金重權	행정입법적 고시의 처분성인정과 관련한 문제점에 관한 소고
217	4.20.	金容贊	국가지정문화재현상변경허가처분의 재량행위성
		李湖暎	합의추정된 가격담합의 과징금산정
218	5.18	金敞希	공인중개사시험불합격처분 취소소송
		李宣憙	행정청의 고시와 원고적격
219	6.15.	李光潤	제재적 처분기준의 성격과 제재기간 경과후의 소익
		金暎賢	행정소송의 피고적격
220	07.8.17.	金義煥	정보공개법상의 공공기관 및 정보공개청구와 권리남용
		金秀珍	행정서류의 외국으로의 송달
221	9.21.	蘇淳茂	명의신탁 주식에 대한 증여의제에 있어서 조세회피목적의 해석
		慶 健	관계기관과의 협의를 거치지 아니한 조례의 효력
222	10.19.	成百玹	공특법상 '이주대책'과 공급규칙상 '특별공급'과의 관계
		金南澈	건축허가의 법적 성질에 대한 판례의 검토
223	11.16.	金性洙	민간투자사업의 성격과 사업자 선정의 법적

순번	연월일	발표자	발 표 제 목
			과제
224	12.21.	趙憲銖	병역의무 이행과 불이익 처우 금지의 관계
225	08.1.18.	金南辰	국가의 경찰법, 질서법상의 책임
		李殷祈	폐기물관리법제와 폐기물처리조치명령취소처분
		鄭成太	대형국책사업에 대한 사법심사(일명 새만금사건을 중심으로)
226	2.15.	辛奉起	한국 행정판례에 있어서 형량하자론의 도입과 평가
		鄭鍾錧	하천법상의 손실보상
227	3.21.	鄭夏重	사립학교법상의 임시이사의 이사선임권한
		林聖勳	행정입법 부작위에 관한 몇가지 문제점
228	4.18.	金光洙	자치사무에 대한 국가감독의 한계
		金熙喆	토지수용으로 인한 손실보상금 산정
229	5.16.	申東昇	행정행위 하자승계와 선결문제
		趙成奎	과징금의 법적 성질과 부과기준
230	6.20.	姜錫勳	위임입법의 방식 및 해석론에 관한 고찰
		鄭南哲	명확성원칙의 판단기준과 사법심사의 한계
231	8.22.	鄭泰學	조세통칙과 신의성실의 원칙
		李京運	부관으로서의 기한
232	9.19.	朴尙勳	시간강사의 근로자성
		金善旭	지방자치단체장의 소속공무원에 대한 징계권과 직무유기
233	10.17.	趙允熙	정보통신부 장관의 위성망국제등록신청과 항고소송의 대상
		金鉉峻	환경사법 액세스권 보장을 위한 "법률상 이익"의 해석

순번	연월일	발표자	발 표 제 목
234	11.21.	裵輔允	권한쟁의심판의 제3자 소송담당
		李賢修	공물의 성립요건
235	12.19.	金鐵容	행정청의 처분근거·이유제시의무와 처분근거·이유제시의 정도
236	09.1.16.	金炳圻	행정법상 신뢰보호원칙
		劉慶才	원인자부담금
237	2.20.	金聖泰	도로교통법 제58조 위헌확인
		林永浩	공매 통지의 법적 성격
238	3.20.	崔桂暎	위헌결정의 효력과 취소소송의 제소기간
		金尙煥	법규명령에 대한 헌법소원의 적법요건
239	4.17.	朴均省	직무상 의무위반으로 인한 국가배상책임
		金國鉉	사망자의 법규위반으로 인한 제재사유의 승계
240	5.15.	金容燮	택지개발업무처리지침 위반과 영업소 폐쇄
		金炅蘭	개발제한구역의 해제와 원고적격
241	6.19.	朴正勳	무효확인소송의 보충성
		曹海鉉	민주화운동관련자 명예회복 및 보상 등에 관한 법률에 의한 보상금의 지급을 구하는 소송의 형태
242	8.21.	鄭泰容	행정심판 재결 확정력의 의미
		安哲相	지방계약직 공무원의 징계
243	9.18.	金鐘甫	「도시 및 주거환경정비법」상 정비기반시설의 귀속 관계
		徐基錫	국회의 입법행위 또는 입법부작위로 인한 국가배상책임
244	10.16.	河明鎬	법인에 대한 양벌규정의 위헌여부
		趙龍鎬	표준지공시지가 하자의 승계

순번	연월일	발표자	발 표 제 목
245	11.20.	金連泰	한국마사회의 조교사 및 기수의 면허부여 또는 취소의 처분성
		金義煥	행정상 법률관계에 있어서의 소멸시효의 원용과 신의성실의 원칙
246	12.18.	朴鈗炘	주거이전비 보상의 법적 절차, 성격 및 소송법적 쟁점
247	10.1.15	林宰洪	출입국관리법상 난민인정행위의 법적 성격과 난민인정요건
		金泰昊	하자있는 수익적 행정처분의 직권취소
248	2.19	金南澈	국가기관의 지방자치단체에 대한 감독·감사권한
		權殷玟	미국산 쇠고기 수입 고시의 법적 문제
249	3.19	金聲培	수용재결과 헌법상 정교분리원칙
		姜相旭	건축물대장 용도변경신청 거부의 처분성
250	4.16	李宣憙	공정거래법상 시정조치로서 정보교환 금지명령
		金鍾泌	이주대책대상자제외처분 취소소송의 쟁점
251	5.14	鄭夏重	공법상 부당이득반환청구권의 독자성
		魯坰泌	관리처분계획안에 대한 총회결의 무효확인을 다투는 소송방법
252	6.18	金秀珍	합의제 행정기관의 설치에 관한 조례 제정의 허용 여부
253	8.20	白濟欽 崔正一	과세처분에 대한 증액경정처분과 행정소송 경원자 소송에서의 원고적격과 사정판결제도의 위헌 여부
254	9.17	蔣尙均 金敏昨 河宗大	승진임용신청에 대한 부작위위법확인소송 강의전담교원제와 해직처분 행정처분으로서의 통보 및 신고의 수리

순번	연월일	발표자	발 표 제 목
255	10.15	최진수	징발매수재산의 환매권
		朴海植	주민등록전입신고 수리 여부에 대한 심사범위와 대상
256	11.12	金容燮	부당결부금지원칙과 부관
		朴尚勳	공무원에 대한 불이익한 전보인사 조치와 손해배상
257	12.10	金東熙	제재적 재량처분의 기준을 정한 부령
258	11.1.14	成智鏞	위임입법의 한계와 행정입법에 대한 사법심사
		安東寅	법령의 개정과 신뢰보호원칙 — 신뢰보호원칙의 적극적 활용에 대한 관견 —
259	2.18	崔桂暎	민간기업에 의한 수용
		金泰昊	사전환경성검토와 사법심사
260	3.18	金鉉峻	규제권한 불행사에 의한 국가배상책임의 구조와 위법성 판단기준
		朴在胤	지방자치단체 자치감사의 범위와 한계
261	4.15	金重權	민간투자사업의 법적 절차와 처분하자
		徐輔國	행정입법의 부작위에 대한 헌법소원과 행정소송
262	5.20	李熙貞	귀화허가의 법적 성질
		尹仁聖	독점규제 및 공정거래에 관한 법률 제3조의2 제1항 제5호 후단에 규정된 "부당하게 소비자의 이익을 현저히 저해할 우려가 있는 행위"에 관한 소고
263	6.17	朴均省	납골당설치신고 수리거부의 법적 성질 및 적법성 판단
		姜錫勳	재조사결정의 법적 성격과 제소기간의 기산점
264	8.19	金光洙	임시이사의법적 지원

순번	연월일	발표자	발 표 제 목
265	9.16	趙允熙	불복절차 도중의 과세처분 취소와 재처분금지
		鄭準鉉	개인택시사업면허 양도시 하자의 승계
		김용하	잔여지 수용청구권의 행사방법 및 불복수단
266	10.21	崔峰碩	과징금 부과처분의 재량권 일탈·남용
		朴榮萬	군인공무원관계와 기본권 보장
267	11.11	俞珍式	정보공개법상 비공개사유
		주한길	행정소송법상 집행정지의 요건
268	12.16	琴泰煥	최근 외국 행정판례의 동향 및 분석
		金致煥	미국, 일본, 프랑스, 독일
		田勳	
		李殷相	
		李鴻薰	사회발전과 행정판결
269	12.1.27	裵炳晧	재개발조합설립인가 등에 관한 소송의 방법
		河明鎬	사회보장행정에서 권리의 체계와 구제
270	2.17	朴玄廷	건축법 위반과 이행강제금
		金善娥	출퇴근 재해의 인정범위
271	3.16	金重權	국가배상법상 중과실의 의미
		徐泰煥	행정소송법상 직권심리주의의 의미와 범위
272	4.20	李湖暎	시장지배적사업자의 기술적 보호조치와 공정거래법
		李玩憙	공정거래법상 신고자 감면제도
273	5.18	李東植	세무조사 결정통지의 처분성
		鄭基相	조세소송에서 실의성실원칙
274	6.15	許康茂	생활대책대상자선정거부의 처분성과 신청권의 존부
		朴貞杦	기대권의 법리와 교원재임용거부 및 부당한 근로계약 갱신 거절의 효력
275	8.17	金敞祚	정보공개법상 비공개사유로서 법인 등의 경

순번	연월일	발표자	발 표 제 목
			영·영업상 비밀에 관한 사항
		成承桓	경찰권 발동의 한계와 기본권
276	9.21	金宣希	도시정비법상 조합설립인가처분과 변경인가처분
		李相憙	국가와 지방자치단체의 보조금 지원과 지원거부의 처분성
277	10.19	康鉉浩	건축법상 인허가의제의 효과를 수반하는 신고
		尹景雅	결손처분과 그 취소 및 공매통지의 처분성
278	11.16	金容燮	원격평생교육시설 신고 및 그 수리거부
		李義俊	사업시행자의 생활기본시설 설치 의무
279	12.21	琴泰煥	미국, 일본, 프랑스, 독일의 최근 행정판례동향
		金致煥	
		田 勳	
		李殷相	
		崔松和	행정판례의 회고와 전망
280	13.1.18	崔桂暎	행정처분의 위법성과 국가배상책임
		金泰昊	정보공개법상 비공개사유로서 '진행 중인 재판에 관련된 정보'
281	2.15	金致煥	주민소송의 대상
		朴在胤	체육시설을 위한 수용
282	3.15	金聲培	국가유공자요건비해당결정처분
		金東國	해임처분무효
283	4.19	徐輔國	압류등처분무효확인
		崔柄律	자동차운전면허취소처분취소
284	5.24	裵柄晧	국가배상청구권의 소멸시효
		朴海植	감면불인정처분등취소
285	6.21	朴均省	국방·군사시설사업실시계획승인처분무효확인등

순번	연월일	발표자	발 표 제 목
		金慧眞	형의 집행 및 수용자의 처우에 관한 법률 제45조 제1항 위헌확인
286	8.16	俞珍式	여객자동차운수사업법 제14조 등 위헌확인 등
		김필용	증여세부과처분취소
287	9.27	慶建	정보공개청구거부처분취소
		이산해	과징금부과처분취소·부당이득환수처분취소
288	10.18	金裕煥	직권면직취소
		許盛旭	관리처분계획무효확인
289	11.15	金炳圻	완충녹지지정의 해제신청거부처분의 취소
		成重卓	조합설립인가처분무효확인
290	12.20	金聲培	미국, 일본, 프랑스, 독일의 최근 행정판례 동향
		金致煥	
		吳丞奎	
		桂仁國	
		鄭夏重	행정판례에 있어서 몇 가지 쟁점에 관한 소고
291	14. 1. 17	金相贊	국가공무원 복무규정 제3조 제2항 등 위헌확인
		金容河	사업시행승인처분취소
292	2.21	姜知恩	주택건설사업승인불허가처분 취소 등
		金世鉉	소득금액변동통지와 하자의 승계 판례변경에 따른 신뢰성 보호 문제
293	3.21	金重權	지방자치단체의 구역관할결정의 제 문제에 관한 소고
		李相惠	체납자 출국금지처분의 요건과 재량통제
294	4.18	俞珍式	정보공개거부처분취소
		金惠眞	백두대간보호에관한법률 제7조 제1항 제6호 위헌소원

순번	연월일	발표자	발 표 제 목
295	5.16	安東寅	토지대장의 직권말소 및 기재사항 변경거부의 처분성
		河泰興	증액경정처분의 취소를 구하는 항고소송에서 납세의무자가 다툴 수 있는 불복사유의 범위
296	6.20	金容燮	독립유공자법적용배제결정 − 처분취소소송에 있어 선행처분의 위법성승계
		李承勳	조합설립추진위원회 설립승인 무효 확인
297	8.22	鄭鎬庚	不利益處分原狀回復 등 要求處分取消
		이병희	解任處分取消決定取消
298	9.19	崔峰碩	職務履行命令取消
		文俊弼	還買代金增減
299	10.17	朴均省	行政判例 30年의 回顧와 展望: 행정법총론 I
		金重權	行政判例의 回顧와 展望−행정절차, 정보공개, 행정조사, 행정의 실효성확보의 분야
		洪準亨	行政判例 30年의 回顧와 展望−행정구제법: 한국행정판례의 정체성을 찾아서
300	11.21	康鉉浩	不正當業者制裁處分取消
		李承寧	讓受金
301	12.19	金聲培	美國의 最近 行政判例動向
		吳承奎	프랑스의 最近 行政判例動向
		桂仁國	獨逸의 最近 行政判例動向
		咸仁善	日本의 最近 行政判例動向
		朴鈗炘	온실가스 배출거래권 제도 도입에 즈음하여
302	15. 1.23	金泰昊	수정명령 취소
		李義俊	손해배상(기)
303	2.27	朴玄廷	정비사업조합설립과 토지 또는 건축물을 소유

순번	연월일	발표자	발 표 제 목
			한 국가·지방자치단체의 지위
		李義俊	건축허가처분취소
304	3.20	俞珍式	공공감사법의 재심의신청과 행정심판에 관한 제소기간의 특례
		金世鉉	명의신탁과 양도소득세의 납세의무자
305	4.17	朴均省	노동조합설립신고반려처분취소
		金海磨中	국세부과취소
306	5.15	崔峰碩	직무이행명령취소청구
		박준희	지역균형개발 및 지방중소기업 육성에 관한 법률 제16조 제1항 제4호 등 위헌소원
307	6.19	裵柄皓	인신보호법 제2조 제1항 위헌확인
		金東柱	생태자연도등급조정처분무효확인
		裵柄皓	인신보호법 제2조 제1항 위헌확인
		김동주	생태자연도등급조정처분무효확인
308	8.29	牧村 金道昶 박사 10주기 기념 학술대회	
309	9.18	崔桂暎	정보비공개결정처분취소
		정지영	부당이득금반환
310	10.16	鄭夏明	예방접종으로 인한 장애인정거부처분취소
		郭相鉉	급여제한및 환수처분취소
311		鄭鎬庚	독립유공자서훈취소결정무효확인등
		김혜성	직위해제처분취소
312		金聲培	최근(2014/2015) 미국 행정판례의 동향 및 분석 연구
		咸仁善	일본의 최근(2014) 행정판례의 동향 및 분석
		吳承奎	2014년 프랑스 행정판례의 동향 연구
		桂仁國	국가의 종교적·윤리적 중립성과 윤리과목

순번	연월일	발표자	발 표 제 목
			편성 요구권
		金海龍	행정재판과 법치주의 확립
313	16. 1.22	金泰昊	주민소송(부당이득 반환)
		朴淵昱	건축협의취소처분취소
314	2.26	李熙貞	보상금환수처분취소
		李羲俊	변상금부과처분취소
315	3.18	成重卓	영업시간제한등처분취소
		임지영	조정반지정거부처분
316	4.15	裵柄皓	하천공사시행계획취소청구
		李用雨	세무조사결정행정처분취소
317	5.20	金南澈	과징금납부명령등취소청구의소
		李煌熙	홍▽군과 태△군 등 간의 권한쟁의
318	6.11	金重權	환경기술개발사업중단처분취소
		崔瑨修	관리처분계획안에대한총회결의효력정지가처분
		강주영	시설개수명령처분취소
		角松生史	일본 행정소송법개정의 성과와 한계
319	8.19	咸仁善	조례안의결무효확인 <학생인권조례안 사건>
		金世鉉	교육세경정거부처분취소
320	9.23	金容燮	독립유공자서훈취소처분의 취소
		李殷相	주유소운영사업자불선정처분취소
321	10.21	李光潤	부당이득금등
		이승민	형식적 불법과 실질적 불법
322	11.25	俞珍式	학칙개정처분무효확인
		윤진규	부당이득금
			채무부존재확인
323	12.15	李京運	교육판례의 회고와 전망

순번	연월일	발표자	발 표 제 목
		朴均省	사법의 기능과 행정판례
		咸仁善	일본의 최근 행정판례
		金聲培	미국의 최근 행정판례
		桂仁國	독일의 최근 행정판례
		吳丞奎	프랑스의 최근 행정판례
324	17. 1.20.	成奉根	취급거부명령처분취소
		尹炆碩	취득세등부과처분취소
325	2.17.	鄭永哲	도시계획시설결정폐지신청거부처분취소
		이희준	손해배상(기)
326	3.17.	朴在胤	직무이행명령취소
		정은영	습지보전법 제20조의2 제1항 위헌소원
327	4.21.	金容燮	시정명령처분취소
		장승혁	산재법 제37조 위헌소원
328	5.19.	박정훈	감차명령처분취소
		金世鉉	법인세등부과처분취소
329	6.16.	裵柄皓	조례안재의결무효확인
		송시강	개발부담금환급거부취소
330	8.8.	함인선	부당이득금반환
		김형수	개발부담금환급거부취소
331	9.15.	성중탁	출입국관리법 제63조 제1항 위헌소원
		이은상	보험료채무부존재확인
332	10.20.	유진식	정보공개청구기각처분취소
		김상찬	영업정치처분취소
333	11.24.	안동인	치과의사 안면보톡스시술사건
		김선욱	부가가치세경정거부처분취소
334	12.14.	김동희	행정판례를 둘러싼 학계와 법조계의 대화에

순번	연월일	발표자	발 표 제 목
			관한 몇 가지 생각
		정태용	행정부 공무원의 시각에서 본 행정판례
		함인선	일본의 최근 행정판례
		김성배	미국의 최근 행정판례
		계인국	독일의 최근 행정판례
		김혜진	프랑스의 최근 행정판례
335	1.19.	성봉근	민사사건에 있어 공법적 영향
		박호경	조례무효확인
336	3.16.	김치환	산재보험적용사업장변경불승인처분취소
		신철순	폐업처분무효확인등
337	4.20.	박정훈	입찰참가자격제한처분취소
		신상민	건축허가철회신청거부처분취소의소
338	5.18.	최봉석	직권취소처분취소청구의소
		윤준석	증여세부과처분취소
339	6.15.	김대인	직권취소처분취소청구의소
		문중흠	증여세부과처분취소

行政判例研究 I~ XXⅢ-1 總目次

行政判例研究 Ⅰ ～ ⅩⅩⅢ-1 總目次

[第 Ⅳ 卷]

[第 IX 卷]

Ⅰ. 行政行爲

Ⅱ. 行政節次

Ⅲ. 行政訴訟

Ⅳ. 地方自治法

Ⅴ. 租稅行政法

Ⅵ. 최근 行政訴訟判決의 主要動向

[第 X 卷]

[第ⅩⅠ 卷]

[第 XV-1卷]

I. 行政法의 基本原理

[第XV-2卷]

[第ⅩⅥ-1卷]

Ⅰ. 行政法의 基本原理

Ⅱ. 行政立法

Ⅲ. 行政行爲

Ⅳ. 損害塡補

Ⅴ. 地方自治法

Ⅵ. 租稅行政法

[第 XVI-2卷]

Ⅰ.行政行爲의 瑕疵

Ⅱ. 行政訴訟一般

Ⅲ. 行政訴訟의 類型

Ⅳ. 經濟行政法

Ⅴ. 外國判例 및 外國法制 研究

[第ⅩⅦ-1卷]

Ⅰ. 行政行爲의 附款

法的인 根據가 없음에도 公行政을 正當化하는 行政判例에 대한 批判的 檢討(행정행위의 부관과 수익적 행정행위의 철회에 대한 논의를 중심으로)(金容燮)　3

Ⅱ. 行政計劃

計劃變更請求權과 計劃變更申請權(洪準亨)　53

Ⅲ. 行政의 實效性 確保手段

建築法 違反과 履行强制金(朴玄廷)　95

Ⅳ. 取消訴訟의 對象

稅務調査 決定通知의 處分性(李東植)　143
租稅還給金 充當通知의 處分性에 관한 硏究(金英順·徐大源)　183

Ⅴ. 行政訴訟의 類型

不作爲違法確認訴訟의 違法判斷 및 提訴期間(鄭南哲)　229
再開發組合設立認可 등에 관한 訴訟方法(裵柄晧)　271

Ⅵ. 地方自治法

地方自治團體 自治監査의 範圍와 限界(朴在胤)　327

Ⅶ. 經濟行政法

市場支配的 事業者의 排他的 DRM 搭載行爲의 競爭法的 評價(李湖暎)　371

[第XXⅠ-1卷]

[第 XXⅢ-1卷]

Ⅰ. 行政法의 基本原理

Ⅱ. 行政의 實效性確保手段

Ⅲ. 行政爭訟一般

Ⅳ. 取消訴訟의 對象

Ⅴ. 行政訴訟의 類型

主題別 總目次(行政判例研究 Ⅰ ~ XXⅢ-1)

行政立法

行政行爲의 附款

行政行爲의 職權取消·撤回

行政計劃

行政節次 및 情報公開

取消訴訟의 對象

行政組織法

公務員法

地方自治法

秩序行政法

公物·營造物法

外國判例 및 外國法制 研究

行政訴訟判決의 主要動向

紀念論文

研究判例 總目次
(行政判例研究 Ⅰ ~ XXⅢ-1)

2006. 3.10. 선고 2004추119 판결 XIII-3

2006. 3.16. 선고 2006두330 판결 XII-165

2006. 3.24. 선고 2004두11275 판결 XIII-29

2006. 5.18. 선고 2004다6207 전원합의체
    판결 XII-227

2006. 5.25. 선고 2003두11988 판결 XIII- 67

2006. 6.16. 선고 2004두1445 판결 XIII-461

2006. 6.22. 선고 2003두1684 판결 X -107

2006. 9. 8. 선고 2003두5426 판결 XIII-155

2006. 9.22. 선고 2004두7184 판결 XII-271

2006.11. 9. 선고 2006두1227 판결 XIII-186

2006.11.16. 선고 2003두12899 전원합의체
    판결 XIII-219

2006.12.12. 선고 2006두14001 판결 XIV-273

2006.12.22. 선고 2006두12883 XIII-257

2007. 2. 8. 선고 2005두10200 판결 XII-333

2007. 3.22. 선고 2005추62 전원합의체
    판결 XIII-309

2007. 4.12. 선고 2004두7924 판결 XIV-227

2007. 5.17. 선고 2006다19054 전원합의체
    판결 XIII-34

2007. 7.12. 선고 2006두11507 판결 XIII-387

2007. 7.12. 선고 2005두17287 판결 XIV-141

2007.10.11. 선고 2005두12404 판결 XIV-2-53

2007.10.29. 선고 2005두4649 판결 XIV3

2007.11.22. 선고 2002두8626 전원합의체
    판결 XVII-2-267

2007.12.13. 선고 2006추52 판결 XIII-420

2008. 1. 31. 선고 2005두8269 판결
    XV-1-111

2008. 2. 28. 선고 2007다52287 판결
    XXI-2-61

2008. 3.13. 선고 2007다29287, 29295(병합)
    XIII-513

2008. 3.27. 선고 2006두3742, 3759 판결
    XIV-43

2008. 4.10. 선고 2005다48994 판결 XIV197

2008. 6.12. 선고 2007다64365 판결 XIV197

2008.11.20. 선고 2007두18154 판결
    XIV-2-123

2008.11.27. 선고 2007두24289 판결
    XIV-2-89

2008. 5.29. 선고 2004다33469 판결
    XIV-2-203

2008. 6.12. 선고 2006두16328 판결
    XIV-2- 235

2008. 7.24. 선고 2007두3930 판결
    XV-1-36

2008. 9.18. 선고 2007두2173 판결
    XIV-2-3

2008. 11. 13. 선고 2008두8628 판결
    XV-1-73

2009. 2.26. 선고 2007두13340·2008두
    5124 판결 XV-1-411

〔서울고등법원〕

〔광주고등법원〕

〔수원지방법원〕

〔서울행정법원〕

〔헌법재판소〕

〔EU판례〕

〔독일판례〕

연방행정법원 2010. 11.4. 판결 - 2 C 16/09　XVI-2-348

연방행정법원 2010. 11.16. 판결 - 1 C 20/09 und 21/09　XVI-2-340

연방행정법원 2010. 11.18. 판결 - 4 C 10/09　XVI-2-326

연방행정법원 2010. 11.24. 판결 - 9 A 13/09 und 14/09　XVI-2-326

연방행정법원 2010. 11.24. 판결 - 8 C 13/09, 14/09 und 15/09　XVI-2-330

BVerwG, Urteile vom 13. Oktober 2011-4 A 4000.10 und 4001.10　XVII-2-593

BVerwG, Urteil vom 28. Juli 2011-7 C 7.10　XVII-2-595

BVerwG, Urteil vom 22. Juli 2011-4 CN 4.10　XVII-2-598

BVerwG, Urteil vom 23. Februar 2011-8 C 50.09 und 51.09　XVII-2-600

BVerwG, Urteile vom 17. August 2011-6 C 9.10　XVII-2-602

BVerwG, Urteile vom 31. August 2011-8 C 8.10 und 9.10　XVII-2-604

BVerwG, Urteile vom 25. August 2011-3 C 25.10, 28.10 und 9.11　XVII-2-606

BVerwG, Urteile vom 26. Mai 2011-3 C 21.10 und 22.10　XVII-2-608

BVerwG, Urteil vom 30. November 2011-6 C 20.10　XVII-2-610

BVerwG, Urteil vom 24. November 2011-7 C 12.10　XVII-2-611

BVerwG, Urteile vom 3. November 2011-7 C 3.11 und 4.11　XVII-2-613

BVerwG, Urteile vom 19. April 2011-1 C 2.10 und 16.10　XVII-2-615

BVerwG, Urteil vom 25. Oktober 2011-1 C 13.10　XVII-2-617

BVerwG, Urteil vom 1. September 2011-5 C 27.10　XVII-2-619

BVerwG, Urteile vom 3. Maz 2011-5 C 15.10 ung 16.10　XVII-2-621

BVerwG, Urteil vom 30. Juni 2011-2 C 19.10　XVII-2-622

연방행정법원 2012.1.25. 판결(BVerwG 6 C 9.11)　XVIII-2-455

연방행정법원 2012.2.2. 판결(BVerwG 4 C 14. 10)　XVIII-2-444

연방행정법원 2012.2.29. 판결(BVerwG 7 C 8. 11)　XVIII-2-448

연방행정법원 2012.3.22. 판결(BVerwG 3 C 16. 11)　XVIII-2-450

연방행정법원 2012.3.22. 판결(BVerwG 7 C 1. 11)　XVIII-2-462

연방행정법원 2012.4.4. 판결(BVerwG 4 C 8.09 und 9. 09, 1. 10 - 6. 10)

BVerwG 2 C 11.15 − Urteil vom 11. Okt. 2016 XXIII−1−448/439

BVerwG 3.C 10.14 − Urteil vom 6. Apr. 2016 XXIII−1−450/439

BVerwG 3 C 10.15 − Urteil vom 6. Apr. 2016 XXIII−1−451/439

BVerwG 3 C 16.15 − Urteil vom 8. Sep. 2016 XXIII−1−454/439

BVerwG 4 C 6.15 und 2.16 − Urteile vom 22.Sep. 2016 XXIII−1−455/439

BVerwG 6 C 65.14 und 66.14 − Urteile vom 16. März. 2016 XXIII−1−457/439

BverwG 7 C 4.15 − Urteil vom 30. Jun. 2016 XXIII−1−458/439

BVerwG 6 A 7.14 − Urteil vom 15. Jun. 2016 XXIII−1−459/439

〔프랑스판례〕

국참사원(Conseil d'État) 1951. 7.28. 판결(Laruelle et Delville, Rec. 464) II-243

국참사원 1957. 3.22. 판결(Jeannier, Rec. 196) II-243

국참사원 1954. 1.29. 판결(노트르담 뒤 크레스커 학교 사건)(Institution Norte Dame du Kreisker, Rec. 64) I-23

헌법위원회(Conseil constitutionnel) 1971. 7.16. 결정(J. O., 1971. 7. 18., p. 7114; Recueil des decisions du Conseil constitutionnel 1971, p. 29) I-305

관할재판소(Tribunal de conflits) 1984.11.12. 판결(Interfrost회사 對 F.I.O.M 사건) I-239

파훼원(Cour de cassation) 1987.12.21. 판결(지질 및 광물연구소 對 로이드콘티넨탈회사 사건)(Bureau des Recherches Geologiques et Minie res(B.R.G.M.)C/S.A. Lloyd Continental) II-55

국참사원 2005. 3.16. 판결(Ministre de l'Outre-mer c/ Gouvernement de la Polynésie française, n°265560, 10ème et 9ème sous-section réunies) XIV-505

국참사원 2006. 3.24. 판결(Société KPMG et autres, n°288460, 288465, 288474 et 28885) XIV-508

국참사원 2006. 5.31. 판결(이민자 정보와 지지단체 사건, n°273638, 27369) XIV-510

국참사원 2006. 7.10. 판결(Association pour l'interdiction des véhicule inutilement rapides, n°271835) XIV-512

꽁세이데타 2011. 7.11. 판결(꼬뮌 Trélazé 사건, n°308544) XVII-2-474

꽁세이데타 2011. 7.19. 판결(론지역자유사상과사회행동연합 사건, n°308817) XVII-2-475

꽁세이데타 2011. 7.19. 판결(망스도시공동체 사건, n°309161) XVII-2-476

꽁세이데타 2011. 7.19. 판결(꼬뮌 Montpellier 사건, n°313518) XVII-2-477

꽁세이데타 2011. 7.19. 판결(마담 Vayssiere 사건, n°320796) XVII-2-479

꽁세이데타 2011. 2.24. 판결(축구클럽연맹사건, n°340122) XVII-2-481

꽁세이데타 2011. 2. 2. 판결(Le Ralse씨 전보조치사건, n°326768) XVII-2-482

꽁세이데타 2011. 3.16. 판결(TF1(SociétéTélévision francaise Ⅰ사건, n°334289) XVII-2-484

꽁세이데타 2011.11.16. 판결(포룸데알지구재개발공사중기긴급가처분사건, n°353172, n°353173) XVII-2-486

꽁세이데타 2011.12.23. 판결(시장영업시간규칙사건, n°323309) XVII-2-489

꽁세이데타 2012.6.20. 판결(R. et autres, n° 344646) XVIII-2-491

꽁세이데타 2012.7.13. 판결(Communauté de communes de Endre et Gesvres, Les Verts des Pays de la Loire et autres, association Acipa et autres, nos 347073 et 350925) XVIII-2-485

꽁세이데타 2012.7.10. 판결(SA GDF Suez et Anode, Les Verts des Pays de la Loire et autres, association Acipa et autres, nos 347073 et 350925) XVIII-2-487

꽁세이데타 2012.7.27 판결(Mme L. épouse B., n° 347114) XVIII-2-482

꽁세이데타 2012.11.26. 판결(Ademe, n° 344379) XVIII-2-489

꽁세이데타 2012.12.21 판결(Sociétés groupe Canal Plus et Vivendi Universal, n° 353856; CE, Ass., 21 décembre 2012, Sociétés group Canal Plus et Vivendi Universal, n° 362347, Société Parabole Réunion, n° 363542, Société Numericable, n° 363703) XVIII-2-477

꽁세이데타 assemblée, 12 avril 2013, *Fédération Force ouvrière énergie et mines et autres* n° 329570, 329683, 330539 et 330847. XIX-2-323

꽁세이데타 13 août 2013, *Ministre de l'intérieur c/ commune de Saint-Leu*, n°

intéêets des supporters et autres, nos 389816, 389861, 389866, 389899.　XXI-2-393

꽁세이데타 CE, 5 octobre 2015, Association des amis des intermittents et precaires et autres, nos 383956, 383957, 383958.　XXI-2-391

꽁세이데타 CE, 9 novembre 2015, SAS Constructions metalliques de Normandie, n° 342468.　XXI-2-388

꽁세이데타 CE, 9 novembre 2015, MAIF et association Centre lyrique d'Auvergne, n° 359548.　XXI-2-388

꽁세이데타 CE, section, 11 decembre 2015, n° 395002.　XXI-2-383

꽁세유데타, CE 5 mai 2017, req. n 388902　XXⅢ-1-469/467

꽁세유데타, CE 30 juin 2017, req. n 398445　XXⅢ-1-471/467

꽁세유데타, CE Ass. 19 juillet 2017, req. n 370321　XXⅢ-1-474/467

꽁세유데타, CE 31 juillet 2017, req. n 412125　XXⅢ-1-477/467

꽁세유데타, CE 16 octobre 2017, req. nos 408374, 408344　XXⅢ-1-479/467

꽁세유데타, CE 25 octobre 2017, req. n 392578　XXⅢ-1-482/467

〔미국판례〕

연방대법원 2000.12.12. 판결(Supreme Court of United States, No-00-949) Ⅵ-395

연방대법원 Tahoe-Sierra Preservation Council, Inc., et al. v. Tahoe Regional Planning Agency et al. 122 S. Ct. 1465(2002) Ⅷ-349

연방대법원 National Cable & Telecommunications Association, et al. v. Brand X Internet Services. 125 S.Ct. 2688(2005) XⅡ-137

연방대법원 Rapanos v. United States 126 S.Ct. 2208(2006) XⅣ-380

연방대법원 Gonzales v. Oregon126 S. Ct. 904(2006) XⅣ-385

연방대법원 Phillip Morris U.S.A v. Williams 127 S. Ct. 1057(2007) XⅣ-396

연방대법원 Exxon Shipping Co. v. Grant Baker128 S.Ct. 2605(2008) XⅣ-399

연방대법원 Summers v. Earth Island Inst. 129 S. Ct. 1142(Mar. 3, 2009) XⅣ-2-271

연방대법원 Coeur Alaska, Inc. v. Southeast Alaska Conservation Council 129 S. Ct.

연방대법원 United States v, Home Concrete & Supply, LLC, 132 S. Ct. 1836(2012)
 XVII-2-571

연방대법원 Christopher v, Smithkline Beecham Corporation, 132 S. Ct. 2156(2012)
 XVII-2-574

연방대법원 Kloeckner v. Solis, 133 S. Ct. 596, 600-01 (Dec. 10, 2012) XVIII-2-373

연방대법원 United States v. Bormes, 2012 WL 5475774 (Nov.13, 2012) XVIII-2-358

연방대법원 Lefemine v. Wideman, 133 S.Ct. 9 (November 05, 2012) XVIII-2-362

연방대법원 Arkansas Game & Fish Comm'n v. United States, 133 S. Ct. 511
 (Dec. 4, 2012) XVIII-2-367

연방대법원 Sebelius v. Auburn Regional Medical Center, 2013 WL 215485
 (Jan. 22, 2013) XVIII-2-374

연방대법원 Los Angeles County Flood Control District v. Natural Resources Defense
 Council, Inc., 133 S. Ct. 710 (Jan. 8, 2013) XVIII-2-377

연방대법원 Clapper v. Amnesty International USA, 133 S. Ct. 1138 (Feb. 26, 2013)
 XVIII-2-379

연방대법원 Decker v. Northwest Environmental Defense Center, 133 S. Ct. 1326
 (Mar. 20, 2013) XVIII-2-339

연방대법원 Wos v. E.M.A. ex rel. Johnson, 133 S. Ct. 1391, 1402 (Mar. 20, 2013)
 XVIII-2-352

연방대법원 Millbrook v. United States, 133 S.Ct. 1441 (March 27, 2013)
 XVIII-2-383

연방대법원 Hollingsworth v. Perry, 3 S.Ct. 2652 (June 26, 2013) XVIII-2-385

연방항소법원 Patricia STEPHENS v. COUNTY OF ALBEMARLE, VIRGINIA 524 F.3d
 485, 486(4th Cir. 2008), cert. denied, 129 S. Ct. 404(2008) XIV-2-271

연방항소법원 Humane Society v. Locke, 626 F. 3d 1040(9th Cir. 2010)
 XVI-2-245

연방항소법원 Sacora v. Thomas, 628 F. 3d 1059(9th Cir. 2010) XVI-2-251

연방대법원 Perez v. Mortgage Bankers Ass'n, 135 S. Ct. 1199　XX－2－257

연방대법원 Michigan v. E.P.A., 135 S. Ct. 2699, 192 L. Ed. 2d 674 (2015)
XX－2－257

연방대법원 Kerry v. Din, 135 S.Ct. 2128 (2015) XXI－1－211

연방대법원 Campbell－Ewald Co. v. Gomez, 136 S.Ct. 663 (2016)　XXI－2－273

연방대법원 F.E.R.C. v. Electric Power Supply Ass'n, 136 S.Ct. 760 (2016)
XXI－2－313

연방대법원 Sturgeon v. Frost, 136 S.Ct. 1061 (2016)　XXI－2－307

연방대법원 Heffernan v. City of Paterson, N.J., 136 S.Ct. 1412 (2016) XXI－2－285

연방대법원 Sheriff v. Gillie, 136 S.Ct. 1594 (2016)　XXI－2－268

연방대법원 Green v. Brennan, 136 S.Ct. 1769 (2016)　XXI－2－290

연방대법원 U.S. Army Corps of Engineers v. Hawkes Co., Inc., 136 S.Ct. 1807 (2016)
XXI－2－295

연방대법원 Simmons v. Himmelreich, 136 S.Ct. 1843 (2016)　XXI－2－262

연방대법원 Ross v. Blake, 136 S.Ct. 1850 (2016)　XXI－2－279

연방대법원 Kingdomware Technologies, Inc. v. U.S., 136 S.Ct. 1969 (2016)
XXI－2－301

연방대법원 BNSF Ry. Co. v. Tyrrell, 137 S.Ct. 1549　XXIII－1－376/371

연방대법원 Town of Chester, N.Y. v. Laroe Estates, Inc., 137 S.Ct. 1645
XXIII－1－378/371

연방대법원 Perry v. Merit Systems Protection Bd., 137 S.Ct. 1975
XXIII－1－381/371

연방대법원 State Farm Fire and Cas. Co. v. U.S ex rel. Rigsby, 137 S.Ct. 436
XXIII－1－384/371

연방대법원 Coventry Health Care of Missouri, Inc. v. Nevils, 137 S. Ct. 1190, 197
L. Ed. 2d 572　XXIII－1－388/371

〔일본판례〕

최고재판소 2009. 7.10. 判決(判例時報2058号 53면) XV-2-423

최고재판소 2009.10.15. 判決(判例タイムズ 1315号 68면) XV-2-423

최고재판소 2009.10.23. 判決(求償金請求事件) XV-2-423

최고재판소 2010. 3. 23. 제3소법정 판결(平21行ヒ) 214号) XⅥ-2-310

최고재판소 2010. 6. 3. 제1소법정판결(平21 (受) 1338号) XⅦ-2-289

최고재판소 2000. 7. 16. 제2소법정판결(平20 (行ヒ) 304号) XⅥ-2-304

최고재판소 2011. 6. 7. 판결(平21 (行ヒ) 91号) XⅦ-2-500

최고재판소 2011. 6.14. 판결(平22 (行ヒ) 124号) XⅦ-2-516

최고재판소 2011. 7.27. 결정(平23 (行フ) 1号) XⅦ-2-525

최고재판소 2011.10.14 판결(平20 (行ヒ) 67号) XⅦ-2-508

최고재판소 2011.12.15 판결(平22年 (行ツ) 300号, 301号, 平22年 (行ヒ) 308号)
  XⅦ-2-531

최고재판소 2012.2.3. 제2소법정판결(平23(行ヒ) 18号) XⅧ-2-405

최고재판소 2012.2.9. 제1소법정판결(平23(行ツ) 第177号, 平23(行ツ) 第178号, 平23
  (行ヒ) 第182号) XⅧ-2-412

최고재판소 2012.2.28. 제3소법정판결(平22(行ツ) 392号, 平22(行ヒ) 第416号)
  XⅧ-2-397

최고재판소 2012.4.2. 제2소법정판결(平22(行ヒ) 367号) XⅧ-2-397

최고재판소 2012.4.20. 제2소법정판결(平22(行ヒ) 102号) XⅧ-2-423

최고재판소 2012.4.23. 제2소법정판결(平22(行ヒ) 136号) XⅧ-2-423

동경고등재판소 2010. 2. 18. 판결(平20 (ネ) 2955号) XⅥ-2-285

동경고등재판소 2011. 7. 25. 판결(平23年 (行コ) 99号) XⅦ-2-521

동경지방재판소 1974. 7. 16. 제3민사부판결 Ⅲ-27

神戸地法 2000. 1.31. 판결 Ⅶ-431

名古屋高裁金澤支部 2003. 1.27. 판결 Ⅹ-346

岡山地裁 2006.10.15. 결정(判例時報1994号 26면) XⅣ-2-309

東京地裁 2007. 2.29. 판결(判例時報2013号 61면) XⅣ-2-308

최고재판소 第一小法廷 平成26(2014).10.9. 平成23年(受)第2455号, 判例タイムズ 1408号,
　44면. XX−2−311

최고재판소 第三小法廷 平成26(2014).5.27. 平成24年(オ)第888号, 判例タイムズ 1405号,
　83면. XX−2−311

최고재판소 第二小法廷決定 平成27(2015).1.22. 平成26年(許)第17号 判例タイムズ1410号
　55頁. XXI−2−350

최고재판소 第二小法廷決定 平成27(2015).1.22. 平成26年(許)第26号 判例タイムズ1410号
　58頁. XXI−2−350

최고재판소 第三小法廷 平成27(2015).3.3. 平成26年(行ヒ)第225号 民集69巻2号143頁.
　XXI−2−343

최고재판소 第二小法廷 平成27(2015).3.27. 平成25年(オ)第1655号 判例タイムズ1414号
　131頁. XXI−2−356

최고재판소 第三小法廷 平成27(2015).9.8. 平成26年(行ヒ)第406号 民集69巻6号1607頁.
　XXI−2−347

최고재판소 大法廷判決 平成27(2015).12.16. 平成25年(オ)第1079号 判例タイムズ1421号
　61頁. XXI−2−367

최고재판소 大法廷判決 平成27(2015).12.16. 平成26年(オ)第1023号 判例タイムズ1421号
　84頁. XXI−2−360

최고재판소 最高裁判所第一小法廷 平成28年4月21日, 判例タイムズ1425号 122면
　XXIII −1−414/407

최고재판소 最高裁判所第三小法廷 平成28年4月12日, 判例タイムズ1427号 63면
　XXIII−1− 419/407

최고재판소 最高裁判所第二小法廷 平成28年7月15日, 判例タイムズ1430号, 121면
　XXIII −1−422/407

최고재판소 最高裁判所第一小法廷 平成28年3月10日, 判例タイムズ1426号, 26면
　XXIII −1−426/407

刊行編輯委員會

委 員 長　金重權

副委員長　崔瑨修

刊行委員　桂仁國　金容燮　金敏昨　朴在胤
　　　　　朴鍾秀　李眞洙　李賢修　李熙貞
　　　　　崔桂映　洪康薰　李在勳(幹事)

編輯委員　桂仁國　金容燮　金敏昨　朴在胤　朴鍾秀
　　　　　李眞洙　李賢修　李熙貞　崔桂映　洪康薰

研究倫理委員會

委 員 長　李承寧

副委員長　崔瑨修

倫理委員　金敏昨　李眞洙　李賢修　李熙貞　鄭南哲

行政判例研究　XXIII - 1

2018년　6월　25일　초판인쇄
2018년　6월　30일　초판발행

편저자　사단법인　한국행정판례연구회
　　　　대 표 김 동 건

발행인　안 종 만

발행처　(주)박영사

　　　　서울특별시 종로구 새문안로3길 36, 1601
　　　　전화 (733) 6771 FAX (736) 4818
　　　　등록 1959. 3. 11. 제300-1959-1호(倫)

편저자와
협의하여
인 지 를
생 략 함

www.pybook.co.kr e-mail: pys@pybook.co.kr

파본은 바꿔 드립니다. 본서의 무단복제행위를 금합니다.

정 가　48,000원

ISBN 979-11-303-3245-1
ISBN 978-89-6454-600-0(세트)
ISSN 1599-7413　32